이상심리학 ③판

| 최정윤 · 박경 · 서혜희 공저 |

ABNORMAL PSYCHOLOGY

학지사

3판 서문

우리 저자들은 동문 선후배 사이다. 우리는 임상심리학을 전공하고 여러 해 동안 대학에서 이상심리학을 강의해 오면서 대학교육 수준의 이상심리학 교재가 필요하다는 데 동의하고 뜻을 모아 『이상심리학』을 펴내게 되었다.

여러 해 동안 이상행동을 보이는 사람들을 만나면서 우리는 치료 팀이라기보다는 오히려 '인간의 조건과 삶의 과정'이라는 오랜 숙제를 공부해 가는 모임이라는 생각이 든다. 이상행동의 이해는 곧 인간 행동의 이해이고, 이상심리학이란 이상행동을 병적인 부분만으로 설명한다기보다 인간 행동의 역동을 더 깊이 이해하는 것이다.

일찍이 카를 융(Carl Jung)도 환자의 심리는 건강한 사람의 심리와 근본적으로 다르지 않다는 전제하에서 그것을 비정상 또는 정신병리라고 보지 않고, '병적이라고 불리는 현상'에 대해 심리학적으로 이해하고자 했다. 그는 또한 모든 심리적 증상에는 목적과 의미가 있고, 신경증은 한 개인의 인격적 변화와 성숙, 통일을 이룩할 수 있는 기회라고 주장하였다. 우리는 이러한 융의 견해를 활동의 지침으로 삼고자 한다.

2013년 5월 『정신질환의 진단 및 통계 편람 제5판(DSM-5)』이 출간되었으며 이를 바탕으로 3판에서는 책의 일부 내용을 추가하고 변경하였다. 이상심리와 관련된 방대한 내용 중에서 실제 임상 장면에서 많이 보고되고 있는 증상들, 그리고 알아 두면 일상생활에도 도움이 될 수 있는 증상들을 위주로 소개하고자 하였는데, 미비한 부분에 대해서는 독자 여러분의 애정 어린 지적을 부탁드린다.

제1장 이상심리의 이해, 제2장 이상행동을 설명하는 제 이론, 제3장 정신장애의 발생, 제4장 증상학, 제12장 우울장애, 제13장 양극성 및 관련 장애, 제19장 배

설장애는 서혜희가, 제5장 성격장애, 제6장 불안장애, 제7장 강박 및 관련 장애, 제8장 외상 및 스트레스 사건 관련 장애, 제9장 신체증상 및 관련 장애, 제10장 해리장애는 최정윤이, 그리고 제11장 급식 및 섭식 장애, 제14장 정신분열 스펙트럼 및 다른 정신증적 장애, 제15장 물질 관련 장애, 제16장 성장애 및 성정체감장애, 제17장 신경발달장애, 제18장 파괴적 충동조절 및 품행 장애는 박경이 맡아서 집필하였다.

이 책이 나오기까지 깊은 관심과 배려를 해 주신 김진환 사장님과 원고 교정 작업에서 하나하나 꼼꼼하고 세심하게 살펴 주고 다듬어 주신 이현구 차장님께 고마움을 전한다.

마지막으로 이상행동에 대한 우리의 믿음이 아름답게 표현되어 있는 시 한 편을 소개하고자 한다.

상처를 입은 젊은 독수리들이 벼랑으로 모여들기 시작했다.
날기 시험에서 낙방한 독수리
짝에게 따돌림을 받은 독수리
윗 독수리에게 할큄 당한 독수리

그들은 이 세상에서 자기들만큼 상처가 심한 독수리는 없을 것이라고들 생각했다. 그들은 죽느니만 못하다는 데 금방 의견이 일치했다. 이때 망루에서 파수를 보고 있던 독수리 중의 영웅이 쏜살같이 내려와서 이들 앞에 섰다.

"왜 자살하고자 하느냐?"

"괴로워서요. 차라리 죽어 버리는 것이 낫겠어요."

영웅 독수리가 말했다.

"나는 어떤가? 상처 하나 없을 것 같지? 그러나 이 몸을 봐라."

영웅 독수리가 날개를 펴자 여기저기 빗금친 상흔이 나타났다.

"이건 날기 시험 때 솔가지에 찢겨 생긴 것이고, 이건 윗 독수리한테 당한 자국이다. 그러나 이것은 겉에 드러난 상처에 불과하다. 마음의 빗금 자국은 헤아릴 수도 없다."

영웅 독수리가 조용히 말했다.

"일어나 날자꾸나. 상처 없는 새들이란 이 세상에 나자마자 죽은 새들이다. 살아가는 우리 가운데 상처 없는 새가 어디 있으랴."

(상처 없는 새가 어디 있으랴, 정채봉의 『모래알 한가운데』에서)

2015년 6월
저자 일동

차례

제8장 외상 및 스트레스 사건 관련 장애 … 187　　　　최정윤

제9장 신체증상 및 관련 장애 … 209　　　　최정윤

Abnormal Psychology

제1장

이상심리의 이해

A씨는 결혼한 지 1년 정도 된 회사원으로, 맞벌이를 하고 있는 부인과는 중매로 만나 5개월 정도 교제하다가 결혼을 하였다. 그는 최근 이해할 수 없는 자신의 행동에 대한 불안으로 괴로워하다가 상담실을 방문했다. A씨는 두어 달 전부터 공연히 아내가 의심스러워 아내가 평소보다 조금만 늦게 집에 들어오면 안절부절못하고 불안해져서 이것저것 꼬치꼬치 물었고, 아내가 세수하러 간 사이에 핸드백을 뒤지곤 하였다. 문득 A씨는 이런 자신의 모습이 어린 시절 자신을 분노하게 만들었던 아버지의 모습과 유사하다는 생각이 들었다. 그러면서도 중단할 수 없는 자신의 행동으로 불안과 갈등이 심해졌고, 자신도 아버지와 같은 삶을 살면 어쩌나 하는 공포감마저 생겼다.

A씨의 아버지는 심한 의처증으로 어머니가 항상 집에만 계시기를 원했고, 간혹 어머니가 이를 어기고 나갔다는 것을 알게 되면 그날은 밤새 칼을 들고 어머니를 죽이겠다고 위협하고 욕하고 때리면서 누구를 만났는지 추궁하였다. A씨의 어린 시절은 아버지의 이런 행동 때문에 혹시 어머니가 죽지나 않을까 하는 두려움과 긴장의 연속이었고, 사춘기 때는 병적인 아버지의 행동에 대해 분노를 느끼면서도 이런 아버지를 어찌할 수 없는 자신의 모습에 무력감을 느끼며 성장했다. 그런데 그렇게 증오하고 혐오스러워했던 아버지의 행동을 자신이 현재 아내에게 하고 있다는 사실이 A씨를 극도로 혼란스럽게 하였다.

이같이 자신도 심한 갈등을 느끼면서도 이를 통제하지 못하고 괴로워하는 A씨의 사례에서와 같이 이따금씩 우리는 일상생활 속에서 왜 내가 이렇게 반응하고 행동하는지 그 이유를 알지 못한 채 혼란스러워하는 자신을 발견할 수 있다. 이 같은 현상은 급속한 변화의 시기에 살면서 사회적 여건과 가치관이 바뀌고 많은 요구와 비교, 긴장과 스트레스·압박감을 받고 살아가는 현대의 사람들에게 더 다양하고 심각한 양상으로 나타나고 있다. 일상적인 삶에서 반복되는 많은 스트레스를 극복하기 위해 우리는 운동, 취미생활, 종교생활, 명상, 요가, 단전호흡 등 각자 나름대로 다양한 대처방법을 활용하고 있고, 이런 가운데 적응하며 성장해 간다.

그러나 종종 지나치게 많은 문제가 한꺼번에 일어난다든지 예상치 못한 심각한 문제가 오랜 기간 지속되면 사람은 누구나 일시적으로 혹은 장기간에 걸쳐 적응상의 문제에 부딪히게 된다. 즉, 평소에 잘 적응을 하던 사람도 이 같은 상황에서는 다양한 문제를 나타낼 수 있다. 건강하게 살던 사람도 어떤 시기에는 부적응적인 모습을 보일 수가 있고, 일시적인 부적응 행동을 보였다가도 이를 극복하면서 오히려 괴로웠던 시간들이 진정한 자기성장의 기회가 될 수도 있다. 너무 오랜 기간 동안 심한 고통의 대가를 치르지만 않는다면 이런 과정들은 우리의 성장과 성숙에 꼭 필요한 양념과 같다고 할 수 있다.

이 책에서는 우리의 삶 속에서 나타나는 다양한 이상행동의 유형들을 살펴보고, 각 장애의 특징과 원인, 치료적 접근에 대하여 기술하고자 한다.

1. 이상과 정상

이 절에서는 이상과 정상에 대한 정의를 통해서 이상행동과 정상행동을 구분 짓는 개념들이 완전히 별개의 개념이 아니라 우리 모두가 하고 있거나 할 수 있는 행동이지만 그 정도의 차이만 존재한다는 것을 알고, 더 나아가 이상행동에 대한 편견을 버리고 올바른 인식을 갖고자 하는 데 그 목적을 두고 있다.

먼저 이상행동에 대해 살펴보면, 이상행동은 다음과 같은 진단기준들이 고려된다.

첫째, 통계적인 빈도상 규준에서 벗어나는 드문 행동을 할 때 이상으로 간주한다. 인간의 어떤 특성을 측정하여 그 빈도분포를 그래프로 그리게 되면 정상분포를 나타내게 되는데 이러한 통계적 속성에 따라 평균으로부터 멀리 일탈된 특성을 나타낼 경우 비정상적이라고 본다. 보통 평균으로부터 두 배의 표준편차 이상 일탈된 경우에 이상행동으로 규정하는 것이 일반적이다. 예를 들어, 대부분의 사람은 직업적인 문제와 관계되지 않는 한 밤에는 자고 낮에는 활동을 한다. 그러나 이상행동을 보이는 사람의 경우 사람들과 부딪히는 것이 싫어 낮에는 집에 있다가 어두워지면 돌아다니는 모습을 보인다.

둘째, 사회에서 용인하고 있는 규준에서 크게 일탈된 행동을 할 때 이상이라 간주한다. 모든 사회에는 그 사회에 속한 사람들이 따라야 하는 문화적 규범이 있으며 이에 따라 우리가 취해야 할 행동규범이 존재한다. 이러한 규범에 어긋나거나 일탈된 행동을 할 때 이상행동이라고 할 수 있다. 예를 들어, 노인에 대한 공경을 당연시하는 유교권의 동양사회에서는 연장자에게 욕설이나 구타를 한다거나 심지어 자신을 낳아 준 부모를 구타하고 살해하는 경우 이상이라 한다.

셋째, 개인의 행동이 자신이나 사회에 나쁜 영향을 주면 이상으로 간주한다. 음주행동으로 가까운 사람들에게 배척당하고 학업이나 직장생활에서 많은 문제가 일어나는데도 계속 술을 마시는 경우, 또는 화가 난다고 아무나 붙들고 시비를 건다거나 남의 기물을 부수는 등 현재 자신의 문제와는 아무 관계없는 불특정 다수의 타인들을 향해 내재된 분노감을 표현하는 경우다.

넷째, 주관적인 감정의 측면에서 지나치게 개인적인 고통을 심하게 느낄 때 이상으로 간주한다. 이상행동을 보이는 사람들은 쉽게 불안해하고 안절부절못하며 매사에 자신이 없고 불면증이나 우울감, 피로감을 호소한다.

한편 과거에 우리는 정상적인 성격특성을 언제 어디에서나 타인과 함께 잘 지내고 사회에서 문제없이 행동하는 것으로 여겼다. 즉, 타인과의 동조행동을 적응의 중요 지표로 생각하였다. 그러나 최근에는 이 같은 모습을 긍정적인 성격으로 기술하는 것이 충분하지 못하다고 본다. 여기에 자신의 개성과 창의성, 잠재력 개발 같은 속성도 더해져야 자율적이고 독립적인 생활을 하고 있는 건강한 적응 상태로 간주할 수 있다.

정상의 정의는 다음과 같다. 첫째, 정상적인 사람은 자기 주위에서 무엇이 일어나고 있는가에 대한 해석이 비교적 현실적이다. 둘째, 정상적인 사람은 자신의 동기와 감정에 대해 어느 정도 인식하고 있다. 셋째, 정상적인 사람은 필요하다면 자신의 행동을 적절히 통제할 수 있다. 넷째, 정상적인 사람은 자기 자신의 가치에 대해 그런대로 진가를 인정하고 주위 사람들에게 받아들여지고 있다고 느낀다. 다섯째, 정상적인 사람은 다른 사람과 친밀한 관계를 맺으며 생활하고 있다. 여섯째, 정상적인 사람은 자신의 능력을 생산적인 활동에 적절히 이용할 수 있다.

이렇게 볼 때 건강하게 생활한다는 것은 성장과정의 각 발달단계에서 그 단계에 적절한 경험을 하고 자기를 느끼고 이를 자연스럽게 표현하는 기술을 습득하는 등 다양한 경험의 기회를 가지는 것을 요구한다. 그러므로 우리가 일상에서 비교적 건강하게 생활을 영위하고 있다는 것은 정서적인 측면, 능력적인 측면, 대인관계 측면 등 제반 측면에서 적절한 경험을 하며 자기를 효율적으로 기능하게 하는 능력을 갖고 있음을 시사하는 것이다.

2. 이상심리학의 역사

인간의 이상행동에 대한 보고는 기원전부터 시작되고 있다. 이상심리라고 하면 정신병처럼 심한 심리적 장애부터 신경증, 성격장애 그리고 일시적인 적응장애에 이르기까지 인간의 정서, 인지, 행동, 사고 측면에서의 제 문제를 포괄적으로 일컫는다. 그러나 이상심리의 역사는 일반적으로 정신병을 위주로 한 역사를 말하므로, 여기서도 역시 정신병의 기원을 살펴보기로 한다.

인간의 이상행동에 대한 역사적 관점은 크게 두 가지로 압축된다. 첫째, 정신병이란 신체적 원인, 즉 뇌의 병변이나 독성물질 등에 의해 생겼다는 생물학적 관점이며, 둘째, 심리학적 관점으로서 개인 심리의 문제, 환경의 영향, 초자연적 또는 종교적 해석이 개입된다. 이러한 관점은 선사시대부터 함께 발견되며, 현대에 이르기까지 어느 한편의 우세와 통합을 되풀이하며 발전하여 왔고, 그때마다 당시의 개념에 근거한 치료법이 나왔다.

1) 원시시대

원시인들은 정신장애를 다른 신체질병처럼 외부에서 온 초자연적인 힘에 의해 생기는 것으로 보았다. 사람들이 이해할 수 없는 행동, 말, 표정들을 신, 악령 등 초자연적인 존재의 영향력으로 보았던 것이다. 따라서 치료도 초월적 힘의 도움을 받는 방식을 택하여 굿, 주문, 부적, 귀신 쫓기(exorcism), 황홀 상태(trance state)의 유도 등 마술적 또는 종교적 의식으로 행하였다. 이런 것들은 현대에도 남아 있는 원시부족의 의식에서 볼 수 있으며, 현대사회 내에서도 일부 행하여지고 있다. 이러한 방법들은 현대의 정신치료적 관점에서 보아도 일부 효과가 있으며, 이론적 설명도 가능하다.

한편 고대에도 정신장애를 합리적이고 자연과학적으로 본 견해의 흔적이 있다. 고대 이집트, 구약 시대, 인도, 동양 등의 고대 기록이나 고고학적 자료에서는 치료의 일환으로 두개골에 구멍을 뚫었다는 사실도 보고되고 있다.

2) 그리스-로마 시대

자연과학적 관념이 나타나 일반 질병뿐만 아니라 정신장애에 대해서 관찰과 실험적 탐구가 시작되었다. 알크마이온(Alcmaeon)은 신체를 해부하고 뇌가 영혼의 장소라고 하였다.

히포크라테스(Hippocrates, 450~335)는 정신질환을 조증(mania), 우울증(melancholia), 광증(phrenites)으로 분류하였고, 기타 간질, 히스테리, 산후 정신병, 급성 뇌 증후군에 대한 기술을 남겼다. 그는 정신병의 원인에 대해 신의 영향력을 부인하고, 인간 성향의 결정요소로 피, 흑담즙, 황담즙, 타액의 4체액설을 주장했다. 그에 따르면 우울증(melancholia)은 흑담즙의 이상이며, 히스테리는 자궁의 요동에 따른 것이라고 기술하고 있다. 그는 사회가 환자에 대해 인도주의적 태도를 가지게 하는 데 공헌하였다.

헤로필루스(Herophilus)는 4체액설을 부인하고 정신장애가 뇌의 결함에 의한다고 하였다. 갈렌(Galen, 130~200)은 히포크라테스에 이어 4체액설을 더욱 체계화하여 정신장애의 원인 규명과 치료에 응용하였다. 또한 신경계를 해부하여 뇌가 정신의 장소라고 하였으며, 정신기능을 합리적으로 분류 · 기술하려고 시도하였다.

3) 중세시대

비록 그리스-로마 시대를 계승한 합리적 견해들이 일부 학자의 기록에 가끔 나타나곤 하였지만, 중세 서구 사회는 악마설과 종교적 주술이 다시 나타나 휩쓴 암흑시대였다. 정신장애 환자들이 악마에 사로잡혔다고 보고, 집단으로 춤을 추고 악마들의 이름을 부르며 마귀 쫓기의 주술을 행하는 집단적 광기를 보였다. 이는 모두 당시의 기독교 신앙에 입각하여 정신병을 죗값에 의한 신의 벌이거나 악령이 들어온 결과로 보았기 때문이었다. 정신장애 환자들은 자연히 학대를 받았다. 여자 환자는 마녀로 취급받아 쫓기었고, 종교재판에 부쳐져 화형을 당하기 일쑤였다.

그러나 한편에서는 기독교 사제들이 의탁할 데 없는 정신장애 환자들을 구호시설에 수용하기 시작하여 정신병원 전 단계의 형태를 갖추기 시작하고 있었다. 또한 12~13세기에 발달하였던 연금술은 화학의 발전을 가져왔으며 장차 정신장애에 대한 약물치료 응용에 공헌하였다.

4) 르네상스와 자연과학의 발달

정신병에 대한 일반 대중의 광범위한 미신적 견해에도 불구하고 점차 과학적이고 인문주의적인 사조와 자연과학적 견해가 퍼지기 시작하면서 정신장애가 심리적 원인으로 생길 수 있다는 것과 정신기능도 자연적 법칙에 따른 것이라는 견해가 나타났다.

파라셀수스(Paracelsus, 1493~1541)는 유럽의 광범위한 지식을 섭렵하고 갈렌에 반대하여 인간은 육체라는 자연적 존재와 영혼이라는 초자연적 존재의 혼합체라 하였다. 즉, 정신장애는 이 두 가지 측면에 원인이 있으며 마귀에 의하지 않은 자연적 원인으로 나타나는 정신장애도 있다고 주장하였다. 치료를 위해 연금술에 근거한 화학물질을 시도한 점에서 가히 혁명적이었다. 비베스(Vives, 1492~1540)는 심리적 연상작용과 그것이 감정에 미치는 영향을 기술함으로써 프로이트(Freud) 학파의 선구자가 되었다.

와이어(Weyer, 1515~1588)는 악마설을 부인하고 마녀사냥을 비난하였으며, 대신 정신병의 의학적 원인을 제시하려 하였다. 따라서 정신장애 환자는 의사가 치료해야 한다고 주장했다. 실제로 많은 반대와 위협에도 불구하고 와이어는 마녀를 상대로 치료에 성공하였다. 이는 정신의학사에서 제1차 혁명이라고 불리며, 그는 최초의 정신과 의사로 일컬어지고 있다.

컬런(Cullen, 1710~1790)은 1800년에 신경증(neurosis)이란 용어를 처음 사용하였고, 라일(Reil, 1759~1813)은 1803년 정신의학(psychiatry)이란 말을 사용하면서 정신치료의 효과를 주장했다. 미국의 러시(Rush, 1745~1813)는 정신병이 뇌의 기질적 병변에 의해 나타나므로 사혈 등 기계적 방법을 써야 한다고 주장했으나 설득과 같은 심리적 방법도 사용하였다.

5) 인도주의적 처우

15세기부터 유럽에 정신병원이 건립되기 시작했으나 여전히 병원환경은 극히 비인도적이었으며 구금이 주된 방법이었다. 18세기에 이르러 계몽사상과 휴머니즘 등 정치 · 사회사상의 변천과 더불어 정신질환자에 대해 인간이 인간을 돌본다는 인도주의적 처우가 시작되었다. 프랑스의 피넬(Pinel, 1745~1826)이 대표적 인물로, 그는 1793년 프랑스 혁명의 영향하에 비세트르(Bicetre) 병원 환자들의 족쇄를 풀었다. 이 외에도 이탈리아의 키아루기(Chiarugi, 1759~1820), 영국의 투크(Tuke, 1732~1822), 미국의 딕스(Dix)가 이 방면에서 선구자가 되었다.

실제로 피넬이 환자에게 행한 치료방법은 치료자의 수용적 태도와 이해, 환자에 대한 존중과 친절 그리고 설득이었으며, 도덕적 치료라 불렀다. 또한 피넬의 병원환경의 개혁, 요원교육 그리고 임상기록을 통한 분류진단 등 임상적 연구의 전통은 19세기에 그의 후계자 에스퀴롤(Esquirol, 1772~1840)과 모렐(Morel, 1801~1873) 등에 의해 계속 발전하여, 20세기에 개방병동정책과 지역사회 정신의학운동으로 발전하였다.

Abnormal Psychology

제2장

이상행동을 설명하는 제 이론

1. 생물의학적 모형

생물의학적 모형은 이상행동을 하나의 질병의 과정으로 보는 개념으로서, 그동안 이상행동을 귀신이 들렸다든가 도덕적 타락의 결과로 치부하여 전혀 치료가 이루어지지 못했던 것에 비해 정신질환자들에게 인간적인 치료를 가능하게 해 주었다. 즉, 이 모형은 신경해부학, 신경생리학, 생화학, 내분비학, 약리학 등의 연구에 힘입어 이상행동의 생물학적 원인을 밝히고 그에 따른 치료법을 연구하는 모형이다.

19세기에 대뇌손상이 사고장애와 괴상한 행동을 일으킬 수 있다는 사실을 발견하였다. 즉, 세균의 침입이나 개인의 내·외적 환경으로 뇌의 조직이 손상되거나 침해되어 이상행동을 일으킨다는 것을 알게 되었다. 진행성 마비나 뇌의 퇴화에 따른 각종 질환, 뇌종양이나 급성 뇌막염, 사고 후 뇌손상, 알코올과 같은 화학물질의 장기섭취로 인한 뇌조직의 손상 시 질병과정에서 정신병과 유사한 증상이 나타나기도 한다는 것이 이를 지지하고 있다.

또한 유전적 소인이나 유전자의 이상이 이상행동을 유발시키고 있다고 하였는데, 이를 위해 가계 연구, 쌍둥이 연구, 입양아 연구가 이루어지고 있다. 정신지체나 정신분열증, 양극성장애, 일부의 성격장애 등이 유전적 요인이 비교적 많이 관여되는 장애임이 알려졌으나, 대부분의 정신장애는 유전적 요인에 의해서만 유발되기보다는 환경적 요인과 상호작용하여 발생한다.

2. 정신분석학적 모형

정신분석학적 모형에서는 이상행동을 초기 아동기의 무의식적 갈등의 결과로 나타나는 현상으로 보고 있다. 프로이트(Freud)는 억압된 공격적·성적 충동들이 불안을 일으키고, 이러한 불안은 방어기제에 의해 통제된다고 생각했다. 신경증은 불안에 대응하기 위해 과장되게 방어기제를 사용한 결과이고, 정신병은 신경증적 방어기제의 붕괴로 갈등이 해결되지 못했던 자신의 어린 시절의 심리성적 발달단계로 퇴행되어 있는 상태라고 보았다. 그러므로 치료되어야 할 것은 행동 자체가 아니라 행동의 저변에 깔려 있는 갈등이라고 보았으며, 특히 초기 아동기에서의 무의식적 갈등을 살펴보는 과정이 중요하다고 보았다.

48세의 B부인은 최근 칼만 보면 겁이 나 그 자리에 있을 수가 없었고, 차를 타고 다리를 지나갈 때면 뛰어내리고 싶은 충동이 심해져 상담실을 방문했다. B부인은 7개월 전에 처음 이 증상이 시작되었는데 현재는 이런 행동 때문에 수없이 칼을 버리거나 치웠고, 남의 집을 방문하는 것도 어려웠다.

B부인의 남편은 폭음을 하는 사람인데 신혼 초부터 월급날이면 영락없이 도박과 음주로 며칠씩 집에 들어오지 않다가 돈이 다 떨어지면 집에 들어오는 행동을 반복하였다. 이런 남편의 행동으로 가족의 생계는 B부인이 되는 대로 일을 해 번 돈으로 근근이 꾸려 나갔다. B부인은 남편에 대한 체념을 두 아들에 대한 기대로 바꾸어 두 아들에게 온갖 정성을 다 기울였고, 어려운 가운데에서도 자식들이 둘 다 대학에 진학해서 자신의 온갖 노력과 고생이 헛되지 않기를 바랐다. 그러나 큰아들이 집안 사정을 감안해 고등학교를 졸업한 뒤 자기 고집대로 지방으로 내려가 취직을 하였다. 이때 B부인은 큰 실망감을 감출 수 없었다고 한다. 이후 모든 기대를 둘째 아들에게 건 B부인은 둘째 아들만은 꼭 대학에 들어가야 한다는 생각에 빚을 내어 과외를 시켰고, 아들은 1, 2차 대학 입시에 실패하고 전문대에 들어갔다. B부인은 그때 빌려 쓴 천오백만 원을 아직도 못 갚았고, 현재는 이자를 갚는 것도 큰 부담이 되고 있다.

B부인의 증상은 돈을 갚으라는 독촉을 받고, 과음으로 인한 간경화 상태로 직장을 그만두고 집에서 치료받고 있는 남편을 간호하는 등 매우 어려움을 느끼던 시기에 시작되었다. 힘들게 밖에서 일하고 들어온 뒤 저녁을 짓기 위해 부엌에 들어가 칼을 본 순간 가슴이 꽉 막히는 듯 답답해지고 눈앞이 깜깜해지는 증상을 처음 겪었다. 이후 칼에 대한 공포 증상이 심해져 반찬을 거의 할 수가 없었고, 특히 철없는 둘째 아들이 용돈을 달라거나 입을 옷이 없다고 투덜댈 때 증상이 더 심해져 안절부절못하며 집 밖으로 뛰쳐나오곤 하였다.

이 경우 정신분석적 측면에서는 B부인에게서 치료되어야 할 증상이 칼에 대한 공포감이나 다리에서 떨어지고 싶은 자해행동이 아니라 무의식에 억압된 분노감이라고 보고, 이를 경감시키면 표면 증상은 사라질 것이라고 가정한다.

정신분석적 모형은 이상심리의 이해에 많은 도움이 되고 있으므로 이 모형의 기본적인 세 가지 중요한 개념에 대해 정리해 보고자 한다.

1) 정신분석학의 기본적 가정

정신분석학에서 내세우는 기본 가정은 ① 정신결정론(psychic determinism or

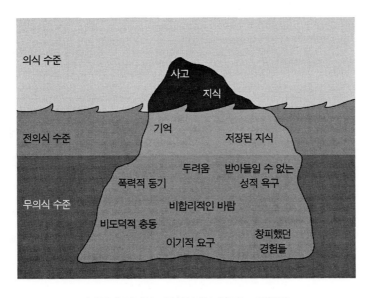

〈의식과 전의식 · 무의식에 저장되는 내용들〉

causality)과 ② 무의식(unconscious)에 관한 가설이다. 정신결정론은 모든 신체현상이 인과법칙에 따라 일어나듯이 정신적 현상도 전에 있었던 어떤 원인에 의한 그 결과로 나타난다는 것이다. 무의식에 관한 가설이란 겉으로 보기에는 다른 원인이 있는 것 같거나 혹은 무의미한 현상처럼 보이는 인간의 행동과 사고가 실제로는 억압된 무의식의 내용 때문에 나타나는 의미 있는 행동이라는 것이다.

프로이트는 인간의 정신구조를 빙산에 비유하여 설명하고 있다. 물 위에 떠 있는 부분, 다시 말하면 겉에 보이는 작은 부분이 의식이라면 빙산의 대부분을 차지하는 물속에 잠겨 있는 부분은 무의식의 영역이라고 비유하면서 인간의 정신구조를 의식, 전의식, 무의식으로 나누었다.

의식(conscious)이란 그 사람이 그 순간에 쉽게 알아차릴 수 있는 정신생활의 부분을 말한다. 자신과 환경을 인식할 수 있는 능력, 생활 속에서 제반 지적 활동의 전제조건이 되는 정신적 기능을 의식이라고 한다.

전의식(preconscious)은 지금 당장은 쉽게 기억하거나 표현하지 못해도 주의를 집중하고 노력하면 쉽게 의식화될 수 있는 정신생활의 부분이다.

무의식(unconscious)이란 전적으로 의식 밖에 있기 때문에 의식수준에서는 전혀 알지 못하고 받아들이기도 어려운 정신생활의 부분으로서, 그 내용이 영원히 알려지지 않을 수도 있다. 가끔 그 일부가 전의식으로 넘어가 거기서 의식화되는 경우도 있다. 일상에서 의식화되지 않은 정신적 요소들이 포함되어 있는 인격의 층으로서 꿈,

〈원본능과 자아 · 초자아의 특성〉

건망증, 의도적 망각, 실수, 인격 분리 등의 현상을 통해 표현되기도 한다. 정신분석 이론에 따르면, 주로 원본능과 초자아로 구성되어 있는 무의식의 내용은 행동과 사고의 결정에 아주 중요하다. 즉, 의식적 정신기능과 갈등을 일으키는 무의식의 힘은 그 개인은 의식하지 못하지만 그의 행동에 결정적인 영향을 주게 된다.

2) 성격의 구조

프로이트는 인간의 정신현상이 원본능(id), 자아(ego), 초자아(super-ego)의 3개의 주요 체계로 설명될 수 있다는 성격의 삼원구조이론(tripartite theory of personality)을 제안하였다. 각 체계는 그 자체의 기능을 가지고 있으며, 이 셋은 상호작용하여 인간의 행동을 지배한다.

(1) 원본능

원본능(id)은 신생아 때부터 존재하는 성격의 원천으로서 모든 심리적 과정의 에너지원이며, 자아와 초자아의 작동에 필요한 에너지도 여기서 제공된다. 원본능은 본능적 욕구의 즉각적 만족을 요구하고, 현실을 고려하지 않고 정신적 긴장이 감소되기를 원하는 쾌락 원리(pleasure principle)에 따라 움직이며, 본능적 자극에 대한 일차적 사고과정(primary process thinking)을 통하여 그 나름의 특징적 기능을 수

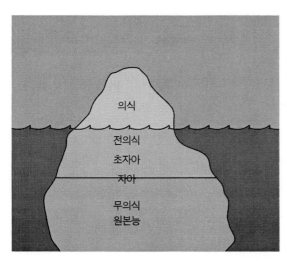

〈프로이트의 정신구조와 성격구조〉

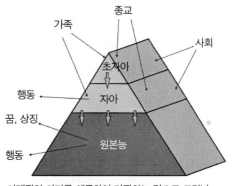

• 실제적인 의미를 왜곡하여 가장하는 것으로 드러남
• 문제에 대한 주관적인 해석의 양식으로 표현
• 유아적 성경험에 근거하여 엄격하고 고정된 방식으로 해석함

〈프로이트의 상징에 내포된 특성〉

행한다.

본능에는 성적 본능과 공격적 본능이 있는데, 성적 본능은 개인의 만족과 종족의 번식을 가져오게 하는 본능적 에너지를 포함하며, 대부분 성적 충동과 관련이 있다. 성적 충동의 근원은 자극하거나 만지면 쾌감을 주는 성기, 구강 및 항문과 같은 영역에 있다. 성적 본능에서 유래한 것으로는 열정 · 사랑 · 생식에 대한 욕망, 타인의 필요성, 일이나 예술에 대한 창조성 등이 있다. 공격적 본능에는 인간의 마음속에 있는 모든 파괴적이고 공격적인 힘이 포함된다. 자기주장, 야심, 경쟁심, 성공하고 싶은 욕구, 결단력과 정력 등이 여기에서 유래된다.

(2) 자아

자아(ego)란 성격을 집행하는 부분으로서 원본능과 외계의 중재자이며 초자아, 과거의 기억 및 신체적 욕구와도 타협한다. 자아는 현실 원리(reality principle)에 따라 움직인다. 이 현실 원리의 목적은 현실을 판단하고 평가하며, 필요하다면 만족할 만한 대상이나 방법이 발견될 때까지 욕구의 충족을 연기하는 것이다.

자아는 원본능의 본능적 충동을 만족시키려 노력하며, 존재하는 환경의 요구를 고려하여 필요한 경우 간접적이며 지연된 방법으로 이를 수행하는 이차적 사고과정을 사용한다. 이차적 사고과정은 언어적이며 논리적이고 객관성을 갖는 성숙한 인간의 주된 사고형태다.

(3) 초자아

초자아(super-ego)는 부모와 다른 사람이 아동에게 가르쳐 준 사회적 가치와 도덕의 내면화된 표상을 말한다. 초자아란 도덕 원리(moral principle)에 따라 개체가 무엇이 옳고 그른 것인가를 판단하는 데 관여하며 완벽을 추구한다. 초자아는 양심(conscience)과 자아 이상(ego-ideal)의 두 부분으로 이루어진다.

부모는 자녀를 양육하면서 사회의 규범에 따라 자녀의 행동에 대해 칭찬을 하거나 처벌을 하게 된다. 이러한 경험이 반복되면서 자녀는 칭찬과 처벌에 규칙이 있음을 알게 되고 이를 자신의 내면에 내재화하게 된다. 이렇게 자신의 내면에 내재화된 도덕적 가치를 초자아라고 한다.

양심은 부모나 그밖에 양육에 관계한 사람이 아이의 언행에 대해 비난했거나 벌을 주었던 일이 토대가 된 것이다. 이로써 금지되었던 행동이나 사고를 할 때 그 사람은 죄책감을 느끼게 된다.

자아 이상은 아이가 부모나 그 밖에 다른 사람에게 크게 인정을 받았거나 칭찬받았던 일들이 토대가 된 것이다. 자아 이상을 따르거나 만족시키게 되면 행복감과 자존감을 느끼게 된다.

초자아는 오이디푸스 콤플렉스(Oedipus complex)가 해결되는 시기, 즉 기본적인 도덕법칙과 부모가 갖고 있는 이상적인 것을 믿고 자기 성격의 일부로 만들어 가는 시기에 형성된다. 이때부터 자기통제가 부모의 통제를 대신한다.

3) 성격의 발달과정

프로이트는 생애의 첫 5년 동안에 사람은 성격에 영향을 주는 몇 개의 발달단계를 통과해 간다고 믿었다. 그는 이러한 단계들을 심리성적 단계(psycho-sexual stage)라고 했다. 각 단계에서 원본능의 쾌락 추구는 신체의 특정 부위와 그 부위에 연관된 활동들에 초점을 둔다.

(1) 구강기(oral stage: 0~1세)

영아는 태어나서부터 입으로 할 수 있는 활동, 즉 젖을 빨거나, 손가락을 빨거나, 먹는 것에서 즐거움을 느낀다. 구강기 전기는 이렇게 수용적이지만, 후기에는 깨무는 활동이 주가 되는 등 공격적이 된다. 이후 나타나는 먹고 마시고 말하는 구강행동의 지나친 활동, 남을 험담·악담하는 구강 공격성, 아기처럼 구는 행위 등이 여기에서 비롯된다. 이와 반대로 갈등이나 과잉 보상의 결과로 잘 안 먹고 말하기를 꺼리는 등의 행동이 나타나기도 한다.

(2) 항문기(anal stage: 1~3세)

이 시기에 리비도(libido) 에너지는 대변을 계속 몸 안에 갖고 있느냐 아니면 배출하느냐에 달려 있다. 그러므로 많은 관심이 항문 괄약근의 조정(대소변 가리기 훈련)으로 향해 있다. 괄약근을 자신이 조절하느냐의 여부에 따라 자신의 신체와 부모를 조정할 수 있다는 것에 만족을 갖게 된다. 이 같은 조절과 통제, 자신의 의지대로 갖고 있거나 내보낼 수 있는 능력과 관련하여 강박적 행동의 뿌리를 찾을 수 있다. 가학적 행위의 근원 또한 여기에 있다. 이 시기에는 대변을 갖고 있으려는 마음과 방출하려는 마음이 공존하는 것에서 볼 수 있듯이 양가감정(ambivalence) 현상이 시작된다.

(3) 남근기(phallic stage: 3~6세)

남근기에서는 남근과 음핵 등이 리비도 에너지의 초점이 된다. 소년들은 남근의 크기와 딱딱함을 큰 자랑으로 여기고, 여성에게 그것이 없다는 사실에 큰 관심을 갖는다. 이는 권력, 남자다운 것, 큰 것 등에 관심을 갖는 시초가 된다. 즉, 다른 사람보다 더 강하고 더 크고 더 힘센 존재가 되려는 욕망이 이때부터 시작된다. 대중 앞에서 뛰어난 존재가 되려는 욕망도 이 시기에 시작된다.

이와 같은 욕구가 승화되면 사회적으로 성공하게 되고, 운동이나 창작활동에서 업적을 낳게 된다. 그러나 승화되지 못한 경우, 지나친 성욕이나 성 불능에 대한 반동현상과 과잉현상으로 일어나는 돈 후안주의(Don Juanism)의 형태로 나타난다. 남근기의 초기 성적 관심이 자기애적이지만, 점차 이성의 부모로 향하게 되는데 이것이 오이디푸스기의 시작이 된다.

프로이트는 오이디푸스기가 성격 형성에 가장 중요한 시기라고 했다. 이때쯤 아이는 이성의 부모에게 성적 관심을 가지고, 동성의 부모에게는 강한 적대감을 가진다. 심지어는 자신이 동성의 부모를 대신했으면(또는 제거했으면) 하는 욕망도 가진다. 이러한 과정에서 불안감, 죄책감 그리고 죄를 지었을 때 받을 처벌에 대한 두려움 등을 느끼게 된다. 이것이 남아에게 거세불안(castration anxiety)으로 나타난다.

거세공포가 견딜 수 없을 정도로 심하게 되면 아이는 강력한 경쟁자(동성의 부모)에게 굴복하게 되고 이성의 부모에 대한 성적 욕망을 포기하기에 이른다. 이렇게 하여 성적 감정은 억압된다.

(4) 잠복기(latency period: 7~12세)

오이디푸스 콤플렉스가 해결된 후에는 성적 흥미가 제한되어 있고 성적 특징이 생리적으로 노골화되지 않는다. 이때를 잠복기라고 한다. 대부분의 성적 환상이나 활동은 억압되지만, 자기 성의 확립, 동성 간의 동일화는 한층 강하게 진행되는 시기다. 이 시기를 성공적으로 지나가게 되면 현실적인 성취와 원만한 대인관계를 위한 적응능력이 발달하게 된다.

(5) 생식기(genital period: 13~성인기 이전)

내분비 활동이 갑자기 활발해져 성기와 성적 특징의 급작스러운 발달과 함께 사춘기가 오는 시기를 청년기로 취급한다. 성이 이제까지처럼 전신에 퍼져 있지 않고 성기에 집중되며, 이성에 대한 관심이 커지게 되어 다시 성적 발달이 진행된다. 청소년은 그들의 성적 관심을 타인에게 돌리고 더욱 성숙된 방식으로 사랑하기 시작한다.

프로이트는 어떤 한 단계에서의 특수한 문제는 발달을 지체(또는 고착)시킬 수 있고, 개인의 성격에 지속적인 영향을 준다고 했다. 리비도 에너지는 그 단계에 적합한 활동에 계속 부착된다.

이상에서 살펴보았듯이 프로이트는 인간의 무의식적 욕구와 갈등이 우리의 많은 행동을 동기화한다는 것을 인식하고, 성격발달에서 초기 아동기 경험의 중요성을 강조하였다.

정신분석적 모형에서의 치료 원칙은 억압된 내용을 의식화하여 자신의 진정한 욕구와 동기가 무엇인가를 이해하게 하며 갈등에 대한 현실적인 해결을 가능하게 하는 것으로, 증상의 호전뿐 아니라 피분석자의 기본 성격과 방어양식을 개조하거나 크게 수정하는 것이다. 이와 같은 목적을 달성하기 위하여 정신분석학자들은 성욕과 공격성에 대한 어린 시절의 경험, 억압된 기억 등을 주로 다룬다. 치료기법은 꿈의 분석과 자유연상 기법이 대표적이다.

3. 행동주의적 모형

사회적 학습 이론가들은 행동의 환경적 또는 상황적 결정요인의 중요성을 강조한다. 개인이 환경에 대응하면서 배운 행동 패턴에 초점을 두고, 타인의 효과(타인이 제공하는 보수와 처벌)는 행동에 중요한 영향을 준다고 보았다. 행동주의 모형에서

많은 학생들이 알고 있는 바와 같이 파블로프의 첫 번째 실험은 개에게 벨소리를 들려줌으로써 프로이트의 고양이를 공격하는 것이었다.

는 이상행동을 성장과정에서의 잘못된 학습의 결과로 설명하고 있다. 즉, 이상행동을 어린 시절의 부적절한 학습과 강화 때문에 만족스러운 방식으로 타인과 관계 맺는 것을 배우지 못했거나 비효과적이고 부적응적인 습관들을 지니게 된 결과라고 본 것이다. 이 모형의 시초는 고전적 조건반사로, 파블로프(Pavlov)는 동물 연구를 통하여 모든 동물의 행동을 반사와 반응으로 설명하였고 본능을 전적으로 무시하였다. 그는 조건화과정은 평생 계속되며, 강화의 유무에 따라 많은 조건반사가 새로이 형성되고 사라진다고 주장하였다. 이 같은 연구결과 파블로프는 사람의 성격발달은 어릴 때의 훈련에 의해 좌우된다고 하였다.

이 같은 파블로프의 개념을 왓슨(Watson), 헐(Hull), 스키너(Skinner)가 이상행동의 치료에 적용했다. 스키너가 주장한 조작적 학습은 동물이 실험자가 바라는 행동을 했을 때 동물에게 보상을 준다는 것이 고전적 조건화와 다른 점이다. 즉, 원하는 반응을 보이면 욕구를 감소시켜 줄 수 있는 먹이를 상으로 주거나 고통을 차단시켜 주는 보상을 하며, 원하는 행동을 하지 못할 때는 이 같은 보상을 주지 않는다. 이 방법은 행동치료에 많이 이용된다.

행동주의에서는 잘못된 행동, 부적응적인 행동은 직접 치료될 수 있다고 본다. 무의식적 욕구나 갈등은 가정하지 않는다. 환경을 변화시켜서 부적응적 행동이 더 이상 강화되지 않게 하거나 새로운 행동을 학습시킴으로써 모든 이상행동을 치료할 수 있다고 하였다.

C군은 반복적인 강도행위로 경찰에 구속되었다. 중학교 1학년 때 골목길에서 연

필 깎는 칼을 들고 초등학생들을 위협해 돈을 뺏다가 처음 경찰서에 붙잡혀 갔는데, 너무나 놀란 부모는 여러 곳에 수소문하여 C군을 즉시 나오게 하였다. 이렇게 시작된 부적응행동은 이 같은 부모의 대처 속에 점점 더 심해졌고, 유치장에 갈 때마다 부모는 온갖 수단을 동원하여 C군을 나오게 하였다. 최근 그는 재수를 하면서 또다시 술 취한 남자를 때리고 지갑을 빼앗다가 경찰에 붙들려 구속되었다. 이제 C군의 부모는 더 이상 아들을 감옥에서 나오게 하기 위해 부탁할 곳도 없었고, 자식을 위해 어떤 행동도 취할 수 없는 상황에 이르렀다. 그러나 이미 자기 행동에 대한 책임을 지는 학습이 안 된 C군은 면회 간 부모에게 "당신들이 부모냐. 부모가 어떻게 자식을 버릴 수 있냐. 나가면 보자."라는 말을 하며 부모를 협박하였다. 이에 놀란 부모는 정신과에서 '아들이 정신적으로 문제가 있다.'는 사실을 확인해 주면 첫값을 치르지 않고 나올 수 있다는 말을 듣고 도움을 요청하고자 정신과를 방문하였다.

4. 인지주의적 모형

인지란 자신이나 주변에서 일어나는 일을 지각하고 거기에 의미를 부여하는 과정으로서 신념과 신념체계, 생각 및 이미지 등을 포함한다. 또한 인지과정은 환경과 자기에 관한 정보를 평가하고 조직하는 방식, 대처행동이나 문제해결을 위해서 정보를 처리하는 방식, 그리고 미래의 사건을 예측하고 평가하는 방식을 포함한다. 이렇게 볼 때 결국 우리가 일상생활 속에서 일어나는 일을 평가하는 것이나 자신에 대해 어떤 개념을 갖게 되는 것 또는 세상사가 돌아가는 것에 대한 견해를 형성하게 되는 것이 모두 인지과정이라 할 수 있다. 인지주의적 입장은 한 개인의 행동이 대개는 그 개인의 인지에 따라 결정된다는 이론적인 근거에 기초를 두고 있다. 인지주의 모형에서는 각 개인이 가진 역기능적인 생각과 비합리적인 신념체계가 이상행동을 유발하는 원인이라고 보았다. 이렇게 볼 때 치료란 자기검토를 통해서 개인이 가진 역기능적인 신념과 가정들을 찾아내어 그것을 현실적으로 검증하고 수정하게 하는 것이다. 즉, 역기능적인 사고와 비합리적인 신념을 제거하고 대인관계와 자기 내적인 상태 모두에서 적응적이고 기능적인 사고를 하도록 돕고 있다.

인지주의치료자 벡(Beck)에 따르면 정서적인 장애의 원인은 개인이 현실을 해석할 때 자기평가와 기대되는 행동성과에 대해 부정적으로 바라보게 하는 비합리적인 사고(자기, 세계, 미래에 대한 부정적인 견해)에 있다. 즉, 이상행동을 보이는 사람일수록 "나는 쓸모없다." "나는 뚱뚱하고 못생겨서 친구들에게 어떤 호감도 줄 수 없다." "세상은 있는 자에게만 호의적이다." "세상을 산다는 것은 부담과 고통의 연속이다." "내가 앞으로 살아 봤자 변할 것은 아무것도 없다." "내가 하는 일은 결과가 뻔하다." 등의 부정적이고 비합리적인 진술을 많이 한다. 인지주의적 모형에서는 개인을 '치료'한다기보다는 자신이 하고 있는 생각과 행동이 얼마나 건설적인지, 타인에게 이로울 것인지, 자신의 목표달성에 도움이 되는지를 스스로 평가하도록 요구하면서 자신의 삶과 일을 처리하는 데 좀 더 나은 생각들을 하도록 도움을 주는 것이라고 할 수 있다.

5. 인간중심적 모형

인간중심적 모형은 로저스(Rogers)가 창시한 이론으로서 인간이란 합리적이고 건설적이고 전진적이며, 모든 인간은 자유의지와 자기실현 욕구를 지니고 있다는 전제에서 시작된 것이다. 또한 현상적 장(場)의 중요성을 강조했는데, 그는 개인의 행동을 과거에서 비롯되는 결과가 아니라 현재의 지각의 산물로 설명하고 있다. 어떤 사람의 행동의 의미를 완전히 이해하기 위해서는 그 사람이 자극을 어떻게 체험하고 있는지를 알아야만 한다는 것이다. 즉, 개인의 현실 지각을 이해하면 그들의 행동을 설명할 수 있다는 것으로, 인간은 그 당시 자신이 취할 수 있는 최선의 방식으로 움직인다는 것이다.

이 모형에 의하면 이상행동은 그 개인이 너무도 황량하고 공포와 위협으로 점철된 삶을 살아온 까닭에 눈앞에 놓여 있는 선택들이 현명한지, 자기파괴적인지 모르는 상태에서 하는 행동인 것이다. 그러나 이런 경우에도 내적 잠재력은 밖으로 나타나려 하고, 표현될 수 있는 적절한 조건이 갖추어지기만을 기다린다. 인간이란 현상적 자기와 체험 사이의 일관성을 유지하려고 노력한다. 자기와 체험 사이에 불일치가 있는 한 적응이란 있을 수 없다. 이때 인간은 방어적이며, 자아 개념과 차이가 나는 경험을 부인하거나 왜곡하려고 한다.

인간중심적 모형에서는 치료자가 '무엇을 하지 않느냐'가 '무엇을 하느냐'만큼 중요하다고 보았다. 어떤 충고도 정보도 주지 않고, 질문을 하거나 해석을 하거나 비평을 하는 것도 피하도록 되어 있다. 치료자의 주된 임무는 내담자의 감정들을 인지하고 명료화함으로써 내담자가 자신의 왜곡된 경험, 느낌, 자아 개념, 타인에 대한 지각, 주변 환경에 대한 지각 등을 발견하도록 하고 이를 변화시키는 것이다. 치료란 수동적인 성격을 능동적으로 만드는 것이 아니라 그 사람 속에 이미 존재하는 잠재능력을 발휘하게 하여 자아 개념과 자기경험 간의 차이를 인정하게 하며, 그것을 표현하고, 자기 자신과 합치시켜 최상의 심리적 적응을 이루도록 하는 것이라고 보았다.

6. 현실요법적 모형

현실요법적 모형은 글래서(Glasser)가 창시하였다. 현실요법에서 우리가 취하는 행동은 기본적 욕구충족을 위하여 우리 내부의 정신구조 안에서 생성되며, 의식적 행동이든 무의식적 행동이든 우리 스스로가 선택한 것이라고 본다. 인간을 움직이게 하는 기본적인 욕구에는 소속과 사랑에 대한 욕구, 힘과 인정을 얻으려는 욕구, 즐거움에 대한 욕구, 자유에 대한 욕구가 있는데, 이 중 사람들마다 자신이 우위에 두는 욕구들이 있고, 이 욕구들이 현실적인 방법으로 충족되어 자기가 지니고 있는 자아상과 부합될 때 성공적인 정체감을 경험하며, 그렇지 못할 때 정체감 형성에 실패한다고 하였다.

현실요법적 모형에서 이상행동은 내담자가 자신의 기본적인 어떤 욕구를 충족하기 위하여 비건설적인 방향의 선택을 했다는 것을 의미한다. 이 같은 선택으로 심리적 갈등과 불행감을 경험하면서도 이것이 반복되는 이유는 개인이 무의식적으로 습관화된 반응양식을 답습하고 있기 때문이고, 자신의 선택이 비효과적이라는 것을 인정하는 것은 자존심이 허락치 않기 때문이다. 이로써 자기책임의 회피로 타인을 비난하며 책임을 전가하게 되는 것이다. 그러므로 치료에서는 "당신의 행동은 당신이 바라는 것을 얻게 해 주는 데에 도움이 됩니까? 해가 됩니까?"와 같은 가치판단적 질문을 사용하여 개인이 불행한 방향의 결과를 초래하는 행동을 선택하는 것이 본인이 참으로 원하는 바를 결코 가져다줄 수 없다는 것과 더 좋은 선택의 길이 있다는 것을 깨닫게 하는 것이다. 즉, 치료자는 내담자가 자신이나 타인에게 피해를 주지 않고 자신의 욕구를 현실적인 방법으로 충족하도록 도와줌으로써 성공적인 정체감을 획득하게 하고 자신의 세계와 자신을 효과적으로 통제할 수 있게 도와준다.

7. 사회 · 문화적 모형

앞에서 기술한 모형들은 이상행동을 개인의 수준에서 이해하려는 이론이라고 할 수 있다. 이에 반해 사회 · 문화적 모형은 개인과 가족을 넘어서서 개인이 살고 있는 사회 · 문화적 환경에 초점을 두는 것이다. 사회환경은 그 사회에서 생활하는 과정에서의 고유한 심리장애를 유발한다. 안정된 지지체계 속에서 생활하는 사람은 신체적으로나 정신적으로 더 건강한 반면, 빈약한 지지체계 속에서 생활하는 사람들은 정신장애에 걸릴 확률이 높다. 이는 농촌과 도시, 특히 도시 빈민지역의 역학조사를 통해 밝혀지고 있다. 과거에는 대부분의 일을 사람의 손으로 해냄으로써 많은 인력이 요구되었던 것과는 달리, 모든 것이 문명화되고 기계화되면서 인간의 소외와 고립이 가중되고 있고, 여기에 인구가 폭발적으로 증가하면서 사회적 경쟁은 더욱 심해지고 있다. 한 연구에서는 이 같은 좌절과 실패의 경험으로 인해 현대 청소년들이 한 세대 이전의 청소년들에 비해 10배나 많이 우울증을 호소한다고 보고하고 있다. 또한 최근에는 취업의 어려움과 많은 실직, 이것으로 유발되는 경제적 어려움으로 가정이 파탄나고, 보험료를 타기 위해 사기를 치거나 사람을 죽이는 등 각종 잔악한 범죄가 급증하고 있다. 이 같은 환경 역시 사람들의 정신건강에 심각한 수준의 유해한 영향을 미치고 있는 것이다. 사회 · 문화적 모형에서는 무질서하고 혼란된 사회환경이 사람들에게 이상행동이 나타나게 만든다고 하였고, 치료를 위해서는 사회가 정화되고 건강해져야 한다는 것을 강조하고 있다. 사회 정화는 사회 전체가 어떤 특정한 힘에 의해 개혁적으로 변화되는 것이 아니다. 주변을 탓하기에 앞서 모든 개인이 자신부터 기초질서를 지키고 양심에 따라 상식적으로 행동하고자 노력하는 것이 이러한 변화의 기초가 될 수 있다.

제3장
정신장애의 발생

이 장에서는 정신장애의 원인은 무엇이며, 개인이 그 원인들에 대해 어떻게 적응하고 방어하고, 그 결과 어떤 정신장애 또는 비적응적 행동이 발생하는가에 대해 알아보고자 한다.

1. 정신장애의 원인

정신장애의 원인은 크게 개인 내적 원인, 기질적 원인, 심리적 원인, 사회적 원인으로 나눌 수 있다. 대체로 정신질환이 단 한 가지 원인으로만 일어나는 경우는 드물다. 물론 그중에는 가장 중요하고 핵심적인 원인이 있겠으나 대개 여러 요인이 합쳐지거나 누적되었을 때 발병하게 된다. 어떤 아이가 학교에서 단체로 벌을 받고 난 뒤에 공포증이 생겼다고 하자. 이 아이는 이후 학교에 오기만 하면 가슴이 조여 숨을 쉴 수 없는 증세를 나타냈다. 이 아이에게 이런 증상이 나타나게 된 원인은 무엇일까? 선생님의 처벌로 이 같은 증상이 생기게 되었을까? 꼭 그것이 유일한 원인이라고 단정 지을 수는 없다. 왜냐하면 같이 벌을 받은 39명의 다른 아이들은 그다음 날 아무 문제 없이 학교에 왔는데 이 아이만 증상이 나타났다는 것은 선생님의 체벌이 아이가 정신과적 문제를 드러내게 된 유일한 원인은 아님을 보여 주기 때문이다.

이 아이가 특별히 여리고 약하여 그 같은 스트레스에 대처할 수 있는 능력이 부족한 것도 하나의 원인으로 고려될 수 있다. 즉, 정신질환은 외부의 자극과 개인 내에 있는 내적 원인이 같이 작용하여 나타난다고 할 수 있다.

내적 원인은 소인(predisposing factors)이라고도 하는데, 유전적인 성향, 체질 등 그 사람이 병에 걸릴 소질을 의미하며, 이것들이 내적 원인에 포함된다. 외적 원인은 대개 유발인자로서 기질적 원인, 심리적 원인, 사회적 원인들이 포함된다.

정신질환은 다음에 기술될 여러 소인과 유발인자의 원인이 겹쳐 나타난다. 따라서 신체질환에 비해 원인과 결과를 규명하기가 더욱 어렵다. 그러므로 치료도 생물 심리사회적 모델(bio-psychosocial model)에 따라 각 환자의 특수한 상황에 맞추어 달라져야만 한다.

1) 소인

(1) 유전

유전은 개인의 성향을 결정함으로써 개체가 환경과 상호작용하는 양상을 결정한다. 우성 유전에 의해 생긴다고 보는 대표적 신경정신질환으로 헌팅톤(Huntington)병과 그 외 기분장애, 파킨슨씨(Parkinson)병, 피크(Pick)병, 정신지체 등 현재 몇 가지가 보고되고 있고, 열성 유전에 의한다고 보는 것은 지능, 성격, 기질이라고 본다. 그러나 대체로 정신질환의 발병이 유전 하나로만 결정되지는 않으며, 병 자체가 유전된다기보다 그 병에 걸릴 소질이 유전되는 경우가 많다.

(2) 체질

체질(constitution)은 유전과 출산 전후의 여러 영향에 따라 결정되는데, 이후 사회적 관계 속에서 학습을 통해 어느 정도 변화한다. 특히 신생아의 수면 습관, 과민성, 울기 등 감수성은 체질과 관련하여 흥미 있는 연구대상이 되고 있다.

체형과 성격 또는 정신질환과의 관련성에 대한 주요 문헌으로는 크레취머(Kretschmer)와 셸던(Sheldon)의 연구가 잘 알려져 있다. 셸던에 의하면 비만형은 사교적 성격과 기분(정동)장애와 관련이 있고, 근육형은 투사형 성격 및 반사회성 성격장애와 관련이 있으며, 세장형은 내성적 경향의 성격과 정신분열증과 관련이 있다.

(3) 나이

정신질환은 나이에 따라 쉽게 발병하는 시기가 있다. 대체로 여자의 경우 사춘기, 결혼 및 출산과 관련된 시기, 갱년기가 위험한 시기로 보고되고 있고, 남자는 사춘기, 학교를 졸업한 후 취업과 관련된 시기, 퇴직과 관련된 노년기에 주로 발병하는 것으로 나타난다.

(4) 성

정신질환의 빈도는 성별에 따라서도 차이가 있다. 남자에게서 진행마비, 알코올 정신병, 외상성 정신병, 간질과 동맥경화증과 관련된 뇌 증후군 등이 많은 반면에, 여자에게는 기분(정동)장애와 관련된 정신질환이 많다. 편집증, 신체질병과 관련된 장애 그리고 정신분열증 등은 남녀 모두 비슷하다.

2) 외적 원인

(1) 기질적 원인

뇌에 영향을 미치는 모든 질병은 뇌 증후군을 야기할 수 있다. 근래에 문제가 되고 있는 자동차 사고나 산업재해 등의 외상, 독성물질 등이 뇌 증후군을 일으킨다. 내분비장애는 외모를 변형시키게 되어 신체상(body image) 등 정신기능뿐만 아니라 인격에까지 영향을 준다.

약물과 술도 정신질환을 유발하기 쉽다. 특히 음주의 결과로 성격장애와 정신질환이 흔히 나타날 수 있으며, 여기에 비타민 등 영양부족으로 이차적 문제도 발생한다.

산소결핍, 일산화탄소 중독, 경련, 심장발작 등은 뇌기능에 중요한 산소공급을 차단하여 행동장애를 일으킨다. 반면에 굶주림 또는 비타민 등 특정 영양의 부족은 발육장애, 정신지체 그리고 여러 뇌 증후군을 일으킨다.

(2) 심리적 원인

개인의 본능적 충동과 그에 관련된 감정들이 정신장애의 원인이 된다. 내적인 본능적 충동들은 대인관계 및 사회관계를 통해 여러 형태의 심리적 감정반응을 만들어 낸다. 이들 다양한 감정 중 부정적인 감정들이 원인으로 작용한다. 여기에는 갈등, 미움, 공포, 불안, 우울, 슬픔, 시기와 질투, 고독, 수치와 죄책감 등이 있다. 부정적 감정은 적응상의 문제를 일으키고 병적 행동과 정신장애의 원인이 된다. 제반 감정의 근원은 대인관계에서 비롯되며, 특히 이런 부정적인 감정을 경험할 수 있는 최초의 또는 가장 중요한 대인관계는 모자관계일 것이다.

이러한 부정적인 감정을 유발시키는 대표적인 원인 중 하나는 갈등이다. 갈등은 두 가지 상반된 충동이 동시에 존재하는 것으로서 본능적 충동과 초자아 사이의 갈등, 한 사람에 대해 애정과 증오를 함께 느끼게 되는 것을 그 예로 볼 수 있다.

또 하나의 주요 원인은 상실이다. 상실에는 사랑의 상실, 자존심의 상실, 죽음, 이별 등 의존 대상의 상실 등이 있으며 이에 따른 절망, 미움, 분노와 억압이 함께 작용하여 여러 정신장애를 일으킬 수 있다. 신체불구나 만성 질병도 상실감을 초래하여 열등감, 분노, 공격성, 방어, 보상 등 심리적 반응을 일으킨다.

(3) 사회문화적 요인

① 가족 문제

가족은 대인관계의 최초이자 기본적인 단위다. 따라서 정신질환의 원인에서 가족 문제에 대한 연구는 필연적이다. 가족의 이혼이나 별거 등 가족 위기, 부모의 정신장애, 부모의 부재 또는 사랑과 자극의 결핍은 자녀의 정신장애의 발병과 관계가 있다. 부모의 과잉보호, 편애, 폭행, 학대, 무관심 또는 양가적 태도 등 양육방식도 문제로 나타난다. 특히 이때 아동학대의 대상이 된 아이나 가족 내 갈등으로 희생양이 된 자녀는 후에 정신장애에 걸리기 쉽다. 가족 내 성적 유혹이나 근친상간은 매우 심각한 병적 요소로 보고되고 있다.

결혼은 성욕의 해소, 안정감, 역할수행에 따른 소속감 등을 제공한다. 결혼생활이 원만하다는 것은 정신적으로 건강하다는 것을 입증한다고도 할 수 있다. 따라서 정신장애는 미혼자에게 많으며, 특히 이혼한 사람에게서 정신장애의 빈도가 높다. 정신장애가 있는 사람은 결혼생활에 적응하기 어렵고 성생활과 임신, 출산, 양육 등은 인생에서 또 다른 위기감을 형성시킬 수 있다. 우리나라에서는 고부간의 갈등도 정신장애의 유발인자가 되고 있다.

② 사회적 요인

우리나라의 사회적 상황을 살펴보면, 첫째, 입시제도에 따른 학생들의 부담감과 경쟁심리에 의한 소위 고3병이 큰 문제로 나타난다. 둘째, 친구관계, 직장에서의 적응이 문제로 대두된다. 사람을 사귀고 관계를 지속적으로 유지시킬 수 있는 적절한 사회적 기술의 개발은 정신건강에 매우 중요한 요소가 된다. 정신장애가 심한 사람일수록 친구가 적다. 직장생활에서는 업무 중 신체적, 정신적 스트레스도 받지만 일을 통해 대인관계의 수립, 공격성의 해소, 창조적 표현의 기회, 성취감 등으로 자아 성장에 큰 도움을 얻을 수도 있다. 그러나 지나치게 경쟁심이 많고 야망이 큰 사람일수록 일을 과다하게 하여 문제가 된다. 셋째, 직업 장면에서의 은퇴도 큰 스트레스로서 흔히 정신장애의 발병요인이 된다. 의학과 생명공학의 발전으로 점차 인간의 평균 수명이 길어지고 있고 체력적으로 건강한 상태, 특히 장년기의 왕성하게 일할 나이에 일자리를 잃는다는 것은 그 개인뿐만 아니라 가족 전체에게 큰 위기 상황으로 작용한다. 넷째, 사회적 가치관의 혼란이 큰 스트레스가 된다. 사회의 안정된 가치관이 붕괴되고 기존의 도덕적, 규범적 틀을 깨는 것이 개혁적이라는 위험한 생각은 사람들의 삶에 혼란을 초래하고, 특히 어린 나이의 사람들에게는 건강한 사고 양식을 형성할 시기에 좋지 않은 영향을 줄 수 있다. 특히 가치관의 혼란과 연관되어 어떤 형식으로든 돈을 벌고 돈이면 무엇이든 해결된다는 생각에 노력 없이 큰돈을 벌겠다는 도박심리, 각종 패륜적 행동과 유괴, 살인 등과 관련된 사건들을 접하면서 우리의 건전하고 안정된 생활은 더욱 위협을 느끼게 된다. 다섯째, 도시화, 선진화에 따라 정신장애가 증가한다는 견해가 있다. 도시에는 인구가 밀집되어 있고 이에 따른 각종 사건, 소음, 공해 등 물리적 스트레스가 많으며 경쟁, 소외, 좌절 등과 같은 심리적 스트레스도 많다. 컴퓨터의 개발로 모든 것이 자동화되고 화상으로 해결되면서 군중 속의 고립 등 인간관계 양상이 변화되고 있고 게임기나 TV, 컴퓨터에서의 폭력물의 영향도 논란의 대상이 된다.

2. 증상의 발생과정

1) 스트레스

인간이 환경에 적절히 반응하여 생존을 유지하는 과정을 적응이라고 한다. 그러나 환경적 요구나 변화에 적절하게 반응하기 어려운 경우 적응상의 어려움을 느끼게 될 수도 있다. 예를 들어, 갑작스러운 실직이나 부도, 심각한 질병처럼 예상치 못한 과도한 자극을 받게 되면 인간은 심리적, 생리적 불균형 상태에 놓이는데, 이러한 적응곤란에서 생기는 정신적, 신체적 긴장을 스트레스(stress)라고 한다. 따라서 스트레스는 일상 속에서 적응을 요구하는 모든 것에 대한 반응이라 할 수 있다.

스트레스를 받으면 개인은 정신적, 감정적, 신체적 반응을 나타내고 이에 대처하려 한다. 즉, 스트레스를 받으면 개체는 신경계를 각성시키고, 이어 근육계, 심혈관계, 내분비계를 활성화한다. 그 결과 다음과 같은 비특이적 정신생리적 변화가 나타난다. 맥박과 혈압이 증가하고 호흡이 빨라지며 근육이 긴장하고 정신이 더 명료해지며 감각기관이 예민해진다. 뇌, 심장, 근육으로 가는 혈류가 증가하고 피부, 소화기관, 신장, 간으로 가는 혈류는 감소한다. 혈중에 당, 지방, 콜레스테롤 양이 증가한다. 혈소판이나 혈액응고 인자가 증가한다. 한편 심리적으로는 인지작용과 감정작용이 활성화되고, 그 결과 매우 고도로 분화된 합성적 행동이 나타난다. 스트레스나 위협 상황에 처하면 개인은 생리반응과 더불어 공포와 불안을 느낀다. 그러나 스트레스나 위협이 반복되면 불안이 학습 또는 조건화되고 일반화된다. 불안은 외적 위협뿐 아니라 마음 내부에서 오는 위협(예: 본능적 충동, 억압된 갈등)에 대해서도 나타난다. 따라서 불안이란 잠재적 위협에 대한 신호인 것이다.

누적된 스트레스와 그에 대한 반응으로 나타난 감정적 흥분이 커지면 개인은 와해되거나 조종력을 잃게 될 위험에 빠진다. 따라서 개체는 스스로 자신을 지키기 위해 대응전략과 방어기제들을 동원하게 된다. 그 목적은 문제해결과 적응 및 생존이다. 즉, 사태에 적응하여 다시 스트레스 이전의 평형을 유지하는 것이다.

2) 대응전략

대응이란 스트레스에 대한 반응으로서 넓은 의미에서 방어기제도 포함된다. 그러나 대체로 대응전략(coping strategy)이란 어려운 상황에 처했을 때 의식적이며 결과적으로 보다 적응적인 반응을 보인다는 의미가 크다. 반면 뒤에 기술할 방어기제란 무의식적이며 다소 비적응적인 반응을 보인다는 의미가 강하다. 대응전략은 비교적 새로운 개념으로서 방어기제에 비해 그 개념이 그리 체계적으로 기술되고 있지는 않다. 대표적인 대응전략으로는 다음과 같은 예들이 있다.

첫째, 사고초점의 변화(changing mental focus)는 의도적으로 어떤 사태에 대해 깊이 생각하거나 또는 반대로 의도적으로 생각하기를 피하는 것이다. 또한 어떤 일이 발생했을 때 그 상황의 부정적인 측면에만 집착해 불행해하고 비관적으로 받아들이기보다는 거기에 내포된 긍정적인 측면도 함께 인식하고 수용하는 식의 인지양식의 전환이 스트레스의 극복에 큰 도움이 된다.

둘째, 역할의 변화(shifting roles)는 신체질병이 생겼을 때 활동을 삼가고, 의식수준의 생각을 감소시켜 잠을 많이 자거나, 독립적 역할을 계속하기보다는 일시적이나마 남에게 의존하는 행동을 보이는 것이다. 즉, 일시적 퇴행을 하는 것으로서 이것을 반드시 병적이거나 비적응적이라고 할 수는 없다. 어떤 큰 집단에 의존하거나 애착을 갖는 것도 좋은 대응전략이다.

셋째, 정보를 풍부히 한다는 것(seeking new or additional information)은 스트레스와 관련된 사태에 대해 자세한 정보를 아는 것, 즉 지식을 풍부히 하는 것으로 이역시 중요하고 흔히 사용되는 대응전략이다. 즉, 아는 것이 힘이라는 것이다. 예컨대 병든 환자에게 의사가 병에 대해 쉬쉬하기보다는 오히려 현재의 증상에 대해 자세히 알려 주고 교육시키는 것이 환자에게 막연한 병에 대한 공포에서 벗어나 오히려 이에 적극 대처할 수 있는 힘을 주는 수가 많다.

넷째, 사회적 지지(social support) 속에 있는 것이다. 스트레스 상황에서 관계를 끊고 고립되고 차단되어 지내기보다는 자신에게 친구가 되어 주고, 정보를 제공하며, 이해를 해 주는 사람 또는 사람들의 집단과 개인적인 관계를 가지는 것이다. 이것이 스트레스를 극복하는 과정에서 심리적 힘이 될 수 있고, 관계 속에서 여러 가지 정보나 도움을 받으면서 문제를 극복할 수 있는 기회를 가질 수 있다.

기타 유머, 신앙, 창조적 작업, 직면, 책임 받아들이기 등 여러 대응전략이 있다.

3) 방어기제

오랜 기간 동안의 발달과정을 통해서 인간은 스트레스에 대해 자신을 방어하고, 갈등을 일으키는 충동들을 타협시키며, 내적 긴장을 완화시킬 수 있는 다양한 심리적 기술을 얻게 된다. 이것들은 무의식적으로 선택되는 자동적인 자아기능이다. 이를 방어기제(defense mechanism)라 한다. 대응전략과 다소 구별되기는 하지만 정확히 구분하기는 어렵고, 서로 중첩되는 점이 많다. 즉, 방어기제에도 긍정적 또는 적응적으로 사용되는 것이 있다. 우리 모두는 정상인이든 환자든 일상 속에서 이러한 방어기제들을 사용하면서 살아가고 있다.

(1) 억압과 억제

억압(repression)은 갈등을 해결하기 위해 가장 흔히 사용되는 무의식적 정신기제다. 즉, 용납되지 않는 욕구나 충동, 사고 등을 의식 밖으로 몰아내서 무의식 속에 두는 것이다. 반면에 받아들이고 싶지 않은 욕구나 기억을 의식적으로 잊으려고 노력하는 것은 억제(suppression)라 한다.

(2) 동일시

동일시(identification)란 대상이 지니고 있는 여러 가지 속성을 자기의 것으로 획득하게 되는 심리과정이다. 우리는 가족 내의 여러 구성원을 통해 또는 주변 사람들을 보며 다양한 역할을 동일시해 나가는데, 이는 자아와 초자아를 건강하게 성장시키는 데 꼭 필요한 정신기제다. 문제가 되는 것은 병적인 동일시다. 예를 들면, 구타자와의 동일시로 맞고 자란 아들이 때리는 아버지가 된다는 것이다.

(3) 반동형성

용납할 수 없는 감정이나 충동 또는 성향과 정반대로 행동하는 것을 반동형성(reaction formation)이라 한다. 예를 들어, 여자를 좋아하고 사귀고 싶은 욕구가 강한 사람이 "나는 여자를 싫어한다."라고 한다든지, 음란한 생각을 많이 하고 있는 사람이 오히려 음담패설을 하는 장면에서 이를 비난하며 지나치게 혐오스러운 감정을 지니게 되는 경우다.

(4) 보상

실제적인 것이나 상상적인 한 영역에서의 결함을 상쇄하기 위하여 다른 분야에서 힘을 발전시키는 것을 보상(compensation)이라 한다. 의식적인 경우도 있으나 대개는 무의식적이다. 아들러(Adler)는 "인생이란 개인 나름대로의 열등감을 극복하고자 하는 보상 노력의 형태로 권력에의 의지를 실현시켜 가는 과정이다."라고 하였는데, 의식수준에서 자신의 열등감을 인식하며 이를 보상시키는 것은 훌륭한 적응에 속한다. 예를 들어, 말을 더듬는 사람이 이를 극복하고 열심히 노력해 웅변가가 되는 경우다. 문제는 무의식적인 수준의 보상인데, "작은 고추가 맵다."는 속담처럼 체구가 작아 열등감이 있을 때 이를 보상하기 위해 자신이 작은 키에 열등감을 지니고 있다는 생각은 전혀 안 하는 것처럼 하면서 지나치게 우월하게 보이고자 하거나 아주 공격적이고 지배적인 모습을 지니게 되는 경우다.

(5) 합리화

합리화(rationalization)는 자주 사용되는 방어기제의 하나로서 자신이 지니고 있으면서도 받아들이고 싶지 않은 충동이나 행동 또는 개인적 결함을 정당화하기 위하여 사회적으로 용납되는 그럴듯한 설명이나 이유를 대는 것이다. 이는 주로 죄책감을 막고 자존심을 유지하며 비판에서 스스로를 보호하기 위하여 사용된다. 예를 들어, 무슨 일로 매우 화가 나 있는데 아이가 잘못된 행동을 하면 이미 매우 화가 나 있는 부모는 아이가 잘못한 것 이상으로 처벌을 내릴 수 있다. 이 경우 이성적이지 못했던 자기 행동에 대한 인식으로 "아이를 강하게 키우려면 때려야 한다."면서 어른스럽지 못한 자신의 행동을 무마시킨다든가, 너무 많은 돈을 주고 산 옷 때문에 심리적으로 불편한 경우 "비싼 것이 제값을 한다."고 말하는 것이다.

(6) 대치

얻고자 하는 목적이 좌절되었을 때 다른 것으로 대신하여 만족을 얻는 것을 대치(substitution)라 한다. '꿩 대신 닭'이라든가 '실연당한 사람들이 음식물을 과하게 섭취하는 경우'가 이에 속한다.

(7) 전치

중립적이며 위협적이 아닌 목표물을 향해서 긴장을 해소하거나 또는 증오감을 표현하는 것을 전치(displacement)라 한다. "동쪽에서 뺨 맞고 서쪽에서 화풀이한다."는 속담처럼 부모에 대해 불만이 많은 형이 동생을 때리며 못살게 군다거나 직장에서 상사에게 자존심이 상한 사람이 집에 와서 식구들에게 화를 내는 경우다.

(8) 투사

자기 자신이 지니고 있으면서 자신이 받아들일 수 없는 충동이나 속성을 타인의 것으로 돌리거나 자신의 실패를 타인의 탓으로 여기는 것을 투사(projection)라 한다. 이유 없이 어떤 사람이 매우 싫을 때 그가 자기를 몹시 미워하기 때문에 자신이 그를 싫어한다고 이야기하는 식의 행동에서 볼 수 있다. 착각, 환각은 투사에 의한 현상이다. 또한 관계망상, 피해망상 등을 비롯한 여러 가지 망상 형성도 투사에 의해 야기된 기제이기도 하다.

(9) 상징화

억압된 생각이나 충동 또는 소원을 어떤 표상으로 전치시키는 것을 상징화(symbolization)라 한다. 즉, 상징화는 무의식의 언어라고 볼 수 있다. 꿈, 공상, 신화, 농담 등이 상징화의 가장 흔한 예가 된다. 보편적 상징이란 많은 사람에게 공통적으로 존재하는 상징을 말하는데, 예를 들어 길게 팽창하는 것이나 뱀 등이 남근을 상징한다는 것 등이다.

(10) 분리

고통스러운 불안을 일으키는 느낌을 막아 내기 위하여 감정을 경험하지 않으면서 또는 냉정한 태도를 취하면서 외상적 사건을 기억해 내는 것을 분리(detachment)라 한다. 심하게 구타당한 아내가 그 구타행동들을 담담하게 마치 자신이 경험한 일이 아닌 듯 말하면서 그때 겪었던 분노와 공포의 감정은 못 느끼는 경우다.

(11) 부정

엄연히 존재하는 위험이나 불쾌한 현실에 눈을 감음으로써 불안을 회피하고 편안한 상태를 유지하는 것을 부정(denial)이라 한다. 따라서 이 기제는 자아기능을 분리시킴으로써 나타난다. 예를 들어, 불치병에 걸렸다는 이야기를 들은 후 의사의 진단을 오진이라며 자기 병을 부정하는 경우다.

(12) 승화

원시적이고 용납되지 않는 충동을 충분히 해결하지 못할 때 그 충동에 내재되어 있는 에너지를 변형시켜 사회적으로 용납되는 건설적이고 유익한 목적으로 표출시키는 기제를 승화(sublimation)라 한다. 방어기제 중 가장 건전하고 바람직한 기제다. 승화는 각종 예술, 문화, 종교, 과학 및 직업적 성취를 통해서 나타난다.

(13) 고착과 퇴행

어떤 스트레스에 부닥칠 때 인격발달과정이 중단된 상태를 고착(fixation)이라 한다. 또한 그 스트레스와 상관없는 그 이전의 어린 단계로 되돌아가는 것을 퇴행(regression)이라 한다. 대개 퇴행하게 되는 그 단계를 바로 고착된 단계로 본다. 좋은 예로 소변을 잘 가리던 아이가 동생이 태어난 이후 다시 소변이나 대변을 가리지 못하는 경우를 들 수 있다.

(14) 해리

인격의 부분들 간에 의사소통이 잘 이뤄지지 않을 때 괴롭고 갈등을 느끼는 인격의 일부분을 다른 부분과 분리시키는 것을 해리(dissociation)라 한다. 예로는 한 사람 안에서 여러 인격을 보이는 이중인격 또는 다중인격, 몽유병 등을 들 수 있다.

(15) 반복강박

경험으로 배우지 못하고 계속 일정한 병적 행동양상을 반복하는 것을 반복강박이라 한다. 이는 무의식이 주로 행동을 결정하기 때문이다. 미숙한 자아는 실패를 거듭하면서도 같은 행동양상을 되풀이하기 쉽다. 예를 들어, 구타당하고 산 여인이 이혼 후에 다시 때릴 가능성이 많은 남자에게만 매력을 느낀다든지, 계속 결혼에 실패하는데도 전과 같이 알코올 중독자와 결혼하는 경우다.

3. 증상의 형성

정신역동적 이론에서는 본능적 욕구가 좌절되면 불안이 생기고, 불안을 외적인 환경변화나 대응전략의 방법으로 해소하지 못하면 심리 내적인 방어기제를 동원하게 된다고 한다. 즉, 불안과 그에 따른 방어기제로 증상이 나타나는 것이다. 증상도 스트레스에 대응하려는 자아의 노력이라는 것을 간과해서는 안 된다. 그러나 적응적이지 않은 방향으로의 시도는 사람을 병이 들게 한다. 즉, 스트레스가 감당할 수 없을 정도로 커지게 되면 이에 압도되고 무력해지며 불안이 심해져 대응전략을 사용하는 데 실패하고, 그 결과 미숙한 여러 방어기제를 통해 회피하다가 신경증과 정신병으로 진행될 수 있다. 잘못된 적응 상태에서 물질남용에 빠지거나 성격장애를 보일 수도 있다. 그러나 이것도 자기 나름대로는 스트레스 이전의 편안했던 상태로 돌아가고자 하는 시도로 볼 수 있다. 정신장애란 결국 적응이 잘못된 결과다.

제4장
증상학

세계보건기구(WHO)는 육체적 · 정신적 및 사회적인 안녕 상태가 유지될 때를 건강한 상태라고 정의하였다. 정신장애를 포함한 모든 질병의 임상 증상은 각각의 적응이 원만하지 못한 상태가 겉으로 나타나는 것일 뿐만 아니라 상호관계에서의 조화가 깨어짐으로써 드러나는 현상으로 볼 수 있다. 정신장애에서 나타나는 증상들은 특히 그러하다. 그러나 정신질환에서 나타나는 증상은 신체질환에서 보이는 증상과는 달리 쉽게 계량화하거나 객관화할 수 없다는 특징을 가지고 있다.

정신장애에서 나타날 수 있는 증상들에는 사고장애, 정동장애, 지각장애 및 행동장애가 있는데, 이 장에서는 이들 각각의 증상을 통괄하고, 상호관계를 이해하며, 각 증상 하나하나가 환자의 전체적인 정신현상의 어떤 문제를 반영하는가를 이해하고자 한다.

1. 지능장애

1) 지능

지능(intelligence)이란 한 개인이 경험을 통해 배우고, 판단을 내리고, 적절한 개

넘을 활용하여 과거와 현재를 통찰하고 미래를 예측하여 환경에 맞게 자신의 행동을 조절하고, 미래를 계획하며, 적절하게 새로운 상황에 적응해 낼 수 있는 능력을 말한다.

따라서 지능은 변할 수 없는 단순한 단위적인 기능이 아니라 환경과 교육, 훈련을 통하여 변할 수 있을 뿐 아니라 자신의 동기, 정서적 안정 및 성숙 정도에 의해서 영향을 받는다. 이런 점에서 지능은 단순한 지식의 축적과는 차이가 있다. 지능장애에는 지적발달장애와 치매가 있다.

2) 지능장애

(1) 지적발달장애

지적장애(intellectual disability)란 어떤 이유에서건 개체의 발달과정에서 지능의 발육이 제대로 이루어지지 않아서 평균적인 일반인의 지능보다 낮아져 있는 상태를 말한다. 세계보건기구(WHO)는 지능부족 상태를 중추신경의 장애 없이 단순히 인격 발달과정에서 환경적인 요인으로 생긴 정신지체(지능발육 지연)와 중추신경의 기능장애로 지능발육이 제대로 되지 않은 지능부족으로 나누기도 하였다. 보통 지능검사로 측정된 지능지수가 70 미만으로 현저하게 낮을 때 지적발달장애라고 부른다.

표 4-1 지능의 진단적 분류

IQ	분류	백분율(%)	
		이론적 정상분포	표본분포
130 이상	최우수(very superior)	2.2	2.3
120~129	우수(superior)	6.7	6.7
110~119	평균 상(high average)	16.1	18.0
90~109	평균(average)	50.0	48.6
80~89	평균 하(low average)	16.1	15.3
70~79	경계선(borderline)	6.7	7.3
69 이하	정신지체(mentally deficient)	2.2	1.8
			100.0

(2) 치매

치매(dementia)란 일단 정상 평균치의 지능까지 발육되었다가 어떤 이유, 예컨대 뇌의 외상, 영양장애, 감염, 산소부족, 독성물질의 중독, 퇴화현상 등에 의해 영구적으로 지능 상태가 평균치 이하로 저하되어 있는 상태를 말한다. 가벼운 경우 흥미의 감퇴, 창조성의 결여, 정신조절 능력의 저하 등이 나타날 수 있고, 심한 경우에는 경험을 축적하는 능력의 저하, 판단력의 장애, 기억력 및 지남력의 장애 등을 나타내서 현실판단을 하지 못하는 상태에 이르기도 한다.

임상 장면에서 치매는 섬망(delirium)과 혼동될 수 있다. 섬망은 의식이 혼미해지고 주의집중 및 전환능력이 현저하게 감소할 뿐 아니라 기억, 언어, 현실판단 등의 인지기능에 일시적인 장애가 나타나는 경우를 말하는데, 이러한 증상이 단기간(몇 시간에서 며칠까지)에 나타나고 증상의 원인을 제거하면 호전된다는 점에서 치매와 구별된다.

2. 지각장애

1) 지각

지각(perception)이란 외부에서 들어온 감각자극을 과거의 경험과 결부시켜서 조직화하고 해석하여 그 외부 자극의 성질을 사실 그대로 파악하고 자신과의 관계를 이해하는 능력이다. 이런 지각이 제대로 이루어지려면 외부 자극을 직접 받아들이는 말초감각기관, 말초신경이 받아들이는 자극을 중추신경으로 전달하는 신경계통, 이 자극을 해석하는 고위 중추신경 기능이 정상이어야 함은 물론, 이 자극을 평가하는 기준이 될 수 있는 과거 경험의 축적, 즉 기억기능이 제대로 되어 있어야 한다. 또한 그 자극이 들어왔을 당시의 정서 상태도 중요한 역할을 한다.

2) 지각장애

지각장애는 들어온 자극을 과소평가하거나 과대평가하는 단순한 장애에서부터 자극을 잘못 판단하는 착각(illusion) 또는 없는 자극을 있는 것처럼 지각하는 환각 (hallucination)에 이르기까지 다양하다.

착각은 받아들여진 자극이 감각기관에서 뇌의 적절한 부위에 전달되어 해석되는 과정에서 잘못 판단되는 현상을 말한다. 이런 현상은 독성물질에 의한 뇌실질의 장애, 뇌의 감염, 알코올성 신경증, 뇌의 변성(degeneration) 등의 기질성 뇌 증후군 (organic brain syndrome)과 같이 뇌 자체의 질병에 의한 혼돈된 상태나 다른 전신의 장애, 즉 고열, 심한 전신쇠약 등에서 생기는 혼돈 상태에서 나타날 수가 있다. 심한 흥분 상태, 절박한 욕망과 충동 등 심리적인 혼란 상태에서도 착각이 생길 수 있고, 정신역동의학의 입장에서 보면 강하게 억압되어 있는 무의식적 요소들이 작용하여 착각을 일으킬 수도 있다. 깊은 죄의식에 사로잡혀, 사람들이 지나가면서 이야기하는 것을 자신을 책망하는 소리로 지각하는 경우가 이에 해당된다.

환각(hallucination)이란 에스퀴롤(Esquirol, 1772~1840)이 처음 명명한 증상으로서 외부의 자극이 없는데도 마치 외부에서 자극이 들어온 것처럼 지각하는 현상을 말한다. 환각은 병적인 상태에서만 나타나는 현상은 아니고 정상적인 상태에서도 경험될 수 있다. 예를 들어, 누군가에게 전화가 오기를 기대하거나 어떤 소식을 강하게 갈망하고 있을 때 실제로는 전화가 오지 않았는데도 자꾸 전화벨 소리가 들리는 경우다. 환각에는 다음과 같은 것들이 있다.

(1) 환청

환각 중에서 가장 많이 나타나는 것이 환청(auditory hallucination)이다. 단순하게는 잘 구별되지 않는 소음들에서 뚜렷한 내용이 있는 특정한 사람의 말소리가 들리는 것까지 그 내용은 다양하다. 때로는 거의 들릴 듯 말 듯하게 약한 경우에서부터 환자가 공황(panic)에 빠질 정도로 지나치게 큰 소리가 들리는 경우 등 그 강도 또한 여러 가지다. 같은 소리가 반복되어 계속되기도 하고, 때로는 여러 가지가 혼합되어 들리기도 한다.

정신분열증에서는 환청의 내용이 그의 망상과 밀접한 관계를 가지고 나타나는 경우가 많은데, 자신에게 어떤 행동을 하라고 지시하거나, 자신을 해치기 위해서 모의하는 말소리, 자신을 매춘부 · 사기꾼 등으로 욕하는 피해적 내용의 망상과 밀접하게 연관되어 있는 경우가 많다. 우울증 환자의 경우 자신의 죄책감과 연관되어 "너 때문에 세상이 멸망하고 있다. 네가 죽으면 너희 식구는 다 잘 살게 될 것이다. 너는 살 필요가 없는 사람이다.” 등의 자신을 꾸짖거나 얕보는 말소리가 들리는 경우가 있고, 조증의 경우는 “너는 예수다. 너는 대통령이다. 너는 재벌이다.”라는 식의 스스로 위대한 인물, 조물주라고 말해 주는 환청이 들려서 스스로도 자신을 그렇게 위대한 인물이라고 믿는 과대망상과 관계되어 나타난다.

(2) 환시

환시(visual hallucination)란 남들에게는 보이지 않는 물체가 보이는 현상으로 대개 작은 벌레나 신, 괴물, 악마 등이 보인다며 환자가 공포 상태에 빠지는 것으로 흔히 보고되고 있다. 뇌의 후두엽피질(occipital cortex)에 국소적인 문제가 있을 때는 비정형적인 환시가 주로 나타나고, 측두엽(temporal lobe)이나 두정엽(parietal lobe)에 병변이 있는 경우에는 정형화된 환시가 나타나는 것이 보통이다. 환자는 환청이 나타날 때보다 환시가 나타날 때 더욱 심한 혼란에 빠진다.

(3) 환촉

몸에 전기가 지나간다든가, 가스나 독성물질이 자기 몸에 닿았다든가, 보이지 않는 어떤 물체가 피부에 접촉하고 있다는 등의 객관적으로 또는 실제로는 존재하지 않는 감각들을 비정상적으로 느끼는 현상을 환촉(tactile hallucination)이라 한다. 대개는 알코올 중독이나 진전섬망, 코카인 중독 등에서 흔히 보인다. 정신분열증의 경우에는 자신이 강간당했다는 등의 성적인 망상과 이상감각을 느끼는 경우가 많다.

(4) 환미

누군가가 물에 독을 탔다든가, 음식에 수면제가 들었다든가, 자신의 뇌기능을 손상시키기 위해 밥에 독약을 넣었다는 식으로 이상한 맛을 느낀다든가, 음식에서 독약 맛이 난다고 하는 등 비정상적인 맛을 느끼는 호소가 주로 많이 보고된다. 이 같은 환미(gustatory hallucination)를 느끼는 상태에서는 타인이 해 주거나 사다 주는 음식을 먹으려 하지 않고 자신이 직접 음식을 사서 조리해 먹으려는 행동이 나타난다.

(5) 환취

환취(olfactory hallucination)는 대개 기분 나쁜 냄새를 맡는 것으로 나타난다. 자기 몸에서 이상한 냄새가 나서 남들이 자기를 피한다는 망상이 같이 나타나는 수가 많다. 대개 성과 관련되어서 정액 냄새가 난다든가 암내, 썩는 냄새 등이 난다고 지각하는 경우가 많다.

3. 사고장애

1) 사고

사고(thought)란 어떤 자극이 있을 때 그의 온갖 정신기능, 즉 정서, 지각, 상상, 기억능력을 총동원하여 그 자극을 해석하고 판단하고 종합할 수 있게 되며, 이를 기초로 하여 다른 새로운 개념을 유추해 내는 기능이다. 이 과정에서 간간이 무의식적이고 감정적인 요소의 영향을 받아 엉뚱한 사고를 할 수도 있다. 건전한 사고를 할 수 있는 사람이라면 일시적으로 이 같은 상태의 영향은 받을 수 있으나 결국 그 자극을 이성과 논리로 바로잡을 수 있게 된다. 건전한 사고를 위해서는 외부의 자극을 정확히 지각하고 인지하는 능력이 필요하고, 한편으로는 자신의 무의식이나 감정에 의하여 나타나는 상상이나 환상과 사실을 구별할 수 있는 능력이 있어야 한다.

사고장애는 크게 사고진행의 장애와 사고내용의 장애로 나눌 수 있다.

2) 사고진행의 장애

사고란 대개는 하나의 관념(idea)에서 시작하여 연상(association)을 통해 하나의 사상으로 발전하는 것이 일반적인 데 비하여 각종 정신장애에서는 이런 과정이 제대로 이루지지 못하는 경우가 종종 있다.

(1) 사고의 비약(flight of idea)

어떤 한 관념에서 통상적인 연상과정을 거치지 않고 생각이 원래의 주제에서 벗어나 그 과정 중의 지엽적인 내용을 따라 다른 방향으로 발전하는 것을 말한다. 이때 연상은 굉장히 빠른 속도로 진행되는 것이 보통이다.

(2) 사고의 지연(retardation of thought)

사고과정에서 연상의 속도가 느려 전체적인 사고진행이 느려지거나 때로는 연상이 거의 이루어지지 않아서 어떤 결론에 도저히 이르지 못하는 경우를 말한다.

(3) 사고의 차단(blocking)

사고의 흐름이 갑자기 멈추게 되는 현상을 말한다. 즉, 별안간 사고의 진공 상태가 되는 것을 의미한다. 외견상으로는 말을 하다가 갑자기 중단하게 되는데 생각을 정리하기 위해서 말을 멈추는 것이 아니라 생각이 없어서 말을 멈추는 경우에만 사고의 차단이라고 할 수 있다.

(4) 사고의 우회(circumstantiality)

사고가 어떤 관념에서 출발해서 결론에 도달하기는 하지만 여러 가지 연상이 가지를 치면서 빙빙 돌거나 때로는 엉뚱한 방향으로 진행되다가 결론에 이르게 되는 현상을 말한다. 이는 연상과정에서 사고의 주류, 즉 중요한 내용과 그렇지 않은 것을 잘 구별하지 못함으로써 일어나는 현상이다.

(5) 사고의 이탈(tangentiality)

사고가 어떤 관념에서 출발하여 다시 중심 요점으로 결코 되돌아가지 못해 결과적으로 처음 의도한 생각이나 목표에 도달하지 못하는 현상을 말한다.

(6) 사고의 보속증(perseveration)

사고를 진행시키려는 노력도 하고 외부에서 부단히 새로운 자극이 들어오는데도 사고의 진행이 제자리에서 맴돌고, 한 개 또는 몇 개의 단어나 문장에서 벗어나지 못하고 계속 같은 말을 반복하게 되는 경우를 말한다.

(7) 신어조작증(neologism)

자기만이 아는 의미를 가진 새로운 말을 새롭게 만들어 내는 현상을 말하는데, 두 가지 이상의 말을 합쳐서 새로운 말을 만들기도 한다.

(8) 사고의 지리멸렬함(incoherence)

사고가 조리나 일관성 없이 말이 서로 연결되지 않고 토막토막 끊어지는 경우 또는 도무지 줄거리를 알 수 없는 잡다한 이야기를 계속하는 경우다.

(9) 말비빔(word salad)

지리멸렬의 극심한 형태로 전혀 무관한 것으로 보이는 일련의 단어만 나열하는 현상을 의미한다.

3) 사고내용의 장애

사고내용의 장애(disorders of thought contents)란 망상(delusion)으로서 남들이 보기에는 대수롭지 않은 것에 지나치게 집착하여 사고가 거기서 벗어나지 못하고 머물러 있을 때 나타난다. 사고가 지나치게 편향되거나 객관적인 외부 단서와는 무관하게 과도하고 부적절한 주관적인 의미가 부여되고, 이 같은 결정적인 사고는 현실을 판단하는 힘을 약화시켜 심하면 병적 행동을 유발하기도 한다.

망상은 허망한 생각을 말한다. 첫째, 사실과는 다른 생각(false belief)이고, 둘째, 그 사람의 교육 정도, 환경과 부합되지 않고 현실과 동떨어진 생각이며, 셋째, 이성이나 논리적인 방법으로 교정되지 않는 특성을 가지고 있다. 망상은 의심증, 피해망상, 과대망상, 관계망상, 신체망상, 색정망상 등 여러 가지 망상의 형태로 나뉠 수 있다.

망상은 정신분석학적 입장에서 보면 충족되지 못한 무의식적 욕구가 외부로 투사되어 나타나는 현상이다. 또한 현실에서 느끼는 자신의 부족감을 메우기 위한 방편으로 환상 속으로 빠져들어 자신의 불안을 방어하려는 노력이 지나쳐서 망상을 형성하기도 한다. 따라서 환자의 망상을 이해하고 교정하기 위해서는 외견상에 나타나 있는 망상의 내용과 생활환경의 관계를 알아보는 것도 중요하지만, 그 사람의 정신 내적 갈등(intrapsychic conflict)이 어떤 것인가를 자세히 알아볼 필요가 있다. 망상을 가지고 있는 대부분의 환자는 그 망상의 내용 때문에 현실을 잘못 판단하고 그에 따라 행동함으로써 사회에 문제를 일으키거나 가족 내에 문제를 일으키는 경우가 많다.

망상의 내용들은 환자가 처해 있는 시대적 상황이나 문화적 배경에 따라 결정되기도 한다. 예를 들어 6 · 25 전쟁 이후에는 간첩과 관련된 망상이 많았고, 근래에는 AIDS 등 질병과 관련된 망상이 많이 보고되고 있다.

때로는 망상이 나름대로의 논리를 가지고 있어 자세히 관찰하지 않으면 그것이 망상이 아닌 것처럼 느껴지는 경우도 있다. 대개의 조직화된 망상의 경우 가장 기본이 되는 전제조건이 잘못되어 있고 논리전개에는 별 무리가 없는 경우가 있기 때문에 듣는 사람의 입장에서 전제조건 자체가 망상적이란 것을 파악하지 못하면 그 망상을 알아차리지 못하고 사실로 믿는 경우가 있다. 망상을 크게 분류하면 다음과 같다.

(1) 편집성 또는 피해적 망상(paranoid or persecutory delusion)

정신병에서 가장 흔히 볼 수 있는 망상이다. 타인이 자신을 해치거나 해롭게 하기 위하여 어떤 모의를 하고 있다고 믿는 망상이다. '누군가 나를 미행한다.' '나를 죽이려고 음식에 독을 탔다.' '누군가 나를 감시하고 있다.' '누군가 텔레파시를 통해 나의 능력을 감소시키고 있다.' 등 피해적 망상은 자신의 결함, 적개심, 불만 등이 남에게 투사되어서 오히려 남이 자신을 해칠 것이라고 뒤집어씌우는 과정에서 나타난다. 정신분열증에서 흔하다.

(2) 과대망상(delusion of grandeur, grandiose delusion)

자신을 실제보다 더욱 위대한 사람으로 믿는 망상이다. '나는 초능력을 갖고 있다.' '나는 예수 또는 부처다.' 또는 '나는 곧 재벌이 될 것이다.' 등 자신이 처한 현실이나 객관적인 사실과는 다른 과장된 믿음을 갖고 있는 상태다. 대개는 자신의 열등감, 패배감, 불안 등을 보상하기 위하여 노력하다가 이런 망상을 가지게 된다.

(3) 우울성 망상(depressive delusion)

우울 상태에 많이 나타나는 망상이다. '나는 너무나 큰 죄를 지어 죽어야만 한다.'

'사람들이 모두 나 때문에 우리 식구들을 비웃고 있다.' '나는 몹쓸 병에 걸려 곧 죽을 것이다.' 등 존재의 가치가 없다든지, 이 세상은 이미 자신에게는 아무 의미도 없다라는 식의 허무망상 등이 이에 속한다. 이런 망상은 우울증뿐 아니라 정신분열증에서도 흔히 나타난다.

(4) 색정적 망상(erotic delusion)

색정적 망상에는 자신은 모든 이성에게 사랑을 받고 있다든가, 자신은 모든 이성을 사랑해야 할 권리 또는 의무가 있다는 과장된 내용과 함께 배우자를 의심하는 부정망상 또는 질투망상과 같은 피해적인 내용이 있다. 편집증이나 편집형 정신분열증에서 흔히 나타나며, 간혹 조증에서는 색정광적인 망상이 나타나기도 한다.

(5) 관계망상(idea of reference, delusion of reference)

주위에서 일어나는 일상적인 일이 모두 자신과 관련되어 일어난다고 믿는 망상을 말한다. "신문이나 방송에서 나를 비난하기 위해서 부적절한 사건에 빗대서 내 이야기를 한다." "지나가는 사람들이 내가 못났다고 흉을 보고 있다." "텔레비전에서 가수가 노래 부르면서 웃는 것이 나를 사랑한다는 신호다." 등 관계망상의 내용은 매우 다양하다. 따라서 이런 관계망상은 조증, 우울증, 정신분열증, 편집증에서 모두 나타날 수 있다.

4. 기억장애

1) 기억

기억이란 개체의 정신활동에 필요한 정보를 받아들여서 뇌 속에 기록하고 필요한 기간 동안 파지(retention), 저장했다가 필요한 때에 의식세계로 꺼내 적당히 사용할 수 있는 능력을 말한다. 기억의 기능은 크게 오래전의 사실에 대한 것과 최근의 사실에 대한 것으로 나눌 수 있다. 대개 오래된 사실에 대한 기억의 경우는 거의 영구적으로 뇌 속에 저장되어 있는데, 이때 뇌 속에 기록되어 보존되고 있는 것들은 그 개체가 일상생활을 해 나가기 위해서 꼭 필요하기 때문에 저장되는 것이다. 반면 최근의 사실에 대한 기억은 먼저 주위에서 일어난 일들이 지각된 후에 아직은 선별되지 않은 상태로 기록되었다가 어느 정도 시간이 경과할 때까지는 그대로 보존되어 수시로 의식세계로 떠오르지만 시간이 지남에 따라 필요한 것만 오래된 기억으로 남고 중요하지 않은 것들은 소멸되는 것으로 알려져 있다. 어떤 사실이나 사물에 대한 최근의 기억이 오래된 기억의 자료로 남아 있게 되는 데에는 개체나 사물과 사실과의 관련성이 중요함은 물론이고, 사실이나 사물을 지각했을 때의 개체의 정서 상태 또한 중요한 역할을 한다.

일단 지각된 사실이나 사물이 기억 속에 남게 되는 과정에서는 자극 그대로가 기억되는 것이 아니라 지각된 것이 한 개념으로 재구성된 후에 머릿속에 남게 되는 것이다. 이 과정에서 필요 없는 것은 지워 버리는 망각의 과정도 필수적이다. 지각된 자극이 재조직될 때에 필요 없는 것은 경우에 따라 지워 버리는 것이다. 이 과정에서 그 자극이 개체에게 주었던 인상의 강도, 같은 자극의 반복성의 여부 등이 이런 망각과 저장의 갈림길에서 중요한 요인이 될 수 있다.

어떤 새로운 지각이 그대로 뇌 속에 저장되는 데에는 이미 저장되어 있던 과거의 기억과 어떤 연관성이 있느냐에 따라 과거의 기억과 결합되고 재구성되어 쉽게 기억 속에 남기도 하고, 또는 거부되기도 할 것이다. 지각할 때의 심리적 요구에 따라서도 기억 속에 받아들이는 데에 차이가 날 수 있다.

2) 기억장애

기억의 장애는 기억과정에 따라서 기명(registration: 기억에 등록되는 것), 저장(storage), 파지(retention) 및 재생(recall)의 장애로 나눌 수가 있고, 한편 기억장애의 형태에 따라서 기억과잉(hypermnesia), 기억상실증(amnesia) 및 기억착오(par-amnesia)의 세 가지로 나눌 수 있다.

기억장애는 다음과 같은 것이 있다. 첫째, 기억력이 나쁘다고 느끼지만 실제로는 기억에 이상이 없는 신경증적 장애에 의해 나타나는 현상이다. 둘째, 기억력이 실제로 나쁘지만 기억력 자체의 장애가 아니고 기분장애, 정신분열증 등에서 보이는 질환의 이차적인 증상으로 나타나는 현상이다. 셋째는 기억력 자체의 장애에 의한 것으로서 새로운 것에 대한 기억상실증인 기명장애와 갑자기 생각이 나지 않으나 필요 없을 때 생각이 나는 상태인 기억재생장애 등이 있다.

기명장애를 일으키는 원인으로는 뇌의 기질적 장애, 기억장애, 주의장애, 간뇌장애(특히 유도체 부근의 손상) 등이 있다.

파지장애는 일단 기명된 것이 뇌에 장애가 일어나면서 소실되는 것이다. 이때는 최근의 것일수록 소실되기 쉽다. 또 강한 감정을 동반한 것일수록 잘 소실되지 않는다.

기억과잉(hypermnesia)은 과거에 지각된 인상을 지엽적인 것까지도 자세하게 기억해 내는 상태를 말한다. 별로 중요하지도 않은 것들을 중요한 사실과 마찬가지로 동등하게 기억해 내는 경우가 많은데, 이 때문에 실제로는 어떤 사고를 유추하는 데 기억이 별로 도움을 주지 못하는 경우가 많다. 기억과잉을 실생활에 이용할 수 있는 경우는 천재들에게서 볼 수 있는 기억과잉 현상이고, 조증 환자나 편집증 환자에게서 볼 수 있는 기억과잉은 그의 정신병리를 강화시키는 데에 기여할 뿐 그의 사회생활의 적응이나 성격발달에는 도움을 주지 못한다. 이런 병적인 상태인 경우는 대개 그의 병적 사고장애와 정서문제와 밀접한 관계를 맺고 있는 사실들을 지나치게 자세히 기억하고 있는 것이 보통이다.

기억상실증(amnesia)은 자신이 경험했던 모든 일에 대해서 광범위하게 기억상실이 되는 수도 있고, 어떤 특정한 사물이나 시기에만 선택적으로 나타날 수도 있다. 기억상실증은 발생 원인에 따라서 심인성 기억상실증(psycho-genic amnesia)과 기질성 기억상실증(organic amnesia)의 두 가지로 나눌 수가 있다.

대개 기질성 기억상실증인 경우는 기억상실의 범위가 광범위하고 어떤 시기의 경험 전체를 잊어버리는 경우가 많다. 기억하고 있는 시기와 기억하지 못하는 시기의 경계가 불투명하고, 내용의 경계 또한 불분명하다. 어떤 뇌손상을 입었을 경우 그 시기 이전의 일을 기억하지 못하는 경우를 역행성 기억상실증(retrograde amnesia)이라고 하는데, 이때 기억상실은 뇌손상을 입는 시기의 직전의 것을 기억하지 못하다가 점차 그 시기 이전으로 거슬러 올라가면서 기억상실이 확대되고, 기억이 돌아올 때는 반대로 그 뇌손상 시기의 훨씬 이전의 일부터 기억이 회복되어 뇌손상 직전의 일에 대한 기억은 최후에 회복되는 것이 보통이다. 이런 역행성 기억상실증은 사건 후의 일에 대해서는 기억을 갖고 있는 것이 보통이다. 이런 기억장애는 뇌손상뿐만 아니라 간질발작 후, 연탄가스 중독, 전기충격요법 후, 목매달아 죽는 데 실패한 자살기도 등의 경우에 나타날 수 있다.

반대로 어떤 이유에서건, 특히 노인성으로 나타나는 뇌의 기질적 병변에 의한 기억상실은 뇌에 병이 발생한 이후의 일을 기억하지 못하고 그 이전의 일은 정확하게 기억하는 경우가 있는데, 이를 전진성 기억상실증(anterograde amnesia)이라고 한다.

반면 심인성 기억상실증의 경우에는 기억장애의 범위가 선택적이고, 필요에 따라 기억상실이 일어나기 때문에 기억상실이 급격하게 나타났다가 회복도 순간적으로 이루어진다. 이런 심인성 기억상실증은 자신으로서는 그것을 기억하는 것이 괴롭거나 불안을 야기하기 때문에 이런 고통에서 도피하기 위해 기억상실이 이루어진다. 어떤 사실을 기억함으로써 그 일에 대해 책임져야 할 경우 여기에서 도피하려는 자신의 면책을 주장하기 위한 무의식적인 목적에 의해 기억상실이 일어날 수 있는데, 시간이 지나면 다시 기억이 회복된다. 이런 심인성 기억상실증은 히스테리성 해리(dissociation)나 둔주(fugue)에서 전형적으로 나타나며, 이를 정신역동의학적 입장에서 보면 자신의 무의식 내에 잠재해 있는 여러 가지 억압된 갈등과 관계가 깊고, 강한 부정적 정서와 깊은 관계를 맺고 기억상실증이 일어난다고 볼 수 있다.

한편 특정하게 선택된 일에 대한 기억상실증도 아니고 그렇다고 광범하고 전체적인 기억상실증도 아닌 산발적이고 일관성이 없는 기억상실증의 경우도 있는데 뇌매독, 노인성 치매, 동맥경화증에 의한 정신장애, 기타 각종의 기질성 뇌 증후군(organic brain syndrome)의 경우에 흔히 나타난다.

기질성 기억상실증의 경우 기명과 파지, 저장(storage)의 장애이고, 심인성 기억상실증의 경우는 재생(recall)의 장애라고 하지만 엄격하게 구분할 수 없을 때가 많다.

기억착오(paramnesia)란 과거에 없었던 일을 있었던 것처럼 기억하거나 사실과 다르게 기억하고 있는 현상을 말한다. 이는 결손된 기억을 메우기 위한 방편으로 일어나는 현상이라고 할 수 있다. 따라서 이런 기억착오는 작화증(confabulation)을 수반하는 경우가 많다. 즉, 구멍 난 기억을 메우기 위하여 그럴듯하게 꾸미게 되는데, 이때 거짓말과 다른 점은 이러한 과정이 무의식적이라는 것이다. 이런 현상은 코르사코프(Korsakoff) 증후군에서 전형적으로 나타나며, 기타 기질성 뇌 증후군에서도 흔히 볼 수 있다.

진정한 기억착오와는 약간 다르게 해석되는 것으로서 회상성 조작(retrospective falsification)이라는 것이 있다. 과거의 기억을 적당히 자신에게 유리한 방향으로 조작하여 기억했다가 그것을 사실로 믿고 있는 상태로, 거짓말과는 구별해야 한다.

기억착오의 특이한 형태로서 기시현상(déjà-vu)과 미시현상(jamais-vu)이란 것이 있다. 기시현상이란 과거에 경험하거나 본 일이 없는 사물을 대하면서도 마치 전에 많이 경험하여 본 것처럼 느끼는 현상이다. 미시현상은 반대로 전에 많이 경험했거나 본 적이 있는 일을 처음 대하는 것같이 생소하게 느끼는 현상이다. 이 두 가지 현상은 정상인의 경우에도 피로했거나 강한 정서 상태일 때 나타나며 그 밖에 정신분열증, 신경증적 장애에서도 가끔 경험하게 된다.

5. 행동장애

1) 행동

인간의 여러 가지 정신활동의 결과로서 표면적으로 나타나는 행태를 행동이라고 한다. 따라서 행동이란 미세한 감정의 움직임에서 적극적인 운동까지 인간이 표현할 수 있는 모든 행위를 포함한다.

환자들의 정신병리는 일차적으로 그 정신병리의 결과로 나타나는 행동 때문에 타인의 눈에 띄게 된다. 다시 말하면 비록 중증의 정신병리를 가지고 있더라도 남의 눈에 띄는 행동으로 나타나지 않으면 쉽게 알 수가 없다. 따라서 환자를 검사하는 과정에서 제일 먼저 눈에 띄는 것이 환자의 병적 행동이고, 이를 밑바탕으로 해서 그 환자의 내부에 들어 있는 정신병리를 추적해 들어가게 된다.

2) 행동장애

(1) 과잉행동(overactivity or increased activities)

필요 이상으로 지나치게 많은 활동을 하는 경우다. 끊임없는 내적 요구 때문에 잠시도 쉬지 않고 활동하는 경우에서부터 일상적으로는 불필요하다고 생각되는 활동을 보통보다는 조금 지나치게 하는 경우에 이르기까지 그 정도는 다양하다. 이렇게 내적 욕구의 증가에 따라 지나치게 활동하는 경우를 정신운동성 항진(increased psychomotor activity) 또는 흥분(psychomotor excitement)이라고 하는데, 이때 대개의 환자는 행동의 목표가 수시로 바뀌고, 한 가지 일이 끝나기 전에 다른 일을 시작하는 등 주의가 산만한 모습을 보인다. 따라서 겉으로 보기에는 굉장히 바쁜 것 같으면서도 실제 이루어 놓은 일은 거의 없는 경우가 많다. 이는 자신의 심리적인 불안정으로 과잉행동을 하기도 하지만, 하는 일 자체도 불안정하기 때문이다. 이런 사람의 사고내용을 보면 과대망상을 가지고 있고, 사고의 비약이 나타나며, 감정은 고조되어 있는 것이 보통이다. 이는 양극성장애의 환자에게서 흔히 볼 수 있는 증상이다.

(2) 저하된 행동(decreased activities)

욕동(conation)이나 욕구가 저하된 상태에서는 사람의 행동도 마찬가지로 저하된다. 이렇게 저하된 행동을 정신운동성 감퇴(decreased psychomotor activity) 또는 정신운동성 지체(psychomotor retardation)라고 하는데, 가볍게는 동작이 느리고 일을 시작하기가 힘든 정도에서 심하게는 혼미 같은 거의 운동이 없는 상태까지 그 정도가 다양하다. 사고의 흐름도 역시 느리고 말도 느린 것이 보통이다. 심한 우울증에서의 허무감이나 죄책망상 등과 결부되어 있는 경우가 많고, 때로는 정신분열증의 기괴한 망상 때문에 행동이 느려지기도 한다.

(3) 반복적 행동(repetitious activities)

정신분열증이나 강박장애 환자에게서 흔히 나타나는 행동의 장애로서 반복적 행동이 있다. 다른 사람이 보기에는 이유가 없는 것 같은데도 같은 행동을 계속적으로 반복하는 경우, 이를 상동증(stereotype)이라고 한다. 정신분열증 환자가 복도 끝에서 끝까지 계속 똑같은 속도와 자세로 왕복하는 경우, 의미 없이 계속 옷의 단추를 끼웠다가 뺏다가 하는 행동을 반복하는 경우가 이에 해당한다. 대개 겉으로는 의미가 없는 것 같지만 자신의 무의식 속의 갈등이나 긴장을 해소하기 위한 방편으로 이런 행동을 하는 경우가 많다. 그러나 때로는 실제의 이런 정신 내적 갈등이나 긴장을 유발하는 요인이 없어졌는데도 습관적으로 상동증적 행동을 하는 경우도 많다. 이와 비슷한 것으로서 매너리즘(mannerism)이 있는데, 계속 눈을 깜박이거나 기침을 하는 등의 어떤 개인이 가지고 있는 독특한 버릇이나 표정에서 잘 나타난다. 누구에게 질책을 받을 때마다 손목시계를 본다든가, 의자에 앉았다가 일어날 때는 꼭 의자를 한 바퀴 돌고 나서야 다음 일을 시작하는 행동들도 이에 해당된다.

상동증이 행동의 반복인 데 비하여 의미 없는 단어나 짧은 문장을 이유 없이 반복하는 경우 이를 음송증(verbigeration)이라고 하며, 긴장형 정신분열증 환자에게서 흔히 보이는 증상이다. 이런 상동증이나 음송증과 비슷한 것으로 보속증(perseveration)이란 것이 있다. 자신은 다른 행동이나 말을 하려고 노력하는데도 뇌기능의 저하로 새로운 동작이나 말로 넘어가지 못하고 반복적으로 같은 행동이나 사고를 하는 경우를 말한다.

반복적 행동이 가장 심한 경우에는 행동 자체가 멎어서 부동의 자세를 취하고 있을 수가 있는데, 이를 경직성(catalepsy)이라고 한다. 지나치게 반복하다 보니 아예 부동의 자세를 반복한다는 의미다. 어떤 경우에는 외적인 힘에 의해 강요된 자세에서도 조금도 움직이지 않는 경우가 있다. 마치 밀초로 만든 인형같이 팔다리를 이상한 형태로 구부려 놓아도 그대로 움직이지 않고 있는데, 이를 납굴증(waxy flexibility)이라고 한다. 이는 역시 긴장형 정신분열증 환자의 긴장성 혼미 상태에서 특징적으로 나타나는 증상이다.

(4) 자동증(automatism)

다음에 기술할 거부증과 반대의 형태로 나타나는 행동장애의 하나가 자동증이다. 자신의 의지는 하나도 없다는 듯이 남의 요구대로 자동적으로 움직이는 행동을 자동적 복종(automatic obedience)이라고 한다. 한편 같은 자동증이면서 남의 말을 그대로 되받아서 마치 메아리처럼 그대로 따라서 말하는 행동을 반향언어(echolalia)라고 하고, 남의 동작을 그대로 똑같이 흉내 내는 행동을 반향동작(echopraxia)이라고 한다. 이런 자동증적 행동은 정신분열증의 특징적인 증상의 하나다.

(5) 거부증(negativism)

이는 자동증과는 반대로 상대방이 요구하는 것을 묵살하거나 반대방향으로 행동하는 경우를 말한다. 질문에 대하여 아무 대꾸도 하지 않는 함구증(mutism), 밥 먹으라는 소리에 배가 고프면서도 굶는 거식증 등이 모두 이에 해당한다. 강렬한 저항이나 반항의 수단으로서 자신에게 불이익이 돌아오는데도 기대되는 행동과는 반대로 고집을 부리는 것이다.

앞에서 말한 자동증이 내재한 적개심이나 불만이 겉으로 드러나는 것이 두려워서 자신의 의지를 감추고 상대방의 뜻대로 복종하는 것이라면, 거부증은 이런 적개심이나 불만에 대해 적극적으로 행동함으로써 자신의 불만을 충족하는 것이라 할 수 있다.

(6) 강박증적 행동(compulsive acts)

이는 스스로 자신의 행동이 무의미하다든가 불필요하다는 것을 알면서도 그런 행동을 반복하지 않고는 견디지 못하는 병적인 상태의 행동이다. 대개는 강박적 사고와 결부되어서 나타난다. 손에 세균이 묻었으면 어쩌나 하는 강박관념 때문에 하루에도 몇 번씩 손을 씻어야 하는 청결행동, 틀림없이 잠그고 나온 문을 혹시 잘못 잠그지 않았나 해서 되돌아가서 확인해야만 안심이 되는 확인행동 등의 경우가 이에 해당된다. 이때 스스로 자신의 행동이 무의미하다는 것을 알면서도 그렇게 하지 않고는 견디지 못하는 자신의 병적인 상태에 대해서 또 다른 불안이 생기게 된다.

(7) 충동적 행동(impulsive acts)

이는 어떤 정리된 욕구나 계획에 의해서가 아니라 순간적인 감정의 지배에 따라 예기치 않은 행동을 폭발적으로 일으키는 현상이다. 이런 충동적 행동은 여러 가지 경우에 나타난다. 예컨대 감정조절이 잘 안 되는 상태, 자신과 주위 환경과의 관계를 잘못 판단하는 경우, 정신분열증에서 망상이나 환각의 지배를 받아 일으키는 경우 등 다양하다.

인간이 자신의 생존을 유지하기 위해서는 생물학적, 심리적, 사회적 평형 상태를 유지할 필요가 있다. 이런 평형 상태가 깨지면 생물학적, 생리적 및 사회적 요구가 발생한다. 이런 요구를 충족하기 위해서 발동되는 심리적 현상이 욕구다. 이런 욕구가 발동되면서 신체적이거나 심리적인 긴장이 생기고, 이를 완화하기 위해서 그 욕구를 충족하기 위한 어떤 움직임을 해야 하는데 이런 움직임을 행동이라고 한다.

인간에게 욕구와 그에 따른 행동은 주위 환경에의 적응이라는 방향으로 결정되는 특성을 가진다. 반면 동물세계에서는 주위 환경에의 적응과는 상관없이 즉각적으로 생물학적인 욕구를 충족하려고 하는데, 이런 생태적인 욕구를 본능(instinct)이라고 한다. 물론 인간에게도 이런 본능적인 요소가 없는 것은 아니지만 출생 직후부터 이런 본능적인 요소는 차차 학습을 통하여 없어지고 적응적인 방향으로 행동하는 방법을 배우게 된다. 그러나 욕구의 발달이 정지되었거나 성장과정에서 성격 형성이 제대로 이루어지지 않은 경우 또는 병적인 상태에서 본능적인 욕구(instinctual need)가 인간의 행동을 지배하는 경우가 있다. 이 경우 충동적 행동이 나타난다.

인간 행동은 욕구의 강도와 이에 수반된 정동 상태의 변화, 이를 조절할 수 있는 지적 능력의 정도에 따라 여러 가지 양태로 나타날 수 있다. 즉, 욕구통제가 제대로 이루어지지 않고 더구나 본능적 욕구가 제대로 조절되지 않을 경우 충동적인 행동으로 나타날 수 있고, 반면에 지나치게 주위 환경을 의식한 나머지 욕구를 과잉 억압할 경우 자신의 의지를 행동으로 옮기기 힘들어질 수가 있다.

6. 정동장애

감정에는 내면적인 느낌, 기분, 더 구체적으로는 쾌감, 불쾌감, 기쁨, 슬픔, 분노, 미움 등이 있다. 감정은 주관적 작용이며 본능과도 불가분의 관계에 있다. 예를 들면, 꽃을 볼 때 꽃의 형태, 색, 신선도 등을 인지하며 동시에 예쁘다, 즐겁다 등을 느낀다. 전자에는 객관성이 있으나 후자에는 객관성이 없다. 또 감정은 상황이나 대상에 대하여 행동을 촉진하거나 억제한다. 감정에 관한 용어는 애매하고 혼동하기 쉽다. 영어의 'emotion'은 갑자기 생기고 심한 생리적 변화를 동반하는 것이고, 'affect'는 넓은 의미의 감정을 통칭하며, 'mood'는 지속적인 감정 상태를 의미한다.

감정의 부적절성(inappropriate affect)은 개인의 사고내용과 감정이 맞지 않는 상태다. 예를 들면, 슬픈 내용의 말을 하면서 얼굴 표정은 웃고 있다거나, 아무것도 즐거울 것이 없는 상황에서 히죽거리며 즐거워하는 것으로 정신분열증에서 볼 수 있다.

병적으로 즐거운 기분을 도취감(euphoria)이라고 하며 진행성 마비, 노인성 치매, 뇌 외상, 동맥경화증, 뇌종양과 같은 기질적 질환에서 흔히 볼 수 있다. 가벼운 행복감에서 오는 즐거운 정서 상태를 의기양양(elation)이라고 하는데, 이것도 환자의 상황과 어울리지 않으면 병적인 것이다. 여기에 위풍과 존대의 요소가 있으면 고양(exaltation)이라고 한다. 종교적인 신비스러운 요소가 있고 무아지경, 우주 · 신 등과의 일체감 및 융합감 등을 체험하는 것을 황홀(ecstasy)이라고 한다. 이것은 초월경험 상태에서 나타나지만 양극성장애, 정신분열증, 간질, 마약 사용, 해리(dissociation) 등의 정신질환에서도 볼 수 있다.

우울감(depression)은 슬픈 감정이 심하고 오래 끌며, 그런 감정을 가져오는 여건을 넘어선 병적인 상태를 말한다. 이때 불면증, 위장장애, 식욕부진, 체중감소 등의 신체증상을 동반하는 경우가 많고 또한 신체증상만을 호소하는 경우도 있다. 양극성장애의 우울 상태, 불안장애, 주요우울장애 등에서 나타난다.

불안(anxiety)은 임박한 위험에 대한 두려움이다. 처해진 상황에 비추어 당연한 생리적인 현상일 수도 있으나(죽음, 질병, 죄 등) 병적인 상태는 이유 없이 일어나고 그 정도가 강하고 길게 지속되는 경우다. 불안이 심하여 근육계통까지 미쳐서 안절부절못할 때 이를 초조(agitation)라고 한다.

양가감정(ambivalence)은 슬픔과 기쁨 등과 같은 상반되는 감정이 동시에 존재하는 것이다.

자극성(irritability)은 병적 불쾌감의 흥분성이 항진하여 쉽게 외부로 발산되는 상태다. 별것 아닌 일에 쉽게 흥분하고 화를 내는 경우로서 반사회적 상태나 분노가 강한 사람, 피로한 사람이나 히스테리, 치매 등에서 볼 수 있다.

가변성 정동(labile affect)은 기분의 지속성의 장애로서 화를 내다가 곧 기분이 좋아지는 식으로 외부 영향을 지나치게 쉽게 받는 정서 상태다. 어린아이, 히스테리성 성격, 치매에서 볼 수 있다.

황폐화(deterioration)는 정상적인 감정반응이 다 없어져 메마르고 무감각해진 정서 상태를 말한다.

7. 정신의학적 진단체계

이상행동을 평가하고 진단하여 장애를 분류하려는 노력은 많았으나 그 원인이 다양하고 유전과 사회적 환경요인들과 복합적으로 작용하고 있어 장애의 분류는 증상, 증후 및 장애의 경과에 대한 관찰에 의거한다(각 장애의 진단기준 참조).

정신장애를 유형별로 진단 · 분류하려는 노력은 끊임없이 행해져 오고 있으나 대표적으로 크게 나눈다면 다음과 같은 3차원으로 구별할 수 있다.

첫째, 정신장애는 정신질환(mental illness)과 지적장애(intellectual disability)로 나뉜다. 지적장애는 출생 시부터 나타나는 지적 능력의 결함을 의미한다. 반면 정신질환이란 과거에는 건강하였는데 나중에 증상이 나타나는 것을 의미한다.

둘째, 정신질환은 정신신경증(psychoneurosis)과 정신병(psychosis)으로 나뉜다. 신경증은 불안이나 우울을 중심으로 기질적인 원인 없이 외적 원인이나 심인성 원인(psychogenic origin) 때문에 일상생활에서 비효율적인 상태를 나타내는 현상이다. 즉, 일상에 지장을 초래할 만큼 정서와 생활태도가 불안정하며, 이를 괴로워하고 이 같은 상태에서 벗어나고자 하나 자신의 의도대로 잘되지 않는다. 정신병이란 망상이나 환각, 비합리적인 현실왜곡 및 괴상한 행동의 장애 등 사회적 기능과 자아기능이 손상되어 사회생활에서 철수되어 가정생활이나 직장생활을 수행하지 못하는 상태다.

셋째, 정신병은 기질적 정신병(organic psychosis)과 기능적 정신병(functional psychosis)으로 나뉜다. 기질적 정신병은 뇌 외상, 감염, 독성, 혈관성 질환 등에서 기인한 정신병의 병리가 증명되는 경우다. 기능적 정신병이란 기능의 손상은 있으나 아무런 기질적 병리를 증명해 낼 수 없는 경우다.

현재 통용되고 있는 정신장애 진단체계는 두 가지가 있다.

1) 국제질병분류(ICD)

우리나라에서 공식적으로 사용되고 있는 분류기준은 세계보건기구에서 제정하여 국제적으로 통용되고 있는 『국제질병분류(International Classification of Diseases and Health Problems) 제10개정판(ICD-10)』(1992)이다.

2) 정신질환의 진단 및 통계 편람(DSM)

이와는 달리 미국의 정신의학계에 의해 만들어진 『정신질환의 진단 및 통계 편람 (Diagnostic Statistical Manual of Mental Disorders)』도 매우 유용하게 사용되고 있으며, 1994년에 네 번째 개정판(DSM-IV)에 이어 2013년 DSM-5가 출간되었다. DSM-IV에서는 심리장애를 개념화하면서 어떤 병리에도 치우치지 않고 증상과 증후를 위주로 장애의 특성들을 정의해 놓고 있다. DSM-IV의 진단체계는 심리장애에 대한 많은 정보를 제공하고자 다축진단체계를 채택하고 있다. 축(axis)은 다음과 같다.

I축에서는 증상을 위주로 하는 임상진단(불안장애, 정신분열증, 기분장애 등)을 한다. II축에서는 성격장애를 진단한다. 이때 한 사람이 두 가지 이상의 성격장애를 보이면 이를 모두 기술한다. III축에서는 비정신적인 신체질환이나 신체 상태를 진단한다. IV축에서는 심리사회적 스트레스의 정도를 진단한다. V축에서는 장애가 일어나기 전까지의 적응기능 또는 적응 상태를 평가한다. 컴퓨터의 발전에 힘입어 이 같은 체계로 진단기준을 분류함으로써 진단의 일치도를 높일 뿐 아니라 연구목적으로도 유용하게 사용하고 있다.

이에 반해 DSM-5는 완전히 그 체계를 바꾸어 다음과 같은 변화된 내용들을 포괄하고 있다.

3) DSM-5 체계의 특징

1994년 미국정신의학회(American Psychiatric Association)에서 『정신질환의 진단 및 통계 편람 제4판(DSM-IV)』을 발표한 후 2013년에 개정판인 DSM-5가 출간되면서 많은 관심이 쏠리고 있다. DSM-IV와 DSM-5는 변화된 점이 아주 많은데, 이에 대하여 간략하게 살펴보고자 한다.

가장 큰 차이점은 기존의 다축체계가 삭제되었다는 것인데, DSM-5에서는 DSM-IV의 III축에 기재되던 상태 중 일부가 독립된 진단으로 구분되었고 V축의

GAF 점수(score)는 그대로 사용하기로 하였다. 또한 진단명에 '달리 분류되지 않는 범주(NOS)'를 사용하는 대신 '달리 분류된 장애(Other Specified Disorder)'와 '분류되지 않은 장애(Unspecified Disorder)'라는 용어를 사용하게 되었다.

또한 DSM-5 개정의 핵심 중 하나는 '차원적 평가(dimensional evaluation)'의 도입이라고 할 수 있다. DSM-IV에 대한 비판이 있었던 이유 중 하나가 정신병리를 '범주적으로 평가(categorical evaluaition)한다'는 점이었다. 즉, 1~9번의 진단기준 중 5개 이상이면 진단기준 A가 충족된다는 식이었다. 그러나 정신병리나 성격의 특질은 정도의 차이를 갖는 연속적인 실체인데 이를 장애가 '있다'나 '없다'만으로 판단함으로써 현실을 있는 그대로 반영하지 못하고 왜곡하게 되는 경우가 있었다. 따라서 기존의 '범주적 평가'에 대한 대안으로 차원적 평가가 도입되었고 진단의 경계를 넘어서 나타나는 증상을 'cross-out symptom(우울, 불안, 분노 등 13개 증상으로 진단에 포괄적으로 나타나는 보편 증상이라는 의미)'이라 칭하고, 이를 평가척도에서 측정하였다.

이에 더해 DSM-IV에서는 심각도 세부기준이 정신지체, 품행장애, 조증 삽화, 주요우울 삽화에만 적용되었던 반면 DSM-5에서는 정신분열증, 불안장애, 강박장애, 외상후 스트레스 장애, 해리장애, 성격장애, 변태성욕장애를 제외한 대부분의 장애에 핵심증상의 심각도에 대한 세부기준이 적용되었다.

각 장애에서도 변화된 측면들이 있는데, 먼저 지능 면에서 살펴보면 정신지체(Mental Retardation)는 신경발달장애 범주에 속해 있는 지적발달장애(Intellectual De-velopmental Disorder)로 변경되었다. DSM-IV에서는 정신지체를 IQ: 69 이하라고 제시하고 있었으나 DSM-5에서는 정신지체의 진단 및 심각도 판정에 있어 IQ 지수 사용이 선택적인 것으로 바뀌었다. 이로 인해 진단의 신뢰성 및 정확성에 제한이 발생할 가능성이 있다는 의견이 일각에서 제기되고 있다. 그리고 DSM-IV에서 18세 이전에 발병되어야 한다는 기준이 발달기간(아동기~사춘기) 동안에 발병하는 것으로 변경되어 기준이 다소 완화되었다. 심각도는 이전과 마찬가지로 경도, 중등도, 중도, 최중도로 평정한다. 이 외에도 '광범위성 발달지연'과 '지적장애'가 새롭게 추가되었는데 두 장애 모두 추후 재평가를 요한다. 광범위성 발달 지연은 초기 아동기 동안에 임상적으로 심각도 수준을 신뢰성 있게 평가할 수 없는 5세 이하의 아동의 경우 진단되고, 지적장애는 발달지연 등의 증상이 두드러지며 지적 결손의 정도를 평가할 수 있는 5세 이상의 아동이기는 하나 신체적인 손상이나 감각결함으로 인해 평가 자체가 불가능할 경우 진단된다.

의사소통장애 측면을 살펴보면, DSM-5의 의사소통장애군에는 언어장애(Language Disorder), 발화음장애(Speech Sound Disorder), 아동기-발생 유창성장애(Childhood-Onset Fluency Disorder, 말더듬증), 사회적 의사소통장애(Social Communication Disorder), 달리 세분화되지 않는 의사소통장애(Unspecified Communication Disorder)가 있는데, DSM-IV에서의 표현성 언어장애와 혼재 수용-표현성 언어장애가 언어장애에 통합되었고, 음성학적 장애와 말더듬기가 발화음장애로 통합되었으며 사회적 의사소통장애가 새롭게 추가되었다. 아동기-발생 유창성장애(말더듬기)의 경우, 성인이 된 이후 뒤늦게 발병하였다면 성인기-발생 유창성장애 진단이 내려진다. 새롭게 추가된 사회적 의사소통장애는 자연스러운 맥락에서 언어 및 비언어적 의사소통을 사용하는 데 영속적인 어려움이 있을 때 진단이 내려지는데 4세 이하의 어린 아동의 경우에는 이 진단이 내려지는 경우가 많지 않다. 이를 사회불안장애와 감별해야 하는 경우가 많은데 이럴 때는 증상의 첫 번째 발생 시점이 중요하다. 또한 사회적 의사소통장애의 경우는 효과적인 사회적 의사소통을 경험한 적이 없는 반면 사회적 불안장애의 경우는 의사소통 능력은 적절히 발달되었으나 이후 사회적 상호작용에 대한 불안, 두려움, 스트레스로 인해 의사소통에 어려움이 나타난다는 점에서 그 차이가 있다.

또한 DSM-5에서는 자폐 스펙트럼 장애라는 진단이 추가되었는데, 이는 자폐성장애(Autistic Disorder), 아스퍼거 장애(Aspergers Disorder), 소아기 붕괴성장애(Childhood Disintegrative Disorder), 달리 분류되지 않는 광범위성 발달장애(Pervasive Development Disorder, NOS) 등의 전반적인 발달장애가 하나로 통합된 것이다. DSM-IV 진단기준에서 ① 사회적 상호작용의 결핍, ② 사회적 의사소통의 결핍, ③ 상동행동 중 사회적 상호작용과 사회적 의사소통에서의 장해가 하나의 진단기준으로 통합되었다.

자폐 스펙트럼 장애의 진단기준(DSM-5) 요약 내용(17장 418쪽 참조)

A. 다양한 맥락에서 지속적으로 나타나는 사회적 의사소통과 사회적 상호작용의 결함

     (1) 사회-정서적 상호작용의 결함

     (2) 비언어적 의사소통 행동의 결함

     (3) 관계의 발달, 유지, 이해의 손상

B. 행동, 관심, 활동이 제한되고 반복되는 패턴으로 다음 중 최소 두 가지 이상 해당되어야 함

     (1) 상동증적이고 반복적인 언어, 운동 행동, 물건의 사용

     (2) 과도한 집착 및 변화에 대한 저항

     (3) 극도로 제한되고 고정된 관심사

     (4) 감각 자극에 대한 과잉/과소 반응성 또는 환경의 감각 측면에 대한 유별난 관심

C. 증상이 초기 발달기에 나타나야 함

D. 증상이 임상적으로 유의미한 수준으로 사회적, 직업적, 일상적 기능의 손상을 초래해야 함

E. 지적장애, 광범위성 발달지연 등에 의해 더 잘 설명되지 않아야 함

    주의력결핍/과잉행동 장애(Attention-Deficit/Hyperactivity Disorder: ADHD)는 DSM-IV에서 '유아기, 아동기, 청소년기에 흔히 처음으로 진단되는 장애'에서 신경발달장애로 이동되었는데 이는 아마도 ADHD와 뇌발달의 연관성을 고려한 것으로 보인다. 또한 최소 발병연령이 7세 이전에서 12세 이전으로 대폭 확장되었고 청소년이나 성인의 경우에도 진단되는 성인 ADHD의 진단 가능성을 열어 두었다. 또한 아동, 청소년의 경우에는 한 가지 영역에서 6개 이상의 증상이 충족될 때 진단을 내릴 수 있는 것에 비해 성인의 경우에는 5개 이상이 충족되면 진단을 내릴 수 있게 되어 성인 ADHD의 진단 증가가 우려되고 있다. DSM-IV에서는 '주의력결핍 및 파괴적 행동장애'군에 포함되어 있던 품행장애와 적대적 반항장애가 DSM-5에서는 '파괴적 충동조절 및 품행 장애'라는 영역으로 새롭게 분류되었으며 주의력결핍/과잉행동 장애와 자폐 스펙트럼 장애를 함께 진단하는 것을 가능하게 했다.

    DSM-5의 신경인지장애 영역을 살펴보면 치매를 비롯하여 뇌손상으로 인한 인지기능 저하 등이 모두 신경인지장애군으로 묶였다. 장해의 심각도에 따라 주요 신경인지장애, 경도 신경인지장애로 나뉘는데 장애의 범위가 광범위하기 때문에 현

증상이 어떤 원인에 기인하는지가 진단명에 부가되었다. 예를 들면, 알츠하이머 질환, 이마관자엽 변성, 루이바디 질환, 뇌혈관 질환, 충격에 의한 뇌손상, 약물 사용, HIV감염, 프리온 질환, 파킨슨 질환, 헌팅턴 질환, 다른 의학적 상태, 다중 병인 등과 같이 기술해야 한다.

　정신증적 영역에서는 정신분열증의 하위유형이 모두 삭제되었고 '정신분열 스펙트럼'이라는 이름을 붙여 정신분열증을 하나의 스펙트럼으로 보았다. 분열형 성격장애 역시 정신분열 스펙트럼 장애로 간주된다(분열형 성격장애는 성격장애 부분에도 속해 있어 이중으로 소속됨). 그리고 DSM-IV에서와 달리 DSM-5에서는 진단기준 A에서 망상, 환각이나 와해된 언어 중 적어도 하나를 충족해야 한다고 기술되어 있다. DSM-IV에서는 음성증상으로 정서적 둔마, 무욕증, 사회적 철수 등이 포함되었으나 DSM-5에서는 음성증상으로 감소된 정서표현과 무욕증이 진단기준 A에 포함되었다. 또한 DSM-IV에서의 임상적 주의점(만약 망상이 기괴하거나, 환각이 계속적으로 행동이나 생각에 대해 간섭하는 목소리이거나, 둘 또는 그 이상이 서로 대화하는 목소리일 경우에는 한 개 증상만 있어도 된다)이 제외되었다. 왜냐하면 망상이 기괴한지 아닌지를 나누는 것의 신뢰도가 떨어지기 때문이다. 더불어 분열정동장애는 DSM-IV에서 기분 삽화의 진단기준을 충족하는 증상들이 활성기와 잔류기를 포함한 전체 장애기간 가운데 상당 기간 존재해야 한다고 기술되어 있는 것과 달리 DSM-5에서는 기분 삽화가 전체 장애기간 중 대부분의 기간 동안 존재해야 한다고 기술되어 있다. 이러한 변화는 환자들이 분열정동장애로 과잉 진단되는 것을 막을 수 있을 것이라 예상된다.

　기존의 '기분장애'라는 범주가 양극성 및 관련 장애와 우울장애로 나뉘면서 양극성장애는 독립적인 분류로 나뉘게 되었다. 우울장애는 새롭게 추가된 진단이 두 가지가 있다. 첫 번째는 파괴적 기분조절부전장애로 땡깡을 부리거나 성질을 부리는 등 분노폭발 상태의 아동 및 청소년에게 진단되는데, 이는 아동 및 청소년의 양극성장애 진단과 치료가 과잉되는 것을 막고자 한 것이다. 진단기준을 구체적으로 살펴보면, 분노폭발이 상황이나 자극을 고려할 때 그 강도 및 기간이 지나치고, 발달수준에 맞지 않으며, 주 3회 이상 일어날 때, 그리고 12개월 이상 지속되고, 3개월 이상의 연속적인 증상 휴지기가 없어야 진단이 가능하다. 두 번째는 지속성 우울장애로 DSM-IV에서의 기분부전장애와 만성 주요우울장애의 통합적 개념이라고 할 수 있다. 그러나 가장 가벼운 수준인 만성적인 기분부전장애와 가장 심한 수준인 만성적인 주요우울장애를 함께 포함하고 있어 논란의 여지가 있다. 그리고 DSM-IV에서는 부록에 제시되어 있던 월경전기 불쾌장애(Premenstual Dysphoric Disorder)가 우울장애군의 진단으로 확정되었다. DSM-5에서는 기분 삽화에서 혼재성 삽화가 삭제되었고, 대신 조증 삽화와 주요우울장애 증상이 동시에 공존하는 경우는 '조증 삽화, 혼재성 양상 동반(manic episode, with mixed feature)'으로 진단한다. 그리고 양극성 및 관련 장애와 우울장애 진단에 가장 최근의 기분 삽화를 기술하는 세부진단이 더해져 진단을 설명하는 내용이 이전에 비해 더 풍부해졌다. 예를 들어, DSM-IV에서는 '~specifier'로 명명되었으나 DSM-5에서는 'with~'로 명명되어 진단을 내린 뒤 진단을 더 구체화하는 방식으로 바뀌었다. 또한 주요우울 삽화에서(DSM-IV 주요우울 삽화 진단기준 E: "증상이 사별에 의해 잘 설명되지 않는다.") '애도기간'에 대한 제외기준이 없어졌다. 이로 인해 애도기간 중이라는 단서가 우울증 진단과 큰 관련이 없게 되었는데, 이는 애도기간이 2개월 정도에 끝나는 일이 아닐 때도 많으며, 애도가 다른 스트레스와 큰 차이가 없고, 스트레스가 우울 삽화 전에 선행하는 일은 흔하다는 것을 고려한 것으로 보인다. 우울장애에서 불안에 대한 세부기준(anxious distress specifier)이 신설되었다. 이는 우울장애에 불안이 동시에 존재하면 자살 위험이 증가하고 유병기간이 길어지며 치료에 비순응적일 가능성이 커진다는 점을 고려하여 진단 및 치료 그리고 예후를 고려할 때 평가하는 것이 좋겠다고 판단하여 신설된 것이다. 이 세부기준의 다섯 가지 증상 중 2개를 만족해야 하는데 이는 다음과 같다. ① 긴장되고 날카로운 기분, ② 안절부절못함, ③ 걱정으로 인한 집중의 어려움, ④ 끔찍한 일이 생길 것 같은 두려움, ⑤ 자제력(통제력)을 잃을 것 같은 기분.

더불어 DSM-IV에서 유아기, 아동기 또는 청소년기의 기타 장애군에 포함되어 있던 분리불안장애와 선택적 함구증은 불안이 핵심이기 때문에 불안장애 범주에 포함되었다. 이로 인해 이제는 성인에게도 분리불안장애와 선택적 함구증의 진단을 내릴 수 있게 되었다. 분리불안장애는 연령대에 따라 진단기준이 다소 차이가 있는데, 아동 및 청소년의 경우에는 증상이 적어도 4주 이상 지속되어야 하나, 성인의 경우에는 6개월 이상 지속되어야 분리불안장애로 진단할 수 있다. DSM-IV에서는 어떤 때는 '공포'를 쓰고 다른 경우에는 '불안'을 사용한 반면, DSM-5에서는 '공포 또는 불안'이라는 결합된 용어를 사용하였다. 그리고 불안장애에서의 또 다른 변화점은 기존의 사회공포증(Social Phobia)이 사회불안장애(Society Anxiety Disorder)

로 명칭이 변경되었다는 것과 광장공포증(Agoraphobia)이 하나의 장애로 독립되었다는 것이다.

반면 불안장애에 속해 있던 강박장애와 외상후 스트레스 장애(PTSD)는 새로운 장애군으로 분리되었다. 즉, 강박장애는 강박 및 관련 장애(Obsessive-Compulsive and Related Disorders)군에 속하게 되었고, 외상후 스트레스 장애는 외상 및 스트레스 사건 관련 장애(Trauma and Stressor-Related Disorders)에 속하게 되었다.

강박 및 관련 장애의 범주에 속하는 장애에는 강박장애(Obsessive-Compulsive Disorder)를 비롯하여 신체변형장애(Body Dysmorphic Disorder), 발모광(Trichotilomania, Hair Pulling Disorder), 물질유발 강박 관련 장애(Substance/Medication-induced Obsessive-Compulsive and Related Disorders), 다른 의학적 상태로 인한 강박 관련 장애(Obsessive-Compulsive or Related Disorder Due to Another Medical Condition) 등이 포함된다. 그리고 DSM-IV에는 없었던 수집광(Hoarding Disorder), 피부 벗기기 장애(Skin Picking Disorder)가 새롭게 추가되었다. DSM-IV에서 저장증상은 강박성 성격장애의 주요 진단기준의 하나였으나 저장증상이 강박장애와 강박성 성격장애로 충분히 설명되지 않아, DSM-5에서는 수집광(Hoarding Disorder)이라는 하나의 장애로 독립되었다.

외상 및 스트레스 사건 관련 장애의 범주에 속하는 장애를 살펴보면, 반응성 애착장애(Reactice Attachment Disorder), 탈억제성 사회적 유대감 장애(Disinhibited Social Engagement Disorder), 외상후 스트레스 장애(PTSD), 급성 스트레스 장애(Acute Stress Disorder), 적응장애(Adjustment Disorder) 등이 있다. DSM-IV에서는 반응성 애착장애의 유형에 억제형/탈억제형이 있었는데, DSM-5에서는 이를 2개의 진단으로 나누었다. 즉, 반응성 애착장애의 억제형이 반응성 애착장애로, 반응성 애착장애의 탈억제형이 탈억제성 사회적 유대감 장애로 바뀌었다. 외상후 스트레스 장애에서는 DSM-IV의 진단기준 A2, 즉 외상사건에 대한 주관적인 반응(두려움, 무기력감, 공포)과 관련된 개인적 반응이 제외되었고, 핵심증상이 '재경험, 회피/무감각화, 증가된 각성'에서 '침투증상, 회피, 인지와 기분의 부정적 변화, 각성과 반응성의 현저한 변화'로 바뀌었다. 적응장애는 고통스러운 사건(traumatic or non-traumatic)에 노출된 후에 발생하는 다양한 '스트레스 관련 증후군(stress response syndromes)'으로 재개념화되었다.

DSM-IV의 신체형장애(Somatoform Disorder)는 신체증상 및 관련 장애로 명칭이 변경되었다. DSM-5에서는 이를 신체증상장애(Somatic Symptom Disorder), 질병불안장애(Illness Anxiety Disorder), 전환장애(Conversion Disorder/Functional Neurological Disorder), 허위성장애(Factitious Disorder)로 구분하였다. 신체증상장애는 한 개 이상의 신체적 증상을 고통스럽게 호소하거나 그로 인해 일상생활이 현저하게 방해받는 경우로서 신체증상에 대한 과도한 사고, 감정 또는 행동을 나타내거나 건강에 대한 과도한 염려를 나타낸다. 질병불안장애(기존의 건강염려증)는 심각한 질병에 걸렸다는 잘못된 집착과 공포를 갖는 장애로, 이 장애를 지닌 사람은 건강에 대한 불안으로 인해 신체에 주의를 기울이고 과도하게 지각된 신체감각을 심각한 만성질병에 기인한 것으로 잘못 해석하는 경향이 있다. 전환장애는 신체마비나 감각이상과 같이 주로 신경학적 손상을 시사하는 소수의 신체적 증상을 나타내는 장애다. 신체형 장애군에서 새롭게 추가된 진단은 '다른 의학적 조건에 영향을 주는 심리적 요인(Psychological Factors Affecting Other Medical Conditions)'이다. 이는 행동이 의학적 질병의 병원체라는 건강심리학의 취지와 부합하는 진단으로서, 의학적 증상을 가진 사람의 어떤 심리적 요인이나 행동이 그 병의 발병 및 악화와 관련이 있고, 치료를 방해하며, 그 병의 생리에 영향을 미치는 경우에 진단된다. 허위성장애는 환자의 역할을 하기 위하여 신체적 또는 심리적 증상을 의도적으로 만들어 내거나 위장하는 경우로 이러한 증상으로 인하여 현실적으로 아무런 이득이 없음이 분명하며, 다만 환자 역할을 하려는 심리적 욕구에 기인한 것으로 추정될 때 이러한 진단을 내린다.

물질 관련 장애 및 중독장애에서는 기존의 물질의존과 물질남용을 물질사용장애로 통합하였는데 의존과 남용은 정도의 차이일 뿐 동일 차원에 있다고 보았기 때문이다. 물질사용장애의 진단기준에도 약간의 변화가 있는데, '물질과 관련된 법적 문제가 반복된다.'라는 항목이 삭제된 반면 '갈망감(craving)과 강한 바람 및 욕구가 있다.'라는 항목이 새롭게 추가되었다. 더불어 도박장애가 이 장애군에 포함되었다.

이상으로 DSM-IV에서 DSM-5로 개정되면서 변화된 사항들에 대해 간략하게 살펴보았다.

Abnormal Psychology

제5장

성격장애

　성격이란 사고, 감정, 행동에서의 지속적 양상이라고 간주할 수 있는 개인적 특성을 말한다. 성격은 어린 시절부터 서서히 형성되기 시작하여 성인기에는 하나의 고정된 양상으로 굳어지게 되며, 각 개인의 성격적 특성은 일상생활에서 사람마다 독특한 적응적 행동으로 나타나게 된다.

　성격장애(personality disorder)란 성격, 즉 위에 언급된 바와 같은 개인이 지닌 지속적이고 일정한 특성에 의해 일상에서의 적응에 주요한 기능장애를 가져오게 되는 장애라고 정의할 수 있다. DSM-5에서의 정의에 따르면 성격특성이란 광범위한 사회적, 개인적 생활 속에서 나타나는, 환경과 자기 자신에 대해서 지각하고 관계를 맺고 생각하는 지속적인 고정된 방식이다. 이 성격특성이 경직되어 있고 부적응적이며, 심각한 기능장애나 주관적인 고통을 유발할 때만 성격장애라고 볼 수 있다. 또한 성격장애의 핵심적 양상은 그 개인이 속해 있는 사회의 문화권에서 기대되는 방식, 즉 보통 사람들이 평균적으로 지각하고 느끼고 생각하는 방식, 특히 타인과의 인간관계 형성방식에서 심각하게 벗어나는, 지속적이며 고정적인 내적 경험과 행동양식이다.

　성격장애 환자들에게서는 정신증(psychosis)과는 달리 퇴행적 행동이나 사고장애 혹은 정동장애가 거의 나타나지 않으며, 신경증(neurosis)에서처럼 과장되고 고착된 방어도 거의 나타나지 않는다. 그러나 성격장애 환자들은 그들의 행동이 사회에 미치는 영향을 인식하지 못할 뿐 아니라 대부분 스스로 치료를 받으려고 하지도 않는데, 그것은 자신에게 맞추어 외부 환경을 바꾸고자 하는 환경변용적인(alloplastic) 특성과, 증상을 자아에 위협적인 것으로 느끼지 않아 용납하는 자아 동조적인(ego-syntonic) 특징이 증상 자체에 있기 때문이다.

성격장애를 설명하는 체계에는 다양한 방법이 있는데, 이 장에서는 미국정신의학회의 DSM-5에서의 분류체계를 통해 살펴보고자 한다.

DSM-5에서는 ① 인지, ② 정동, ③ 대인관계의 기능, ④ 충동조절 중 적어도 두 가지 영역에서 문제양상을 보일 때 성격장애로 보며, 이런 지속적으로 고정된 양식이 개인적, 사회적 상황에 광범위하게 퍼져 있고 사회적, 직업적 또는 다른 중요한 기능영역에서 임상적으로 심각한 고통이나 장애를 초래해야 한다고 본다. 이런 고정된 양식은 오랜 기간 변함없이 지속되며, 발병은 적어도 청소년기나 성인기 초기에 시작된다.

DSM-5에서는 성격장애를 크게 세 가지 집단으로 나누고 있다. 첫째, A집단(cluster A)은 이상하고 괴이하며 사회적으로 엉뚱하고 고립되어 있는 특성을 보이는 집단으로서 편집성 성격장애, 분열성 성격장애, 분열형 성격장애가 포함된다. 둘째, B집단(cluster B)은 극적이고 감정적이며 변덕스러운 특성을 보이는데 히스테리성 성격장애, 자기애성 성격장애, 반사회성 성격장애, 경계성 성격장애가 포함된다. 셋째, C집단(cluster C)은 쉽게 불안해하고 근심이 많으며 무서움을 잘 느끼는 특성을 보이는 집단으로서 회피성 성격장애, 의존성 성격장애, 강박성 성격장애가 포함된다. 개인에 따라서는 하나 이상의 장애를 보일 수도 있다.

1. 성격장애의 유형

1) 편집성 성격장애

(1) 임상적 특징

T씨는 회사를 다니다 퇴직한 후 하는 일 없이 지내고 있는 62세의 남자다. T씨는

평소 가족들의 일에 사사건건 간섭이 많고 의심을 많이 하며 돈에 인색한 편이었다. 부인과 자식들이 밖에 나갔다 들어오면 누구를 만났는지 따져 물었고, 돈도 자신이 직접 관리하며 씀씀이를 일일이 통제하곤 하였다. 사소한 것도 다 메모하며 통장을 넣은 함은 열쇠로 잠궈놓고, 그 열쇠는 늘 자신이 가지고 다녔다. 종종 자신의 마음에 들지 않으면 부인이나 자식들에게 손찌검하는 일도 있었다. 동네 이웃들과도 싸움이 잦았는데, 자신의 집 경계를 옆집에서 넘어왔다고 따지거나 자기 집에 있는 물건을 탐내고 있다고 의심하면서 시작되는 경우가 많았다. 가족들이 조금 큰 소리로 대화를 하면 옆집에서 그 소리를 다 듣는다며 창문을 닫고 말하라고 화를 내곤 하였다. 직장에 다니던 때에도 자신의 능력이 뛰어난 것을 동료들이 시기한다고 생각하였고, 자기가 알고 있는 업무 관련 정보를 알아내기 위해서 친하게 굴려고 한다며 집에 와서 욕을 하곤 하였다.

얼마 전에는 부인이 돈벌이를 위해 다단계 판매를 시작하자 부인에게 "뭣 하러 다니느냐."면서 화를 내고 몰래 그 뒤를 밟아서 부인이 하는 일을 알아보기도 하였고, 부인의 일이 잘되자 부인 몰래 좋은 거래처를 자신의 명의로 바꾸어 자신이 직접 관리하였다. 그 일로 부인과 다툼이 생기자 "네가 나 모르게 한 재산 챙기려고 해서 내가 먼저 손을 쓴 것이다."라면서 폭언과 욕설을 하였고, 판매 회사와 거래처를 찾아가 부인을 해고할 것을 요구하였다. 그 일로 부인과 자녀들이 따지자 오히려 "너희가 작당하고 나를 모함한다."며 더욱 분개하는 모습을 보였다.

편집성 성격장애의 진단기준(DSM-5)

A. 타인들의 동기를 악의에 찬 것으로 해석하는 등 광범위한 불신과 의심이 성인기 초기에 시작되어 여러 가지 상황에서 나타나며, 다음 중 4개 이상의 항목을 충족한다.

(1) 충분한 근거도 없이 타인들이 자신을 착취하고 해를 주거나 속인다고 의심한다.
(2) 친구나 동료의 성실성이나 신용에 대한 부당한 의심에 집착되어 있다.

(3) 정보가 자신에게 악의적으로 사용될 것이라는 부당한 공포 때문에 터놓고 이야기하기를 꺼린다.

(4) 사소한 말이나 사건 등을 자기의 품위를 손상시키려 하거나 위협적인 숨겨진 의도로 해석한다.

(5) 원한을 오랫동안 풀지 않는다. 예를 들면 모욕, 상해 혹은 경멸을 용서하지 않는다.

(6) 타인에게는 그렇게 보이지 않지만 자신의 성격이나 명성이 공격당했다고 느끼고 즉시 화를 내거나 반격한다.

(7) 이유 없이 배우자나 성적 상대자의 정절에 대해 자꾸 의심한다.

B. 정신분열증, 정신증적 양상을 보이는 기분장애 혹은 기타 정신증적 장애의 경과 중에만 나타나는 것이 아니고 일반적인 의학적 상태의 직접적, 생리적 효과에 의한 것이 아니어야 한다.

주의: 만약 정신분열증의 발병 이전에 지니고 있던 성격특성이 위에 제시된 진단기준에 맞으면, '병전'이라고 괄호 안에 써 준다. 예: 편집성(망상성) 성격장애(병전).

편집성 성격장애(Paranoid Personality Disorder)는 자기애성, 반사회성 또는 강박성 성격장애가 악화된 유형으로서 타인에 대한 근거 없는 의심과 불신, 지나친 과민성이 특징이다. 이들은 화를 잘 내고 타인에게 적대적이며 조소나 기만, 배신 같은 것에 지나치게 분노하는 경향이 있다.

다른 사람을 믿지 못하기 때문에 자기통제력을 상실할 수도 있다고 생각되는 밀접한 관계는 맺지 않으려고 한다. 항상 속임과 공격에 과민해져 사소한 것에도 많은 신경을 쓰기 때문에 스스로도 고통스러울 뿐만 아니라 대인관계에서 많은 어려움이 야기된다. 보다 세부적으로 살펴보면 다음과 같다.

① 행동양상

늘 자신을 방어하고 주변을 경계한다. 이들은 실제 위험이 있든 없든 지나치게 과민한 상태다. 타인에게 의지하는 것은 약하고 열등한 것이라 여길 뿐만 아니라 아무도 신뢰하지 않기 때문에 어느 누구에게도 의지하지 않는다. 그 결과 외부의 영향과 통제에 완강히 저항한다.

② 대인관계

대인관계에서 까다롭고 늘 시비조이며 도발적이다. 타인이 얼마나 진실한지를 계속 확인하고 숨겨진 의미와 동기를 살핌으로써 다른 사람을 화나게 한다.

이들이 다른 사람을 믿지 못하고 지나치게 방어적인 것은 타인을 향한 분노가 내재되어 있기 때문이다. 대부분의 사람이 부정한 방법으로 성공했다고 보고, 자신들은 제대로 대우받지 못하고 무시당한다고 느낀다. 이같이 자신이 부당한 대우를 받는다는 생각 때문에 늘 공격적인 태도를 취하게 된다.

요약하면 이들의 의심하는 특성은 다투기 좋아하는 기질과 의존성에 대한 경멸의 혼재다.

③ 인지양식

인지양식은 회의적인 것이 특징이다. 의심과 의혹이 많고 냉소적이다. 평범한 사건을 자신에 대한 비판으로 받아들여 타인의 동기를 의심하고, 때로는 피해망상을 갖기도 한다.

기본적으로 모든 것에 신뢰가 부족한 편집성 성격은 지각, 인지, 기억 모든 면에 영향을 미쳐 자신의 생각과 다른 어떠한 증거도 받아들이려 하지 않는 편집증적인 상태에 이르게 한다.

어느 누구의 말도 믿지 않으려는 고집스러움으로 다른 사람들과 어울리지 못하고, 자신의 생각이나 태도를 공유하지 않으려 한다. 이렇게 혼자만의 생활 속에서 자연적으로 망상적인 인지구조를 더욱 발전시키게 된다.

④ 정서표현

까다롭고 화를 잘 낸다. 냉정하고 사소한 것에도 의심하는 경향 때문에 유머는 찾아보기 어렵다. 이들은 이용당할지 모른다는 생각에 늘 불안해하고, 자신의 삶을 스스로 통제하지 못하게 될까봐 두려워한다. 항상 타인이 자신을 배반하지 않을까 하는 생각에 그 증거를 찾느라 지나치게 예민하고 긴장되어 있다.

⑤ 자기지각

자신의 잘못이나 실패를 받아들일 수 없기 때문에 편집성 성격장애는 투사과정을 통해 자신의 단점을 다른 사람에게 전가시키는 것으로 자존감을 유지한다.

이들은 타인의 사소한 결점이라도 쉽게 알아내는 재주를 가지고 있고, 늘 시기하고 적대적이다. 이런 이유에서 편집성 성격장애는 얕잡아 볼 수 없고, 불의를 용납하지 않는 사람으로 자신을 지각하고 있는 것으로 보인다.

⑥ 주요 방어기제

편집성 성격장애는 대하기에 가장 불편하고 힘든 성격장애 중 하나다. 늘 의심이 많고 적대적인 이들이 주로 사용하는 방어기제는 투사(projection)다.

투사는 두 가지 과정으로 전개되는데, 먼저 바람직하지 못한 특성과 동기를 억압하거나 자신과는 관계없는 것이라고 단정한다. 그다음 그러한 특성이나 동기를 타인에게 전가시킨다. 투사는 자신의 바람직하지 못한 행동을 부인할 뿐만 아니라 방출하게도 한다. 더욱이 적대적인 동기를 타인에게 전가시킴으로써 타인을 학대할 권리를 주장한다. 즉, 투사는 바람직하지 못한 행동을 부인하고 방출시키는 도구인 동시에, 타인을 향한 공격성 또는 보복성을 정당화하는 도구로 작용한다.

(2) 원인

① 생물학적 요인

편집성 성격장애의 발달에 기여한다고 생각되는 유전적 요인에 대한 연구는 별로 없다. 적대적이고 공격적인 행동을 보이는 편집성 성격장애 환자의 가족 구성원을 대상으로 한 일부 연구에서 이들은 공통적으로 활성화 수준과 에너지 수준이 유의하게 높은 기질을 보인다고 주장한다.

② 환경적 요인

부모의 성격특성과 양육태도가 편집성 성격을 발달시키는 원인이 될 수 있다. 편집성 성격장애 환자의 부모는 그 자신이 강한 분노감을 지니고 있는 경우가 많다고 보고되고 있다. 어린 시절 아이는 불합리한 부모의 엄청난 분노에 짓눌려 성장하면서 자신을 자신의 부모와 동일시함으로써 누적된 분노를 다른 사람에게 투사하게 되는 것이다.

가혹하고 학대적인 부모의 양육태도에 계속적으로 노출된 아동은 타인에 대한 깊은 불신을 학습하게 되고, 그에 따라 자신만이 결정의 주체임을 확신하게 된다. 그 결과 아무도 신뢰하지 않으며 부모나 사회의 통제는 거부하고 대신 충동적이고 공격적인 삶의 방식을 발달시킨다. 이들 중 일부는 자신이 지각한 환경의 위협에 직접적으로 대처하지 못하고 증가된 긴장을 적대감, 망상 등으로 표출하기도 한다.

2) 분열성 성격장애

(1) 임상적 특징

H씨는 36세로 전기 부속 가게를 운영하고 있으며, 부인에게 이끌려 상담을 받기 위해 오게 되었다. 부인의 호소는 남편이 다른 사람들과는 물론 가족이나 자신과도 어울리려 하지 않는다는 것이었다. 남편은 아이도 돌보지 않으며 감정이 없는 사람 같고 성적으로도 냉담하다고 부인은 눈물로 호소하였다. H씨는 자신이 별로 사람들과 어울리고 싶은 생각이 없으며, 그것은 시간 낭비라고 생각한다고 하였다. 학창시절부터 가까이 지내는 친구도 없었고 급우들은 H씨를 '냉정한 놈'이라고 말하곤 하였다고 한다. 스스로 생각해 보아도 누구를 열렬히 좋아하거나 싫어해 본 적도 없는 것 같고 친구들과 어울려 지내려고 해 본 적도 없다. 전기 쪽을 직업으로 택한 것도 그렇게 하면 별로 사람들과 어울리지 않고도 먹고 살 수 있을 것 같아서였다고 한다. 결혼도 부모가 하도 성화를 하여 한 것이고, 할 수  만 있다면 산속에서 혼자 살고 싶다고 하였다. 취미라고는 혼자서 건축물 모형을 만드는 것이 전부고, 모형 만들기 동호회에 가입해 보라는 부인의 말은 무시해 버리고 있다고 하였다. 결혼생활에 대해서 부인이 괴로워하는 것은 알지만, 자기는 원래 그런 놈이니 어쩔 수 없다는 말만 되풀이하였다.

분열성 성격장애의 진단기준(DSM-5)

A. 사회적 관계에서의 고립양상과 대인관계 상황에서의 제한된 감정표현이 광범위한 양상으로 나타나고, 이런 양상이 성인기 초기에 시작되며, 다양한 상황에서 드러나고, 다음 중 4개(혹은 그 이상)의 항목을 충족한다.

    (1) 가족의 일원이 되는 것을 포함하여 친밀한 관계를 바라지도 즐기지도 않는다.
    (2) 거의 항상 혼자서 하는 활동을 선택한다.
    (3) 다른 사람과 성 경험을 갖는 일에 거의 흥미가 없다.
    (4) 만약 있다고 하더라도 소수의 활동에서만 즐거움을 얻는다.
    (5) 직계가족 이외에는 가까운 친구나 마음을 털어놓는 친구가 없다.
    (6) 타인의 칭찬이나 비평에 무관심해 보인다.
    (7) 냉담, 고립 혹은 단조로운 정동을 보인다.

B. 장해가 정신분열증, 정신증적 양상을 동반하는 기분장애, 기타 정신장애 혹은 광범위성 발달장애의 경과 중에서만 나타나는 것이 아니며, 신경과적(예: 측두엽 간질) 또는 다른 일반적인 의학적 상태의 직접적, 생리적 효과에 의한 것이 아니어야 한다.

주의: 만약 정신분열증의 발병 이전에 지니고 있던 인격특성이 위에 제시된 진단기준에 맞으면, '병전'이라고 괄호 안에 써 준다. 예: 분열성 성격장애(병전)

분열성 성격장애(Schizoid Personality Disorder)는 '수동적 – 이탈적(passive-detached)' 성격유형으로서 정상적인 내성적 성격(introversive personality)의 병리적 형태다. 이들은 사회생활에서 드러나지 않고 조용히 자신의 일을 하며 다른 사람들과의 관계에서도 좀처럼 주의를 끌려고 하지 않는다. 다른 사람들에게 방해받지 않는 삶을 살고 싶어 하며 사회적 관계에서 보상을 기대하지 않기 때문에 타인과의 접촉이 요구되지 않는 분야에서 재능을 나타낸다. 우표수집과 같은 취미생활이나 동물사육, 기계조립 등에 몰두하는 경우가 많다.

이들의 주된 특징은 비사교성으로, 대인관계에 무관심하고 정서적으로 냉담하며 외부 자극에 잘 반응하지 않는다. 세부적으로 살펴보면 다음과 같다.

① 행동양상

행동은 무기력하고 거의 활동을 하지 않는다. 활기가 없고 에너지가 부족하며 행동도 활발하지 못하다. 말은 느리고 단조로우며 의사표현도 거의 없다.

② 대인관계

대인관계 면에서는 타인에 대해 무관심하며 타인과 동떨어져 있다. '최소한의 인간'에게만 관심을 갖고 친구들이 거의 없으며 다른 사람들의 행동이나 감정에 거의 반응하지 않는다.

이러한 대인관계의 소극성이 다른 사람에게는 적대감이나 거부를 나타내는 것으로 해석되기도 하지만 실제로는 다른 사람의 기분이나 욕구를 지각하는 데에서의 무능함을 나타내는 것이다. 집단토론 같은 자리에서는 자신의 의사를 분명히 밝히지도 않고 뚜렷한 관심을 보이지도 않으며, 사회적 활동을 해야 하는 경우 아주 피상적인 수준으로 참여한다.

③ 인지양식

이들은 거의 내성(內省)이 불가능하다. 왜냐하면 이들은 실존적 사고나 정서를 경험할 능력이 없어서 자기평가가 제대로 이루어질 수 없기 때문이다. 인지적으로 빈곤하며 고차적이고 의미 있는 인지능력은 거의 없다. 사고과정은 모호하고, 사고와 대화 패턴은 산만하기 때문에 쉽게 탈선된다.

④ 정서표현

정서적 표현에서 광범위한 결함을 보인다. 정서표현은 단조롭고 황폐하기까지 하다. 행복, 슬픔, 깊은 분노조차도 경험할 수 없어 정서적으로 냉담하고 불만도 없으며, 타인에 대한 온정이 부족하다.

⑤ 자기지각

스스로를 편안하고 내향적이라고 여긴다. 자신의 생활에 만족해하고 사람들과 동떨어져 지내는 것에 별로 불만스러워하지 않는 것처럼 보인다. 사회적 야심이나 경쟁에도 무관심하다.

⑥ 주요 방어기제

이들은 주지화(intellectualization)를 주요 방어기제로 사용한다. 주지화는 그들의 정서와 대인경험을 지극히 사실적인 용어로 기술하려는 경향이다.

주지화를 사용하는 사람은 사회적, 정서적 사건들에 대해 형식적이고 객관적인 면에만 관심을 두며, 정서적 표현을 유치하고 미성숙한 것으로 보는 경향이 있다. 주지화는 분열성 성격장애 환자에게 환경과 정서적으로 관련되지 않고 초연하게 지낼 수 있는 도구가 된다.

(2) 원인

① 생물학적 요인

분열성 성격장애의 일부 측면은 유전되는 생물학적인 결함에 기인할 수 있는데, 이러한 가설은 대개 정신분열증의 생물학적 기초에 대한 연구를 바탕으로 하기 때문에 보다 신중한 고찰이 요구된다.

분열성 성격발달에 기여한다고 생각되는 잠재적인 생물학적인 요인의 하나는 변연계와 전두피질에 위치한 도파민성 후시냅스 수용기의 증식이다. 그 결과 과도한 억제기능으로 빈곤한 인지활동과 제한된 정서행동이 야기된다.

② 환경적 요인

이들의 가정은 형식적이고 경직된 분위기를 가지고 있을 수 있다. 아동들은 반복적으로 경험하는 대인관계 패턴을 모방하게 된다. 가혹하고 냉담한 대인관계뿐만 아니라 피상적이고 형식적인 대인관계도 병리적 결과를 낳는다. 그러한 가정에서는 가족 구성원들이 서로 상관없는 타인들이고, 단지 동거하는 관계일 뿐이다. 이런 분위기는 사회적 부적절성, 무감각, 무감동, 대인 친화감 결여 등의 뿌리 깊은 습관을 발달시키게 된다. 가족들이 싸우지는 않으나 애정표현은 결여되어 있으며, 최소한의 상호작용만 있고, 그것 또한 극히 형식적이다.

대화기술은 사회적 행동의 필수조건이다. 적절한 의사소통 기술 없이는 타인과 효율적으로 상호작용할 수 없다. 이런 대화기술을 학습할 수 있는 최초의 장이 바로 가정이다. 따라서 가정 내의 대화 패턴이 이렇게 단편적이라면 적절한 의사소통 기술의 학습은 불가능하다. 단편적 대화는 역기능적인 대화방식 중 하나인데, 완전한 생각을 전달하지 않고 일부만 표현하면서 간접적이고 우회적으로 말하는 방식이다. 이것이 그대로 아이들에게 학습되는 것이다. 이러한 대화양식은 대화 그 자체로만 끝나는 것이 아니라 인지적·정서적으로도 유사한 패턴을 갖게 한다. 이러한 대화 패턴은 다른 사람들을 혼란스럽게 하고, 상대의 부정적인 반응은 그 사람을 사회적으로 더욱 고립되게 만든다.

3) 분열형 성격장애

(1) 임상적 특징

24세의 A씨는 입대를 위한 신체검사에 갔다가 병사용 진단서를 발급받아 오라는 말을 듣고 심리검사를 받게 되었다. 선이 가늘고 곱상한 여성스러운 외모를 가지고 있었는데, 웨이브를 넣은 갈색의 긴 머리에 귓바퀴에 긴 못으로 피어싱을 여러 개 하고 있었고, 레이스 모양으로 주름을 잡은 빨간색의 카디건을 걸치고 있었으며, 말투나 손짓도 마치 여성 같은 느낌을 주었다. 고등학교를 졸업한 이후 집을 나와서 살고 있고, 현재는 게이바에서 웨이터로 일하고 있다. 가족들과는 연락을 끊은 상태고, 같이 살고 있는 사람은 없으며, 업소에서 만나는 사람들 외에는 별다른 대인관계가 없는 것으로 보였다.

A씨는 묻는 말이 무엇이든 거침없이 자신의 의견을 이야기하였는데, "나를 이상하게 보는 사람들 정말 싫다. 나는 누구나 가지고 있는 내면의 여성성을 좀 더 표출했을 뿐인데 이상하게 보는 것이다. 나에게는 이것 말고도 다른 면이 많은데 이것만 본다. 특히 남자들이 그런다."고 하였다. 성 전환에 대해서 의견을 묻자 "그것도 생각을 안 해 본 것은 아니지만, 굳이 나를 바꿀 필요를 못 느낀다. 완벽한 여자가 되는 것도 아니고, 여성 호르몬을 계속 맞아야 하니까 수명도 준다더라. 여자로 살아갈 시간이 너무 짧다. 차라리 다시 태어나는 게 낫다."면서 "남들과 다르게 사는 것에 대해서 불편한 점은 없다. 지금은 힘들지만 어차피 외국 나가 살 거다. 우리나라 사람은 생긴 것도 사고방식도 다 정말 싫다."는 등의 이야기를 하였다. 자신이 일반적인 사람들과는 다른 '특별한' 방식으로 살고 있다는 것을 자랑스럽게 여기면서 일반 사람들은 다

'고리타분한 것들'이라고 묘사하였는데, 자신을 탓하는 윗사람들이나 주변 사람들에 대해서 강한 적대감을 드러냈다.

사람을 한 번 보면 그 사람이 살아온 과거가 한눈에 영화처럼 보이는 일도 있다고 하였는데, 그렇지만 그런 이야기를 하면 '내 능력을 들키게 되니까' 직접 말은 하지 않는다고 하였다.

심리검사상으로도 기이한 사고를 반영하는 반응이 다수 나타났는데, 자신이 그런 '특이한' 사고의 소유자라는 사실에 매우 신이 나서 반응하는 모습을 보였다.

분열형 성격장애의 진단기준(DSM-5)

A. 친밀한 대인관계에 대한 고통, 그러한 관계를 맺는 제한된 능력에서 드러나는 사회적 대인관계에서의 손상, 인지적 · 지각적 왜곡, 기이한 행동 등 광범위한 양상이 성인기 초기에 시작되며, 여러 가지 상황에서 나타나는데, 다음 중 5개(또는 그 이상) 항목을 충족한다.

(1) 관계망상적 사고(관계망상은 제외)

(2) 행동에 영향을 미치는, 하위문화의 기준에 맞지 않는 괴이한 믿음이나 마술적 사고(예: 미신, 천리안에 대한 믿음, 텔레파시나 육감, 아동이나 청소년에게서 나타나는 기이한 환상이나 집착)

(3) 신체적 착각을 포함한 유별난 지각 경험

(4) 괴이한 사고와 언어(예: 애매하고, 우회적이고, 은유적이고, 지나치게 자세하게 묘사되거나 또는 상동증적인)

(5) 의심이나 편집적인 사고

(6) 부적절하거나 메마른 정동

(7) 괴이하고, 엉뚱하거나 특이한 행동이나 외모

(8) 직계가족 외에는 가까운 친구나 마음을 털어놓을 수 있는 사람이 없다.

(9) 과도한 사회적 불안이 친밀해져도 줄어들지 않고, 이는 자신에 대한 부정적인 판단 때문이라기보다는 편집적인 두려움 때문이다.

B. 장애가 정신분열증, 정신증적 양상이 있는 기분장애, 기타 정신증적 장애 또는 광
  범위성 발달장애의 경과 중에만 나타나는 것이 아니다.
  주의: 만약 분열형 성격장애가 정신분열증의 발병보다 먼저 있었다면 괄호에 '병전'이라
  고 쓴다. 예: 분열형 성격장애(병전)

분열형 성격장애(Schizotypal Personality Disorder)는 분열성 또는 회피성 성격장
애가 악화된 형태라고 본다. 분열성이나 회피성 성격장애보다 더 심각하고 퇴화된
증후를 보인다. 따라서 이는 분열성과 회피성 성격장애의 동일한 특성을 포함하면
서 그 강도와 심각성은 더한 상태라 할 수 있다.

사회적으로 고립되어 있으며 타인과 가까운 대인관계를 맺지 못하고 기이한 생각
과 행동을 나타내는 것이 특징이다. 이 장애의 명칭(schizotypal)은 정신분열증을 유
발하기 쉬운 성격이라는 의미에서 나온 것으로, 정신분열증과 유사하게 보일 수 있
는 가벼운 정신증적 증상(예: 망상, 환각)을 보이기도 한다. 그러나 그 정도가 상대적
으로 약하고 일시적으로 나타나며, 현실에서 완전히 유리되어 있지는 않다. 또한 이
러한 특성은 성인기 초기에 시작되며, 다양한 상황에서 장기간에 걸친 부적응적 양
상으로 나타난다. 보다 세부적으로 살펴보면 다음과 같다.

① 행동양상
행동은 일탈적이고 이상하고 괴이하다. 학교와 직장을 자주 그만두고 여기저기
옮겨 다니며, 기혼자인 경우 종종 별거하거나 이혼하기도 한다. 이들은 사회적 고립
을 선호하고 때로는 다른 사람들에게 별나게 보이는 활동에 참가하기도 한다.

심한 경우 매우 기이하며 색다른 언어 패턴이 나타나기도 하는데, 중심에서 벗어
난 엉뚱한 이야기를 하거나 은유적인 표현을 많이 쓰기도 한다. 그러나 언어표현이
독특하고 개념은 불분명하며 단어를 이상하게 쓰기는 하지만, 정신분열증에서 보이
는 연상의 이완(loosening of association)이나 지리멸렬(incoherence)까지는 해당
되지 않는다.

② 대인관계

최소한의 대인접촉을 하며 고립된 생활을 한다. 피상적이고 지엽적인 사회적·직업적 역할을 하기는 하지만 실제로 가까운 친구도 없고, 직접적으로 대면해야 하는 관계를 어려워한다. 비교적 대수롭지 않은 대인관계 문제에도 강렬한 불안을 경험하고, 이러한 이유 때문에 이들의 대인관계는 사람에게서 동떨어져 있고 은둔적이며, 심하면 접근이 불가능해진다.

③ 인지양식

인지양식은 반추적이고 자폐적이며 심한 경우 혼란스러운 경향을 보인다. 이들의 인지과정의 주요 특징은 일탈이나 간섭으로서 그 결과 논리적 사고의 전개가 어렵다. 때로 마술적 사고를 보고하며 환각을 경험하기도 한다. 정신병적인 사고가 일시적으로 나타나기는 하지만 정신분열증 진단에는 맞지 않는다.

④ 정서표현

정서표현은 무감동하고 둔화되어 있다. 한편 일부 사례에서는 정서표현이 불안하고 혼란스러우며 지나친 흥분을 보이기도 한다. 이렇게 두 가지 다른 양상을 보일 수 있는 것은 하나는 무감동하고 둔화된 분열성적 특성에서 나온 것이고, 다른 하나는 불안하고 지나치게 흥분하는 회피성적 특성에서 비롯된 것으로 볼 수 있다.

⑤ 자기지각

자신을 고독하고 인생에서 의미를 찾지 못하며 공허한 사람으로 본다. 소외감을 자주 느끼며 이인화와 해리를 경험하기도 한다.

⑥ 주요 방어기제

자폐적이고 기이한 인지양상과 심한 사회적·정서적 고립을 특징으로 하는 분열성 성격장애 환자는 취소(undoing)를 주요 방어기제로 사용한다. 취소는 자기정화적 기제로서 바람직하지 않은 행동이나 악한 동기를 참회하려는 시도다. 실제로 취소는 보상의 한 형태인데, 심각하게 병리적일 때는 복잡하고 기이한 의식(ritual)이나 마술적 행위의 형태를 취하기도 한다. 환자들은 이러한 행동들의 실제 의미를 알지 못할 뿐만 아니라 그 행동을 통제할 능력마저 상실한 것처럼 보이기도 한다.

(2) 원인

① 생물학적 요인

생물학적으로 분열형 성격장애 환자는 상향 망상활성계나 변연회로에 과소 자극 결함이나 기능부전이 있을 가능성이 있다. 대뇌의 이러한 기능부전은 중요한 신경학적 활동을 감소시키게 되며, 환경에서 오는 인지적·정서적 자극에 대한 전위를 낮추는 것 같다. 이 때문에 자기 자극이나 환상 혹은 환각에 의존하려는 욕구가 생겨나는 것으로 보인다.

② 환경적 요인

사회학습적 관점에서 보면 이들은 감각운동 단계에서 부모의 무관심이나 무시로 인해 자극을 제대로 받지 못했을 가능성이 있으며, 이러한 조건에 반복적으로 노출되면서 정신병리로 발달되었을 것으로 보인다. 행동과 대처에서 일단 형성된 초기 양식은 영속적인 과정을 통해 지속되고, 과거의 문제들을 심화시킨다.

4) 반사회성 성격장애

(1) 임상적 특징

U씨는 불법 카드게임을 하여 경찰에 체포된 25세의 실업자다. 이번이 세 번째 구속으로, 번번이 역 앞에서 여행객을 대상으로 불법 카드게임을 벌여 돈을 챙겨 왔다. 왜 사람들을 속이는 짓을 계속하느냐고 물으면 U씨는 "그 사람들이 바보라서 뻔한 카드게임에 말려들어 자기 돈을 뺏기는 것이지 내 잘못은 없다. 나는 떳떳하게 일종의 사업을 하는 것뿐

이다."라고 주장하곤 하였다.

그의 이런 행동양상은 어렸을 때부터 시작되었다. 초등학교 시절부터 부모에게 거짓말을 자주 하였고, 어머니의 지갑에서 돈을 훔쳤으며, 학교나 슈퍼에서 물건을 훔치는 일도 종종 있었다. 중학생이 되자 더욱 통제가 어려웠고, 아무리 부모가 타일러도 밤늦게까지 친구들과 어울려 돌아다니고 술, 담배를 일삼았으며, 조금 심하게 야단치면 이내 집을 나가 버려 며칠 동안 들어오지 않았다고 한다. 고등학교에서는 학교 폭력조직에 가담하여 아이들을 때리고 돈을 빼앗다가 퇴학당하였고, 그 이후 일 년에 두세 번 집에 들르는 것 외에는 여기저기 떠돌아다니며 사기도박을 하거나 동거하는 여자들을 바꾸어 가며 돈을 뜯어내면서 생활을 지속해 왔다.

반사회성 성격장애의 진단기준(DSM-5)

A. 15세 이후에 시작되고, 다음에 열거하는 타인의 권리를 무시하거나 침해하는 광범위한 행동양식이 있으며, 다음 중 3개(또는 그 이상) 항목을 충족한다.

(1) 법에서 정한 사회적 규범을 지키지 못하고 구속당할 행동을 반복하는 양상으로 드러난다.
(2) 개인의 이익이나 쾌락을 위한 반복적인 거짓말, 가명을 사용하거나 타인들을 속이는 것과 같은 사기를 일삼는다.
(3) 충동적이거나 미리 계획을 세우지 못한다.
(4) 빈번한 육체적 싸움이나 폭력에서 드러나는 과흥분성(자극과민성)과 공격성
(5) 자신이나 타인의 안전을 무시하는 무모성
(6) 일정한 직업을 갖지 못하거나 채무를 청산하지 못하는 행동으로 드러나는 지속적인 무책임성
(7) 자책의 결여, 타인에게 상처를 입히거나 학대하거나 절도행위를 하고도 무관심하거나 합리화하는 양상으로 드러난다.

B. 연령이 적어도 18세 이상이어야 한다.
C. 15세 이전에 발생한 품행장애의 증거가 있어야 한다.
D. 반사회적 행동이 정신분열증이나 조증 삽화 경과 중에만 나타나는 것이 아니어야 한다.

반사회성 성격장애(Antisocial Personality Disorder)를 강화모형으로 보면, 적극적으로 자신에게서 강화를 추구하는 정상적으로 원기왕성한 '능동적 – 독립적 성격(active-independent personality)'이 병리적으로 발전된 형태라고 볼 수 있다. 반사회성 성격장애에서 나타나는 야심 있고 고집스러우며 공격적이고 환경을 통제하고자 하는 욕구와 좀처럼 타인의 능력을 믿지 않으려는 특성은 종종 권장될 뿐만 아니라 경쟁사회에서는 지지되고 길러져야 하는 특성이기도 하다. 냉엄하고 비정한 사업세계나 정치계, 군사조직에서는 생존을 위해서 필요한 성격이라고 여겨지기까지 한다.

그러나 정상적인 수준에서의 적극적인 욕구만족 추구와는 달리, 반사회성 성격장애는 자신의 욕구충족을 위해서 타인의 권리를 무시하고 침해하는 행동을 거리낌 없이 자행하는 모습을 보이며, 그러면서도 타인의 감정이나 그들에게 입힌 피해에 대해서 반성하거나 후회하는 모습은 보이지 않는다. 이런 면에서 무관심하고 자신의 입장에서 이를 합리화하는 양상을 보인다. 사회적 규범을 지키지 않으며, 자신의 쾌락과 이익을 위해서는 수단과 방법을 가리지 않고, 그 결과 반복적으로 범죄행위를 하고 법적 처분을 받게 된다. 이들이 자신의 행동을 후회하는 경우는 그 행동의 결과로 처벌을 받게 되었다는 사실에 대한 두려움 때문이며, 양심의 가책에 따른 것이 아니다. 이들은 또한 충동적이며 미래에 대한 계획을 세우지 못한다.

이런 특징들은 아동기부터 나타나는데, 이때에는 '품행장애(Conduct Disorder)'의 진단명을 받게 되며, 18세 이상일 때 반사회성 성격장애의 진단을 받게 된다. 보다 세부적으로 살펴보면 다음과 같다.

① 행동양상

행동은 두려움이 없으며 무모하기까지 하다. 충동적이고 폭력적인 경향이 있으며, 처벌을 두려워하여 행동을 자제하는 경우란 좀처럼 없다. 또한 모험을 즐기는 특성이 있다. 이러한 행동이 그들에게 활력을 주기도 하지만, 타인의 권리를 고려하지 않기 때문에 다른 사람에게는 공격적이고 무책임하게 보인다. 극단적인 경우 타인의 권리와 안녕을 개의치 않고, 사회적 규칙과 관습을 무시하며, 법에 저촉되는 행위와 같은 무모한 행동을 보이기도 한다.

② 대인관계

대인행동은 거칠고 냉담하며 적대적이다. 타인에게 무관심한 것처럼 보이는데, 실제로는 타인의 반응에 민감하지만 의도적으로 그런 모습을 보인다. 공격적이며, 극단적인 경우 호전적인 태도를 보인다. 또한 권위에 매우 반항적이다.

이런 행동은 대부분 아동기에 학대받은 경험에 뿌리를 두고 있으며, 그 이면에는 내재되어 있는 의존과 사랑에 대한 욕구를 방어하려는 기제가 작용하는 것으로 보인다.

③ 인지양식

경직되고 융통성이 없으며 외부 지향적인 인지 패턴을 보인다. 약한 경우에는 고집이 세고 지나치게 현실적인 정도의 모습을 보이나, 극단적인 경우에는 편협하고 완고한 인지양식을 보인다. 그들은 외부 환경을 위협적인 것으로 지각하며, 따라서 공격적인 태도를 지니게 된다. 자신의 적대감과 원한이 타인의 행동에서 비롯되었다고 생각하며, 자기방어의 명분에 따라 행동한다.

④ 정서표현

타인이 보여 주는 동정심과 이타심을 의심하며, 따뜻함이나 친밀감은 나약함을 드러내는 것이라고 생각한다. 이러한 감정 부인은 아동기의 고통스러운 기억에 대해 방어하려는 것이다.

또한 좌절에 대한 인내력이 매우 낮아 타인을 쉽게 공격하고 모욕하며 지배하려는 경향을 보이지만, 이러한 행동에 대한 후회를 나타내지 않는다.

⑤ 자기지각

자신을 경쟁적, 정력적, 독립적이고 고집이 세다고 지각하는데, 이러한 특징들을 스스로 가치 있는 것으로 본다. 경쟁에 가치를 두고 권력 지향적이며, 법이나 규칙 위에 군림하려 한다. 사람만이 아니라 사건 등 환경 전체를 자기통제하에 두고자 한다.

⑥ 주요 방어기제

행동화(acting-out)를 주요 방어기제로 사용한다. 행동화는 공격적인 사고와 감정 및 외현적 행동들을 충동적으로 표출하는 경향이다. 사회적으로 용납되지 않는 행동을 바람직한 형태로 바꾸어 표현하지 않고 결과에 대한 고려 없이 직접적으로 방출하게 된다. 분노발작(temper tantrum)이 행동화의 특징적인 예다.

(2) 원인

① 생물학적 요인

유전적 영향을 강조한 로빈스(Robins)의 연구에 의하면 사회병질(psychopathy)이나 알코올 중독인 아버지를 가진 경우에 아동이 실제로 아버지 밑에서 성장했거나 하지 않았거나에 상관없이 반사회성 성격장애를 갖게 되기 쉬운 것으로 나타났다. 그 밖에도 기질적 근거가 명확히 밝혀지지는 않았지만, 아동기에서 볼 수 있는 과잉행동이나 가벼운 신경학적 이상이 성장 후 반사회성 성격장애와 통계적으로 연관성이 있음이 발견되고 있다.

② 환경적 요인

반사회적 행동, 특히 적대감은 생물학적 요인을 추적할 수 있기는 하나 이러한 소질의 내용과 방향을 형성하는 것은 환경적 요인이다. 반사회성 성격장애의 발달력에는 부모의 적대감이 주목된다.

원인이 무엇이든 아동은 부모의 적대감과 학대의 대상이 되어 그 반응으로 적대감을 형성하게 될 뿐 아니라, 부모를 하나의 모델로 관찰함으로써 적대감을 배울 수도 있다. 즉, 부모의 적대감, 잔인성에 노출되는 것에서 시작되는 것이다.

또 하나의 환경적 요인은 적절한 부모 모델의 결여다. 유아기 시절 심한 박탈감을 경험한 경우, 특히 출생 후 1년 동안의 부모 상실이 반사회성 성격장애의 중요한 요인으로 여겨지고 있다. 그러나 보다 중요한 요인은 부모의 상실 그 자체보다는 중요한 사람과의 일관성 있는 감정적 유대관계의 결핍이라고 보는 주장도 있다. 다시 말하면 부모의 상실 그 자체보다도 변덕스럽고 충동적인 부모나 양육자의 태도가 더 문제가 된다는 것이다.

5) 경계성 성격장애

(1) 임상적 특징

P씨는 20세 남자 대학생인데, 군 입대를 앞두고 자신에게 있는 '우울증'을 진단 받고 싶어서 병원을 찾아왔다. 그는 어떤 것을 해도 의미가 없고, 자신이 누구인지도 모르겠으며, 늘 마음이 텅 비고 공허한 상태라고 자신의 증상을 표현했다.

P씨는 많은 여성 편력을 가지고 있었는데, 특히 고등학교 시절 열 살 연상의 학교 선생님과 깊은 사랑에 빠졌다고 한다. 둘은 함께 여행을 떠나기도 하며 서로의 사랑 을 확인했으나 선생님의 전근으로 헤어지게 되었는데, P씨는 그 시간이 자신의 인생 에서 유일하게 즐겁고 의미 있었던 시간이라고 회상했다. 그 이후에도 여자가 없다 는 것이 견딜 수 없어 계속해서 새로운 여자친구를 사귀었으나 이내 싫증이 나 헤어 지는 일을 반복했다. 그러나 여자 쪽에서 먼저 헤어지자고 하면 알 수 없는 분노감이 치솟아 그 여자를 괴롭히거나 면도칼로 자신의 머리를 삭발해 버리고 여자 집을 찾 아가 행패를 부린 경우도 있었다고 한다.

현재 기숙사 생활을 하고 있는데, 불규칙한 생활을 하며 수업에 들어가지 않는 경 우가 많다. 거의 매일 술을 마시고 담배도 많이 피울 뿐 아니라 가끔은 방에서 혼자 담뱃불로 자신의 팔다리를 지지기도 한다며 팔에 난 상처를 보여 주었다.

인생이 공허하고 사는 게 의미가 없다, 내가 어떤 사람인지 모르겠다는 생각에 자 살하고 싶은 마음도 여러 번 들었고, 실제로 약을 먹거나 목과 손목을 그은 일도 두 세 번 있었다고 한다. 옆에 누가 있는 것 같고, 사람의 이야기 소리나 우는 소리가 들 리는 것 같아 정신과 치료를 약 한 달 정도 받은 경험도 있다고 하였다.

경계성 성격장애의 진단기준(DSM-5)

A. 대인관계, 자아상 및 정동에서의 불안정성, 심한 충동성이 광범위하게 나타나며, 이러한 특징적 양상은 성인기 초기에 시작하여 여러 가지 상황에서 일어난다. 다음 중 5개(또는 그 이상) 항목을 충족한다.

(1) 실제적이나 가상적인 유기를 피하기 위한 필사적인 노력

주의: 진단기준 (5)에 열거한 자살 또는 자해행위는 포함되지 않는다.

(2) 극적인 이상화의 평가절하가 반복되는, 불안정하고 강렬한 대인관계 양식

(3) 정체감 혼란: 심각하고 지속적인, 불안정한 자아상 또는 자아 지각

(4) 자신에게 손상을 줄 수 있는 충동성이 적어도 두 가지 영역에서 나타난다(예: 낭비, 성
관계, 물질남용, 무모한 운전, 폭식).

주의: 진단기준 (5)에 열거한 자살 또는 자해행위는 포함되지 않는다.

(5) 반복적인 자살행동, 자살시늉, 자살위협, 자해행위

(6) 현저한 기분의 변화에 따른 정동의 불안정성(예: 간헐적인 심한 불쾌감, 과민성, 불안 등이
수 시간 정도 지속되지만 수일은 넘지 않음)

(7) 만성적인 공허감

(8) 부적절하고 심한 분노 또는 분노를 조절하기 어려움(예: 자주 울화통을 터뜨림, 항상 화를
내고 있음, 자주 몸싸움을 함)

(9) 일과성으로 스트레스에 의한 망상적 사고 또는 심한 해리 증상

경계성 성격장애(Borderline Personality Disorder)는 의존성 또는 히스테리성 성격장애가 악화된 유형으로 볼 수 있다. 이 장애는 대인관계, 행동, 기분, 자아상을 포함하여 여러 영역에서 불안정성을 보이며, 심한 충동성을 나타낸다.

만성적인 공허감에 시달리며, 불안정하면서 격렬한 애정과 분노가 교차하는 강렬한 대인관계를 형성하는 특징을 보인다. 이들은 상대방을 극히 이상화했다가 급격하게 평가절하하는 식으로 쉽게 태도를 바꾸기도 한다. 또한 실제적이든 상상을 한 것이든 간에 상대방에게 버림받게 될 것에 대한 두려움이 크며, 이를 피하기 위하여 필사적으로 노력한다. 짧은 혹은 어쩔 수 없는 사정으로 이별을 하게 되는 경우에도 매우 강한 유기불안을 보이며, 부적절한 분노를 터뜨린다.

또한 이들은 자아정체감이나 자아상에서 지속적으로 현저하게 불안정한 혼란을 보인다. 자기지각에 갑작스럽고 극적인 변화가 나타나며, 삶의 목적이나 가치, 직업적인 야망이 급격하게 변하는 양상도 보인다. 안정된 자아상의 결여로 다양한 돌출 행동을 나타내며, 본인 스스로도 자신에 대한 혼란감을 경험한다.

또한 폭식, 알코올이나 약물 남용, 문란한 성생활, 자해 등과 같이 매우 충동적인 행동으로 자신에게 위해를 끼치는 일이 흔하다. 스트레스가 가중되면 일시적으로 망상적 사고나 해리 증상 같은 정신증적 증상을 보이기도 한다.

① 행동양상

이들의 행동은 돌발적이고 무모하며 혼란스럽다. 갑자기 예기치 않게 화를 내며, 빈번히 사고를 저지르고, 싸우고 자해를 하며, 자살시늉을 하는 것과 같은 자기손상적인(self-damaging) 행동을 한다. 또한 과식을 하고, 도박을 하며, 흥청거리고, 가게에서 물건을 훔치는 등과 같은 자기파괴적(self-defeating) 행동을 하기도 한다.

② 대인관계

대인관계에서는 반항적이고 변덕스러우며 모순된 행동을 보인다. 타인에게 관심과 애정을 요구하지만, 행동은 충동적이고 타인을 조종하려는 경향이 있다. 이런 양상은 자신들이 필요로 하는 지지를 얻기보다는 타인에게 거부당하게 만든다.

또한 타인에게 과도하게 의존적이면서도 동시에 타인에게 구속당하는 것에 극도로 예민하다. 그 결과 사람들과 더불어 지내고자 하면서도 동시에 이를 부담스러워하여 혼자 있고 싶어 하는 모습을 보인다.

③ 인지양식

인지양식은 일관성이 없고 변덕스러우며 통합력이 결여되어 있다. 과대 이상화와 평가절하의 극단 사이를 반복하는 사고양상을 보인다. 이러한 비일관성은 타인을 혼란스럽게 하고, 자신들이 생각한 것과 타인에게서 오는 반응의 불일치 때문에 인지과정은 더욱 뒤죽박죽이 된다. 그 결과 타인에 대한 불신과 적대감을 갖게 되고, 만성적인 공허감과 권태감을 느끼게 된다.

④ 정서표현

두드러지게 기분이 잘 변하는 정서적 불안정성을 보인다. 정상적인 정서를 보이다가도 부적절하게 화를 내고, 다음에는 흥분하거나 행복해하는 등 감정변화가 매우 심하다. 이러한 변화는 몇 시간, 며칠 간격으로 일어난다. 기본 정서는 만성적 공허감과 권태감이다.

⑤ 자기지각

이들은 자신이 누구이며 어디로 향해 가고 있는지를 알지 못한다. 그 때문에 자기

지각은 불안정하고 불확실하며 모순적이다. 따라서 성 정체감, 진로결정, 가치관과 관련된 문제들에 당면하면 이를 해결할 만한 힘과 안정성이 부족하다.

⑥ 주요 방어기제

정서적으로 불안정하며, 특히 스트레스에 취약한 이들은 압박과 고통을 피하는 기제로 퇴행(regression)을 주요 방어기제로 사용한다. 퇴행은 스트레스하에서 이전의 발달단계로 돌아가는 것으로서 성인기의 불안과 스트레스에 대처할 수 없는 사람들이 이전의 단계, 즉 삶이 그다지 복잡하지도 힘겹지도 않았을 때의 보다 미성숙한 기능수준으로 돌아가는 것을 말한다. 퇴행의 초기 단계에서는 충동통제가 약화되고 타인에게 많은 보살핌을 요구하지만, 보다 심해지면 손가락 빨기, 아기 같은 말투, 요실금, 태아자세와 같은 현상이 나타난다.

(2) 원인

① 생물학적 요인

가족력에서 자율신경계의 과잉반응성이 특징으로 나타난다. 이들은 아동기 때 과민감성을 보이는데, 그 결과 항상 높은 자극수준에 노출되어 있는 셈이 된다. 그러한 자극은 신경심리학적 측면에서 강렬한 자극 추구행동을 이끌게 된다.

② 환경적 요인

양육과정에서 부모가 특정 행동에 대한 보상이 언제 주어질지 모르는 변동비율 강화를 자주 사용하게 되면, 아동은 타인의 인정을 받을 때에만 자기가 유능하고 수용받는다고 느끼게 된다. 많은 경우 히스테리적 특성을 지닌 부모 모델에 노출되어 자신의 관심 추구 및 승인 추구행동이 무시된다는 느낌을 갖게 된다. 그 결과 보호에 대한 외부 근원이 유지되지 못하고, 관심과 지지를 이끌어 내는 능력이 감소하게 된다. 이들은 주기적 기분변화를 경험하게 되고, 보다 진행되면 기분변화는 더욱 극적이게 되어 종국에는 경계성 성격장애가 형성된다.

정신분석적 입장에서 컨버그(Kernberg, 1975)의 가설에 따르면, 경계성 성격장애는 발달의 초기 과정인 분리-개별화 단계에서 어머니가 사라지는 것에 대해 강렬한 두려움을 경험하게 되어 이 시기에 고착되었고, 그 때문에 분리에 대한 유아기의 위기를 반복적으로 재경험하는 상태에 있다. 이 시기에 아이는 어머니의 '좋은' 면과 '나쁜' 면을 통합하여 동일한 존재로 수용할 수 있어야 하지만, 어머니의 특성이나 어떤 환경적 여건에 의해서 이를 성취하지 못하고 분리(splitting)의 방어기제를 통해서 어머니에 대해서 양극적인 표상을 가지게 된다. 따라서 어떤 때는 좋은 어머니로 느껴지다가 어떤 때는 나쁜 어머니로 느껴지는 불안정하고 극단적인 감정이 교차되게 된다. 어머니에 대해 가졌던 이런 병적인 양가감정의 대상관계가 내재화됨으로써 원시적 방어기제들을 계속 사용하게 되고, 대인관계에서도 모든 사람들을 선과 악이라는 극과 극으로 분리시킴으로써 왜곡된 인간관계를 갖게 된다고 보고 있다.

6) 히스테리성 성격장애

(1) 임상적 특징

W씨는 매력적인 외모를 가진 36세의 주부로, 남편이 이혼을 요구하자 상담을 받기 위하여 상담소에 오게 되었다. 남편이 이혼을 요구하는 이유는 '다른 남자들에게 늘 꼬리를 치는' W씨의 행동을 도저히 참을 수가 없다는 것이었다.

이들은 사내 커플이었는데, 교제 당시 W씨는 회사에서 명성이 자자한 회사의 '꽃'이었다고 한다. 항상 세련되고 화려한 옷차림에 말솜씨가 좋았고, 누구에게나 활짝 웃는 얼굴로 대했으며, 회식자리에서는 으레 남자 직원들에게 둘러싸여 있곤 했다. 그러나 여자 동료들과는 잘 지내지 못하여 어느 정도 따돌림을 당하곤 하였고, 특별히 친하게 지내는 여자 동료도 없었다. 그러다가 남편과 교제하여 결혼까지 하게 되었는데, 결혼 당시에 남편은 '이렇게 매력적인 여자를 얻다니 믿을 수 없는 행운'이라고 생각했다고 하였다. W씨는 결혼하면서 직장은 그만두게 되었다.

그런데 W씨는 부부동반 모임에 나갈 때면 남편이 보기에 과하다 싶을 정도로 화려한 옷차림에 화장에도 무척 신경을 썼으며 참석한 사람들, 특히 남자들에게 거리낌 없이 친밀감을 표현하고 같이 술도 마시면서 '분위기를 휘어잡는' 모습을 보였다. 남편이 이에 대해서 지적하면 W씨는 "내가 워낙 사교적이어서 그렇다."면서 "이렇게 남들과 다 잘 지내면 좋지 않으냐."는 식으로 말하는 태도를 보였다고 한다. 이후로도 이런 일이 반복되었고, W씨는 어느 모임에 가든지 항상 주인공 노릇을 하려 들고 남들의 이목을 끄는 화려한 행동을 보여 늘 남편에게 처신을 잘하라는 말을 들었다고 한다. 그러던 차에 W씨의 남편이 한 동에 사는 아파트 주민에게서 "부인 관리 좀 잘하라."는 말을 듣게 되자 더 이상 참을 수가 없다며 이혼을 요구하게 되었다고 한다.

히스테리성 성격장애의 진단기준(DSM-5)

광범위하고 지나친 감정표현 및 관심끌기의 행동양상이 성인기 초기에 시작하여 여러 가지 상황에서 나타나며, 다음의 5개(또는 그 이상) 항목을 충족한다.

(1) 자신이 관심의 초점이 되지 못하는 상황에서 불편해한다.
(2) 다른 사람과의 행동에서 흔히 상황에 어울리지 않게 성적으로 유혹적이거나 도발적인 행동이 특징적이다.
(3) 빠른 감정의 변화 및 감정표현의 천박성(감정표현이 얕음)을 보인다.
(4) 자신에게 관심을 끌기 위해서 항상 육체적 외모를 사용한다.
(5) 지나치게 인상적으로 말하면서도 내용은 없는 대화양식을 갖고 있다.
(6) 자기 연극화, 연극조, 과장된 감정표현을 한다.
(7) 피암시성이 높다(예: 타인 또는 환경에 의해 쉽게 영향을 받음).
(8) 대인관계를 실제보다 더 친밀한 것으로 생각한다.

히스테리성 성격장애(Histrionic Personality Disorder)는 '능동적 – 의존적(active-dependent)' 성격유형으로 사교적 성격(sociable personality)의 병리적 형태다. 타인에게서 강화를 적극적으로 찾으며, 이를 얻기 위해 매력적, 사교적, 유혹적으로 행동한다. 타인의 애정과 관심을 끌기 위하여 노력하며, 자신이 관심의 대상이 되지 못하는 상황은 불편하게 느끼고 우울해지거나 화를 내기도 한다. 사람들과 이야기를 잘하고 쉽게 어울리며, 감정표현이 극적이고 화려하다. 모든 사람과 사교적으로 친밀한 것처럼 보이지만, 외모를 통해서 관심을 끌려는 모습을 보이고, 관계나 감정에 깊이가 없으며, 피상적인 수준에 머무는 경우가 대부분이다. 심한 경우 연극적인 행동과 과장되고 변덕스러운 정서를 보이며, 공공연히 남을 이용하는 행동을 보여 대인관계에서 장애가 나타난다. 임상 장면에서 여성에게서 보다 많이 나타나는 것으로 알려져 있으나, 정확한 평가도구를 사용한 일부 연구에서는 남녀 간에 비슷한 비율을 보였다는 보고도 있다.

① 행동양상

자기의 감정이나 사고를 쉽게 극적으로 표현하는 능력, 주위의 관심대상이 되는 천부적인 능력이 있다. 대개 여성인 경우에는 유혹적이고, 남성인 경우에는 매력적으로 보인다. 변덕스럽고 끊임없이 새로운 자극을 추구하여 때로는 무모한 모험을 시도하기도 한다.

첫인상은 세련되고 사교적이어서 호감이 가는 유형이지만, 곧 깊이가 없고 타인을 이용하려는 경향이 드러난다. 과시적이면서 동시에 의존적이다.

② 대인관계

타인에게 쉽게 다가가며 때로는 유혹하는 행동을 보이기도 한다. 칭찬, 보살핌, 지지를 얻기 위해 남과 잘 어울리고 비위를 맞추지만, 때로는 교묘히 타인을 이용하기도 한다. 인정과 지지를 받고자 하므로 다른 사람의 감정이나 생각에 매우 예민하면서도, 행동은 자기중심적이고 피상적이다.

③ 인지양식

인지양식은 즉흥적이고 전체적이며 인상적이다. 예컨대, "주말을 어떻게 보내셨어요?" 하고 물으면, 이들은 부연설명 없이 "좋았어요. 굉장했어요."라는 식으로 반응한다. 이들은 세부적인 것을 주의 깊게 보지 못하고, 피상적인 인지처리를 한다. 특히 어렵고 복잡한 과제에는 더욱 집중하지 못하고 호기심도 부족하다. 피상적으로 인식하는 습관 때문에 깊이 생각하고 탐구하는 것은 싫어한다.

자신에 대해서도 제대로 알려고 하지 않으며, 대인관계에도 깊게 관여하지 않으려 한다. 자신들의 피상적인 대처를 위협하는 사람이나 사건뿐만 아니라 자신의 내적 사상들도 완전히 배제한다.

④ 정서표현

정서표현은 불안정하고 때로는 격렬하기까지 하다. 단기간의 극적이고 피상적인 기분변화를 보이는데, 열광했다가 이내 지루해하고, 즐거워했다가 곧 화를 낸다. 보다 심한 경우에는 주의를 끌기 위해 옷차림이나 직접적인 행동표현을 통해 자기극화(self-dramatization)를 보이기도 한다. 극단적인 경우에는 사소한 자극에도 충동적으로 과도하게 반응하고, 때로는 비합리적인 감정표현을 하기도 한다.

⑤ 자기지각

이들은 특성상 자기통찰이 결여되어 있다. 자신의 불안정한 정서, 유약함, 우울, 적대감을 인식하지 못하거나 인정하지 않으려고 하면서 스스로를 친화적·사교적이라고 생각한다. 자신들만이 가진 타고난 특성보다는 사회적 관계와 타인에게 미치는 영향의 측면에서 자신들을 묘사한다. 다시 말하면 외부 세계 및 외부에서 얻는 보상에 집착하여 정체감을 잃고 있는 것이다.

⑥ 주요 방어기제

해리(dissociation)를 주요 방어기제로 사용한다. 해리는 다른 사람들이 자신의 실제 모습을 보지 못하게 하는 기제이며, 불유쾌한 사고와 감정을 드러내거나 반추하지 못하게 하는 자기분산적 과정이다. 따라서 이들은 실제 자신이 지니고 있는 단점들은 보지 못하게 된다.

(2) 원인

① 생물학적 요인

이들은 에너지 수준은 높고 정서적 반응성과 자율신경계 반응성의 역치가 낮은데, 이는 변연계와 후시상하부핵의 역치가 낮음을 시사한다. 마찬가지로 상행성 망상체의 낮은 역치수준도 역할을 하고 있을 것으로 생각된다.

이 장애의 원인을 찾는 데에 유전적 요인이 결코 과소평가될 수는 없지만, 분명한 것은 행동적 영향이 그러한 자율신경계 반응성을 촉진했을 것이고, 환경적 요인도 이 장애의 원인과 발달에 많은 영향을 미친다는 것이다.

② 환경적 요인

의존 추구적 아동은 부모의 욕구를 충족하거나 부모의 기대에 맞추기 위하여 히스테리성 행동을 하게 되는데, 그 뒤에 부모의 관심과 애정이 따른다는 것을 알게 된다.

히스테리성 성격을 발달시키는 데는 부모의 강화특성도 작용한다. 이 부모들은 거의 처벌하지 않으며, 부모를 즐겁게 해 주거나 기대에 부응했을 때에 정적 강화를 주지만 그것도 일관성은 없다.

또한 부모가 히스테리성 성격을 가지고 있을 경우 아이들은 무의식적으로 그 행동을 모방하게 된다. 히스테리성 성격유형을 가진 아동의 부모들은 특히 두드러지고 극적인 행동을 하는 경우가 많은데, 그런 행동은 쉽게 모방될 수 있다.

어느 연령에서나 타인을 이용하는 것을 학습할 수 있다. 주로 아동기의 형제간 경쟁시기에 부모의 사랑과 관심을 얻으려는 욕구가 강한 아동이 조종행동을 빠르게 익히며, 이러한 행동은 그 이후로도 오래 지속된다.

7) 자기애성 성격장애

(1) 임상적 특징

25세의 대학원생인 Y씨는 논문을 완성시킬 수 없다는 호소를 하며 학생생활연구소를 방문하였다. Y씨는 자신의 논문 주제가 그 분야에 새로운 시각을 보여 주는 탁월한 것이라고 믿고 있으며, 학회지에 발표하게 되면 곧 자신이 유명해질 것이라고 생각하고 있다. 그러나 지도교수는 그에 대해서 그리 높게 평가하고 있는 것 같지도 않고, 인상 깊게 생각하고 있는 것 같지도 않아서 화가 난다고 하였다. 지도교수와 논문의 방향에 대해 마찰이 생기면서 논문은 더 이상 진행이 되지 않고 있었는데, Y씨는 지도교수를 맹렬히 비난하면서 교수가 그의 능력으로는 생각할 수 없는 것을 자기가 생각해 냈기 때문에 질투심에서 자기 논문을 평가절하하려는 것이라고 하였다. 그러면서 지도교수뿐 아니라 자기 동기들도 자신의 창조성을 질투하고 있다고 말하면서 '자신이 너무 비범하기 때문에' 평범한 그들과 어울리는 것은 격에 맞지 않는다고 생각하고 있었다. 그러나 그들이 자기의 연구에서 영감을 얻기 위해 돕기를 원한다면, 그것은 받아들일 용의가 있다고 말하였다.

고교 시절이나 학부 시절에도 학문적 성취를 이룩해야 한다는 야망을 가지고 있었던 Y씨는 친구들에게서 '잘난 체한다'는 평가를 받고 있었고, 그에 대해서 스스로도 알고 있었으나, '평균 이하의 아이큐를 가진 놈들과 상종할 필요가 없었기 때문에' 그에 대해서는 무시하고 살았다고 하였다. 앞으로 결혼을 하더라도 '자기의 수준에 어울리는' 여자가 아니면 하지 않을 생각이라고도 하였다.

자기애성 성격장애의 진단기준(DSM-5)

과장성(공상에서나 행동에서), 칭찬에 대한 욕구, 감정이입의 결여 등 광범위한 양상이 성인기 초기에 시작되어 다양한 상황에서 나타나며, 다음 중 5개(또는 그 이상) 항목을 충족한다.

(1) 자신의 중요성에 대한 과장된 지각을 갖고 있다(예: 자신의 성취나 재능을 과장함, 뒷받침할 많은 성취도 없으면서 최고로 인정되기를 기대함).
(2) 끝이 없는 성공에 대한 공상과 권력, 탁월함, 아름다움 또는 이상적인 사랑에 대한 공상에 자주 사로잡힌다.
(3) 자신이 특별하고 독특하다고 믿고, 특별한 사람이나 상류층의 사람들만이 자신을 이해할 수 있으며, 또한 그런 사람들(혹은 기관)하고만 어울려야 한다고 믿는다.
(4) 과도한 찬사를 요구한다.
(5) 특권의식을 가진다. 예를 들면, 특별대우를 받을 만한 이유가 없는데도 특별대우나 복종을 바라는 불합리한 기대감을 가진다.
(6) 대인관계가 착취적이다. 예를 들면, 자신의 목적을 달성하기 위해 타인들을 이용한다.
(7) 감정이입 능력이 결여되어 있다. 타인들의 감정이나 요구를 인정하거나 확인하려 하지 않는다.
(8) 자주 타인들을 질투하거나 타인들이 자신에 대해 질투하고 있다고 믿는다.
(9) 거만하고 방자한 행동이나 태도를 보인다.

자기애성 성격장애(Narcissistic Personality Disorder)는 강화 원리에 따르자면 '수동적-독립적(passive-independent)' 성격유형으로서 자신감 있는 성격(confident personality)의 병리적 극단이다. '수동적-독립적'이라는 말은 이 유형의 사람들이 목표 지향적인 행동을 통해 외부에 적극적으로 강화를 추구하기보다는 자체 강화능력이 있음을 의미한다. 이들에게는 '존재하는 것' 자체가 바로 강화를 받는 것이 된다.

'자기애성'이란 명칭에는 단순한 자기중심성 이상의 의미가 내포되어 있다. 이는 자신의 가치를 과대평가하고 애정을 다른 사람이 아닌 자신에게만 쏟는 것 등을 말한다. 자기애성 성격장애는 주목을 받고자 하는 지속적인 욕구, 자신은 특별한 권리를 지녔고 그 권리를 위해 다른 사람을 이용하는 것이 마땅하다는 것에 대한 믿음, 자신의 중요성에 대한 과장된 느낌 등을 그 특징으로 한다.

① 행동양상

이들은 대개 건방지고 거만하게 보인다. 스스로를 우월하다고 믿고 그에 따라 행동한다. 자신들은 사회적인 책임에서 면제되었다고 느끼며, 타인의 권리에 무관심하고 이를 무시한다. 자만에 가득 차 있고 허풍이 심하며 제멋대로인 경우가 많다. 자신들이 선천적으로 우월하다는 비합리적인 믿음에 따라 생활하며, 심한 경우는 '우주의 중심에 내가 존재한다.'는 식의 망상을 갖는 경우도 있다.

② 대인관계

자기애성 성격장애를 가진 사람들은 자신의 욕구만족을 위해 타인을 이용하는 대인관계 패턴을 보이며, 다른 사람의 권리를 무시하는 것에 대해 부끄러움을 느끼지 못한다. 사람들과의 관계에서 공감할 줄 모르며, 상호 호혜적이어야 할 필요도 느끼지 못한다. 받을 준비만 되어 있을 뿐 되돌려 주어야 하는 이유를 알지 못하는 것이다.

③ 인지양식

이들의 인지양식은 과대적이고 미숙하다. 자신의 능력을 과장하고 가치를 부풀리며 자신을 정당화하기 위해 광범위한 합리화를 사용한다. 또한 자신이 우월하다는 미숙한 환상에 제한을 두지 않는다. 극단적인 경우에는 정교화된 환상이나 망상 수준에까지 이르는 경우도 볼 수 있다.

④ 정서표현

대개 무관심하고 냉정하다. 그러나 경우에 따라서는 변덕스러운 변화를 보이기도 한다. 자기의 가치에 대한 믿음 때문에 전반적으로 안녕감을 경험하지만, 때로 그에 대한 확신이 흔들릴 때 분노감, 수치감, 공허감, 우울 등을 나타내기도 한다. 그러나 대부분 합리화 기제를 사용하여 빠르게 처리해 버리기 때문에 이러한 상태는 일시적인 경우가 많다.

⑤ 자기지각

자기애성 성격장애를 가진 사람들은 대부분 스스로를 존경할 만하고 위대한 사람으로 여긴다. 자신은 매우 특별하며 특권을 지닌 사람으로 생각한다. 이러한 자기개념은 확고하여 이에 의문을 가지는 경우는 거의 없고, 이러한 자기개념에 도전받는 것은 경멸과 모욕으로 간주한다. 극단적인 경우 자신이 독특하며 모든 사람에게 모든 것이 될 수 있는 능력이 있을 만큼 위대하다고 생각하여, 자신은 어떤 규율이나 윤리, 관습을 초월한다고 여긴다.

⑥ 주요 방어기제

합리화(rationalization)를 주요 방어기제로 사용한다. 합리화는 일반적으로 현실왜곡을 위해 사용되는 방어기제다. 이는 실패나 실망, 사회적으로 용납되기 어려운 행동 등을 정당화하기 위한 자기기만적인 무의식과정이다. 그 결과 자신의 자존감을 손상시키는 단점을 희석시키고 자신의 가치와 우월감을 유지시킨다.

(2) 원인

① 생물학적 요인

모든 성격장애에서 생물학적 요인의 역할은 아직 추정적인 것으로 남아 있는데, 특히 자기애성 성격장애에서 그 역할은 불분명하다.

② 환경적 요인

특별한 생물학적 증거가 발견되지 않기 때문에 자기애성 성격에서는 그 발달을 설명할 만한 환경적 요인에 특히 강조를 두게 된다. 일부 부모는 자신의 자녀가 신이 내린 특별한 아이라는 생각을 갖고 그들을 지나치게 소중히 여기며 멋대로 하게 내버려 둔다. 그 과정에서 아이들은 자신이 특별하고 우월한 사람이며, 자신이 하는 모든 일은 칭찬과 찬사를 받을 만하고, 자신이 특별한 대우를 받기 위해 다른 사람에게 봉사와 복종을 요구하는 것은 당연하다는 점을 학습하게 된다. 이러한 부모의 방임과 과대평가 때문에 다른 사람과 협력하고 타인의 권리나 관심을 고려해야 한다는 사실은 배우지 못하게 된다.

가족에게 특별대우를 받고 자란 아이들은 가족 이외의 다른 사람에게도 같은 대우를 기대하며, 이것이 충족되지 않으면 요구적이고 착취적인 책략을 사용한다. 시행착오적 학습과정을 통해 다른 사람들을 조작하고 착취하는 기술을 발달시켜 어떤 사람과 어떤 상황에서 그들이 특별한 관심을 이끌어 낼 수 있는지를 배우게 된다.

자기애성 성격장애를 가진 사람들은 스스로를 숭배하도록 학습되는 동시에 대부분의 다른 사람들은 약하며 또한 착취될 만하다고 학습한다. 때로 이런 과정은 의존적 대상을 과도하게 추구하는 히스테리성 성격을 가진 사람들과의 관계 속에서 강화되기도 한다.

8) 회피성 성격장애

(1) 임상적 특징

24세의 L씨는 현재 무직으로 집에서만 지내고 있다. 어렸을 때부터 낯선 환경에 가면 불안해했고, 학년이 바뀌면 한 학기가 끝날 무렵에나 간신히 '착한' 친구를 몇 명 사귈 수 있었다. 그렇게 사귄 친구 두세 명과는 지금까지 만나고 있지만, 다른 급우들과 더 많이 친하게 지내고 싶어도 자기가 어울릴 수 없을 것 같고 받아들여질 수 있을 것 같지도 않아서 포기하게 되었다.

고등학교를 졸업하면서 대학 진학 여부를 결정할 때는 대학에 가게 되면 더 많은 사람들과 어울려야 한다는 생각에 진학을 포기하였고, 집에서 자격증 준비를 하기로

하였다. 자격증 학원에 다니면서 같은 반 사람들과 어울릴 기회가 있었지만, 자기의 얼뜨고 부끄럼 타는 모습을 들키게 될까 봐 그냥 얼른 집에 돌아오곤 하였다. 그럴수록 자기가 한심하게 생각되고 자괴감에 괴로웠으며, 요즘에는 모르는 사람이 옆에 오면 젊은 나이에 할 일 없이 놀고 있다며 비난할 것 같은 생각까지 들어 더욱 불안한 마음이 들었다. 이런 L씨를 보다 못한 어머니가 치료를 권하여 상담소에 찾아오게 되었다.

회피성 성격장애의 진단기준(DSM-5)

사회활동의 제한, 부적절감 그리고 부정적 평가에 대한 과민성 등이 성인기 초기에 시작되고, 여러 가지 상황에서 나타나며, 다음의 4개(또는 그 이상) 항목을 충족한다.

(1) 비난, 꾸중 또는 거절이 두려워서 대인관계가 요구되는 직업활동을 회피한다.
(2) 호감을 주고 있다는 확신이 서지 않으면 상대방과의 만남을 피한다.
(3) 창피와 조롱을 당할까 두려워서 친밀한 관계를 제한한다.
(4) 사회 상황에서 비난이나 버림받을 것이라는 생각에 사로잡혀 있다.
(5) 자신이 부적절하다고 느끼기 때문에 새로운 사람과 만날 때는 위축된다.
(6) 스스로를 사회적으로 무능하고, 개인적인 매력이 없으며, 열등하다고 생각한다.
(7) 쩔쩔매는 모습을 들킬까 봐 두려워서 새로운 일이나 활동을 시작하기를 꺼린다.

회피성 성격장애(Avoidant Personality Disorder)는 '능동적 – 이탈적(active-detached)' 성격유형으로, 정상적인 억제적 성격(inhibited personality)의 병리적 형태다. 이들은 세상과 동떨어져 은둔하며 살려는 사람들로서 이런 경향 때문에 자신이나 다른 사람에게서 강화를 얻어 내지 못한다.

소외감과 외로움을 느끼는 것이 그 특징으로, 이러한 감정은 대인관계에서 모욕과 거부를 당할 것에 대한 두려움과 관련된다. 이들은 이러한 모욕과 거부에 대해

지나치게 예민하여 대인관계를 회피한다. 회피성 성격장애 환자들은 자존감이 매우 낮아 대인관계를 맺고 싶은 소망은 있으나 거부당할 것이라는 두려움 때문에 피해 버리는 것이 특징이다.

이들은 사회불안장애, 특히 일반형의 사회불안장애와 매우 유사한 증상을 보인다. 이 때문에 두 장애가 동일하거나 유사한 상태에 있는 다른 개념일 수도 있다는 주장도 있다. 그러나 회피성 성격장애에서의 회피는 보다 어린 시절부터 일찍 시작되며, 분명한 유발인자가 없고, 일정한 경과를 보인다는 점에서 구분될 수 있다.

① 행동양상

수줍음과 걱정이 많으며 늘 조심스러워하고 불안해한다. 사회적 상황에서 어색해하고 불편해할 뿐만 아니라 상호적으로 주고받는 대인관계에서는 더욱 쉽게 위축된다.

이들을 피상적으로 아는 사람에게는 소심하고 위축되어 있거나 냉정한 사람으로 보이지만, 좀 더 잘 아는 사람들은 이들이 매우 예민하고 회피적이며 쉽게 주변 자극에서 상처를 받는다는 것을 안다.

말은 느리고 어색하며 사고의 흐름이 자주 끊어지고, 때로는 주제에서 벗어난 엉뚱한 이야기를 하기도 한다. 갑자기 안절부절못하거나 불안정한 움직임을 보이기도 하나, 대체로 경직되고 소극적인 행동을 한다.

② 대인관계

대인관계를 아주 싫어하거나, 심하면 아예 사람들과의 접촉을 끊어 버린다. 이들은 사람들에게 관심이 있고 사람들과 같이 지내고 싶어 하지만, 상대편이 자신을 무시하거나 관계의 욕구가 거절당하지 않을까 하는 두려움이 많다. 그러므로 이들의 사회적 격리나 철수는 혼자이고자 하는 자연스러운 마음에서 나온 것이 아니고, '자신을 보호하기 위해' 스스로를 고립시키는 데서 나온 것이다.

이들은 만성적으로 외롭고 회피적인 사람으로서 타인에게 거부당하거나 창피를 당할지도 모를 상황에서는 자신을 노출시키지 않는다. 이러한 회피적인 패턴이 전형화되고, 나아가 모욕과 거부에 지나치게 민감하게 되면 사회생활에서 완전히 고립될 정도로 철수하기도 한다.

③ 인지양식

인지양식은 산만하고 이해하기 힘들다. 환경에 대한 지나친 과민성에 인지과정이 간섭을 받아 직접 관련되지 않은 정보들로 홍수를 이루며, 정서적 부조화로 그 복잡함이 더해진다. 지각적으로 과민해지는 사회적 상황에서 인지적 간섭은 더욱 두드러진다.

이들의 정신 내적 조직은 매우 허약하여 붕괴되기 쉽고, 일단 붕괴되고 나면 퇴행적인 모습이 나타나기도 한다.

④ 정서표현

우울감이 기본 정서인데, 괴로워하거나 지나치게 긴장하는 형태로 나타난다. 이들은 지나치게 긴장함으로써 타인에게 비웃음과 경시를 받는다.

감정은 밖으로 표현하기보다는 쌓아 두었다가 환상과 상상의 내적 세계에서 발산하곤 한다. 그 결과 애정이나 대인관계의 욕구는 결국 다른 사람이 알 수 없는 음악, 시, 일기의 형식으로 표출된다.

⑤ 자기지각

이들은 극히 내성적(內省的)이고 자의식적인 경향이 있어 스스로 다른 사람과 다르다고 지각하지만, 자신의 정체성이나 자기가치감을 확신하지 못하는 경향이 있다.

전반적으로 자존감이 부족하고, 자신의 성취를 평가절하한다. 스스로를 소외되어 있고 불행하고 공허한 사람으로 여기며, 이인감(離人感)을 경험하기도 한다.

⑥ 주요 방어기제

이들이 쓰는 주요 방어기제는 환상(fantasy)이다. 환상은 현실에서 충족할 수 없는 욕구와 소망을 만족시켜 주는 상상의 반의식적(semi-conscious) 과정으로서 현실에서 성취하기 어려운 애정 욕구, 공격성, 기타의 충동들을 방출시키는 안전한 매개체 역할을 한다.

대부분의 대인관계가 이들에게 위협적이기 때문에 이들은 쉽게 환상으로 빠져들 가능성이 많다.

(2) 원인

① 생물학적 요인

회피성 성격이 보이는 생물학적인 특징은 자율신경계의 역치가 낮다는 점이다. 밀론과 밀론(Millon & Millon, 1974)은 '능동적 – 이탈적' 패턴에서 보이는 회피특징은 교감신경계의 기능적인 우월성 때문이라고 주장하였다. 그 결과 억제되지 않은 신경계의 전달이 병리적 결과를 유발할 수 있다고 하였다.

그러나 이러한 생물학적 기질은 장애 그 자체의 출현에 대한 생물학적 기반으로서만 역할을 할 뿐이다. 실제적 현상은 환경적 요인의 영향에 따라 이루어진다.

② 환경적 요인

정상적이고 건강한 유아들도 다양한 수준에서 부모의 거부를 경험할 수 있다. 그러나 회피성 성격장애의 경우에는 이런 부모의 거부 정도가 특히 강하고 빈번한 것으로 보인다. 이런 거부의 결과로 아동들은 인간이 원래 타고나는 낙천주의를 상실하게 되고, 대신 자기비하와 사회적 소외감을 습득하게 된다.

가족에게서 거부를 당한 아동이라도 많은 경우 그 적대적인 가족환경을 떠나 다른 사회집단에서 긍정적인 강화를 경험할 수 있다. 그러나 가족의 거부에 이어 또래집단에서조차 거부를 당한다면 그 결과는 회피성 성격장애로 이어질 수밖에 없다. 가족에게서 지지를 받고 자란 아이조차도 또래집단에서의 거부는 치명적인 영향을 미친다.

오랜 기간 동안 또래들 사이에서 소외되면 자신감과 자존감이 떨어지고 학업성적도 저하된다. 그 결과 놀림이나 조롱이 다시 반복되고, 이러한 과정은 자신이 열등하고 매력적이지 않다는 심각한 자기비하를 낳게 된다.

아동기에 가족과 또래에게 받는 소외감이 중요한 것은 그러한 패턴이 청소년기와 성인기에 계속되며, 아울러 자신을 믿지 못하고 비하하는 느낌을 키워 가게 하기 때문이다.

9) 의존성 성격장애

(1) 임상적 특징

35세의 전업 주부인 O씨는 소위 말하는 '마마걸'이었다. 무남독녀인 O씨는 어머니의 극진한 사랑을 받으며 자랐는데, '순하고 착한 아이'로 어머니가 정해 주는 것이면 무엇이든 군말 없이 잘 따르곤 했다. 스스로는 별로 음악에 소질이 없다고 느꼈으나, 어머니가 피아노로 예술학교에 진학할 것을 권하자 어머니가 상처받을까 봐 걱정이 되어 그냥 어머니의 의견을 따랐다. 대학에 진학할 때에도 어머니의 의견을 따라서 학교를 정하였고, 무난히 합격하여 4년을 다녔다. 그러나 어머니가 바라는 대로 유명 피아니스트가 되는 것은 아무리 생각해도 무리여서 어머니와 상의 끝에 졸업 후에는 결혼을 하여 피아노 레슨을 하기로 하였다.

결혼할 때에도 어머니가 정해 주는 상대와 맞선을 보아 하였는데, 남편은 유순하고 조용한 O씨를 무척 마음에 들어 하였다. 그러나 결혼 후에도 어머니의 의견에 따르는 생활이 계속되었고, O씨의 남편은 '마치 장모와 함께 사는 듯한' 느낌이 들었다.

그러던 중 O씨의 어머니가 뇌출혈로 식물인간 상태에 빠지게 되었는데, 이때 O씨는 하늘이 무너지는 것 같은 느낌이 들었고, 어머니에 대한 걱정보다는 앞으로 자기가 살아갈 일이 막막하다는 생각에 너무나 불안했다. 늘 결정을 해 주던 어머니가 그렇게 해 줄 수 없게 되자 O씨는 남편에게 매달리게 되었는데, O씨의 남편은 일상생활의 모든 일, 하다못해 아이 옷을 사는데 어떤 색깔이 좋을지까지도 일일이 전화를 걸어서 물어보는 O씨에게 점점 화를 내게 되었다. 남편이 그런 반응을 보이면 O씨는 금방 울먹거리면서 "당신까지 이러면 나는 어떻게 사느냐."면서 하소연하고 애원하는 모습을 보였다.

의존성 성격장애의 진단기준(DSM-5)

보호받고 싶어 하는 광범위하게 지나친 욕구로 복종적이 되고, 상대방에게 매달리며, 헤어짐을 두려워한다. 성인기 초기에 시작되며, 여러 가지 상황에서 나타나고, 다음 중 5개(또는 그 이상) 항목을 충족한다.

(1) 타인의 많은 충고와 보장 없이는 일상적인 일에서도 결정을 내리지 못한다.

(2) 자신들의 인생의 매우 중요한 영역까지도 떠맡길 수 있는 타인을 필요로 한다.

(3) 지지와 칭찬을 상실할 거라는 두려움이 크기 때문에 타인, 특히 의지하고 있는 사람에게 반대 의견을 말하기가 어렵다.

   주의: 현실적인 보복의 두려움은 포함되지 않는다.

(4) 자신의 일을 혼자서 시작하거나 수행하기가 어렵다(동기나 활력이 부족해서라기보다는 판단과 능력에 대한 자신감이 부족하기 때문이다).

(5) 타인의 보살핌과 지지를 얻기 위해 무슨 행동이든 다 할 수 있다. 심지어는 불쾌한 일도 보호만 얻어 낼 수 있다면 자원해서 한다.

(6) 혼자 있으면 불편하고 무력해지는데, 그 이유는 혼자서 해 나가다가 잘못될 것 같은 심한 두려움을 느끼기 때문이다.

(7) 친밀한 관계가 끝났을 때 필요한 지지와 보호를 얻기 위해 또 다른 사람을 즉시 찾는다.

(8) 스스로를 돌봐야 하는 상황에 처하게 된다는 데 대한 두려움에 비현실적으로 빠지게 된다.

의존성 성격장애(Dependent Personality Disorder)는 '수동적-의존적(passive-dependent)' 성격유형으로, 정상적인 협동적 성격(cooperative personality)의 병리적 극단이다. 유순함과 무력감, 지지와 인정에 대한 추구 등을 그 특징으로 한다. 그들은 자기비하적이고 스스로를 열등하다고 느끼며, 자기책임이나 자기통제를 기꺼이 다른 사람의 손에 맡긴다. 외로움이나 버림받는 것을 피하기 위해 어떠한 위협도 감수한다. 이런 사람들은 자신이 혼자 남겨지면 제대로 생활할 수 없을 것이라 생각하고 아주 사소한 결정을 내릴 때조차도 다른 사람의 지도를 구한다.

의존상대와의 친밀한 관계가 끝나면 일시적으로 심한 혼란을 경험하는데, 곧 다른 의존상대를 즉시 찾아 비슷한 의존관계를 형성하게 된다. 타인의 돌봄과 지지를 얻기 위해서는 심지어 불쾌한 일까지도 자원해서 하기도 한다. 이러한 특성 때문에 착취적인 특성을 가진 사람과 관계를 맺게 되면 지나친 자기희생이나 언어적, 신체적, 성적 학대를 당하기도 한다.

미국정신의학회(American Psychiatric Association: APA)에서는 의존성 성격장애가 남자보다는 여자에게서 자주 진단된다고 하였고, 정확한 평가도구를 사용한 몇몇 연구에서는 남녀 간의 비율이 유사하다고 보고되고 있기도 하다. 보다 세부적으로 살펴보면 다음과 같다.

① 행동양상

의존성 성격장애를 가진 사람들은 무능력해 보이고, 동정을 자아낼 만큼 무기력해 보인다. 그들의 자세나 목소리, 전반적인 행동에서 자신감의 결여가 드러난다. 일부에서는 그들을 신중하고 사려 깊은 사람으로 보기도 하지만, 관계가 깊어지면 과도하게 변명하고 아첨하는 행동을 보게 된다. 표면적으로는 정중하고 겸손하게 행동하지만, 그 이면에는 인정과 수용, 보호와 지지를 얻고자 하는 갈망이 내재되어 있다.

이런 사람들은 대부분의 사람이 간단하게 여기는 사회적 기술조차 부족한 무능력한 모습을 보인다. 자기주장도 부족하고, 당연히 요구되는 책임도 회피하는 수동적인 태도를 취한다. 보다 심각한 경우 홀로 남겨지는 것에 대해 크게 두려워하여 자기는 없어지고(selfless) 다른 사람의 요구만을 좇아 행동한다. 늘 쇠진한 상태로 만성적인 피로감을 경험하는 경우가 많고, 무언가를 위해 노력하는 행동은 너무 피곤할 것이라는 염려 때문에 대부분의 활동에 대한 흥미와 동기도 저하되어 있다.

② 대인관계

수동-의존적인 사람들은 대개 자신의 후원자를 찾는다. 후원자가 되는 사람들은 힘 있는 사람들로서 의존적인 사람들에게 신뢰와 편안함을 주며, 성인으로서 책임져야 할 것을 막아 주는 파트너들이다. 이들은 자신이 의지할 만한 파트너를 찾았을 때 더 잘 기능한다. 의존성 성격의 대인행동은 과도하게 매달리고 복종적인 경향을 띤다. 다른 사람에게 호의적이고 관대한 태도를 보이지만, 동시에 지나치게 동조적이고 순종적이다.

의존적인 사람들은 그들이 원하는 애정과 보호를 빼앗기게 되면 크게 낙심하여 우울에 빠지며 사회적으로 철수된다. 다른 사람의 지지와 보호에 매달리는 의존성 성격의 사람들에게 대규모 집단의 떠들썩한 분위기는 주요한 스트레스원이 될 수 있다. 그들은 이런 환경을 피하기 위해 더 큰 고통을 감수하기도 한다.

③ 인지양식

의존적인 사람들은 자기나 다른 사람에 대한 인식이 제한되어 있다. 흔히 세상에 대하여 극단적인 낙관적 태도(Pollyannaism)를 취하고, 일어날 수 있는 어려움은 최소화하여 지각한다. 기본적으로 고지식하여 쉽게 이용당하는 경향이 있다.

또한 그들의 세계를 축소시키며, 통찰력과 비판력이 없다. 인지양식은 불충분하고 분화되지 않았으며 다양성이 부족하다. 일반적으로 사람과 환경에서 좋은 면만 보려 한다. 그러나 이러한 낙관주의적 겉치레에도 불구하고 삶의 기쁨이 부족하다. 의존 대상이 없으면 비관, 낙담, 슬픔 등을 경험하게 된다.

④ 정서표현

이들은 정서적으로 온화하고 소심하다. 때로 선천적으로 멜랑콜릭한 기질 때문에 불안하고 음울한 정서를 보이기도 한다. 그들의 온화한 측면은 유순하고 비경쟁적인 행동 등으로 나타나고, 소심한 면은 대인관계에서 소극적이고 회피적인 태도를 통해 드러난다.

⑤ 자기지각

의존적인 사람들은 외현적으로는 사려 깊고, 신중하고, 협력적인 자아상을 가진 것으로 보인다. 그러나 더 자세히 관찰해 보면 스스로를 부적절하고 어리석은 사람으로 여긴다는 사실을 알 수 있다. 기본적으로 불안정하여 자신의 실패와 부적절성을 극대화하는 반면, 성공은 최소화한다. 객관적으로 비난받을 만한 일이 없는데도 다른 사람이 표현하는 불만이나 불평을 자신에 대한 비난으로 여긴다. 임상적으로 이러한 자기비하 경향은 다른 사람에게서 그들이 가치 없는 사람이 아니라는 승인을 얻어 내려는 전략이라고 볼 수 있다.

⑥ 주요 방어기제

이들이 사용하는 가장 일반적인 방어기제는 내사(introjection)다. 내사는 의존적인 사람들이 의미 있는 타인에게 전적으로 헌신하려는 경향으로, 단순한 동일시나 의존을 의미하는 것은 아니다. 이는 불가분의 유대를 형성하고자 하는 희망으로 다른 사람을 내재화하는 것이다. 의존성 성격은 자신이 의존하고 있는 대상과의 관계를 위해서라면 자신의 정체성과 자율성의 상실마저도 기꺼이 감수한다.

(2) 원인

① 생물학적 요인

의존성 성격장애 발달에 기여한다고 생각되는 생물학적 근거에 대한 연구는 불충분하나, 의존적인 유아는 선천적으로 겁이 많고 소극적인 기질을 보인다. 그러한 행동은 부모에게 지나친 보호행동을 유발시키고, 부모의 그런 양육행동은 생물학적 소인을 강화하여 결과적으로 유아는 타고난 생물학적 기질을 고칠 필요를 인식하지 못하게 된다.

한편 의존성은 불충분한 갑상선 기능으로 인한 대사부족 현상으로 설명되기도 한다. 또 의존성 성격장애 환자의 신체구조를 연구하여 이를 에너지 역치 및 활력수준과 연결 지어 설명하려는 시도도 있다.

② 환경적 요인

생물학적 요인의 역할이 불분명하기 때문에 의존성 성격발달에 대한 환경적 요인의 비중이 가중된다. 인생 초기 단계에서는 모든 유아가 무력하여 부모의 보호를 필요로 하지만, 문제는 이것이 지나칠 수 있다는 것이다. 어릴 때 어떤 일을 독자적으로 하려고 시도할 때 부모가 미묘한 방법으로 처벌하는 경우, 또는 자율적 행동이 부모와의 밀착관계에 손상을 가져올 수 있다는 것을 부모가 아이에게 주입시킬 경우, 아이는 자율적 행동을 습득하지 못하게 된다.

의존성 성격장애를 발달시키는 또 다른 주요한 환경적 원인은 경쟁력 부족을 반복적으로 경험하는 것이다. 특히 아동기에 자신의 능력부족이나 부절적성을 경험하는 것은 그 사람에게 강력한 영향을 미칠 수 있다. 그런 환경은 자기비하, 자기회의, 사회적인 수치감 등을 초래하게 된다. 이러한 사건들이 지속되면 아동은 경쟁보다는 복종이 더 낫다고 배우게 된다.

한편 의존성 성격장애는 남성보다는 여성에게서 더 많이 볼 수 있는데, 이것은 여성들이 본래 가지고 있는 복종적인 경향성 때문이라고 생각된다. 물론 이런 제안은 성적 편견에서 비롯된 것이라는 비난을 받을 수 있고, 게다가 그런 주장을 지지하는 증거도 거의 없다. 이 문제는 문화적인 역할로 더 잘 설명될 수 있다. 즉, 대부분의 사회에서 여성들에게 수동 – 의존적인 행동을 학습하도록 강화한다는 것이다. 따라서 남성에 비해 여성에게서 의존성 성격장애가 더 많이 발달되는 것은 여성을 교육시키는 문화적 환경의 산물이라 할 수 있다. 사회적 역할 기대는 남성에게도 영향을 미치는데, 왜소하고 빈약한 남성의 경우 의존적이고 복종적인 태도를 요구받기도 한다.

10) 강박성 성격장애

(1) 임상적 특징

K씨는 45세의 회계사로, 부인이 끈질기게 권유하여 상담을 받으러 왔다. 부인은 남편이 감정이 메마른 사람이며 융통성이 없고 일만 하면서 가족들을 못살게 군다고 호소하였다.

깔끔하게 젤을 발라 고정시킨 머리에 주름 하나 없는 양복을 차려입은 K씨는 스스로를 '완벽주의자'라고 말하면서, 일이 들어오면 자존심 때문에 거절을 하지 못하지만 조수가 하는 것은 마음에 들지 않아 결국 자신이 다 하게 된다고 하였다. 조수가 작성한 서류는 문장이나 구성이 마음에 들지 않았고, 맞춤법이 틀렸을까 봐 계속 검토를 하게 되기 때문에 차라리 자신이 하는 것이 나았다. 그러나 그런 세부적인 사항에 신경을 쓰느라 일이 늦어지면 어디서부터 손을 써야 할지 몰라서 당황하게 되고, 그러면 자신을 제대로 보필하지 못하는 비서와 조수에게 분노를 느꼈다.

부인에 따르면 K씨는 건강에도 매우 신경을 쓰고 있는데, 항상 유기농만을 고집하며 몸에 좋지 않다면서 음식의 간을 싱겁게 하라고 늘 부인에게 잔소리를 한다. 요즘은 아예 채소는 날로 먹다시피 하며, 생선이나 고기가 조금만 탄 듯하면 입에도 대지 않고 있다. 이 때문에 자녀들까지도 식탁에서 긴장을 하며, 아버지가 음식을 먹지 못하게 할까 봐 눈치를 보고 있다고 했다.

TV에서 개그 프로를 하여도 웃는 법이 없고 얼굴을 찌푸리면서 다른 가족들이 웃는 것을 이해할 수 없다는 표정으로 바라보기만 하며, 영어회화 프로그램과 뉴스 아니면 TV도 볼 필요가 없다면서 다른 가족들에게도 그렇게 하라고 요구하고 있다고 했다.

강박성 성격장애의 진단기준(DSM-5)

정리정돈에 몰두하고, 완벽주의, 마음의 통제와 대인관계의 통제에 집착하는 광범위한 행동양식으로서 이런 특징은 융통성, 개방성, 효율성의 상실이라는 대가를 치르게 한다. 성인기 초기에 시작되고, 여러 상황에서 나타나며, 다음 가운데 4개(또는 그 이상) 항목을 충족한다.

(1) 사소한 세부사항, 규칙, 목록, 순서, 시간계획이나 형식에 집착하여 일의 큰 흐름을 잃고 만다.

(2) 일의 완수를 방해하는 완벽주의를 보인다(예: 자신의 지나치게 엄격한 표준에 맞지 않기 때문에 계획을 마칠 수가 없다).

(3) 여가활동과 우정을 나눌 시간도 희생하고, 지나치게 일과 생산성에만 몰두한다(분명한 경제적 필요성 때문이 아니다).

(4) 도덕, 윤리 또는 가치문제에서 지나치게 양심적이고, 고지식하며, 융통성이 없다(문화적 또는 종교적 배경에 의해서 설명되지 않는다).

(5) 닳아빠지고 무가치한 물건을 감상적인 가치조차 없을 때라도 버리지 못한다.

(6) 타인이 자신의 방식을 그대로 따르지 않으면 타인에게 일을 맡기거나 같이 일하기를 꺼린다.

(7) 자신과 타인 모두에게 인색하다. 돈은 미래의 재난에 대비해서 저축해야 한다고 생각한다.

(8) 경직성과 완고함을 보인다.

강박성 성격장애(Obsessive-Compulsive Personality Disorder)는 '수동적-양가적(passive-ambivalent)' 성격유형으로, 정상적인 공손한 성격의 병리적 형태다. 강박성 성격은 사고와 감정이 일치되지 않아 한편으로는 주장적·자율적으로 행동하고자 하고, 또 한편으로는 지지와 편안함을 얻고자 순응하는 행동을 보인다. 지나치게 완벽주의적이고, 세부적인 사항에 집착하며, 과도하게 통제와 성취에 매달리는 특징을 보인다. 이러한 성격은 규율이나 원칙을 고수하는 것이 필요한 군조직이나 기초과학 연구분야, 회계, 금융, 컴퓨터와 같은 분야에서는 어느 정도 필요하지만, 지나치면 질서, 규칙, 정확성, 완벽함에 과도하게 집착한 나머지 전체적인 조망을 할 줄 모르며 결단력이 부족하게 된다. 어떤 일을 먼저 해야 할지, 최선의 방법은 무엇인지와 같은 생각을 하다가 결국은 결정을 하지 못해 어떤 일도 시작하지 못하는 경우도 많다.

따뜻하고 부드러운 감정을 표시하는 데 인색하고, 매사가 형식적이고 메마르며, 지나치게 양심적이고 도덕적인 모습도 보인다. 충동적인 행동을 하는 사람들을 혐오한다.

또 닳아빠지고 무가치한 물건들을 감상적인 가치조차 없을 때에도 버리지 못한다. 왜냐하면 그것이 언제 필요할지 모르기 때문이라고 주장하며 누가 버리려 하면 화를 낸다.

인색하고 궁색하게 살며, 누릴 수 있는 것보다 훨씬 낮은 생활수준을 영위하는데, 미래의 재난에 대비해서 소비를 철저히 억제해야 한다고 생각하기 때문이다. 이런 특성들 때문에 가족과 주변 사람들은 고통스러워하며, 갈등을 겪는 일이 많다.

체계적인 연구에 의하면, 이 장애는 여자보다 남자에게서 2배 정도 많이 진단되는 것으로 나타났다.

① 행동양상

근면하고 유능해 보이지만 융통성과 자발성이 부족하며, 고집스럽고 창조력과 상상력이 부족해 보인다. 익숙하지 않은 상황이나 예기치 못한 사건, 일반적인 기준에서 벗어나는 일 등에서 불안이나 공황발작을 보이기도 한다. 세부적인 것과 조직화에 몰두하고, 규칙과 절차에 경직되어 있으며, 꾸물거리고 우유부단하다.

② 대인관계

대인관계에서 공손하고 정형화된 방식으로 행동하지만 상대하는 사람의 계층이나 지위에 따라 다르게 행동한다. 자신보다 지위가 높은 사람에게는 무조건적으로 충성하고, 아랫사람에게는 이성적으로 혹은 냉정하게 대한다. 항상 윗사람의 인정을 추구하며, 인정받지 못할 때는 심한 좌절과 불안과 긴장을 경험하기도 한다.

③ 인지양식

인지적으로 경직되어 있어 생소하거나 예기치 못한 상황에 취약하며, 편협하고 독단적인 특성 때문에 새로운 사상이나 방법을 수용하지 못한다.

이들의 의식은 양가적 갈등과 내적 동요로 시달리는데, 규칙에 집착하는 것이나

독단적인 인지 경향은 억압된 반대적 사고와 감정이 분출되지 못하게 하는 수단이
된다. 따라서 강박적인 사람에게는 자기통제가 가장 중요한 문제가 되며, 욕구만족
을 극단적으로 통제하고 금지된 충동을 억압한다.

④ 정서표현

정서표현은 진지하고 엄숙하다. 정서가 전형적으로 냉담하고, 활기 없고, 과도하
게 심각하다. 정서를 표현하는 것은 미숙하고 무책임한 것으로 여기며, 정서가 배제
된 객관성을 추구한다. 통제될 수 없는 억압된 정서가 경험될 것을 두려워하기 때문
에 정서를 표현한다는 것이 이들에게는 위협적인 것이 된다. 또한 이들은 너무 억제
되어 있어 정서적 경험을 할 수 없으며, 타인의 정서적 표현도 좀처럼 이해하지 못
한다.

⑤ 자기지각

자신을 양심적이고 근면하며 유능하다고 생각한다. 이들은 무의식적 충동과 외현
적인 행동 사이의 모순을 피하고자 노력한다. 따라서 내성(introspection)을 미숙하
고 자기탐닉적이라고 경멸하면서 의미 있는 내성을 피하고, 오판이나 실수를 두려
워하여 양심적인 행동을 과도하게 추구한다.

⑥ 주요 방어기제

이들은 반동형성(reaction-formation)을 주요 방어기제로 사용한다. 반동형성은
바람직하지 못한 충동을 억압하고 정반대의 의식적 태도를 형성하는 과정으로서 분
노하거나 당황할 수 있는 상황에서 합리적이고 사회적으로 수용되는 이미지를 나타
내게 한다.

(2) 원인

① 생물학적 요인

가족 중에 강박성 성격장애의 빈도가 일반 인구보다 높은 것으로 보아 유전적 요
인이 있는 것으로 받아들여지고 있다.

② 환경적 요인

부모에게 과잉통제를 받는 경우 강박성 성격으로 발달하기 쉽다. 과잉통제는 의존성 성격에서 보았던 과잉보호와는 다르다. 과잉통제는 부모의 단호하고 억압적인 태도에서 나온 것으로, 과잉통제 부모에게 양육된 아이의 경우 문제를 일으키지 않기 때문에 과잉통제 양육이 '잘 교육시키는' 것으로 보일 수도 있다.

과잉통제는 어느 면에서는 반사회성 성격장애에서 보았던 부모의 적대적 태도와 유사하지만 중요한 차이가 있는데, 적대적인 부모는 아동의 행동과 관계없이 처벌하지만, 과잉통제 부모는 아동이 기대에 맞지 않게 행동했을 때만 처벌한다. 완벽주의적이고 처벌적인 부모의 양육을 통해 인정받지 못하는 것에 대한 강한 공포와 처벌에 대한 두려움을 갖게 되며, 이것이 강박성 성격이 행동하게 하는 요인이 된다.

아동은 강박적 측면을 부모에게서 직간접적으로 배우게 되는데, 부모의 요구에 따르고 그 기대에 맞게 행동함으로써 처벌을 피하는 것을 도구적으로 학습한다. 또한 부모의 강박성행동을 따라 함으로써 강박적 성격을 대리적으로 학습한다. 따라서 부모의 기대에 맞춰 행동을 조성하고, 부모를 모델로 하여 성격을 형성함으로써 자율적으로 행동하는 것을 학습하지 못한다.

또한 강박성 성격장애는 강한 책임의식을 배우고, 또 이러한 책임을 수행하지 못했을 때 죄책감을 느끼도록 배우는 과정을 통해 발달될 수 있다. 경박한 놀이나 충동적으로 행동하는 것은 수치스럽고 무책임한 것이라고 배운다. 따라서 그들의 행동은 엄격히 계획되고 조직화되어 있다.

2. 성격장애의 치료

성격장애를 가진 사람들이 자발적으로 치료를 받으러 찾아오는 경우는 드물다. 앞서 언급되었듯이 성격장애는 신경증이나 정신증과는 달리 증상에 대해서 자아 동조적이며 환경 변용적인 특징을 가지고 있기 때문이다. 성격장애 환자는 자신에게 장애가 있음을 깨닫는 경우가 드물고, 설사 깨닫는다 하더라도 치료적 도움을 받을 필요성에 대해서는 강력하게 부인하는 경향이 강하다.

성격장애를 가진 사람이 치료를 받으러 왔다면 직접적인 계기는 증상 그 자체 때문이라기보다는 증상으로 인해 생겨난 2차적인 문제로 인해서이거나, 환자의 증상을 견디다 못한 주변 사람들의 강요로 인한 경우가 대부분이다. 예를 들면, 반사회성 성격장애의 경우에는 법적인 처벌과 관련되어서, 편집성 성격장애의 경우에는 부부관계에서의 위기로 인해 부부상담이나 이혼상담을 위해서, 히스테리성 성격장애나 경계성 성격장애의 경우에는 일시적인 신체형 증상이나 자살시도 등으로 인해 치료 장면에 오게 될 수 있다.

또한 성격장애는 오랫동안 지속되어 온 개인의 '성격적' 특성이기 때문에 일반적으로 치료가 어렵다고 알려져 있다. 약물치료는 대체로 대증적(對症的)인 것으로, 경계성 성격장애나 분열형 성격장애와 같이 일시적으로 정신증적 증상이 나타나는 경우에는 향정신성 약물을 사용하며, 대인관계나 직업상의 어려움으로 인하여 우울증이나 불안 등을 겪고 있다면 그에 대응하는 항우울제나 항불안제를 사용하게 된다. 자살이 염려되는 경우에는 입원을 시키기도 한다. 그러나 이는 성격장애 증상으로 인한 2차적인 현상들에 대한 치료에 그치는 것으로, 근본적인 성격장애 증상을 치료하는 것은 아니다. 결국 성격장애의 치료를 위해서는 심리치료적 접근이 필요하다. 그러나 심리치료의 목표는 성격 자체를 개조하는 것이 되어서는 안 되며 그것은 가능하지도 않다. 성격장애에 대한 심리치료의 목표는 살아가면서 겪게 되는 주변 사람들과의 어려움에 자신의 '성격'이 미치고 있는 영향과 문제점에 대해서 환자가 인식하고, 그런 성격을 가지고 살아가면서 생겨나는 현실적인 문제점들을 해결할 수 있도록 돕는 데 둔다. 각 성격장애별로 살펴보면 다음과 같다.

편집성 성격장애 환자는 우울이나 불안 같은 문제로 인한 경우가 아니라면 흔히 주변의 강요로 인해서 치료에 오게 되는 경우가 많다. 더욱이 이들의 핵심 증상은 의심이기 때문에, 편집성 성격장애 환자와 치료적 관계를 형성하는 것은 매우 어려운 문제가 된다. 치료자는 투사적 동일시에 의한 환자의 적대적 반응에 대해서 미리 숙지하고 있어야 하며, 환자의 주장에 대해서 논리적으로 반박하거나 분노하지 않도록 주의해야 한다. 이것은 환자가 더욱 방어적이며 공격적이 되도록 만든다. 치료자는 환자의 주장에 대해서 더 자세히 묻고 환자가 그렇게 지각하게 된 이유나 느낌에 대해 공감해야 한다. 솔직하고 개방적인 태도를 취해야 하며 환자의 부당한 주장에 대해서는 환자의 자존감을 손상시키지 않는 방식으로 보다 현실적이고 객관적인 방식으로 바라볼 수 있도록 도와야 한다.

분열성 성격장애의 경우는 대인관계에서 매우 소극적이기 때문에 치료적 관계를 형성하는 데 어려움을 겪게 된다. 치료자는 인내심을 가지고 이들의 침묵에 대해서 수용적이고 허용적인 태도를 취하여야 한다. 치료자는 이들의 침묵이 치료적 저항이라기보다는 특수한 형태의 비언어적 의사소통 수단임을 이해하고, 환자에게 치료적 환경을 안전하게 느끼게 함과 동시에 환자의 사소한 정서반응에도 주목하고 공감적으로 수용하여 환자가 치료자와의 관계 형성에 흥미를 갖도록 유도하는 것이 필요하다.

분열형 성격장애의 경우에도 분열성 성격장애와 동일한 치료적 원칙을 적용할 수 있다. 분열성 성격장애나 분열형 성격장애 환자에게는 해석을 하지 않는 것이 가장 치료적일 수 있으며, 치료자와의 관계 형성이라는 새로운 경험을 제공하는 것에 주 목적을 두는 것이 가장 효과적이라고 볼 수 있다.

반사회성 성격장애 환자는 대부분 법원의 명령이나 환자에게 영향력을 발휘할 수 있는 권위를 가진 사람에 의해서 강제로 치료에 의뢰되는 경우가 많으며, 진정한 치료적 동기는 가지지 않기 때문에 근본적인 치료는 매우 어렵다. 또한 이들은 현실적인 이득을 얻거나 법적인 처벌을 면하기 위하여 치료에 적극적으로 임하는 것처럼 가장하는 경우도 많으므로, 이에 대해서도 주의하여야 한다. 이들의 치료를 위해서는 충동적인 행동의 방출을 제한하기 위하여 장기적으로 입원시키는 것이 필요하다고 알려져 있으나, 파괴적인 행동과 주변 사람들을 이용하고 괴롭히는 성향 때문에 치료환경 자체를 파괴시킬 수 있다. 따라서 이들만을 위한 특수한 치료시설이 필요하다고 생각되고 있다. 반사회성 성격장애 환자들은 권위상에 저항하는 성향이 있으므로, 치료자는 중립적이고 수용적인 태도를 유지해야 한다. 또한 치료를 시작하기에 앞서서 이들의 파괴적인 행동에 대해서 확고한 한계를 설정하여 두어야 하며, 책임감에서 도피하고자 하는 욕구를 받아 주지 말아야 한다. 한편으로는 반사회적 행동을 대신할 만한 건설적인 행동을 제시하여 주며, 집단치료 등을 통해서 타인과 우호적인 관계를 이루는 경험을 할 수 있도록 해 주는 것이 좋다.

경계성 성격장애 환자는 대인관계, 정서, 행동, 자기상 등 광범위한 영역에 걸쳐 충동적이면서 강렬하고 불안정한 특징을 보이는데, 이런 특징은 치료자와의 관계에서도 큰 어려움을 낳는다. 안정된 치료적 관계를 형성하는 것 자체가 매우 어렵고, 치료자의 반응에 과민하게 반응하면서 분노하거나 공격성을 보이며, 빈번히 약속을

어기고, 자살이나 자해의 위협을 하기도 한다. 치료자는 관계 형성이 경계성 성격장애의 치료 성패를 판가름한다는 것을 명심하고 일관되게 안정적이고 지지적인 태도를 유지할 수 있어야 한다. 의사소통 방식은 솔직하면서 단순하고 명료하게 하여 환자가 오해할 소지가 없도록 해야 하며, 언어적 메시지와 비언어적 메시지 간에 불일치가 생기지 않도록 주의해야 한다. 또한 환자가 특별한 대접을 요구하거나 자기파괴적인 행동으로 치료자를 시험하려 할 때에는 합의한 치료적 원칙에 따라서 확고하고 일관된 태도를 보이도록 한다.

자아 강도가 비교적 강하고 심리적 역량이 보다 높다고 생각되는 환자의 경우에는 환자의 병적인 대상관계에 초점을 둔 통찰 중심적 치료를 적용할 수 있으나, 그렇지 않은 환자에게는 지지적 또는 표현적 치료 접근을 하는 것이 바람직하다. 최근에는 변증법적 행동치료(Dialectical Behavioral Therapy)가 경계성 성격장애에 좋은 효과를 발휘하는 것으로 알려지고 있는데, 이는 인지치료 및 행동치료의 기법과 선불교에 바탕을 둔 명상기법들을 적용하여 이들의 불안정한 행동 및 감정을 조절하는 데 주 초점을 두고 있다.

히스테리성 성격장애의 주 증상은 타인의 주목을 끌고 애정과 관심을 받고자 하는 욕구에서 비롯된다. 히스테리성 성격장애 환자는 치료자와의 관계에서도 이 같은 특징을 보이게 된다. 이들은 치료자에게 처음부터 매우 협조적이거나 의존적인 태도를 보이므로 치료관계 초기에 이미 치료적 동맹이 매우 잘 성립된 것처럼 보일 수 있다. 그러나 이들의 이런 태도는 치료자에게 인정과 애정을 받으려는 욕구와 거절당하는 것에 대한 두려움에서 나온 것이어서, 진정한 치료적 동기에서 나온 것이라고 볼 수 없다. 또한 이들은 치료자를 성적으로 유혹하거나 조종하려는 경향을 보이기도 한다. 치료자는 이를 염두에 두고 환자와의 관계에서 안정적이면서 신중한 태도를 유지해야 한다. 히스테리성 성격장애의 치료목표는 대인관계에 초점을 두게 된다. 이들이 타인의 주목과 애정을 얻기 위해서 사용하는 방법들, 즉 외모나 성적 매력을 이용하려는 태도, 과시적인 태도, 감정을 과장하거나 불평하는 태도 등이 단기적으로는 효과를 보일지 모르나 결국 장기적으로는 타인과의 관계를 저해하는 요인이 됨을 인식할 수 있도록 하고, 그런 태도를 대신할 보다 효과적이고 적절한 방법을 배울 수 있도록 도와야 한다. 또한 인지적으로 매우 피상적이고 모호하게 인상에 근거하여 지각하는 방식에서 벗어나 보다 명료하게 구체적·체계적으로 사고하면서 문제 중심적인 해결방식을 사용할 수 있도록 돕는 것도 필요하다. 이들은 강한 피암시성을 가지고 있어서, 치료자가 어떤 신념이나 판단, 사적인 감정을 표현하면 이를 그대로 따르려는 경향도 가지고 있으므로 이에 대한 주의도 필요하다.

자기애성 성격장애 환자들은 자기의 중요성에 대한 과대적인 느낌을 가지고 있기 때문에 타인의 반응에 아예 무관심하거나 또는 지나치게 과민할 수 있다. 예상할 수 있듯이, 이런 특성은 치료자와의 관계에서도 문제가 된다. 또한 이들은 치료자를 경쟁자로 생각하거나 질투심을 느끼기도 한다. 치료자는 자기 스스로가 대인관계상의 문제에 기여하고 있는 바를 환자가 인식할 수 있도록 해 주어야 하며, 타인에 비하여 우월해야만 자신이 가치 있다고 생각하는 이분법적 사고 경향을 수정할 수 있도록 해 주어야 한다. 더불어 자신에 대한 타인의 평가를 적절히 받아들이고 그에 대한 감정을 조절할 수 있도록 도와야 한다. 또한 역할연기 등을 통해서 타인의 감정과 생각에 공감하는 능력을 향상시켜, 타인을 착취하고 이용하는 행동에서 벗어날 수 있도록 유도하는 것도 필요하다.

회피성 성격장애 환자들은 타인의 거부와 비판을 두려워하기 때문에 역시 치료자에 대해서도 거부당할 것에 대한 두려움을 가진다. 이들은 매우 수동적이고 억제적인 태도를 보이며 치료자가 자신을 마음에 들어하는지, 자신이 옳게 행동하고 있는지에 대해서 끊임없이 걱정하는 모습을 보인다. 치료자는 환자의 이런 불안감과 두려움에 대해서 이해하고, 환자가 치료자를 편안하게 대할 수 있도록 수용적이고 지지적인 모습을 보여야 한다.

치료는 이들이 수치심을 발전시키게 된 계기가 되었을 거부당하고 좌절했던 과거의 경험에 대해서 탐색함으로써 통찰과 그에 대한 감정표현을 유도하기도 한다. 인지행동적 접근에서는 스스로에 대한 가치기준이 합리적인지, 타인의 비판이나 거부에 대해서 파국적인 생각을 가지고 있지 않은지, 즉 자신에 대해서 또한 타인의 반응에 대해서 역기능적 신념과 인지적 왜곡을 하고 있지는 않은지를 탐색하고 이를 수정할 수 있도록 한다. 또한 불안을 조절하고 회피행동을 극복할 수 있도록 이완훈련법이나 호흡조절법을 가르치며 사회적 상황에 대한 점진적 노출, 자기주장 훈련, 의사소통 기술훈련 등을 병행하여 자기유능감과 사회적 상황에서의 적응력을 향상시킬 수 있도록 돕는다.

의존성 성격장애 환자들은 의존할 수 있는 타인을 절대적으로 필요로 한다. 이들은 치료 장면에서도 자신의 치료자에게 강하게 의존하려는 모습을 보인다. 이들의 치료에 있어서 이것은 딜레마가 되는데, 치료적 관계의 형성을 위해서는 의존성이 필요하지만 이 의존성은 결국 환자들에게 있어서 극복해야만 하는 문제라는 것이다. 그러나 환자는 치료자에 대한 의존을 좋은 결과를 얻기 위한 수단으로 보지 않고 그 자체를 하나의 목표로 보면서 치료자와의 애착과 의존을 유지하는 것이 유일한 목적인 것처럼 생각하게 된다. 치료의 종결을 두려워하여 자신이 얼마나 약하고 두려움이 많은지를 반복적으로 치료자에게 상기시키려 한다. 의존성 환자를 치료할 때 명심해야 할 것 중 하나는 환자가 호소하고 있는 것이 진짜 문제가 아니라 이러한 관계 유지의 욕구에서 나온 것일 수 있다는 점이다. 또한 환자가 치료자 자신을 이상화하고 있을 수 있다는 것도 인지하여, 역전이에 유의하여야 한다. 치료자는 자신이 환자의 의존하려는 욕구를 좌절시키고 대신 환자의 행동과 사고에 있어 독립성을 증진시키는 방향으로 나아가는 것을 편안하게 느껴야 한다. 또한 환자에게도 이런 좌절과 불안은 견딜 수 있는 것이며 오히려 생산적인 것임을 인식할 수 있도록 해 주어야 한다. 이들에게 '독립'이라는 말은 위협적으로 들릴 수 있으므로, 인지행동적 접근에서는 '자율'을 치료적 목표로 삼는다. 생활 속의 여러 가지 문제에 대해서 스스로 판단하고 해결할 수 있도록 의사결정 훈련과 자기주장 훈련, 의사소통 훈련을 병행하면서, 의존적인 행동을 지속하게 만드는 역기능적인 사고를 수정하도록 돕는다. 또한 이들은 기본적으로 자신의 정서에 대해서 억압이 심하므로, 부정적인 정서를 스스로 인정하고 건강하게 표현할 수 있도록 돕는다.

강박성 성격장애 환자들은 감정을 잘 드러내지 않고 스스로도 자신의 감정을 잘 인식하지 못하는 경향이 있으며 사람과의 관계에 별 가치를 두지 않기 때문에 치료적 관계를 형성하는 것이 쉽지 않다. 그러나 일단 치료적 관계가 형성되면 치료시간을 잘 지키고 과제를 성실히 수행하는 바람직한 내담자의 모습을 보이기도 한다. 이들의 치료에 있어서 성급하게 치료적 동맹을 형성하려 하는 것은 좋지 않으며, 시간을 두고 기다려 주는 태도가 필요하다. 정신역동적 입장에서는 실제적이고 세부적인 사실들에 집착하고 주지화함으로써 감정반응을 차단하거나 반동형성의 방어기제를 사용하는 것에 대해 직면하도록 하고 그런 방어 뒤에 숨어 있는 감정들을 표현하도록 돕는다. 또한 부모와의 초기 관계로부터 형성하게 된 지나치게 엄격한 초자아를 완화시키는 데 목적을 둔다. 단순히 말로써 초자아에서 오는 불안을 무마시키려

드는 것(예를 들면 "당신은 당신 생각만큼 그렇게 나쁘지는 않아요." "당신도 남들만큼 잘하고 있답니다.")은 효과가 없으며, 환자를 둘러싼 관계 속에서 생겨난 의존성, 공격성 등에 대한 갈등을 세밀하게 해석해 주어야 한다. 타인들이 자신만큼 비판적이 아니라는 것을 이해하게 됨에 따라 이들의 진정한 자존감도 증가하게 된다. 인지행동적 입장에서는 역시 환자의 부적응적인 사고와 행동에 대해서 탐색하면서 현재 환자에게 스트레스를 주고 있는 문제에 대한 구체적인 해결을 시도한다.

Abnormal Psychology

제6장

불안장애

　우리는 누구나 생활 속에서 일상적으로 불안(anxiety)을 경험한다. 불안은 불쾌하고 고통스러운 감정이지만, 신체적 통증이 우리 스스로의 몸을 지키기 위한 조기 경고신호의 역할을 하는 것과 마찬가지로(발에 불이 닿았는데도 그것을 감지하지 못한다면 어떻게 될까?) 위협적이거나 위험할 수 있는 특수한 환경에 적응하기 위해 존재하는 생체의 가장 기본적인 반응양상 중 하나다.

　위협이 감지되면, 인간은 불안과 두려움을 느끼면서 동시에 자율신경계의 교감신경이 활성화된다. 이때 혈압이 상승하고 동공은 확대되며 호흡과 맥박이 빨라지고 근육은 긴장되고 땀이 나며 두통, 가슴이나 위장의 통증 등을 느끼게 된다. 불안을 경험하는 사람이 안절부절못하면서 가만히 앉아 있지 못하는 것은 불안과 두려움이라는 심리적인 감정뿐 아니라 이러한 신체적 변화도 함께 겪게 되기 때문이라고 할 수 있다. 또한 인지적으로도 위협에 대비하여 주의를 기울이고, 그에 대한 대비책을 생각하는 등 긴장 상태를 유지하게 된다.

　불안할 때 나타나는 신체반응은 위험에 처했을 때 즉시 이에 대응해야 하는 조치, 즉 도전해서 싸우거나 도주하여 위기를 모면하고 생존할 수 있게 하기 위한 준비와 적응이 목적이다. 다시 말하면 불안은 위험한 일이 발생했으므로 이에 대비할 것을 알리는 경계경보와 같다고도 할 수 있다. 그런데 이러한 신체반응은 원시시대라면 위험한 동물들에게서 생존의 위협을 받는 현실적인 상황에서 주로 일어나겠지만, 현대인의 경우에는 갑작스럽게 생명을 위협당하는 상황보다는 일상생활에서 겪게 되는 여러 가지 스트레스, 심리적 부담감, 대인관계 갈등 등에 의해서 생기는 경우가 많다.

현대인이라면 누구나 생활에서 어느 정도의 불안은 경험하게 되며, 이것은 또한 살아가는 데 필요한 하나의 대처방안이기도 하다. 위험이나 고통이 예상되는 상황, 또는 부정적인 결과가 올 수도 있는, 예를 들어 시험을 보는 것 같은 상황에서 미리 긴장되고 불쾌해지는 것은 닥쳐올 일에 대해 효과적으로 대처하는 데 도움이 된다. 이러한 불안은 자연스럽고 적응적인 심리반응으로서 정상적인 불안(normal anxiety)이라고 할 수 있다.

그러나 이 경계경보가 너무 민감하거나 이상이 생겨서 현실적으로 그다지 도움이 되지 않는 방식으로 작동하게 된다면, 몸과 마음은 불필요한 경계태세를 취하게 되고, 결국 과도하게 긴장을 일으키면서 부적응적인 결과를 가져오게 될 것이다. 이러한 불안은 병적인 불안(pathological anxiety)이라고 할 수 있다.

병적인 불안은 다음과 같은 점에서 정상적인 불안과 구별될 수 있다. 첫째, 현실적인 위험이 없는 상황이나 대상에 대해서 불안을 느끼는 경우다. 광장공포증이나 폐쇄공포증 등이 예가 될 수 있는데, 이성적으로는 그런 불안이 합리적이지 않다는 것을 알지만 계속적으로 불안을 느끼면서 대상을 회피하게 된다. 둘째, 현실적인 위험의 정도에 비하여 과도하게 불안을 느끼는 경우다. 예를 들어 사회적 상황에서 타인에게 평가를 받게 되는 경우 누구나 어느 정도는 수행불안을 겪게 되지만, 사회불안장애의 경우에는 이것이 너무 심하여 정상적인 일상생활에 제약을 받게 된다. 셋째, 불안을 느끼게 한 위협적인 요인이 사라졌는데도 불안이 과도하게 지속되는 경우다. 외상후 스트레스 장애의 경우, 생명에 위협을 주는 사건은 이미 과거가 되었는데도 지속적으로 생생한 불안을 경험하곤 한다.

이와 같이 불안장애(Anxiety Disorder)란 주관적으로 경험되는 불쾌한 정서인 불안과 공포가 명백히 존재하는 일련의 정신장애를 말한다. 병적인 불안이 나타나는 양상이나 대상, 상황에 따라서 여러 가지 하위유형으로 구분되는데, DSM-5에서는 불안장애를 분리불안장애, 선택적 함구증, 특정공포증, 사회불안장애, 공황장애, 광장공포증, 범불안장애로 분류하고 있다. 분리불안장애, 선택적 함구증은 DSM-IV에서 '유아기, 아동기, 청소년기에 흔히 처음 진단되는 장애'로 분류되었으나, DSM-5

에서는 불안장애의 하위유형으로 새롭게 포함되었다. 분리불안장애(Separation Anxiety Disorder)는 DSM-IV에서의 18세 이전에 발병해야 한다는 진단기준이 삭제되면서 성인에게도 분리불안장애가 있을 수 있음을 나타내고 있다. 선택적 함구증(Selective Mutism)은 많은 연구에서 사회불안장애와의 동반이환율이 높고 사회적 상황에서의 심한 불안이 장애를 유발시킨다고 보고되면서 불안장애의 하위유형으로 포함되게 되었다.

1. 분리불안장애

1) 임상적 특징

분리불안장애의 진단기준(DSM-5)

A. 분리에 대한 불안이 발달수준에 부적절하게 지나친 정도로 나타나며, 다음과 같은 증상 중 3개 이상에서 나타난다.

(1) 주요 애착대상이나 집을 떠나야 할 때마다 심한 불안과 고통을 느낀다.

(2) 주요 애착대상을 잃거나 그들에게 질병, 부상, 재난 혹은 사망과 같은 해로운 일이 일어나지 않을까 지속적이고 과도하게 걱정한다.

(3) 애착대상과 분리될 수 있는 사건들(예: 길을 잃음, 납치당함, 사고를 당함, 죽음)에 대해 지속적이고 과도하게 걱정한다.

(4) 분리에 대한 불안 때문에 밖을 나가거나, 집을 떠나거나, 학교나 직장 등에 가는 것을 지속적으로 꺼리거나 거부한다.

(5) 혼자 있게 되거나 주요 애착대상 없이 집이나 다른 장소에 있는 것에 대해 지속적으로 과도한 공포를 느끼거나 꺼린다.

(6) 집을 떠나 잠을 자거나 주요 애착대상이 근처에 없이 잠을 자는 것을 지속적으로 꺼리거나 거부한다.

(7) 분리의 주제를 포함하는 반복적인 악몽을 꾼다.

(8) 주요 애착대상으로부터 분리되거나, 분리가 예상될 때 반복적인 신체증상(예: 두통, 복통, 메쓰꺼움, 구토 등)을 호소한다.

B. 아동과 청소년에게 있어 공포, 불안과 회피는 적어도 4주 이상 지속되고 성인의 경

우 6개월 이상 지속된다.
C. 장해는 사회적, 직업적 또는 다른 중요한 영역의 활동에 현저한 손상을 초래한다.
D. 이러한 장애는 다른 정신장애에 의해서 더 잘 설명되지 않는다.

걸음마 시기와 학령전기 아동들이 그들과 애착관계에 있는 사람과 실제로 이별하거나 또는 이별이 예측되는 상황에서 어느 정도 불안을 보이는 것은 정상적이다. 분리불안장애(Separation Anxiety Disorder)는 이별에 대한 공포가 불안의 중심을 이룬다. 정상적 이별불안과의 차이점은 애착대상과 떨어졌을 때 보이는 불안의 정도가 뚜렷이 심하고, 보통 아이들에게 나타나는 연령을 넘어서까지 비정상적으로 지속된다는 점이며, 이 때문에 사회적 기능상 상당한 문제가 수반된다는 것이다.

핵심적인 진단적 특성은 주요 애착대상들인 부모나 다른 가족들과의 이별 시에 나타나며, 지나친 불안을 집중적으로 보인다는 것이다. 따라서 이 증상이 여러 가지 상황에 대한 전반적 불안의 일부일 때는 고려되지 않는다.

이별에 관여된 여러 상황에서는 또 다른 잠재적인 스트레스원이나 불안요인이 관련될 수 있다. 진단은 불안을 유발하는 여러 상황 중에서 공통된 요소가 주된 애착대상 인물과 격리되는 상황임을 증명하는 데에 달려 있다. 이것은 아마도 가장 흔하게는 등교 거부와 관련되어 생겨난다.

분리불안장애는 대체로 어린 연령에서 발생하여 청소년기가 되면서 유병률이 감소된다. DSM-IV에서는 분리불안장애가 18세 이전에 발병한다는 진단기준이 있었으나, DSM-5에서 이 기준은 삭제되었다. 분리불안장애는 성인에게도 나타날 수 있으며 성인의 경우 6개월 이상, 아동·청소년의 경우 4주 이상 증상이 지속될 때 진단 내릴 수 있다. 분리불안장애를 지닌 성인은 자녀나 배우자에 대한 과도한 염려를 하거나 그들과 분리되는 것에 대해 고통스러워하며 직장에 가는 것을 회피하는 행동으로 나타난다.

2) 원인

(1) 기질적 요인

성격이 까다롭고 예민하거나 낯가림이 심하고, 강박적이거나 미숙하고 의존성 경향이 강하고, 행동억압의 경향이 큰 아동들에게 분리불안이 흔히 발생하며(Rosenbaum et al., 1992) 여기에 환경적인 요인이 더해질 때 불안이 증폭된다고 할 수 있다.

(2) 환경적 요인

첫째, 부모의 불안 및 성격이다. 심리적으로 불안한 부모는 지나치게 자녀를 걱정하고 불안해하여 아동을 떼어 내지 못하고 곁에 두면서 자녀가 부모에게 의존하게 만든다. 부모가 불안장애, 우울장애를 지니고 있는 경우에 자녀들에게서 분리불안 장애가 많이 나타난다고 보고되고 있다.

둘째, 부모-자녀 관계 및 양육태도다. 볼비(Bowlby, 1973)의 애착이론에 따르면 발달 초기에 주양육자와 안정적인 애착관계를 형성하지 못한 경우 아동은 안전과 신뢰의 기초를 발달시키는 데 실패하고 새로운 세계에 자신 있게 나아가지 못하게 되면서 불안과 분리불안장애로 발전할 수 있다. 대상관계이론에서는 유아가 분리개 별화 단계에 이르러 생긴 자율성, 독립성의 욕구를 성취하기 위해선 자신의 일부분인 어머니로부터의 지지와 격려, 승인이 필요한 데 반해 어머니로부터 심적 에너지 공급이 충분하지 못할 때 분리불안이 나타난다고 본다.

또한 부모의 과잉보호적 양육태도로 인해 아동은 독립적으로 자라지 못하고 부모의 사랑을 지나치게 갈구하거나 더욱 의존적이 되며 새로운 환경에 가는 것을 두려워하는 경향을 보이게 된다(염숙경, 2002). 부모가 자신의 감정을 조절하지 못하고 일관적이지 않은 양육태도를 보일 때에도 아동은 불안을 느끼게 된다.

셋째, 이사, 전학, 가족의 질병, 부모의 별거 혹은 이혼, 가정폭력, 학교에서의 부정적인 사건 등의 생활상의 스트레스를 경험한 후에 분리불안이 나타나기도 한다.

3) 치료

분리불안장애의 치료방법은 행동치료, 인지행동치료, 놀이치료 등이 있다. 행동

134

치료에서는 체계적 둔감법을 이용하여 애착대상과 점진적으로 분리할 수 있도록 하고, 긍정적 강화요법으로 부모와 분리되어 학교생활을 잘하거나 잠을 혼자 잘 때 보상을 주어 행동수정을 한다. 이 외에도 긴장이완 요법, 모델링 등의 다양한 기법을 사용하여 불안을 일으키는 분리 상황에 단계적으로 접하게 하면서 불안과 공포가 근거 없는 것이라는 것을 알고 불안이 감소되도록 돕는다.

인지행동치료는 불안을 야기하는 상황에서 떠오르는 부정적이고 왜곡된 사고가 어떻게 그들의 불안과 증상에 영향을 주는지, 또 도피나 회피 대신에 그들이 어떻게 공포와 불안에 대처할 수 있는지에 관해 아동이 이해할 수 있도록 가르치는 것이다(이정윤, 박종규, 2002).

놀이치료는 언어가 제대로 발달되지 않아 표현이 미숙한 아동들에게 경험이나 정서, 복잡한 사고의 표현을 하도록 도와준다. 놀이치료를 통해 불안을 표출하고 문제를 해결하게 하는 것이 분리불안장애 치료에 효과적이다. 또한 아동의 문제를 가족이라는 맥락 안에서 볼 때 가족의 상호작용, 정서조절, 문제해결에 초점을 맞추면서 가족 상황에서 아동의 불안을 다루는 가족놀이치료도 지속적인 치료효과를 나타낸다(Silverman & Kurtines, 1996; Howard & Kendall, 1996; 백지은, 2007).

2. 선택적 함구증

1) 임상적 특징

선택적 함구증의 진단기준(DSM-5)
A. 다른 상황에서는 말을 할 수 있음에도 불구하고 특정한 사회적 상황(예: 말하기가 요구되는 상황, 학교)에서는 지속적으로 말을 하지 못한다.
B. 장해가 학업적, 직업적 성취나 사회적 의사소통을 저해한다.
C. 장해의 기간은 적어도 1개월은 지속되어야 한다(입학 후 처음 1개월은 포함되지 않는다).
D. 말하지 못하는 이유가 사회생활에서 요구되는 언어에 대한 지식이 없거나 그 언어에 대한 불편과 관계가 없는 것이어야 한다.

E. 장해가 의사소통장애(예: 말더듬기)에 의해 잘 설명되지 않아야 하고, 광범위한 발달장애, 정신분열증, 다른 정신증적 장애의 기간 중에만 발생하는 것은 아니어야 한다.

선택적 함구증(Selective Mutism)은 정상적으로 말을 할 수 있음에도 불구하고 말할 것이 기대되는 특정 상황에서 지속적으로 말을 하지 않는 장애다(American Psychiatric Association, 1994). 예를 들어, 부모, 형제와 집에 있을 때에는 말을 하기도 하지만 다른 사회적 상황에서 말하기를 요구받으면 불안한 모습을 보이거나 말을 하지 않으며 그 반대의 경우도 있다. 청소년과 성인보다는 주로 아동에게서 나타나며 보통 5세 이전에 발병한다. 선택적 함구증을 지닌 아동들은 언어적 의사표현 대신 고개 끄덕이기, 고개 흔들기, 몸짓 등의 비언어적 의사표현으로 의사소통을 하기도 한다. 또한 고집이 세고 적대적이고 분노폭발을 자주 하고 가족을 조종하려고 하는 반면 낯선 상황에서는 수줍어하고 위축되어 있으며 겁이 많고 다른 사람에게 매달리는 등 이중적인 모습을 보이기도 한다.

선택적 함구증을 지닌 아동들은 언어적 표현을 하지 않기 때문에 교사가 아동의 정확한 지적 수준이나 학습능력을 평가할 수 없고, 많은 경우 등교 거부를 나타내거나 심한 불안증상을 보이는 등 학업적 곤란을 나타낸다. 또한 또래에게 놀림을 받고 또래관계 형성에 어려움을 갖게 되면서 사회·정서적 발달의 어려움을 겪는다.

선택적 함구증의 유병률은 1% 이하이며, 남아보다 여아에게서 더 많이 발견되는 경향이 있다(Havden, 1980). 선택적 함구증 아동들 가운데 30~65%가 언어장애나 언어지체를 나타내며 이 외에도 사회불안장애나 특정공포증과 같은 불안장애, 배설장애, 신체운동 기술의 지체 등이 함께 나타날 수 있다고 보고되고 있다(Kolvin & Fundudis, 1981).

2) 원인

선택적 함구증을 지닌 아동은 기질적으로 예민하고 불안에 민감하고 수줍음이 많다고 알려져 있다. 또한 이 장애를 지닌 아동의 20% 이상이 언어발달지체를 갖고 있다고 보고되고 있는데(Lebrun, 1990), 언어적 비유창성으로 인해 불안이 높아지고 놀림 받을 것에 대한 대처방안으로 함구행동을 보일 수도 있다.

선택적 함구증은 사회적 상황에서의 심한 불안 때문에 나타날 수 있다. 사회불안장애의 특징인 사회적 회피, 사회적 상황에서 느끼는 고통, 낯선 사람에게 말하는 것에 대한 두려움이 선택적 함구증을 지닌 아동들에게서도 나타나며, 선택적 함구증과 사회불안장애의 공존비율이 90%라고 보고되고 있다(Black & Uhde, 1992).

가정환경도 영향을 미칠 수 있는데, 부모의 내성적이고 지나치게 수줍어하는 특성의 발달사, 과보호적이고 지배적인 양육태도, 부부간의 불화 등의 요인이 있다. 또한 이와 관련하여 행동주의적 관점에서는 아동이 중요하게 여기는 부모와 같은 인물들로부터 받게 된 사회적 정적 강화나 부적 강화에 의해 함구행동이 유지된다고 본다.

3) 치료

선택적 함구증 치료에는 행동치료가 효과적이라고 보고되고 있다. 행동치료는 말하는 행동과 관련된 불안을 줄여 주거나 말하는 행동에 긍정적 강화를 주는 것으로 정적 강화, 자극소거, 행동 형성, 자극 용암법, 자기모델링 등의 다양한 기법이 있다. 정적 강화는 칭찬 같은 사회적 강화물이나 스티커 등의 물질적 강화물을 이용하는 것이다. 자극 용암법은 아동이 말을 하는 환경 속으로 말을 해 보지 않은 사람들을 등장시켜 말하는 행동을 점차적으로 변화시켜 가는 것이다. 자기모델링은 아동에게 문제 상황이나 혹은 소리와 함께 아동이 말하는 것과 행동을 보여 주는 비디오테이프를 스스로 반복적으로 시청하게 하여 행동변화를 일으키는 기법이다.

놀이치료는 선택적 함구증 아동이 말에 대한 압력이나 기대가 없이 자신에 대한 느낌과 감정을 안전하고 편안하게 표현하고 의사소통을 증진시키도록 할 수 있다(염숙경, 2002). 놀이치료에 인지행동적 개입을 통합시킨 인지행동놀이치료는 아동이 자신의 행동을 변화시키고 치료에서 적극적인 참여자가 되는 것을 배우게 하는 데 효과적이다. 또한 낯선 곳에서 지나치게 긴장되고 경직되는 것을 완화시키고 치료 상황에 빨리 적응하도록 하기 위해 부모나 형제, 친한 또래를 치료회기에 들어오게 하는 방법도 도움이 된다.

3. 특정공포증

1) 임상적 특징

　　20대 초반의 영업 사원인 P씨는 어릴 때 비행기 폭파사건에 대해서 보도되는 뉴스들을 보고 비행기에 대해서 두려움을 갖게 되었다. P씨 때문에 가족들은 비행기로 여행을 해야 하는 곳으로는 휴가를 가지도 못하였고, 늘 기차나 승용차로 갈 수 있는 곳에만 놀러 갈 수 있었다. 한번은 가족들이 억지로 공항까지 데려간 적이 있었는데, P씨가 소리치고 울고 숨까지 쉬지 못하고 헐떡거리면서 하얗게 질리는 것을 보고 놀라서 그냥 돌아온 적도 있었다. P씨는 고등학교 때 제주도로 수학여행을 가게 되었을 때도 비행기를 타고 가야 한다는 말에 전날 배탈이 났다는 핑계를 대고 가지 않았고, 친구들과 놀이동산에 놀러 가도 비행기와 비슷하게 둥둥 떠서 타야 하는 탑승물은 절대 타지 않았다. 그뿐 아니라 비행기 추락이나 심지어는 비행기 납치를 다룬 영화도 절대 보지 않았다.

　　고교 졸업 후 영업직으로 회사에 입사했는데, 주로 서울과 경기 지방에서 업무를

보게 되어서 별 문제는 없었다. 그러나 올해 초 중국에서 활동하라는 발령을 받게 되자 P씨는 공포에 질리게 되었다. 업무특성상 자주 서울과 중국을 오가야 하는데, 도저히 비행기를 탈 자신이 없었다. 상사에게 이런 이야기를 하였지만 상사는 업무 지역을 바꿔 줄 수는 없다고 하면서 치료를 받아 보라고 권유하였다.

특정공포증의 진단기준(DSM-5)

A. 특정 대상이나 상황(예: 비행, 고공, 동물, 주사 맞기, 피를 봄)에 대한 현저한 공포나 불안을 경험한다.

주의: 아동에게서 공포나 불안은 울음, 칭얼거림(tantrums), 몸이 굳어짐(freezing), 또는 꼭 붙어서 떨어지지 않으려는 행동(clinging)으로 표출될 수 있다.

B. 공포 대상이나 상황에 노출되면 예외 없이 즉각적으로 공포나 불안이 유발된다.

C. 공포 대상이나 상황들을 회피하거나, 심한 불안이나 고통을 지닌 채 견디어 낸다.

D. 특정한 대상이나 상황에 의한 실제적인 위험과 사회문화적 맥락을 고려할 때, 공포나 불안은 지나친 것이어야 한다.

E. 공포, 불안이나 회피행동이 6개월 또는 그 이상 지속되어야 한다.

F. 공포, 불안이나 회피행동이 사회적, 직업적 또는 다른 중요한 기능영역에서 임상적으로 심각한 고통이나 손상을 초래한다.

G. 이러한 장애는 다른 정신장애 증상에 의해 더 잘 설명되지 않는다(광장공포증에서 공황 같은 증상, 강박장애에서 강박사고와 관련된 대상이나 상황, 외상후 스트레스 장애에서 외상사건 회상 촉발자극, 분리불안장애에서 집이나 주요 애착대상과의 분리, 사회불안장애에서 사회적 상황과 연관되는 불안, 공포, 회피로 더 잘 설명되지 않는다).

대부분의 사람은 다양한 대상과 상황에 대해 어느 정도의 공포감을 경험한다. 예를 들어, 뱀이나 쥐와 갑자기 마주칠 때, 심한 천둥과 번개를 만날 때, 비행기 여행을 해야 할 때 등 각자의 심리적인 상태에 따라 크고 작은 정도의 불안을 느낀다. 이런 특정 대상에 대한 불안은 사람들에게 매우 일반적으로 일어난다. 그러나 이 때문에 느끼는 괴로움은 일시적이며, 생활에 큰 지장을 받지 않는 것이 보통이다.

그러나 만약 뱀이나 쥐 사진을 갑자기 보게 될까 봐 어떤 잡지책도 볼 수 없거나, 천둥과 번개가 이번 주말에 있을 것이라는 일기예보를 듣고 번개에 맞아 죽을지 모른다는 생각으로 계속 공포 속에서 지내거나, 앞 사례의 P씨처럼 업무상 필요한데도 비행기를 탈 수가 없게 된다면, 이로 인한 고통과 생활에서의 지장은 막대할 것이다. 이렇게 특정 대상이나 상황에 대한 공포가 개인의 기능에 현저히 지장을 줄 정도로 심하고 비합리적인 경우를 특정공포증(Specific Phobia)이라 한다. 이 병리적 공포증 역시 일반 인구에서 높은 비율로 나타난다.

공포 대상이나 상황에 직면하게 되면 공포증을 가진 사람은 다양한 불안증상을 나타낸다. 기절하거나 현기증, 통제감 상실, 심계항진, 떨림, 땀흘림 같은 신체적 증상도 경험한다. 특히 공포스러운 상황에 계속 머물러 있어야 하거나 도피할 수 있는 방법이 없다고 생각되는 때에는 심한 공황발작을 일으키기도 한다. 이들의 공포반응은 공포자극에 노출되면 예외 없이 즉각적으로 불안반응을 유발한다. 그러나 이들은 자신의 공포감이 지나치거나 비합리적이라고 인식하고 있다. 그러면서도 공포 상황을 피하기 위해 많은 손해와 손실을 감내한다. 결과적으로 이들의 생활양식은 제한·축소되고, 직업적·사회적 활동도 많은 방해를 받게 된다.

공포증의 대상이나 상황의 종류는 하나하나 열거할 수 없을 정도로 매우 다양한데, DSM-5에서는 이들을 네 가지 주요 하위유형으로 분류하고 있다.

첫째, 동물형(animal type)은 동물과 곤충에 대한 공포다. 동물에 대한 공포감은 매우 일반적이지만, 생활에 심한 지장을 줄 때에만 공포증으로 진단한다. 이들은 공포증 때문에 가고자 하는 많은 장소를 포기해야만 한다. 예컨대 뱀을 만날까 두려워 공원이나 숲 등에 가지 못한다. 주로 아동기인 7세경에 공포증이 시작된다.

둘째, 자연환경형(natural environmental type)은 폭풍, 높은 장소, 물 등과 같은 자연환경과 관련된 공포다. 이 유형에 속하는 많은 상황은 어느 정도 위험의 요소를 내재하고 있기 때문에 적당한 정도의 공포는 적응적이라 할 수 있다. 누구나 이런 공포감을 갖는 것을 볼 때, 아마도 우리가 높은 곳이나 깊은 물 같은 상황에서 조심하도록 생물학적으로 준비되어 있다고 생각된다. 공포증으로 분류되기 위해서는 개인의 기능에 지속적으로 심각한 지장을 주어야 한다. 이 유형 역시 아동기인 7세경에 주로 시작된다.

셋째, 혈액·주사·상해형(blood-injection-injury type)이다. 이는 피, 상해 혹은 주사나 그 밖에 날카로운 의학용 기구를 볼 때 공포감을 갖는 경우다. 이 유형의 특

징적 현상은 다른 공포증과는 다른 생리적 공포반응을 보인다는 것이다. 다른 공포증에서는 공포 상황에서 교감신경계의 활동이 증가하고 심박과 혈압이 상승하는 생리반응이 나타나는 반면, 이 유형에서는 반대로 심박과 혈압의 현저한 저하가 뒤따르고, 결과적으로 기절하는 반응을 보인다. 이

유형은 다른 공포증보다 가계 전이율이 강한 것으로 보고되고 있다. 평균 발병연령은 약 9세다.

넷째, 상황형(situational type)이다. 이는 대중교통, 터널, 다리, 엘리베이터, 비행기, 막힌 공간 같은 특정 상황에 의해 공포반응이 일어나는 경우다. 이 유형은 광장공포증이 있는 공황장애와 여러 면에서 비슷한 특징을 나타낸다. 다른 점은 이 유형의 공포증은 그들이 두려워하는 특정 상황 밖에서는 공황발작을 일으키지 않는다는 것이다. 반면 광장공포증이 있는 공황장애는 언제 어디서 예기치 못한 공황발작이 출현할지 알 수 없다. 아동기 혹은 20대 중반에 가장 많은 발병률이 나타난다고 보고된다.

다섯째는 그 밖의 다른 자극에 의해 공포증이 유발되는 경우(other type)로, 여기에는 질식, 구토, 질병 등을 일으킬지 모른다고 생각되는 상황을 두려워하거나 회피하는 경우가 있다. 예를 들어, 질식공포증(choking phobia)의 경우 약이나 음식, 음료를 삼키는 데 공포를 갖는다. 이들은 쉽게 삼킬 수 있는 음식만을 먹으려 하기 때문에 결과적으로 체중감소뿐 아니라 심각한 영양적 손실에 따른 건강 문제를 일으킨다. 아이들의 경우 큰 소리나 분장한 인물에 대한 공포증을 갖기도 한다.

2) 원인

(1) 생리 · 인지 · 행동주의적 관점

행동주의적 학습이론은 특정공포증의 이해와 치료에 큰 기여를 하였다. 왓슨(Watson, 1920)은 그의 유명한 실험인 어린 앨버트(little Albert)에 대한 공포조건화 실험을 통해 인간의 공포증이 고전적 조건화에 의해 형성될 수 있음을 밝혔다. 즉, 개인은 어떤 외상적 경험을 겪은 후 이와 관련된 자극들을 공포증으로 발전시키게 된다는 것이다.

그러나 그 후의 연구들은 대부분의 공포증에 고전적 조건화의 역할이 그렇게 크지 않다는 것을 보여 주었고, 바로우(Barlow, 1988)는 적어도 세 가지 다른 경로로 공포증이 발전할 수 있다고 하였다. 공포증에 대한 바로우의 모델을 살펴보면 다음과 같다.

먼저, 과거의 직접적 외상 경험이 공포증을 형성하는 경우다. 예를 들면, 대부분의 질식공포증을 가진 사람들은 과거에 질식의 경험이 있었고, 공포증이 여기에서 연유되었음이 나타났다. 이 경우는 실제의 위험이나 고통이 경계반응을 일으킨 경우다. 이것을 참경계(true alarm)반응이라고 한다.

두 번째로, 실제로 위험을 경험하지는 않았지만 공포증을 발전시키게 되는 경우다. 많은 공포증 환자는 어떤 생활 스트레스를 겪고 있던 중에 특정 상황에서 예기치 않은 공황발작을 경험하게 된다. 그 후 이 특정 상황에 대한 공포증이 발전하게 된다. 문잭(Munjack, 1984)의 연구에 의하면 운전에 대한 공포증을 가진 사람 중 50% 정도의 사람은 운전 중 어떤 끔찍한 사건으로 참경계반응을 경험하고 공포증을 발전시키는 반면, 나머지 사람은 어떤 사고도 나지는 않았지만 운전 중 예기치 않은 공황발작을 경험했고, 이때 자신이 차를 제어하지 못하여 도로의 다른 사람을 죽일지 모른다는 강한 느낌을 가지게 되었다. 이들의 경우 실제 외상에 의한 참경계반응이 아니라 단지 특정 상황에서 경험한 공황발작, 즉 오경계(false alarm)반응에 의해 그 상황에 대한 공포증이 유발된 것이다.

세 번째로는 다른 사람이 실제 외상을 경험하거나 강한 공포를 겪는 것을 봄으로써 공포증이 일어날 수 있다. 즉, 대리적으로 공포를 학습하는 것이다. 자기 부모가 다양한 상황에서 공포로 반응하는 것을 관찰한 아동은 그러한 반응을 정상이라고 간주하는 경향이 있다고 한다. 실제로 어머니의 공포감과 자녀의 공포감 정도는 높은 상관관계가 있다.

그런데 이런 부모와 자녀 간의 높은 상관관계는 부모의 행동을 관찰한 대리적 학습의 결과일 수도 있고, 위험에 대한 정보를 전수받은 결과일 수도 있다. 잠재적 위험에 대해 단지 반복적으로 주의를 듣는 것도 어떤 사람에게는 공포증을 형성하는 데 충분한 조건일 수 있다. 오스트(Ost, 1985)는 심한 뱀 공포증을 가진 한 여성의 사례를 제시했는데, 그녀는 들에 있는 뱀이 얼마나 위험한지, 그래서 왜 긴 고무장화를 신는 것이 좋은지에 대해서 반복해서 들었다. 그녀는 결국 뱀에 대한 공포 때문에 시내 거리를 걸을 때도 고무장화를 신어야만 했다.

이렇게 공포증이 형성될 수 있는 경로나 과정에는 여러 다양한 변인이 영향을 미친다. 그러나 우리는 모든 대상이나 상황에 대해 공포증을 일으키지는 않는다. 그

보다는 어떤 종류의 위험한 대상이나 상황에 공포로 반응하도록 생물학적으로 준비되어 있는 경향이 있는 것으로 보인다. 이를 셀리그먼(Seligman, 1971)은 선천적인 '준비성(perparedness)'이라고 하였는데, 생존에 위협이 되는 특정 자극에 대해서 보다 쉽게 공포반응을 일으키게 된다고 보았다. 예를 들면, 뱀이나 높은 곳, 낯선 사람같이 생존에 위협을 주는 대상은 나무나 탁자, 책 같은 자극보다 쉽게 공포반응을 일으킨다. 이런 대상들은 우리가 공통적으로 두려워하는 경향이 있는데, 고대 인류의 조상들에게는 실제로 위험하였던 것들이라고 할 수 있다. 이러한 대상에 대해서 위에서 언급된 여러 가지 경로를 통해 외상적 경험이 짝지어지면 공포는 보다 신속히 학습되는 경향이 있고, 일단 학습되면 쉽게 소거되지도 않는다.

개인변인도 중요하다. 사람마다 가지고 있는 생물학적, 심리적 취약성의 정도는 다르다. 어떤 공포증의 경우에는 유전적 요인이 강하다. 특히 혈액 · 주사 · 상해 공포증의 경우 유전성이 매우 높다(Ost, 1989). 반면 같은 외상적 경험이라도 전혀 공포불안을 갖지 않는 사람도 있다.

마지막으로 사회적, 문화적 변인도 공포증의 발병에 중요한 결정요인이 된다. 이런 문화 · 사회적 변인은 공포증이 보고되는 사례 수에도 영향을 미친다. 대부분의 사회에서는 남자가 공포감을 표현하는 것을 적절하게 생각하지 않는다. 이와 같은 맥락에서 특정공포증 환자의 절대적 대다수는 여자로 보고되고 있는데, 사실 남자들은 스스로 공포 상황에 자꾸 맞닥뜨리면서 공포를 극복하려고 노력하거나, 자신의 공포증을 다른 사람에게 말하거나, 치료를 구하지 않은 채 그냥 견디며 살아가는 것으로 보인다.

(2) 정신분석적 관점

앞서도 언급되었듯이 정신분석이론에 따르면 불안의 주 기능은 금지된 성적, 공격적 충동이 의식으로 표출되려 한다는 것을 자아에게 신호해 주며, 자아가 이에 대한 방어를 구축 · 강화하게 하는 것이라고 한다. 만약 억압을 통해 방어가 성공적으로 이루어지지 못하게 되면 자아는 다른 방어수단을 사용하려고 한다. 공포증 환자의 경우 주로 치환, 투사, 회피의 방어기제를 통해 불안통제 시도가 일어난다. 공포증을 가진 사람들은 성적, 공격적 갈등을 그 갈등을 일으킨 사람에서 외견상 중요하지 않고 관련성이 없는 대상 혹은 상황으로 치환시킨다. 그러고 나면 이 대상 혹은 상황이 불안을 일으키는 힘을 갖게 되는 것이다.

프로이트(Freud)는 말에 대한 공포증을 지니고 있었던 다섯 살짜리 한스(little Hans)의 사례를 통해서 이에 대한 이론을 제시하였다. 한스가 아버지에 대해서 느끼는 오이디푸스 콤플렉스적 공포가 아버지의 특징을 상징적으로 지니는 것으로 느껴진 말에 투사되었고, 그 결과 말에 대해서 공포증을 느끼게 되었다고 프로이트는 설명하고 있다.

3) 치료

특정공포증의 치료는 광장공포증의 치료와 기본적으로 동일한 절차를 따른다. 즉, 실제 공포자극과 점차적으로 가까워지는 노출 상황들을 구성하여 환자를 대면시키는 노출기법이 사용된다. 이때 불안을 처리할 수 있도록 이완, 호흡훈련, 인지적 재구성 등을 함께 환자에게 교육시킨다. 이런 체계적 둔감화와 노출치료가 특정공포증의 치료에 가장 효과적인 것으로 알려져 있다. 한편 환자가 공포자극에 점차적으로 자신을 노출시킬 때, 이런 연습은 대부분의 경우 치료적 감독하에 이루어져야 한다. 혼자서 이런 연습을 하게 되는 경우 환자는 종종 너무 빨리 많은 것을 이루려다가 결국 공포 상황을 회피하게 되고, 공포증은 더욱 강화되는 결과를 가져온다.

점진적 노출치료 외에도, 강한 공포자극에 단번에 직면시키고 그 상황이 위험하지 않다는 것을 충분히 느낄 수 있을 만큼 머물게 하는 '홍수법(flooding)', 다른 사람이 공포자극을 불안 없이 잘 대하는 것을 관찰하고 이를 따라 해 봄으로써 점진적으로 극복해 나가는 '모델링을 통한 참여적 관찰학습'도 사용되고 있다.

4. 사회불안장애

1) 임상적 특징

법대에 다니고 있는 21세의 K양이 지도교수와 상담을 하러 왔다. K양은 시험에서는 매우 좋은 성적을 거두고 있었지만, 교실에서의 토론이나 발표에는 전혀 참가할 수 없었다. 1학년 동안에는 사람들 앞에서의 발표를 피하기 위해서 여러 가지 이유를 잘 내세워 왔지만, 발표와 토론을 피할 수 없는 수업을 들어야만 하게 되자 원하는 성적을 거둘 수가 없었다. 그녀는 남들 앞에서 이야기하는 것이 무섭고 발표하라고 지목당하지 않을까 두려운 나머지 수업시간 내내 고개를 숙이고 있어야 했다. 막상 지명을 당하면 얼굴이 붉어지고 숨이 가빠지면서 땀이 나고 현기증이 났다. 정신은 멍해지면서 무슨 말을 해야 할지 몰라 얼버무리다가 그만두는 일이 계속되었다. 그러고 나면 자책감에 빠져 매우 우울한 기분으로 일주일을 보내곤 하였다.

K양은 지도교수에게 자기가 조리 있게 말을 하지 못하면 급우들이나 교수가 자신을 비웃고 비난할까 봐 겁이 난다고 하였고, 그렇게 된다면 다시는 학교에 얼굴을 들고 다닐 수 없을 것이라고 하였다. 앞으로 면접시험을 보게 된다고 해도 그런 상황을 잘 헤쳐 나갈 수 없을 것이라고 생각하면서 걱정을 하고 있었고, 결국 자신은 사회의 낙오자가 되고 말 것이라는 생각에 사로잡혀 있는 것처럼 보였다.

사회불안장애의 진단기준(DSM-5)

A. 타인들에게 주목받을 수 있는 한 가지 또는 그 이상의 사회적 상황에 대한 현저한 공포나 불안. 예를 들어, 사회적 상호작용(예: 대화를 하거나, 낯선 사람과 만나는 일), 관찰당하는 상황(예: 타인과 식사하거나, 음료를 마시거나), 타인 앞에서 수행을 하는 상황(예: 연설하기)이 포함된다.
   주의: 아동에게 불안은 성인과의 관계에서뿐만 아니라 또래관계에서도 발생해야 한다.

B. 개인은 부정적인 평가를 받을 수 있는 행동(예: 모욕을 당하거나 당황하거나 거절을 당할 수 있는 상황)을 하거나 불안증상을 나타내게 될 것을 두려워한다.

C. 사회적 상황은 언제나 예외 없이 공포나 불안을 유발시킨다.
   주의: 아동에게 공포나 불안은 울음, 칭얼거림, 몸이 굳거나 움츠리기, 사회적 상황에서 말을 못하는 것으로 나타난다.

D. 사회적 상황을 회피하거나, 아주 심한 공포나 불안을 견디어 낸다.

E. 사회적 상황의 실제적 위험과 사회문화적 맥락을 고려할 때, 공포나 불안이 지나친 것이어야 한다.

F. 공포, 불안이나 회피행동이 6개월 또는 그 이상 지속되어야 한다.

G. 공포, 불안이나 회피행동이 사회적, 직업적 또는 다른 중요한 기능영역에서 임상적

으로 심각한 고통이나 손상을 초래한다.

H. 공포, 불안이나 회피행동이 물질(예: 남용약물, 투약)이나 다른 의학적 상태의 생리적 효과에 의한 것이 아니어야 한다.

I. 공포, 불안, 회피행동은 다른 정신장애(예: 공황장애, 신체변형장애, 자폐 스펙트럼 장애) 증상에 의해 더 잘 설명되지 않는다.

J. 만약 다른 의학적 상태(예: 파킨슨병, 비만, 화상이나 상해로 인한 결함)가 존재한다면 공포, 불안이나 회피행동은 이들과 연관되는 것이 아니거나, 명백하게 과도해야 한다.

사회불안장애(Social Anxiety Disorder) 역시 특정공포증처럼 많은 사람이 어렵지 않게 자신과 관련시켜 볼 수 있는 불안장애다. 사회불안장애는 사람들과 상호작용해야 하는 사회적 상황에서 겪는 불편감이나 불안이 매우 심하여 이를 회피하려는 것을 주 증상으로 하며, 이 때문에 사회적, 직업적 기능이 크게 지장을 받는다. 따라서 사회불안장애를 사회공포증(Social Phobia)이라고도 부른다. 사회불안장애가 심한 경우 친구를 사귀지 못하여 가족관계가 유일한 사회적 관계인 사람들도 있다. 직장에서는 하급 직원에게 지시를 내리는 어려움 때문에, 그리고 사람들과의 관계를 최소한으로 유지하기 위하여 승진을 거절한 채 말단사원으로 지내기도 한다. 아동의 경우 급우들 속에서 느끼는 심한 불편감 때문에 점심시간이나 휴식시간에 화장실에 숨어서 지내기도 한다.

사회불안장애는 이렇게 사람들 간의 상호관계를 맺는 것이 주 어려움인 경우 이외에도 사람들 사이에서(혹은 앞에서) 어떤 특정한 일을 수행해야 할 때의 심한 불편감과 불안의 형태로 나타나기도 한다. 이 후자의 경우 사회적 상호관계에서는 오히려 활발하고 사교적이면서도 특정한 상황, 예를 들면 사람들 앞에서 발표나 연설을 해야 할 때나 사람들이 지켜보는 가운데 무엇인가를 써야 할 때 등의 상황에서 심한 불안을 겪는다.

사회불안장애가 가장 자주 일어나는 사회적 활동은 대중 앞에서 연설을 하는 것이며, 그 외에도 이성을 대하는 것, 대중교통의 이용, 전화 사용, 파티 참석, 강의실

상황 등도 흔한 공포 상황이다. 또한 대중식당에서 식사하기, 다른 사람 앞에서 글
씨 쓰기, 공중화장실에서 소변 보기(주로 남자들)와 같은 상황도 종종 공포감을 일으
키는 활동이 된다.

이런 상황들의 공통점은 다른 사람들이 지켜보고 또한 평가하는 가운데 어떤 일
을 수행해야 한다는 것이다. 이들은 자신이 대중 앞에서 이야기할 때 창피를 당할까
봐 두려워하며, 또한 다른 사람이 자신의 떨리는 손이나 목소리를 알아채서 자신을
바보 같다거나 약하다고 생각할 것을 두려워한다. 대중 속에서 먹거나 쓰는 행동을
하는 동안에도 다른 사람이 부정적 평가를 할 것이라거나 자신의 불안이 남들에게
드러날 것이라는 두려움을 가진다. 조사에 의하면, 90% 이상의 사회불안장애 환자
들이 하나 이상의 상황에서 공포감을 갖는 것으로 나타났다.

사회불안장애를 가진 사람들은 불안과 관련된 많은 신체적 증상을 경험한다. 이
들에게 특징적으로 나타나는 증상은 떨림, 안면 홍조, 얼굴 경련 등이며, 이 외에도
심계항진, 땀흘림, 긴장, 토할 것 같은 느낌, 흐릿한 시야를 경험하기도 한다. 이런
증상이 심해지는 경우에는 공황발작의 진단기준에 맞는 정도의 불안이 나타나기도
한다.

사회불안장애로 인해 생기는 또 다른 부정적 결과로, 이들은 종종 자신의 능력보
다 훨씬 낮은 수준의 직업을 택하게 된다. 그리고 다른 유형의 불안장애보다 더 높
은 비율로 알코올을 사용한다고 보고되고 있다.

또한 사회불안장애를 가진 사람들은 흔히 비판적인 평가와 배척에 대한 과민반
응, 우유부단함, 자기비하감, 열등감을 가진다. 사교적 기술이 부족한 경우도 많다.

한 가지 주목할 만한 점은 문화적 차이에 따라 한국, 일본, 중국 사람들의 경우 특
유의 사회불안장애를 나타내기도 한다는 것이다. 이들 문화권에서는 사회적 상황
에 대해서 당혹감보다는 자신이 타인을 화나게 만들었거나 불쾌하게 만들어서 피해
를 주고 있다는 두려움을 나타낸다. 이는 '가해의식형 사회불안장애'라 부를 수 있
는데, 환자들은 자신이 타인을 불편하게 만드는 원인으로 얼굴을 붉혀서, 몸 냄새가
나서, 눈빛, 말투 때문에 등으로 보고한다.

사회불안장애에 대한 역학적 연구에 따르면 남자보다 여자에게서 더 흔한 것으로
나타났다고 보고되지만, 대부분의 임상 상황에서는 성별의 차이가 없거나 남자에게
서 더 흔하다고 알려져 있다.

평생 유병률은 3~13%의 범위에 속하는 것으로 알려져 있으나, 조사된 방법이나 사회적 상황의 유형 수에 따라 다양할 수 있다. 외래 상황에서는 불안장애가 있는 사람들 중 10~20%로 나타난다고 알려져 있으나, 이 역시 조사 상황에 따라 다양하다.

전형적으로 10대 중반에 발병하며 아동기에 사회적으로 억제되어 있었다거나 수줍음을 많이 탔다는 등의 과거력을 가진다. 발병은 심한 긴장이나 치욕스러운 경험으로 인해서 갑자기 시작될 수도 있고, 서서히 시작될 수도 있다. 경과는 흔히 지속적이다. 성인기에 약화되거나 완화되기도 하지만, 일생 동안 지속되는 경우가 흔하다. 장애의 정도는 생활의 긴장과 요구에 따라서 변화를 보이기도 한다. 예를 들어, 이성 교제에 대한 공포가 있던 사람은 결혼 후에는 사회불안장애 증상이 감소될 수도 있으며, 연설을 할 만한 일이 전혀 없어 증상이 나타나지 않던 사람이 직장에서 연설이 요구되는 자리로 위치변동이 있게 되면 재발하기도 한다.

2) 원인

(1) 생물 · 인지 · 행동주의적 관점

생물학적 준비성은 인간이 외부의 위험 대상이나 상황(특정공포증에서 언급한 것처럼)에 대해서만 공포로 반응하도록 준비된 것이 아닌 것 같다. 즉, 인간 상호관계에서 일어나는, 잠재적으로 위험할 수 있는 사회적 자극에 대해서도 생물학적으로 두려워하도록 준비된 것으로 보인다. 말하자면 우리는 화나거나, 비판적이거나, 거부적인 사람을 두려워하도록 준비되어 있는 것이다. 오맨 등(Ohman et al., 1978, 1983)의 실험에서 나타난 결과에 따르면, 피험자들은 다른 얼굴 표정보다 화난 얼굴 표정에 대해서 더 빨리 공포를 학습하고, 이 공포감은 다른 종류의 학습보다 훨씬 느리게 소거된다. 이렇게 화난 얼굴을 두려워하는 경향성 역시 우리 조상의 생존에 도움이 되었기 때문에 후손들이 물려받게 된 것으로 보인다. 즉, 화나고 적대적인 사람들이 그렇지 않은 사람보다 상대방을 공격할 가능성이 높다는 것을 경험에 의해서 알게 되었기 때문에 이들에 대해 두려움을 가지도록 준비된 것으로 볼 수 있다.

한편 케이건(Kagan, 1988, 1991)은 유아가 아주 어릴 때부터 기질적인 차이를 뚜렷이 나타내는 것을 알아냈다. 어떤 아이의 경우 생후 4개월 정도부터 기질적으로 위축된 특성을 분명히 나타내는데, 이들은 그렇지 않은 아이들보다 환경의 낯선 자극에 대해 쉽게 각성(흥분)되는 경향이 있다. 이 위축된 아이들이 보이는 생리적 차이는 뇌기능에서의 차이를 반영하는 것으로 보인다. 사회불안장애는 이러한 기질적 특성에 어느 정도 근거를 두고 있을 가능성이 있다.

사회불안장애 발생을 앞에서 언급된 바로우가 제시한 모델로 보면 다음과 같다.

첫째, 어떤 사람의 경우 쉽게 불안해지는 생물학적 취약성이나 사회적으로 매우 위축되는 기질, 혹은 이 둘 모두를 가지고 있다. 그런데 사회적 요구와 그에 따른 스트레스가 가장 심해지는 사춘기 때 생물학적으로 취약한 아동들에게 사회적 상황에 초점이 맞춰진 불안이 야기될 수 있다.

두 번째로는 스트레스를 겪고 있는 사람이 어떤 사회적 상황에서 예기치 않은 공황발작을 경험하고, 그와 비슷한 사회적 상황에서 다시 공황발작을 일으킬지 모른다는 불안을 발전시키는 것이다.

세 번째는 실제 사회적 외상을 경험한 후 이 때문에 참경계반응을 일으키는 것이다. 회사에서 심하게 비판을 당하고 치욕스러운 수모를 당한 일이나 아동기 때 친구들에게 심한 놀림과 배척을 당한 일은 불안과 공황 반응을 일으키고, 이 불안반응이 나중에 사회적 상황에서도 계속 지속될 수 있다.

그 밖에도 부모의 사회적 불안이 아이에게 전이되어서 사회적 평가와 관련된 사건에 불안의 초점이 맞춰지도록 미리 준비되었다는 증거가 있다. 브루흐(Bruch, 1989)의 연구에 의하면, 사회불안장애 환자의 부모는 공황장애 환자의 부모보다 사회적인 두려움이 더 높고, 다른 사람의 평가에 더 신경을 많이 쓰는 것으로 나타났다.

인지적 관점에서는 사회불안장애를 지닌 사람들이 공통적으로 나타내는 인지적 특성을 제시하고 있다(Beck & Emery, 1985; Clark & Arkowitz, 1975). 이들은 자신이 다른 사람에게 호감을 주지 못할 것이라는 뿌리 깊은 믿음을 가지고 있다. 즉, 사회적 자기(self)에 대한 부정적인 개념을 가지고 있다. 또한 이들은 다른 사람에게 자신에 대해서 좋은 인상을 심어 주어야 한다는 강한 동기를 가지고 있다. 이들은 다른 사람의 평가를 중시하며, 타인의 호감과 인정을 받기 위해서는 완벽한 모습을 보여 주어야 한다고 믿는다. 동시에 이들은 타인에게서 부정적 평가를 받는 것은 재난적인 것으로 받아들이는 경향이 있다. 다음으로, 이들은 다른 사람들이 비판적이어서 자신이 사소한 실수라도 하면 자신을 싫어하고 멀리할 것이라는 믿음을 가지고 있다. 또한 자신이 사회적으로 한 수행에 대해서 타인이 평가해 주는 만큼 긍정적으로 받아들이지 못하고 스스로 부정적으로 평가하는 경향이 있다. 이런 특징들은 사회적 상황에서 불안과 좌절을 경험하게 하고, 스스로에 대해서 부정적으로 만들면서 결국 사회적 상황을 회피함으로써 이런 심리적 고통을 회피하고자 하는 방식으로 나타나게 된다는 것이다.

(2) 정신분석적 관점

정신분석이론에서는 사회불안장애에 대해서 유전·기질적 요인과 환경 스트레스 요인 간의 상호작용을 강조한다. 케이건(1988)의 연구에서 나타난 것처럼, 어떤 아이들은 낯선 자극에 대해 행동적으로 위축되는 경향을 기질적으로 갖고 태어나는 것이다. 그러나 케이건은 실제로 수줍음과 소심한 행동으로 표현되려면 어떤 형태의 만성적인 환경적 스트레스가 원래의 기질적 경향에 작용해야 한다고 주장한다. 그는 부모의 사망이나 부모와의 이별, 손위의 형제들에게서 받는 놀림과 비판, 가정 내 폭력, 부모의 다툼 같은 사건들을 스트레스로 가정하였다.

위의 가정과 맥락을 같이하여, 정신분석가들은 사회불안장애를 가진 사람들이 어떤 특징적인 내적 대상관계를 가지고 있음을 발견했다. 즉, 이들은 부모나 다른 돌보는 사람 혹은 형제에 대해 특징적인 내적 표상을 가지는데, 이는 모욕감을 주고 비판적이며, 조롱하고 창피스럽게 하며, 거부적이고 당황스럽게 만드는 성질을 가진다. 이 내사체들은 인생 초기에 이미 확고히 수립되어서 환경 속의 사람들에게 계속 투사되고, 결국 타인은 '회피해야 하는' 대상이 된다는 것이다. 아마도 이들의 경우 원래부터 다른 사람을 두려워하는 어떤 유전적 프로그램을 가지고 있을 것이다. 그런데 돌보는 이가 이 프로그램에 상응하게 행동하여 이들의 부정적인 내사체는 강화되었고, 이들은 더욱 심하게 사람들을 두려워하게 되어 결국 사회불안장애를 발전시키게 되었을 것이라고 추정된다. 반대로 만약 돌보는 이가 아이의 두려움에 민감하게 반응하여 원래의 경향을 상쇄하는 방식으로 행동한다면, 내사체는 좀 더 긍정적이고 덜 위협적으로 형성되어 사회불안장애가 발전할 가능성을 감소시킬 것이다.

3) 치료

언급된 바와 같이, 사회불안장애를 가진 사람들은 긴장을 유발하는 스트레스 상황에서 이에 대처하기 위한 심리적인 자원이 부족하기 때문에 대처방법으로 회피를 택한다. 그러나 이런 대처방식은 문제를 극복하는 데 결코 도움이 되지 않는다. 다른 사람들과 마찬가지로 이들이 가지고 있는, 사람들과 잘 대면하고 당당하게 자신이 원하는 행동을 하고 싶은 기본적인 욕구는 여전히 해결되지 않은 채 남아 있기 때문이다. 사회불안장애의 치료로는 인지행동적 기법(특히 집단치료로 행해질 때)이 가장 효과적인 것으로 알려져 있다. 여기에서 사용되는 방법을 살펴보기로 하자.

첫 번째로는 역설적인 방법이 있다. 이는 긴장을 피해 달아나고 싶고, 남에게 노출시키지 않으려고 안간힘을 쓰는 대신 숨겨 왔던 자신의 증상을 자신이 지각하는 것 이상으로 남에게 내보이는 방법이다. 예를 들어 "덩치에 어울리지 않는다고 보시겠지만, 저는 남 앞에서는 수줍음이 많아 얼굴이 쉽게 붉어집니다." "제가 지금 굉장히 긴장하고 있거든요. 이러다가 준비해 온 것을 끝까지 발표나 할 수 있을지 모르겠어요. 걱정되네요."라고 말해 보는 식이다. 또 남 앞에서 손이 떨려 음식을 흘리지나 않을까 하는 걱정으로 다른 사람과의 식사를 피하는 사람의 경우 아예 "음식을 많이 흘려 남에게 창피할 정도로 떨려 보자."라는 혼잣말을 계속해 볼 수 있다. 이러한 혼잣말은 오히려 웃음을 자아내고, 긴장을 증가시키기보다는 긴장을 줄이는 효과를 가져온다.

두 번째 방법으로는 자신이 긴장을 심하게 느끼는 상황에 멈추어 서서 스스로에게 어떤 말을 되풀이하고 있는지를 찾아내고, 이런 사고의 근거를 찾아봄으로써 스스로의 인지적 오류와 역기능적 신념을 발견하는 것이다. 환자들은 흔히 자신의 수행에 대한 부정적인 귀인, 파국적 예상, 공정하지 않은 평가 등을 발견하곤 한다.

세 번째로는 역할연기와 시연(rehearsal)으로, 예상되는 상황을 미리 경험해 보고 이에 대비하여 연습해 보는 방법이다. 발표불안이 심한 경우에는 발표내용을 미리 작성하여 소리 내어 여러 번 반복해 본다. 면접에 대한 긴장이 있을 경우에는 면접 상황을 연출하여 예상되는 질문, 긴장을 유발하는 질문에 미리 대비하는 연습을 충분히 한다. 마찬가지로 이성을 대할 때 긴장을 느끼는 경우에도 역할연습을 통해 예상되는 불안을 완화시킬 수 있다.

또 다른 방법은 자신의 행동이나 모습이 타인에게 어떻게 비치는지에 대해 과도하게 민감한 것에서 벗어나는 것이다. 자신의 행동을 과도하게 의식하면 오히려 더 부자연스러워진다는 점을 인식하고, '어떻게' 말하고 행동할 것인가에 주의를 기울이기보다는 '무엇을' 말할 것인지에 집중하도록 노력한다. 지나친 자기관찰과 자기초점적 주의(self-focused attention)로 생긴 긴장에서 자유로워지기 위해서 행동보다는 전하고자 하는 의미나 방향에 초점을 맞추는 것이다. 이는 우리가 살아 나가는 이유가 자신의 모습을 관찰하는 것이 아니라 삶의 목적, 즉 의미나 가치를 추구하는 데 있다는 것에 역점을 두는 것이다.

심한 사회불안장애의 치료에는 약물치료가 적용되기도 하는데, 삼환계 항우울제와 모노아민 산화억제제(monoamine oxidase inhibitor)가 위약(placebo)보다 더 효과적이라고 알려져 있다(Liebowitz et al., 1992). 약물치료와 인지행동치료의 효과를 비교한 연구에 따르면, 두 치료방법 모두 유사한 치료효과를 나타냈으나 약물치료의 경우에는 약물을 중단하면 증상이 재발되는 경향이 있었다.

집단 인지행동치료의 경우에는 치료효과가 5년 후에도 지속되었다는 보고가 있다.

5. 공황장애

1) 임상적 특징

D씨는 32세의 기혼 남자로서 조그만 가게를 운영하고 있고, 평소 술과 친구 만나는 것을 즐기며 활동적으로 생활해 왔다. 내원 1년 전에 친구들과 낚시를 갔다가 손을 다쳐 피를 흘리게 되었다. 즉시 병원으로 가 봉합수술을 받았고 큰 이상은 없었다. 그러나 그 당시 갑자기 심장이 멈추고 피가 거꾸로 솟는 것 같은 느낌이 강하게 들었는데, 몹시 무섭고 불안했던 기분이 계속 기억에 남아 있었다.

며칠 후 잠을 못 이루고 뒤척이다가 갑

자기 그때처럼 심장이 멈추고 머리가 멍해지는 느낌이 들면서 마치 죽을 것 같은 경험을 다시 하게 되었다. 다음 날 급히 병원을 찾아 심장과 관련된 검사를 받았으나 별 이상은 없었다. 그러나 이후 3~4일에 한 번씩 이런 증상이 반복되면서, 이러다가 갑자기 죽게 되지 않을까 염려하게 되었고, 언제 어떻게 증상이 나타날지 몰라 외출도 삼가게 되었으며, 점차 가게 운영도 할 수가 없게 되었다. 이후 다시 병원을 방문하여 상세한 검사를 받았으나 역시 이상은 발견되지 않았고, 내과의에 의해서 심리검사에 의뢰되었다.

공황장애의 진단기준(DSM-5)

A. 반복적인 예기치 못한 공황발작. 강한 두려움이나 불쾌감이 다음 중 적어도 네 가지(또는 그 이상) 증상으로 갑작스럽게 나타나고, 10분 이내에 증상이 최고조에 달한다.

(1) 심계항진, 심장의 두근거림 또는 심장박동 수의 증가
(2) 땀흘림
(3) 떨림 또는 전율
(4) 숨가쁜 느낌 또는 숨 막히는 느낌
(5) 질식감
(6) 가슴통증 또는 가슴 답답함
(7) 토할 것 같은 느낌(오심) 또는 복부 불편감
(8) 현기증, 불안정감, 머리 띵함 또는 어지럼증
(9) 오한 또는 얼굴이 화끈 달아오름
(10) 감각이상(마비감 또는 찌릿찌릿한 감각)
(11) 비현실감 또는 이인증
(12) 자제력 상실에 대한 두려움 또는 미칠 것 같은 두려움
(13) 죽음에 대한 두려움

B. 다음 중 적어도 한 가지 이상의 발작이 1개월(또는 그 이상) 동안 적어도 1회 있음

(1) 추가적 발작 또는 그 결과에 대한 지속적인 염려나 걱정(예: 자제력 상실, 심장마비, '미쳐 버림')
(2) 발작과 관련된 현저하게 부적응적인 행동의 변화(예: 공황발작을 피하기 위해 운동을 하지 않거나 낯선 상황을 피하는 행동)

C. 장해가 물질(예: 남용약물 또는 투약)이나 다른 의학적 상태(예: 갑상선기능 항진증, 심장과 폐의 장애)로 인한 것이 아니다.
D. 이러한 장해는 다른 정신장애에 의해 더 잘 설명되지 않는다(사회불안장애에서 두려운 사회적 상황에 대한 반응, 특정공포증에서 특정 대상이나 상황에 대한 반응, 강박장애에서 강박사고에 대한 반응, 외상후 스트레스 장애에서 외상사건 회상 촉발자극, 분리불안장애에서 애착대상으로부터 분리되는 것에 대한 반응으로 인한 것이 아니어야 한다).

공황장애(Panic Disorder)는 공황발작이 주요 증상으로 나타나는 불안장애다. 공황발작(panic attack)은 갑작스럽게 강한 공포감 혹은 불안감이 시작되어 일정 시간(10~20분 정도, 보통 1시간 이내) 지속되었다가 빠르게 혹은 서서히 사라지는 것인데, 이 동안 여러 신체적·인지적 증상이 수반된다. 즉, 공황발작 동안 개인은 자신이 곧 죽을 것 같은 느낌, 자신에 대한 통제감을 잃고 미쳐 버릴지 모른다는 두려움, 혹은 심장마비를 일으키게 될 것이라는 강한 공포를 느낀다. 또한 심계항진, 심장박동 수의 증가, 땀흘림, 떨림, 숨가쁜 느낌, 흉부통증, 토할 것 같은 느낌 또는 복부 불편감, 현기증, 어지럼증 등의 여러 괴로운 신체적 증상도 겪게 된다.

이런 공황발작은 공황장애만의 증상은 아니다. 다른 불안장애뿐만 아니라 우울증이나 약물에 의한 금단현상을 겪고 있는 사람들도 공황발작을 경험할 수 있다.

공황발작이 공황장애로 발전하기 위해서는 '예기되지 않은 공황발작'(어떤 특정 상황에 의해 유발되지 않은, 예상치 않게 갑자기 일어난 발작)을 경험해야 하고, 동시에 이후 한 달 이상의 기간 동안 발작이 앞으로 다시 일어날지 모른다는 것에 대해 강한 불안감, 발작이 죽음이나 기능상실을 예고하는 신호라는 생각이 나타나야 한다. 또한 발작이 유발될 수 있는 특정 장소나 상황, 예를 들면 사람이 많이 모이는 곳을 피하거나 심박항진이 일어날 만한 일들을 피하는 것 같은 행동방식의 변화를 통해 불안을 나타낸다.

공황장애 환자의 1/2~1/3 정도는 광장공포증을 동반하며, 남성보다 여성에게서 2~3배 많은 것으로 알려져 있다.

공황장애 환자들은 공황발작에 대한 다양한 회피행동을 하는 경우가 많고 환자들 간에 회피행동의 정도는 다르게 나타난다. 공황장애 환자들은 몇몇 상황을 일상

생활에서 지속적으로 피해 가면서 살아가는데, 왜냐하면 그런 상황들이 공황발작이 시작될 때와 비슷한 생리적 각성을 일으키기 때문이다. 운동이 대표적인 예가 되며, 그 외에도 무거운 물건 들기, 성관계, 공포영화 관람, 커피 같은 카페인 음료 마시기, 격렬한 토론, 화내기, 사우나 및 더운 방에 들어가기 등 생리적 각성과 관련된 다양한 상황을 피하게 된다. 말할 필요도 없이 이러한 회피행동은 개인의 직업적, 사회적 기능을 크게 방해한다.

발병연령은 다양하나, 청소년 후기와 30대 중반에서 가장 많이 발병하며, 평균 발병연령은 25세. 대개 좋아졌다 나빠졌다를 반복하면서 만성화되는 경향이 있다. 만성화되면서 우울증을 경험하는 경우가 많고(40~80%), 알코올이나 약물 남용에 빠지기도 하며, 자살의 가능성도 있다. 강박증이나 건강염려증을 함께 나타내기도 한다.

2) 원인

(1) 생리·인지·행동주의적 관점

공황장애는 극심한 불안과 다양한 신체적 증상을 수반하기 때문에 생물학적 요인이 중요한 역할을 하는 것으로 생각되어 왔다. 기본적으로 사람들마다 각자 스트레스에 대한 생물학적 취약성이 다른데, 과잉호흡이론(hyperven-tilation theory)에 따르면 공황장애 환자들의 경우 호흡기능과 관련된 자율신경계의 생물학적 결함 때문에 혈액 속의 이산화탄소 수준을 정상보다 낮게 유지해야 하는데, 그러기 위해서는 깊은 호흡을 빨리 하는 경향이 있다. 이런 과잉호흡이 공황발작의 발생에 영향을 끼친다고 본다. 클라인(Klein, 1993)은 질식 오경보이론(suffocation false alarm theory)을 제안하였는데, 공황장애 환자는 혈액 속의 이산화탄소에 대해서 과도하게 예민한 생물학적 취약성을 가지고 있기 때문에 뇌 중추의 질식 경보기가 이산화탄소 수준의 변화에 대해서 잘못된 생리적 해석을 내려 호흡곤란을 느끼게 만들고, 과잉호흡과 공황발작까지 일으키게 된다고 보았다. 이 외에도 노르에피네프린이나 세로토닌 같은 신경전달물질, 뇌의 청반(locus ceruleus), GABA-벤조디아제핀 체계의 관련이 논의되고 있다.

유전적으로도 일란성 쌍생아에서의 일치율이 이란성 쌍생아의 경우보다 훨씬 높은 것으로 나타나는 등 유전적 요인이 강한 것으로 보고되고 있다. 또한 공황장애가 발전하는 데는 생물학적 요인뿐 아니라 심리적 요인과의 상호작용이 중요한 영향을 미치는 것으로 알려져 있다.

언급된 바와 같이, 어떤 사람들의 경우 일상적인 생활 스트레스에 대해 신경생물학적으로 과잉반응하는 경향을 유전적으로 타고난다. 이들은 불안을 유발하는 생활사건, 즉 시험, 새로운 사람과의 만남, 직장에서의 일 같은 사소한 생활사건에서부터 이혼, 사랑하는 사람들의 죽음 같은 사건까지, 그뿐 아니라 승진이나 결혼 같은 긍정적 사건에도 긴급경계반응(emergency alarm reaction), 즉 예기치 않은 공황발작을 일으키는 경향이 높다. 이때 이 사람의 내부에서 그가 경험한 오경계반응이 발작이 일어난 때의 내적 · 외적 단서들과 연합되는 심리적 과정이 일어날 수 있다. 그후 (스트레스 경험과 상관없이) 운동을 하거나 공포영화를 보다가 생리적 각성이 일어나게 되면, 이 사람은 자동적으로 공황발작을 떠올리게 된다. 즉, 원래 중성적 자극이었던 운동이 공황발작에 대한 내적 단서, 즉 조건자극이 되는 것이다. 같은 방식으로, 영화를 보았던 극장에 있다는 것은 공황발작에 대한 외적 단서, 조건자극이 된다. 이렇게 경험된 내적 · 외적 단서와 연합되어 나타나는 경계반응은 학습된 것이라 할 수 있다.

이와 같이 공황발작이 일어나는 것만으로 공황장애가 되는 것은 아니다. 공황발작은 보다 많은 사람에게서 심한 스트레스하에서는 이따금씩 예기치 않게 일어난다. 이들 중 많은 사람은 발작의 원인을 단순히 그 순간에 있었던 어떤 일들에 귀인시키고, 특별히 미래에 발작이 일어날 것이라는 불안을 갖지 않고 살아간다. 그러나 이 중 비교적 소수의 사람은 미래에 공황발작이 일어날 것이라는 불안을 발전시키게 된다. 그리고 공황발작과 관련된 강한 신체적 감각들은 곧 자신들에게 끔찍한 어떤 일이 일어날 것이라는 암시가 된다고 생각한다. 이런 경우에 공황장애로 진단된다.

공황장애를 가진 사람들의 특징적 인지과정에 대한 이론에서 클라크(Clark, 1986, 1988)는 이들이 정상적인 신체감각을 마치 재난이 일어난 것처럼 해석하는 심리적 (인지적) 취약성, 즉 파국적 오해석(catastrophic misinterpretation)을 하는 경향이 있다고 보았다. 예를 들면, 이들은 운동 후에 누구나 경험하는 심박항진을 위험한 일이 일어난 것으로 해석하고, 따라서 갑작스러운 불안에 사로잡힌다. 다시 이 불안으로 인한 교감신경계의 활동은 더 많은 신체적 감각을 불러일으킨다. 이 증가된 신체감각은 다시 이전보다 더 위험한 일이 일어난 것으로 지각되는 악순환이 계속 이루어지면서, 결국 공황발작을 일으키게 된다고 본다.

(2) 정신분석적 관점

정신분석이론에서는 공황발작이 불안유발 충동에 대해 방어가 성공적이지 않았기 때문에 일어난 것으로 개념화한다. 방어가 성공하지 않을 때 비교적 약한 정도로 있던 신호불안이 갑자기 압도하는 두려움의 감정으로 변하게 되고, 관련된 신체적인 증상까지 동반하여 나타나게 된다고 본다. 공황발작은 외견상 특별한 심리적이유 없이 일어나는 것처럼 보이지만, 이들에 대한 정신분석적인 탐색은 종종 공황발작을 유발하는 심리적 유발인자가 무엇이었는지를 드러내 준다. 물론 공황발작의 경우 기저의 생리적 취약성이 중요한 영향을 미치지만, 처음 발병은 일반적으로 의미 있는 스트레스 요인들과 관련되어 나타난다(Busch, Cooper, & Klerman, 1991). 공황장애 환자는 다른 사람들에 비해 높은 비율의 스트레스 사건을 경험한다. 특히 부모의 사망이나 이별 등의 사건은 강한 연관이 있는데, 더욱이 삶의 초기에 겪은 어머니의 상실은 아버지의 상실보다 훨씬 중요한 의미를 가진다.

심리치료과정 중에도 대상항상성을 잘 발달시키지 못한 사람들은 스트레스 발생시 불안을 진정시켜 줄 수 있는 치료자에 대한 내적 심상을 불러일으키지 못한다. 이들은 치료자가 주말이나 긴 휴가로 만나 줄 수 없게 되면, 치료자가 죽었거나 자신을 버렸다는 두려움 때문에 공황발작을 일으킨다. 이럴 때 단지 전화로 치료자의 목소리를 듣기만 해도 단 수초 내에 공황 상태는 완전히 사라진다. 이와 대조적으로, 오랜 치료과정을 통해 치료자를 내면화하여 그에 대한 내적 심상을 발달시키게 된 환자들은 분리불안과 공황발작을 상당히 극복하게 된다.

요약하면, 초기 부모와의 관계가 (사망이나 이별 등으로) 불안정했던 사람들은 대상항상성을 잘 발달시키기 어려웠을 것으로 보이며, 이것은 개인의 불안조절 능력을 취약하게 만드는 영향을 미치고, 결국 공황발작이 일어날 가능성을 높이는 것으로 생각된다.

3) 치료

(1) 약물치료

공황장애에는 삼환계 항우울제(tricyclic antidepressants)와 벤조디아제핀이 효과가 있다고 알려졌다. 사실상 신경전달물질 체계 중 노르에피네프린, 세로토닌, GABA에 영향을 미치는 많은 약물이 공황장애를 치료하는 데 효과가 있는 것 같다. 각각의 약물은 나름대로의 장점과 단점이 있다. 삼환계 항우울제 중 하나인 이미프라민(imipramine)은 현기증, 구강건조, 성기능부전 같은 강한 부작용을 낳는다. 이런 이유로 많은 환자는 이 약물을 오랜 기간 복용하지 못한다. 그러나 이 부작용에 적응할 수 있거나 이런 효과가 사라질 때까지 견뎌 낼 수 있는 사람들은 이 약이 공황발작과 불안을 감소시키는 데 효과적이라고 한다. 반면 알프라졸람(alprazolam) 같은 높은 효능의 벤조디아제핀은 공황장애에 흔히 사용되는데, 복용하기 쉽고 효과가 빠른 장점이 있는 반면, 다량을 복용해야 하고 의존성과 중독성 때문에 끊기가 매우 어렵다. 그 밖에도 인지적, 운동적 기능에 부정적 영향을 미친다.

약 60%의 공황장애 환자는 효과적인 약물을 계속 복용만 하면 공황발작을 경험하지 않는다고 한다(Ballenger et al., 1988; Klosko, Barlow, Tassinari, & Cerny, 1990). 그러나 약물복용을 중단하기만 하면 재발률이 높아진다. 삼환계 항우울제의 경우 약 20~50%의 환자가 약물 중단 후 다시 재발하는 경향이 있고(Telch, 1988; Telch, Tearnam, & Taylor, 1983), 벤조디아제핀의 경우엔 90%에 가까운 환자가 약물 중단 후 재발하였다(Fyer et al., 1987).

(2) 심리치료

인지치료와 행동치료는 공황장애의 치료에 매우 효과적이다. 보통 공황장애의 치료에는 노출(exposure)기법을 사용한 행동치료와 인지적 왜곡을 수정하는 인지치료가 함께 병행되어 사용되며, 동시에 이완기법과 호흡훈련 같은 불안대처 기법이 교육된다.

노출기법은 외적 공포 상황뿐 아니라 내적인 사상에도 적용될 수 있다. 이는 공황발작을 떠올리게 하는 여러 신체감각에 대해 환자를 노출시키는 기법으로서(Barlow & Craske, 1989, 1994; Klosko et al., 1990) 공황발작을 특정 신체감각에 학습된(조건화된) 경계반응으로 보고, 이 특정 신체감각과 공황반응 간의 연합을 붕괴시키고 자 하는 것이다. 치료자는 의자에 환자를 앉히고 돌려서 현기증을 일으키거나 운동 을 시켜서 심박률을 증가시키는 등의 방법으로 공황 상태와 비슷한 신체감각을 유 발한다. 신체감각에 대한 노출은 점진적인 방식을 따른다.

인지치료에서도 이와 같은 노출기법을 함께 적용한다. 인지치료는 신체감각을 위 협적인 것으로 잘못 평가하는 인지적 왜곡을 수정하는 데에 초점을 맞춘다. 또한 공 포 상황의 위험에 대한 잘못된 지각, 태도를 탐색하고 바로잡는 작업을 한다. 동시 에 이완이나 호흡훈련을 가르침으로써 지나친 각성수준과 불안을 낮출 수 있게 대 처할 수 있도록 돕는다.

신체감각에 대한 노출기법과 인지치료 및 여러 가지 대처기법을 병행한 절차 는 공황장애의 치료에 상당히 효과적인 것으로 알려졌다. 이 방법으로 치료받은 약 80~100%의 환자가 약 12주의 치료회기 후에도 공황 상태를 경험하지 않은 채 지 낼 수 있었고, 추후조사에서도 적어도 2년간 재발되지 않고 좋은 기능을 유지하는 것으로 보고되었다(Craske, Brown, & Barlow, 1991).

6. 광장공포증

1) 임상적 특징

광장공포증의 진단기준(DSM-5)

A. 다음의 다섯 가지 상황 중 적어도 두 가지(또는 그 이상) 상황에 대해 현저한 공포나 불안을 나타낸다.

  (1) 대중교통수단(예: 자동차, 버스, 기차, 배, 비행기) 이용
  (2) 개방된 공간(예: 주차장, 시장, 다리)
  (3) 폐쇄된 공간(예: 쇼핑몰, 극장, 영화관)
  (4) 줄을 서 있거나 군중 속에 있는 것
  (5) 집 밖에 혼자 있는 것

B. 개인이 상황을 두려워하거나 회피하는 것은 공황과 유사한 증상이나 무기력하고

당황하게 만드는 증상이 나타날 때 그러한 상황을 회피하기 어렵거나 도움을 받을 수 없다는 생각 때문이어야 한다.

C. A항 공포 상황에 노출되면 거의 예외 없이 공포나 불안이 유발된다.

D. 공포 상황을 회피하거나, 동반자를 필요로 하거나, 심한 불안이나 고통을 지닌 채 견디어 낸다.

E. 공포 상황의 실제적 위험과 사회문화적 맥락을 고려할 때, 공포나 불안이 지나친 것이어야 한다.

F. 공포나 불안, 회피행동이 6개월 또는 그 이상 지속된다.

G. 공포나 불안, 회피행동이 심한 고통을 초래하거나 사회적, 직업적 기능 또는 다른 중요한 영역의 기능에 심각한 손상을 초래한다.

H. 만약 다른 의학적 상태(예: 염증성 장질환, 파킨슨병)가 존재한다면, 공포, 불안이나 회피행동이 명백하게 과도해야 한다.

I. 공포, 불안, 회피행동이 다른 정신장애의 증상으로 더 잘 설명되지 않는다(예: 사회불안장애에서 사회적 상황에 국한되는 회피, 특정공포증의 상황형, 강박장애에서의 강박사고, 신체변형장애에서의 지각된 신체적·외모적 결함, 외상후 스트레스 장애에서 외상사건 회상 촉발자극, 분리불안장애에서 분리되는 것에 대한 두려움 등으로 더 잘 설명되지 않는다).

Agora(광장)란 용어는 고대 그리스어의 '시장'을 의미하는 말로, 시장처럼 많은 사람들로 붐비는 장소가 공포감을 유발시키는 전형적인 상황이 되는 경우 광장공포증(Agoraphobia)이라는 진단을 적용한다. 이들은 요즘으로 말하면 슈퍼마켓 혹은 백화점 같은 곳이나 버스, 지하철, 기차에 혼자 있는 것을 두려워하는데, 이 장소들에서는 공황과 비슷한 증상이나 무기력하고 당황하게 만드는 증상(예: 토하는 것, 배변을 참을 수 없는 것, 노인의 경우는 넘어질 것 같은 것)이 나타날 때 즉각적으로 피할 수가 없다고 느끼거나 도움을 받을 수 없다는 생각 때문이다. 이들은 이러한 곳에 되도록 가지 않으려 한다. DSM-5에 따르면, 광장공포증 환자들은 다음의 다섯 가지 상황 중 적어도 두 가지 이상의 상황에 대한 현저한 공포와 불안을 나타낸다. ① 대중교통수단(예: 자동차, 버스, 기차, 배, 비행기)을 이용하는 것, ② 개방된 공간(예: 주차장, 시장, 다리)에 있는 것, ③ 폐쇄된 공간(예: 쇼핑몰, 극장, 영화관)에 있는 것, ④ 줄을 서 있거나 군중 속에 있는 것, ⑤ 집 밖에서 혼자 있는 것이다.

광장공포증은 공황발작을 함께 경험하는 경우가 흔하다. 만약 어떤 사람이 갑자스럽게 어떤 특정한 원인이 없어 보이는 공황발작(예기되지 않은 공황발작)을 경험하게 되었다면, 다음에 언제 어디서 이 발작이 나타날지 두려워하게 될 것이고, 결국 이 사람은 도움을 줄 수 있는 친구가 곁에 없거나, 발작으로 사람들 앞에서 창피를 당하게 될 수 있는 상황을 항상 피해 다니려고 할 것이다. 즉, 광장공포증은 앞으로 일어날 수 있는 공황발작에 대한 두려움에서 비롯되는 회피행동으로 생각되고 있다. 실제로 발작의 상황에서 친구가 어떤 실제적인 도움이 되지 못한다 할지라도, 광장공포증 환자들은 친구가 옆에 있다는 것을 아는 것만으로도 불안이 감소된다고 말한다.

광장공포증 환자들의 전형적인 회피 상황은 백화점 · 식당에서 줄 서기, 자동차 · 버스 · 비행기 타기, 운전하기, 넓은 길, 터널, 엘리베이터, 에스컬레이터 등이다. 광장공포증이 처음에는 공황발작과 관련해서 나타나지만, 발작이 한동안 발생하지 않는 기간에도 공포증적 회피행동은 그 자체로 계속될 수 있다. 이것은 앞에서 언급한 대로, 광장공포증이 현재의 공황발작과 상관없이 앞으로 일어날지 모르는 공황발작에 대한 두려움 때문에 발생하는 회피행동이기 때문이다. 회피행동이 극단적으로 심해진 경우 발작이 일어날 수 있는 모든 장소를 피하게 되어 결국 집에서만 평생 지내게 되는 사람들도 있다.

광장공포증의 유병률은 1.7%로 대개 아동기와 청소년 초기에 발병하여 만성적으로 진행하며, 발병연령은 24~25세로 20대 중반에 가장 많이 발병한다. 또한 남자보다 여자에게 더 많이 나타나는 것으로 알려지고 있다.

2) 원인

(1) 생리 · 인지행동주의적 관점
생물학적 원인으로는 행동 억제성, 신경증적 성향, 부정적 정서성(negative affec-tivity), 불안증상에 대한 두려움을 나타내는 불안 민감성(anxiety sensitivity) 등의 생물학적 취약성이 광장공포증에 영향을 미친다고 보고되고 있다(Shadick, Craske, & Barlow, 1988).

인지행동적 입장에서는 골드스타인과 채임블리스(Goldstein & Chambless, 1978) 가 '공포에 대한 공포(fear to fear)' 가설로 광장공포증을 설명하였다. 이는 광장공 포증 환자들이 개방된 장소 자체에 대한 공포보다는 공황발작에 대한 공포를 가지 고 있다는 것이다. 광장공포증 환자의 경우 공황발작을 경험했던 장소뿐만 아니라 점차 두려움을 느끼는 상황이 확산되어 나중에는 밖에 나가기를 꺼리거나 동반자가 있어야만 외출하는 회피행동을 보인다.

(2) 정신분석적 관점

정신분석이론에서는 광장공포증에 대해서 아동기 때의 부모 상실과 분리불안의 경험을 강조한다. 즉, 광장공포증 환자는 공중장소에서 혼자 있게 될 때 아동기에 가졌던 버림받는 것에 대한 불안을 다시 경험하는 것이라고 본다. 이와 관련된 흥미 로운 보고에 따르면, 부모의 상실이 미치는 충격은 주요우울장애에서보다 공황장애 에서 3배나 높았다(Kendler, Neale, & Kessler, 1992).

3) 치료

광장공포증의 치료에는 행동치료가 효과적이다. 광장공포증의 행동치료는 환자 를 공포 상황에 반복적으로 직면 혹은 접근시키는 노출기법을 사용한다. 치료자는 가장 공포를 적게 느끼는 상황부터 시작하여 가장 극심한 공포를 느끼게 되는 상황 까지 단계적으로 다른 여러 상황을 설정하여 실제 공포 상황과 점차로 가까워지도 록 점진적으로 대면시킨다. 예를 들면, 운전하는 것을 두려워하는 사람에게 처음에 는 가까운 사람과 함께 운전하게 한 후, 다음에는 혼자 고속도로를 운전하는 식으로 단계를 높여 간다. 이렇게 하면서 환자는 공포 상황에 있는 동안 실제로 무서워할 것은 아무것도 없다는 것을 정서적인 차원에서 경험하게 된다. 경우에 따라서 치료 자가 노출연습에 동행하기도 하고, 환자가 스스로 노출연습을 구성하게 하면서 연 습에 도움이 되는 여러 심리적 대처기법(이완이나 호흡훈련)을 교육시키기도 한다.

연구에 의하면, 불안대처 기법과 함께 실시된 점진적 노출기법은 광장공포증적 행동을 감소시키는 데 효과가 있었다. 약 70%의 환자가 불안과 공황 상태의 감소를 경험하였고, 광장공포증적 회피행동도 크게 줄어들었다(Barlow & Craske, 1994).

광장공포증의 약물치료로는 선택적 세로토닌 재흡수 억제제와 같은 항우울제 약물과 벤조디아제핀이 사용되며, 광장공포증은 약물치료와 함께 인지행동치료를 병행하는 것이 각각의 단독치료에 비해 효과적이다.

7. 범불안장애

1) 임상적 특징

B씨는 50대의 주부로, 불안해서 도저히 살 수가 없다고 호소하며 입원하여 "쉬고 싶다."고 하였다. 자신을 '원래 불안이 많은 사람'이라고 묘사한 B씨는 자녀들을 키우던 30, 40대에는 아이들이 차 사고를 당하여 다치거나 나보다 일찍 죽으면 어쩌나, 중·고등학교에서 왕따를 당하면 어쩌나, 선생님이 아이를 구박하면 어쩌나, 친구를 잘못 사귀면 어쩌나, 대학에 들어가지 못하면 어쩌나 같은 걱정과 함께 남편이 직장에서 승진을 하지 못하거나 일찍 쫓겨나게 되지나 않을까 같은 걱정에 시달렸다고 하였다. 아이들이 잘 자라서 대학에 모두 잘 진학하였고, 남편도 직장에서 원하던 자리에 올라 생활이 안정되었는데도 걱정은 끊이지를 않았고, 이제는 아이들이 졸업 후에 직장을 잘 잡을 수 있을지, 남편의 건강이 나빠지지 않을지, 시어머니나 친정어머니가 갑자기 돌아가시지 않을지, 집에 도둑이나 강도가 들지 않을지, 자신이 암에 걸리지나 않을지, 이웃 사람들이 자기에 대해서 나쁘게 말하지는 않을지, 시장에서 농약에 찌든 야채를 잘못 사지나 않을지, 아파트 승강기가 고장 나지 않을지, 관리비가 올라가지 않을지, 또 이렇게 매사에 걱정이 많은 자신이 제정신이 아닌 것은 아닌지 등에 대해서 걱정을 하고 있다고 하였다. 이렇다 보니 늘 피곤하고 작은 일에도 깜짝깜짝 놀라며, 식구들에게 화를 내거나 짜증을 내는 일이 잦다고 하였다. 최근 위염 진단을 받고 약을 복용하고 있는 중이며, 혈압도 높은 편으로 진단되었다.

범불안장애의 진단기준(DSM-5)

A. 여러 사건이나 활동(일 또는 학업)에 대한 과도한 불안이나 걱정(염려스러운 예견)이 적어도 6개월 이상 나타난다.

B. 개인은 걱정을 통제하는 것이 어렵다는 것을 안다.

C. 불안과 걱정은 다음의 여섯 가지 증상(증상들이 적어도 지난 6개월 이내에 며칠 이상 존재해야 한다) 중 세 가지(또는 그 이상) 증상을 동반한다.

   주의: 아동에게는 한 가지 항목만 요구된다.

   (1) 안절부절못함 또는 긴장이 고조되거나 가장자리에 선 느낌
   (2) 쉽게 피로해짐
   (3) 집중곤란 또는 마음이 멍해지는 느낌
   (4) 과민한 기분 상태
   (5) 근육긴장
   (6) 수면장해

D. 불안, 걱정 또는 신체증상이 사회적, 직업적 또는 다른 중요한 기능영역에서 임상적으로 심각한 고통이나 손상을 초래한다.

E. 장해는 물질(예: 남용약물 또는 투약)이나 다른 의학적 상태(예: 부신피질호르몬 과다증)의 직접적인 생리적 효과에 의한 것이 아니다.

F. 이러한 장해는 다른 정신장애에 의해서 더 잘 설명되지 않는다(공황장애에서 공황발작이 일어나는 것, 사회불안장애에서 부정적 평가, 강박장애에서 오염 또는 다른 강박사고, 분리불안장애에서 애착대상과의 분리, 외상후 스트레스 장애에서 외상사건 회상 촉발자극, 신경성 식욕부진증(거식증)에서 체중증가, 신체증상장애에서 신체적 호소, 신체변형장애에서 지각된 외모결함, 질병불안장애에서 심각한 질병 또는 정신분열증이나 망상장애에서 망상적 신념의 내용에 대한 불안이나 걱정이 아니어야 한다).

앞 사례의 B씨의 경우처럼 일상생활의 아주 사소한 많은 일에 대해 끊임없이 지나치게 걱정을 하며, 그것이 불필요하고 오히려 방해가 된다는 것을 깨달아도 걱정을 멈출 수 없을 정도로 불안과 걱정이 심각한 정도로 나타나게 될 때 범불안장애(Generalized Anxiety Disorder)로 분류된다. 다른 불안장애들의 경우는 어떤 특정 대상에만 불안을 느끼는 데 반해, 범불안장애의 경우 일상생활의 여러 사소한 사건

에 불안이 만연되어 있다. 이들이 걱정하는 문제들은 대부분 일상적인 것들로서 자녀들에게 언제 닥칠지 모르는 위험, 가족의 건강, 직장에서 맡은 일에서부터 약속시간 지키기나 집 안 청소일 같은 더 사소한 문제들까지 포함된다.

범불안장애의 불안은 개인이 통제하기 어렵다는 점에서 정상적인 불안과 다르다. 대부분의 사람은 시험이나 취업 같은 중요한 문제를 앞두고 일정 기간 동안 불안하게 지내기는 하지만, 곧 그 일의 해결과 함께 더 이상 불안해하지 않는다. 예를 들어, 가족 중에 병을 앓고 있는 사람이 있어도 중요한 시험을 준비하고 있다면 잠시 이에 대한 걱정을 접어 둘 수 있다. 그러나 범불안장애 환자에겐 크고 작은 많은 일이 동시에 걱정의 대상이 되며, 중요한 한 가지 불안 문제가 해결되면 곧 다른 불안의 대상이 등장한다. 이렇게 계속적으로 이어지는 불안으로 어떤 과제에도 집중할 수가 없게 된다. 이들이 느끼는 불안은 생활 전반에 관한 다양한 주제로 이리저리 옮겨 다니기 때문에 부동성(浮動性) 불안(free-floating anxiety)이라고 부르기도 한다.

DSM-5에서는 이러한 지나친 불안과 걱정이 적어도 6개월간 계속되는 것을 진단적 기준으로 제시하고 있다.

늘 과민하고 긴장된 상태에서 짜증과 화를 잘 내는 범불안장애 환자들은 몇 가지 유형의 신체적 증상을 호소하는데, 근육긴장과 안절부절못하는 것이 특징적인 증상이다. 그 밖에도 수면장애, 초조감과 함께 만성적인 피로감을 느끼며 주의집중의 어려움도 자주 경험한다. 소화불량, 과민성 대장증후군, 두통 증상을 나타내는 경우도 흔하다. 또한 쉽게 놀라고 불필요한 걱정에 집착함으로써 우유부단하고, 현실적인 일처리를 잘 해내지 못하는 경향도 보인다.

범불안장애는 남성보다는 여성에게서 약간 더 많이 발견되는데, 임상 장면에서는 60% 정도가 여성이라고 보고되고 있다. 치료를 위해 방문하는 범불안장애 환자들은 반수 이상이 아동기 또는 청소년기에 발병했다고 보고하지만, 20대 이후에 발생하는 경우도 적지 않다. 경과는 만성적이지만 기복이 있으며, 스트레스 기간 중에 악화되는 경우가 많다.

2) 원인

(1) 생리 · 인지 · 행동주의적 관점

범불안장애의 생리적 특성들과 기저의 인지적 과정에 관한 발견이 제시됨에 따라 오랫동안 수수께끼로 여겨지던 원인이 조금씩 이해되기 시작하였고, 다른 불안장애에 대해 차별적으로 설명할 수 있는 중요한 특성이 발견되었다. 즉, 생리적 반응에서의 차이가 그것이다.

대부분의 불안장애(특히 공황장애)는 공통적으로 불안 상황에서 교감신경계가 크게 각성되는 생리적 반응을 보인다. 즉, 어떤 위험 상황에 대한 준비태세로 신체의 특징적인 반응들, 이를테면 심박항진, 빠른 혈류의 흐름 같은 것이 나타난다. 그러나 범불안장애에서는 다른 불안장애에서처럼 이런 반응이 강하게 일어나지 않는다는 것이다. 많은 연구결과 대부분의 생리적 지표, 즉 심박, 혈압, 피부전도, 호흡률에서 범불안장애는 다른 불안장애의 경우보다 반응성이 낮은 것으로 나타났다 (Borkovec & Hu, 1990; Hoehn-Saric, McLeod, & Zimmerli, 1989).

또한 이들은 불안장애가 없는 정상인과는 뚜렷하게 다른 생리적 반응을 한 가지 나타내는데, 바로 근육긴장이다. 이들은 만성적으로 근육이 긴장되어 있다.

그렇다면 이들의 이런 특징적인 생리적 반응의 기저에는 어떤 인지적 과정이 관련되어 있을까? 인지적 특성에 관한 연구에 의하면, 범불안장애를 가진 사람들은 일반적인 위협자극에 크게 예민한데, 특히 그 위협이 개인적으로 관련이 있는 경우에는 더욱 그렇다. 즉, 이들은 다른 사람보다 위협을 더 빨리 지각하며, 중립적이거나 다소 모호한 성질의 정보나 사건도 위협적으로 해석하는 경향이 있다. 이러한 증거들은 원래부터 이들이 위험이 되는 단서들에 주의가 편향되어 있음을 말해 주는데, 이러한 심리적 과정은 보다 무의식적 혹은 자동적으로 이루어진다고 할 수 있다.

보코벡 등(Borkovec et al., 1990)의 연구들은 위에서 말한 생리적 반응과 기저의 인지적 특성이 어떻게 연관되어 나타나는지를 설명해 준다. 이들은 범불안장애의 경우 자율신경계의 각성이 다른 불안장애에서 보다 낮은 것으로 나타나는데도 EEG β의 활동성이 현저히 증가하는 것을 발견했다. 이런 증가는 범불안장애 환자들의 뇌의 전두엽, 특히 좌반구의 전두엽에서 강렬한 인지적 활동이 일어남을 나타낸다. 이것은 걱정을 일으키는 대상을 '심상'으로 처리하는 것(이는 뇌의 우반구 활동으로 나타남)이 아니라 치열한 사고활동으로만 처리하고 있음을 시사한다. 즉, 이들은 자신에게 다가올 여러 다양한 문제를 생각하는 데에 너무 몰두해 있기 때문에, 이 잠재적 위협의 심상을 만들 수 있는 여유분의 주의능력이 없는 것이다.

심상을 형성하는 정신적 과정은 더 많은 부정적인 정서와 자율신경계 활동이 일어나게 하는 것으로, 치료적 관점에서 매우 중요하다. 정서를 처리하는 것, 즉 불안과 관련된 부적 정서와 심상은 아무리 고통스러워도 이것을 직면하여 처리하는 것이 필요하지만, 범불안장애 환자들은 부적 정서와 심상을 형성하는 것과 관련된 대부분의 고통을 회피하려고만 하기 때문에 결코 문제들을 처리할 수 없고, 문제해결에 이를 수가 없는 것이다. 그래서 이들은 자율신경계 활동은 위축되면서도 근육긴장은 심하게 겪는 상태에서 만성적으로 '걱정만 하는' 사람이 되는 것이다. 이들이 걱정에만 몰두하는 것은 공포증 환자가 공포대상을 회피하는 것처럼 불안 관련 상황에 직면하는 과정을 미루고 회피하고자 하는 목적과 관련되는 것으로 보인다.

한편 벤조디아제핀(Benzodiazepine) 같은 약물이 불안을 감소시킨다는 사실이 밝혀지면서, 이와 관련된 신경전달물질인 GABA에 대한 연구가 활발히 진행되었으며, 벤조디아제핀 수용기가 많이 분포되어 있는 뇌 부위인 후두엽에 대한 연구도 진행되고 있다.

(2) 정신분석적 관점

정신분석적 관점에서는 일반화된 불안 그 자체가 하나의 장애인 것처럼 취급하는 관점을 지양한다. 대신, 불안을 해결되지 않은 무의식적 갈등에 대한 신호로 보고, 따라서 무의식을 들여다볼 수 있는 창문의 역할을 할 수 있다고 본다.

정신분석에서는 성격구조 간의 역동적 불균형에 의해서 불안이 경험된다고 본다. 즉, 불안은 원초아에 뿌리를 두고 있는 무의식적인 성적, 공격적 욕구와 이를 초자아가 처벌하고자 하는 위협 간의 갈등에서 나온다. 이 불안은 자아에게 위험한 욕구, 충동이 의식으로 표현·방출되려 한다는 신호를 보내 주는 기능을 한다. 그리하여 자아가 이 압력에 대항하여 방어를 하게 만든다.

이상적으로는 억압(repression)의 방어기제만으로도 증상을 형성하지 않고 심리적 평형을 회복할 수 있다. 왜냐하면 효과적인 억압은 위험한 충동과 관련된 정서, 환상들을 무의식으로 다시 들어가게 하여 진정시킬 수 있기 때문이다. 그러나 신호

불안이 억압을 통해 적절히 무의식적 세력을 방어하지 못하면, 더 심화되면서 지속적으로 불안이 발생하거나 다른 신경증적 증상이 발생하게 된다. 후자의 경우에 자아는 성공하지 못한 억압 대신 다른 방어기제를 채택하게 되는데, 그 결과로 증상이 형성되게 된다. 예를 들면, 치환(displacement)은 공포증의 형성에, 퇴행(regression)은 강박증의 형성에 기여한다고 본다.

3) 치료

(1) 약물치료

범불안장애는 다른 장애에 비하여 그 치료방법이 잘 개발되어 있지 않다. 오랫동안 벤조디아제핀이 범불안장애의 주요 치료약물로 사용되어 왔다. 이 약물은 자극에 대한 과민성을 저하시키고 사고와 행동을 감소시키는 진정효과를 나타낸다. 그러나 최근에는 많은 연구에서 장기적으로 볼 때 이 약물의 효능이 위약보다 더 나은 것이 아니라는 결과가 제시되기도 했다(Barlow, 1988; Solomon & Hart, 1978). 또한 단기적으로는(4~8주) 불안을 감소시키는 데 어느 정도 효과가 있지만, 감소시키는 정도는 비교적 적은 편이다. 그 외에도 몇 가지 단점이 있다.

일부 환자에게서는 진정효과가 잘 나타나지 않으며, 다량 복용하는 경우 인지적·운동적 기능에 영향을 준다. 이 약을 복용하는 사람은 인지적 기민성이 떨어져서 직장이나 학교 일에 지장을 받을 수 있다. 또한 운전이나 기계를 다루는 능력도 저하시키는 경향이 있다. 또 다른 중요한 점은, 이 약물은 장기적으로 복용하면 내성이 형성될 뿐 아니라 심리적·생리적으로 의존하게 하는 성질이 커서 복용을 중단하기가 매우 어렵다는 것이다. 그리고 복용을 중단하면 여러 가지 금단현상과 함께 재발할 가능성이 높다.

이러한 점 때문에 벤조디아제핀은 일시적인 위기나 스트레스 사건으로 유발된 불안을 단기적으로 진정시키는 데 사용하는 것이 최적의 사용법이라고 여겨진다.

(2) 심리치료

원인에서 언급되었듯이, 범불안장애 환자는 불안이라는 감정과 불안 유발 심상에 수반된 부적 정서를 회피하는 것으로 보인다. 따라서 치료의 초점은 환자에게 불안을 일으키는 심상을 형성하게 만들어 불안을 회피하지 않고 정서적인 차원에서 경험하게 하는 것이다. 보코벡 등(1993)은 이러한 치료기법을 범불안장애 환자에게 적용한 결과, 이것이 단순히 지지만 해 주는 심리치료보다 훨씬 효과가 있음을 발견했다.

또한 최근에는 인지행동적 치료방법이 개발되어 적용되고 있다. 환자에게 걱정과 관련된 인지적 요소들에 대해서 이해하게 한 뒤 자신이 언제 어떤 내용의 걱정을 얼마나 오래 하고 있는지에 대한 것을 기록하는 '걱정사고 기록지'를 작성하게 하고, 이것이 현실적인 것인지, 효율적인 것인지에 대해서 구체적으로 논의하며, 걱정이 떠오를 때 구체적으로 조절하고 대처할 수 있는 방법을 연습한다. 예를 들면 하루에 '걱정하는 시간'을 일정 시간 정해 놓고 집중적으로 그 시간에만 걱정을 하기, 반대되는 생각을 되뇌기, 고통을 유발하는 생각이나 감정을 회피하지 말고 수용하기, 복식호흡이나 긴장이완 기법 등을 활용하게 된다. 이러한 인지행동적 접근은 범불안장애의 치료에 효과적이라고 보고되고 있다.

Abnormal Psychology

제7장
강박 및 관련 장애

'강박(强迫)'은 무엇에 눌리거나 쫓겨 심하게 압박을 느끼거나 어떤 생각이나 감정에 끊임없이 사로잡힌다는 뜻이다. DSM-5에서는 강박적인 사고와 집착, 반복적인 행동을 특징으로 하는 '강박 및 관련 장애(Obsessive-Compulsive and Related Disorder)'를 새로운 장애 범주로 제시하고 있다.

강박장애는 떨쳐 버리고 싶은데도 자꾸만 의식 속에 침투해 들어오는 원치 않는 생각에 시달리고, 이러한 생각을 떨쳐 버리기 위해 반복적으로 어떤 행동을 해야만 하는 경우를 말한다. DSM-IV에서 강박장애는 '불안장애'의 하위유형으로 분류되었다. 그러나 강박장애는 불안 자체보다 강박사고와 강박행동 및 신체에 대한 집착, 충동성, 반복된 행동과 같은 다른 영역의 증상들로 인한 어려움이 더 두드러지는 것으로 나타나며, 이와 유사한 증상을 보이는 여러 장애가 발견되면서 DSM-5에서는 '강박 및 관련 장애'라는 명칭의 독립적인 장애 범주를 제시하고 있다. '강박 및 관련 장애'의 하위유형으로는 강박장애, 신체변형장애, 수집광, 발모광(모발뽑기장애), 피부 벗기기 장애(찰과증)가 포함되어 있다.

신체적 외모 결함에 대한 집착을 나타내는 '신체변형장애'는 외모 결함에 대한 걱정으로 반복적인 행동(예: 거울을 봄, 지나친 단장)과 정신활동(예: 다른 사람들과 자신을 비교함)을 나타낸다는 진단기준이 추가되었고, DSM-IV에서 충동조절장애로 분류되었던 '발모광'도 머리카락을 뽑는 반복행동 때문에 강박 및 관련 장애의 하위유형으로 포함되었다. 언젠가 필요할지 모른다는 생각으로 물건을 버리지 못하고 생활공간을 위협할 정도로 물건을 쌓아 두는 '수집광(Hoarding Disorder)', 반복적으로 피부를 긁거나 뜯음으로써 피부를 손상시키는 행동을 하는 '피부 벗기기 장애(Excoriation or Skin Picking Disorder)'가 새로운 진단으로 추가되었다.

1. 강박장애

1) 임상적 특징

E씨는 35세의 기혼 남자다. 평소 소심한 성격으로 주위 사람들과 썩 잘 어울리지는 못했지만, 일에는 철두철미하고 완벽한 수행을 보이는 회사원이었다. 어려서는 공부를 잘하는 학생이었으나, 까다로운 성격 때문에 친구들이 많지 않았다. 중학교 때는 보도블록 선을 밟게 되면 교통사고를 당할 것 같은 두려움 때문에 늘 선을 밟지 않으려고 애쓰기도 했다. 성인이 된 지금도 길을 가다가 상가(喪家)를 보거나 영구차를 보게 되면 끔찍한 생각이 들어 멀리 피해 다니고, 집에 와서는 손을 몇 번씩 씻는 행동을 하며, 자신이 아는 사람이 죽게 되면 그 사람의 이름을 부르지도 못하는 등 힘들어하였다.

그러던 중 얼마 전 곁을 지나가던 트럭에서 더러운 오물이 날아와 자신의 몸에 묻은 것 같은 찜찜한 기분이 들어 집에 돌아와 목욕을 하고 옷을 세탁했지만, 더럽다는 생각이 없어지지 않아 계속 불안하였다. 락스로 손을 씻기도 하였지만 계속 안절부절못하는 모습을 보였고, 밖에 나가기를 두려워하여 회사에 결근하는 일도 잦아졌다.

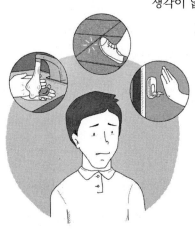

이런 문제로 정신과에 입원하였으나 입원 후에도 시트나 밥그릇, 화장실 등이 불결하다는 생각에 잠도 못 자고 식사도 제대로 못 하는 모습을 보이고 있다.

20대 후반으로 현재 실직 중인 F씨는 가족들에 의해서 병원에 오게 되었다. 전부터 F씨는 길을 걸을 때 보도블록의 금을 절대 밟지 않으며, 만약 밟게 되면 무슨 큰일이 일어날 것처럼 불안했다고 한다. 이 때문에 불필요하게 많은 시간을 낭비하고 있고 지나가는 행인들을 귀찮게 하고 있다는 것을 잘 알고 있지만, 그런 행동을 그만두지 못하였다. 또 대중식당의 식기에는 병균이나 어떤 나쁜 것이 묻어 있을지 모른다는 두려움 때문에 외출해서 식사를 하게 될 경우를 대비해서 자기 전용의 식기를 항상 가지고 다녀야만 했다. 문을 닫을 때도 자기만의 어떤 규칙(손잡이를 오른쪽으로 세 번 돌리고 셋까지 세었다가 다시 왼쪽으로 세 번 돌린다)을 따라 하지 않으면 매우 불안해졌고, 자기만 이렇게 하는 것이 아니라 가족들에게도 그렇게 하라고 강요하면서 그렇게 하지 않으면 못 견딜 것 같다고 하였다.

요즘에는 불안한 생각을 떨치기 위해서 집 안을 돌아다니는 버릇이 생겼는데, 마루에서 앞으로 10걸음, 뒤돌아서서 10걸음을 정확히 걸어야 한다. 그 걷는 시간에 다른 가족이 마루에 나와 있으면 신경이 쓰여서 못하기 때문에 식구들은 모두 방에 들어가 있어야 하며, 다른 사람들이 그 시간에 집을 방문하게 되면 걷기를 할 수 없기 때문에 외부 사람의 방문도 모두 사절하고 있는 상태였다.

강박장애의 진단기준(DSM-5)

A. 강박사고, 강박행동 또는 두 증상의 공존

- 강박사고는 다음 (1)과 (2)로 정의된다.
  (1) 반복적이고 지속적인 사고, 충동 또는 심상으로서 이러한 증상은 장애가 경과하는 도중 어느 시점에서 침투적이고 부적절한 것이라고 경험되며 개인에게 현저한 불안과 고통을 초래한다.
  (2) 개인은 이러한 사고, 충동, 심상을 무시하고 억압하려 하거나 다른 생각이나 행동(즉, 강박행동의 수행)을 통해서 이를 중화시키려고 노력한다.

- 강박행동은 다음 (1)과 (2)로 정의된다.
  (1) 반복행동(예: 손씻기, 정돈하기, 확인하기) 또는 정신활동(예: 기도하기, 숫자 세기, 마음속으로 단어 반복하기)으로서 이러한 증상은 개인의 강박적 사고에 대한 반응으로, 또는 엄격하게 적용되어야 하는 원칙에 따라 수행해야 한다는 압박감을 동반한다.
  (2) 강박적 행동이나 정신적 활동은 불안과 고통을 예방하거나 감소시키고, 두려운 사

건이나 상황을 방지하거나 완화하려는 것이다. 그러나 이러한 행동이나 정신적 활동이 완화하거나 방지하려는 것과 현실적인 방식으로 연결되어 있지 않으며, 명백하게 지나친 것이다.

B. 강박사고나 강박행동이 많은 시간(하루에 1시간 이상)을 소모하게 하거나 사회적, 직업적 또는 다른 중요한 기능영역에서 임상적으로 심각한 고통이나 손상을 초래한다.

C. 강박증상은 물질(예: 남용약물 또는 투약약물)이나 일반적인 의학적 상태의 생리적 효과로 인한 것이 아니다.

D. 이 장해는 다른 정신장애의 증상에 의해서 더 잘 설명되지 않는다(예: 범불안장애에서 과도한 걱정, 신체변형장애에서 외모 집착, 수집광에서 물건 버리기의 어려움, 섭식장애에서 의식화된 섭식행동, 질병불안장애에서 질병에 대한 집착 등에 의해서 더 잘 설명되지 않는다).

이런 특이한 행동들이 강박장애(Obsessive Compulsive Disorder) 증상의 예다. 또 다른 예로는 하루에 몇 차례씩 한 번에 500번 이상 손을 씻지 않으면 안심이 되지 않아서 피부가 벗겨질 때까지 손을 씻는다거나, 계속적으로 확인하기, 숫자 세기 등이 있다. 이렇듯 강박장애는 스스로에게도 매우 괴로우며, 다른 사람들에게 이상하게 보이는 행동들을 하게 된다.

그러나 다양한 모습으로 나타나는 기이한 행동들은 모두 어떤 것을 두려워하여 회피하고자 하는 의도와 관련 있다는 공통점이 있다. 이들이 싸우는 대상은 불안장애와는 약간 다르다. 불안장애에서는 주로 외부의 사물이나 상황이 피하고자 하는 위험대상이 된다. 그러나 강박장애에서는 싸우는 적이 내부에 있다. 이들은 머릿속으로 자꾸 침범해 들어오는 원치 않는(위험한) 생각, 충동, 심상을 대상으로 저항하고 회피하는 데 처절한 싸움을 하는 사람들이다. 이렇게 개인이 저항하고 제거하고 싶어 하지만 지속적으로 침범해 들어오는 불합리한 사고나 충동, 심상을 강박사고(obsessions)라 한다.

이런 강박사고가 일어나지 않도록 통제하는 것이 어렵거나 이로 인한 고통이 크기 때문에 이들은 나름대로의 특이한 비법과 의식을 만들어 내어 통제를 시도하게 된다. 그 결과 많은 종류의 기이한 행동특징이 나타나게 된다. 예를 들면, 원치 않는 성적인 생각이 자꾸 들 때마다 100까지 3의 배수를 세어 나가는 행동이나, 만진 물건을 통해 바이러스에 감염됐을 것이라는 공포 때문에 피가 나도록 알코올로 손을 씻는 행동이다. 이렇게 강박사고들을 억압하기 위해 혹은 강박사고와 관련된 어떤 위험한 사태를 예방하기 위해 고안된 행동들을 강박행동(compusions)이라 한다. 보통 강박사고는 개인에게 심한 불안과 고통을 일으키지만, 강박행동이 수행되면서 불안은 감소되고 개인은 일시적으로 안도감을 경험한다. 그러나 강박행동을 수행하지 않으면 불안은 증가한다.

강박사고 중에서 가장 자주 등장하는 내용은 오염에 대한 생각, 공격적 충동, 성에 관한 것, 신체적 걱정, 대칭을 이루려는 욕구, 종교에 관한 것 등이다. 자신의 아이를 해치려는 충동이나 예배시간에 욕설을 퍼붓고 싶은 충동 등이 공격적 충동의 예다. 대칭을 이루려는 욕구는 물건을 특정한 순서나 정확한 위치에 놓으려는 욕구 등을 말한다. 강박사고는 자아 이질적인(ego-dystonic) 것으로서 환자 스스로에게 이질적이고 부적절하게 생각된다는 면에서 망상과는 다르다. 강박사고는 결국 여러 강박행동을 고안해 내어 비효율적인 대처를 하게 된다.

많은 강박장애 환자가 갖는 대표적인 강박행동은 정돈하기, 씻기, 확인하기 등의 의식이다. 정돈하기 또는 씻기 의식은 오염을 유발할지 모르는 물건 혹은 상황과 접촉하기를 두려워하는 사람들이 발전시키는 경향이 있다. 이 의식을 통해 이들은 안도감을 느낀다. 확인하기 의식의 경우, 의심과 관련된 강박관념(예: 가스불을 껐는지 계속 의심이 들어 강박적으로 확인하려는 행동)과 연관되어 나타나는 경향이 있다. 이들이 의심하는 것은 종종 어떤 위험한 결과, 즉 나쁜 사건이나 재앙이 일어나는 두려

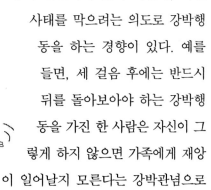

움과 관련되어 있기 때문에, 이런 사태를 막으려는 의도로 강박행동을 하는 경향이 있다. 예를 들면, 세 걸음 후에는 반드시 뒤를 돌아보아야 하는 강박행동을 가진 한 사람은 자신이 그렇게 하지 않으면 가족에게 재앙이 일어날지 모른다는 강박관념으로

매우 불안해진다. 강박행동은 위의 예처럼 강박관념에 대해 전혀 논리적으로 상관없는 방식으로 이루어지기도 한다. 이 외에도 숫자 세기, 기도하기, 특정 낱말을 특정한 방식으로 배열하기 같은 정신적 의식활동도 강박행동으로 종종 나타난다.

강박사고와 행동은 일상생활뿐만 아니라 직업적, 사회적 기능을 포함한 삶의 전반적인 기능에 크게 장애를 일으킬 수 있다. 실제로 강박장애는 불안장애 중 가장 기능을 심하게 손상시키는 장애로, 심리치료와 약물치료에 실패한 경우 고통이 견딜 수 없는 정도로 심각하여 결국 정신외과적 수술(psychosurgery)을 고려할 수밖에 없는 경우도 있다.

또한 강박장애를 가진 사람이 동시에 다른 정신과적 문제를 가진 경우도 흔하다. 즉, 이들에게 심한 정도의 범불안장애, 공황발작, 심한 회피행동, 주요우울장애가 모두 같이 일어나는 경우도 적지 않다.

강박장애는 보통 청소년기나 초기 성인기에 시작되지만, 아동기에 시작될 수도 있다. 발병연령은 여성보다 남성에게서 더 빠른데, 남성은 6세에서 15세 사이고, 여성은 20세에서 29세 사이다. 평생 유병률은 2.5% 정도이며, 1년 유병률은 1.5~2.1%로 보고되고 있다.

대부분의 경우 발병은 점진적으로 이루어지지만, 급성적인 발병도 간혹 보고된다. 대부분 만성적으로 좋아졌다 나빠졌다를 반복하며, 스트레스와 연관되면 증상이 악화되기도 한다. 약 15%는 직업적, 사회적 기능에서 점진적으로 황폐화된다.

2) 원인

(1) 인지적 관점

강박장애 환자가 다른 불안장애에서와는 다르게 원치 않는 내적 사고, 즉 침투적 사고(intrusive thoughts)로 불안해하는 이유에 대해서 인지적 입장에서는 이들이 아동기의 경험에서 어떤 생각은 위험하고 받아들여질 수 없는 것이라는 것을 배웠기 때문이라고 가정한다. 공포증 환자가 어린 시절 어떤 대상은 위험하므로 피해야 할 것이라는 잘못된 정보를 받아들인 것처럼, 강박장애 환자는 어떤 생각은 아주 잘못된 것이기 때문에 이 생각을 하는 것 자체가 마치 그 행동을 하는 것과 마찬가지라는 잘못된 믿음을 갖게 되었을 수 있다고 본다. 그 결과 보통 사람에게도 때때로 떠오를 수 있는 사고나 충동들에 대해 지나치게 걱정하고 두려워하게 된다. 그리고 이것을 억제하려고 노력하지만, 그럴수록 이 생각들은 그들의 주의를 벗어나지 않게 되는 악순환이 일어난다.

만약 불안에 대해 생물학적, 심리적 취약성을 가지고 있으면서 어떤 생각은 금지하고 억제해야만 한다는 불합리한 믿음을 갖게 된다면, 이 사람은 강박장애를 발전시킬 위험이 높다고 볼 수 있다. 최근의 몇몇 연구는 이 가정을 지지하는 결과를 나타내고 있다(Parkiason & Rachman, 1981; Salkovskis, 1995; Salkoviskis & Camp-bell, 1984).

(2) 정신분석적 관점

고전적 정신분석이론에서는 강박장애가 오이디푸스적 갈등에 의한 불안 때문에 심리성적 발달상 더 이전 단계인 항문기로 퇴행한 경우라고 본다. 즉, 강박장애를 지닌 사람들은 복수에 대한 두려움, 중요한 대상의 사랑을 상실할지 모른다는 불안과 같은 오이디푸스적 갈등으로 위협을 느낄 때 공포증 환자가 치환과 투사로, 히스테리 환자가 억압과 전환으로 불안을 방어하는 것과 동일한 맥락에서 퇴행을 방어 책략으로 삼는다는 것이다.

항문기는 전형적으로 강한 양가적 감정으로 점철된 시기다. 신경계의 발달로 자기의 신체(특히 항문의 괄약근)를 좀 더 자율적으로 조절·통제할 수 있게 된 아이는 언어·사회적 영역을 비롯한 여러 영역에서 자신의 자율성을 행사하려고 한다. 그러나 이에 대해 이제껏 즐겨 왔던 충동적 쾌락을 처음으로 강하게 제재당하는 고통스러운 경험을 하게 된다. 배변훈련은 아이가 자기의 배변활동을 마음대로 하고 싶은 욕구와 그에 대한 부모의 제재가 처음으로 일어나는 극적인 대치 장면이다. 아이가 이런 경험을 통해 부모에 대해 사랑과 증오의 감정을 동시에 느끼는 것은 이 시기의 정상적인 발달특징이다.

그러나 강박장애 환자들은 이 시기의 갈등을 잘 해결하지 못하였고, 다음 단계로의 정상적인 전이에 혼란을 겪은 사람들이다. 이들은 성적·공격적 충동이 자연스럽게 융합되어 존재하는 오이디푸스기에서 이 두 충동이 섞이지 못하고 개별화되어 있는 항문기로 퇴행하여, 한 대상에 대해 서로 모순되는 두 감정을 경험하게 된다. 내면에서 일어나는 강한 양가감정은 매우 고통스러운 상태를 만들어 내는데, 개인에게 적절하고 올바른 행동방식이 어떤 것인지에 대해 결정하지 못하게 하고, 끊임없이 의심하게 만든다. 강박장애 환자가 자주 자신의 행동을 실행하고 취소하기를 반복하는 것은 이런 내면 상태와 관련이 있다.

또한 강박장애의 특징적인 증상 중 하나로 청결함과 공격적 주제에 집착하는 것도 강박장애의 발생이 항문기에서의 정상적 발달상의 혼란에 있을 것이라는 점을 시사한다. 고립, 취소, 반동형성 등은 이들이 원시적인 성적·공격적 충동을 처리하기 위해 전형적으로 사용하는 방어기제다.

(3) 생물학적 관점

생물학적 입장에서는 강박장애가 뇌의 구조적 결함으로 생겨난다고 본다. 강박장애 환자들이 융통성 없이 반복적인 행동을 하고 이런 행동을 잘 통제하지 못하는 것은 전두엽의 기능 손상 때문이라는 주장이 제기되었으며, 일부 연구에서는 이런 주장이 근거가 있는 것임을 밝히기도 하였다(Baxter et al., 1988; Nordahl, Benkelfat, & Semple, 1989).

다른 연구자의 경우, 전두엽보다는 기저핵의 기능 손상과 보다 밀접한 관련이 있다고 주장하기도 한다. 기저핵이 손상되면 부적절한 자극에 집착하게 만들어 강박 증상을 지속시킨다는 것이다.

한편 강박장애가 기존의 항불안제나 항우울제로는 잘 치료되지 않지만 세로토닌 재흡수 억제제가 우수한 치료효과를 나타낸다는 점에 근거하여 세로토닌과의 연관설이 제기되고 있다.

3) 치료

(1) 약물치료

강박장애의 치료에 가장 효과적인 약물은 앞서 언급된 바와 같이 세로토닌 신경 전달물질 체계를 겨냥한 약물들이다. 플루옥세틴(fluoxetine, Prozac) 같은 세로토닌 재흡수 억제제들은 60%의 환자에게 어느 정도의 효과를 보였다. 그러나 평균적으로 볼 때 치료효과가 크지 않으며(Greist, 1990), 약물이 중단되면 재발률이 높은 것으로 나타난다.

(2) 심리치료

강박장애에게 가장 효과적인 심리치료 방법은 노출 및 반응저지(exposure and response prevention)다. 환자는 공포 상황이나 공포스러운 사고에 체계적이고 단계적인 방법으로 자신을 노출하게 되며(노출기법), 동시에 환자의 여러 의식이 치료자의 적극적인 개입에 의해 저지당하게 된

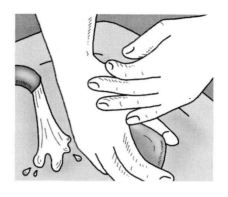

다(반응저지 기법). 환자는 오염되었을 것을 두려워하는 사물들, 예를 들면 특정 음식이나 물건 같은 것에 체계적으로 노출되며, 손씻기나 체크하기 같은 의식이 실행될 때 치료자는 이를 적극적으로 저지한다. 심한 경우, 환자를 병원에 입원시키고 병원 화장실의 수도꼭지 손잡이를 제거하여 씻기행동을 금지시킬 수도 있다. 많은 환자가 의식이 수행되지 않을 경우 나쁜 일이 일어날 것이라고 잘못 생각하기 때문에, 이런 경험들은 의식이 수행되지 않아도 그들이 두려워하는 결과가 일어나지 않는다는 것을 정서적인 차원에서 배우게 하는 효과가 있다.

(3) 신경학적 수술

약물치료나 심리치료 모두에서 효과를 얻지 못한 심한 강박장애 환자들은 마지막으로 신경학적 수술을 고려할 수 있다. 한 조사에 의하면, 증상이 매우 심한 일단의 강박장애 환자 중 약 30%가 대상속(cingulate bundle)에 대한 매우 정교한 외과적 절단을 받은 후 상당히 개선되었다고 보고되고 있다(Jenike et al., 1991).

2. 신체변형장애

1) 임상적 특징

부모님과 함께 내원한 20세의 P군은 현재 대학 2학년 휴학 중에 있다. 휴학한 사유에 대해서 P군은 "군 영장이 나와서 군에 가기 위해 한 것이었지만, 지금 '얼굴'의

수술을 받기로 되어 있어서 입영이 연기된 상태"라고 하였다. 정신과에 내원한 사유에 대해서는 "불안하고 손에 땀이 많이 나서 그런다. 열등감이 제일 큰 문제라고 생각한다."고 하였다.

'열등감'에 대해서 좀 더 구체적으로 이야기해 줄 것을 요청하자, P군은 "외모에 대해서 열등감이 있다."면서 "나는 못생겼다. 남들도 다 그렇게 본다."고 아예 선언하듯이 잘라 말하였다. 그러면서 "사진을 찍은 것 보면 딱 보이는 게 있다" "코 열등감이 제일 많다. 코가 작다고 생각한다."면서 "남들이 공비 같다고 한다. 제일 못생긴 데가 코다. 사진을 잘 찍는 데 가서 찍어도 그렇게 나온다."고 하였다. 그러나 면접자가 보기에 P군은 외모나 체격이 모두 평균수준은 되었고, 콧방울에 약간의 상처가 나 있는 것 외에는 코에도 별 문제가 없어 보였다.

그전에도 자신의 외모에 대해서 열등감을 가지고 있던 P군이 '코'에 대해서 이렇게 심각하게 생각하게 된 것은 2년 전쯤부터였다. 학교에 가는 길에 어떤 사람이 "아, 재수 없다."고 자신을 향해 말하는 것을 듣게 되었는데, 옷도 똑바로 입고 잘 걸어가고 있는데 그런 말을 들은 것이 이해가 되지 않았다고 하였다. 왜 나를 무시하고 깔볼까 하고 생각해 보니 코가 작아서 그런 것 같다는 생각이 들었다. 남자는 코가 커야 하는데 코가 작으니까 남들이 나를 무시하는구나 하는 생각이 들자, 코를 고치고 싶은 생각을 참을 수가 없었다. 그전에 찍은 사진들을 찾아보니 역시 눈도 비뚤어진 것 같고 코도 일그러진 것 같았다. 그 뒤로는 사진을 찍거나 거울을 보는 것도 피하고 모자를 눌러 쓰고 다니게 되었고, 친구들을 만나는 것도 피하게 되었다.

그러나 집안 형편상 부모님에게 성형수술을 해 달라는 말은 차마 꺼낼 수가 없었는데, 4개월 전 입대를 위해 휴학을 하게 되자 생각해 낸 것이 콧구멍을 키우는 것이었다. 계속 콧구멍을 만지고 벌리고 하는 일을 반복하다가 결국 콧속에 상처가 나서 이비인후과 치료를 받기까지 하였다. 그래도 멈추지 못하고 계속 코를 만졌고, 결국에는 피부 이식 수술까지 받을 지경이 되었다. 결국 P군은 부모님에게 이 기회에 성형수술을 시켜 달라고 이야기를 하였지만, 부모님은 "당치도 않은 말이다."면서 이를 거부하였다. 그러자 '이 상태로는 아무것도 못한다.'는 생각이 든 P군은 락스를 마시고 자살을 시도하게 되었고, 이에 놀란 부모의 손에 끌려 내원하게 된 것이었다.

신체변형장애의 진단기준(DSM-5)

A. 외모에 대한 한 가지 이상의 결함에 집착. 결함은 다른 사람에 의해서는 인식되지 않거나 경미한 것이다.

B. 개인은 반복행동(예: 거울 보기, 지나치게 단장하기, 피부 벗기기, 안심 구하기)이나 정신활동(예: 자신의 외모를 다른 사람과 비교하기)이 외모 걱정에 대한 반응으로 수행된다.

C. 집착이 사회적, 직업적 또는 다른 중요한 기능영역에서 임상적으로 심각한 고통이나 손상을 초래한다.

D. 외모 집착이 섭식장애의 진단기준을 충족하는 개인의 비만이나 몸무게에 대한 걱정으로 더 잘 설명되지 않는다.

신체변형장애(Body Dysmorphic Disorder)의 필수 증상은 외모의 결함에 대한 집착이다. 다른 사람이 보기에는 극히 정상적인 외모인데도 스스로 자신의 외모에 대해서 기형적이라고 믿고 이에 대해서 걱정하면서 집착한다. 만약 가벼운 신체적 이상이 있는 경우라면, 그 관심의 정도가 현저하게 심하다. 또한 외모 걱정에 대한 반응으로 반복행동(예: 거울 보기, 지나치게 단장하기, 피부 벗기기, 안심 구하기)이나 정신활동(예: 자신의 외모를 다른 사람과 비교하기)이 나타난다. 이러한 증상 때문에 사회적, 직업적 또는 다른 중요한 기능영역에서 심각한 고통이나 장애를 초래하는 경우 신체변형장애라고 진단한다.

신체변형장애 환자들이 가장 흔히 호소하는 것은 얼굴의 특징들이다. 예를 들어 가는 눈, 삐뚤어진 코, 두꺼운 입술, 튀어나온 광대뼈, 사각턱, 검은 얼굴, 주름살 등의 외모에 대해 기형적이라고 믿고 걱정하며 집착한다. 흔히 성형수술을 통해 이러한 모습을 바꾸고자 하지만 성형수술 후에도 결과에 만족하지 못한다. 얼굴 외에 다른 신체적 특징(예: 유방, 복부, 엉덩이, 팔, 손, 발, 다리, 성기 등)이 관심의 초점이 될 수 있다. 그러나 몸의 비만에 대해 걱정하고 살을 빼고자 하는 경우에는 신체변형장애보다는 섭식장애의 신경성 식욕부진증(거식증)에 해당될 수 있다. 집착이 일차 성징과 이차 성징에 대한 불쾌감이나 부적절감에 국한되어 있으면 성정체감장애의 가능성을 고려해야 한다.

이 장애를 가진 대부분의 개인은 그들의 가정된 결함 때문에 현저한 고통을 경험

한다. 하루에 수 시간씩 그들의 결함을 생각하느라고 시간을 소모하며, 이러한 생각
이 그들의 인생을 지배할 정도까지 이른다.

하루에 수 시간씩 거울을 보거나 확대경을 이용하여 그들의 결함을 세심하게 관
찰한다. 일부 개인은 거울을 피하게 되고, 자신의 주위에서 완전히 거울을 없애 버
리기도 한다. 또 다른 경우에는 거울을 과다하게 보는 기간과 거울을 피하는 기간이
교대로 나타나기도 한다. 자신의 결함에 대해 안심시켜 주기를 빈번하게 요구하지
만, 안심은 단지 일시적인 해방감을 줄 뿐이다. 가상의 결함과 연관되는 관계망상적
사고도 빈번하다. 그들은 다른 사람들이 자신의 결점에 대해 특별한 관심을 갖고 있
고, 그것에 대해 이야기하거나 조롱할 것이라고 흔히 생각한다.

일상행동을 회피함으로써 심한 사회적 고립이 초래된다. 어떤 경우에는 모습이
드러나지 않는 밤에만 집에서 나가거나, 때로는 몇 년 동안 집에만 틀어박혀 있기도
한다. 학교를 중퇴하거나, 취직면담을 회피하거나, 능력 이하의 일을 하거나, 전혀
일을 하지 않는다. 그들은 거의 친구가 없고 사회적 접촉을 피한다.

일반 인구에서의 유병률은 확실치 않다. 미용수술을 원하는 환자의 2%에서 이 질
환의 진단이 내려진다는 보고가 있다. 첫 발병은 15~20세 사이에서 가장 흔하다.
남자에 비하여 여자의 유병률이 약간 높다.

2) 원인

신체변형장애의 뚜렷한 발병 원인은 아직 잘 알려져 있지 않다. 신체적 외모와 신
체적 자아표현에 대한 문화적 관심이 가상의 신체적 불구에 대한 집착에 영향을 미
치거나 증폭시킬 수 있다.

생물학적 입장에서는 기분장애와 강박장애의 가족력이 많고 세로토닌계의 항우
울제에 잘 반응한다는 점에서 이 장애가 세로토닌과 관련되어 있다고 주장한다. 다
른 정신장애(정신분열증, 기분장애, 성격장애)에서 기인한다고 보기도 한다.

인지적 입장에서는 신체변형장애는 건강염려증과 매우 유사한 인지적 특성이 관
여한다고 보고 있다. 즉, 다른 사람이 우연히 자신의 신체적 특징에 대해 언급함으
로써 그것에 주목하게 되고, 이에 대해 과도한 주의를 기울이기 시작한다. 점점 더
그 신체적 특징을 부정적으로 지각하게 되고, 불리한 환경적 사건을 모두 이 신체적

결함으로 귀인시키게 된다는 것이다.

정신분석적 입장에서는 무의식적인 성적·정서적 갈등이 신체 부위로 전위된 것이라고 본다. 어린 시절의 심리성적 발달과정에서 특수한 경험을 하게 되고, 이러한 경험과 상징적인 연관성을 지닌 특정한 신체 부위에 집착하게 되는 것이라고 설명하고 있다.

3) 치료

신체변형장애 환자들은 자신의 증상에 대한 심리적 원인을 인정하지 않으며, 심리적 치료를 거부한다. 매우 정상적인 외모에 대해서 비현실적인 근거로 기형이라는 확신을 갖고 자신의 외모를 바꿀 수 있는 성형수술을 원하게 된다. 그러나 성형수술은 도움이 되지 않으며, 또 다른 집착을 찾아낸다.

최근에는 세로토닌에만 선택적으로 작용하는 약물인 클로미프라민, 플루복사민 등의 세로토닌 재흡수 억제제가 추천되고 있다. 우울증이나 불안장애가 동반되면 이에 대한 치료도 해야 한다.

근래에 주목되는 보고가 있는데, 비교적 경미한 증상을 지닌 신체변형장애 환자에게 인지행동적 치료방법의 하나인 노출 및 반응억제법이 매우 효과적이었다는 것이다. 이러한 치료방법은 흔히 강박장애의 치료에 적용되는 것으로서 신체변형장애는 흔히 강박장애를 동반하며, 자신의 외모가 기형이라는 불쾌한 생각이 지속적으로 침투하고, 이를 확인하거나 교정하려는 반복적 행동을 보인다는 점에서 강박장애와 유사하다.

3. 수집광

수집광의 진단기준(DSM-5)

A. 소유한 물건을 버리는 데 지속적인 어려움이 있다.

B. 이러한 어려움은 물건을 보관하고자 하는 필요성을 지각하고 물건을 버리는 것을 고통으로 여긴다.

C. 물건을 버리지 못하는 어려움으로 인해 생활공간이 수많은 물건으로 채워진다.

D. 수집광증상은 사회적, 직업적 또는 다른 중요한 영역의 활동에 현저한 손상을 초래한다(자기나 타인의 안정적인 환경유지를 포함해서).

E. 수집광증상은 다른 의학적 상태로 인한 것이 아니어야 한다(예: 뇌손상, 뇌혈관장애, 프래더윌리 증후군).

F. 수집광증상은 다른 정신장애의 증상으로 더 잘 설명되지 않는다.

수집광(Hoarding Disorder)은 언젠가는 필요할지 모른다는 생각에 버려야 할 물건들을 쌓아 두는 장애다. 수집광의 핵심은 불필요한 물건을 버리지 못하는 것이다. 쓸데없는 물건을 버리지 못하고 계속 저장하고 생활공간이 잡동사니로 가득 차서 원래의 용도로 쓰이지 못하는 경우가 생기기도 한다. 물건을 보관하고자 하는 강한 충동을 느끼며 물건을 버리는 것을 고통으로 여긴다. 물건을 버려야 할지 말아야 할지에 대한 우유부단함 때문에 쓸모가 없거나 무가치한 물건을 버리지 못한다. 우리가 어떤 물건을 버릴지 아니면 보관할지를 결정하는 데는 물건의 가치를 평가할 수 있는 능력과 의사결정을 할 수 있는 능력이 필요하다. 이러한 가치판단 능력과 의사결정 능력에서의 문제가 수집광을 야기한다고 본다. 쓸모가 없는 사소한 물건인데도 보관할 가치가 있다고 느끼거나 어떤 결정을 하지 못하는 경우에 불필요한 물건을 버리지 못하고 저장하게 되는 것이다.

수집광의 문제행동은 두 가지로 구분될 수 있다. 하나는 강박적 저장으로 불필요한 물건을 버리지 못하고 보관하는 것이고, 다른 하나는 강박적 수집으로 불필요한 물건을 수집하여 집 안으로 가져오는 것이다. 강박적 수집은 너무 많은 물건을 구입하거나 무료로 제공되는 물건을 모으는 과도한 행동을 뜻한다. 수집광을 지닌 사람들은 필요한 물건을 갖지 못하거나 중요한 정보나 기회를 잃어버리는 것에 대한 두려움이 있다. 아주 희박한 가능성에 대한 집착으로 자신의 수집물을 옮기거나 치우는 것에 대해 불안해하고 화를 내기도 한다. 또한 수집광을 지닌 사람들은 저장한 물건들을 정리하지 못하고 무질서하게 보관하는 문제를 나타낸다. 그로 인해 생활공간을 난잡하게 만들게 되는데 그 수집행위 자체에 대해 스스로 불편함을 느끼지 못한다.

4. 발모광

1) 임상적 특징

발모광의 진단기준(DSM-5)

A. 반복적인 발모행동으로 눈에 띌 만한 모발손실이 초래된다.

B. 머리카락을 뽑는 행동을 감소시키거나 중지시키려고 하는 시도가 반복된다.

C. 머리카락 뽑는 행동이 사회적, 직업적, 또는 기타 중요한 기능영역에서 임상적으로 심각한 고통이나 장해를 초래한다.

D. 이 장애가 다른 의학적 상태로 인한 것이 아니어야 한다(예: 피부과 질환).

E. 장해가 다른 정신장애의 증상으로 더 잘 설명되지 않는다(예: 신체변형장애에서 외모 의 결점을 지각하고 개선시키려는 시도).

발모광(Trichotillomania, Hair-Pulling Disorder)은 반복적으로 자신의 털을 뽑는 장애로, 모발뽑기장애(Hair-Pulling Disorder)라고도 한다. 이 장애를 가진 사람은 발모행동을 하기 전에 긴장감이 고조되며, 어떤 경우에는 발모행동을 하지 않으려고 할 때 긴장감이 증가된다. 발모행동 직후에는 일시적으로 만족감이나 긴장 완화를 경험한다. 발모 부위는 보통 머리카락, 눈썹, 속눈썹, 턱수염 등이며, 드물게는 겨드랑이털, 음모, 항문 부위의 털 등을 뽑기도 한다.

발모광을 지닌 사람들의 발모행동은 하루 동안 산발적으로 일어나기도 하고, 몇 시간 동안 지속적으로 일어나기도 한다. 발모행동은 흔히 스트레스를 받으면 증가하는데, 이완되고 산만한 상태(예: 책을 읽거나 TV를 볼 때)에서 발모행동이 증가하기도 한다.

발모행동으로 인해 발모 부위에서 길고 정상적인 털들과 함께 짧고 끊어진 손상된 털들의 모습을 볼 수 있다. 대개의 경우, 자신의 행동을 부인하며 탈모 부분을 감추려고 한다. 흔히 보이는 합병증으로 두피의 탈모증이 있는데, 성인에게는 수치감과 사회적 고립을 초래할 수 있다. 발모광을 지닌 사람들은 털을 뽑아 입에 넣기도 한다. 심지어 다른 사람의 머리카락까지 뽑으려고 하는 충동을 느끼는 경우도 있으며 애완동물이나 인형, 스웨터나 카펫의 털을 뽑는 행동을 나타낼 수도 있다. 그 밖에도 머리를 부딪히는 행위, 손톱 물어뜯기, 긁기, 자해행위 등이 동반되기도 한다.

발모광은 이전에는 드문 장애로 여겨졌으나 현재는 보다 흔한 것으로 간주되며, 유병률은 2~4%로 보고되고 있다. 대개 초기 성인기 이전에 나타나기 시작하는데, 5~8세의 아동과 13세 전후의 청소년에게서 많이 나타난다. 발모광은 몇 십 년 동안 증상이 지속되는 경우도 있고, 일시적으로 몇 주, 몇 개월, 몇 년 동안 나타나다가 사라지는 경우도 있다. 발모의 부위는 시간이 지남에 따라 바뀌기도 한다.

2) 원인 및 치료

발모광은 부모-자녀 관계에서의 어려움, 홀로 남는 것에 대한 두려움, 최근의 중요한 대상의 상실 등이 중요한 요인으로 작용한다고 본다. 따라서 발모광은 구강기, 항문기 또는 남근기 중 어느 시기에 고착되었거나 퇴행된 결과로 볼 수 있다. 또한 스트레스와 연관된 여러 복합적인 환경과 관련이 있는 것으로 보고되고 있다. 발모행동을 보이는 사람들의 대다수가 심한 스트레스 상황에서 증상이 시작되었다고 보고하고 있으며 스트레스 상황에서 발모행위가 증대하는 경향이 있다.

생물학적으로 강박장애와 유사하게 대뇌의 세로토닌 장애가 원인이라는 연구결과도 있다. 그 밖에 강박증이나 우울증에 관련되어 있다는 주장도 있다. 또한 지적장애환자들이 발모행동을 자주 보이는데, 이는 뇌기능의 이상과 발모행동이 관련되어 있을 가능성을 시사한다.

아동에게는 발모행동이 어머니와의 이별이나 상실 때문에 생기거나 또는 어머니를 위협적으로 느낄 때 발생하는 수도 있다. 그래서 환자가 현재 겪고 있는 현실적인 문제뿐 아니라 환자의 전체적인 심리 상태에 대한 심층적인 접근을 통해 환자가 자신의 문제점에 대해 스스로 인지하게 하는 심리치료가 성공적일 때가 있다. 또한 가족치료나 행동치료적 방법이 효과적일 때도 있다. 약물치료로는 항불안제, 항우울제, 항정신병 약물 등이 효과가 있다고 한다. 세로토닌계 약물의 사용은 발모현상과 같은 강박행동이나 충동행동이 뇌의 세로토닌 결핍과 연관이 있을 것이라는 가설에 따른 것이다.

5. 피부 벗기기 장애(찰과증)

피부 벗기기 장애의 진단기준(DSM-5)

A. 반복적으로 피부를 벗겨 피부에 병변이 생긴다.

B. 피부를 벗기는 행동을 줄이거나 그만두기 위한 시도를 반복적으로 한다.

C. 피부를 벗기는 행동은 사회적, 직업적 또는 기타 중요한 기능영역에서 임상적으로 심각한 고통이나 장해를 초래한다.

D. 피부 벗기기는 약물의 생리적 효과(예: 코카인)나 다른 의학적 상태(예: 옴)로 인한 것이 아니어야 한다.

E. 피부 벗기기는 다른 정신장애의 증상으로 더 잘 설명되지 않는다(예: 정신병 상태에서의 망상이나 환각, 신체변형장애에서 외모의 결점을 지각하고 개선시키려는 시도, 상동증적 행동, 자해행동).

피부 벗기기 장애(Excoriation, Skin Picking Disorder)는 DSM-5에서 새롭게 강박 및 관련 장애의 하위유형으로 포함된 것으로 찰과증(Excoriation)이라고도 한다. 피부 벗기기 장애는 반복적으로 피부를 긁거나 벗겨서 피부를 손상시키는 행동을 하는 것이다. 심한 경우에는 피부조직이 손상되어 병변이 생길 수도 있다. 이 장애를 지닌 사람들은 피부 손상을 감추려고 노력하고, 피부를 벗기는 행동을 줄이거나 그만두려는 시도를 반복적으로 하나 실패하고 결국 피부를 다시 긁거나 벗기게 된다. 이처럼 피부를 긁거나 벗기고, 이와 관련된 생각을 하고, 멈추려는 시도를 하는 것이 하루에 짧게 여러 번 나타나고 때로는 몇 시간 동안 지속되기도 한다. 이러한 증상으로 사회적, 직업적 및 다른 중요한 기능에서 심각한 고통을 받거나 문제가 생길 때 피부 벗기기 장애로 진단될 수 있다.

이 장애를 지닌 대다수의 사람은 사회적 행사에 참석하거나 사람들이 많은 장소에 가는 것을 피한다. 또한 피부를 벗기는 행동과 생각으로 인해 직업적 곤란을 경험하고, 학생들의 경우에는 학습에 집중하지 못하고 학교를 결석하거나 학교생활에 어려움을 경험한다고 보고되고 있다.

피부를 벗기는 행동은 불안하거나 긴장이 높아질 때 증가하나, 긴장하지 않거나 인식하지 않고 있을 때에도 자동적으로 피부를 벗기는 행동을 보인다. 주로 얼굴, 팔, 손 등을 긁거나 벗기며 다양한 신체 부위가 대상이 될 수 있다. 보통은 손톱으로 피부를 벗기는데 때때로 핀셋과 같은 도구를 사용하기도 한다.

피부 벗기기 장애의 유병률은 1.4% 이상이며, 그중 75% 이상이 여성이라고 보고되고 있다. 이 장애는 다양한 연령층에서 나타나나, 특히 청소년기에 여드름이 생기기 시작하면서 발병하는 경우가 많고, 증상은 몇 주에서 몇 년 동안 지속될 수 있다. 피부 벗기기 장애는 우울장애, 불안장애, 섭식장애뿐 아니라 강박증, 발모광 등의 다른 정신장애와 동반되어 나타날 수 있다.

제8장

외상 및 스트레스 사건 관련 장애

사람은 살아가면서 여러 가지 사건에 노출되고, 때때로 매우 충격적이고 위협적인 사건에 노출되어 심리적 고통을 경험하기도 하는데 이를 외상(trauma)이라고 한다. 외상사건을 비롯하여 여러 스트레스 사건을 경험한 이후에 발생할 수 있는 심리적 장애들을 DSM-5에서는 '외상 및 스트레스 사건 관련 장애(Trauma- and Stressor-Related Disorder)'라는 독립적인 장애 범주로 새롭게 제시하고 있다. 외상 및 스트레스 사건 관련 장애의 하위유형으로는 반응성 애착장애, 탈억제성 사회적 유대감 장애, 외상후 스트레스 장애, 급성 스트레스 장애, 적응장애가 포함되어 있다.

DSM-5에서 외상후 스트레스 장애는 외상사건을 재경험하게 하는 침투증상, 외상사건과 관련된 기억이나 단서를 피하려는 회피증상, 외상사건에 대한 인지와 감정의 부정적 변화, 만성적으로 과민한 각성반응의 네 가지 유형의 특징을 보이며, 6세 이하 아동의 외상후 스트레스 장애 진단기준이 추가되었다. 반응성 애착장애는 DSM-IV에서 유아기, 아동기, 청소년기 장애로 분류되고, 아형으로 억제형과 탈억제형을 구분하였다. 그러나 DSM-5에서는 애착 외상의 경험으로 장애가 나타난다는 점에서 외상 및 스트레스 사건 관련 장애에 포함되었다. 또한 두 아형을 각각 개별적인 장애로 나누었는데 억제형은 '반응성 애착장애', 탈억제형은 '탈억제성 사회적 유대감 장애'라는 명칭으로 새롭게 진단이 추가되었다.

1. 반응성 애착장애

1) 임상적 특징

반응성 애착장애의 진단기준(DSM-5)

A. 아동이 양육자에 대해서 거의 항상 정서적으로 억제되고 위축된 행동을 나타낸다.

    (1) 아동은 괴로움을 느낄 때 양육자에게 위안을 구하지 않는다.
    (2) 아동은 괴로움을 느낄 때 위안에도 반응하지 않는다.

B. 다음 중 적어도 두 가지의 지속적인 사회적 · 정서적 장해를 나타낸다.

    (1) 다른 사람에 대한 최소한의 사회적 · 정서적 반응
    (2) 제한된 긍정적인 정서
    (3) 양육자와 상호작용 중에 이유 없이 갑작스럽게 짜증, 슬픔, 공포를 나타냄

C. 아동은 다음 중 적어도 한 가지 방식으로 극히 불충분한 양육 경험을 해야 한다.

    (1) 안락함, 자극, 애정 등 아동의 기본적인 감정적 욕구에 대한 지속적인 방임이나 박탈
    (2) 주된 양육자가 자주 바뀜으로써 안정된 애착 형성을 저해
    (3) 특정한 사람과 선택적인 애착을 형성할 기회가 현저하게 제한된 상황(예: 고아원)에서 양육됨

D. 이러한 양육결핍(C)이 양육자에 대한 위축된 행동(A)을 초래한 것으로 판단되어야 한다. 즉, 양육박탈의 발생에 이어서 아동의 위축행동이 나타나야 한다.

E. 자폐 스펙트럼 장애에 해당하지 않아야 한다.

F. 이러한 장해는 아동의 연령 5세 이전에 나타나야 한다.

G. 아동은 최소한 9개월 이상의 발달연령이어야 한다.

반응성 애착장애(Reactive Attachment Disorder)는 양육자와의 애착 문제로 인해서 정서적으로 억제되고 위축되어 있으며 사회성 발달에 어려움을 겪는 장애로, 생후 9개월에서 5년 사이에 나타난다. 진단의 핵심은 부적절한 양육의 결과, 즉 신체

적 · 정서적 방임 혹은 주양육자의 잦은 교체 등의 애착 외상이 있다는 것이다. 이는 DSM-5에서 반응성 애착장애가 외상 및 스트레스 사건 관련 장애의 한 하위유형으로 분류되는 이유이기도 하다.

반응성 애착장애 아동은 사회적 관계를 맺음에 있어서 지나치게 억제적이고 경계를 하며 심하게 양가적인 반응을 보인다. 예를 들면, 양육자에게 접근했다가도 쉽게 회피하는 양가적인 태도를 보이고 안락한 상황에서도 저항하는 태도를 나타내거나 사람들을 냉정하게 경계한다.

반응성 애착장애를 지닌 아동은 인지발달과 언어발달의 지연을 보이거나, 상동적 행동을 나타내기도 한다. 또한 반응성 애착장애는 눈 맞춤이 잘되지 않고 혼자서만 놀려고 하며 이름을 불러도 반응이 없고 한 가지 놀이에 집착하는 등 자폐 스펙트럼 장애와 유사한 행동특성을 보인다. 그러나 구별되는 점은 반응성 애착장애의 아동은 후천적 양육환경의 결핍이 있으며, 자폐 스펙트럼 장애를 지닌 아동들은 제한된 흥미, 의례화된 반복적 행동을 나타내는 반면 반응성 애착장애 아동은 나타내지 않는다는 것이다.

반응성 애착장애의 유병률은 잘 알려져 있지 않으나, 심각한 방임을 경험한 아동에게도 10% 이하만 나타나는 등 매우 드문 것으로 보고되고 있다.

2) 원인

반응성 애착장애에서 심각한 사회적 방임이라는 애착 외상은 핵심적 특징이자 장애를 촉발시키는 환경적 요인이 된다. 즉, 주양육자가 편안함, 적절한 자극, 사랑에 대한 아동의 기본적인 정서적 욕구를 방임하거나, 아동의 기초적인 신체적 욕구를 무시하거나, 적절하게 아동의 영양 상태를 유지해 주지 못하고 안락한 주거 공간을 제공하지 못할 때 반응성 애착장애가 나타날 수 있다.

볼비(Bowlby, 1958)는 어머니와의 애착관계는 생후 6개월~1세에 형성되는데, 1~3세에 모성 분리가 이어질 때 아동에게는 이것이 외상적 사건이 되며 즉각적으로 거부, 절망, 이탈적 행동이 나타나게 된다고 하였다. 거부적 행동이 처음에는 모성에 대한 갈망을 하게 되나 점점 불안으로 변한다. 이것이 분리불안이며 다시 재결합되는 경우에는 모성과의 애착관계가 의존성으로 변한다. 재결합되지 않고 장기적으로 분리되는 경우에는 절망에 젖어 위축되거나 자폐적 성격이 형성되는데, 이러한 상황이 계속되면 모성과의 일관성을 상실하고 타인에 대한 애착을 상실해 버리며 반응성 애착장애로 발전할 수 있는 것이다.

부모의 성격과 양육태도도 영향을 미칠 수 있는데, 우울한 부모들은 자녀의 신체적, 정서적 신호에 무관심하고 방임적이며 덜 민감하게 반응하고 일관적이지 않기 때문에 이러한 영향으로 아동은 자신의 행동에 대한 신뢰감을 가질 수 없고 환경에 대한 신뢰감도 형성하지 못한다. 반응성 애착장애 아동 부모들이 정상 아동 부모에 비해 우울증, 반사회성, 편집증, 강박증을 지니는 경우가 더 많다는 연구결과도 있다(이경숙, 권유리, 신의진, 김태련, 1995). 또한 부모의 양육이 통제적이고 정서가 결여되어 있는 가정에서 자란 아동은 불안정한 성격으로 성장하게 되며, 특히 학대를 받은 아동의 경우 애착발달에 어려움을 겪는다.

아동의 기질적 특성도 반응성 애착장애를 유발시킬 수 있다고 보고되고 있다. 기질적으로 까다롭고 예민한 아동은 불안정 애착을 보일 가능성이 높고 위축되고 회피적인 행동을 보일 수 있다.

3) 치료

반응성 애착장애의 치료에서는 아동이 적절한 신체적 · 정신적 보살핌을 받고 주양육자와 바람직한 관계를 개선하는 것이 가장 중요하다. 따라서 아동이 일상생활에서 자연스럽게 경험하게 되는 놀이를 치료의 매개로 사용하는 것이 반응성 애착장애 치료에 효과적이라고 보고되고 있다.

놀이치료는 부모, 특히 어머니와의 애착 형성 실패로 정상적인 자극들을 통해 놀이할 기회를 얻지 못한 반응성 애착장애 아동들에게 어머니와 아동의 관계를 새롭게 형성해 나갈 수 있는 시발점이 될 수 있다. 또한 발달수준을 최대한 고려하여 과도한 요구조건 없이 자연스러운 접촉을 제공하면서 아동 자신의 방법으로 느끼고 자신의 환경을 이해하도록 해 주는 매개체 역할을 함으로써 치료효과를 극대화할 수 있다(강문희, 2004).

또한 아동의 기본적 욕구를 잘 이해하고 적절한 양육기술을 익히도록 하는 부모교육이 필요하다. 부모교육을 통해 안정된 부모-자녀 관계 형성과 양육방식 개선을 위한 방향을 제시하고, 가족갈등이나 주양육자의 우울 · 불안 등의 정서적 문제해결을 돕는다.

2. 탈억제성 사회적 유대감 장애

1) 임상적 특징

탈억제성 사회적 유대감 장애 진단기준(DSM-5)

A. 낯선 성인에게 자발적으로 접근하여 그들과 상호작용하려는 행동양상이 다음 중 두 가지 이상에서 나타난다.

   (1) 낯선 성인에게 접근하거나 그들과 상호작용하는 데에 주저함이 없다.
   (2) 지나치게 친밀한 언어적 또는 신체적 행동을 나타낸다(문화적으로 연령적으로 적절하지 않음).
   (3) 낯선 상황에서조차 보호자인지의 여부를 고려치 않는다.
   (4) 낯선 성인을 아무런 망설임이나 주저 없이 기꺼이 따라나선다.

B. 진단기준 A의 행동이 충동성(예: ADHD에서처럼)에서 기인한 것이 아니고 사회적 관계에서의 무절제행동에서 기인된다.

C. 아래 열거한 것 중 적어도 하나의 부적절한 양육 경험이 있어야 한다.

   (1) 양육자에게 기본적인 정서적 욕구나 자극, 애정이 무시되거나 박탈되었음
   (2) 애착대상을 여러 번 상실하거나 여러 양육자가 교체됨
   (3) 애착관계가 형성될 기회가 심하게 제한된 불안정한 환경에서 양육됨

D. 진단기준 A의 장해는 진단기준 C의 병리적인 양육의 결과다.

E. 생후 9개월 이상 된 아동이 애착 외상에 해당되는 경험을 하고 난 후 이러한 증상을 나타낼 경우에 탈억제성 사회적 유대감 장애로 진단된다.

탈억제성 사회적 유대감 장애(Disinhibited Social Engagement Disorder)는 아동이 친숙하지 않은 성인에게 과도한 친밀감을 나타내며, 이러한 사교성에도 불구하고

적절한 애착대상을 찾아 애착관계를 형성하는 데 실패하는 문제점을 보인다. 주양육자에게 제대로 양육을 받지 못한 극단적인 경험을 한다는 점에서 반응성 애착장애와 동일하나, 반응성 애착장애가 애착장애의 억제형이라면 탈억제성 사회적 유대감 장애는 무분별한 사회성을 나타내는 무절제형 애착장애다. DSM-5에서는 탈억제성 사회적 유대감 장애라는 새로운 명칭으로 외상 및 스트레스 사건 관련 장애의 하위유형에 포함시켰다.

진단을 위해서 아동은 최소한 9개월 이상의 발달연령이어야 한다. 탈억제성 사회적 유대감 장애는 유아기에서 청소년기까지 다소 다른 양상을 보인다. 유아의 경우에는 낯선 사람에게 접근하는 데 망설이지 않고 어울리며, 낯선 사람을 따라나서는 행동을 보인다. 유치원 시기의 아동은 다른 사람의 주목을 끄는 행동을 보이고 모든 사람에게 매달리는 행동을 보인다. 이 시기 이후에는 지나치게 언어적·신체적으로 친밀감을 표시하는 행동이 지속된다. 청소년기에는 피상적인 감정표현을 나타내며, 또래관계에서는 무분별한 행동과 갈등을 경험한다.

탈억제성 사회적 유대감 장애는 인지적·언어적 발달의 지연, 상동적 행동을 함께 나타내기도 한다. 또한 사회적 충동성을 보인다는 점에서 주의력결핍/과잉행동장애(ADHD)와 닮아 있으나, 탈억제성 사회적 유대감 장애는 주의력결핍이나 과잉행동의 문제를 보이지 않는다는 점에서 구별된다.

탈억제성 사회적 유대감 장애의 유병률은 잘 알려져 있지 않으나, 심각한 방임으로 시설에서 자라거나 입양된 아동의 20%에서 나타나는 등 드물게 나타나는 것으로 보고되고 있다.

2) 원인 및 치료

탈억제성 사회적 유대감 장애의 원인은 아직 잘 알려져 있지 않으나, 반응성 애착장애의 원인과 유사한 것으로 보고 있다. 심각한 사회적 방임, 잦은 양육자의 교체라는 애착 외상이 주된 원인이며 자극추구와 같은 아동의 기질 역시 영향을 미치는 것으로 나타나고 있다.

탈억제성 사회적 유대감 장애의 치료 역시 반응성 애착장애와 비슷하다. 놀이치료와 부모교육을 통해 아동이 적절한 신체적·정신적 보살핌을 받고 주양육자와 바람직한 관계를 개선하는 것이 중요하다.

인지행동치료는 탈억제성 사회적 유대감 장애를 지닌 아동에게 상황에 적절한 상황 인지능력 및 사고력 향상, 자신의 감정이나 행동을 조절할 수 있도록 돕는다. 특정 애착대상과 가까워지고 싶은 소망에 대해 충동적이거나 공격적으로 언어적 표현을 과도하게 하므로 상황에 적절한 자기조절 훈련이 도움이 된다. 또한 주변에 불편한 느낌을 초래할 수 있는 과도한 행동과 말투에서 원활하고 자연스러운 상호작용을 위한 언어적 및 비언어적 표현능력을 기르도록 돕는다.

3. 외상후 스트레스 장애

1) 임상적 특징

25세의 A양은 6개월 전 밤길에 낯선 남자에게 성폭행을 당했다. 이후 A양은 심한 정신적 고통을 겪고 있다. 6개월이 지난 지금도 폭행 당시에 겪었던 일들이 수시로 떠올라서 견딜 수가 없다. 생명의 위협을 당하면서 겪었던 공포감과 무기력감이 그대로 다시 느껴지면서 몸이 얼어붙는 듯한 경험이 계속되고 있고, 밤에도 자신을 죽이겠다고 위협하는 남자의 얼굴이 나타나거나 폭행 당시의 일이 보이는 등 계속되는 악몽으로 잠을 이룰 수가 없다.

밖에 나갔을 때는 낯선 남자가 자신에게 다가오는 것 같으면 극심한 두려움을 느끼게 되어 외출을 점차 하지 않게 되었고, 특히 밤에는 가족 중 누군가가 같이 나가 주지 않으면 현관 밖에도 나가지 못하고 있다. 현재는 집에서도 가족들과의 대화를 회피하고 방에 혼자 틀어박혀 멍하니 있거나 울고 지내는 일이 많다.

면담 시 A양은 작은 소리에도 매우 민감하게 놀라는 모습을 보였고, 폭행 당시의 일을 다시 떠올리는 것을 매우 어려워하였으며, 그런 생각을 다시 하게 만들었다는 것에 대해 면담자에게 화를 내기도 하였다.

53세의 공무원인 C씨는 직장에 병가원 제출을 위한 진단서 발급을 위해 내원하였다. 1년 전 C씨는 직장 동료들과 상갓집에 다녀오던 길에 교통사고를 당하였다. 운전하고 있던 직장 후배가 머리를 심하게 다치고 조수석에 있던 자신과 뒷좌석에 있던 동료도 뼈가 부러지고 장기 손상을 입는 등 큰 사고였다. 머리를 다친 직장 후배는 아직까지 입원해 있는 상태로 후유증이 다소 남을 것이라고 하나, 자신과 동료는 3개월 정도 입원하였다가 다시 직장에 복귀하였다.

그런데 사고 직후 입원했을 당시에는 신체적 고통 때문에 아무 생각이 없었다가 어느 정도 몸이 낫기 시작하자 심리적인 고통이 시작되었다. 그런 생각을 안 하려고 해도 머리를 다친 후배가 피를 흘리면서 운전석에 쓰러져 있던 모습이 자꾸 떠오르면서 끔찍한 생각이 들었고, 그때 자신이 운전을 했어야 했는데 하는 후회도 많이 되었다. 또 기분이 점점 가라앉고, 가족들에게도 예전 같지 않게 짜증을 내거나 화를 내는 일이 잦아졌다. 그러나 퇴원하여 직장에 복귀하면 다시 좋아지리라 생각하여 별다른 도움은 요청하지 않았다.

그런데 다시 출근을 하게 된 날 차를 몰고 나가려 하자 몸이 말을 듣지 않고 식은 땀이 나면서 숨이 가빠지는 등 도저히 운전을 할 수가 없었다. 그 이후에는 지하철을 타고 출근하게 되었다. 그러나 얼마 지나지 않아 늦게 귀가하게 되어 택시를 탔는데, 반대 차선에서 헤드라이트가 비치면서 차가 마주 오는 것을 보는 순간 머릿속이 하얗게 되면서 비명을 질러 택시기사를 기절초풍하게 만드는 일이 생겼다. 이후 C씨는 절대 승용차나 택시는 물론 버스도 타는 일이 없이 무조건 지하철만을 이용하게 되었고, 늦은 회식 자리에 가는 일도 거의 없게 되었다. 그러나 점점 불면증에 시달리게 되었고, 직장에서 일에 집중하는 것도 잘되지 않았다. 이전에는 유능했던 자신이 점점 무능해지고 바보가 되는 것 같아서 더욱 괴로워졌다. 이런 상태가 계속되자 너무 힘들어져 그냥 집에서 쉬고 싶다는 생각에 병가를 내기로 결심하고 병원을 찾게 되었다.

외상후 스트레스 장애의 진단기준(DSM-5)

A. 실제적이거나 위협적인 죽음, 심각한 상해 또는 성폭력을 다음 중 한 가지(또는 그 이상)의 방식으로 경험한다.

   (1) 외상성 사건을 직접 경험함
   (2) 외상성 사건이 다른 사람에게 일어나는 것을 직접 목격함
   (3) 외상성 사건이 가까운 가족이나 친구에게 일어났음을 알게 됨
   (4) 외상성 사건의 혐오스러운 세부내용에 반복적으로 또는 극단적으로 노출됨
      주의: 전자매체, TV, 영화, 사진을 통해 노출되는 것이 아니어야 한다.

B. 외상성 사건과 관련된 침투증상이 다음 중 한 가지(또는 그 이상) 방식으로 나타난다.

   (1) 사건에 대한 반복적이고 자동적이며 침투적인 고통스러운 기억
      주의: 6세 이상 아동의 경우 외상의 주제나 특징이 반복적 놀이로 표출될 수 있음
   (2) 사건에 대한 반복적이고 고통스러운 꿈
      주의: 아동의 경우에는 내용이 인지되지 않는 무서운 꿈
   (3) 외상성 사건이 실제로 일어난 것처럼 느끼고 행동하는 해리반응(예: 플래시백)
      주의: 아동에게는 놀이로 외상 특유의 재현이 나타날 수 있음
   (4) 외상성 사건과 유사하거나 상징적인 내적 또는 외적 단서에 노출되었을 때 극심한 심리적 고통의 경험
   (5) 외상성 사건과 유사하거나 상징적인 내적 또는 외적 단서에 노출되었을 때 심각한 생리적 반응

C. 외상과 연관되는 자극의 지속적 회피가 다음 중 한 가지 이상의 방식으로 나타난다. 이러한 변화는 외상성 사건이 일어난 후에 시작된다.

   (1) 외상성 사건과 밀접히 관련된 고통스러운 기억, 생각, 감정을 회피하거나 회피하려는 노력
   (2) 외상성 사건과 밀접히 관련된 고통스러운 기억, 생각, 감정을 유발하는 외적인 단서들(사람, 장소, 대화, 활동, 대상, 상황)을 회피하거나 회피하려는 노력

D. 외상성 사건에 대한 인지와 감정의 부정적 변화가 다음 중 두 가지 이상 나타난다. 이러한 변화는 외상성 사건이 일어난 후에 시작되거나 악화될 수 있다.

   (1) 외상성 사건의 중요한 측면을 기억하지 못함
   (2) 자신, 타인, 세상에 대한 과장된 부정적 신념이나 기대를 지속적으로 지님

(3) 외상성 사건의 원인이나 결과에 대한 왜곡된 인지를 지니며, 이로 인해 자신이나 타인을 책망함

(4) 부정적인 정서 상태(예: 공포, 분노, 죄책감이나 수치심)를 지속적으로 나타냄

(5) 중요한 활동에 대한 관심이나 참여가 현저하게 감소함

(6) 다른 사람에 대해서 거리감이나 소외감을 느낌

(7) 긍정적인 정서(예: 행복감, 만족, 사랑의 감정)를 지속적으로 느끼지 못함

E. 외상성 사건과 관련하여 각성과 반응의 현저한 변화가 다음 중 두 가지 이상 나타난다. 이러한 변화는 외상성 사건이 일어난 후에 시작되거나 악화될 수 있다.

(1) (자극이 없는 상태이거나 사소한 자극에도) 사람이나 대상에게 언어적 · 신체적 공격이 표현되는 등 짜증스러운 행동이나 분노

(2) 무모하거나 자기파괴적인 행동

(3) 지나친 경계

(4) 과도한 놀람반응

(5) 집중의 어려움

(6) 수면장해(예: 잠들기 어려움 또는 잠을 계속 자기 어려움)

F. 장해(진단기준 B, C, D, E)의 기간이 1개월 이상이다.

G. 이러한 장해가 사회적, 직업적 또는 다른 중요한 기능영역에서 임상적으로 심각한 고통이나 손상을 초래한다.

H. 이러한 장해는 약물(예: 남용약물 또는 투약)이나 다른 의학적 상태에 의한 것이 아니어야 한다.

위의 내용은 청소년과 성인에게 적용되는 진단기준이며, 아동의 경우에는 다소 다른 진단기준이 적용된다.

외상후 스트레스 장애(Posttraumatic Stress Disorder)는 여러 가지 다양한 외상성 사건을 경험하고 난 후에 나타나는, 장기간 지속되는 심각한 불안장애다. 이 진단에서 말하고 있는 외상성 사건(traumatic event)이란 거의 대부분의 사람에게 치명적으로 심한 정서적 스트레스 사건이 되는 것으로, 자신 또는 타인에게 죽음이나 심각한 상해를 주거나 신체적 안녕에 위협을 주는 사건들을 경험하거나 목격, 가족이나 친구에게 외상사건이 일어났음을 알게 되거나 외상사건의 혐오스러운 내용에 반복

적으로 노출되는 것을 말한다. 이때 이것을 경험한 사람은 극심한 공포, 무력감, 고통을 겪게 된다. 전쟁, 신체적 공격(특히 강간), 심한 사고(자동차 사고, 화재 등), 자연재해(홍수, 지진 등), 사랑하는 사람들의 죽음 같은 것이 이에 해당된다.

외상후 스트레스 장애는 비교적 최근에야 진단적 분류를 받은 장애다. 베트남전에 참전했던 많은 미군이 전후 여러 가지 심리적 증상을 나타냈는데, 그것은 매우 심각할 뿐만 아니라 만성적인 양상을 보였고, 그 때문에 여러 생활기능이 붕괴되는 것이 알려지면서 일반인과 전문가의 주목을 끌게 되었다. 심각한 스트레스 사건으로 인간이 심리적으로 얼마나 황폐화될 수 있는지는 이미 제2차 세계대전에 참전했던 퇴역 군인들의 다양한 부적응 문제와 나치 학살에서 생존한 유대인들의 경우에도 분명하게 나타난다. 최근에는 다양한 외상성 스트레스로 인해 이전에 알려진 것보다 많은 수의 사람이 이 고통을 당하고 있다는 것이 인식되기 시작하였다. 특히 근친상간, 성적 학대 그리고 강간같이 극히 직접적인 신체적·심리적 외상이 개인에게 얼마나 파괴적인 결과를 가져오는지가 보고되기 시작하였다.

외상성 사건 이후에 대체로 네 그룹으로 묶일 수 있는 증상들이 발전하게 된다. 첫째는 외상후 스트레스 장애의 특징적인 증상으로서 기억이나 꿈으로 그 사건을 지속적으로 재경험하게 되는 것이다. 사건과 관련된 이미지, 사고, 지각적 요소들이 자꾸 머릿속에 떠오르거나 악몽으로 재현된다. 어떤 경우, 그때로 다시 돌아가 사건이 일어나고 있는 것처럼 그 일을 다시 경험하기도 한다.

둘째, 외상성 사건을 경험한 이들은 사건을 생각나게 하는 어떤 것도 피하려고 한다. 사건을 생각나게 하는 장소, 사람, 활동 그리고 그에 대한 대화 등을 피한다. 외상의 중요한 부분이 회상되지 않기도 한다. 또한 이들은 감정반응이 매우 위축되거나 마비된 것 같은 무반응을 나타낸다. 이전에 즐겼던 활동뿐 아니라 모든 외부 환경에 대해 흥미와 관심이 현저히 줄어들며, 사랑의 감정이나 성에 대한 관심도 사라진다. 심지어는 사람들에게서 유리된 느낌(이인증)을 갖는다. 이러한 감정의 위축, 마비현상은 회피행동의 일부로 추정된다. 즉, 강한 감정은 사건의 기억을 되살릴 수 있기 때문에 무의식적으로 감정 자체를 회피하려고 노력하고 있는 것일 수 있다.

셋째, 인지와 기분의 부정적 변화가 나타난다. 외상성 사건의 중요한 측면을 기억하지 못하고, 자신·타인·세상에 대한 부정적인 신념(예: '나는 나쁜 사람이야.' '믿을 사람은 아무도 없어.' '세상은 완전히 위험해.')을 지닌다. 또한 외상성 사건의 원인이나 결과에 대한 왜곡된 인지를 지니며 자신이나 타인을 책망하고, 행복·사랑과 같은 긍정적인 정서는 느끼지 못하면서 공포, 분노, 죄책감이나 수치심과 같은 부정적 정서 상태를 지속적으로 나타낸다.

마지막으로, 이들은 만성적으로 지나친 각성 상태에 있다. 지나치게 잘 놀라고, 쉽게 화를 터뜨리며, 주변에 대해 과도한 경계심을 보인다. 수면의 어려움이나 주의 집중의 어려움도 관련되어 나타난다.

부가적으로, 그런 외상성 사건 이후에 자신만 살아남았다는 고통스러운 죄의식 감정을 이야기하기도 한다. 또한 언급된 여러 가지 회피행동 때문에 대인관계가 붕괴되고 부부갈등, 이혼, 실직이 초래되기도 한다.

위협적 사건의 심각도, 일어난 기간, 개인에게의 근접성이 이 장애가 나타날 가능성에 중요한 영향을 미친다. 사회적 지지, 가족력, 아동기의 경험, 성격장애, 이미 가지고 있었던 정신장애도 발생에 영향을 준다. 그러나 사건이 특히 극심한 경우에는 아무런 소인이 없더라도 발생할 수 있다.

6세 이하 아동의 외상후 스트레스 장애는 성인과 다소 다른 특징을 나타낸다. 아동과 성인 사이에는 인지적·정서적 차이가 존재하기 때문이다. 아동은 성인과 달리 외상을 모두 잊어버릴 수 없고, 성인들이 현실을 회피하거나 부인할 수 있는 데 반해 아동은 현실을 부인하지 않는다. 아동은 외상사건에 대한 반복적이고 침투적인 고통스러운 회상이 필수적이지 않고, 놀이를 통해 외상의 경험을 재현하기도 한다. 공포증, 분리의 어려움, 매달리는 의존적 반응 또한 흔히 나타나는 반응이다. 시간의 왜곡은 아동들에게서 더 일반적이고 극적으로 나타나며 미래에 대한 단축된 시각을 보이는 것도 특징이다. 아동은 외상사건에 관한 꿈을 꾸기도 하지만, 괴물이 나타나거나 남을 구출하거나 자신이나 타인이 위협받는 등의 악몽을 꾸기도 한다.

증상들은 보통 사건이 발생된 후 3개월 이내에 일어나지만, 몇 개월 또는 몇 년 후에야 나타나는 수도 있다. 이 장애의 거의 50%는 3개월 안에 완전히 회복되지만, 어떤 경우에는 1년 이상 증상이 지속되기도 한다. 이 장애는 아동기를 포함하여 어떤 연령대에서도 발생 가능하다.

외상성 사건 이후 한 달 정도만 증상이 지속될 때, 즉 3일 이상, 1개월 이내에 증상이 나타나고 1개월 이내에 해소되는 경우에는 급성 스트레스 장애(Acute Stress Disorder)로 진단한다. 이는 외상후 스트레스 장애와 매우 유사한 증상을 나타내지만, 증상의 지속기간에서 구분될 수 있다. 증상이 1개월 이상 지속된다면 외상후 스트레스 장애로 진단 내리는 것을 고려해야 한다.

2) 원인

외상후 스트레스 장애는 외상적 경험이라는 직접적인 발병요인이 존재하는 장애다. 그러나 그렇다고 해서 외상적 경험을 한 사람이 반드시 외상후 스트레스 장애를 발전시키는 것은 아니다. 또한 외상적 경험의 심각성에 비례해서 불안증상이 심해지는 것도 아니다. 즉, 같은 외상적 사건을 경험했더라도 이후 비교적 잘 적응하는 사람이 있는가 하면, 외상후 스트레스 장애로 심하게 고통받는 사람이 있다는 것이다.

사실상 여러 요인이 이런 관계를 복잡하게 만든다. 한 조사(Perry, Difede, & Musngi, 1992)에서 화상을 입은 화재 피해자들을 대상으로 외상후 스트레스 장애의 발병 여부를 알아보았다. 그 결과 외상후 스트레스 장애를 예언한 요인은 오히려 보다 적은 정도의 화상, 낮게 지각된 정서적 지지, 보다 심한 정서적 문제들이었다. 화상의 정도가 보다 심각하고 확대되어 나타난 것은 외상후 스트레스 장애 증상을 예언하지 못했다. 이런 연구들을 볼 때 외상후 스트레스 장애가 발전하는 데는 개인적인 변인들이 상당히 중요한 영향을 미친다는 것을 알 수 있다.

그러나 포이 등(Foy et al., 1987)의 연구에서는 베트남전에 참전했던 군인들이 전투에 얼마나 심하게 노출되었는지 여부가 발병에 영향을 미쳤다고 한다. 전투에의 노출과 외상이 심각하면 외상후 스트레스 장애를 발전시키는 비율이 높았고, 덜 심각하면 증상을 나타내는 사람의 비율이 훨씬 낮아졌다.

그러나 같은 심한 외상을 경험하였지만 적지 않은 일부의 사람은 증상을 발전시키지 않았다는 사실도 주목할 필요가 있다. 예를 들면, 한 연구에서는 오랜 고문과 박탈 상태를 겪은 전쟁포로들 중 67%는 외상후 스트레스 장애를 발병시켰지만 나머지 33%는 그렇지 않은 것으로 나타났다(Foy et al., 1987). 또 다른 연구에서는 전투 동안 죽을지 모른다는 가능성보다는 전투 시 인간의 잔인함과 잔악성에 노출된 정도가 증상의 발전과 심각성을 예언하는 것으로 나타났다(Yehuda, Southwick, & Giller, 1992).

현재까지 논의되고 있는 외상후 스트레스 장애 발생의 중요한 요인들을 살펴보면 다음과 같다.

(1) 개인적 요인

데이비슨과 포아(Davidson & Foa, 1991)는 외상후 스트레스 장애의 유발에 영향을 미치는 개인적 요인으로 정신장애에 대한 유전적 또는 체질적 취약성, 아동기의 외상적 경험, 의존성이나 정서적 불안정성과 같은 성격특성, 통제소재(locus of control)의 외부성(자신의 운명이 외부의 요인에 따라 결정된다고 생각하는 것)을 외상적 사건을 경험하기 이전에 개인이 가지고 있던 요인으로 보았다. 외상적 사건을 경험하고 난 뒤에는 사회적 지지체계의 부족, 최근 생활에서의 스트레스나 변화, 최근의 심한 음주와 같은 요인이 외상후 스트레스 장애의 발병에 영향을 미치는 것으로 보았다.

즉, 이들은 가족 중 불안장애를 가진 사람이 있으면 외상후 스트레스 장애를 발병시킬 가능성이 훨씬 높다는 것을 발견했는데, 이것은 생물학적 취약성을 가져오는 유전적인 기여가 장애의 발병에 중요한 역할을 한다는 것을 시사한다.

또한 어렸을 때의 경험을 기초로 세상의 일들을 예측할 수 없다거나 통제할 수 없다는 생각을 갖게 되는 것, 의존성이나 정서적으로 불안정한 성격특성과 같은 개인의 심리적 취약성도 영향을 미친다.

그러나 전쟁포로와 같은 경우 전부는 아니지만 대다수의 포로가 외상후 스트레스 장애를 발병시킨 것을 볼 때, 앞서 언급된 바와 같이 높은 수준의 외상에서는 개인의 취약성 정도가 크게 상관이 없는 것으로 보인다. 반면 외상의 정도가 낮은 경우에는 개인적 취약성이 발병 여부에 중요한 요인이 된다.

(2) 사회적 요인

주위에 강한 사회적 지지 그룹을 갖게 되면 외상을 겪고 난 후에도 외상후 스트레스 장애가 발병할 가능성이 훨씬 줄어든다는 것은 여러 연구에서 일관되게 밝혀져 있다(Carroll, Rueger, Foy, & Donahde, 1985). 폭넓은 사회적 지지망은 외상후 스트레스 장애가 발병하는 것에 대한 완충효과를 가져오는 것으로 보인다.

(3) 생물학적 요인

사우스윅 등(Southwick et al., 2005)은 뇌간의 청반(locus coeruleus)에서 시작되는 외상후 스트레스 장애의 뇌 회로를 발견했는데, 이것은 공황발작에 관여된 뇌 회로와 아주 유사하다. 이와 같은 결과로 추론되는 것은 공황장애와 외상후 스트레스 장애에서 일어나는 경계반응이 우리가 생각하는 것보다 훨씬 비슷할 것이라는 것이다. 다른 점은 공황장애에서는 오경계반응이지만, 외상후 스트레스 장애에서는 처음 경계반응이 실제 위험이 존재하는 상태에서 일어난 진짜라는 것이다.

3) 치료

외상적 경험에 재노출되는 것은 외상후 스트레스 장애의 치료에 매우 중요한 부분이 된다. 왜냐하면 환자가 외상적 상황에 자신을 노출시킬 수 있어야만 외상에 직면할 수가 있고, 그렇게 직면해야만 그 외상을 견뎌 낼 수 있는 효과적인 대처기법을 개발시킬 수가 있기 때문이다. 그러나 외상후 스트레스 장애의 경우 공포증에서처럼 공포 상황을 재연하는 것은 거의 불가능하기 때문에, 보통 상상에 의한 노출기법을 사용한다. 상상적 노출에서는 환자가 외상과 관련되어 있는 여러 가지 맥락의 상황들과 정서를 체계적인 방법으로 재경험하게 된다. 이때 어려운 점은 외상후 스트레스 장애 환자들이 종종 외상적 사건의 기억이나 심상들을 억압한다는 것이다. 이들은 무의식적으로 외상을 다시 체험하지 않으려고 회피한다. 반면 때로는 치료 시 외상과 관련된 기억들이 갑작스럽게 쏟아져 나와 환자가 외상적 경험을 극적으로 재경험하면서 공황에 빠지거나 해리되는 경우도 있다. 이런 상황에서도 당황하지 말고 치료자가 적절히 다루어 주면 치료적 효과를 볼 수 있다.

현재 외상후 스트레스 장애에 가장 효과적이라고 알려져 있는 치료는 이와 같은 기법 등을 활용한 포아와 리그스(Foa & Riggs, 1993)의 지속노출치료(prolonged exposure therapy)다. 이는 외상적 사건에 대한 기억을 단계적으로 떠올리면서 그와 연관된 불안을 감소시키는 데 초점을 맞추고 있다. 불안이 감소될 때까지 외상적 기억에 반복적으로 노출시키며, 이와 관련된 감정을 충분히 경험하고, 파편화된 기억을 재구성할 수 있게 돕는다. 더불어 실제 상황에 대한 점진적 노출을 병행하면서 결과적으로 외상적 사건의 영향에서 벗어날 수 있게 한다.

4. 급성 스트레스 장애

1) 임상적 특징

급성 스트레스 장애(Acute Stress Disorder)는 외상사건을 직접 경험했거나 목격하고 난 직후에 나타나는 부적응 증상들이 3일 이상 1개월 이내의 단기간 동안 지속되는 경우다. 대부분 4주 이내에 사라진다는 점에서 외상후 스트레스 장애와 구분된다.

급성 스트레스 장애는 외상사건을 겪은 직후에 다양한 증상을 나타낸다. ① 외상사건의 반복적 기억, 고통스러운 꿈, 플래시백과 같은 해리 반응, 외상사건과 관련된 단서에 대한 강렬한 반응 등의 침투증상, ② 긍정적 기분을 잘 느끼지 못하는 것, 자신의 주변 세계나 자신에 대한 변형된 인식, 외상사건의 중요한 측면에 대한 기억불능 등의 해리증상, ③ 외상과 관련된 기억이나 감정에 대한 회피, 외상과 관련된 단서들에 대한 회피와 같은 회피증상, ④ 수면장해, 짜증이나 분노폭발, 과잉경계, 집중곤란, 과장된 놀람반응 등의 각성증상을 나타낸다.

충격적인 외상을 경험하면 누구나 혼란스러운 부적응 증상을 일시적으로 나타낼

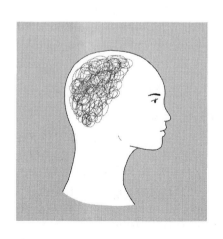

수 있다. 그러나 이러한 부적응 증상이 3일 이상 지속되면 일단 급성 스트레스 장애로 진단된다. 만약 이 증상들이 한 달 이상 지속된다면 급성 스트레스 장애가 아니라 외상후 스트레스 장애의 진단이 명시될 것이다.

심각한 외상성 자극에 노출된 인구에 있어서 급성 스트레스 장애의 유병률은 외상의 심각성과 지속성 그리고 자극에 노출된 정도에 달려 있다.

급성 스트레스 장애의 진단기준(DSM-5)

A. 실제적이거나 위협적인 죽음, 심각한 부상, 또는 성폭력에의 노출이 다음과 같은 방식 가운데 한 가지(또는 그 이상)에서 나타난다.

> (1) 외상성 사건(들)에 대한 직접적인 경험
>
> (2) 그 사건(들)이 다른 사람들에게 일어난 것을 생생하게 목격함
>
> (3) 외상성 사건(들)이 가족, 가까운 친척 또는 친한 친구에게 일어난 것을 알게 됨
>
> 　　주의: 가족, 친척 또는 친구에게 생긴 실제적이거나 위협적인 죽음의 경우에는 그 사건(들)이 폭력적이거나 돌발적으로 발생한 것이어야만 한다.
>
> (4) 외상성 사건(들)의 혐오스러운 세부 사항에 대한 반복적이거나 지나친 노출의 경험
>
> 　　(예: 변사체 처리의 최초 대처자, 아동 학대의 세부 사항에 반복적으로 노출된 경찰관)
>
> 　　주의: 진단기준 A의 (4)는 노출이 일과 관계된 것이 아닌 한, 전자미디어, 텔레비전, 영화 또는 사진을 통해 노출된 경우는 적용되지 않는다.

B. 외상성 사건이 일어난 후에 시작되거나 악화된 침습, 부정적 기분, 해리, 회피와 각성의 5개의 범주 중에서 어디서라도 다음 증상 중 9가지(또는 그 이상)에서 존재한다.

침습 증상

> (1) 외상성 사건(들)의 반복적, 불수의적이고, 침습적인 고통스러운 기억
>
> 　　주의: 아동에서는 외상성 사건(들)의 주제 또는 양상이 표현되는 반복적인 놀이가 나타날 수 있다.
>
> (2) 꿈의 내용과 정동이 외상성 사건(들)과 관련되는 반복적으로 나타나는 고통스러운 꿈
>
> 　　주의: 아동에서는 내용을 알 수 없는 악몽으로 나타나기도 한다.
>
> (3) 외상성 사건(들)이 재생되는 것처럼 그 개인이 느끼고 행동하게 되는 해리성 반응(예: 플래시백)(그러한 반응은 연속선상에서 나타나며, 가장 극한 표현은 현재 주변 상황에 대한 인식의 완전한 소실일 수 있음)
>
> 　　주의: 아동에서는 외상의 특정한 재현이 놀이로 나타날 수 있다.
>
> (4) 외상성 사건(들)을 상징하거나 닮은 내부 또는 외부의 단서에 노출되었을 때 나타나는 극심하거나 장기적인 심리적 고통 또는 현저한 생리적 반응

부정적 기분

> (5) 긍정적 감정을 경험할 수 없는 지속적인 무능력(예: 행복, 만족 또는 사랑의 느낌을 경험할 수 없는 무능력)

해리 증상

> (6) 주위 환경 또는 자기 자신에의 현실에 대한 변화된 감각(예: 스스로를 다른 사람의 시각

에서 관찰, 혼란스러운 상태에 있는 것, 시간이 느리게 가는 것)

(7) 외상성 사건(들)의 중요한 부분을 기억하는 데의 장애(두부 외상, 알코올 또는 약물 등의 이유가 아니며 전형적으로 해리성 기억상실에 기인)

회피 증상

(8) 외상성 사건(들)에 대한 또는 밀접한 관련이 있는 고통스러운 기억, 생각 또는 감정을 회피하려는 노력

(9) 외상성 사건(들)에 대한 또는 밀접한 관련이 있는 고통스러운 기억, 생각 또는 감정을 불러일으키는 외부적 암시(사람, 장소, 대화, 행동, 사물, 상황)를 회피하려는 노력

각성 증상

(10) 수면 교란(예: 수면을 취하거나 유지하는 데 어려움 또는 불안한 수면)

(11) 전형적으로 사람 또는 사물에 대한 언어적 또는 신체적 공격성으로 표현되는 민감한 행동과 분노폭발(자극이 거의 없거나 아예 없이)

(12) 과각성

(13) 집중력의 문제

(14) 과장된 놀람 반응

C. 장애(진단기준 B의 증상)의 기간은 외상 노출 후 3일에서 1개월까지다.

　주의: 증상은 전형적으로 외상 후 즉시 시작하지만, 장애 기준을 만족하려면 최소 3일에서 1개월까지 증상이 지속되어야 한다.

D. 장애가 사회적, 직업적, 또는 다른 중요한 기능 영역에서 임상적으로 현저한 고통이나 손상을 초래한다.

E. 장애가 물질(예: 치료약물이나 알코올)의 생리적 효과나 다른 의학적 상태(예: 경도 외상성 뇌손상)로 인한 것이 아니며 단기 정신병적 장애로 더 잘 설명되지 않는다.

2) 원인 및 치료

급성 스트레스 장애는 죽음의 위협, 심각한 상해나 폭행, 유괴, 인질, 교통사고, 산업재해나 자연재해와 같은 외상사건을 경험했을 때 나타난다. 간접적으로 사건을 목격한 경우나 타인에 의해 경험한 사건으로 스트레스를 받게 될 수도 있다. 아동의 경우는 위협적이거나 실제적인 폭력이나 상해가 없는 상태에서 발달적으로 부적절한 성적 경험이 문제가 될 수 있다.

외상사건에 노출된 후에 급성 스트레스 장애를 나타내기 쉬운 취약성 요인으로는 과거의 정신장애 병력, 신경증 또는 부적 정서성, 외상사건을 심각하게 지각하는 정도, 회피양식 등이 있다. 사회적인 지지, 가족력, 아동기 경험, 성격특성, 그리고 이미 존재하고 있던 정신장애가 급성 스트레스 장애가 나타나는 데 영향을 미친다는 증거가 있다. 또한 스트레스가 극심하다면 전제되는 조건이 없는 개인에게서도 발생할 수 있다.

급성 스트레스 장애의 경우는 치료를 시작하면 회복이 매우 빠른 편이다. 하지만 정신장애가 나타나거나 원래 가지고 있었던 경우는 만성적으로 이어질 가능성이 높다. 급성 스트레스 장애는 치료하지 않은 채 방치하면 증상이 더욱 악화되면서 더 심각한 외상후 스트레스 장애로 발전할 수 있다. 급성 스트레스 장애의 치료목표는 외상후 스트레스 장애 및 우울장애 등 더 심각한 질환으로 발전하는 것을 조기에 차단하는 것이다. 치료는 사고 후 몇 주 안에 시작해야 하며, 인지치료 및 행동치료, 최면치료, 집단치료, 약물치료, 신경차단 치료요법 등의 방법으로 치료한다. 필요한 경우 단기간에 걸쳐 입원치료를 하기도 한다. 노출과 인지적 재구성을 중심으로 한 인지행동치료가 증상을 완화시킬 뿐만 아니라 외상후 스트레스 장애로 진행되는 것을 예방하는 데 효과적인 것으로 알려져 있다.

5. 적응장애

1) 임상적 특징

적응장애의 진단기준(DSM-5)

A. 정서적 또는 행동적 증상이 확인 가능한 스트레스에 대한 반응으로 발생되며, 스트레스(들)가 시작된 후 3개월 이내에 나타난다.
B. 증상이나 행동은 다음 두 가지 사항으로 입증되듯이 임상적으로 심각해야 한다.
  (1) 증상에 영향을 미칠 수 있는 환경적 맥락과 문화적 요인을 고려할 때 스트레스의 심각도나 정도에 비해서 현저하게 심한 고통
  (2) 사회적, 직업적 또는 다른 중요한 영역의 기능에서의 심각한 장해

C. 스트레스와 관련되는 장해가 다른 특정한 정신장애의 진단기준에 맞지 않아야 하며 이미 존재하고 있던 정신장애의 악화가 아니어야 한다.
D. 증상이 사별반응으로 나타나는 것이 아니다.
E. 스트레스나 또는 그 영향이 종결하면, 증상은 종결 후 6개월 이상 지속되지 않는다.

적응장애(Adjustment Disorder)는 스트레스 사건을 겪은 후 3개월 이내에 지나치게 강하게 나타나는 정서적·행동적 증상이 생기는 것이다. 이러한 부적응 증상은 환경적 맥락과 문화적 요인을 고려할 때 스트레스 사건의 강도에 비해서 현저하게 심한 것이어야 한다. 또한 스트레스와 관련되는 장해는 다른 정신장애의 진단기준에 해당되지 않아야 하고, 이미 있던 정신장애가 단순히 악화된 것이라면 적응장애로 진단할 수 없다. 그러나 새로운 증상이 다른 정신장애로서 설명할 수 없는 경우에는 적응장애로 진단할 수 있다. 원인이 해소된 후에는 부적응 증상이 6개월 이내에 없어지는데, 만성적 스트레스에 대한 반응이거나 스트레스가 영구적인 영향을 끼치는 경우에는 증상이 장기간 지속되기도 한다.

적응장애를 유발하는 스트레스 사건은 단일 사건일 수도 있고 하나 이상일 수도 있으며 반복적이거나 지속적일 수도 있다. 집단이나 사회 전체에 가해지는 자연재해나 민족적·사회적·종교적 박해 등도 스트레스를 만들어 적응장애를 일으킬 수 있으며 일부 스트레스는 입학, 결혼, 출산, 퇴직과 같은 특정한 발달적 사건에 동반되기도 한다. 성인의 경우 결혼 문제, 이혼, 이사, 경제적 곤란 등이 주요 스트레스 요인이다. 가장 흔히 나타나는 청소년기에는 학교 문제, 부모와의 갈등, 부모 간의 문제와 이혼, 물질남용 등과 같은 스트레스의 요인으로 인해 적응장애가 나타난다고 할 수 있다.

적응장애로 인해 성인에게는 흔히 우울이나 불안 또는 이들이 혼합되어 나타날 수 있고, 사회적·직업적 기능장애가 나타날 수 있다. 성인들은 불만을 표출할 수 있지만 어린아이와 노인들에게서는 신체증상이 흔하게 나타난다. 그러나 모든 연령대에서 다양한 증상이 나타날 수 있다. 간혹 공격적인 행동과 과음, 법적인 책임 회피, 문화파괴 행위 등의 증상을 보이기도 한다. 또한 수면장애나 강박행동이 나오기도 하고, 식욕이 감퇴되거나 증가하기도 하며 친구들이나 가족에게서 멀어지기 쉽다.

적용장애는 흔히 볼 수 있으며, 조사된 인구집단과 측정방법에 따라 유병률은 매우 다양하다. 유병률은 일반 인구의 2~8%로 추정되며, 외래 정신과 치료를 받는 환자의 5~20%가 적응장애로 진단된다. 신체질환으로 입원한 환자에게서 나타나는 가장 흔한 정신과 장애이기도 하다. 성인의 경우 여성이 남성보다 2배 더 많지만 아동 · 청소년의 경우 남녀 유병률은 같다. 전 연령대에서 발생 가능하지만 청소년에게서 가장 흔히 진단되고, 독신 여성이 가장 적응장애 위험도가 높은 것으로 알려져 있다.

2) 원인

적응장애 역시 다른 정신장애처럼 여러 가지 요인이 발병에 관여한다. 스트레스의 심각도 외에도 개인의 취약성, 지지체계, 사회문화적 기준과 가치 등이 스트레스에 대한 반응에 영향을 미칠 수 있다. 스트레스의 심각도는 적응장애의 심각도와 비례하지 않는다. 성격장애나 기질성 정신장애가 있을 때 적응장애가 일어나기 쉽고, 유아 때 부모의 상실이 취약성과 관련된다.

동일한 스트레스 사건에 대해서 개인마다 적응능력은 다르다. 정신분석적으로 볼때 취약점을 많이 갖고 있는 사람은 대단치 않은 스트레스에도 심한 반응을 나타낸다. 이런 취약점 자체도 개인에 따라 다르기 때문에 스트레스에 대한 반응이나 적응장애의 발생 여부도 각기 다양하게 나타난다. 발달과정에서 사람은 스트레스에 반응하는 독특한 방어기제를 갖게 되는데 더 많은 충격과 취약성이 있을수록 다른 사람보다 미성숙한 방어기제를 갖게 된다. 이 경우에 상실, 이혼, 경제적 손실과 같은 어려움으로 스트레스 대응기능이 쉽게 손상될 수 있다. 생후 초기의 어머니 역할과 양육환경도 스트레스에 대한 적응력에 영향을 미치는 것으로 보고되었다.

스트레스 사건에 대한 심리적 반응과 대처방식은 개인의 다양한 특성에 의해서 영향을 받는다. 성격특성, 자존감, 자신감, 문제해결 능력 등의 심리적 특성이 적응장애에 영향을 미칠 수 있다. 또한 스트레스 사건으로 인해 겪게 되는 자신의 역기능이나 어려움에 대한 개인의 인식이 적응장애에 영향을 줄 수 있다. 스트레스에 직면한 개인에게 정서적인 지지와 위안을 보내 주고 상황을 이겨 내도록 현실적인 도움을 주게 되는 사회적 지지 자원이 부족하거나 열악할 경우에도 더 쉽게 적응장애가 초래될 수 있다. 이 외에 유전적 요인도 스트레스 후 증상 발현에 영향을 미치는 것으로 알려져 있다.

3) 치료

적응장애의 치료방법은 심리치료가 우선적이다. 비슷한 경험을 한 사람들끼리 집단치료를 하는 것도 효과적이다. 심리치료에서는 스트레스 사건에 대한 심리적 고통과 충격을 공감하며 적응을 잘할 수 있도록 지지구조를 확립하고 대처행동을 좀 더 효과적으로 변화시키는 것이 목표다. 심리치료를 통하여 스트레스 사건이 내담자에게 어떤 의미를 지니고 있으며, 어린 시절 받았던 외상적 경험과 어떤 관계가 있는가를 이해시켜 주기도 한다. 이와 같은 심리치료의 이론적 근거는 현재의 증상이 어렸을 당시의 적응을 시도했던 방식과 연관성이 있다는 데 있다. 또한 품행 문제를 보이는 적응장애의 경우에는 그들이 일으킨 행동의 결과에 대한 책임감을 느끼게 하고 감정적으로도 성숙할 수 있도록 도와주어야 한다. 입원이나 가족치료가 필요할 수도 있으며, 증상에 따라서 약물이 도움이 되기도 한다. 불안증상이 심할 때는 항불안제를 사용하고 불면증에는 수면제를, 그리고 우울증에는 항우울제를 사용하기도 하는데 가능한 한 단기간 동안만 사용한다.

Abnormal Psychology

제9장

신체증상 및 관련 장애

 몸과 마음은 분리되어 있는 것이 아니라 상호 밀접한 관계에 있는 것임을 잘 보여 줄 수 있는 근거 중 하나로 신체증상 및 관련 장애(Somatic Symptom and Related Disorders)를 들 수 있을 것이다.

 신체증상 및 관련 장애는 신체적인 질환이 있을 것으로 생각되는 증상을 나타내 지만, 의학적으로는 명백한 병리적 소견이나 신체적 이상이 발견되지 않으며, 심리 적 요인이 증상을 야기했다고 판단되는 일련의 정신장애를 말한다.

 그러나 꾀병(malingering)과는 달리, 신체증상 및 관련 장애의 증상은 의도적인 조절로 나타나는 것은 아니다. 또한 이 장애의 환자들은 증상에 실제적인 신체적 원 인이 있을 것이라고 믿는다. 그러나 증상을 통해 심리적이거나 실제적인 이차적 이 득(secondary gain)을 얻으려는 무의식적 동기를 볼 수 있다.

 신체증상 및 관련 장애는 증상이 발현되는 특징에 따라 신체증상장애, 질병불안 장애, 전환장애, 허위성장애로 분류된다.

1. 신체증상장애

1) 임상적 특징

> **신체증상장애의 진단기준(DSM-5)**
>
> A. 한 개 이상의 신체적 증상의 고통을 겪거나 그로 인해 일상생활이 현저하게 방해받는다.
> B. 신체증상에 대한 과도한 생각, 감정 또는 행동을 보이거나 증상과 관련된 과도한 건강염려를 다음 중 하나 이상의 방식으로 나타낸다.
>
> (1) 자신이 지닌 증상의 심각성에 대해서 과도하게 몰두한다.
> (2) 건강이나 증상에 대해서 지속적으로 높은 수준의 불안을 나타낸다.
> (3) 이러한 증상과 건강염려에 대해서 과도한 시간과 에너지를 투여한다.
>
> C. 신체증상에 대한 이러한 걱정과 염려가 6개월 이상 지속된다.

신체증상장애(Somatic Symptom Disorder)를 지닌 사람은 다양한 신체적 증상을 호소한다. 그러나 때로는 한 가지의 심각한 증상을 호소하기도 한다. 이러한 신체증상은 실제로 신체적 질병과 관련될 수도 있고 그렇지 않을 수도 있다. 신체증상장애의 가장 두드러진 특징 중 하나는 신체증상에 대한 과도한 걱정이다. 이러한 장애를 지닌 사람들은 자신의 신체증상을 위협적인 것으로 지각하고, 건강에 관한 최악의 상황을 상상한다. 그와 반대되는 증거를 가지고 있더라도, 자신의 증상이 심각함을 이야기하며 과도하게 염려한다.

신체증상장애는 사회경제적 지위와 교육수준이 낮은 계층에서 흔히 나타

나는 경향이 있다. 또한 어린 시절의 신체적(성적), 정서적 학대의 경험이나 만성적인 질병, 우울, 불안 등의 정신과적 장애와 연관되어 있다고 본다. 신체증상장애를 가지고 있는 사람들의 인지적 요인을 살펴보면, 이들은 일상적으로 경험하는 사소한 신체적 감각에 예민하고, 생활 속에서 스트레스가 있을 때 경험할 수 있는 신체적 현상을 심각한 질병으로 인지하는 경향이 있다.

2) 원인

신체증상장애는 진단기준이 DSM-5에서 처음 제안되었기 때문에 임상적 연구가 거의 없다. 진단기준은 다소 다르지만 증상이 비슷한 DSM-Ⅳ의 신체화장애에 관한 연구문헌에 근거하여 원인과 치료를 살펴보기로 한다.

건강염려증 환자에서처럼 신체화장애 환자들은 성장기에 가족 구성원이 병을 앓거나 상해를 입은 것을 보고 아프다는 것이 의미하는 것, 즉 관심을 얻을 수 있고 어려운 책임을 회피하는 것 같은 이득을 얻을 수 있다는 것을 알게 된다.

연구에서는 이 장애가 가계를 따라 전이되며, 유전적 기초를 가지고 있다는 증거가 제시되었다(Guze, Cloninger, Martin, & Clayton, 1986; Katon, 1993). 아울러 새로운 사실이 발견되었는데, 이 장애가 가계 연구와 유전 연구에서 반사회성 성격장애와 강한 연관이 있다는 것이다.

연구에 의하면, 신체화장애 환자의 직계가족 중 남자들이 반사회성 성격장애와 약물남용 문제를 가지고 있는 경향이 높다. 따라서 두 장애가 어떤 유전적 요소를 같이 가지고 있을 가능성이 있다. 반사회성 성격장애의 전형적인 행동특징에는 절도, 상습적 거짓말, 공공기물 파괴, 재정 문제와 직장에서의 무책임한 행동, 공공연한 신체적 공격 등이 있다. 이들은 자신의 공격적인 행동과 범죄행동이 가져오는 결과에 대해 신경쓰지 않고 충동적으로 행동하며, 그에 따른 불안감이나 죄책감도 거의 느끼지 못한다. 반사회성 성격장애는 주로 남자에게서 일어나고, 신체화장애는 보통 여자에게서 일어난다. 그러나 이들은 공통된 특징들을 가지고 있는데, 둘 다 발병시기가 이르고, 보통 만성적으로 진행되며, 사회·경제적으로 낮은 계층에서 주로 나타난다. 또한 치료되기가 어렵고, 특히 결혼생활의 불화, 약물과 알코올 남용, 자살시도의 문제를 자주 드러낸다(Cloninger, 1978; Goodwin & Guze, 1984;

Lilienfeld, 1992).

신체화장애와 반사회성 성격장애가 왜 이런 유사한 특징을 가지고 있는지에 대해 명확한 답은 아직 밝혀지지 않았다. 하지만 현재 통합적인 생물심리사회적 설명이 이 질문에 대한 이론적 모델을 제시하고 있다. 연구자들은 반사회성 성격장애와 신체화장애 모두가 행동억제체계(behavioral inhibition system: BIS)가 취약한 것이라고 가정한다(Cloninger, 1978; Gray, 1982, 1985).

행동억제체계는 위협이나 위험에 대해 감지하여 이런 위험이 가까이 접근해 있다는 것을 암시하는 신호를 알아차리고 상황을 피하게 해 주는 체계다. 반면 또 다른 체계는 행동활성화 체계(behavioral activation system: BAS)인데, 이는 충동성, 자극추구, 흥분성에 관련된 특성들을 관장하는 체계다. 반사회성 성격장애와 신체화장애는 이러한 행동활성화 체계를 제대로 통제하지 못하는 약한 행동억제체계를 가지고 있다고 추정된다. 반사회성 성격장애 환자는 위협이나 위험의 신호를 만날 때 보통 사람들이 느끼게 되는 불안을 잘 느끼지 못한다는 것이다. 대신 결과는 생각하지 않고 일시적으로 주어지는 보상에 더 잘 반응하며(충동성), 결국 법적 처벌 같은 부정적인 결과를 가져오게 된다. 이러한 충동성은 반사회성 성격장애의 전형적인 특징이다. 신체화장애의 경우에도 비슷한 특성이 나타나는데, 여러 가지 신체적 증상을 호소함으로써 일시적으로는 동정과 관심을 받게 되지만, 결국엔 사회적으로 소외되는 결과를 초래한다.

신체화장애와 반사회성 성격장애를 가진 사람들이 기저에 같은 신경생리학적 취약성을 가지고 있으면서도 행동은 다르게 표현되는 이유에는 사회적, 문화적 요소들이 강한 영향을 끼치는 것으로 보인다. 공격성은 남성과 강한 연관성을 나타내는 성격특성인 반면, 의존성과 낮은 공격성은 여성과 강한 연관이 있는 성격특성이다. 따라서 공격성과 반사회성 성격장애는 남성에게서, 의존성과 신체화장애는 여성에게서 강한 관련성을 갖고 나타나는 것으로 보인다.

3) 치료

신체화장애는 치료되기가 극히 어려우며, 아직까지 치료효과가 있다고 증명된 방법은 없다. 치료의 목적은 증상을 낫게 하는 것보다는 증상을 다루면서 살 수 있는 방법을 알려 주고 도와주는 것이 바람직하다. 여러 연구에서 집단치료가 유용함이 제시되고 있다(Abbey & Lipowski, 1987; Ford & Long, 1977; Johnson, Sheney, & Langer, 1981; Roskin, Mehr, Robiner, & Rosenberg, 1981). 집단치료는 여러 가지 방법을 조합한 형태로 구성되며, 각 치료에 따라 지지적 치료, 문제해결 기술, 대인 관계 향상시키기, 직업적 재활, 물리요법, 이완훈련 등을 강조한다.

치료자는 환자가 자신의 신체증상을 매개로 하여 얻게 되는 강화적 이득을 줄여 나가고 도움을 구하러 다니는 행동도 줄이도록 도와야 한다. 즉, 이들 환자가 새로 운 증상이 생길 때마다 여러 병원을 찾지 못하도록 한 명의 의사가 일차적 관리자로 환자를 전담하여 이들의 모든 신체적 호소를 처리해야 하며, 환자가 추후 다른 전문 의사를 방문하고자 할 때는 반드시 처음에 찾아간 의사의 허가를 받도록 한다.

몇몇 연구(Smith, 1991; Smith, Monson, & Ray, 1986)에서 대인관계의 향상, 도 움 구하는 행동의 통제 등의 방법이 환자들의 정신적, 신체적 건강을 향상시키지는 않았으나 도움 구하는 행동은 상당히 감소시킨 것으로 나타났다.

2. 질병불안장애

1) 임상적 특징

회사원인 I씨는 47세 남자로 신경과에서 정신과적 평가를 위해 의뢰되었다. I씨 는 "의사들이 나의 증상에 제대로 주의를 기울이지 않고, 모르니까 정신과적 문제 로 치부해 버린다."며 자신이 정신과에 오게 된 것에 대해 상당히 분개하는 모습을 보였다.

I씨는 10여 년 전부터 지속적인 두통과 피로감, 허리의 통증 등으로 고생해 왔다. 약을 먹으면 조금 낫는 듯하다가는 이내 다시 재발하여 여러 병원의 내과, 정형외 과 등을 찾아가 다양한 검사를 받았으나 모두 특별한 이상이 없다는 소리를 들었다. 3년 전에는 한 병원에서 간염이 의심된다고 하여 그 병원에 꾸준하게 다녔으나 재검 사에서 별 이상이 없다는 결과가 나왔다. 그러나 그 결과를 믿을 수가 없어 다른 병 원에서 다시 검사를 받았는데 역시 이상이 없다는 결과를 얻었다. 그러나 계속적으

로 피로하고 얼굴도 노래지는 것 같고 하여 아무래도 간에 이상이 있을 것이라는 생각을 떨쳐 버릴 수가 없었다. 근래에는 특히 두통이 심해져서 혹시 머리에 이상이 생긴 것은 아닐까 해서 신경과를 찾았는데, 여러 가지 검사를 하면서 정신과적 검사도 받아 보라고 해서 오고 싶지는 않았지만 오게 되었다고 하였다.

　I씨는 면담자에게 "다들 이상이 없다고 하지만 나는 계속해서 이렇게 고통스럽다. 의사들이 제대로 모르는 것 아니냐?"고 따지듯이 물었고, 또 한참을 우리나라 의사들의 권위적 태도와 병원체계의 문제점에 대해 비판하기도 하였다.

　그는 8남매의 맏아들로서 가난한 집안 형편 때문에 고학으로 학교를 마쳐야 했고, 계속하여 동생들을 돌보아야 했다. 현재 중견기업에서 회사 재정과 관련된 일을 맡고 있는데, 확실한 일처리로 회사에서 인정을 받는 편이나 몸이 아픈 증상 때문에 100% 능력을 발휘하지 못하고 있다고 했다.

질병불안장애의 진단기준(DSM-5)

A. 심각한 질병을 지녔다는 생각에 과도하게 집착한다.

B. 신체적 증상이 존재하지 않거나, 존재한다 하더라도 그 강도가 경미해야 한다. 다른 질병을 지니고 있는 경우에도 이러한 질병집착은 명백히 과도한 것이어야 한다.

C. 건강에 대한 불안수준이 높으며 개인적 건강 상태에 대해서 매우 예민하다.

D. 과도한 건강 관련 행동(예: 질병의 증거를 찾기 위한 반복적인 검사)이나 부적응적 회피행동(예: 의사와의 면담약속을 회피함)을 나타낸다.

E. 이러한 질병집착은 적어도 6개월 이상 지속되어야 하며, 두려워하는 질병이 이 기간 동안에 바뀔 수 있다.

F. 질병불안장애는 신체증상장애, 공황장애, 범불안장애, 신체변형장애, 강박장애 또는 망상장애의 신체형으로 더 잘 설명되지 않는다.

질병불안장애는 의학적 진료를 추구하는 유형과 회피하는 유형으로 세분될 수 있다.

질병불안장애(Illness Anxiety Disorder)는 DSM-IV에서는 건강염려증(hypocho-driasis)으로 불리었다. 질병불안장애 환자들은 자신의 신체증상이나 신체감각에 대해 비현실적이거나 부정확한 해석을 내리고는 자신이 심각한 질병에 걸려 있을지 모른다는 두려움을 가진다. 사소한 신체증상에 매우 집착하는데, 예를 들어 호흡이 가빠지면 심장마비를, 두통이 생기면 뇌종양을 의심하며 불안해한다. 항상 자신이 병에 걸렸을까 두려워하여 여러 병원을 찾아다니지만(의사 쇼핑), 아무런 의학적 근거도 발견하지 못한다. 그런데도 이들은 건강에 대한 불안을 떨쳐 버리지 못하고 항상 병을 갖고 있을지 모른다는 걱정에 얽매여 심리적으로 매우 고통스럽게 지내고, 개인적인 생활이나 사회적·직업적 영역에서도 제 기능을 하지 못한다.

자신의 증상에 신체적인 원인이 있을 것이라고 믿고 있기 때문에 정신과적인 진료를 받아 볼 것을 권하면 불쾌해하는 경우가 많다. 또한 자신이 적절한 치료를 받지 못하고 있다는 불평을 하며, 그 자체로 위험이 뒤따르고 비용도 많이 드는 진단과정을 반복함으로써 부작용을 겪을 수도 있다. 그러나 그럴 만한 신체적 원인이 발견되지 않았다거나 증상이 그렇게 심각한 것은 아니라고 말하여 안심시켜 주면 오히려 증상이 더 심해지는 경향도 보인다. 이와는 반대로, 증상을 가볍게 보지 않고 지속적으로 의학적 평가를 해 보겠다고 하는 말에 증상이 안정되거나 완화되기도 한다.

질병불안장애 환자들은 매우 다양한 신체증상을 나타낸다. 전형적으로는 심장박동이나 발한, 내장운동과 같은 정상적 신체기능이나 감기 같은 아주 사소한 신체적 이상을 과잉 지각한 것이다. 모호한 피로감이나 불편감을 호소하기도 한다.

이러한 증상은 적어도 6개월은 지속되어야 한다. 이는 중요한 사람의 사망이나 질병, 실제로 앓았던 질병과 같은 외부 스트레스에 대한 반응으로 일시적인 증상을 나타나는 경우도 있기 때문이다.

이 장애는 남성과 여성에게서 비슷한 비율로 발생한다. 어떤 연령에서도 발병될 수 있으나, 흔히는 초기 성인기에 발병된다. 경과는 대개 만성적이며, 증상의 완화나 악화가 반복되지만 때로는 완전히 회복되기도 한다. 급성 발병이거나 일반적인 의학적 질병이 실제로 있는 경우 성격장애가 없고, 특별한 2차적 이득이 없는 경우에는 예후가 좋을 것으로 기대할 수 있다.

일반 인구에서의 유병률은 알려져 있지 않으나, 일반 내과 병원에서의 유병률은 4~9%로 보고되고 있다.

2) 원인

질병불안장애는 신체증상을 잘못 해석하는 인지적 오류가 핵심이다. 이들은 보통 사람들이 흔히 경험하는 정상적인 신체감각에 대해 지나치게 신경을 쓰고, 사소한 증상에 대해서도 큰 병에 걸린 것처럼 지각한다. 예를 들면, 보통 사람들이 단지 배가 더부룩하다고 느끼는 것을 이들은 배에 통증이 있다고 경험하게 된다.

이렇게 신체감각에 지나치게 예민하며 잘못된 해석을 하는 원인을 살펴보면, 불안장애 환자와 마찬가지로 이들도 기본적으로 스트레스에 대해 과잉반응하는 생물학적 취약성을 유전적 소인으로 가지고 있는 것으로 보인다. 실제로 몇몇 연구(Kellner, 1985)에서는 질병불안장애의 유전적 소인에 의해 가계를 따라 전이된다는 증거가 제시되고 있다.

또한 불안장애처럼 심리적 취약성을 초기 아동기에 발전시켰을 가능성도 있다. 즉, 부정적인 사건은 어떻게 해도 통제할 수 없다는 것을 인생 초기에 배운 결과 이에 대해 항상 경계하면서 살아야 한다는 것을 학습했을 수 있다. 즉, 불안장애에서와 마찬가지로 스트레스 자극에 대해 쉽게 불안반응을 나타내는 취약성을 가지고 있을 것이라고 가정할 수 있다.

한편 질병불안장애 환자들의 불안은 특별히 신체증상과 질병에 초점이 맞춰지는데, 이와 관련해서 아동기의 환경적 요인을 지적할 수 있다. 이들은 가족 중에 질병을 앓는 사람이 있었던 경우가 많았는데, 부모나 다른 가족 구성원이 경험했던 것과 동일한 증상이나 병을 호소하는 경향이 많다. 이런 가정에서는 질병이 중요한 관심거리였을 것이고, 이런 경험으로 병이라는 부정적 자극에 대한 불안 역치가 특히 낮을 것이다. 이와 관련하여 어떤 아동의 경우에는 병을 앓는 사람에게는 특별한 관심이 주어진다는 것을 배우게 되고, 이런 이득을 얻고 싶은 것이 이 증상을 발전시키는 데 역할을 한 것으로 보인다.

환자의 내부적 요인뿐 아니라 외부적 요인도 발병에 기여한다. 질병불안장애는 스트레스 상황에서 일어나는 경향이 많다. 중요한 사람의 사망이나 질병이 스트레스 사건이 될 수 있다.

3) 치료

켈너(Kellner, 1986)의 분석에 따르면, 대부분의 질병불안장애 치료는 질병에 대한 집착이나 불안을 직접적으로 공략한다. 이 치료들은 인지행동적 방법을 적용하거나, 다른 불안장애에 주로 처방되는 약물을 쓰거나, 혹은 단순히 안심시키고 격려해 주는 방법을 사용한다.

약물치료의 경우, 환자가 불안이나 주요우울장애에서 적용되는 약물에 반응할 수 있는 조건을 가지고 있을 때에만 증상이 경감된다고 한다. 환자를 안심시키고 격려하는 방법은 이들이 의사의 말을 믿지 못하고 병원을 전전하는 모습을 보면 별 효과가 없을 것으로 생각될 수 있다. 그러나 임상기록을 관찰해 보면, 이 방법은 생각보다 효과가 있다. 흔히 의사들은 대체로 짧고 간략한 설명을 하는 경우가 많으나, 환자에게 충분한 시간을 할애하여 그가 경험하고 있는 증상의 속성과 생각할 수 있는 원인들에 대해서 충분히 설명해 주었을 때 환자의 불안과 병원 방문이 크게 줄어들었다고 보고되고 있다. 또한 다른 일반 의사들과 달리 정신과 의사나 심리학자 등 정신건강 전문가들이 보다 효과적인 방법으로 증상의 의미를 다루는 것이 효과가 있는 것으로 나타난다. 집단치료에서도 유사한 결과를 얻을 수 있는데, 집단 구성원들은 격려를 해 줄 수 있고 불안을 경감시켜 줄 수 있는 사회적 지지 및 관계를 제공해 줄 수 있다.

인지행동적 치료와 스트레스 관리훈련도 효과적이라고 보고되고 있다. 인지행동치료에서는 이들 환자가 갖고 있는 신체적 감각과 증상을 연결 지어 해석할 수 있도록 하고, 핵심신념을 바탕으로 자신의 증상에 도전하도록 하며, 치료실에서 어떤 신체적 부위에 집중하여서 실제로 증상과 연결되는 신체감각을 만들어 보이고, 의사를 찾는 행동을 감소시키는 데 초점을 둔다.

3. 전환장애

1) 임상적 특징

대학 2학년에 재학 중인 B양은 심장수술을 받은 어머니의 병간호를 하던 중에 갑자기 오른쪽 팔이 마비되면서 감각이 없어지는 증상을 보여 정형외과 및 신경과에 의뢰되었다. 그러나 여러 가지 검사에서도 이상 소견이 발견되지 않아 정신과에 의뢰되었다.

B양은 3녀 중 장녀로, 고등학교 때부터 몸이 약한 어머니와 지방에 출장이 잦은 아버지를 대신해서 집안 살림을 해 나가고 있었다. 부모에게 늘 착한 딸이라고 칭찬을 받고 있고, 주변에도 효녀로 소문이 나 있는 B양은 항상 웃는 얼굴에 씩씩하고 활발한 모습을 보여 왔다. 그러던 중 어머니가 심장까지 나빠져 결국 수술을 받게 되었는데, 간병인을 두기를 거부하는 어머니 때문에 B양이 전적으로 간병에 매달리게 되었다. 이런 와중에 갑자기 팔에 마비증상이 생기게 되어 검사에 의뢰된 것이었다.

면담 중 B양은 팔을 어정쩡하게 구부리고 있었는데, 상당히 불편해 보였으나 "아무 감각이 없어서 팔을 펼 수가 없다."고 하였다. 그러나 자기 팔의 마비에 대해서는 별로 걱정하는 기색이 없고 어머니의 병간호를 할 수 없게 되었다는 것에 대해서만 계속 되풀이하여 이야기하는 모습을 보였다.

전환장애의 진단기준(DSM-5)

A. 의도적으로 운동기능이나 감각기능의 변화를 나타내는 한 가지 이상의 증상이 있어야 한다.

B. 이러한 증상과 확인된 신경학적 또는 의학적 상태 간의 불일치를 보여 주는 임상적 증거가 있어야 한다.

C. 이러한 증상 또는 결함이 다른 신체적 질병이나 정신장애로 더 잘 설명되지 않는다.

D. 이러한 증상이나 결함으로 인해서 현저한 고통을 겪거나 사회적, 직업적 또는 다른 기능의 중요한 영역이나 의학적 평가에서 현저한 손상이 나타난다.

전환장애(Conversion Disorder)는 운동이나 감각 기능에 장애가 일어나나, 이런 기능장애를 설명할 수 있는 신체적, 기질적 이상이 발견되지 않는 장애를 말한다. 여러 가지의 다양한 신체적 증상을 호소하는 신체화장애와는 달리 한두 가지 정도의 비교적 분명한 신체적 증상을 나타내는데, 주로 운동기능의 이상, 신체 일부의 마비나 감각이상과 같이 신경학적 손상으로 받아들여질 수 있는 증상들을 보인다.

전환증상은 때로 여러 의학적 질병 상태를 그대로 모방하여 표현되기도 한다. 그중 가장 흔하게 나타나는 증상은 마비, 실명, 실성증(失聲症) 등이다. 그 외에도 여러 다양한 증상이 있는데, 이 증상들은 몇 가지 범주로 묶일 수 있다.

첫째는 감각증상에 속하는 것으로서 보통 무감각증의 형태로 나타나며, 특히 손, 발, 팔, 다리에 가장 빈번하게 경험된다. 감각기관에도 장애가 일어나서 청각상실, 실명, 시야협착증 등의 증상이 나타난다. 전환장애 환자들은 증상에 대한 실제적인 신경학적 이상은 없기 때문에, 앞을 보지 못하면서도 걸을 때 부딪히거나 상처를 입지 않는 모습을 보인다.

두 번째는 운동증상으로서 비정상적인 움직임과 걸음걸이, 마비, 국소적 쇠약, 삼키는 것의 어려움 등을 나타낸다. 전환장애에서 보이는 고전적인 걸음걸이 형태 중에는 기립보행 불능증(astasia-abasia)이 있는데, 불규칙적으로 움직이면서 팔을 크게 휘두르고 비틀거리며 걷는 비정상적 걸음을 말한다. 그런데도 좀처럼 넘어지지 않으며, 간혹 넘어지더라도 잘 다치지 않는다.

세 번째는 발작증상으로서 실제 발작과는 다르게 자신에게 상처를 입히거나 더럽히지 않으면서 발작증상을 보인다.

네 번째는 무의식적으로 자신과 가까운 사람의 질병증상을 그대로 모방하는 것이다. 예를 들면, 가까운 사람이 죽은 후 그 사람의 증상을 그대로 나타낸다.

또한 전환장애의 증상들은 전형적으로 이미 알려져 있는 해부학적 경로나 생리학적 기전과 일치하지 않고 환자가 가지고 있는 병에 대한 지식에 따라 나타난다. 예를 들어, 마비가 실제 신체적인 운동신경 분포상 일어날 수 있는 형태와 일치하지 않는다.

그러나 전환장애로 진단 내리기 위해서는 충분한 진단적 과정 후에 신중하게 결정하는 것이 필요하다. 전환장애로 진단되었으나 후에 실제로 신경학적, 신체적 문제가 발견된 경우들이 있었으며, 과거에는 신경학적 분포상 일어날 수 없는 것으로 알려졌던 마비형태가 최근의 새로운 연구발견에 따라 의학적 근거를 가지고 있음이 밝혀지기도 했다.

한편 전환장애에서 전형적으로 나타나는 심리적 증상으로 만족스러운 무관심(la belle indifference)이 있다. 이것은 자신의 장애에 대해, 즉 마비나 실명 같은 심각한 장애가 일어난 증상에도 부적절하게 초연한 태도를 보이는 것이다. 이 용어는 자넷(Janet)이 처음 사용한 것으로, 이런 무관심한 태도는 아마도 증상 형성이 환자들의 내적 불안을 없애 주고, 또한 동정과 관심을 이끌 수 있는 이차적 이득을 가져다주기 때문으로 생각된다. 그러나 이들의 증상이 꾀병이거나 의도적으로 만들어진 것은 아니다.

전환장애는 드물게 나타나는 장애로 알려져 있으나, 연구된 현장에 따라서 유병률에 차이가 크다. 일반적으로 후기 아동기나 초기 청소년기에 발병되며, 10세 이전이나 35세 이후의 발병은 드물다. 중년이나 노년기에 명백한 전환증상이 처음 나타났을 때에는 발견되지 않은 신경학적 상태나 의학적 상태가 있을 가능성이 높으므로 주의가 필요하다.

보통 급성으로 발병하지만 서서히 증상이 심해지는 경우도 있다. 증상은 전형적으로는 짧은 기간 동안만 지속되는데, 입원한 전환장애 환자의 경우 대부분 2주 이내에 증상이 완화된다. 그러나 재발률이 높은데, 1년 이내에 1/5~1/4가 재발된다.

예후가 양호할 것으로 예상할 수 있는 경우는 급격한 발병인 경우, 발병 당시에 뚜렷한 스트레스 요인이 있는 경우, 발병과 치료 시작까지의 기간이 짧은 경우, 보통 이상의 지능을 가진 경우다. 증상이 마비, 발성불능, 시력장애 등인 경우는 예후가 좋은 편이지만, 떨림이나 경련은 그렇지 못하다.

2) 원인

(1) 정신분석학적 관점

앞서 언급된 바와 같이, 전환장애는 현재 신체화장애로 알려진 증후군과 함께 히스테리 혹은 전환반응, 해리반응 등으로 일컬어졌다. 전환(conversion)이라는 용어는 프로이트(Freud)가 처음 소개하였는데, 프로이트는 유명한 안나 O(Anna O)의 사례에 기초하여 전환장애의 증상은 무의식적 갈등이나 표현되지 못하거나 방출되지 못한 정서가 신체적으로 표현된 것이라고 주장하였다. 즉, 어떤 외상적 사건과 관련된 정서가 표현되지 못하면 이 정서는 억압되고, 대신 신체·히스테리성 증상으로 전환된다. 이 증상들은 어떤 면에서 원래의 외상을 상징적으로 표현하고 있는데, 예를 들어 팔이 마비되는 것은 미워하는 대상을 치려는 공격적 충동과 이에 대한 초자아의 처벌이라는 무의식적 과정이 상징화된 것이다. 억압된 사고, 정서, 갈등은 흔히 성적, 공격적 내용과 관련되어 있다.

고전적인 프로이트의 이론에서 전환증상은 오이디푸스기에 전형적으로 일어나는 수동적인 성적 유혹과 주로 관련되어 있다고 한다. 사춘기에 이르러 강한 성적 충동을 느끼게 된 아동은 초기 아동기의 성적 외상과 관련되어 있는 두려운 정서와 기억의 잔재들을 다시 떠올리게 되면서 용납할 수 없는 성적 갈등과 불안을 느끼게 되는데, 이것을 신체증상으로 전환하여 처리하고자 한다. 이렇게 함으로써 불안은 감소되는데, 이것이 일차적 이득이자 계속 전환증상을 유지시키는 일차 강화가 된다. 또한 이런 신체적인 증상은 주변 사람들에게서 더 많은 관심과 동정을 받을 수 있게 하며, 아울러 처리하기 어려운 상황이나 과제를 회피할 수 있게 해 준다. 이것을 이차적 이득이라고 한다.

이후 라자르(Lazare, 1981)는 전환반응이 성적 충동 외에도 공격성이나 의존적 욕구에 의해서도 나타날 수 있다고 설명했다. 전환증상은 여러 가지 이유로 발전될 수 있는데, ① 금지된 욕구나 충동을 표현하게 해 주고, ② 금지된 욕구에 대한 처벌의 형태로 나타나며, ③ 위협적인 상황에서 빠져나올 수 있게 해 주고, ④ 병자의 역할을 취함으로써 의존 욕구를 만족시킬 수 있다.

정신분석이론에서처럼 반드시 성적 욕구나 공격적 욕구 같은 무의식적 갈등의 개념을 사용하지 않더라도, 어떻게 해서든지 회피해야 하는 외상적 사건, 예를 들면 죽을 위험이 많은 전투나 해결 불가능해 보이는 대인관계에서의 갈등에 처한 사람이 실제로 도망가는 행동을 할 수 없기 때문에 대신 사회적으로 용납 가능한 회피방법인 병자의 역할을 하면서 그 동기적 측면(고의로 병자가 되는 것)은 의식에서 해리시켜 버린 결과로 전환반응이 일어난다고 볼 수 있다.

(2) 사회 · 문화적 관점

전환장애는 교육수준이 낮고 사회 · 경제적으로도 하위계층에서 발생하는 경향이 있으며, 심리적으로 세련되지 못한 집단에서 자주 나타난다(Swartz, Blazer, Woodbury, George, & Landerman, 1986). 이들은 대체로 질병에 대한 의학적 지식이 많지 않은 사람들로, 이들에게서 나타나는 증상은 더 괴상하며 극적이다. 반면 높은 교육수준과 심리학적 지식이 있는 사람들은 실제 질병을 좀 더 잘 흉내 낸 전환증상을 나타내는 경향이 있다.

또 환자가 발달시키는 특정 전환증상은 이전에 질병이나 어떤 신체적 문제를 겪은 가족의 영향을 받는다. 이들은 자신들에게 익숙한 증상을 선택한다.

그러나 지난 몇 십 년에 걸쳐 이 장애의 발병률이 점차적으로 감소하고 있는 것으로 보고되고 있는데, 점차 이 장애에 대한 지식이 알려지면서 이 장애의 발병과 유지에 중요한 역할을 하는 이차적 이득을 얻을 수 있는 가능성이 줄어들었기 때문으로 추정된다.

3) 치료

전환장애를 치료하기 위해 많은 치료 접근방법이 제안되어 왔다. 그러나 현재까지 어떤 방법도 큰 효과를 가져왔다는 보고는 없고, 다만 대부분의 방법이 어느 정도는 치료에 기여했다고 보고되고 있다.

전환장애의 치료에서 중요한 부분은 증상 발병과 관련된 환자의 외상적 경험 혹은 스트레스 사건을 다루는 일이다. 물론 이것은 전환증상이 외상적 사건과 결부되어 나타났을 때 적용될 수 있다. 이 경우 치료자는 환자가 그 사건을 재경험하거나 떠올리는 것을 도와준다. 안나 O(Anna O)에 대한 브로이어(Breuer)의 치료도 최면을 통해 그녀의 외상적 경험을 다시 되살리고 재경험하게 하는 것이었다. 안나 O는 최면 상태에서 자신이 그토록 두려워하던 기억, 즉 검은 뱀이 병든 아버지를 향해 침대를 가로질러 가고 있고 자신의 손가락도 작은 독뱀으로 변하는 환상을 떠올릴 수 있었다. 이런 기억들을 다시 처리하게 되면서 그녀는 마비된 팔이 풀리고 모국어인 독일어를 다시 말할 수 있게 되었다. 브로이어는 정서적 외상사건을 재경험하는 이런 과정을 카타르시스(catharsis)라고 불렀다.

통찰 지향적 심리치료에서는 환자의 내적 갈등과 전환증상이 상징하는 바가 무엇인지를 탐색하게 되는데, 이때 치료자의 태도가 매우 중요한 역할을 한다. 치료자가 전환증상을 다루게 될 때 이 증상을 직접적으로 직면시키는 것은 환자의 방어를 더 강화시키게 되어 역효과가 난다. 예를 들어, 환자의 증상이 의학적으로 이상이 없는 상상에 의한 것이라고 말하는 것은 증상을 더욱 악화시키게 된다.

전환장애의 치료에서 또 하나의 중요한 점은 증상으로 얻게 되는 이차적 이득, 즉 중요한 인물로부터의 관심이나 책임 회피 등을 제거하는 것이다. 치료자는 환자와 환자 가족의 협력하에 증상을 강화시키는 이런 이득을 줄여 나가도록 노력해야 한다.

4. 허위성장애

> **허위성장애의 진단기준(DSM-5)**
>
> A. 신체적 또는 심리적 증상을 의도적으로 만들어 내거나 위장한다.
> B. 개인은 다른 사람들에게 스스로를 아프거나 손상을 입었다고 표현한다.
> C. 의도적 행동은 명백한 외적 보상 없이도 나타난다.
> D. 행동은 다른 정신장애, 망상장애 또는 다른 정신증장애로 더 잘 설명되지 않는다.

허위성장애(Factitious Disorder)의 필수증상은 신체적 혹은 심리적 증상을 의도적으로 만들어 내는 것이다. 이러한 행동의 동기는 환자의 역할을 하려는 것이며, 이런 행동의 외적인 이득이 없음이 분명할 때 이러한 진단이 내려진다.

허위성장애는 꾀병과 구분되어야 하는데, 꾀병은 의도적으로 증상을 만들거나 과장하지만 목적을 지니고 있다. 이러한 목적이 당장은 드러나지 않을 수 있으나 오래지 않아 밝혀진다. 반면 허위성장애에서는 환자 역할을 하게 되는 것 이외에는 어떠한 현실적 이득이나 목적이 발견되지 않는다.

허위성장애가 있는 사람들은 대개 극적인 방식으로 그들의 과거력을 표현하지만, 자세히 물어보면 과거력의 내용이 매우 모호하고 일관되어 있지 않다. 그들은 듣는 사람이 속을 정도로 그들의 과거력과 증상에 대해 병적인 거짓말을 한다. 그리고 그들의 초기 호소가 집중적인 검사를 통하여 아무런 문제가 없음이 판명된 이후에도 그들은 다른 심리적인 문제나 신체적인 문제들을 호소하거나 더 많은 허위성 증상들을 만들어 낸다. 이 장애를 가진 사람들은 많은 고통스러운 진단과정이나 수술을 기꺼이 받는다. 증상이 허위성이라는 증거에 직면하게 되면 이 장애를 가진 사람들은 대개 그 사실을 부인하거나 재빠르게 퇴원한다. 종종 그들은 퇴원 후 곧 다른 병원에 반복적으로 입원한다.

허위성장애의 유병률은 잘 알려져 있지 않으나 매우 드물며, 여성보다 남성에게 더 흔하다. 허위성장애는 한두 번의 입원으로 호전될 수도 있으나 대부분 만성적 경과를 나타내며 여러 병원을 전전하는 경향이 있다. 발병시기는 대개 성인기 초기이며 신체적 또는 심리적 장애로 입원한 후에 시작된다.

허위성장애의 치료에 대한 연구자료는 부족하다. 가장 중요한 것은 환자가 나타내는 증상을 허위성장애로 빨리 인식함으로써 환자가 고통스럽고 위험한 진단절차는 밟지 않도록 하는 것이다. 심리치료가 도움이 될 수 있는데, 대다수 환자는 갑자기 병원을 떠나거나 추후 약속을 지키지 않음으로써 심리치료를 회피하는 경향이 있다. 환자가 자신의 허위증상을 인정하도록 하는 것이 치료에서 핵심적인 요소다. 아울러 환자의 역할을 통해 무의식적으로 추구하는 것을 환자가 좀 더 현실적인 방법을 통해 충족할 수 있도록 유도하는 것이 중요하다.

제10장
해리장애

극심한 고통에 처해 이를 도저히 감당할 수 없는 지경에 이르게 될 때 우리는 현실에서 자신을 떼어 놓아 더 이상 고통스러운 현실을 느끼지 않으려고 하는 심리적 처리방법을 사용하기도 한다. 이럴 때 주위 세계에 대해 비현실감을 느끼게 되며, 자기 자신에 대해서도 낯설고 생소한 느낌을 갖게 된다. 예를 들어, 심한 정신적 충격을 받았거나 생명의 위협을 느낄 때 마치 내가 아닌 것 같은 느낌, 몸 밖에서 자신을 바라보고 있는 느낌 같은 것을 경험하기도 한다. 또 주변 환경이 낯설게 느껴지고, 사물들이 저 멀리에서 더 작게 천천히 움직이는 것처럼 보이기도 한다. 이런 현상을 해리(dissociation)라고 부른다. 해리는 외상적인 사건을 당분간 자기와 분리시켜 두고, 그동안에 그 사건을 받아들여 소화하려는 기능과 관련 있다고 볼 수 있다. 이러한 심리적 과정은 누구에게나 어느 정도는 일어날 수 있는 일이고, 상황에 따라서는 정상적인 것으로 여겨질 수 있는 반응이다.

그러나 이 해리 경험이 지나쳐서 심한 병리적 현상으로 발전하여 나타나는 경우에는 해리장애(Dissociation Disorder)라 부르게 된다.

1. 임상적 특징과 하위유형

일시적으로 자신에 대한 현실감이 들지 않는 지각상의 변화를 이인증(deperson-alization)이라 하며, 외부 세계에 대한 현실감이 상실된 것을 비현실감(derealiza-tion)이라 한다. 이 둘은 해리장애에서 가장 일반적으로 나타나는 증상으로, 사실상 함께 일어난다. 즉, 자신이 낯설게 느껴질수록 그 주변 세계는 더욱 생소하고 이질적으로 느껴지게 된다. 해리장애에서는 이런 증상들이 더 심화되고 오래 지속되는 병리적 현상으로 나타난다.

자신과 주변 환경에 대한 비현실감이 지나치게 되면 결과적으로 사회적 관계를 비롯하여 세상과 단절되어 있다는 느낌을 갖게 되고, 이 때문에 심한 불쾌감을 경험하게 된다. 한 젊은 여자 환자는 자신의 이런 경험을 다음과 같이 기술했다.

> "나는 내가 꼭 이 세상에 속해 있지 않는 것같이 느껴져요……. 내가 어떤 것에도 연관되어 있다는 생각이 들지 않아서 살고 싶지가 않아요. 모든 것과 완전히 동떨어져 있는 것 같아요. 그런 느낌이 들면서 막 울음이 터져 나왔어요. 너무 힘들고 고통스러운데 어떻게 할 수가 없어요."

또한 해리장애에서는 현실에서의 해리가 비현실감과 같은 지각적 변화에만 국한되어 나타나는 데 그치지 않고, 기억과 정체성이 와해되는 증상으로도 나타난다. 즉, 자신의 과거에 대한 기억을 상실하여 자기가 누구인지, 자기가 어디에 속하고 있었는지를 완전히 잊어버린다(예: 해리성 기억상실증 같은 경우). 극단적인 경우 자기의 원래 정체성은 와해되고 자기 안에 여러 다른 성격을 창조하여 살아가기도 한다(해리성 정체감장애).

DSM-5에서는 해리장애를 해리성 정체감장애(Dissociative Identity Disorder, 다중성격장애), 해리성 기억상실증(Dissociative Amnesia), 이인증/비현실감장애(De-personalization/Derealization Disorder)의 세 가지 하위유형으로 구분하고 있다. 각각의 임상적 특징을 살펴보면 다음과 같다.

1) 해리성 정체감장애

42세의 여성이 남편의 희망에 따라 정신과적 상담을 받기 위하여 내원하였다. 남편의 말에 의하면, 이 부인은 평소의 검소한 차림새와 조용한 성격과는 전혀 다른 화려하고 야한 옷을 입고 갑자기 말없이 집을 뛰쳐나갔다가 반나절이나 2, 3일씩 집에 들어오지 않는 일이 있다고 하였다. 또한 집에서 사소한 말다툼을 하면 방 안에 틀어박혀 이불 위에서 몸을 둥그렇게 말고 마치 어린애 같은 말투로 이야기하는 일도 가끔 있다고 하였다. 남편이 이에 대해서 이야기를 해 보려고 하면 부인은 무슨 말을 하는 건지 모르겠다는 태도로 반응을 보이지 않았다고 하였다. 부인은 면담 시 처음에는 그런 적이 없다고 주장하였으나, 조금 지나자 사실은 자기는 전혀 산 기억이 없는 옷들이 옷장에 들어 있고, 한 번도 가 본 적이 없는 곳의 이름이 적힌 라이터나 성냥이 집에 놓여 있곤 하다는 말을 하였다. 부인의 동의를 얻어 최면을 걸어 질문하자, 갑자기 다른 이름을 대면서 사춘기 때 성폭행을 당한 일을 이야기하며 '저 남자'가 성질을 건드리면 자기는 밖에 나가서 화려한 옷을 입고 남자들을 유혹한다고 하였다. 다른 최면 중에는 전혀 다른 어린아이의 목소리로 다른 이름을 대면서 고아원에서 자란 친구들과 함께 놀고 있다고 하며 몸을 둥글게 마는 모습을 보였다. 그러나 최면에서 깨어나면 이런 기억을 다시 해내지 못하였다.

해리성 정체감장애의 진단기준(DSM-5)

A. 2개 이상의 다른 인격 상태를 특징적으로 나타내는 정체감의 분열을 보이며 일부 문화에서는 빙의 경험으로 기술되기도 한다. 이러한 정체감의 분열은 자기감 및 자기주체감의 뚜렷한 비연속성을 포함하며 정서, 행동, 의식, 기억, 지각, 인지와 감각운동 기능의 변화를 수반한다. 이러한 징후와 증상들은 다른 사람들이 관찰하거나 본인이 보고할 수 있다.
B. 일상적인 사건, 중요한 개인정보, 외상적 사건을 기억함에 있어 공백이 반복적으로 나타나는데, 이러한 기억의 실패는 일상적인 망각으로 설명될 수 없는 것이다.
C. 이러한 증상으로 인해서 현저한 고통을 겪거나 사회적, 직업적 또는 그 외 다른 중요한 영역에서의 손상이 초래되어야 한다.
D. 이러한 장애는 널리 수용되는 문화적 또는 종교적 관습의 정상적인 일부가 아니어

야 한다.

주의: 아동기에서 이 증상은 상상적인 놀이친구 또는 기타 환상적인 놀이에서 연유되는 것이 아니다.

E. 이 장애는 물질(예: 알코올 중독 상태에서의 일시적인 의식상실 또는 무질서한 행동)이나 일반적인 의학적 상태(예: 복합성 부분 간질)의 직접적인 생리적 효과로 인한 것이 아니다.

해리성 정체감장애는 매우 드문 정신장애로, 대부분의 환자는 아동기에 상상할 수 없을 정도의 잔혹한 학대를 당했다고 보고한다. 이러한 극단적인 경험에 따라 심리적 대처방법도 극단적인 형태를 취하는데, 정체성의 중요한 측면을 망각하거나 새로운 한 개의 정체성을 취하는 데 그치지 않고 정체성의 여러 측면을 분리시켜 각기 다른 새로운 정체성을 가지고 살게 된다. 보통 2개 이상의 아주 다른 성격들이 존재하며, 어떤 일정 기간 동안 번갈아 가면서 하나의 성격이 지배적 지위를 차지하고 그 사람의 행동과 태도를 결정한다.

하나의 성격에서 다른 성격으로 변환되는 것은 보통 갑작스럽게 나타나는데, 각 성격이 지배하고 있는 동안에는 다른 성격들의 존재나 다른 성격이 지배하고 있던 기간의 일들은 기억하지 못한다. 그러나 때로는 다른 성격들의 존재, 성격, 활동 등을 부분적으로 혹은 완전히 인식하기도 하며, 어떤 경우는 다른 성격을 친구나 적대적 관계의 사람으로 경험하기도 한다. 각각의 성격은 나름대로의 잘 통합된 고도로 복합적인 성격체계를 갖고 있어서 나타내는 행동방식, 대인관계 패턴, 특징적 태도, 기억체계 등도 각각 다르다. 또한 성격의 변환이 일어날 때 여러 신체적 특징도 변형되어 나타나는데, 성격들마다 다른 형태의 자세, 얼굴 표정, 목소리, 뇌의 전기적 활동, 안구 운동 등을 나타내며, 심지어는 각기 다른 신체적 장애까지 나타낸다.

일반적으로 이들 성격 중 '주된' 성격이 있는데, 이 성격이 환자로서 치료를 받으러 온다. 이 성격은 환자의 원래 성격이 아니라 나중에 발전하게 된 성격인 경우가 많은데, 우울하거나 불안하며 지나치게 도덕적이고 자학적인 경향이 있다. 그리고 많은 환자는 적어도 하나의 충동적 성격의 분신을 갖는다. 이 성격은 때때로 매춘부로 행동하며, 자신의 성욕을 해결하고 수입원을 마련하는 역할을 하기도 한다. 그러나 어떤 사례에서는 모든 성격이 금욕적 삶을 살기도 한다. 또한 종종 보호자의 역할을 하는 성격이 등장하는데, 예를 들면 약한 여자가 강한 남성의 정체성을 만들어 내어 보호자로 갖기도 한다.

대체로 환자들은 자신들의 이런 증상을 잘 드러내지 않는다. 임상가들이 환자와 오랫동안 만나본 후에야 이들이 다중 성격을 지니고 있다는 것이 밝혀진다. 한 보고에서는 이 장애의 진단이 내려지기까지 평균 7년의 치료기간이 걸렸다.

2) 해리성 기억상실증

경찰이 응급실로 실어 온 18세의 남자 환자를 응급실 내과 의사가 정신과적 진단에 의뢰하였다. 이 환자는 매우 탈진해 있었는데, 오랫동안 햇볕을 쬐고 있었던 것이 분명했다. 10월 1일을 9월 27일이라고 말하는 등 환자는 날짜를 정확하게 대답하지 못하였다. 주의를 집중하는 데 어려움이 있었고, 정신이 좀 들자 몇 가지 사실을 이야기하였다. 환자는 9월 25일경에 친구들과 요트를 타고 바다로 나갔다가 악천후를 만났다는 것을 생각해냈다. 그러나 그 이후의 일은 기억할 수 없었고, 친구들이 어떻게 되었는지, 어떻게 병원에 오게 되었는지도 생각해내지 못하였다. 또 자꾸 자기가 어디에 있는지 모르겠다고 하여 몇 번씩이나 여기는 병원이라고 말해 주어야 했는데, 이 말을 들을 때마다 놀라곤 하였다.

뇌손상이나 전해질 이상, 뇌신경상의 이상은 발견되지 않았다. 6시간의 숙면을 취한 후 환자는 훨씬 주의력이 좋아졌으나, 그래도 9월 27일 이후에 일어난 일과 병원에 어떻게 오게 되었는지는 기억해 내지 못하였다. 그러나 이제는 병원에 입원하고 있다는 사실을 알고 있었고, 면담내용이나 잠을 잤다는 것도 기억하고 있었다. 또 자신이 대학생이며 가족과의 관계도 좋고 친구들이 많이 있다는 점, 평균 B학점을 유지하고 있다는 점을 말했다. 정신의학적 병력은 없다고 하였고, 약물이나 알코올 남용도 없었다고 하였다.

진정제를 투여한 후 실시된 면담에서 환자는 다음과 같은 사실들을 기억해 냈다. 악천후를 만난 그들 중 누구도 폭풍우를 이겨 낼 만큼 배를 잘 다루지 못하였고, 구명대를 착용하고 구명줄로 요트에 몸을 묶었던 자신을 제외하고는 다른 친구들은 모두 바다에 휩쓸려 가 버렸다. 환자는 구명줄에만 의지한 채 선실에 저장해 두었던 음식을 먹으면서 3일을 연명하다가 10월 1일에 해상 경비대에게 구조되어 병원에 오게 된 것이었다.

해리성 기억상실증의 진단기준(DSM-5)

A. 대개 외상성이거나 스트레스성인 중요한 개인적 정보를 회상하지 못하며, 일상적인 망각으로 설명하기 어렵다.

　　주의: 해리성 기억상실증은 특정한 사건에 대한 국소적 또는 선택적 기억상실증으로 나타나거나 정체감과 생애 전체에 대한 전반적 기억상실증으로 종종 나타난다.

B. 증상은 사회적, 직업적 또는 다른 중요한 기능영역에서 임상적으로 심각한 고통이나 장애를 초래한다.

C. 장애는 물질(예: 약물남용, 투약)이나 신경학적 상태 또는 기타 일반적인 의학적 상태(예: 두부 외상에 의한 기억상실)로 인한 것이 아니어야 한다.

D. 장애는 해리성 정체감장애, 외상후 스트레스 장애, 급성 스트레스 장애, 또는 신체화장애, 또는 신경인지적 장애와 구별된다.

　　해리성 둔주를 수반하는 경우도 있음: 정체감이나 다른 중요한 자서전적 정보를 잊고 여행을 하거나 방황하는 행동을 한다.

기억상실증은 해리성 기억상실증에서만 일어나는 것이 아니라 해리성 정체감장애에서도 일어나지만, 해리적 현상이 기억상실에 국한해서 나타날 때 이 진단을 내리게 된다. 기억상실은 주로 스트레스적 혹은 외상적 사건에서 자신의 정체성과 관련된 내용에 대해서 일어난다. 그러나 이미 보유하고 있던 일반적 지식이나 새로운 정보를 학습하는 능력은 유지되는데, 이것은 치매에서 보이는 망각과는 반대되는 현상이다.

해리성 기억상실증은 몇 가지 패턴으로 나타난다. 어떤 경우 자신의 과거에 대해 전혀 기억하지 못하고, 심지어 자신이 누구인지도 기억하지 못하는데, 이것을 전반적 기억상실증(generalized amnesia)이라고 한다. 보다 흔한 경우는 특정 기간 동안 일어난 특정 사건에 대해 기억하지 못하는 것인데, 이 경우를 국소적 또는 선택적 기억상실증(localized or selective amnesia)이라고 한다. 주로 강간 같은 끔찍한 범죄, 무시무시한 사고, 자연재해, 전쟁 등과 같은 외상적 사건에 대해 망각이 일어난다. DSM-5에서는 해리성 기억상실증을 둔주가 수반된 유형과 그렇지 않은 유형으로 구분하고 있다.

3) 이인증/비현실감장애

20세의 남학생이 자기가 미쳐 버리는 것이 아닌가 하는 걱정에서 진찰을 받으러 왔다. 요즘 2년 동안 이 학생은 자기가 자기의 '밖에 있다'는 느낌이 드는 일을 여러 번 경험하고 있었다. 이때 실제의 자기는 몸속에서 죽어 있는 것 같은 느낌을 받았고, 몸의 평형을 유지하지 못하고 가구에 부딪히곤 하였다. 이런 일은 다른 사람들이 있을 때 잘 일어나는 경향이 있었는데, 특히 불안할 때 그러하였다. 그런 일이 일어나고 있을 때는 몸이 자연스럽게 조절되지 않는다는 느낌이 들었고, 생각은 '안개에 싸인 듯이' 느껴졌는데, 마치 몇 년 전에 맹장수술 때문에 마취되었던 때와 비슷했다.

그럴 때면 그는 머리를 흔들거나 자기를 향해서 "그만둬!"라고 소리를 지르는 방법으로 이 고통에서 벗어나고자 하였다. 이것은 순간적으로는 도움이 되었지만 일시적인 것이었고, 죽어 있는 감각이나 자기 자신의 밖에 있다는 느낌이 곧 되살아났다. 이런 일의 빈도와 지속시간이 보다 심해지고 있다는 것을 깨닫게 되자 이러다 미쳐 버리게 될까 봐 두려운 나머지 병원을 찾게 된 것이었다.

이인증/비현실감장애의 진단기준(DSM-5)

A. 이인증이나 비현실감을 지속적으로 또는 반복적으로 경험한다.

- **이인증**: 자신의 생각, 감정, 감각, 신체 또는 행위에 관해서 생생한 현실로 느끼지 못하

고 그것과 분리되거나 외부 관찰자가 된 경험(예: 지각 경험의 변화, 시간감각의 이상, 자신이 낯설거나 없어진 듯한 느낌, 정서적 또는 신체적 감각의 둔화)을 말한다.

- **비현실감**: 주변 환경이 비현실적인 것으로 느껴지거나 그것과 분리된 듯한 느낌을 갖게 되는 경험(예: 사람이나 물체가 현실이 아닌 것으로 경험되거나 꿈이나 안개 속에 있는 것처럼 느껴지거나 생명이 없거나 왜곡된 모습으로 보이는 경험)을 말한다.

B. 이인증 또는 비현실감 경험 동안에 현실검증력은 손상되지 않는다.

C. 증상은 임상적으로 심각한 고통이나 사회적, 직업적 또는 다른 중요한 기능영역에서 심한 장애를 초래해야 한다.

D. 이인증이나 비현실감은 어떤 물질(예: 약물남용, 투약)이나 신체적 질병(예: 간질)에 의한 것이 아니어야 한다.

E. 장애는 정신분열증, 공황장애, 주요우울장애, 급성 스트레스 장애, 외상후 스트레스 장애 또는 다른 해리장애에 의해 더 잘 설명되지 않는다.

이인증에서 비현실감, 현실에서의 유리감은 매우 심각한 것이어서 이런 감정들이 삶을 지배하고 이전의 정상적인 기능을 방해한다. 이들은 종종 자기 자신이 낯설게 느껴지는데, 특히 자신의 신체 일부나 전체를 이전과 다르게 느끼는 경험을 한다. 예를 들면, 팔, 다리, 손, 발 등이 이전보다 더 크거나 작게 느껴지거나 '나'라는 의식의 중심이 자신의 몸 밖, 머리 위에 있어서 전혀 다른 사람처럼 자신의 육체를 바라보는 것 같은 경험을 한다. 대부분의 환자는 현실에 대한 자신의 감각이 잘못되었다는 것을 인식하며, 이러한 증상을 자아 이질적(ego-dystonic)으로 느끼며 괴로워한다.

2. 원인

심한 스트레스 상황에서 자신을 고통스러운 경험으로부터 분리(해리)시키려는 경향은 보통 사람에게서도 일반적으로 일어난다. 이와 마찬가지로 병리적 해리증상도 심각한 외상이나 생활사건에 대한 개인의 방어적 반응이다. 해리성 기억상실증이 주로 현재의 외상적 혹은 스트레스성 경험에 대한 방어적 반응이라면, 해리성 정체감장애는 과거 아동기의 보다 심각한 외상에 대한 방어로 생겨난다.

대부분의 해리성 정체감장애의 사례들을 살펴보면 한 가지 주목되는 공통점이 발견된다. 이들 대부분이 끔찍한 아동학대 경험을 가지고 있다는 것이다. 퍼트넘(Putnam, 1986)은 100개의 해리성 정체감장애 사례를 조사했는데, 97%의 환자가 아동기에 심각한 외상 경험을 가지고 있었고, 주로 성적 또는 신체적 학대를 그 내용으로 하고 있었다. 그리고 86%가 특정 유형의 성적 학대 경험을 보고했는데, 그것은 바로 근친상간이었다. 로스(Ross, 1990)의 보고에서는 97개의 사례 중 95%가 성적·신체적 학대와 관련이 있었다. 그 내용을 살펴보면, 이들이 경험한 학대는 종종 너무나 잔인하고 괴상한 방법으로 이루어졌다. 산 채로 매장당하기도 하고, 성냥, 전기다리미, 면도날, 유리 등으로 심한 고문을 당한 사례들도 있었다.

해리성 정체감장애의 증상은 이런 끔찍한 외상 경험에 대한 적응적 반응으로 받아들일 수도 없고 이해할 수도 없는 끔찍한 경험과 그에 의한 고통과 갈등에서 벗어나려는 시도다. 이때 유일한 탈출구는 환상의 세계로 도피하는 것인데, 아이는 자신과 다른 새로운 성격의 사람이 되어 마치 끔찍한 사건은 다른 사람에게 일어난 것처럼 잊어버리면 잠시나마 고통에서 벗어날 수 있게 된다. 또한 여러 갈등 상황에 맞는 다른 성격들을 창조해 내고, 이후 이 성격들은 자율적으로 각기 개별화되면서 기억상실의 기제를 통해 자신의 개별성에 대한 유사 망상적인 신념을 굳히게 된다. 가설적이긴 하지만 이런 과정이 해리성 정체감장애가 되는 데에 관여했을 것이라고 여겨지고 있다.

해리성 정체감장애로 진전되는 데 영향을 주는 또 하나의 외적 조건은 주변의 주요 인물들의 태도다. 심리적 외상을 처리하고 극복하는 데는 중요한 주변 인물에게서 위로받는 경험이 큰 역할을 하는데, 해리성 정체감장애 환자들은 공포스러운 상황에서도 중요한 타인, 즉 가족, 친척, 이웃, 교사 같은 사람들에게서 정서적 도움을 받지 못한 사람들이다.

해리성 정체감장애의 발전에 어떤 심리적, 생물학적 취약성이 기여하는지는 아직까지 거의 알려지지 않았으나, 한 가지 심리적 특성이 관련될 수 있다는 가설이 제시되고 있다. 해리성 정체감장애는 병인적 측면에서는 외상후 스트레스 장애와 매우 비슷한데, 두 경우 모두 심한 외상적 사건에 대한 정서적 반응이라는 것이다. 현

재 점점 많은 학자가 해리성 정체감장애가 외상후 스트레스 장애의 극단적인 하위
유형이라는 데에 의견을 같이하고 있다.

한편 외상에 대해 특별히 해리로 반응하게 하는 것은 개인의 심리적 특성과 관계
가 있다고 본다. 이는 바로 높은 피암시성이다. 어떤 사람들은 다른 사람들보다 피
암시성이 더 높고, 또한 최면도 잘 이루어진다(피암시성과 최면성은 종종 같은 성질로
취급된다). 최면 상태는 해리과정과 매우 흡사하여 최면 상태에서 사람들은 자신의
경험세계의 한 측면에 완전히 빠져들게 된다(나머지 다른 부분은 의식에서 배제한 채).
아마도 피암시성이 높은, 즉 최면이 잘 이루어지는 사람들은 심한 외상에 대한 방어
적 책략으로 해리를 사용할 수 있는 사람들이라고 추정된다.

3. 치료

해리성 기억상실증의 삽화를 경험하는 사람들은 보통 저절로 좋아져서 집으로 돌
아가거나 잊어버렸던 것을 다시 기억해 내는 경우가 많다. 이 증상들은 현재의 생활
스트레스와 분명한 연관이 있어 보인다. 따라서 스트레스 상황을 해결하기 위한 치
료를 하거나 대처기술을 향상시켜 주는 것이 증상의 재발을 막을 수 있는 방법이다.
치료자는 기억상실 상태에서 어떤 일이 있었는지 기억하지 못하는 사람들에 대해서
는 보통 그 일을 아는 친구나 가족의 도움을 받아 망각된 정보를 밝혀낸 후 환자에
게 그 정보를 직면시키고, 그것을 자신의 경험에 통합할 수 있게 도와준다.

해리성 정체감장애의 치료도 궁극적으로는 환자가 기존의 자기개념에 과거의 충
격적인 경험을 통합하고, 결국 여러 분리된 정체감을 단일한 성격으로 통합하게 하
는 것이다. 이러한 작업은 매우 어렵고 오랜 시간이 걸린다. 치료자는 이 작업이 환
자에게 매우 고통스럽다는 것을 인식시키고, 환자가 외상적 기억에 압도당하지 않
고 천천히 자기개념에 동화·흡수할 수 있도록 조심스럽게 작업을 진행시켜야 한다.

먼저 치료자는 치료 초기에 환자의 주관적 경험에 공감함으로써 치료적 동맹을
공고히 해야 한다. 치료자에 대한 신뢰감은 다른 모든 환자와의 심리치료에서도 중
요하지만, 해리성 정체감장애에서는 절대적으로 중요하다. 치료적 동맹은 주된 성
격뿐 아니라 여러 인격과도 강하게 이루어야 한다. 즉, 환자를 해치지 않으며, 치료

를 고의로 방해하지 않고, 도망가지 않을 것이라는 등의 약속이 여러 인격과 이루어
져야 한다. 치료자는 인격들 간에 협조하며, 서로를 동일시하고, 공감하며, 도와주
도록 적극적인 역할을 취하여 그들 간의 갈등을 최소화해서 결국에는 그들의 개별
화가 무너지게 해야 한다. 이들의 통합을 위해서는 치료자가 여러 인격에 대해 공정
한 입장을 취해야 한다. 어떤 특정 인격을 더 선호해서도 안 되고, 성격이 바뀔 때마
다 행동을 달리해서도 안 된다.

인격들 간의 협력과 환자와 치료자 간의 동맹이 공고해진 후 치료자는 환자의 초
기 외상을 되살려 내고, 억압된 감정을 처리하게 해야 한다. 이때 치료자의 역할은
매우 중요한데, 즉 환자가 감당할 수 있을 정도로만 외상(trauma)에 노출시켜야 한
다. 또한 충격적인 경험을 당할 때 느꼈던 강한 무력감에 다시 압도당하지 않도록
환자가 외상적 기억을 스스로 통제하게 해야 한다. 치료방법으로 반드시 필요한 것
은 아니지만, 최면이 무의식에 있는 아픈 기억에 접근하고 여러 인격을 의식으로 불
러내는 데 종종 사용되기도 한다.

여러 성격 간의 외상적 기억들이 훈습(work through)된 후에는 그들 간의 자연스
러운 제휴가 일어날 수 있는 단계로 넘어갈 수 있다. 환자가 자신과 외부 세계에 대
해 새로운 안정된 태도를 갖게 되면서 인격들이 통합되지만, 모든 환자가 성격들을
통합하지는 못한다. 어떤 경우에는 심리적 고통이 견딜 수 없는 정도로 심하여 통합
을 이루지 못하기도 하며, 또 어떤 경우는 과거 외상을 재경험하는 것에 압도당하기
도 한다. 이러한 경우에는 통합보다는 인격들이 최대로 기능하게 하며, 그들 간에
서로 조화를 이루어 스트레스에 더 잘 적응하게 하는 것이 바람직하다. 때로는 약
물이 심리치료에 부가적으로 사용되기도 하지만, 현재로서는 약물이 치료에 도움이
된다는 증거는 빈약하다. 어떤 환자의 경우 항우울제가 도움이 될 수 있다는 증거가
있기도 하다(Coon, 1986).

Abnormal Psychology

제11장
급식 및 섭식 장애

S씨는 22세의 대학 4학년으로 1년 전부터 최근까지 다이어트를 위해 가족 모르게 이뇨제와 변비약을 복용했고, 동네 약국의 약사에게 "이런 약을 계속 먹으면 안 되고 앞으로 학생에게는 약을 팔지 않겠다."고 하는 경고를 듣게 되었다. S는 160cm에 41kg 나가는 마른 외모를 지녔는데도 과도하게 음식을 절제하여 한 끼 정도 적은 양의 식사를 하고, 약간의 간식만을 먹으면서도 살을 더 빼야 한다고 생각하고 있다. 그녀는 거의 매일 아침에 자고 일어나면 얼굴이 부은 느낌이어서 그대로 밖에 나가기 싫었고 붓기를 가라앉히기 위해 이뇨제를 꼭 먹는 습관이 생겼다. 또 꼭 칼로리가 많이 나가는 음식을 먹지 않았어도 배가 부른 느낌이 싫어 변비약을 먹는 것도 이제는 거의 길들여진 습관이 되었다. 그녀는 6개월 이상 무월경 상태이며, 외모에 대한 과도한 집착, 때로는 구토하는 문제 때문에 최근에는 학교수업도 잘 빠지고, 같은 과 친구들과도 먹는 문제 때문에 점차 어울리기를 회피해 인간관계도 점차 편협해진 상태다.

1. 임상적 특징과 하위유형

DSM-5에서의 급식 및 섭식 장애는 급식 및 섭식 관련 행동의 지속적인 장해로서, 현저하게 신체 혹은 심리사회적 기능을 해치는 변형된 음식의 섭취를 보이는 일련의 행동으로 특징지어진다. 급식 및 섭식장애의 하위유형으로는 이식증, 반추장애, 회피적/제한적 음식섭취장애, 거식증, 폭식증 및 폭식장애가 있으며 이어지는 내용에 각 진단기준에 대해 설명하였다.

이식증, 반추장애, 회피적/제한적 음식섭취장애, 거식증, 폭식증 및 폭식장애의 진단기준은 상호 배타적 관계를 이루어 한 번의 삽화기간 중에는 이 중 단 하나의 진단만이 이루어질 수 있다. 이러한 접근법의 근거는 일부 공통적인 심리 및 행동적 특성에도 불구하고 해당 장애들은 그 임상 경로, 결과 및 치료적 필요성에 있어 현저한 차이를 보인다는 것이다. 하지만 이식증의 진단은 그 밖의 섭식장애 진단을 받은 상태에서도 내려질 수 있다.

해당 절에 나타난 장애의 일부는 음식에 대한 욕구 및 강박적인 사용과 같은 일부 물질사용장애에서 나타나는 것과 유사한 형태의 증상을 보인다. 이러한 유사성은 두 장애군 모두에서 자기통제 및 보상과 연관된 신경계가 연관되어 있음을 시사한다. 하지만 식이장애와 물질사용장애 간의 공통 및 차이 요인에 미치는 상대적 영향성은 아직 잘 알려져 있지 않다.

마지막으로, 비만은 DSM-5에서 정신장애로 분류되어 있지 않다. 비만(과도한 체지방)은 에너지 소모 대비 에너지 섭취의 장기적인 과잉으로 발생한다. 한 개인의 비만 발현에 있어 유전, 생리, 행동 및 환경적 요인은 다양한 수준으로 작용하기 때문에, 비만은 정신장애로 고려되지 않는다. 하지만 비만과 일련의 정신장애 간에 강건한(robust) 관계가 존재한다(예: 폭식장애, 우울 및 양극성 장애, 정신분열증). 일부 향정신성 약물의 부작용은 비만에 크게 기여하며, 비만이 일부 정신장애(예: 우울장애)의 위험요인일 수 있다.

1) 이식증

이식증의 진단기준(DSM-5)

A. 최소 1개월 동안 비영양성, 비식품성 물질을 지속적으로 섭취한다.
B. 비영양성, 비식품성 물질 섭취가 해당인의 발달수준에 부적절하다.

C. 섭취행동이 사회적으로 허용되지 않으며, 문화적으로 규범적이지 않다.

D. 만약 섭취행동이 다른 정신장애(예: 지적장애[지적발달장애], 자폐 스펙트럼 장애, 정신 분열증) 및 의료적 질환이나 상태(임신 포함) 기간 중에만 나타난다면, 이 행동이 별도의 임상적 관심을 요할 만큼 심각한 것이어야 한다.

부호화 시 주의: 이식증에 대한 ICD-9-CM 코드는 307.52로 아동과 성인 모두에 사용됨. ICD-10-CM 코드상으로 이식증 코드는 아동은 F98.3, 성인은 F50.8을 사용함

다음의 경우 명시할 것:

관해 진행(In remission): 이전에 이식증의 진단기준을 모두 충족하였으나, 현재까지 상당 기간 해당 기준을 충족하고 있지 않은 경우

(1) 진단적 특징 및 부수적 특징

이식증(pica)의 주요 증상은 최소 1개월간 비영양성, 비식품성 물질을 지속적으로 먹는다는 것이다(진단기준 A). 섭취하는 전형적 물질은 연령 및 해당 물질의 섭취 용이성에 따라 다양하게 나타나는 경향이 있으며, 여기에는 종이, 비누, 머리카락, 끈, 울, 흙, 분필, 탈크분, 페인트, 껌, 금속, 자갈, 숯 혹은 석탄, 재, 진흙, 녹말, 혹은 얼음 등이 포함된다. 비식품성이라는 용어가 추가된 이유는 이식증 진단은 단순히 최소한의 영양성분을 지닌 물질을 섭취하는 경우에는 해당하지 않기 때문이다. 보통은 음식에 대한 혐오는 보이지 않는다. 비영양성, 비식품성 물질의 섭취는 발달적으로 부적절해야 하며(진단기준 B), 사회문화적으로 허용된 행동이 아니어야 한다(진단기준 C). 정상적 발달단계의 한 양상인 영아가 사물을 입으로 가져가는 행동, 그리고 이로 인한 해당 사물의 섭취를 진단에서 배제하기 위하여 이식증 진단에 최소 연령 2세 제한을 둘 것이 제안된 바 있다. 비영양성, 비식품성 물질 섭취는 다른 정신장애(예: 지적장애[지적발달장애], 자폐 스펙트럼 장애, 정신분열증)의 증상과도 연관될 수 있다. 만약 이러한 증상이 다른 정신장애가 나타나는 기간 중에만 발생한다면, 먹는 행동이 아주 심각해져 별도의 임상적 관심을 받아야 할 만큼 심각한 경우에만 따로 진단될 수 있다(진단기준 D).

일부 비타민 혹은 미네랄(예: 아연, 철) 결핍이 보고된 바 있으나, 특정한 생물학적

이상이 발견되지 않는 경우가 보통이다. 일부 경우는, 일반적 의학적 합병증(예: 기계적 장 세척, 결석 등으로 인한 장 폐색, 장 천공, 배설물 혹은 흙 섭취로 인한 톡소플라종 및 톡소카라종 감염, 납 원료의 페인트 섭취로 인한 중독 등)을 겪음에 따라 이식증이 의료적 주목대상으로 떠오르기도 한다.

(2) 유병률과 진행 및 경과

이식증의 유병률은 명확히 알려져 있지 않다. 지적장애군에서는 심각도가 증가할수록 이식증의 유병률 또한 증가하는 것으로 보인다.

이식증 발병은 아동기, 청소년기 혹은 성인기 그 어느 때나 시작될 수 있으나, 아동기의 발병이 가장 흔하게 보고된 바 있다. 이식증은 정상 발달 중인 아동 및 성인에게서도 나타날 수 있으나, 지적장애 혹은 기타 정신장애의 맥락에서 나타날 가능성이 더 높다. 비영양성 및 비식품성 물질의 섭취는 특정한 욕망(예: 분필 혹은 얼음)이 나타나는 임신 중에도 나타날 수 있다. 하지만 임신 중의 이식증은 이러한 욕망이 비영양성, 비식품성 물질을 섭취함으로써 잠재적인 의료적 위험성을 유발할 수준일 때만 진단한다. 해당 장애가 진전될 경우 의료적 응급 상황으로까지 번질 수 있다(예: 장 폐색, 급성 체중감소, 독성). 이 장애는 삼켜진 물질의 독성에 따라 치명적일 수 있다.

(3) 위험 및 예후요인

① 환경적 문제
방임, 감독의 소홀 및 발달지연이 해당 장애의 위험성을 증가시킨다.

② 특정 문화 관련 진단 문제
일부 모집단에서는 흙 혹은 기타 비영양성 물질의 섭취가 영적, 의학적 혹은 기타 사회적 가치를 지닌 것으로, 문화적 혹은 사회적 규범에 어긋나지 않는 것으로 받아들여진다. 이러한 행위는 이식증 진단에 합당하지 않다(진단기준 C).

(4) 성별 관련 진단 문제와 기능적 결과

이식증은 남성과 여성 모두에게서 발생한다. 여성에게서는 임신 중에도 발병 가능하나, 산후의 발병률에 대해서는 보고되어 있지 않다.

복부 X선 검사(Abdominal Flat Plate Radiography), 초음파 및 기타 스캐닝 방법들이 이식증 관련 폐색을 진단할 수 있다. 혈액검사 및 기타 랩검사는 독성 수준이나 감염의 특성을 확증하는 데 쓰일 수 있다. 이식증은 신체적 기능성에 현저한 부전을 야기할 수 있으나, 사회적 기능부전의 단독 원인으로 작용하는 경우는 드물다. 이식증은 사회적 기능과 연관된 기타 장애에서 자주 발생한다.

(5) 감별진단

비영양성, 비식품성 물질 섭취는 기타 정신장애(예: 자폐 스펙트럼 장애, 정신분열증) 및 클라인 레빈(Kleine-Levine) 증후군의 한 경로를 통해서도 발생 가능하다. 어떤 경우에도 이식증의 추가 진단은 식이행위가 충분히 지속적이며 부가적인 임상적 주의를 요할 때만 실시한다.

① 거식증

이식증은 보통 비영양성, 비식품성 물질의 섭취를 기준으로 여타 식이 및 급식 장애와 구분한다. 하지만 거식증의 일부 증상양상은 식욕을 통제할 목적으로 휴지와 같은 비영양성, 비식품성 섭취를 포함한다는 사실을 알아 둘 필요가 있다. 이러한 경우, 비영양성, 비식품성 물질의 섭취의 주요 목적이 체중조절이라면 거식증이 주요 진단이 되어야 할 것이다.

② 거짓장애(모방장애)

일부 모방장애(꾀병)를 가진 개인은 신체증상을 꾸며내기 위한 한 형태로 이물질을 삼키는 경우도 있다. 이러한 경우, 의도적인 부상 혹은 질병 유도와 일관된 속임의 요소가 존재한다.

③ 비자살성 자해 및 성격장애에서의 비자살성 자해행위

일부는 성격장애와 연관된 비적응적 행위 맥락 혹은 비자살적 자해 상황에서 잠재적으로 해로운 물질(예: 핀, 바늘, 칼)을 삼키기도 한다.

(6) 동반이환율

이식증과 가장 높은 동반이환율을 보이는 장애는 자폐 스펙트럼 장애와 지적장애(지적발달장애)이며, 이보다 더 낮은 동반이환율을 보이는 장애로는 정신분열증 및 강박장애가 있다. 이식증은 발모광(모발뽑기장애) 및 피부 벗기기 장애와도 연관성이 있다. 해당 동반이환 상황에서는, 보통 모발 혹은 피부를 삼킨다. 이식증은 회피적/제한적 음식섭취장애와도 연관되는데, 특히 그 발현 양상에서 강한 감각적 요소를 보이는 경우 그 확률이 높다. 환자가 이식증을 가졌다고 알려진 경우, 내장기관 관련 합병증, 중독, 감염 및 영양부족에 관한 검사 또한 함께 행해져야 한다.

섭식장애의 핵심적인 특징은 체중의 증가와 비만에 대한 강박적인 걱정과 함께 왜곡된 신체상을 가지고 있으며, 건강하게 체중을 유지하기 위한 음식 섭취를 적절히 통제하지 못한다는 점과, 자신의 체형과 체중을 어떻게 지각하느냐에 따라 자기 평가가 쉽게 변한다는 점 등이다.

2) 신경성 식욕부진증

신경성 식욕부진증(거식증)의 진단기준(DSM-5)

A. 연령과 신장에 비하여 체중을 최소한의 정상수준이나 그 이상으로 유지하기를 거부한다.

B. 필수적 수준의 에너지 섭취를 제한하여, 그 결과 연령, 성별, 발달 궤적, 신체적 건강의 맥락에서 현저하게 낮은 체중이 야기된다. 현저하게 낮은 체중은 정상의 최저 수준, 혹은 아동과 청소년의 경우는 최소한으로 기대되는 것보다 더 적은 체중으로 정의된다.

B. 현저하게 낮은 체중임에도 불구하고, 체중이 늘거나 뚱뚱해지는 것에 대한 강렬한 공포 혹은 체중증가를 방해하는 지속적인 행동이 나타난다.

C. 장해는 체중 혹은 체형을 경험하는 방식, 체중 혹은 체형이 자기평가에 대해 지나친 영향을 미치거나, 혹은 지속적인 현재의 낮은 체중의 심각성에 대한 인식 부족으로 나타난다.

부호화 시 주의: 거식증의 ICD-9-CM 코드는 307.1이며, 이는 아형 구분 없이 사용됨.
ICD-10-CM 코드는 아형에 따라 사용됨(하기 참조)

다음 중 하나를 명시할 것:
(F50.01) 제한형: 지난 3개월 동안, 폭식 혹은 하제 사용행동(즉, 스스로 토하거나 하제, 이뇨제 혹은 관장제 오용)의 삽화들이 다시 나타나지 않음. 이 유형은 주로 다이어트, 빠른 그리고/혹은 과도한 운동을 통해 성취된 체중감소로 설명됨
(F50.02) 폭식/하제 사용형: 지난 3개월 동안, 폭식 혹은 하제 사용행동의 삽화가 다시 나타남(즉, 스스로 토하거나 하제, 이뇨제 혹은 관장제의 오용)

현재의 심각도를 명시할 것: 심각도의 최저 수준은 성인의 경우 체질량지수(BMI)(하기 참조)를, 아동 및 청소년의 경우 BMI 백분위를 따름. 하기 범위는 WHO의 성인기 빈약 항목에서 발췌하였으며, 아동 및 청소년의 경우는 이에 해당하는 BMI 백분위를 사용하도록 함. 심각도는 임상적 증상, 기능 부전 정도 및 관리감독 필요성에 따라 더 높여서 진단할 수 있음

경도(Mild): BMI ≥17kg/m²
중등도(Moderate): BMI 16-16.99 kg/m²
중도(Severe): BMI 15-15.99 kg/m²
극단(Extreme): BMI <15 kg/m²

신경성 식욕부진증(anorexia nervosa), 즉 거식증의 필수 증상은 나이와 키에 비해 최소한의 정상수준보다 낮은 체중(정상체중의 85% 이하)을 유지하고, 체중증가나 비만에 대한 극심한 두려움을 가지고 있으며, 체중과 체형에 대한 경험과 의미, 지각이 크게 왜곡되어 있다는 것이다. 또 월경이 시작된 여성들에게는 무월경이 나타난다. 대부분 미혼여성에게서 볼 수 있으며, 실제로는 말랐는데도 자신이 비만이라고 걱정하여 지나치게 체중을 측정하고, 체중을 빼기 위해서 설사약이나 이뇨제를 사용하거나 과도한 운동을 하기도 한다. 또 자신의 체형과 체중에 따라 자존심이 심하게 좌우되어 체중감소는 성취와 자기통제의 표시로 받아들여지는 반면, 체중증가는 용납될 수 없는 자기조절의 실패로 인식된다. 이러한 개인들 대부분은 문제에 대한 병식이 결여되어 있거나 문제를 부정하므로 심한 체중감소가 발생한 후 가족에게 이끌려 전문가에게 오게 된다.

아형   폭식을 하는 폭식/하제 사용형, 거식증 아형의 경우, 대부분 자가 유도
성 구토 혹은 하제, 이뇨제 혹은 관장제의 오용 등을 통해 비워 내는 행동(purge)을
한다. 거식증의 해당 아형에 속하는 일부 군은 폭식을 하지는 않지만 역시 소량의
음식 섭취 후 규칙적으로 비워 내는 행위를 보인다. 장애 경과 중 아형 간의 넘나듦
현상은 흔하다. 따라서 아형은 장기적 경로보다는 현재의 증상에 대한 설명으로써
사용되어야 한다.

(1) 진단적 특징 및 부수적 특징

거식증에는 다음과 같은 세 가지 중요한 특징이 있다. 지속적인 에너지 섭취 제
한, 체중증가 혹은 비만해지는 것에 대한 강렬한 두려움 혹은 체중증가를 막기 위한
지속적인 행동, 그리고 자신의 체중 혹은 체형에 대한 왜곡된 자기지각이다. 거식증
환자는 연령, 성별, 발달 궤적, 신체적 건강 맥락에서 정상 수준의 최소 한도보다 낮
은 수준을 유지한다(진단기준 A). 이들은 주로 현저한 체중감소의 결과로 해당 수준
의 체중을 유지하나, 아동 및 청소년의 경우는 체중감소 대신에 각자의 발달수준에
서 기대되는 것과 같은 체중증가를 이루지 못하거나 발달 궤적상의 체중을 따라가
지 못하는 것(신장이 증가하는 동안에도)으로 나타날 수도 있다.

진단기준 A는 해당인의 체중이 현저히 낮을 것을 명시하고 있다(즉, 정상 최소치
이하 혹은 아동 및 청소년의 경우 최소치에서 기대되는 수준 이하). 개인마다 정상 체중
범위에 차이가 있으며, 마름과 저체중의 정의에 대해 전문가들도 서로 다른 역치기
준을 제시하고 있으므로 체중평가는 어려운 부분일 수 있다. 체질량 지수(BMI; 체중
[kg]을 키[m]의 제곱으로 나눈 값)는 신장 대비 체중을 측정하는 유용한 도구다. 성인
에 대해서는 BMI $18.5\mathrm{kg/m}^2$가 질병통제예방센터(Centers for Disease Control and
Prevention: CDC)와 세계보건기구(World Health Organization: WHO)에 의해서 정
상 체중의 최소치로 채택되었다. 따라서 BMI $18.5\mathrm{kg/m}^2$ 이상의 대부분의 성인은
현저히 낮은 체중을 가졌다고는 판단하지 않는다. 반면 BMI $17\mathrm{kg/m}^2$ 이하는 WHO
에 의해 중등도에서 중도의 저체중으로 정의되었다. 따라서 $17\mathrm{kg/m}^2$ 이하의 BMI
를 가졌을 경우 현저히 낮은 체중으로 간주된다. BMI 17.0에서 $18.5\mathrm{kg/m}^2$ 사이 혹
은 $18.5\mathrm{kg/m}^2$의 경우라 하더라도 임상적 이력 혹은 기타 생리학적 정보가 뒷받침
된다면 현저히 낮은 체중을 지닌 것으로 간주될 수 있다.

아동 및 청소년의 경우에 BMI를 연령 내 백분위수로 판단하는 것이 유용하다. 성인에게서와 같이 아동 혹은 청소년에게서 정확한 값으로 현저히 낮은 체중을 가지고 있는지를 정의하는 것은 어려우며, 발달추이 내에서의 변화가 단순한 숫자적 가이드라인을 기반으로 한 판단을 제한한다. CDC는 해당 연령 BMI의 하위 5백분위수에 속하는 값을 저체중으로 정의하였으나, 해당 값 이상 범위에 속한 아동 및 청소년이라 하더라도 기대된 성장추이를 충족하지 못할 경우에는 현저히 저체중인 것으로 간주한다. 요약하면, 진단기준 A를 충족하는지를 판단하기 위해서 의료진은 해당인의 체격, 체중 이력 및 기타 생리학적 장해뿐 아니라 획득 가능한 수치적 가이드라인까지도 모두 고려해야 한다.

해당 장애를 가졌을 경우, 전형적으로 체중증가 혹은 비만해지는 것에 대한 강렬한 공포를 나타낸다(진단기준 B). 비만해지는 것에 대한 이러한 강렬한 공포는 보통 체중감소로 완화되지 않는다. 실상 체중증가에 대한 염려가 체중감소에도 불구하고 오히려 더해질 가능성도 있다. 거식증을 지닌 상대적으로 나이가 어릴 경우, 혹은 일부 성인의 경우, 체중증가에 대한 두려움을 인지하지 못하거나 인정하지 않을 수도 있다. 현저한 체중감소를 설명할 만한 또 다른 증거가 존재하지 않을 경우, 의료진은 이차적 이력, 관찰에 기반을 둔 데이터, 생리학적 및 랩 결과 혹은 체중증가에 대한 두려움 혹은 체중증가 방지를 위한 지속적인 행동을 암시하는 장기적인 경과 등을 사용하여 진단기준 B를 확립시켜야 한다.

해당 군 내에서는 체중 혹은 체형을 경험하는 방식과 해당 요소의 중요성이 왜곡되어 나타난다(진단기준 C). 일부는 몸 전체에 대해 과체중이라고 느끼며, 다른 이들은 본인이 전반적으로는 말랐으나 특히 배, 힙, 허벅지 등의 특정 부위가 '너무 뚱뚱하다'고 생각한다. 이들은 신체 사이즈나 체중을 평가하기 위한 다양한 기술들을 동원하는데, 여기에는 빈번한 체중 측정, 강박적인 신체 부분 측정 및 '뚱뚱하다'고 인지되는 부분을 지속적으로 거울로 체크하기 등이 있다. 거식증을 가진 경우, 자존감은 체형 및 체중에 대한 자기평가에 매우 크게 의존하는 경향이 있다. 체중감량은 자주 인상적인 성과로 평가되며 대단한 자기절제의 표상으로 여겨지는 반면, 체중증가는 자기통제에 대한 받아들일 수 없는 실패로 지각된다. 해당 장애를 가진 일부는 자신이 말랐다는 것을 인정할 수도 있으나, 해당 경우에도 자신의 영양결핍 상태가 의료적으로 미치는 심각성에 대해서는 인지하지 못한다.

보통 이들은 현저한 체중감소 이후(혹은 예상된 체중증가를 이루지 못한 경우) 가족 구성원에 의해 의료진에게 보여진다. 만약 이들이 스스로 의료진을 찾았을 경우에는 보통은 단식의 결과로 생기는 신체 및 생리적 고통 때문이다. 거식증을 가진 이가 체중감소 자체를 염려나 불만 사항으로 호소하는 경우는 드물다. 사실 거식증 환자는 보통 자기 문제에 대한 통찰력이 부족하거나 문제를 부인한다. 따라서 체중감소 이력 및 기타 해당 질병에 대한 특징을 검토하기 위해서는 해당 정보를 가족 구성원 혹은 기타 정보원으로부터 획득하는 것이 중요하다.

거식증의 진단을 지지하는 보조적 특징들을 살펴보면 다음과 같다. 거식증의 금식에 가까운 식이 제한 및 이따금 동반되는 구토 · 통변(purging) 행위는 중대하며, 잠재적으로 생명에 지장을 줄 수 있는 의료적 결과까지 낳을 수 있다. 이 장애와 연관된 영양적 희생은 주요 신체기관의 대부분에 영향을 주며 다양한 장해를 야기할 수 있다. 무월경 및 생리적 이상 장해가 흔하게 발생한다. 영양부족으로 인한 대부분의 생리적 이상은 영양회복과정을 통해 다시 돌이킬 수 있으나, 뼈의 미네랄 밀도 감소를 포함한 일부 이상은 완벽한 회복이 불가하다. 자가 유도 구토 및 설사제, 이뇨제 및 관장제의 오용과 같은 행위는 검사 결과에서 이상결과를 낳을 수 있는 몇 가지 이상을 초래할 수 있으나, 일부 거식증 환자는 검사결과에서는 이상결과를 보이지 않기도 한다.

심각한 저체중 시에, 거식증을 가진 많은 이는 우울한 기분, 사회적 위축, 성마름, 불면 및 섹스에 대한 흥미 저하 등과 같은 우울 신호 및 증상을 보인다. 이러한 특성들은 영양부족을 겪고 있으나 거식증은 없는 이들에게서도 비슷하게 발견될 수 있기 때문에, 우울적 특징들은 금식에 가까운 행위에 뒤따르는 생리적 결과의 부차적 결과로 보는 게 더 맞을 것이나 우울증상이 주요우울장애 진단을 요할 만큼 충분히 심각하게 나타날 수도 있다.

또한 음식과 연관되거나 연관되지 않은 강박증적 특성들 또한 자주 두드러진다. 대부분의 거식증 환자는 음식에 대한 생각으로 지배되어 있다. 일부는 레시피를 모으거나 음식을 쌓아 놓기도 한다. 기타 굶주림의 형태와 관련된 행태에 대한 관찰결과, 영양부족이 음식에 관련된 강박적 사고 및 강박적 행동들을 악화시킨다는 사실이 밝혀졌다. 거식증을 가진 이가 음식 및 체중과 관련되지 않은 강박적 사고 및 행동들을 보일 경우, 추가적인 강박장애(OCD) 진단을 요할 수 있다.

거식증과 이따금 연관성이 발견되는 기타 특징들로는 공공장소에서의 식이행위에 대한 염려, 무능감, 자신의 환경 통제에 대한 강한 열망, 융통성 없는 사고, 제한적 사회적 자발성 및 심각하게 통제적인 정서표현 등이 있다. 거식증의 제한형 대비, 폭식형/하제 사용형은 더 높은 충동성을 띠며 알코올 및 기타 약물을 남용할 가능성이 크다.

거식증군의 일부 집단은 과도한 신체활동을 보인다. 신체활동 증가는 자주 해당 장애의 발병 전에 시작되며, 장애의 진행과정 중 증가된 신체활동은 체중감소를 가속화한다. 치료 중 과도한 활동은 통제가 어렵기 때문에 회복에 걸림돌이 될 수 있다.

거식증을 가진 개인은 약물을 오용할 수 있는데, 그 방법으로는 체중을 감소시키거나 체중증가를 피하기 위해 복용량을 자기 맘대로 조절하는 것 등이 있다. 당뇨 환자는 탄수화물 대사를 최소화하기 위해 인슐린 투여를 하지 않거나 투여량을 줄이기도 한다.

(2) 유병률 및 진행과 경과

젊은 여성 사이의 12개월 내 유병률은 약 0.4% 수준이다. 남성 내 유병률에 대해서는 여성 대비 많이 알려져 있지 않으나, 여성 대비 남성에서는 유병률이 현저하게 낮으며, 임상군의 경우 여성 대 남성 비율이 10:1 수준이다.

거식증은 보통 청소년기 혹은 초기 성인기에 시작된다. 사춘기 전이나 40세 이후에 발병하는 경우는 희귀하지만, 이러한 사례도 보고된 바 있다. 해당 장애의 발병은 보통 대학을 가기 위해 집을 떠나는 것과 같은 스트레스적인 삶의 사건들과 연관된다. 거식증의 진행 및 경과는 매우 다양하게 나타난다. 어린 연령의 경우 '비만에 대한 공포'를 부정하는 등 비전형적 특성을 나타낸다. 연령이 높을 경우, 기간에 있어 더 장기화되는 경향을 띠며, 이들은 임상적으로 더 많은 해당 장애의 징후 및 증상을 보인다. 의료진은 단지 나이가 많다는 이유로 거식증을 감별진단에서 배제하여서는 안 된다.

많은 경우, 진단기준을 완전히 충족하기 전에 식이행동이 변화하는 기간이 존재한다. 거식증 환자의 일부군은 단일 삽화 후 완전 관해되며, 일부는 체중증가의 변동성 양상을 일정 기간 보인 후 재발하기도 하고, 또 다른 일부는 수년간 만성화된 경과를 보이기도 한다. 체중을 회복시키고 의료적 합병증을 해결하기 위해 입원이 필요할 수도 있다. 대부분의 거식증 환자는 5년간 장애 발현 후 관해되는 행태를 보인다. 입원 경험이 있는 환자 중에서는 관해율이 낮을 수 있다. 거식증의 조사망률(crude motality rate: CMR)은 지난 10년간 약 5% 수준이었다. 사망 원인 대부분은 장애의 합병증으로 인한 것이거나 자살에 기인하였다.

(3) 위험 및 예후요인과 특정 문화 관련 진단 문제

① 기질적 요인
아동기에 불안장애가 발병하거나 강박적 기질을 나타내는 경우 거식증 위험도가 높아진다.

② 환경적 요인
거식증 유병률의 역사적 기록 간 및 문화 간 차이는 문화와의 연관성과 마름이 추앙받는 배경 속에서의 해당 장애의 연관성을 암시한다. 모델과 전문 운동인과 같이 마름을 장려하는 직업 또한 위험률의 증가와 연결된다.

③ 유전 및 생리학적 요인
거식증을 가진 일촌관계의 생물학적 가족이 있는 경우 거식증 및 폭식증 위험성이 커진다. 거식증, 특히 폭식/하제 사용형의 아형과 일촌관계일 경우 또한 양극성 및 우울 장애의 위험성 또한 증가한다. 일란성 쌍둥이에서 거식증이 함께 존재할 확률은 이란성 쌍둥이에서의 확률보다 유효하게 높다. 기능 영상기술(기능 자기공명영상, 양전자방사 단층촬영)을 이용하여 찾은 거식증에서 일련의 뇌이상이 보고된 바 있다. 이러한 이상이 영양결핍과 연관된 것인지 해당 장애와 일차적으로 연관된 것인지의 상관성은 아직 명확히 나타나 있지 않다.

거식증의 특정 문화 관련 진단 문제는 다음과 같다.
거식증은 문화 및 사회적으로 다양한 모집단에서 발생하지만, 그 발병률 및 양상에 대해서는 문화 간의 차이가 현존하는 근거들에서 발견되고 있다. 거식증은 미국과 많은 유럽 국가, 호주, 뉴질랜드 및 일본과 같은 후기 산업사회, 고소득 국가에서 그 유병률이 가장 높으나 대부분의 저소득 및 중위 소득 국가에서의 유병률은 아직 잘 밝혀져 있지 않다. 미국 거주 히스패닉, 흑인 및 아시아인의 거식증 유병률이 비교적 낮긴 하지만 의료진은 해당 인종 중 섭식장애 환자의 정신과 관련 시설 이용률 역시 현저하게 낮으며 낮은 유병률이 일정 수준 이러한 편향에 기인했을 가능성을 인지해야 한다. 급식장애 및 식이장애 환자의 체중 관련 염려양상은 문화 맥락에 따라 크게 다르게 나타난다. 일명 '비만 공포증(fat phobia)'이라고도 불리는 체중증가에 대한 강렬한 공포표현의 결여는 식이 제한에 대한 근거가 보통 위장 관련 불편사항과 관련하여 나타나는 것이 더 문화적으로 받아들여지는 아시아의 모집단에서 더 흔하게 나타난다. 미국 내에서는 체중증가에 대한 공포를 직접 언급하지 않는 현상이 비교적 히스패닉 집단에서 많이 나타난다.

(4) 자살 위험과 기능적인 결과

거식증에서 자살 위험성은 높아지며, 그 비율은 연간 10만 명당 12명 수준이다. 거식증 환자에 대한 종합적인 검사는 자살 관련 생각 및 행동은 물론 자살시도를 포함한 자살에 대한 기타 위험요인에 대한 검증까지도 포함해야 한다. 거식증을 가진 경우 해당 장애와 관련된 일련의 기능성 제한을 겪게 된다. 일부는 사회 및 직업 기능성에서 활동성을 유지하나, 일부는 현저한 사회적 고립 및 학문 혹은 직업적 잠재성 성취 실패를 겪는다.

3) 신경성 폭식증

폭식증의 진단기준(DSM-5)

A. 반복적인 폭식 삽화. 폭식 삽화는 다음 두 가지 모두의 특징을 가진다.

　(1) 특정 시간 동안(예를 들어, 2시간 이내)에 대부분의 사람이 유사한 시간과 환경에서 먹는 양보다 더 많은 음식을 먹음
　(2) 삽화 동안 과하게 먹는 것에 대해 통제력의 상실감이 있음(예를 들어, 먹는 것을 멈추거나 무엇 또는 얼마나 먹는지에 대한 통제할 수 없는 기분)

B. 현재 체중증가를 막기 위한 부적절한 보상행동, 스스로 토하기; 하제, 이뇨제, 관장

약 혹은 다른 의약품의 오용; 단식; 혹은 과도한 운동

C. 평균적으로 폭식과 부적절한 보상행동은 모두 최소 3개월간 1주일에 한 번 나타난다.

D. 자기평가가 체형과 체중에 따라 과도하게 영향을 받는다.

E. 장해는 거식증 삽화 동안만 배타적으로 발생되는 것이 아니다.

현재의 심각도를 명시할 것: 심각도의 최저 수준은 부적절한 보상행동(하기 참조)의 빈도에 따라 책정됨. 심각도는 임상적 증상, 기능부전 정도 및 관리감독 필요성에 따라 더 높여서 진단할 수 있음

경도(Mild): 평균 일주일에 1~3회의 부적절한 보상행동
중등도(Moderate): 평균 일주일에 4~7회의 부적절한 보상행동
중도(Severe): 평균 일주일에 8~13회의 부적절한 보상행동
극단(Extreme): 평균 일주일에 14회 이상의 부적절한 보상행동

하제 사용형: 폭식증의 현재의 삽화 동안 정규적으로 구토를 유도하거나 하제, 이뇨제, 관장약을 남용함

신경성 폭식증(bulimia nervosa; 이하 '폭식증'으로 표기함)의 필수 증상은 폭식 후 체중증가를 막기 위한 부적절한 보상방법을 시도하는 것이다. 또한 폭식증이 있는 개인들의 자기평가는 체형과 체중에 의해 지나치게 영향을 받는다. 폭식증이라고 진단을 내리기 위해서는 폭식과 이에 대한 부적절한 보상행동이 평균적으로 적어도 주 2회씩 3개월 동안 일어나야 한다.

폭식은 일정한 시간, 일반적으로 2시간 이내의 제한된 기간에 대부분의 사람이 유사한 상황에서 먹는 양보다 분명하게 훨씬 많은 양을 먹는 것으로 정의된다. 폭식증이 있는 개인들은 특징적으로 그들의 이러한 식사 문제를 창피하게 여기며, 이러한 증상을 감추려고 노력한다.

폭식의 삽화에는 조절능력의 상실감이 수반되며, 체중증가를 방지하기 위해 반복적으로 부적절한 보상행동을 한다. 가장 흔한 보상행동으로 폭식의 삽화 후에 손이나 기구를 사용하여 구토를 유도하거나 하제와 이뇨제를 남용하기도 한다. 구토는 신체적 불편감을 해소하여 주고 체중증가에 대한 두려움을 경감시켜 주는 즉각적인

효과가 있다. 또 폭식을 보상하기 위해서 하루 또는 그 이상 금식을 하기도 하며, 과도하게 운동을 하기도 한다. 폭식증을 지닌 개인들은 거식증과 마찬가지로 자기평가에서 체형과 체중을 지나치게 강조하며, 이러한 요소들이 특징적으로 자존심을 결정하는 데 가장 중요한 요소가 된다. 그러나 이러한 장애가 단지 신경성 부진증의 삽화 동안에만 발생하였을 경우에는 폭식증의 진단이 내려져서는 안 된다.

(1) 진단적 특징 및 부수적 특징

폭식증에는 다음의 세 가지 중요 특징이 있다. 폭식 삽화의 반복(진단기준 A), 체중증가를 막기 위한 부적절한 보상행동(진단기준 B), 그리고 자기평가가 체형과 체중에 따라 과도하게 영향을 받는 것(진단기준 D)이다. 진단기준을 충족하려면 폭식과 적절치 못한 보상행동이 평균적으로 3개월간 일주일에 최소 1회 이상 발생해야 한다(진단기준 C).

한 번의 '폭식 삽화'란 특정 시간 동안 대부분의 사람이 유사한 시간과 환경에서 먹는 양보다 더 많은 음식을 먹는 것으로 정의된다(진단기준 A1). 먹는 맥락은 증상이 어느 정도로 과도한가를 정의하는 데 중요하게 작용한다. 예를 들어, 축하 파티나 명절기간 동안은 보통 식사량 대비 과도하다고 생각되는 양도 정상적인 것으로 간주된다. '특정 시간'이란 제한적인 시간으로 보통은 2시간 이내를 말한다. 한 폭식 삽화는 꼭 한 장소에서 발생할 필요는 없다. 예를 들어, 식당에서 폭식을 시작해서 집에 돌아오는 길까지 폭식을 계속할 수도 있다. 소량의 음식을 종일 지속적으로 간식처럼 먹는 것은 폭식으로 간주되지 않는다.

폭식증 삽화로 간주되기 위해서는 과도한 음식 소비는 통제력의 상실감(진단기준 A2)을 동반해야 한다. 통제력 상실의 신호는 한 번 시작하면 절제하거나 먹는 것을 멈출 수 없는 것을 말한다. 일부는 폭식 삽화 중 혹은 직후에 해리적인 특성을 보고하기도 한다. 폭식과 관련된 통제력의 장해는 절대적인 것이 아닐 수도 있다. 예를 들어, 전화벨이 울리는 동안에는 음식 먹는 행위를 지속하나 갑자기 룸메이트나 배우자가 들어올 경우에는 해당 행위를 멈출 수도 있다. 일부는 자신의 폭식 삽화가 순간의 통제력 상실감이 아닌 보다 광범위한 먹는 것에 대한 통제력 상실감이라고 묘사하기도 한다. 만약 내담자가 자신의 식이를 통제하는 데 대한 노력을 포기했다고 말한다면, 통제력 상실이 존재하는 것으로 보아야 한다. 폭식은 일부의 경우 계획적일 수도 있다.

　폭식 중 먹는 음식은 개인 내에서도 그리고 개인 간에도 다양하게 나타난다. 폭식은 특정 영양성분에 대한 집착이라기보다는 섭취 음식의 양적 측면에서의 이상으로 정의된다. 하지만 폭식 동안에 일부는 다른 때는 피하는 음식들을 먹기도 한다.

　폭식증을 가진 경우, 전형적으로 자신들의 식이 문제에 대해 수치감을 가지고 있으며 증상을 감추려는 노력을 한다. 폭식은 보통 비밀리에 혹은 가능하다면 눈에 띄지 않게 일어난다. 폭식은 보통 불편한 수준으로 심지어 고통스럽게 배가 부를 때까지 계속된다. 폭식의 가장 흔한 전조는 부정적 정서다. 기타 촉발요인에는 인간관계적 스트레스, 식이 제한, 체중·체형 및 음식에 대한 부정적 감정 그리고 지루함이 있다. 폭식은 단기적으로는 이러한 유발요인으로 인한 결과를 감소시켜 주지만, 부정적인 자기평가와 불쾌감이 폭식의 장기적인 결과로 나타난다.

　폭식의 또 다른 중요 특질은 체중증가를 막기 위한 반복적인 보상행동의 사용이며 이를 보통 구토/통변 행동(purge behaviors/purging)이라고 부른다(진단기준 B). 폭식증을 가진 많은 환자가 폭식을 보강하기 위한 몇 가지 방법을 가지고 있다. 구토가 가장 흔하게 나타나는 부적절한 보상행동이다. 구토의 즉각적인 영향으로는 신체적 불쾌감으로부터의 해방 및 체중증가에 대한 염려 감소가 있다. 어떤 경우에는 구토가 그 자체로 목적이 되어 구토를 위해서 폭식하거나 소량을 먹고 구토를 유발하기도 한다. 폭식증을 가진 경우 구토를 하기 위해 구역 반사를 유발하기 위한 손가락 및 기구 사용 등 많은 방법이 동원된다. 이들은 구토에 점점 능해져서 나중에는 의지만 가지고도 구토를 할 수 있게 된다. 드물게, 구토를 위해 토근 시럽(구토유발 약제)을 섭취하기도 한다. 또 다른 구토/통변 행동에는 하제 및 이뇨제 오용이 있다. 여러 다른 보상방법이 드물게 사용되기도 한다. 폭식증을 가진 경우 폭식 삽화 이후 관장제를 오용하기도 하는데, 이 방법이 단독 보상행위로 사용되는 경우는 드물다. 해당 장애를 가진 경우, 체중증가를 막기 위해 갑상선 호르몬을 복용하는 경우도 있다. 당뇨를 가진 폭식증 환자의 경우는 인슐린 투여를 건너뛰거나 양을 감소시켜서 폭식으로 인한 음식의 대사를 감소시키려 하기도 한다. 체중증가 방지를 위해서 폭식증 환자들은 하루 혹은 그 이상을 굶거나 과도한 운동을 할 수도 있다. 운동은 그 행위가 중요한 활동을 방해하거나, 적절하지 않은 시간에 시행되거나 혹은 적절하지 않은 상황에서 시행될 때, 혹은 부상 혹은 기타 질환 등에도 불구하고 운동을 할 때에 과도하다고 간주된다.

폭식증 환자들은 자기평가에 있어 자신의 체형 혹은 체중의 영향이 과도하게 영향을 미치며 이들의 영향이 자아존중감에 있어서도 큰 영향을 미친다(진단기준 D). 해당 장애를 가진 경우, 체중증가에 대한 두려움 및 자기 몸에 대한 불만족 측면에서는 거식증 환자와 매우 닮아 있다. 하지만 폭식증 진단은 해당 장해가 거식증 삽화 동안만 배타적으로 발생되는 경우 적절하지 않다(진단기준 E).

폭식증 진단을 지지하는 보조적 특징은 다음과 같다.

거식증을 가진 경우는 보통 정상 혹은 과체중 범위 내에 분포해 있을 가능성이 많다(성인 체질량지수[BMI] ≥18.5와 <30 사이). 비만인 경우에도 해당 장애가 발생하나 흔하지는 않다. 폭식증을 가진 경우 보통은 자신의 전체 칼로리 섭취량을 통제하며, 저칼로리(다이어트) 음식을 선호하는 반면 살이 찌게 하거나 폭식을 불러일으킬 것이라고 인식되는 음식은 피한다.

월경의 불규칙성 혹은 무월경은 폭식증을 가진 여성에게서 흔하게 발생한다. 이러한 이상이 체중변화에 따른 것인지 영양결핍에 따른 것인지 혹은 정서적 스트레스에 따른 것인지는 확실치 않다. 때로는 구토/통변 행동으로 인한 체액 및 전해질 이상이 그 자체로 의학적으로 심각한 문제가 될 수 있다. 흔하진 않지만 잠재적으로 치명적일 수 있는 합병증에는 식도 천공, 위 파열 및 심부정맥이 있다. 구토 유발을 위해 반복적으로 토근 시럽을 사용한 경우 심각한 심근 및 골격근 질환이 보고된 바 있다. 만성적으로 하제를 남용한 경우, 장운동 자극을 위해 하제에 의존적이 될 수 있다. 위장 관련 증상은 폭식증과 흔히 연관되며 직장탈출증 또한 해당 집단에서 보고된 바 있다.

(2) 유병률 및 진행과 경과

젊은 여성의 12개월 내 폭식증 유병률은 1~1.5%다. 시점 유병률은 젊은 성인군에서 가장 높은데, 이는 해당 장애가 후기 사춘기와 성인기 초기에 가장 두드러지게 나타나기 때문이다. 남성의 시점 유병률에 대해서는 여성 대비 많이 알려져 있지 않으나, 여성 대비 그 유병률이 훨씬 낮으며 여성 대비 남성의 성비는 약 10:1 수준이다.

폭식증은 보통 사춘기 혹은 초기 성인기에 시작되는데 사춘기 이전 혹은 40세 이후 발병은 흔하지 않다. 폭식은 체중감량을 위한 다이어트 이후 나타나는 경우가 많다. 여러 개의 스트레스적인 사건을 경험한 이후에도 폭식증이 처음 발병할 수 있다.

임상군에서 이상적인 식이행동은 최소 수년간 지속된 경우가 많았다. 그 진행은 관해와 재발을 반복하는 형태로 산발적일 수 있다. 장기간의 추적결과 많은 경우 치료 여부에 관계없이 증상이 감소하는 경향을 보였으나 치료가 확실히 예후에 영향을 미쳤다. 1년 이상의 관해기간은 더 나은 장기적인 결과와 연관된다. 유의미하게 높은 사망률(자살 및 모든 원인 포함)이 폭식증 환자군에서 보고되었다. 폭식증의 조사망률(CMR)은 10년간 2% 수준이다.

초기 폭식증에서 거식증으로의 진단 이동률은 소수다(10~15%). 거식증으로의 이동을 나타낸 경우 보통 폭식증으로 돌아오거나 거식증-폭식증 간 진단을 반복적으로 받는 경우가 많다. 폭식증 환자의 일부 군은 폭식행동은 지속하지만 부적절한 보상행동을 더 이상 하지 않아 폭식증 및 기타 특정형 섭식장애 진단기준을 충족하지 않을 수 있다. 진단은 현재(즉, 최근 3개월간)의 양상에 기반을 두고 행해져야 한다.

(3) 위험 및 예후요인과 특정 문화 관련 진단 문제

위험 및 예후요인은 기질적으로는 체중에 대한 염려, 낮은 자아존중감, 우울증상, 사회불안장애 및 아동기의 과불안장애가 폭식증 발달의 위험성과 연관된다. 또한 환경적 위험요인은 마른 몸에 대한 이상을 내재화하는 것이 체중에 대한 염려 위험성을 증가시키며, 그 결과 폭식증의 발병 위험성도 증가시키는 것으로 보고되었다. 아동기에 신체적 및 성적 학대를 경험했을 경우 폭식증이 발병할 위험성이 높아진다. 유전 및 생리학적으로는 아동기의 비만 및 초기 사춘기의 성숙이 폭식증 발달의 위험성을 증가시킨다. 가족 내 폭식증 전달 및 해당 장애에 대한 유전적 취약성 또한 존재하는 것으로 보인다. 특히 정신과적 동반이환의 심각성이 폭식증의 부정적 예후를 예견한다.

특정 문화 관련 진단 문제를 살펴보면 폭식증은 미국, 캐나다, 많은 유럽 국가, 호주, 미국, 뉴질랜드 및 남아프리카를 포함한 대부분의 산업화 국가에서 비슷한 비율로 발생한다. 미국에서의 폭식증에 대한 임상 연구결과, 해당 장애군의 다수는 백인인 것으로 나타났다. 하지만 다른 인종에서도 역시 해당 장애가 나타나며 백인에게서와 같은 비율로 나타나는 것으로 보인다.

폭식증은 남성 대비 여성에게서 보다 흔하게 나타난다. 특히 남성은 치료를 위해 전문가를 찾는 집단에서는 그 비율이 낮으며 그 이유는 현재까지 체계적으로 연구되지 않았다.

(4) 자살 위험과 기능적인 결과

폭식증에서 자살 위험성은 증가한다. 여기에 해당되는 사람들에 대한 종합평가는 자살 관련 생각과 행동은 물론 과거 자살시도 등 자살의 위험요인에 대한 평가도 포함시켜야 한다. 폭식증을 가진 경우 해당 장애와 연관된 일련의 기능적 제한점들을 나타낼 가능성이 있다. 소수는 심각한 역할 측면에서의 장해를 겪는데, 특히 사회적 영역에 있어서 폭식증으로 인해 가장 큰 영향을 받는다.

4) 회피적/제한적 음식섭취장애

회피적/제한적 음식섭취장애의 진단기준(DSM-5)

A. 섭식 혹은 급식장해(예: 먹는 것이나 음식에 대한 흥미부족이 뚜렷함. 음식의 감각적 특징으로 인한 회피. 섭식에 대한 회피적 결과에 대한 걱정)가 적절한 영양적 필요 그리고/혹은 에너지 요구에 지속적으로 충족되지 못하며, 다음 중 하나(혹은 그 이상)와 관련된다.

  (1) 현저한 체중감소(아동의 경우 발달수준에 부합하는 체중증가 성취 혹은 성장부진)
  (2) 현저한 영양결핍
  (3) 장관식이(enteral feeding) 및 영양보조제에 대한 의존
  (4) 심리사회적 기능에서의 주목할 만한 방해

B. 장해가 이용 가능한 음식의 결여나 문화적으로 용인된 관습에 의해 더 잘 설명되지 않는다.

C. 섭식장해가 거식증 혹은 폭식증 기간 동안에만 배타적으로 일어나지 않으며, 몸무게 혹은 체형에 대한 이상 경험에 의해 간섭되었다는 증거가 없다.

D. 섭식장해는 해당인의 현재 의학적 상태가 원인이거나 다른 정신장애로 더 잘 설명되어서는 안 된다. 다른 상태나 장애의 맥락에서 나타난다면 섭식장해의 심각도가 그 상태나 장애에 보통 동반되는 정도를 초과하며 추가적인 임상적 주의를 요한다.

(1) 진단적 특징 및 부수적 특징

회피적/제한적 음식섭취장애(Avoidant/Restrictive Food Intake Disorder)는 DSM-IV의 유아기 또는 초기 아동기 급식장애를 대체한다. 회피적/제한적 음식섭취장애의 주요 진단적 특징은 음식 섭취의 회피 혹은 제한인데(진단기준 A), 이는 적절한 영양적 필요 및 에너지 요구를 입을 통하여 섭취하는 데 임상적으로 유효한 수준으로 지속적으로 실패하는 것으로 나타난다. 다음 주요 증상 중 하나 이상이 발현되어야 한다. 현저한 체중감소, 현저한 영양결핍(혹은 연관된 건강상의 결과), 장관식이 및 영양보조제에 대한 의존, 혹은 심리사회적 기능에서의 주목할 만한 방해. 체중감소가 유의한 수준인지를 결정하는 것(진단기준 A1)은 임상적 판단에 의거한다. 체중감소 대신 완벽한 성숙을 이루지 못한 아동 및 청소년의 경우 발달단계에 합당한 체중 및 신장 증가추이를 유지하지 못할 수도 있다.

현저한 영양결핍(진단기준 A2) 또한 임상적 평가를 기반으로 하며(예: 섭취 식이평가, 신체검사 및 랩검사), 연관된 건강상의 결과는 거식증에서 보일 수 있는 심각성의 수준과 유사할 수 있다(예: 저체온증, 서맥, 빈혈). 심각한 경우, 특히 영아에서 영양결핍은 생명에 위협을 줄 수 있다. 장관식이 및 영양보조제에 대한 '의존'(진단기준 A3)은 보조식이가 해당인의 적정수준 섭취에 필수적이라는 것을 뜻한다. 보조식이를 필수적으로 요하는 사례의 예로는 다른 의료적 질환이 없음에도 경비 위관(naso-gastric tube)식이 없이 연명이 불가한 영아와 완전식품 보조제에 의존해야 하는 신경발달장애를 가진 아동, 그리고 위루관을 통한 식이 혹은 경구 섭취용 완전식품 보조제에 의지해야 하는 경우 등이 있다. 다른 사람들과의 식사와 같은 일반적인 사회활동 혹은 장해로 인한 관계 지속의 어려움이 심리사회적 기능에서의 주목할 만한 방해를 일으키는 것을 뜻한다(진단기준 A4).

회피적/제한적 음식섭취장애는 이용 가능한 음식의 결여나 문화적 관습으로 인한 경우(예: 종교적 금식 혹은 종교적으로 정상적 식이)를 포함하지 않으며(진단기준 B), 발달적으로 정상적 행동도 포함하지 않는다(예: 아동의 편식, 고연령 성인의 식이량 감소). 장해는 체중 및 체형에 대한 과도한 염려로 더 잘 설명되지 않으며(진단기준 C) 현재의 의료적 상태 및 정신과적 질환에 의해서도 더 잘 설명되지 않아야 한다(진단기준 D).

일부에게서는 음식 회피 및 제한이 음식 외형, 색깔, 향, 촉감, 온도 및 맛에 대한 극단적 민감성, 즉 음식의 감각적 특성을 기반으로 하여 발생하기도 한다. 이러한 행동은 '제한적 섭취(restrictive eating)' '선택적 섭취(selective eating)' '까다로운 섭취(choosy eating)' '인내적 섭취(perseverant eating)' '만성 음식 거부(chronic food refusal)' '식품 기신증(food neophobia)' 등으로 묘사되어 왔으며 특정 브랜드의 음식 섭취 혹은 타인의 음식 먹는 냄새를 거부하는 행태로 나타날 수 있다.

음식 회피 및 제한은 또한 목막힘, 외상을 남기는 장면의 목격(예: 위내시경을 통한 위장의 모습) 혹은 반복적 구토 등 음식 섭취 관련 부정적 경험 이후 혹은 예상되는 경험에 대한 연상으로 인한 부정적 조건반응으로서 나타날 수도 있다. 이러한 상태는 기능적 연하곤란(functional dysphagia) 및 히스테리구(globus hystericus)라는 용어를 사용하여 묘사되어 왔다.

진단을 지지하는 부수적인 특징을 살펴보면 다음과 같다.

섭식행위 및 음식 자체에 대한 흥미 결여 및 그 결과로 나타나는 체중감소 혹은 성장지연 등 몇 가지 특성이 음식 회피 및 제한적 음식 섭취와 연관될 수 있다. 매우 어린 영아의 경우 급식을 하기에 너무 졸리거나 고통스럽거나 불안하게 보일 수 있다. 영아 및 아동의 경우 다른 활동 대비 급식 중 주양육자와 상호작용하지 않거나 배고픔에 관한 의사소통을 하지 않는 형태로 나타날 수 있다. 보다 나이가 많은 아동 및 청소년의 경우에는 음식에 대한 회피 및 제한이 불안, 우울 및 양극성 장애의 진단기준을 충족하지 않는 보다 일반적인 정서적 어려움으로 나타나, 가끔은 음식 회피적 정동장애(food avoidance emotional disorder)로 불리기도 한다.

(2) 유병률 및 진행과 경과

음식 섭취의 부족 혹은 흥미 결여와 관련되는 음식 회피 혹은 제한은 보통 영아기 혹은 초기 아동기에 나타나 성인기까지도 지속될 수 있다. 이와 유사하게 음식의 감각적 특성에 기반을 둔 회피 또한 보통 일생의 첫 십 년 동안 나타나 성인기까지 지속될 수 있다. 혐오적 경험의 결과로 발생하는 회피는 어느 연령에서나 발생 가능하다. 장기적 예후에 대한 아주 적은 수의 문헌만이 감각적 측면에 기반을 둔 음식 회피 혹은 제한이 상대적으로 안정적이며 장기화적 특성을 띤다고 보고하고 있으나 성인기로 지속될 경우 이러한 회피/제한은 비교적 정상적인 기능성과 연관되어 존재할 수 있다. 현재 회피적/제한적 음식섭취장애와 이후의 섭식장애 간의 연관성을 직접적으로 연관 지을 만한 증거는 불충분하다.

회피적/제한적 음식섭취장애를 가진 영아는 급식을 하는 동안 짜증을 내기 쉬우며 달래기가 어려울 수 있고 혹은 무심해 보이거나 소극적이어 보일 수도 있다. 일부 경우에는 부모-자녀 상호작용이 영아의 급식 문제에 기여하기도 한다(예: 음식을 잘못 제시하거나, 영아의 행동을 폭력 혹은 거절로 잘못 해석하기 등). 불충분한 영양 섭취는 연관된 특성(예: 성마름, 발달지연)을 더욱 악화시켜 급식 어려움에 더욱 기여할 수도 있다. 관련된 요인에는 영아의 기질 혹은 영아의 급식에 대한 반응성을 감소시키는 발달적 장해 등이 포함된다. 만약 양육자의 교체로 급식 및 체중에 대한 개선이 이루어질 경우에는 함께 존재하는 부모의 심리적 장애 혹은 아동 학대 및 방임이 관련 요인 중 하나로 고려되기도 한다. 영아, 아동 및 사춘기 전의 청소년에게서의 회피적/제한적 음식섭취장애는 성장지연으로 연결되면 그로 인한 영양실조는 발달 및 학습 잠재력에 부정적 영향을 미친다. 나이가 많은 아동, 청소년 및 성인에게서는 사회적 기능성이 부정적으로 영향을 받는 경향이 있다. 연령에 관계없이 가족 및 친척과의 식사시간 및 기타 급식 및 음식 먹는 맥락에서의 높은 스트레스로 가족의 기능성이 영향을 받을 수 있다. 회피적/제한적 음식섭취장애는 성인보다는 아동에게서 나타나기 쉬우나 발병과 임상적 발현시기 간 시간적 지연이 길게 나타날 수는 있다. 발현 촉발의 계기는 매우 다양하며 신체적, 사회적 및 정서적 어려움 등이 그 계기로 작용할 수 있다.

(3) 위험 및 예후요인과 특정 문화 관련 진단 문제

기질적으로는 불안장애, 자폐 스펙트럼 장애, 강박장애, 주의력결핍/과잉행동 장애가 이 장애의 특징인 회피 혹은 제한적 급식 혹은 섭취적 행동의 위험성을 증가시킬 수 있다. 환경적으로는 회피적/제한적 음식섭취장애의 환경적 위험요인에는 가족적 불안이 포함된다. 급식장애율은 섭식장애를 가진 엄마의 아이에게서 보다 높게 나타난다. 유전 및 생리적으로는 위장 관련 질환, 위역류성 식도장애, 구토 및 일련의 기타 의료질환 이력이 이 장애의 특징인 회피 혹은 제한적 급식 혹은 섭취적 행동의 위험성과 연관되어 왔다.

특정 문화 관련 진단 문제를 살펴보면 회피적/제한적 음식섭취장애와 유사한 양상이 미국, 캐나다, 호주 및 유럽을 포함한 다양한 모집단에서 나타난다. 회피적/제한적 음식섭취장애는 음식 섭취에 대한 회피가 단지 특정한 종교 혹은 문화 수행에 기반을 두어 발생하였을 경우에는 진단하지 않는다.

(4) 성별 관련 사항 및 기능적 결과

회피적/제한적 음식섭취장애는 영아 및 초기 아동기에는 남성과 여성에게 동등한 비율로 나타나지만 자폐 스펙트럼 장애와 동반되는 회피적/제한적 음식섭취장애는 남성에게서 훨씬 많다. 감각의 민감성 변화로 인해 나타나는 음식 회피 혹은 제한은 생리적 상태에서 나타날 수 있는데, 특히 임신기간에 두드러진다. 하지만 임신기간의 경우에는 보통 모든 진단조건을 충족하여 해당 진단을 요할 정도로 극단적으로 나타나지는 않는다.

신체 발달의 손상과 사회적 어려움을 포함한 발달상 및 기능상의 제한은 가족의 기능에 현저한 부정적 영향을 끼칠 수 있다. 회피적/제한적 음식섭취장애와 가장 많이 동반되는 질환은 불안장애, 강박장애 및 신경발달장애(특히 자폐 스펙트럼 장애, 주의력결핍/과잉행동 장애, 지적발달장애)다.

2. 원인

브루흐(Bruch, 1973, 1978, 1982, 1987)는 섭식장애가 일차적으로는 체중이나 음식에 대한 집착이 주 문제가 된다고 볼 수 있지만, 이보다 더 중요한 문제는 자기개념의 장애라고 본다. 이 장애에 속하는 사람들은 자신을 무력하고 쓸모없는 사람이라고 지각하며, 자율성을 상실하여 자신의 신체적인 기능을 스스로 통제할 수 없다고 느낀다. 이 환자들은 깊게 뿌리를 내린 자신의 무가치함과 무능력함을 완벽주의적 행동으로 방어하려 든다. 이들은 음식을 조절함으로써 불안과 심리적인 문제를 변형시키려 한다.

정신역동적 관점에서 발달상의 근원을 추적해 보면, 영아시기의 아이와 어머니와의 관계의 장애에서 비롯된다고 한다. 이들의 어머니는 아이의 필요에 따라 반응하기보다는 어머니 자신의 필요에 따라 아이를 양육한다. 아이는 어머니에게서 받고자 했던 안심시키고 확신시키는 반응이 없을 때 건강한 자기감(sense of self)을 발

260

달시키지 못한다. 그렇게 되면 스스로 자신은 자율성의 주체가 되지 못하고 단지 어머니의 한 부분에 지나지 않는 것으로 여기게 된다. 결국 아동은 자신을 분리된 하나의 인격체로 보지 못하고 어머니의 오른팔이라고 생각한다. 이런 이후에 환자들이 보이는 증상은 스스로가 타인과는 다른 특별하고 독특한 사람이라는 인정을 얻으려는 필사적인 노력이다.

그러나 이 질환의 임상적인 환자들의 역동은 위에서 언급한 특징들 외에도 이 질환 사람들의 유병률이 점점 증가하고 대중매체들이 모든 종류의 섭식장애에 대해 지나치게 초점을 맞춤에 따라 가장 날씬하고 독특하고자 하는 경쟁심에서 비롯된 증상으로도 보인다.

매스터슨(Masterson, 1972, 1977)은 일부 거식증과 경계성 성격장애 간의 유사점을 주장하였다. 그는 아동이 주체감을 상실하면 어머니를 기쁘게 하기 위해서 거짓 자기(false self)를 발달시킨다고 보았다. 이 작은 아이는 어머니가 자신을 버리지 않을 것이라고 스스로 확신하는 방편의 하나로 완전한 아동이 되고자 노력한다는 것이다. 그러나 이렇게 강요된 역할 때문에 시간이 지나면서 원한은 더욱 커지게 되고, 오랫동안 발달시키지 못해 왔던 진정한 자기를 비로소 주장하고 전면적으로 복수하는 방법의 일환으로 거식증상이 생긴다고 본다.

거식증의 발달 가설들은 대부분 어머니와 딸의 관계에 초점을 맞추고 있다. 그러나 딸과 아버지의 관계에도 특징적인 양상을 보인다는 사실을 벰포드와 레이티(Bemporad & Ratey, 1985)가 발견하였다. 이 증상을 가진 환자들의 아버지는 겉으로는 지지적인 것처럼 보이나, 진정으로 딸이 필요로 할 때는 정서적으로 딸을 버린다고 한다. 또 대부분의 아버지는 딸을 따뜻하게 대하기보다는 오히려 딸에게서 정서적인 지지를 받으려 할 뿐만 아니라, 부모 모두 결혼에 대한 불만감을 지니고 딸에게서 정서적인 도움을 받으려고 든다.

3. 치료

1) 정신역동치료

(1) 거식증의 치료적 고찰

거식증 환자를 치료하려는 임상가들은 치료목적을 체중회복으로 좁게 잡아서는 안 된다는 데 의견을 일치하고 있다(Boris, 1984a, 1984b; Bruch, 1973, 1978, 1982, 1987; Chessick, 1985; Hsu, 1986; Powers, 1984). 가너 등(Garner et al., 1986)은 소위 '복선(複線, two-track)' 치료법을 주장하였다. 첫 번째 단계에서는 체중증가를 위하여 섭식을 회복시키고, 이 단계가 완성되면 두 번째 단계로 정신치료를 시작하는 것이다. 환자들은 단지 체중조절을 위하여 고안된 교육적 방법을 사용할 때보다는 가족치료와 역동적 개인치료를 혼합하였을 때 훨씬 더 나은 결과를 보였다(Hall & Crisp, 1983). 치료의 기초가 되는 것은 장기간의 개인적 표현 · 지지 정신치료다. 오래전부터 있어 온 자기의 손상과 그에 동반되는 내적 대상관계의 왜곡을 다루지 않는 한 환자는 반복된 재발과 입원의 과정을 밟게 될 것이다(Bruch, 1982). 외래환자를 위해서는 개인치료와 함께 가족치료를 병행하면 좋을 것이다. 어떤 환자들은 집단 정신치료로 효과를 보이지만, 몇 가지 자료를 보면 집단치료로 호전을 보이는 환자의 대부분은 성격장애가 없는 환자들이었다(Mahler, 1984).

입원을 하는 것도 개인 정신치료에 도움이 될 수 있다. 입원치료의 적응증에 대하여 일치된 의견은 없지만, 정상의 30% 이상 체중이 감소되었을 때는 입원시켜야 한다(Garfinkel & Garner, 1982). 입원 상황에서 치료자가 환자 개인 상황을 고려한 치료개입을 한다면 입원치료 중에 대다수의 환자가 체중을 회복한다고 한다.

병원치료자들은 병원환경에서 가족과의 갈등이 환자 자신도 모르게 재연될 수도 있다는 점을 주시하여야 한다. 치료자들은 환자의 부모처럼 강요하거나 지나친 관심을 갖지 않으면서 환자가 체중을 회복하는 데 관심이 있다는 것을 환자에게 알려야 한다. 간호사는 음식 섭취에 대한 환자의 불안을 털어놓을 수 있는 대상이 되어 주고, 자주 조금씩 음식을 섭취하도록 함으로써 환자가 통제능력을 상실할지도 모른다는 공포를 해결하는 데 도움을 줄 수 있다. 체중이 증가하였다면 환자에게 알리는 동시에 긍정적 강화를 꼭 하도록 한다. 사람들이 알지 못하도록 구토를 하거나 하제를 사용한다면 이를 꼭 지적하고 문제시하여야 한다. 치료진은 체중을 지나치게 증가하게 하지는 않을 것임을 환자에게 확신시킬 필요가 있으며, 그렇게 해서 치료진에 대한 믿음을 갖도록 도움을 준다.

개인치료와 가족치료가 입원 전에 시작될 경우 입원 중에도 계속하여야 한다. 주요우울증의 진단 범주에 해당되는 환자인 경우에는 항우울제가 도움이 된다. 물론 약간의 우울증상은 체중이 증가되면서 호전되기도 한다. 정상체중의 회복을 도모할 뿐 이로 인해 강한 불안을 무시하게 되는 단기 입원은 별로 효과적이지 못하다 (Bruch, 1982).

표현 · 지지적 개인 정신치료는 환자의 강력한 저항 때문에 수년간의 고통스러운 작업을 필요로 한다. 다음 원칙은 이들의 치료에 유용할 것인데, 이는 거식증 환자의 정신치료의 기술적 원칙이다.

- 섭식행동을 변화시키기 위한 지나친 노력은 피한다.
- 치료 초기에는 해석을 피한다.
- 역전이가 발생하는 것을 주의 깊게 감시한다.

① 섭식행동의 변화를 너무 서두르지 말자

보리스(Boris, 1984b)가 관찰하였듯이, 우리가 '증상'이라고 부르는 것을 환자는 '구원(救援)'이라고 부른다는 것이다. 환자는 거식증을 내적 문제에 대한 해결책으로 생각한다. 정신치료자가 증상을 변화시키지 않으면 안 될 하나의 문제로 정의하는 데만 급급하다면, 그 치료자는 치료동맹을 형성할 좋은 기회를 놓치게 될 것이다. 바로 이 치료자처럼 환자의 부모도 거식증과 연관된 행동이 변화되도록 요구하며, 또 기대를 해 왔던 것이다. 치료자는 투사적 동일시를 통하여 부모와 연관된, 환자의 투사된 내적 대상과의 동일시에 대한 강한 압력을 경험하기 쉽다. 치료자는 그 압력을 행동화하고 하나의 부모상이 되는 대신에 환자의 내적 세계를 이해하려는 노력을 하여야 한다. 이러한 강화책의 하나가 섭식과 대화의 균형을 맞추는 것이다. 음식을 거부함으로써 부모를 자극했던 것처럼, 환자는 대화를 거절함으로써 치료자를 화나게 할 것이다(Mintz, 1988). 따라서 치료 초기에는 치료의 일차적 목적이 음식을 먹지 않는 문제를 이해하는 것이 아니라 기저에 흐르는 환자의 감정적 장애를 이해하는 것임을 명백히 하는 것이 도움이 될 것이다(Bruch, 1982; Chessick, 1985).

② 환자 스스로 자신의 감정을 알아 갈 수 있게 도와준다

환자의 섭식행동과 관련되는 무의식적 소망이나 공포에 대하여 해석해 준다면, 거식증 환자는 이를 자신의 인생 이야기의 또 한 번의 반복으로만 경험할 것이다. 차라리 치료자의 임무는 환자의 내적 경험을 인정하고, 또 그것에 공감해야 한다는 것이다(Bruch, 1987; Chessick, 1985). 치료자는 환자가 생각하고 느끼는 것에 대하여 적극적으로 흥미를 가져야 하며, 환자는 자신의 질병에 대하여 스스로의 생각을 갖고 있는 자발적인 인간이라는 치료자 자신의 생각이 환자에게 전달되도록 해야 한다. 환자가 스스로 자신의 감정 상태를 명확히 아는 것은 매우 중요하다. 이러한 감정에서 나온 행동과 결정은 정당한 것으로 존중되어야 한다. 치료자는 환자가 여러 선택사항을 알도록 도와주어야 하지만, 어떤 행동을 강요해서는 안 된다(Chessick, 1985). 치료 초기의 이러한 공감적이고, 자아 건설적이며, 지지적인 방법은 치료자를 온화한 대상으로 받아들이도록 촉진할 것이다. 브루흐(1987)는 긍정적 측면을 강조하여 환자가 치료를 스스로의 긍정적인 품성을 발견하는 경험으로 받아들여야 한다고 주장하였다. 보리스(1984a)가 해석을 사용하는 데 약간 더 낙관적이기는 하지만, 환자가 스스로를 알게 될 때까지는 해석을 유보하라고 권유하였다. 또 해석을 할 때라도 환자에게 직접 하기보다는 마치 일반적인 예를 제시하는 듯이 돌려서 함으로써 치료적 관계상에서의 거리를 유지하고, 환자의 경계를 존중할 것을 고려하였다.

③ 역전이 유발을 주의 깊게 살핀다

환자들은 부모가 체중의 회복을 원하는 이유를 다른 사람들의 눈에 실패한 것으로 보이지 않기 위한 것이라고 믿고 있다(Powers, 1984). 이런 면에서는 치료자도 역시 불안해지기 쉽다. 특히 치료자는 환자의 체중회복에 실패하면 남들이 자신의 치료에 대해 부정적으로 평가한다고 느끼기 시작할 것이다. 이러한 역전이적 염려 때문에 치료자는 환자 부모와의 동일시라는 덫에 걸리게 된다. 개인 정신치료를 위한 이상적 상황에서는 체중회복은 다른 치료자에게 맡기고, 이 치료자는 기존의 심리적 문제만을 다루는 것이 좋다. 체중조절을 위하여 입원치료가 필요할 때 입원시킨 정신과 의사는 음식 섭취만을 관리하고, 정신치료자는 정신치료만을 계속한다. 이러한 방식을 전제로 하여 정신치료자와 치료진이 함께 협력하는 치료가 환자에게 효과적일 수 있다.

이러한 치료 지침들이 유용하기는 하지만, 이대로 따른다고 해서 치료가 완벽하게 된다고 장담할 수는 없다. 정신치료자들은 환자가 내부적으로는 치료과정을 지연시켜 결국에는 다시 혼자가 되려는 경향을 가지고 있다는 것에 대하여 잘 참아 내고 유연하면서도 끈기 있는 자세를 가져야 한다. 마지막으로 거식증 환자를 치료하는 임상가는 이 질병이 치명적이라는 사실에 유의하여야 한다. 장기간의 예후를 조사한 연구에서 거식증 환자의 약 14%는 자살이나 합병증으로 사망하였다(Hsu, 1991)는 보고가 있다. 그러나 발병 4년 후 평가하였을 때 75%의 환자는 증상이 현저하게 호전되었다는 낙관적인 견해도 있다.

(2) 폭식증의 치료적 고찰

폭식증의 치료에서 가장 중요한 한 가지 원칙은 환자 개개인에 맞추어 치료계획을 세워야 한다는 것이다. 우울증, 성격장애 및 물질남용 등 동반되는 정신과적 질환들이 총체적 치료계획의 일부로 다루어져야 한다. 모든 폭식증 환자를 똑같이 치료하려는 일관된 치료계획은 일부분에서만 도움이 될 것이다. 왜냐하면 폭식증 환자군의 유전적 이질성을 파악하는 데 실패하였기 때문이다. 폭식증 환자 중 약 1/3은 비교적 건강한 군으로서 인지행동치료와 정신교육 프로그램을 포함한 단기치료에 잘 반응한다고 보고 있다(Johnson, Connors, & Tobin, 1987; Johnson, Tobin, & Enright, 1989). 그러나 인지행동 요법과 항우울제로 치료한 폭식증 환자를 2년 이상 추적한 결과 이들의 16~50%는 계속해서 폭식증으로 진단되었으며, 9~37%는 때때로 폭식과 구토가 반복되는 고통을 겪고 있었다.

역동적 치료가 이 질환군에 반드시 필요한 것이 아닐 수도 있겠지만, 대부분의 폭식증 환자가 이 치료로 도움을 받는다는 것은 사실이다. 반응을 하지 않는 환자들의 약 2/3는 경계성 성격장애 환자이며(Johnson et al., 1989), 나머지는 또 다른 성격장애나 우울증을 함께 앓고 있는 환자일 가능성이 많다. 이들은 대체로 장기간의 표현·지지 정신치료가 필요하며, 동시에 약물치료도 병행하여야 한다. 많은 환자가 폭식증상에 대하여 행동요법을 사용하는 것에 불평을 하는 것은 사실이다(Yager, 1984).

따라서 행동치료로 치료의 효과를 거두기 위해서는 성장애에서든 섭식장애에서든 간에 우선은 확고한 치료동맹을 잘 맺는 것이 필요하다. 존슨(Johnson et al., 1987)은 인지행동적 관점에서 볼 때 폭식증의 증상관리가 강한 치료동맹에 달려 있으며, 전이의 분석을 통하여 이 동맹의 발달과 유지가 촉진된다는 사실을 지적한다. 이들의 모형에서는 한 치료자가 증상조절을 강화함과 동시에 행동요법의 지속적 효과를 방해하는 전이를 분석하는 두 가지 임무를 동시에 수행한다.

폭식증은 생명을 위태롭게 할 수도 있다. 환자들에게 전해질 불균형 때문에 심장마비를 일으킬 정도까지 될 수 있다는 사실을 알려야 한다. 그러므로 입원 상황에서뿐만 아니라 외래치료에서도 혈액화학적 추적감시는 필수적이다. 많은 폭식증 환자는 경계성 성격장애와 주요 정동장애를 동반하는 경우도 적지 않아 자살기도나 심각한 자해 위협을 막기 위해 입원이 불가피할 수도 있다. 입원치료는 개개의 환자에 따라서 총체적 치료계획을 따라야 하며, 독실에 감금하여 증상조절을 하거나 정상적 식사시간표를 적용하고, 영양사를 이용하여 정신교육적 조언을 하며, 매일 일기를 쓰게 하는 등의 임무를 함께 수행한다. 입원치료는 환자의 내적 대상관계를 더 잘 이해할 수 있는 기회를 치료자에게 제공하기도 한다. 따라서 입원치료를 통해 더 자세한 진단적 이해가 가능해지며, 더욱 적절한 치료계획을 수립할 수 있게 된다.

폭식증 역시 가정 내에서의 평형적 균형을 맞추려는 시도이므로 개인치료와 함께 가족치료나 가족개입이 필요하게 된다. 가족체계를 무시하였을 때, 치료자는 환자의 호전이 다른 가족에게는 엄청난 위협이 될 위험성이 있음을 경험하게 된다. 이러한 위협에 대한 방어적 반응으로 폭식증 환자의 치료 자체가 늦어지거나 다른 가족 구성원에게 심각한 기능장애를 유발할 수 있다. 가정 내에서 폭식증 환자에 대한 이해가 필요하며, 부모는 치료를 거부하지 않도록 해야 한다(Humphrey & Stern, 1988).

역동적 집단정신치료도 유용한 보조치료로 사용될 수 있다. 즉, 폭식증 환자에 대한 집단치료의 효과를 증명하는 경험적 문헌이 점점 늘어나고 있다(Harper-Giuffre, Mckenzie, & Sivitilli, 1992; Liedtke et al., 1991; Mitchell & Eckert, 1987). 외래 상황에서 이들 환자에게 집단 정신치료를 시행하였던 보고 열여덟 가지를 종합한 오에스테르엘트(Oesterheld et al., 1987)는 신중한 낙관론을 펼쳤다. 집단 정신치료가 평균 70%의 환자에게서 폭식증상을 효과적으로 감소시켰다는 의견일치가 있었던 것이다. 그러나 대부분의 연구에서 탈락자들을 통계에서 제외하였으므로 다소 과장되었다고 볼 수 있다. 대부분의 집단에서 경계성 성격장애와 또 다른 심한 성격장애 환자들을 치료대상에서 제외할 경우 탈락률은 매우 높아진다. 또한 장기적 추적자료도 없었다. 다만 집단치료자들은 개인치료자와 마찬가지로 호전 상태가 안정되게 지속되기 위해서는 병식과 증상조절 모두가 필요하다는 데 동의하고 있다.

결국 역동적 치료의 적응증은 한시적인 정신교육적 치료법 혹은 인지행동치료에 반응을 보이지 않는 경우에 한한다. 이러한 경우 거식증에서와 같이 표현·지지적 개인 정신치료가 치료의 기본이다. 가핑클과 골드블룸(Garfinkel & Goldbloom, 1993)은 최근 폭식증 치료에 관한 연구들을 조사하였는데, 비록 여러 치료적 접근이 효과가 있기는 하였지만 유일하게 확실한 것은 어떤 한 가지 특정한 치료방법만을 지지할 충분한 증거가 없다는 점이었다. 개인 정신치료를 보다 확실히 하기 위하여 지지, 교육 및 가족요법을 포함한 가족적 접근방법이 필수적이라는 것이 일반적 견해다. 단기 입원이나 집단 정신치료 등이 모두 환자의 증상조절에 도움이 되기도 한다.

2) 인지행동치료

인지행동치료에서는 섭식장애를 지닌 이들이 자신의 몸매나 체중에 대해 그 가치나 중요성을 지나치게 높이 평가하는 것이 문제라고 본다. 예컨대, 이들은 '나의 가치는 다른 것보다는 몸매에 달렸다.'고 생각한다. 그 때문에 몸매나 체중에 대한 생각에 골몰해 있고, 체중이 조금이라고 증가할까 봐 노심초사하여 과도한 다이어트에 점점 빠져든다. 이러한 노력의 결과 거식증으로 인한 체중이나, 극도로 절제했다가 한 번에 폭식하고 구토하는 악순환을 반복한다. 자신의 외모에 과도하게 가치를 부여하는 사고(over valued idea)나 다이어트에 대해서 이들이 가지고 있는 조금의 실수도 인정치 않고 실패로 받아들이는 실무율적인 사고(all or none thinking)를 변화시키는 것이 인지치료의 중요한 목표다.

음식에 집착하고 몸매에 지나치게 신경을 쓰는 섭식장애에 해당되는 사람들은 일차적으로 낮은 자존감이 원인이 되어 더욱 외모에 집착하고, 극심한 다이어트에 매달려 폭식이나 인위적인 배설을 하는 고리를 끊지 못한다.

섭식장애의 인지행동치료는 세 단계로 진행된다.

첫 번째 단계에서는 거식증인 경우 5일에 0.5~1kg의 체중증가(하루 1,200~2,000칼로리)에 초점이 맞추어진다. 음식을 섭취하게 하기 위해서 환자와 치료자의 관계를 돈독히 하여 환자 스스로 섭식 문제를 해결하고자 하는 동기를 강화시키는 데 역점을 두어야 한다. 특히 폭식증 환자에게는 치료자가 다이어트의 피해를 상세히 설명해 주며, 구토를 금지하고 3~4회 나누어서 적당량의 칼로리를 섭취하도록 식사계획을 세우게 한다.

환자가 자신의 섭식행동을 자기관찰(self-monitoring)하여 일지를 쓰게 한다. 예컨대 어떤 음식을 먹었는지, 구토를 했는지 일일이 일지에 적게 한다. 초기 단계에서 환자의 가족이 환자의 행동에 상당히 간섭을 하고 과잉반응을 보이는 것이 관찰되면, 치료자는 가족면담을 통해 환자의 정서와 개인적인 공간을 인정해 주고 환자 자신이 알아서 자신의 문제를 해결할 수 있도록 지켜보는 자세를 가족에게 권유해야 한다.

〈이뇨제나 하제 사용의 피해에 대한 교육〉
- 위가 확장될 수 있다: 과식 때에 위가 확장된다.
- 토할 때 음식이 식도를 파열시킬 수 있다.
- 체액균형장애가 유발된다: 이뇨제나 하제 때문에 산(acid)이 저하되어 몸이 피곤해지거나 근육경련이 일어나기도 한다.
- 구토 시 에나멜을 부식시킨다.
- 이자에 염증이 생겨 복통이 유발될 수도 있다.

두 번째 단계에서는 섭식습관과 영양 상태의 지속적인 개선에 신경을 써야 한다. 거식증 환자의 경우 체중의 증가에 두려움이나 혐오감을 나타낼 수 있는데, 이를 잘 극복하여 체중의 증가에 따른 신체상의 변화를 받아들이도록 도와야 한다. 거식증 환자는 이 단계에서 5일 동안 1~1.5kg(1,800~3,200칼로리 섭취) 증가하도록 영양

섭취 계획을 세운다. 이 단계부터 폭식증 및 거식증 환자들이 체중에 매달리지 말고 자신에 대한 다양한 특성과 능력을 재검토하고 평가하여 자신을 인정할 수 있도록 인지행동적인 접근을 도입한다. 이때 집단작업을 활용하면 자신의 객관적인 이해와 타인의 피드백을 통해 보다 효과를 거둘 수 있다. 이때 환자에게 나타나는 역기능적인 사고의 예는 다음과 같다. '내가 살을 빼지 않는 한 나는 데이트에 성공할 수 없다' '완벽한 다이어트를 하지 못할 바에야 아예 시작하지 않는 편이 낫다.'

세 번째 단계에서 거식증 환자는 2단계의 목표를 지속하면서 이상적인 체중의 90%에 근접하게 하고, 대인관계 기술 개선과 섭식에 관한 자기효능감의 증진 및 자신감 북돋우기에 역점을 둔다. 이 단계에서는 외모에 집착하거나 음식 섭취에 지나치게 신경을 쓰지 않으면서 필요한 열량을 공급하는 것 이외에, 기타의 일상생활에서도 도달할 수 없는 목표를 세워 자꾸 실패를 경험하도록 하는 것보다는 쉽게 도달할 수 있는 목표를 설정하여 성공을 경험할 수 있도록 돕는 일이 중요하다.

Abnormal Psychology

제12장
우울장애

우울장애는 기존의 DSM-IV에서는 양극성장애와 함께 '기분장애'라는 범주에 속해 있었으나, DSM-5에서는 독립적인 장애영역으로 분류되었다. 우울장애에는 주요우울장애, 지속성 우울장애, 월경전기 불쾌장애, 파괴적 기분조절부전장애가 있다. 지속성 우울장애(Persistent Depressive Disorder, Dysthymia)는 DSM-IV에서의 기분부전장애와 만성적인 주요우울장애의 통합적 개념이라고 할 수 있다. 그러나 가장 가벼운 수준인 만성적인 기분부전장애와 가장 심한 수준인 만성적인 주요우울증을 함께 포함하고 있어 논란의 여지가 있다. 그리고 DSM-IV에서는 부록에 제시되어 있던 월경전기 불쾌장애(Premenstrual Dysphoric Disorder)가 우울장애군의 진단으로 확정되었다. 파괴적 기분조절부전장애(Disruptive Mood Dysregulation Disorder)도 새롭게 추가된 진단으로, 땡깡을 부리거나 성질을 부리는 등 발작적 행동(temper tantrum) 상태의 아동 및 청소년들에게 진단된다. 진단기준을 구체적으로 살펴보면, 분노폭발이 당시 상황이나 자극에 비해 강도 및 기간이 지나치고, 발달수준에 맞지 않으며, 주 3회 이상 분노폭발이 일어날 때, 그리고 12개월 이상 지속되고 3개월 이상의 연속적인 증상 휴지기가 없어야 진단이 가능하다.

또한 진단기준에서 주요우울 삽화의 경우(DSM-IV 주요우울 삽화 진단기준 E: "증상이 사별에 의해 잘 설명되지 않는다.") '애도기간'에 대한 제외기준이 없어졌다. 즉, DSM-IV에서는 애도기간이면 우울증 진단을 내릴 수 없는데 DSM-5에서는 애도기간이라도 우울증을 진단 내릴 수 있다. 이는 애도기간이 2개월 정도에 끝나는 일이 아닐 경우도 많으며, 애도가 다른 스트레스와 큰 차이가 없고, 스트레스가 우울 삽화 전에 선행하는 일은 흔하다는 것을 고려한 것으로 보인다. 우울장애 진단기준에 불안에 대한 세부기준(anxious distress specifier)이 신설되었다. 이는 우울장애에 불안이 동시에 존재하면 자살 위험이 증가하고 유병기간이 길어지며, 치료에 비순응적일 가능성이 커진다는 점을 고려하여 진단 및 치료 그리고 예후를 고려할 때 평가하는 것이 좋겠다고 판단하여 신설되었다.

1. 임상적 특징과 하위유형

우울장애는 슬픔, 공허감, 짜증스러운 기분과 수반되는 신체적, 인지적 증상으로 인해 개인의 기능을 현저하게 저하시키는 부적응 증상을 의미한다. 우울장애는 삶을 매우 고통스럽게 만드는 정신장애인 동시에 '심리적 독감'이라고 부를 정도로 매우 흔한 정신장애이기도 하다. 또한 우울장애는 개인의 능력과 의욕을 저하시켜 현실적 적응을 어렵게 만드는 주요한 요인으로 알려져 있다. 한 조사자료에 따르면, 우울장애는 전 세계적으로 직업적 부적응을 초래하는 가장 중요한 요인으로 보고되고 있다. 뿐만 아니라 우울장애는 흔히 자살에 이르게 한다는 점에서 치명적인 심리장애이기도 하다. 우울장애는 우울증상의 심한 정도나 지속기간 등에 따라 다양하게 구분된다.

우울증은 서로 대칭되는 임상양상과 원인 등에 따라 다음과 같은 여러 가지 양분된 차원으로 구분하기도 한다.

첫째, 정신병적 우울과 신경증적 우울(psychotic depression vs neurotic depression)은 우울 상태가 정신병적 양상(psychotic feature)을 동반하고 있느냐 또는 신경증적 수준이냐에 따른 구분이다. 정신병적 우울은 망상이나 환각 등 혼란증세를 보이며, 현실검증력이 떨어지고, 개인적으로나 사회적으로 기능의 장애가 나타난다.

둘째, 내인성 우울과 반응성 우울(endogenous depression vs reactive depression)은 발병요인과 관련하여 우울에 빠질 만한 충분히 납득할 수 있는 외적 요인이 있는가에 따른 구분이다. 내인성 우울의 경우 우울증의 발병이 환경요인과 무관하게 내적, 생물학적 요인에 따른 것으로서 치료에서도 약물치료가 우선적이지만 반응성 우울에서는 심리치료가 주가 되고 있다.

셋째, 지체성 우울과 초조성 우울(retarded depression vs agitated depression)은 표면에 나타나는 정신운동 양상이 지체가 심하게 나타나느냐 또는 초조와 흥분이 두드러지느냐에 따른 구분이다. 보편적인 우울에서는 에너지 수준이 저하되어 가능한 한 행동을 하지 않으려 하고 의욕이 감소되는 지체성 우울이 나타나나, 갱년기에 발병하는 우울이나 아동기 우울에서는 대개 쉽게 흥분하거나 싸움을 하는 초조성 우울이 나타난다.

1) 임상적 특징

우울하고 저조한 정서 상태가 주축이 되어 일어나는 일련의 정신증상으로 우울 상태만이 간헐적으로 나타나는 경우도 있고, 조증과 상호 교대로 나타나는 경우도 있다. 우울증 환자는 겉으로 나타나는 인상이 상당한 진단가치를 지니고 있는데, 대체로 지쳐 있고 외부에 관심이 없어 보이며 슬픈 표정을 짓고 행동도 저하되어 있으며 양 미간을 찡그리고 있는 등의 특징적인 모습을 보인다.

(1) 정서장애

우울 상태의 초기에는 모든 체험과 생활에서 정서적 공감력이 없어지고 현실감이 떨어지는 이인증(depersonalization)이 뚜렷하게 나타난다. 활력적인 정서적 표현이 없어지고 기분이 저하되며 일상적인 일에 관심이 없어지고 생기가 없으며 자신이 예전과는 다른 목석이 된 것 같은 느낌을 갖는다. 우울 상태가 심해지면 슬픔의 정도가 더해지며, 표정과 태도에서 가면을 쓴 것처럼 무표정하고 희망이 없고 침체되어 평소에 일상적으로 하던 일도 어렵게만 느껴지고, 매사에 자신감이 없다고 느낀다.

이런 기분의 저조는 아침에 더욱 심하고 저녁이면 가벼워지는 특징을 보인다. 좀 더 심해지면 자기무능력감, 열등의식, 절망감, 허무감이 생기고 삶의 의미를 상실하며 그 결과 자살 의욕을 갖고 자살기도를 하게 된다. 이와 같은 정서의 변화는 과거 자기 인생에서의 후회스러웠던 일을 문제시하여 일어나는 경우도 있으나, 대개는 그런 객관적 사실과는 관계없이 자기 내부에서 일어나는 정서의 병리현상인 것이다.

(2) 사고장애

우울증의 사고내용장애는 주로 우울감정의 결과로 일어난다. 자신의 건강, 사회적 지위, 가정의 앞날, 사업의 장래성 등 모든 것이 절망적이라고 확신한다. 모든 불행이 자신이 큰 죄를 졌기 때문이라고 믿는 죄업망상(delusion of sin), 몸에 위험한 병이 있다고 믿는 건강염려증(hypochondriasis)과 신체망상(somatic delusion), 빈곤망상(delusion of poverty), 인생의 의미를 상실하는 허무망상(nihilistic delusion) 등을 보이며, 후회와 자책을 많이 한다. 그 결과 끊임없이 자살과 죽음을 생각하고 피해망상(persecutory delusion)이 생기는 경우도 있다. 사고의 흐름에도 장애가 오는데, 우울증의 경우 그 정도에 따라 사고의 흐름이 느려지고 행동이 느린 것과 더불어 정신운동성 지체(psychomotor retardation)를 보인다. 질문에 대한 대답이 느리고 이야기는 간단한 단어 몇 마디로 해 버리며 목소리도 작다. 환자 자신은 머리 회전이 잘 안 된다고 표현한다.

(3) 지각장애

환각이 우울증의 주요 증상은 아니나 가끔 일어난다. 그 내용은 자기의 우울감과 관련되는 수가 많다. 환각보다는 착각(illusion)이 자주 일어나는데, 착각에 따른 판단착오의 형태로 나타난다. 이웃에서 못질하는 소리를 자기의 관을 짜는 소리라고 생각하거나, 사람들이 이야기하는 소리를 자신을 욕하는 소리라고 듣는 것이 그 예다.

(4) 욕동 및 행동장애

욕동 및 행동장애 역시 우울감과 직결되어서 일어난다. 의욕이 전혀 없고 행동이 느리며 침체되어 있다. 경할 때에는 최소한의 일상생활은 근근이 영위하지만 극히 기계적이고, 움직이는 데 상당한 노력이 든다. 심해지면 몸 가누는 일, 일어나는 일이 어렵고, 식사도 안 하며, 어떤 일의 시작이 안 되고, 결단력도 없어지는 전형적인 정신운동의 지체가 나타난다. 매사가 귀찮고 무관심해지며 사람을 만나기도 싫어하고 만났다 해도 대화를 싫어하여 곧 피한다. 질문을 해도 '예' '아니요' 정도의 간단한 단어로 느리게 응답하고, 심하면 전혀 대답이 없기도 하다.

더 심해지면 우울성 혼미(depressive stupor)가 생겨 숨쉬는 일 이외에는 아무런 동작이 없고, 외부 자극에 반응이 없는 상태에까지 이른다. 특히 갱년기와 노년기의 우울증에서는 이런 고민과 불안이 극에 이르러 안절부절못하는 증상(agitation)을 자주 나타낸다.

자살은 우울증의 가장 위험하고 흔한 증상으로서 우울증이 심한 시기보다는 회복기에 많은 것이 특징이다. 보통 지체성 우울의 자살은 죄업망상과 직결되어 있으나 갱년기 우울증의 자살은 자기의 정신적, 신체적 증상이 괴로워서 죽게 될 것이 겁이 나서 자살을 한다는 점에서 다르다. 우울증에서 가족, 특히 자식을 죽이는 일이 종종 있는데 이는 가족들에게 비극적인 삶을 안겨 주지 않기 위해서다.

(5) 신체증상

우울증에서의 신체증상은 표면으로 잘 드러나는 것이어서 병원을 찾는 중요한 이유가 되기도 한다. 환자에 따라서는 슬픔을 그대로 호소하는 우울증이 있고, 신체증상 위주로 나타나는 우울증이 있다. 특히 신체증상만 표면에 나타나고 우울증상은 전혀 나타나지 않아서 진단을 하기 어려운 경우가 있는데, 이럴 경우 신체증상으로 위장된 가면성 우울증(masked depression)이라고 한다. 이런 환자들은 신체적 고통으로 내과 같은 신체증상을 진료하는 곳을 주로 찾고, 정신과에서의 진찰은 거부하는 것이 통례다. 가장 흔한 신체증상은 수면장애(sleep disorders)다. 잠들기도 힘들지만 우울증에서는 깊이 잘 수 없는 현상과 새벽 일찍 잠이 깨어 다시 잠들기 힘든 후기 불면증이 특징적이다.

갱년기 우울증에서는 후기 불면증이 괴로워 자살을 하는 경우가 있을 정도로 심각하다. 반대로 잠이 너무 많은 경우도 간혹 있다. 꿈이 많아 잠을 설친다는 경우도 있고, 사실은 잘 자고서도 한잠도 못 잤다고 호소하는 경우도 있다. 식욕부진, 변비, 소화불량 같은 증상이 흔히 나타나는데, 반대로 드물게는 식욕과다 현상도 보인다. 체중감소, 피로도 중요한 신체증상이고 그 밖에 두통, 권태감, 압박감, 월경불순, 성욕감퇴 등이 있다.

특히 우리나라에서는 몸이 약하다, 간이 나쁘다, 심장이 약하다, 위장이 안 좋다, 힘이 없다 등의 신체증상에 대한 호소가 많다.

(6) 지능과 기억

우울증에서 지능과 기억능력은 정상으로 유지되고 있다. 심한 우울증의 경우 외견상 지능과 기억력의 장애가 있는 듯이 보이나, 그것은 무관심과 정신운동 지체의 결과다. 간혹 심한 우울증이 치매(dementia)로 오인되는 경우가 있다.

2) 하위유형

G씨는 지방의 작은 마을에서 7남매 중 다섯째로 태어났다. 농사일을 하시는 부모님이 7남매를 제대로 교육시키기에는 너무나 힘겨운 생활이었다. 초등학교를 겨우 졸업한 G씨는 2년을 고향에 있다가 부모의 허락도 없이 서울로 올라왔다. 여러 가지 허드렛일을 하다가 구로동의 봉재공장에 취직하여 10년이 넘게 한 공장에서 근무를 하고 있었다. G씨는 열심히 돈을 모아 시골에 내려가 자기 땅을 사서 살고 싶은 생각에 여자친구를 사귀는 것도, 자신을 위해 영화관람을 하는 것도 아끼며 최소한의 생활비만을 가지고 살았다. 어려서부터 고생한 G씨는 영양부족으로 키도 별로 크지 않았고 외모도 초라해 주변 사람들도 거의 G씨에게 별 매력을 느끼거나 관심을 보이지 않았다. 그러던 어느 날 같이 일하는 한 여자가 G씨에게 접근하여 관심을 보이기 시작했고, 이 같은 경험이 처음인 G씨는 자신도 모르는 사이에 이 여자에게 빠져들기 시작했다. 너무도 인색하게 살았던 G씨에게 그녀는 자주 선물을 요구했고, 동거 중인 그 여자가 떠날까 봐 전전긍긍하며 G씨는 아껴 둔 돈을 꺼내 썼다. 그 여자는 G씨에게 결혼을 제의했고, G씨는 적금통장 등을 보며 앞날을 설계하고 있었다. 그러던 어느 날 여자친구가 아무런 연락도 없이 집에 들어오지 않았고 공장에서도 모습을 볼 수가 없었다. 며칠을 기다리던 G씨는 자신이 그 오랜 기간 소중히 모아 왔던 돈이 모두 없어진 것을 알았다. G씨는 여자를 찾으러 돌아다녔고, 뒷모습이 비슷한 사람만 보면 모두 그녀인 줄 알고 달려가 행패를 부리기도 하였다. 살아온 삶이 허망해진 G씨는 모든 사람이 자신을 비웃고 있는 것처럼 느껴졌다. 앞으로 더 살아도 자신에겐 아무런 희망이 없을 것이란 생각만이 반복됐다. 며칠을 누워 굶던 G씨는 살아갈 자신이 없다는 두려움으로 차에 뛰어들었고, 이후 병원에 입원했다.

(1) 주요우울장애(Major Depressive Disorder)

주요우울장애의 진단기준(DSM-5)

A. 다음 증상 가운데 5개(또는 그 이상) 증상이 연속 2주 기간 동안 지속되며, 이러한 상태가 이전 기능에서의 변화를 나타내는 경우. 이 증상 가운데 적어도 하나는 (1) 우울기분이거나, (2) 흥미나 즐거움의 상실이어야 한다.

주의: 명백한 일반적인 의학적 상태나 기분과 조화되지 않는 망상이나 환각으로 인한 증상이 포함되지 않는다.

(1) 하루의 대부분, 그리고 거의 매일 지속되는 우울한 기분이 주관적인 보고(슬프거나 공허하다고 느낌)나 객관적인 관찰(울 것처럼 보임)에서 드러난다.

주의: 아동과 청소년의 경우는 과민한 기분으로 나타나기도 한다.

(2) 모든 또는 거의 모든 일상활동에 대한 흥미나 즐거움이 하루의 대부분 또는 거의 매일 같이 뚜렷하게 저하되어 있을 경우(주관적인 설명이나 타인에 의한 관찰에서 드러난다)

(3) 체중조절을 하고 있지 않은 상태에서 의미 있는 체중감소나 체중증가(예: 1개월 동안 체중 5% 이상의 변화), 거의 매일 나타나는 식욕 감소나 증가가 있을 때

주의: 아동의 경우 체중증가가 기대치에 미달되는 경우 주의할 것

(4) 거의 매일 나타나는 불면이나 과다수면

(5) 거의 매일 나타나는 정신운동성 초조나 지체(주관적인 좌불안석 또는 처진 느낌이 타인에 의해서도 관찰 가능하다)

(6) 거의 매일의 피로나 활력 상실

(7) 거의 매일 무가치감 또는 과도하거나 부적절한 죄책감을 느낌(망상적일 수도 있는, 단순히 병이 있다는 데 대한 자책이나 죄책감이 아님)

(8) 거의 매일 나타나는 사고력이나 집중력의 감소 또는 우유부단함(주관적인 호소나 관찰에서)

(9) 반복되는 죽음에 대한 생각(단지 죽음에 대한 두려움뿐만 아니라), 특정한 계획 없이 반복되는 자살생각 또는 자살기도나 자살수행에 대한 특정 계획

B. 증상이 사회적, 직업적, 기타 중요한 기능영역에서 임상적으로 심각한 고통이나 장해를 일으킨다.

C. 증상이 물질이나 일반적인 의학적 상태의 직접적인 생리적 효과로 인한 것이 아니다.

D. 주요우울증 삽화가 분열정동장애, 정신분열증, 정신분열형장애, 망상장애, 또는 달리 분류되지 않는 정신분열 스펙트럼 장애나 다른 정신증적 장애들로 잘 설명되지

않는다.

E. 조증 삽화 또는 경조증 삽화가 없어야 한다.

　　슬픔은 인간의 보편적이고 정상적인 정서로 사랑하는 사람과 이별했을 때, 원하는 일이 좌절되었을 때, 나쁜 소식을 들었을 때 일정 기간 연민과 서러움을 느끼게 된다. 우리는 일상에서 쉽게 이 같은 수준의 가벼운 우울은 경험하면서 살아가고 있다. 이에 비해 우울은 객관적인 상황과는 관계없이 개인의 병적 상태에서 일어나는 병리현상이다. 그러므로 일상생활 속에서 표면적으로 나타나는 우울현상을 다 우울증이라고 진단 내리기는 어렵다.

(2) 지속성 우울장애

지속성 우울장애의 진단기준(DSM-5)

A. 적어도 2년 동안 하루의 대부분 우울한 기분이 있고, 우울기분이 없는 날보다 있는 날이 더 많으며, 이는 주관적인 설명이나 타인의 관찰로 드러난다.

　　주의: 아동과 청소년의 경우에는 기분이 과민한 상태로 나타나기도 하고, 기간은 적어도 1년이 되어야 한다.

B. 우울기 동안 다음 두 가지(또는 그 이상)의 증상이 나타난다.

　　(1) 식욕부진 또는 과식
　　(2) 불면 또는 과다수면
　　(3) 활력의 저하 또는 피로감
　　(4) 자존감의 저하
　　(5) 집중력 감소 또는 결정곤란
　　(6) 절망감

C. 장애가 있는 2년 동안(아동이나 청소년의 경우에는 1년) 연속적으로 2개월 이상 진단 기준 A와 B의 증상이 존재하지 않았던 경우가 없었다.

D. 주요우울장애의 진단기준이 2년 동안 연속적으로 충족된다.

E. 조증 삽화와 경조증 삽화가 없어야 하고, 순환성장애의 진단기준을 충족하지 않아

야 한다.

F. 장해가 만성적인 분열정동장애, 정신분열증, 정신분열형장애, 망상장애, 또는 달리 분류되지 않는 정신분열 스펙트럼 장애나 다른 정신증적 장애들로 잘 설명되지 않는다.

G. 증상이 물질(예: 남용약물, 투약) 또는 일반적인 의학적 상태(예: 갑상선기능저하증)의 직접적인 생리적 효과로 인한 것이 아니다.

H. 증상은 사회적, 직업적, 기타 중요한 기능영역에서 임상적으로 심각한 고통이나 장해를 일으킨다.

지속성 우울장애(Persistent Depressive Disorder, Dysthymia)는 만성 주요우울장애와 기분부전장애를 합친 것으로, 우울증상이 2년 이상 지속적으로 나타나는 경우를 말한다. 최근의 연구결과에 따르면 우울장애의 구분에 있어서 증상의 심각성보다 증상의 지속기간이 중요한 것으로 나타나 DSM-5에서는 우울증상의 심각도보다 그 지속기간을 중시하여 지속적 우울장애로 통합하게 되었다. 지속성 우울장애의 핵심증상은 만성적인 우울감이다. 아울러 자신에 대한 부적절감, 흥미나 즐거움의 상실, 사회적 위축, 낮은 자존감, 죄책감, 과거에 대한 반추, 낮은 에너지 수준, 생산적 활동의 감소 등을 나타낸다.

지속성 우울장애 환자는 주요우울장애 환자에 비해 10년 후에도 우울장애를 앓고 있을 확률이 14배나 높은 것으로 나타났다(Klein et al., 2006). 또한 지속성 우울장애 환자들은 주요우울장애 환자들에 비해 치료에 대한 효과가 더 나쁘고 우울 삽화를 더 자주 나타내며 자살사고도 더 많이 하는 경향이 있다(Klein et al., 2006; Murphy & Byrne, 2012). 최근에 호주에서 실시한 연구에서는 지속성 우울장애의 평생유병률이 약 4.6%로 나타났다(Murphy & Byrne, 2012).

지속성 우울장애의 원인에 대해서 아직 체계적인 연구가 이루어지지 않았으나 그 기저에는 유전적인 요인이 작용하는 것으로 추정되고 있다.

(3) 월경전기 불쾌장애

월경전기 불쾌장애(Premenstrual Dysphoric Disorder)란 월경이 시작되기 전 주

에 정서적 불안정성이나 우울감, 불안, 짜증이나 분노, 의욕저하, 무기력감과 같은 다양한 정서적 증상이 주기적으로 나타나서 일상생활에 심각한 장해를 초래하게 되는 경우를 말한다. 월경전기 불쾌장애의 유병률은 여성의 3~9%로 보고되고 있다(Halbreich & Kahn, 2001). 월경전기 불쾌장애의 원인은 정확하게 밝혀져 있지는 않지만, 월경주기마다 난소에서 분비되는 호르몬(에스트로겐과 프로게스테론)과 뇌에서 나오는 신경전달물질의 상호작용에 의한 것으로 여겨지고 있다. 월경전기 불쾌장애가 있는 환자들에게는 세로토닌 재흡수 억제제를 비롯한 항우울제가 증상완화에 도움이 된다(최두석, 2009).

(4) 파괴적 기분조절부전장애

파괴적 기분조절부전장애(Disruptive Mood Dysregulation Disorder)는 주로 아동기나 청소년기에 나타나는 장애로서 자신의 불쾌한 기분을 조절하지 못하고 분노행동으로 표출하는 것이 주된 특징이다. 핵심증상은 만성적인 짜증과 간헐적인 분노폭발이다. 분노폭발은 막무가내로 분노를 표출하며 공격적이고 파괴적인 행동을 나타내는 것으로서, 아동의 경우 흔히 다리를 뻗고 앉거나 드러누워 사지를 마구 휘저으며 악을 쓰며 울어대거나 욕을 하기도 한다. 파괴적 기분조절부전장애는 아동과 청소년의 경우 1년 유병률이 2~5%로 알려져 있다. 또한 남아의 유병률이 여아보다 더 높으며 연령이 증가할수록 유병률은 감소한다.

2. 원인

정신분열증의 경우와 마찬가지로 우울증의 근본적인 원인도 아직은 충분히 밝혀내지 못하고 있다. 지금까지 생리학적, 생화학적 혹은 심리적 원인들이 다양하게 거론되고 있으나 그것이 질병의 원인인지 결과인지 분명치 않은 때가 있고, 설령 어떤 원인적 요인임이 밝혀진 경우에도 하나의 원인적 요인과 다른 원인적 요인 사이에 상호 관련성이 모호해서 곤란을 야기하고 있다.

1) 유전적 요인

쌍생아법(twin study)으로 조사한 우울장애의 유전적 경향은 이 질환이 유전적 영향을 받고 있음을 시사하고 있다. 프라이스(Price, 1968)가 종합한 것을 보면 일란성 쌍생아의 일치율은 68%, 이란성 쌍생아의 일치율은 23%로 나타나고 있다.

일란성 쌍생아의 일치율 68%는 100%에 미치지 못하는 것이어서 유전 이외에 다른 요인도 존재할 가능성을 말해 주고 있지만, 일란성 쌍생아와 이란성 쌍생아 사이에 일치율상 차이가 큰 것은 유전의 영향이 상당히 있다는 점을 시사하고 있다.

보다 최근에 이루어진(Sullivan, 2000) 단극성 우울증의 쌍생아 연구결과에 따르면, 쌍생아에게서 유전율은 약 37%였으며 각각의 쌍생아가 처한 환경학적 요인이 유전율에도 영향을 주는 것으로 나타났다.

유전양식에서도 양극성장애는 X염색체와 연결된 우성유전을 하지만, 주요우울증에는 그런 양상을 볼 수가 없다는 사실이 위노커(Winokur & Avery, 1978) 및 피브(Fieve, 1975) 등의 연구를 통해 알려지고 있다. 이 양극성장애의 유전양식은 아버지가 양극성장애일 경우 딸에게서는 모두 발병하지만 아들에게서는 발병하지 않고, 어머니가 양극성장애일 경우는 딸의 절반, 아들의 절반에서 발병하는 사실에서 얻어진 가설이다. 색맹의 유전에서와 마찬가지로 성염색체인 X염색체에 유전요인이 위치하고 있다고 보는 견해다. 그러나 주요우울증의 경우는 부자간이 발병도 많고, 모녀간의 발병이 모자간의 발병보다 훨씬 많아 성염색체 X에 유전요인이 위치하고 있다는 가설로는 설명이 안 된다.

2) 신경생화학적 요인

항우울 약물의 작용기제에 대한 연구와 더불어 기분장애의 생화학적 양상에 대한 연구가 최근 많은 발전을 보이고 있다. 그중 잘 알려진 것이 카테콜아민(catechol-amine)이론과 인돌아민(indolamine)이론이다.

카테콜아민이론은 우울증은 뇌의 기능적 아드레날린 수용기편에 NE(nor-epinephrine)를 주축으로 한 카테콜아민이 결핍되어서 일어난다는 것이다. 내인성 우울증으로 사망한 사람의 뇌에 카테콜아민, 특히 NE의 함량이 감소되어 있음이 밝혀졌다. 더 주목이 되는 것은 이들 카테콜아민을 산화시켜 비활성화하는 MAO(monoamine oxidase)의 활동성이 우울증에서 증가한다는 사실이다. 결국 우울증은 MAO의 활동성 증가로 카테콜아민의 양이 감소된 결과 생기는 것이라고 볼 수 있다. 인돌아민이론은 우울증은 인돌아민계의 5-HT(serotonin)가 뇌에서 감소된 것과 관련된다는 것이다. 내인성 우울증일 때 5-HT의 대사산물인 5-HIAA(5-hydroxyindoleacetic acid)의 척수액 내 함량이 정상인에서보다 훨씬 낮다는 사실이 밝혀졌다. 이 역시 5-HT에서 아미노기를 산화 분해시켜 그것을 비활성화하는 MAO의 활동성이 우울증에서 증가하기 때문이다.

이 이론들이 기분의 변화 때문에 이차적으로 소견을 가지고 세워진 것이 아닌가 하는 반문도 있다. 하지만 적어도 MAO가 유전의 영향을 받는다는 사실과 기분의 변화 이전에 단가아미노산의 양이 변한다는 사실들이 이 같은 이론을 지지하고 있다.

3) 신경생리학적 요인

기분장애와 관련해서 근전도 EMG(electromyogram)와 뇌파 EEG(electroencephalogram) 소견이 연구되고 있다. 우울증의 근전도 소견으로는 근육의 가성긴장이 나타난다는 점이다. 와트모어(Whatmore)의 연구로 알려진 것은 신경계 내의 에너지 방출의 잘못으로 일어나는 가성긴장이 우울증에서 나타나는데, 이것은 눈으로는 볼 수 없고 스스로 의도적으로 유도하는 것도 아니며 스스로 지각할 수도 없는 그런 긴장 상태를 말한다. 이 상태는 좋지 못한 생각이나 감정 그리고 어떤 사태에 직면해서 일어나는 중추신경계의 생리학적 반응으로 이해되고 있다. 뇌파 소견도 꾸준히 연구되고 있으나 아직은 연구단계로, 뇌파상의 반응들을 우울장애의 원인으로 보기보다는 우울증의 한 생리학적 현상으로 받아들이고 있다.

4) 심리적 요인

우울증의 심리적 요인으로는 정신분석학에서 말하는 역동적 측면과 실험심리학에서 말하는 특수한 환경적 요인, 행동주의이론에서 말하는 사회적 강화 요인들이 거론되고 있다.

정신분석학에서 지적하는 우울증의 요인은 모든 외부의 가치를 받아들이기를 차단하고 자기 내부의 사태를 모두 외부의 것으로 돌리는 정신분열증의 기제와는 정반대로, 모든 외부의 가치를 내향화(internalization)하는 기제로 설명된다. 기분장애, 특히 우울증 환자는 비교적 안정되고 높은 가치를 추구하는 집안에서 자란다. 성장과정 중 어린 시기부터 감당하기 어려운 높은 성취를 강요당한다. 특히 동생이 생기거나 젖떼기를 갑자기 했을 때 어머니의 보살핌과 사랑을 잃어버릴까 봐 불안해지고, 그 결과 부모의 기대와 가치관을 무조건 받아들이고 그의 요구를 따름으로써 사랑을 유지하고자 한다. 부모의 사랑이 느껴지지 않으면 자책으로라도 사랑을 회복하려 하고, 부모의 처벌도 달게 받는다. 즉, 부모를 자아 속에 투입(introjection)시킨다. 철이 들면 책임감이 강한 성격, 즉 강박적 성격이 되고, 부모의 기대에 어긋나지 않는 사람으로 자란다. 그러나 부모의 기대를 충족하는 일은 항상 쉬운 것이 아니다. 지나친 요구를 해 오는 부모에 대해 강한 적개심을 지니게 되지만 즉시 이를 억압하게 되고, 또 그 적개심 때문에 자책하게 된다. 이 자책이 바로 우울의 핵이 되는 것이다. 즉, 우울증의 어린 시절은 성인의 가치를 내향화하여 자기의 것으로 만들어 나가는 것이고, 그것이 잘 안 될 때 분노감과 죄책감이 생기는 동시에 책임감 강한 강박성격이 된다. 강박성격 위에 일어나는 죄책감, 그것이 곧 우울증이라는 것이다.

실험심리학에서는 주로 동물을 사용해서 어머니의 상실 혹은 급격한 환경의 자극이 우울증을 야기할 수 있다는 실험근거를 많이 제시하고 있다. 실제 우울증은 중요한 대상의 상실, 위험한 상황에 노출된 사건이 계기가 된다는 통계도 있다. 우울증에서는 그런 환경적 사건들이 대조군에서보다는 다소 많은 것이 사실이지만, 그런 사건이 있었다고 하여 우울증이 생기는 것은 아니라는 반증도 있다. 만일 환경의 사건이 계기가 되었다면 그것은 소위 내인성 우울증이 아니라 하나의 정상적인 슬픔이거나 반응성 우울로 보아야 한다는 견해, 또 그런 사건을 중요시하는 그 자체가 우울증의 한 증상이라고 하는 반론도 강하다.

행동주의이론에서는 우울장애의 무기력이나 철수되어 지내고자 하는 고립된 행동은 사회적 강화가 결여되어 나타난 결과라고 본다. 행동주의 입장의이론가들은 주로 스키너(Skinner)의 조작적 조건화이론에 기초하여 우울장애를 설명하고 있다. 조작적 조건화의 기본원리는 여러 가지 행동 중에서 강화를 받은 행동은 지속되는 반면 강화를 받지 못한 행동은 소거된다는 것이다. 우울증상은 이러한 조건화의 원리에 의해서 학습된다는 것이 행동주의이론가의 설명이다. 우울장애에 대한 대표적인 행동주의 이론가인 레빈손(Lewinsohn)의 연구에서 보면, 우울한 사람들은 우울하지 않은 사람들에 비해 부정적인 사건을 더 많이 경험하였고, 사건들에 대해 더욱 부정적으로 지각하는 경향성을 나타냈다. 또한 우울한 사람들은 우울하지 않은 사람들에 비해 긍정적인 강화를 받은 경험이 적었고, 반면 긍정적인 강화를 받은 경험이 많은 사람일수록 우울 정도가 경하였다(Lewinsohn, Antonuccio, Steinmetz, & Teny, 1984). 셀리그먼(Seligman)의 학습된 무기력이론(learned helplessness theory)도 이를 잘 나타내고 있다. 즉, 우울증에서 보이는 불행감이나 무력감, 무감각함은 긍정적인 강화의 결핍과 반복된 부정적인 경험의 결과라고 보는 것이다.

3. 치료

우울증은 사춘기와 중년기에 한 번씩 발병하는 경우도 있으나 그 밖의 대부분에서는 4년 내지 10년의 건강한 시기를 가지면서 발병한다. 우울증의 예후는 다른 종류의 정신병에 비해 상당히 양호하다. 환자의 4/5는 일단 완전히 회복되고 만성화의 경과를 밟는 경우는 1/10에 불과하다. 자주 발병이 반복되는 경우에도 지능·정서·지각의 변화가 거의 없고 인격의 와해를 가져오는 경우는 극히 드물다. 또한 여자보다 남자에게서 예후가 좋다.

우울증의 발병연령은 20세에서 25세다. 발병연령이 어릴수록 예후는 나쁘고 재발과 만성화의 가능성이 높다. 이와 관련하여 두 가지 설명이 가능한데 일찍 발병할수록 우울증이 더 심하고 유전적 경향이 강하기 때문이거나, 우울증의 결과로 중요한 사회적응 기술을 습득하는 데 방해를 받고, 인생의 전환기에 필요한 대처가 제대로 이루어지지 않기 때문이다.

응급실을 내원한 자살기도자에 대한 연구에서, 이들의 정신과적 최종 진단명은 우울장애가 전체의 50.9%로 절반 이상을 차지하였다.

우울장애에 대한 가장 효과적인 치료방법은 인지치료와 약물치료로 알려져 있다. 인지치료(Beck, Rush, Shaw, & Emery, 1979)에서는 우울한 내담자의 사고내용을 정밀하게 탐색하여 인지적 왜곡을 찾아내어 교정함으로써 보다 더 현실적이고 긍정적인 사고와 신념을 지니도록 유도한다. 내담자는 자신과 세상에 대한 잘못된 믿음과 비현실적 기대로 구성되어 있는 역기능적 신념을 깨닫게 되고 이를 보다 유연하고 현실적인 신념으로 대체하게 된다. 우울장애를 치료하는 대표적인 약물은 삼환계 항우울제, MAO 억제제, 세로토닌 재흡수 억제제다.

우울기의 치료에서 명심해야 할 점은 언제나 자살의 가능성이 있다는 사실과 그런데도 예후는 양호하다는 사실이다. 우울기의 치료목표는 환자를 우울한 상태에서 속히 벗어나게 하는 것이지만, 자살을 방지하는 일이 우선되어야 한다.

소위 반응성 우울인 경우는 심리치료만으로 상당히 효과적일 수 있지만 내인성 우울의 경우에는 심리치료만으로 효과를 기대할 수는 없고, 약물치료가 우선되어야 한다. 심리치료는 기질적 치료를 성공적으로 수행하기 위한 치료관계의 형성, 그리고 자신의 성격과 결함을 지니면서도 현실에 적응하도록 훈련시키는 보조적인 수단으로 이용한다. 상담치료 시 처음에 쉽게 치료될 것 같은 인상을 받아 무의식을 파헤치거나 인격의 변화를 목표로 정신치료를 시작하는 경우가 종종 있으나, 이런 접근은 오히려 환자의 좌절감을 더욱 심각하게 만드는 결과를 초래하기 쉽고, 첫인상과는 달리 심리치료가 힘들다는 것을 경험하게 한다. 이 때문에 심리치료는 내인성 우울의 경우 금기라는 견해도 많다.

또한 등산과 여행을 권하거나 산속 조용한 곳에서 휴양하기를 권하는 일, 또는 용기를 북돋워 준다고 해서 활동을 권장하고, 자신감을 고양시키기 위해 환자의 장점을 회상시키며 위로해 주는 일 같은 상식적인 방법은 위험하다. 조용한 사색의 시간은 우울 정도를 심화시키고 죽음에 대한 집착의 계기를 만들어 줄 수도 있으며, 힘겨워하는데 일에 몰두하도록 독려해 주거나 장점을 강조해 주는 일은 오히려 좌절감과 자살 의욕을 더 가중시키는 결과를 초래할 수 있다. 환자를 대하는 태도는 따뜻하면서도 진지해야 하고, 궁금증이나 증상 등에 대해 자상한 설명을 해 주는 것이 필요하다. 우울증 환자는 사소한 일에도 실망하고, 그 결과 자살을 할 수도 있기 때문이다.

가장 조심해야 할 것이 자살의 예방인데, 항상 환자를 가까이에서 보살펴야 하고, 자살도구로 이용될 만한 물건들이 눈에 보이지 않게 해야 한다. 불면증이 고통스러워 자살하는 경우도 종종 있기 때문에 불면증에 대한 조치를 조속히 해 주어야 한다.

제13장

양극성 및 관련 장애

양극성장애는 DSM-IV에서는 우울장애와 함께 '기분장애'라는 범주의 하위유형으로 분류되어 왔다. 그러나 최근의 많은 연구에서 우울장애와 양극성장애는 원인, 경과, 예후의 측면에서 뚜렷한 차이를 지닌 것으로 밝혀지고 있다. 이러한 연구결과를 반영하여 DSM-5에서는 양극성장애를 '양극성 및 관련 장애'라는 독립된 장애유형으로 분류하였다. 양극성 및 관련 장애에는 양극성장애 I, 양극성장애 II, 순환성장애가 포함되어 있다.

1. 임상적 특징과 하위유형

양극성장애란 우울한 기분 상태와 고양된 기분 상태가 교대로 나타나는 경우다. 대부분의 사람은 기분이 오르락내리락한다. 고양된 또는 슬픈 기분은 일상적인 사건에 대한 이해 가능한 반응이고 삶에 크게 영향을 주지 않는다. 그러나 양극성장애를 가진 사람들의 기분은 오랫동안 지속되는 경향이 있고 증상의 정도도 심하여 흔히 롤러코스터에 비유되기도 한다. 양극성장애 환자는 기분이 몹시 고양된 조증 상태에서는 평소보다 말이 많아지고 빨라지며 행동이 부산해지고 자신감에 넘쳐 여러 가지 일을 벌이는 경향이 있다. 이 같은 상태의 사람들은 자신에 대한 과장된 믿음을 가질 수 있고, 잠도 잘 자지 않고 활동적으로 생활하지만 실제로 적절한 성과를 나타내는 경우는 없다.

양극성장애 I은 가장 심한 양극성장애로서, 기분이 비정상적으로 고양되는 조증 상태를 특징적으로 나타내는 장애다. 양극성장애 II는 양극성장애 I과 유사하지만 조증 삽화의 증상이 상대적으로 경미한 경조증(hypomanic) 삽화를 보인다는 점에서 다르다.

순환성장애는 경미한 우울증상과 경조증 증상이 번갈아 가며 2년 이상(아동과 청소년의 경우는 1년 이상) 만성적으로 나타나는 경우를 말하고, 이 기간 중 아무런 증상이 없는 기간이 2개월 이하여야 한다.

1) 임상적 특징

조증 상태(manic state)는 우울 상태와는 정반대로 들뜨고 유쾌하고 자신만만한 기분을 주로 나타내는 현상이다. 환자 자신은 신체적으로나 정신적으로 완벽한 건강 상태에 있다고 확신하기 때문에 병원에 오지 않지만 조증이 심해져서 그 결과 사업의 실패, 낭비, 경제적 파탄, 무절제한 행동 등으로 주위 사람들에 의해 병원에 끌려오게 되는 경우가 많다.

(1) 정서장애

경한 초기에는 평소의 성격이 좀 더 명랑해진 것 같은 인상을 받아 그리 주의를 끌지 않는다. 매사에 낙관적이고 활동이 많아지고 악의 없는 농담도 잘하며, 잘 웃기고 늘 유쾌하고 자신감에 차 있다. 정도가 조금 지나치면 폭군으로 군림하며, 안하무인격으로 자만심이 높아지고 자기 뜻에 따르지 않으면 적개심을 표출하며 화를 잘 낸다. 늘 자신감에 차 있어 '절대' '최고' 등 단정적인 단어를 즐겨 쓰기도 한다. 자기의 능력을 과대평가하고 자존심이 커지며(inflated self-esteem) 타인을 무시하고 깔보게 되어 거만하고 자신만만한 사람으로 평가된다. 무엇이든지 성공할 것이라는 확신 때문에 인생이나 사업의 계획도 많이 하고, 자기 능력을 벗어나는 일을 시작하여 실패를 하기도 한다. 조증 환자의 정서 상태는 자신만만하고 들떠 있으며 쉽게 흥분하고 정서의 전염성이 강한 것이 특징이다.

(2) 사고장애

조증의 사고장애는 정동의 내용과 일치되어 나타난다. 우선 사고의 흐름이 빠르고, 더 나아가서 사고의 비약(flight of idea)이 나타난다. 그럴듯한 계획과 묘책이 잘 떠오르고 사고가 풍부하고 말도 빠르지만, 개념의 선택이 자주 비약되어 이야기의 내용이 쉽게 옮겨 가거나 건너뛰는 경우가 생긴다. 그 결과 지엽적인 이야기만 늘어놓고 핵심을 말하지 못하기도 한다. 그러나 정신분열증처럼 사고의 논리성을 잃지는 않는다.

그와 동시에 주의력의 장애도 나타난다. 한 가지 개념에 집중하지 못하고 이것저것 사고의 대상이 빨리 바뀌고 건너뛴다. 사고내용은 과장된 생각 또는 과대망상(grandiose delusion)이 특징인데 천재, 미인, 부자, 국회의원, 발명가, 노벨상 후보자, 위대한 종교 지도자, 도사, 초능력자 등으로 자기 자신의 능력과 지위가 높게 될 것이라든지 높게 되었다는 확신을 갖는다. 그러나 정신분열증의 경우와는 달리 비교적 현실적인 내용이고 이론도 정연하며, 그런 유명한 인물이 되기 위한 노력과 행동을 그럴듯하게 해내고 있는 점이 특징이다. 즉, 정서 상태·사고·행동의 일치를 보이고 있다. 만일 이 같은 자신의 생각에 반대하는 사람이 있으면 쉽게 흥분해서 도전적인 행동을 취한다. 이럴 경우 과대망상과 더불어 피해망상이나 편집경향(paranoid trend)이 같이 나타나기도 한다.

(3) 지각장애

조증에서는 지각장애가 없는 것이 원칙이지만, 드물게는 환각이 생길 수도 있다. 내용은 과대망상과 일치하고 있다. 조증의 심한 흥분 상태에서는 착란(confusion)이 동반되는 경우도 있고 섬망 상태를 나타내는 경우도 있다.

(4) 욕동 및 행동장애

조증의 욕동은 지나친 의욕과 과다행동(hyperactivity)이 특징이다. 늘 의욕에 차 있어서 새벽부터 밤늦게까지 잠시도 쉬지 않고 활동하는데, 효율적으로 자신의 일을 해내기보다는 잡다한 일을 벌이기만 할 뿐 일의 마무리를 못하며 남의 일에 참견을 많이 하고, 평소에는 만나지 않던 이 사람 저 사람을 찾아가 복잡한 사업계획을 이야기해서 사람들을 혼란스럽게 만든다. 성욕이 항진되기도 해서 억제하지 못하고 방탕해지는 수가 있으며, 비싼 물건을 사고, 목적 없는 여행을 하는 등 지나친 소비를 한다. 이런 행동에 반대하는 사람에게는 흥분하여 비난하고 구타까지 하여 종종 형사사건을 일으키기도 한다.

(5) 신체증상

환자 자신은 동분서주하면서도 피로를 느끼지 않고, 신체는 건강하다고 확신한다. 그러나 수면장애가 있어 잠을 거의 안 자고 계획과 활동을 한다. 성욕부진은 없으나 식사를 등한시하는 경우도 있다. 체중은 경한 조증에서는 증가하지만 대체로는 심한 감소를 나타낸다.

조증 상태의 특징은 모든 사고와 행동을 고양된 정서에 집중시키는 현상이다. 즉, 들뜨고 의기양양한 기분, 사고의 비약 그리고 정신운동의 항진, 이 세 증상을 조증의 기본 증상이라고 한다.

2) 하위유형

H씨는 4남매 중 장남으로서 다른 식구들의 헌신적인 노력으로 유일하게 서울에서 대학을 졸업하였다. 졸업 후 회사에 취직하였고, 4년쯤 근무했을 무렵 회사의 부도로 퇴직금도 제대로 못 받고 실업자가 되었다. 부모님의 기대와 혼기를 앞둔 H씨는 빨리 취업을 해야 된다는 압박감이 쌓여 갔고, 여러 곳에서 일은 했지만 심한 불경기와 실업 사태로 두세 달 근무하고는 돈도 제대로 못 받고 부도로 쫓겨나는 생활이 반복되었다. 그러던 중 어느 작은 화장품 회사의 외판원으로 들어간 H씨는 물건을 팔아 보려고 지방의 작은 마을을 열심히 돌아다녔지만 물건은 거의 팔리지 않았다. 그러던 어느 날 H씨에게 좋은 생각이 떠올랐다. 본사에서 700만 원 정도에 해당하는 화장품을 가지고 나온 H씨는 지방으로 내려가 그 화장품을 동네 사람들에게 공짜로 다 나눠 주었고, 그 사람들이 일단 화장품을 써 보기만 하면 너무 좋다는 것을 알고 자신에게 모두 돈을 가져다줄 것이라는 확신이 들었다. 세 차례 이 같은 행동이 반복되면서 물건만 가지고 가고 돈이 입금되지 않자 회사에서는 물건을 해 주지 않았고, 분개한 H씨는 사무실 집기를 부수며 자신의 성공을 시기한다고 난동을 부려 병원에 입원하였다.

(1) 양극성장애 I, II

조증 삽화의 진단기준(DSM-5)

• **조증 삽화**

(1) 팽창된 자존감 또는 심하게 과장된 자신감

(2) 수면에 대한 욕구감소(예: 단 3시간의 수면으로도 충분하다고 느낌)

(3) 평소보다 말이 많아지거나 계속 말을 하게 됨

(4) 사고의 비약 또는 사고가 연달아 일어나는 주관적인 경험

(5) 주의 산만(중요하지 않거나 관계없는 외적 자극에 너무 쉽게 주의가 이끌림)이 보고되거나 관찰됨

(6) 목표 지향적 활동(직장이나 학교에서의 사회적 또는 성적 활동)이나 흥분된 운동성 활동의 증가

(7) 고통스러운 결과를 초래할 쾌락적인 활동에 지나치게 몰두함(흥청망청 물건 사기, 무분별한 성행위, 어리석은 사업 투자)

양극성장애의 진단기준(DSM-5)

• **양극성장애 I**

A. 적어도 한 번의 조증 삽화가 있다.

B. 조증 삽화와 주요우울증 삽화가 분열정동장애, 정신분열증, 정신분열형장애, 망상장애, 또는 달리 분류되지 않는 정신분열 스펙트럼 장애나 다른 정신증적 장애들로 잘 설명되지 않는다.

• **양극성장애 II**

A. 적어도 한 번의 경조증 삽화가 있고 적어도 한 번의 주요우울증 삽화가 있다.

B. 조증 삽화는 한 번도 없었다.

C. 경조증 삽화와 주요우울증 삽화가 분열정동장애, 정신분열증, 정신분열형장애, 망상장애, 또는 달리 분류되지 않는 정신분열 스펙트럼 장애나 다른 정신증적 장애들로 잘 설명되지 않는다.

D. 우울증과 경조증 기간의 빈번한 교차로 야기되는 우울증상들이나 예측불가능성이 사회적, 직업적, 기타 중요한 기능영역에서 임상적으로 심각한 고통이나 장애를 일으킨다.

기분 좋은 일이 있어 다소 흥분되고 기분이 좋아지는 정상적인 경우와는 달리 현실적인 여건과 맞지 않게 기분이 들뜨고 자신감과 자만심에 차 있는 것이 주 증상이다. 평소와는 달리 기분이 고양되면서 매사에 의기양양하고 정력적이고 활동적이며, 모든 것을 낙관적으로 생각하고 지나칠 정도로 사교적인 모습을 보인다. 갑자기 이런 고양 상태가 사라지고 일정 기간 정상생활을 하는 경우도 있고, 그 상태에서 바로 서서히 우울증을 나타내기도 한다. 일반적으로 우울증이 서서히 나타나는 것과는 달리 조증 삽화는 갑작스럽게 시작된다. 양극성장애(Bipolar Disorder)에는 단 한 번의 조증 삽화만 있고 과거에 주요우울증 삽화는 없는 양극성장애 I과, 한 번 또는 그 이상의 주요우울증 삽화가 있고 조증 삽화는 없이 경조증 삽화만 있는 양극성장애 II가 있다. 양극성장애 I은 비정상적으로 의기양양하고 자신만만하거나 짜증스러운 기분을 나타내고 에너지 수준이 비정상적으로 증가된 상태가 일주일 이상 분명하게 지속되는 조증 삽화(manic episode)를 나타내야 하며, 조증 삽화의 일곱 가지 증상 중 세 가지 이상(기분이 과민한 상태인 경우에는 네 가지)이 심각한 정도로 나타나야 한다.

(2) 순환성장애

순환성장애의 진단기준(DSM-5)

A. 적어도 2년 동안(아동과 청소년의 경우 적어도 1년) 경조증 삽화의 진단기준을 충족하지 않는 잦은 경조증 기간과 주요우울증 삽화의 진단기준을 충족하지 않는 잦은 우울증 기간이 있다.

B. 2년 이상의 기간 동안(아동과 청소년은 1년) 경조증과 우울증 기간이 적어도 반 이상 존재해야 하고, 증상이 없는 기간이 2개월 이상 지속되어서는 안 된다.

C. 주요우울증, 조증, 경조증 삽화가 한 번도 없었다.

D. 진단기준 A의 증상은 분열정동장애, 정신분열증, 정신분열형장애, 망상장애, 또는 달리 분류되지 않는 정신분열 스펙트럼 장애나 다른 정신증적 장애들로 잘 설명되지 않는다.

E. 증상이 물질(예: 약물남용, 투약)이나 일반적인 의학적 상태(예: 갑상선기능항진증)의 직접적인 생리적 효과로 인한 것이 아니어야 한다.

F. 증상이 사회적, 직업적, 기타 중요한 기능영역에서 임상적으로 심각한 고통이나 장
   애를 일으킨다.

순환성장애(Cyclothymic Disorder)는 오랜 기간 우울증과 경조증을 나타내지만
주요우울장애나 양극성장애의 조증 삽화와 같이 심한 상태는 나타내지 않는 것이 주
증상으로, 경미한 형태의 조증증상과 우울증상이 번갈아 나타나며 최소 2년 이상 지
속되는 만성적인 기분장애다. 성인기 초기에 주로 발병하고, 보통 중등도나 심한 직
업적, 사회적 기능의 장애를 나타낸다. 경조증 상태에서는 정력적 · 활동적이고 오
랫동안 일을 하여도 지치지 않으며 쉽게 일을 벌여 놓고 끝맺음을 못하고 수면시간
도 짧아진다. 그러다가 우울 상태로 빠지면 무력해지고 쉽게 절망하고 살아갈 의욕
을 잃으며, 부적합한 느낌을 지니고, 사회적으로 고립되어 지내려는 모습을 보인다.

2. 원인

양극성장애는 여러 가지 이론적 입장에서 그 원인에 대한 설명이 제시되고 있으
나 특히 유전적 요인을 비롯하여 신경생물학적 요인이 중요한 역할을 하고 있는 장
애로 알려져 있다.

1) 유전적 요인

양극성장애는 유전되는 경향이 강한 장애다. 특히 쌍생아 연구는 유전적 요인이
양극성장애에 강력한 영향을 미치고 있다는 점을 잘 보여 주고 있다. 일란성 쌍생아
의 경우, 단극성 우울장애는 일치도가 40%인 데 비해, 양극성장애는 일치도가 70%
였다. 그러나 이란성 쌍생아의 경우는 단극성 우울장애와 양극성장애의 일치도가
각각 11%, 14%로 유의미하게 다르지 않았다(Allen, 1976). 또 다른 가계 연구에서
도 양극성장애를 가진 사람의 일란성 쌍생아가 동일 장애를 가질 확률은 40%이고,

이란성 쌍생아와 형제 및 다른 가까운 친척들은 5~10%인 것으로 나타났는데(Maier et al., 2005), 이는 일반 전집에서의 유병률이 2.6%인 것과 비교된다.

유전양식에서도 양극성장애는 X염색체와 연결된 우성유전을 하지만, 주요우울증에는 그런 양상을 볼 수가 없다는 사실이 위노커(Winokur) 및 피브(Fieve) 등의 연구로 알려지고 있다. 이 양극성장애의 유전양식은 아버지가 양극성장애일 경우 딸에게서는 모두 발병하나 아들에게서는 발병하지 않고, 어머니가 양극성장애일 경우는 딸의 절반, 아들의 절반에서 발병하는 사실에서 얻어진 가설이다. 색맹의 유전에서와 마찬가지로 성염색체인 X염색체에 유전요인이 위치하고 있다고 보는 견해다. 그러나 주요우울증의 경우는 부자간이 발병도 많고 모녀간의 발병이 모자간의 발병보다 훨씬 많아 성염색체 X에 유전요인이 위치하고 있다는 가설로는 설명이 안 된다.

2) 신경생화학적 요인

NE의 낮은 활동과 단극성 우울증 간의 관계가 처음 발견된 이후 학자들은 NE의 과다활동이 조증과 관련이 있을 것이라 기대했다. 몇몇 연구는 실제로 조증 환자들의 NE 활동이 우울 환자나 통제집단 참가자들보다 더 높다는 것을 발견하였다.

우울증처럼 조증도 세로토닌의 낮은 활동과 관련이 있을 수 있다. 이 과정에서 NE의 활동은 기분장애가 어떤 형태를 취할지 결정할 수 있을 것이다. 즉, NE의 낮은 활동에 수반되는 세로토닌의 낮은 활동은 우울을, NE의 높은 활동에 수반되는 세로토닌의 낮은 활동은 조증을 수반할 수 있다.

카테콜아민(catecholamine)의 과잉 또한 조증을 유발시킬 수 있다. 즉, 조증은 MAO(monoamine oxidase)의 활동성 저하로 카테콜아민의 양이 증가되어 생긴다고 볼 수 있다. 인돌아민(indolamine)이론은 조증이 인돌아민계의 5-HT(serotonin)가 뇌에서 증가된 것과 관련된다고 보는 것이다.

3) 심리적 요인

양극성장애가 유전을 비롯한 생물학적 요인의 영향을 많이 받는다고 해서 심리사회적 요인이 영향을 미치지 않는다는 것은 아니다. 생물학적 요인은 양극성장애를 유발하는 취약성을 제공하며 양극성장애의 발병시기나 발병양상은 심리사회적 요인에 큰 영향을 받게 된다.

정신분석적 입장에서는 양극성장애의 조증증세를 무의식적 상실이나 자존감 손상에 대한 방어나 보상반응으로 보고 있다. 프로이트(Freud)는 조증이 우울장애와 핵심적 갈등은 동일하지만 에너지가 외부로 방출된 것이라고 생각했다. 즉, 무의식적 대상의 상실로 인한 분노가 외부로 방출되었다는 것이다. 에이브러햄(Abraham, 1924)은 우울장애가 갈등에 압도당하는 상태인 반면, 조증은 갈등을 부정하고 무관심한 태도를 보이는 상태라고 보았다.

카메론(Cameron, 1963)은 조증을 개인이 직면하기에 너무 고통스러운 현실을 부정한 결과 나타나는 정신병리적 현상이라고 보았다. 그는 조증과 주요우울장애는 촉발요인은 다르지 않으나 조증을 나타내는 사람은 주로 부정이라는 방어기제를 광범위하게 사용하고 과대망상을 통해 너무나 고통스러운 현실을 부정하고 그것과 반대되는 가상적 현실로 재구성한다고 주장하였다.

대상관계이론을 주장한 클라인(Klein, 1940)은 양극성장애란 아동기에 선한 내적 대상을 자기 마음속에서 표상하는 데 실패했음을 반영하는 상태라고 보았다. 조증 환자들이 보이는 조증적 방어들, 즉 자신이 전능하다는 생각, 실제 생활과는 반대되는 지나친 행복감 등은 상실된 사랑의 대상을 구조하고 되찾기 위해서, 악한 내적 대상을 부정하기 위해서, 사랑의 대상에 대한 맹목적 의존을 부정하기 위해서 사용된다. 조증적 방어자세는 부모에게 승리를 거둠으로써 아동 – 부모 관계를 역전시키고자 하는 목적이 있으며 이러한 승리의 욕구는 그다음에 죄책감과 우울증을 초래한다. 클라인은 성공 또는 승진한 후에 빈번하게 발생하는 우울증은 부분적으로 그와 같은 기제 때문에 생긴다고 주장한다.

3. 치료

조증기의 치료목표는 조증 상태에서의 회복이지만 조증증상으로 인한 자신과 가족 그리고 사회의 피해를 방지하는 것 역시 중요하다. 대체로 조증일 경우에는 재산의 낭비나 가족 그리고 직장에 해를 끼치는 무리한 행위 등이 나타나므로 입원치료를 하게 된다. 건강한 기간이 없이 조증 삽화와 우울증 삽화가 교대되는 경우는 회복이 어렵고 정신과 병동에 계속 있어야 할 정도로 예후가 나쁘다. 전반적으로 주요 우울장애보다는 양극성장애가 만성경과를 밟기 쉬워서 예후가 나쁘다.

양극성장애 I, 특히 조증 삽화가 나타날 때에는 입원치료와 약물치료를 우선적으로 고려해야 한다. 가장 대표적인 항조증 약물은 리튬(Lithium)이다. 리튬은 기분 안정제(mood stabilizer)로서 모든 유형의 양극성장애를 치료하는 데에 사용되고 있으며 특히 조증 삽화를 진정시키고 예방하는 효과를 지닌다. 그러나 약물치료만으로 양극성장애를 조절하는 데에는 현저한 한계가 있다. 따라서 양극성장애의 치료와 재발 방지를 위해서는 약물치료와 심리치료를 병행하는 것이 필수적이다.

심리치료에는 정신역동적 접근과 인지 · 정서 · 행동치료적 접근이 대표적인데 이를 살펴보면 다음과 같다.

특정한 장애별로 나누어 발전된 정신역동치료는 없다. 일반적으로 자존감을 지니게 하고 초자아를 조정하거나 자아를 강화시키는 데 관심을 두고 있다. 치료 초기에는 우선적으로 지지적 치료를 통해 환자의 고통스러운 증상을 이해하고 완화시키는 것에 주력함으로써 희망을 지니게 하는 것이 중요하다. 어느 정도 증상이 호전되면 역동적인 요인을 탐색한다.

대체로 환자는 중요한 타인에게 의존하면서 필사적으로 그의 인정과 사랑을 얻고자 하며, 이런 과정에서 자기 자신에 대한 확신을 지니거나 자기표현을 하는 것은 희생된다. 이러한 자기를 이해해 가면서 서서히 중요한 타인에 대한 분노가 의식화된다. 환자의 주된 생각들이 드러나면 새로운 생활방식을 찾도록 도와주고, 이상적 바람을 현실적인 목표로 바꾸게 한다. 역동적 치료에서 조심해야 하는 것은 치료자가 우울증의 역동을 이해하였다고 이를 환자에게 곧바로 해석해서는 안 된다는 점이다. 해석이 오히려 환자의 무가치감이나 자책감을 증가시켜서 우울증이 심해질 수도 있기 때문이다.

인지 · 정서 · 행동치료에서의 핵심부분은 A-B-C-D-E로 불리는 틀이다. A(activating event)는 사건, 상황, 행동 또는 개인의 태도이며, C(consequence)는 각 개인의 반응이나 정서적 결과다. 이 반응은 A에 대해 적절할 수도 있지만 부적절할 수도 있다. 인지 · 정서 · 행동치료에서는 A(선행사건)가 C(정서적 결과)를 초래한다고 보는 것이 아니라 각 개인의 A에 대한 믿음인 B(belief)가 C를 초래한다고 본다. 즉, 대학 입학의 실패로 우울증을 보이는 환자의 경우 낙방이라는 사건 자체가 우울증을 경험하게 하는 것이 아니라 낙방했다는 사실에 대한 환자의 믿음이나 사고가 우울증을 초래한다고 보는 것이다. 그러므로 치료의 핵심은 논박인 D(dispute)를 통해 환자의 정서반응이나 장애를 일으키는 비합리적인 생각을 바꾸게 하는 것이다. 엘리스(Ellis)에 의하면 성공적인 상담은 비합리적인 사고를 계속적으로 논박하여 어느 정도 재교육에 성공하느냐에 따라 좌우된다. 일단 이러한 논박이 성공하면 그 효과로 환자의 적절한 정서와 적응적인 행동이 드러난다. 이때도 역시 환자에 대한 공감과 치료동맹이 우선되어야 한다.

Abnormal Psychology

제14장
정신분열 스펙트럼 및 다른 정신증적 장애

29세로 유학 중인 J는 1년 전부터 주변 사람들이 자신의 공부를 훼방 놓는 것 같다는 느낌을 받게 되었고, 주변 사람들을 경계하고 늘 긴장하는 생활을 하였다. 몇 달 전에는 발표를 위해 정리한 자료 파일이 손상되어 결국 발표를 포기할 수밖에 없었는데, 이 일에 대해 그는 분명 자신을 시기한 사람들의 소행으로 여기고 골똘히 생각하게 되었다. 그는 지도교수님도 한통속이 되어 자신이 공부를 포기하도록 힘들게 하고 있다고 여기며, 잘 모르는 사람들까지 자기를 비웃고 사회적으로 매장해 버리려고 혈안이 되어 있다고 믿게 되었다. 그는 밖에 외출하기를 꺼릴 뿐만 아니라 밤에도 편히 잠을 잘 수 없었고, 사람들과도 자연히 멀어지게 되었다. 점차 그는 학업에 집중할 수 없게 되었으며, 급기야 학교에서 "왜 이렇게 나를 못살게 하느냐."며 같은 과 학생들과 뚜렷한 이유도 없이 다투게 되었고, 이를 염려한 지도교수와도 "다들 내가 왜 이러는지 다 알면서 묻느냐."고 따지게 되었다. 그는 결국 유학을 포기하고 돌아와 정신과에 입원하게 되었는데 입원 시 면담을 한 의사에게도 "왜 다들 알면서 나를 성가시게 구느냐? 당신은 어디서 보낸 사람이냐?"고 도리어 화를 내었다.

DSM-5(2013)에서는 기존의 정신분열증과 망상장애 그리고 정신분열형 성격장애를 묶어서 정신분열 스펙트럼으로 진단하는 체계로 바뀌게 되었다. 이러한 정신증적 장애는 다음의 다섯 가지 주요 증상특징을 포함하고 있다.

망상   망상은 고정된 믿음으로 상충하는 증거를 고려해 변화할 수 없는 믿음이다. 그 내용에는 다양한 주제가 있을 수 있다(예: 피해적, 관계적, 신체적, 종교적, 과대적). 그 가운데서도 피해망상이 가장 흔하다(예: 타인이나 조직 또는 다른 그룹에 의해 피해를 입게 되거나 괴롭힘 등을 당하게 될 거라는 믿음). 관계망상 역시 흔하다(예: 어떤 제스처나 언급, 환경적 단서 등이 자신한테 향해 있다는 믿음).

과대망상과 색정형 망상 역시 관찰된다. 또한 허무망상은 커다란 파국이 일어날 것이라는 확신을 포함하는 것이며 신체망상은 몸과 신체 기능에 대한 집착에 초점이 맞춰져 있다. 기괴한 망상의 한 가지 예로는, 외부의 힘이 어떤 부상이나 상처도 남기지 않고 자신의 내부기관을 제거한 후 그것들을 다른 사람의 기관으로 옮겨 놓았다고 주장하는 것이 있다. 기괴한 것이 아닌 망상의 예는 확실한 증거가 없음에도 불구하고 자신이 경찰의 감시하에 있다고 믿는 것이다.

이같이 마음이나 신체에 대한 통제의 상실을 표현하는 망상은 대개 기괴한 것에 속하는데 여기에는 다음과 같은 망상들이 있다. 어떤 외부의 힘에 의해서 자신의 사고가 '제거되었다'는 믿음, 외계인의 사고가 자신의 마음에 주입되었다는 믿음, 자신의 몸이나 행동이 어떤 외부의 힘에 의해 조종되고 있다는 믿음이 그것이다. 망상과 강한 믿음을 구별하는 것은 때로는 어렵다. 그러한 구분은 부분적으로는 확신의 정도에 달려 있다. 진실성에 관해 명백하고 합리적인 모순되는 증거에도 불구하고 믿는 확신의 정도에 따라서 구분한다는 말이다.

환각   환각은 외부 자극 없이도 일어나는, 실제와 유사하게 느껴지는 지각 경험들이다. 그것들은 생생하고 명료하여 정상적인 지각과 상응하는 크기의 힘과 영향력을 가지고 있다. 그리고 이러한 것은 자발적인 통제하에서 일어나는 것이 아니다. 환각은 어떤 감각양상에서도 일어날 수 있을 것이지만, 정신분열증과 기타 관련 질환에서는 청각적인 환각이 가장 흔하다. 환청은 대개 목소리로서 경험되는데, 그 목소리는 친숙한 것이거나 친숙하지 않은 것 모두에 해당할 수 있고, 자기 자신의 생각과는 별개의 것으로서 지각된다. 환각은 명백하게 감각중추를 통해 느끼는 것이어야 한다. 잠에 빠지는 중에 발생하는 것이거나 깰 때 발생하는 것은 정상적인 경험의 범주 안에 포함시킨다. 환각은 어떤 문화권에서는 종교적인 경험의 일부로서 정상에 해당하는 경우도 있을 것이다.

와해된 사고(언어)   와해된 사고는 전형적으로 개인의 발화내용을 통해 추론된다. 와해된 사고를 가진 사람은 한 가지 주제에서 다른 주제로 내용을 전환할 것이다. 질문에 대한 답에서는 간접적으로 관련이 되거나 아예 관련되지 않은 내용으로 답을 할 것이다. 드물게 발화내용이 심각하게 와해될 수도 있다. 거의 이해할 수 없고 수용성 실어증과 닮아 있는 말들로, 문법적 와해를 포함하고 있다.

경하게 와해된 언어는 흔하고 특징적이지 않기 때문에 징후는 효율적인 의사소통하에서 상당한 손상이 존재하기에 충분하도록 심각한 것임에 틀림없다. 만약 평가자가 다른 언어권의 배경을 가지고 있는 사람을 진단하고자 한다면, 손상의 심각도를 평가하기가 쉽지 않을 것이다. 덜 심각한 와해된 사고나 언어는 정신분열증의 전구기간과 잔류기간 동안에 발생할 것이다.

심하게 와해되거나 비정상적인 운동성행동(긴장증 포함)   심하게 와해되거나 비정상적인 운동성행동은 어린애 같은 행동부터 예측할 수 없는 초조한 행동에 이르기까지 다양한 형태로 나타난다. 목표 지향적 행동에 문제가 있을 수 있으며, 일상의 행위들을 수행하는 데 있어 어려움으로 이끌게 된다.

긴장성 행동은 외부 자극에 대한 반응이 심각하게 감소하는 것이 특징이다. 이러한 행동의 범위는 거부증, 같은 자세 유지하기, 부적절하거나 기괴한 자세, 함구증과 마비에 이르기까지 다양하다. 또한 뚜렷한 목적이 없는 행동과 과도한 운동성행동(긴장성 흥분)을 하는 것 등을 포함한다. 또 다른 특징은 반복적이고 상동증적인 운동, 뚫어지게 보는 행동, 함구증, 반향어 등이 있다. 비록 긴장증이 정신분열증과 연관성이 있다고 하나, 긴장성 증상은 비특정적이고 다른 정신과적 장애 예를 들자면 긴장증이 있는 양극성 또는 우울장애에서도 나타나기도 한다.

음성증상   음성증상들은 정신분열증의 주요 특징 안에 많이 포함되지만, 다른 정신증 장애에서는 덜 중요하다. 두 가지의 음성증상이 특히 정신분열증에서 두드러지는데, 하나는 감소된 정서표현이고 다른 하나는 무욕증이다. 감소된 정서표현이란 얼굴에서 나타나는 정서표현의 하나인 눈 맞춤, 억양 그리고 손과 머리, 얼굴의 표정 등에서 적절한 표현이 현저히 감소하는 것을 말한다. 이러한 표정들은 대개 말에 정서의 강조를 나타내는 것으로 정서교류에 매우 중요한 비언어적 행동이다.

무욕증에서는 본인 주도적인 목적성 있는 활동이 감소한다. 이러한 사람은 오랜 시간을 들여 지체하고(또는 많은 시간 동안 앉아 있고) 일이나 사회적 활동에 참여하는 것에 거의 흥미를 보이지 않는다. 다른 음성증상으로는 운동성 실어증, 쾌감결여, 비사회성이 있다. 운동성 실어증은 말이 없어지는 특징으로 나타난다. 쾌감결여는 유쾌한 자극이 주어졌을 때 즐거움을 경험하는 능력이 감소되거나 전에 경험했던 즐거움을 회상하는 능력이 저하되는 것을 말한다. 비사회성은 사회적 상호작용에 대한 관심의 현저한 결핍으로 나타나는데, 무욕증과 연관되기도 한다. 하지만 비사회성은 사회적 상호작용을 위한 기회의 제한과도 관련이 있을 수 있다.

1. 정신분열증

1) 임상적 특징과 하위유형

정신분열증의 진단기준(DSM-5)

A. 특징적 증상: 다음 증상 가운데 2개(또는 그 이상)가 있어야 하며, 1개월 중 상당한 기간 존재해야 한다(단, 성공적으로 치료된 경우는 짧을 수 있다).

   (1) 망상
   (2) 환각
   (3) 와해된 언어(빈번한 탈선 또는 지리멸렬)
   (4) 심하게 와해된 행동이나 긴장증적 행동
   (5) 음성증상(정서표현 감소 또는 무욕증)
   주의: 만약 망상이 기괴하거나, 환각이 계속적으로 행동이나 행각에 대해 간섭하는 목소리이거나, 둘 또는 그 이상이 서로 대화하는 목소리일 경우에는 1개 증상만 있어도 된다.

B. 발병 이후 상당 기간 동안 직업이나 대인관계 또는 자기관리와 같은 하나 또는 그 이상의 주요 생활영역의 기능수준이 발병 이전과 비교하여 현저히 감소되어 있어야 한다(또는 아동기나 청소년기에 발병될 경우에는 대인관계, 학업 또는 직업 기능의 기대수준 성취에 실패한 상태여야 한다).

C. 장해의 징후가 적어도 6개월 이상 지속되어야 한다. 6개월의 기간은 진단기준 A를 충족하는 증상(즉, 활성기 증상)이 존재하는, 적어도 1개월의 기간을 포함하고 있어 야 하며(또는 성공적으로 치료되면 더 짧을 수 있음), 이 기간은 전구기와 잔류기를 포 함할 수 있다. 전구기나 잔류기에는 오직 음성증상만 있거나 진단기준 A에 있는 증 상 가운데 2개 또는 그 이상의 증상이 약화된 형태로 나타난다(예: 기이한 믿음, 이상 한 지각적 경험).

D. 분열정동장애와 정신증적 양상이 있는 우울 혹은 양극성 장애는 다음과 같은 이유 로 배제될 수 있다.

   (1) 주요우울증, 조증 삽화가 활성기 증상과 동시에 나타나지 않는다.
   (2) 만약 활성기 증상이 있는 기간 중에 기분 삽화가 발생한다면, 활성기와 잔류기에 비해 전체 삽화의 기간이 상대적으로 짧다.

E. 장해는 물질(남용 약물, 투약 약물) 또는 기타 의학적 상태의 생리학적인 영향이 원인 이 아니어야 한다.

F. 만약 자폐 스펙트럼 장애 혹은 아동기에 발병한 의사소통장애의 과거력이 있을 때 는 현저한 망상이나 환각이 적어도 한 달 이상 지속되고, 정신분열증의 다른 증후 들 또한 1개월 이상 나타날 때만 추가로 정신분열증 진단을 붙인다.

다음의 경우 명시할 것:
경과에 따른 다음의 세부진단은 1년 이상의 기간 동안 장애를 앓은 경우에만 적용 되며 진단적 경과 기준에 있어 논란의 여지가 없을 때 이루어진다.
첫 번째 삽화, 현재 급성 삽화: 정의된 진단적 증상과 시간 기준을 부합하는 장애의 첫 번째 출현. 급성 삽화란 증상 기준이 충족되는 시간 기간을 의미한다.
첫 번째 삽화, 현재 부분 관해: 부분 관해는 이전의 삽화 이후 호전이 유지되고 장애를 정의하는 기준이 오로지 부분적으로만 충족되는 시간 기간을 의미한다.
첫 번째 삽화, 현재 완전 관해: 완전 관해는 장애의 특징적인 증상들이 전혀 출현하지 않는 기간의 삽화가 이전에 있은 이후의 시간 기간을 의미한다.
여러 번의 삽화, 현재 급성 삽화: 여러 번의 삽화는 최소 2개의 삽화 이후에 결정될 수 있다.
여러 번의 삽화, 현재 부분 관해
여러 번의 삽화, 현재 완전 관해

지속성: 장애의 진단적 증상 기준을 충족하는 증상들이 질병의 경과 동안 대다수 유지되고, 전체 경과에 비하여 매우 짧은 기간 역치하 증상이 동반된다.

불특정형

다음의 경우 명시할 것:

긴장증의 동반: 다른 정신장애와 관련이 있는 긴장증의 진단기준을 참고하라.

부호화 시 주의: 동반이환되는 긴장증을 나타내기 위해서는 정신분열증과 관련이 있는 긴장증에 대한 추가 코드인 293.89(F06.1)을 사용하라.

정신분열증은 뇌의 뚜렷한 기질적인 병변이 없이 인지, 사고, 정서, 행동 등 인격의 전반적인 영역에 걸쳐 특이한 와해를 일으키는 상태다. 즉, 정신분열증의 주요 증상은 인지적, 정서적, 행동적인 장애영역에 걸쳐 널리 퍼져 있다. 진단은 손상된 직업적, 사회적 기능과 관련된 증상을 포함하며, 이 장애에 속한 사람들은 대체로 다양한 증상특징을 나타낸다. 즉, 정신분열증은 동질성이 떨어지는 임상적 증상이다.

정신분열증의 진단적 특징들을 살펴보면 다음과 같다.

(1) 정신분열증의 진단적 특징

정신분열증의 특징적 증상은 인지적, 행동적, 정서적 범위의 기능장애를 포함한다. 하지만 하나의 증상이 이 장애의 병리적 증상이 되지는 않는다. 진단에는 손상된 직업적 또는 사회적 기능과 관련된 징후 및 증상의 집합을 포함한다. 정신분열증을 지닌 사람은 대부분의 양상에서 대체로 다양하게 나타난다. 즉, 정신분열증은 동질성이 떨어지는 임상적 신드롬이다. 적어도 진단기준 A의 두 가지 증상이 1개월이나 그 이상의 기간 동안 나타나야만 한다. 적어도 이러한 증상들 중 하나는 망상(진단기준 A1), 환각(진단기준 A2), 또는 와해된 언어(진단기준 A3)의 명백한 출현이어야 한다. 심하게 와해된 행동이나 긴장증적 행동(진단기준 A4)와 음성증상(진단기준 A5) 역시 나타날 수 있다. 정신분열증에서는 하나 또는 그 이상의 주요한 기능의 장해를 보인다(진단기준 B). 만약 장해가 아동기나 청소년기에 시작된 경우는 기대되는 수준의 기능이 이루어지지 않은 것이다. 영향을 받지 않은 형제와 비교해 보는 것이 판단에 도움이 된다. 이러한 기능장애는 장애의 경과 동안 상당 기간 지속되는데, 어느 한 가지 양상의 직접적인 결과로는 보지 않는다. 무욕증(예: 감소된 목적 지향적 행동의 추구; 진단기준 A5)은 진단기준 B에서 설명하는 사회적 기능 손상과 관련되어 있다. 또한 정신분열증을 가진 개인에게서 인지적인 손상과 기능적인 손상 간의 연관이 있다는 증거가 있다.

어떤 장해의 징후들은 적어도 6개월 동안 지속적으로 유지되어야만 한다(진단기준 C). 전구기 증상이 활성기 이전에 흔히 앞서 나타나며, 잔류기 증상이 활성기 이후에 계속될 수 있는데, 환각 또는 망상의 가벼운 형태로 특징지어진다. 아마도 망상에는 속하지 않지만 다양한 비상식적 또는 이상한 믿음을 나타낼 수 있을 것이다(예: 관계사고나 마술적 사고). 그들은 비상식적인 지각 경험을 할 수도 있다(예: 보이지 않는 사람의 존재를 느끼는 것). 그들의 말은 일반적으로 이해할 수는 있지만 모호할 것이다. 그리고 그들의 행동은 와해되어 있지는 않지만 흔하지 않을 것이다(예: 공공장소에서 중얼거리기). 음성증상들이 전구기와 잔류기에 흔하게 나타나고 심해질 수 있다. 사회적으로 활동적이던 사람이 이전의 일상생활로부터 철수될 수도 있다. 그러한 행동들은 이 장애의 첫 번째 징후가 되기도 한다.

정동증상들과 전체 정동 삽화가 정신분열증에서 흔하게 나타나고, 활성기의 증상양상과 동반할 수 있다. 하지만 분열정동장애와는 구분되는 것으로서 정신분열증의 진단기준에서는 정동 삽화가 없는 중에 망상 또는 환각이 존재해야만 한다. 또 다섯 가지 증상 영역이 진단기준에서 식별되고, 인지, 우울, 조증 증상의 평가가 다양한 정신분열 스펙트럼과 여타 정신장애를 분간하는 데 필수적으로 중요한 핵심 요소가 된다.

(2) 진단을 지지하는 보조적 특징

정신분열증이 있는 개인은 부적절한 정동을 나타낼 수 있고(예: 적절한 자극이 없는데 웃는 것), 불쾌감을 표출할 수 있는데, 이는 우울이나 불안, 또는 분노, 수면양상의 장해(예: 낮에 자고 밤에 활동하는 것) 및 식욕을 상실하거나 음식을 거부하는 등의 형태로 나타날 수 있다. 이인증, 현실감 소실, 그리고 신체에 대한 염려가 나타날 수 있고 때로는 망상적인 수준에 달하기도 한다. 불안과 공포증이 흔하게 나타난다. 정신분열증에서는 인지적인 결함이 흔하고, 직업적인 기능적 손상에 강하게 영향을 미친다. 이러한 결함에는 서술적 기억, 작업기억, 언어적 기능, 그리고 다른 집행기능들을 포함하고, 처리속도 역시 그만큼 느려질 수 있다. 감각 처리과정과 억제능력과 함께 주의집중의 저하 또한 나타난다. 어떤 환자들은 타인의 의도를 추론하는 능력을 포함하는 사회인지적 결함을 보이기도 한다. 또 무관한 사건이나 자극에 주의를 기울여 의미 있게 해석해서 설명망상의 단계로 나아갈 수도 있다. 이러한 손상들은 흔히 증상의 관해기간 동안 지속된다.

정신증을 지닌 일부 개인은 자신의 장애에 대한 병식이 부족할 것이다. 이러한 '통찰'의 부족은 정신분열증의 증상에 대한 비인지를 포함하고 질환의 전체 과정을 통틀어 그러할 수 있다. 병식의 부족이라는 것은 장애의 극복을 위한 전략에 대한 것이라기보다는 전형적으로 정신분열증의 증상 그 자체에 대한 것이다. 이것은 뇌손상에 따른 신경학적 결함에서 일어나는 인식의 상실과 견줄 만한 것으로 실인증이라고 명칭한다. 이러한 증상은 치료를 준수하지 않는 것의 가장 일반적인 예측인자가 되며, 또 높은 재발률을 예견한다. 자발적이지 않은 치료의 수를 상승시키고, 심리사회적 기능이 더 빈약할 것이고, 공격성 그리고 병리의 과정이 더 나쁠 것임을 예견하는 요소가 된다.

즉흥적이거나 무차별적인 공격행동이 흔한 것은 아니지만, 적대감과 공격성이 정신분열증과 관련될 수 있다. 공격성은 젊은 남성 환자에게서 더 빈번하고 과거 폭력의 이력이 있는 개인에게서도 더 빈번하다. 치료에 비협조적일 경우, 물질남용이나 충동성과 관련한 경우에서도 그러하다. 정신분열증을 앓는 개인들 중 상당수가 공격적이지 않고 일반 인구에 비해서 더 빈번하게 피해자가 되는 것으로 보고되고 있다.

(3) 유병률 및 진행 및 경과

정신분열증의 평생 유병률은 약 0.3~0.7%인 것으로 보이나, 인종/민족, 국가 및 이민자의 경우 이민자의 기원국 간 차이가 보고된 바 있다. 성비는 표본 및 모집단에 거쳐 차이를 보인다. 예를 들어, 음성증상과 장애의 오랜 질병기간(좋지 않은 예후와 상관관계를 보임)을 강조할 경우 남성에서 유병률이 높으나, 높은 정동증상과 비교적 단기간의 질병기간을 표본에 포함시킬 경우(보다 나은 예후와 상관관계를 보임) 성별 간 비슷한 유병률을 보인다.

정신분열증의 정신증적 증상은 전형적으로 10대 후반에서 30대 중반 사이에 나타난다. 발병이 청소년기 이전에 일어나는 경우는 드물다. 첫 번째 정신증 삽화가 발병하는 시기는 남성의 경우 20대 초중반이고, 여성의 경우는 20대 후반이다. 발병은 갑작스럽게 나타나거나 서서히 나타날 수 있지만 대부분의 경우 중대한 임상적 증후와 증상의 대부분이 천천히 그리고 점차적인 단계로 나타난다. 이러한 개인의 절반 정도는 우울증상을 호소한다. 발병에 있어서의 이른 나이는 전통적으로 좀 더 나쁜 진단의 예측인자로 받아들여진다. 하지만 발병 나이에 대한 효과는 성별과 관련되어 있는 것으로 보이고, 남성에게 있어서 병전 적응수준이 나쁠수록, 학업 성취가 낮을수록, 보다 현저한 음성증상과 인지적 손상이 있을수록 일반적으로 더 결과가 나쁘다. 인지 손상은 흔하고, 인지의 변질은 정신증의 출현에 앞서서 발달과정에서 나타나 성인기 동안에 안정된 인지적 손상을 보인다.

경과 및 결과에 대한 예측은 대개 설명이 불가능하고, 신뢰할 만하게 예측할 수 없는 것으로 보인다. 경과에 있어서 정신분열증을 지닌 개인의 약 20%가 긍정적이고, 드물게 완전히 회복되는 개인도 있는 것으로 보고되었다. 하지만 정신분열증을 지닌 대부분의 개인은 일상생활에서의 지지를 필요로 하고, 활성기 증상의 악화와 관해를 겪으며, 만성적인 상태로 남아 있다.

정신증적 증상은 생애주기에 걸쳐 감소하는 경향이 있는데, 아마도 일반적인 나이와 관련된 도파민 활동의 감소와 관련되어 있는 것 같다. 음성증상은 양성증상에 비해 보다 예후와 깊게 관련되어 있고, 가장 끈질기게 지속되는 경향이 있다. 뿐만 아니라 이 병과 관련된 인지적인 결함은 질환의 경과에 걸쳐서 개선되지는 않는 것 같다.

정신분열증의 핵심 증상들은 아동기에서도 마찬가지로 관찰되지만 진단을 내리는 것은 좀 더 어렵다. 아동기에는 망상과 환각이 성인에 비해서 덜 정교하고 환시가 더 흔하며 정상적인 환상유희(fantasy play)와의 구별을 해야만 한다. 와해된 언어는 아동기 발병의 많은 다른 장애에서도 나타나며(예: 아동기 자폐 스펙트럼 장애), 와해된 행동 역시 그러하다(예: ADHD). 이러한 증상들은 아동기에 좀 더 흔한 장애들에 의한 것인지를 고려하지 않고 정신분열증을 그 원인으로 진단해서는 안 된다. 아동기 발병 사례들은 점진적인 발병과 현저한 음성증상을 가진 빈약한 결과의 성인 사례들과 유사한 경향이 있다. 나중에 정신분열증 진단을 받은 아동은 특이하지 않은 정서적·행동적 장해와 정신병리, 지적·언어적 변질, 미묘한 운동지체를 경험해 왔을 가능성이 좀 더 크다.

40대 이후에 늦게 발병하는 경우는 여성에게서 더 많고, 결혼한 경우가 많다. 때로는 경과상에서 정동, 사회적 기능은 보존한 채로 정신증적 증상이 우세한 것으로 특징지어진다. 이렇게 늦은 발병의 경우도 정신분열증의 진단기준을 만족할 수 있지만 이것이 55세 이전에 진단되는 정신분열증과 같은지 아닌지는 명확하지 않은 실정이다.

(4) 위험 및 예후요인

① 환경적 요인

일부 지역에서 늦은 겨울~이른 봄에 출생한 개인이 정신분열증의 발생 정도와 관련되어 있고, 여름에 출생한 개인의 경우는 발병 정도와 관련이 적은 편이다. 또한 정신분열증 및 관련 장애의 발생 정도는 도시환경에서 성장한 아동에게서 더 높은 비율로 나타났다.

② 유전 및 생리적 요인

비록 정신분열증을 진단받은 대부분의 환자가 정신증 가족력을 갖고 있지 않다고 하더라도 정신분열증의 위험을 결정짓는 데는 유전적인 요소가 큰 역할을 한다. 각 대립형질은 전체 인구의 다양성 측면에서 아주 작은 부분을 차지하고 있으므로, 해당 유전자의 희귀성 정도에 따라 정신분열증에 대한 기여도가 다르다고 볼 수 있다. 현재까지 확인된 위험 유전자는 양극성장애, 우울증, 자폐 스펙트럼 장애와 같은 다른 정신과적 질병과도 연관되어 있음이 밝혀졌다.

임신과 출생 시 저산소증과 같은 합병증과 높은 아버지 연령이 해당 태아의 정신분열증의 위험성을 높이는 것과 관련되어 있다. 또 태아기나 임신 전후의 역경, 예를 들면 스트레스, 감염, 영양실조, 산모의 당뇨, 기타 의학적 상태들이 정신분열증과 관련되어 있다. 하지만 이러한 위험요소를 가진 대다수의 후손은 정신분열증으로 발병되지 않는다.

(5) 특정 문화 관련 진단 문제

문화 및 사회경제적 요인들 또한 고려되어야 하는데, 특히 대상자와 의료진이 같은 문화 및 사회경제적 배경을 공유하지 않을 경우에는 더 많은 주의를 요한다. 한 문화권에서는 망상으로 간주되는 생각(예: 주술)이 다른 문화권에서는 상식으로 간 주될 수도 있다. 일부 문화에서는 종교적 내용이 담긴 시각 및 청각적 환각(예: 하나 님의 음성을 듣는 것)이 종교적 체험의 정상적 일부일 수 있다. 또한 와해된 언어의 평 가는 문화에 따른 서술방식의 다양성 때문에 평가가 어려울 수도 있다. 정동의 평가 는 정동의 표현방식, 눈 맞춤, 몸짓언어 등 문화권에 따른 다양성을 보이는 요소에 대한 민감성을 요한다. 만약 평가가 환자의 모국어와는 다른 언어로 이루어진다면, 무언증이 언어장벽으로 인한 것이 아님을 확실시해야 한다. 특정 문화에서는 고통 이 환각 및 이와 비슷한 형태로 나타나고 임상적으로 정신증과 유사한 형태로 나타 나나 환자가 속한 소집단에서는 완벽히 정상적인 반응일 수도 있다.

(6) 성별 관련 진단 문제

정신분열증 발병에 있어 성별에 따른 차이도 다소 존재한다. 일반적인 정신분열 증의 유병률은 여성에게서 약간 낮으며, 특히 치료 성공군에서 그러하다. 발병연령 또한 여성집단에서 높은데, 이전에 설명한 대로 중년 후기에서 그 정점을 이룬다. 여성에게서 증상이 보다 정동적으로 나타나며, 더 많은 정신증상을 보이고 노년기 로 갈수록 정신증이 악화되는 경향이 있다. 다른 증상적 차이에는 음성반응 및 와해 가 더 적게 나타난다는 점이 있다. 마지막으로, 사회적 기능이 여성에게서 더 잘 보 존되는 경향이 있다. 하지만 이러한 일반적 경향성에서 벗어나는 사례는 빈번하게 발생한다.

(7) 자살 위험 및 기능적인 결과

정신분열증 환자의 약 5~6%가 자살로 생을 마감하며, 20%가 한 번 이상 자살을 시도하고, 그 이상이 자살을 생각한다. 자살행동의 일부는 자신 혹은 타인을 해하라 는 명령적 환각에 대한 반응으로 발생한다. 자살 위험성은 남성과 여성 모두에게서 평생에 걸쳐 높게 나타나지만, 특히 동반이환성 약물 사용 중인 젊은 남성집단에서 높다. 기타 위험요인에는 우울증상 혹은 희망감 부재, 실직 상태가 있으며, 위험성 은 또한 정신증 삽화 혹은 퇴원 직후에 특히 높아진다.

정신분열증은 현저한 사회 및 직업적 손상과 연관된다. 보통 교육적 성취를 이루고 직업을 유지하는 것이 인지능력이 이 기능들을 수행하기 충분한 경우에도 무욕증 혹은 해당 장애와 관련된 기타 증상들로 인해 어려워진다. 대부분의 환자는 자신의 부모 대비 낮은 사회적 지위의 직업을 가지며, 특히 남자들의 경우 결혼을 하지 않거나 가족 밖의 사회적 관계를 거의 맺지 않는다.

2) 원인

정신분열증이 왜 생기는지에 대한 연구주제에 관심을 갖기 시작한 이래 많은 연구결과가 보고되었으나 아직까지 원인을 확실하게 규명하였다고 보기는 어렵다. 정신분열증의 원인을 규명하기 어려운 이유는 유전적인 영향과 환경적인 영향을 명확히 구분 짓는 데 난점이 있고, 워낙 증상 자체가 객관적으로 이러한 질병이라고 개념화하기에는 상당히 다양한 증상이 포함되어 있으며 복잡한 것도 그 이유 중 하나다.

현재까지 진행되어 온 정신분열증의 원인 연구는 크게 세 가지 방향, 즉 생물학적인 요인, 심리학적인 요인, 사회학적인 요인들로 이루어졌는데 이를 소개하면 다음과 같다.

(1) 생물학적인 요인

정신분열증의 유전적인 연구로는 정신분열증 가족 연구, 쌍생아 연구 및 양자 연구 등이 있다. 칼먼(Kallmann, 1953)의 연구에 의하면 정신분열증 가족에서 정신분열증이 발병하는 빈도는 일반 인구에서 발병하는 빈도보다 높았으며, 정신분열증이 이복형제의 1.8%, 배우자의 2.1%, 형제의 7%, 이란성 쌍생아의 경우 14.7%, 그리고 일란성 쌍생아에서는 85.8%가 발병한다고 한다. 샐터(Salter, 1953)의 41쌍의 정신분열증 일란성 쌍생아를 연구한 결과에서도 일치율이 76%로 나타나 칼먼의 연구보다는 다소 떨어지기는 하나, 정신분열증의 유전적인 요인을 뒷받침해 주고 있다.

(2) 심리 · 사회 · 문화적 요인

① 정신역동적 요인

환자의 정신 내부의 갈등과 정신분열증의 장애의 관계를 밝히고자 정신분석의 입장에서 프로이트(Freud)는 그의 성적 퇴행에 관한 학설로 정신분열증 환자 쉬레버 (Schreber)의 망상적 장애를 설명하였다. 프로이트는 쉬레버가 스트레스의 반응으로서 그의 아버지에 대한 어릴 때의 아직 잘 통합되지 못한 동성애적 애착 상태로 퇴행을 하였으며, 받아들이기 힘든 동성애의 위협을 처리하기 위하여 이 충동을 무의식적으로 부정하였고, 이를 망상적인 사고체계에서 다른 사람에게 투사하고 있다고 설명하였다. 클라인(Klein)은 정상적인 유아가 첫 6개월에 자기가 의지하고 있는 어머니에게 느낀 불안, 분노, 불만과 분열, 내사, 투사의 방어기제를 이용한 심리적 갈등은 성인의 망상적 분열성 시기와 견줄 만하다고 보았다. 또한 하트먼(Hartmann, 1953)은 정신분열증의 병적 증상을 심한 갈등, 과도하게 조절 불가능한 공격성과 관련지어 이것들이 자아기능의 자율적인 발전을 저해하고 지각장애, 이론적 사고의 와해, 대인관계의 장애를 일으킨다고 보았다. 이 공격성은 특히 의존적 성격의 사람들에게서, 이별의 위협을 느낄 때 또는 얻고자 하는 목표에 도달하기 힘들어질 때 폭발하며, 이와 같은 공격성과 그로 말미암은 결과는 정신분열증뿐만 아니라 다른 정신병, 경계 상태에서도 결정적인 요소를 이룬다고 보았다. 정신분열증 환자의 자아기능 약화는 정신분석 분야의 대부분의 학자가 공통으로 주장하는 것으로, 벨락 (Bellak) 등은 그 기능을 세분하여 각 기능의 장애 및 예후와 관련지어 관찰하기도 하였다.

그러나 이러한 견해들은 정신분열증의 정신병리를 설명하는 데는 어느 정도 타당할지 모르나, 그 원인을 밝히는 데는 충분하지 않다. 정신분열증에서의 자아기능의 분열을 똑같이 주장한 융(Jung)은 자아기능의 심한 해리는 자아의식이 극도로 약화되어 무의식적 충격에서 쉽게 해리되는 경우와, 자아의식은 비교적 잘 통합되어 있으나 무의식과 콤플렉스가 큰 에너지를 획득하게 되어 그에 의해 의식의 심각한 해리를 야기하는 경우를 가정하고 있다. 정신분열증의 구성요인에서 아직 설명 불가능한 소인의 존재를 인정하면서도 격심한 감정적 충격이 무의식의 콤플렉스의 자아 붕괴를 일으키고, 그로 말미암은 생리적 이상이 콤플렉스의 파괴력을 병적으로 항진시킬 것이라 보았다.

설리번(Sullivan, 1962)은 이 질환의 원인이 어린 시절의 대인관계에서의 어려움, 특히 부모-자식 관계의 어려움에 있다고 믿었고, 이들에 대한 치료는 이러한 어린 시절의 문제점에 대하여 시도되는 장기간의 대인관계적 과정이라고 하였다. 그에 따르면 잘못된 양육은 영아에게 항상 불안을 가지고 있는 자아를 형성하게 하고, 아동이 자신에 대한 신뢰를 형성하지 못하게 방해한다. 이런 식의 자기경험은 곧 심각한 자존심의 손상을 초래한다. 정신분열증의 발병은 바로 이러한 해리된 자기가 재출현하여 공황 상태에 이르게 되고, 이어서 정신병적 혼란 상태에 빠지는 것이라고 생각하였다. 설리번과 그의 추종자들이 대인관계이론을 발달시키는 동안 초기의 자아심리학자들은 자아경계의 이상이 정신분열증 환자의 주된 결핍 중 하나라는 점을 확인할 수 있었다.

말러(Mahler, 1952)는 자아경계란 영아와 어머니 사이에서 어루만져 주는 포옹, 애무 혹은 다른 신체적 접촉에서 생겨난다고 하였다. 정신분열증 환자에게서는 이러한 어머니와 영아의 상호관계에서 정상적 자극이 결핍되어 타인과 자기를 구별해 내지 못하는 어려움이 야기된다는 것이다. 더욱이 성인 정신분열증 환자가 심리적으로 주위에 있는 사람들에게 몰입되거나 합쳐지려고 하는 경향은 어린 영아기의 공생적 행복을 다시 만들어 보려는 시도로 이해될 수 있을 것이다. 불행히도 이러한 통합의 바람과 분열의 공포 사이에서 함정에 빠진 듯한 느낌을 갖게 된다.

결핍 모형은 정신분열증에 대한 생물학적인 연구에서 지지를 받고 있다. 골드스타인(Goldstein et al., 1977)은 정신분열증을 정신분석적으로 가정하고, 자극을 지각함에 있어서 선천적인 과도한 예민성을 주된 결함이라고 보았다. 정보처리과정과 주의집중의 장애가 항정신병 약물의 주된 작용영역임을 밝혀내고 있는 정신약물학적 연구들이 이 가정을 지지하고 있다(Spohn et al., 1977). 골드스타인은 충동과 이에 대한 방어라는 측면에서의 갈등 모형과 이 질환이 유전적, 체질적 요인과 관계된 근본적인 신경생리학적 문제에서 기인한다는 결핍 모형을 결합시켰다.

오그덴(Ogden, 1980, 1982)은 정신분열증의 중요한 갈등은 자신의 의미가 존재할 수 있는 심리적 상태를 유지하려는 바람과 자신의 의미와 사고에서 새로운 경험을 창출하고 생각할 수 있는 능력을 파괴하려는 바람 사이의 갈등이라고 생각하였다. 이 개념으로 볼 때 정신분열증 환자는 무의식적인 사고나 감정이 자신을 위협하여 견딜 수 없는 고통과 처리할 수 없는 갈등을 유발하기 때문에 환자는 자신의 내적 불행의 근원에 대하여 관심을 갖지 않으려고 애쓰며, 극심한 폐쇄 상태나 혹은 무경험에 가까운 심리적 제한 상태에 빠지게 된다. 이에 따라 정신분열증 환자는 이러한 상태를 계속 유지할 것인가 아니면 사고, 감정 혹은 외적 세계에 대한 지각들을 받아들여서 심리적으로 성장할 것인가 하는 갈등을 지속적으로 경험하게 된다.

폴락(Pollack, 1989)은 정신분열증 환자의 주관적 경험을 이해하는 데 자기심리학적 개념을 적용하였다. 그는 코헛(Kohut)의 이중축이론(double axis theory)과 일치하여, 정신병을 일으키는 데에는 대인관계의 상실이나 대상애의 다양한 측면보다 자기에 대한 자기애적 손상이 더 많은 영향을 줄 수 있다고 주장하였다. 정신분열증의 기본적 장애는 장기간에 걸친 자기의 약화와 자기분열로 이해될 수 있겠다.

② 인지 및 정보처리 요인

정보처리적 입장에서 정신분열증 환자의 기억 손상을 일차적으로 약호화의 장애로 보는 견해가 지배적이 되었다. 이러한 입장에 관한 초기 연구에서 가장 영향력을 미쳤던 브로드벤트(Broadbent, 1958)의 여과기제 모형에 의하면, 정신분열증 환자들은 여과기제 손상 때문에 적절한 정보만을 입력하기 위한 선택적인 주의집중의 장애를 지니고 있다. 이는 정신분열증의 과잉 포괄성, 즉 포함하지 않아야 할 감각자극까지 모두 사고체계에 포함시키는 특성을 설명하는 데에도 활용되었다(Chapman & Chapman, 1973; Payne, 1962).

이와 유사한 견해로 밀러(Miller, 1956)는 통합화이론에서 정신분열증의 주 장애는 입력된 자료를 조작하거나 통합하여 좀 더 높은 단위로 묶어 단기기억에서 용량을 작게 줄이는 기능을 못하는 것이라고 지적하였다. 이 개념은 단기기억뿐 아니라 정신분열증 환자의 기억과정에서 나타나는 회상의 손상을 설명하는 데도 적용되어왔다. 정신분열증 환자의 기억 손상은 기억해야 할 과제의 양이 많아질 때 이를 적절히 줄이기 위한 목적에서 상위 수준의 처리단위로 묶거나 정교화하는 기억 조성적 조직의 결핍에 기인하는 것이다(Koh & Kayton, 1974). 기억 조성적 조직 혹은 비효율적인 약호화를 다루는 초기 연구들은 주로 자유회상만을 사용하였으나, 회상과 재인을 동시에 취급한 실험절차에서는 다소의 이견을 보이기도 했다.

최근 이론들에 의하면 인출 시에 회상은 조직화된 인출전략을 포함하는 반면, 재인은 복사단서를 통해 개념 주도적 인출과 자료 주도적 인출을 포함한다(Mandler, 1984; Rabinowitz, Mandler, & Patterson, 1977). 이 같은 관점에서 볼 때 정신분열증 환자에게서도 회상이 재인보다 더 어렵다고 할 수 있는데, 그 이유는 약호화할 때 회상의 경우가 기억 조성적 조직을 더 많이 요구하기 때문이다(Calev, 1984). 반면에 재인의 경우에도 비슷한 장애 정도를 보인 연구결과가 있다(Neal & Oltmanns, 1980). 이러한 연구결과상의 차이점은 겉으로는 서로 다른 입장을 고수하는 것처럼 보인다. 그러나 이는 연구자들이 특정한 하위집단에 더 관심이 있는지 혹은 전체적인 속성에 더 관심이 있는지에 따라서, 또는 실험재료의 특성에 따라서 나타나는 차이라고 보는 편이 더 타당하다.

'정신분열증의 약호화 장애는 정신분열증 환자의 영구적 구조적인 손상에서부터 비롯되는가?'라는 물음에 대해 코와 피터슨(Koh & Peterson, 1978)은 이들에게 체계적인 약호화 전략을 동원할 수 있게 한다면 기억 손상은 개선될 수 있다는 주장을 처리수준(Level Of Process: LOP)이론으로 설명한 바 있었고, 컬버, 쿠넌과 진크라프(Culver, Kunen & Zinkgraf, 1986)의 연구에서도 같은 결과를 얻었다. 여기에서 말하는 처리수준이론은 중다저장 모형의 비판에서 출발한 이론으로서 기억을 연속된 정신처리과정으로 보는 입장이다(Craik & Lockhart, 1972; Craik & Tulving, 1975). 이러한 주장에 의하면 중다저장 모형에서는 단기기억장치와 장기기억장치가 따로 존재한다는 입장을 취하는 데 반해, 처리수준 모형에서는 기억장치 요인보다는 오히려 처리깊이를 강조하고 있다. 즉, 입력된 정보는 처리깊이 연속선상의 다양한 지점에서 정보를 처리하게 된다는 것이다. 결국 정신분열증 환자의 정보처리의 문제는 영구적, 구조적인 손상이라기보다는 체계적인 정보처리 전략의 문제에 기인하는 것으로 볼 수 있다.

③ 가족 간의 상호관계와 의사소통의 장애

아이와 어머니의 관계뿐만 아니라 가족 전체의 상호관계, 특히 의사소통의 장애가 정신분열증의 구성요인으로 작용한다는 입장에서, 리즈(Lidz)는 가족의 불합리성이 직접 아이에게 전달된다는 관찰을 토대로 두 가지 형태의 가족 상호관계를 제시하였다. 첫째는 '결혼왜곡'으로서 가족의 감정생활이 한쪽 배우자에 의해서 지배되어 있는 경우인데, 지배적이고 증오에 찬 부인과 수동적이고 의존적인 남편으로 구성된 경우이거나, 폭군적이고 자기애적인 남편과 겁이 많고 유순한 부인으로 구성된 경우다. 어느 경우든 약한 쪽이 다른 배우자에 대한 증오감을 상대방이 좋아하는 아이에게 옮기는 역할을 한다. 둘째로, '결혼분열'에서는 두 배우자 모두 서로 실망하여 서로 고립된 생활을 하며 아이에게만 의지하려고 하므로, 가족이 두 패로 갈라지게 되고 아이들은 자기가 편을 들지 않는 다른 쪽 부모에게 죄책감을 느끼게 된다. 예컨대 부부간에 숨겨진 불만, 억압된 부정적 감정 등이 아이의 독립된 성장을 막게 되는 것이라고 볼 수 있다.

윈(Wynne, 1958)은 가성상호소통(pseudomutuality)이라는 개념을 제시하였는데, 가족 구성원들이 서로 돕고 상대방에 맞추려고 하여 겉으로는 의사소통이 잘되는 것처럼 보이나 사실은 개개인의 독립된 발전을 두려워하고 이를 막기 때문에 아이의 정상적인 발전을 저해한다는 사실을 발견하였다. 이들은 가족이라는 큰 테두리를 유지하기 위하여 좁고 위축된 역할을 가족 구성원에게 강요하여 피상적인 공존을 기도하는 데 문제가 있다.

일찍이 베이트슨 등(Bateson et al., 1956)은 이중구속이라는 형태의 가족관계를 연구하였는데, 아이에게 행해지는 모순된 말과 행동의 의사소통이 되풀이될 때 아이는 갈등에서 벗어나지 못하고 마비 · 분노 · 불안 · 절망에 잠기게 되며, 분명한 의사소통, 사회적인 판별능력을 발전시키지 못하게 된다고 한다. 정신분열증 환자는 아동기 때 이런 상황에 반복적으로 노출된다고 하였다. 그러나 이중구속의 의사전달은 반드시 정신분열증 환자의 가족에만 있는 것은 아니라 정상적으로 보이는 가족에서도 발견되므로, 이중구속을 피할 수 없게 될 때 깊은 불안을 조성할 수는 있지만 오히려 개체의 창조적 열정을 촉진시킬 수 있으므로 이것이 정신분열증에 기여하지 않을 수 있다고 주장한다.

잭슨(Jackson, 1967)은 환자가 가족의 비합리적 행동을 직접 배우게 된다고 주장한다. 그러나 환자는 주위에서 주어진 영향을 그 자신의 욕구체계 안에서 선택적으로 취하게 되므로 문제가 되는 행동을 직접 배워서 정신병이 되는 것이 아니고, 내면적 심리에 있는 그 개인 특유의 조절체계가 중요한 역할을 한다는 주장도 있다.

3) 치료

(1) 정신역동치료

정신분열증의 정신분석적 개인 정신치료는 풍부한 임상적 전통을 가지고 있으나 정신분열증 환자들이 이 치료로 좋은 효과를 본다고 말하기는 어렵다는 것이 최근의 연구결과다(Gomez-Schwartz, 1984).

그러나 퇴원 후 평균 15년간 정신분석적 정신치료를 받은 정신분열증 환자 163명을 대상으로 한 맥글라샨(McGlashan, 1984, 1987)의 연구에서는 이들의 1/3이 중등도 이상의 호전을 보였다. 정신증적 증상이 해소된 것으로 평가된 두 군중 중 첫 번째 군은 정신병적 경험을 자신의 인생의 한 부분으로 통합하려고 노력하였고, 증상의 의미에 대하여 궁금해하였다. 두 번째 군은 다른 방법, 즉 주로 질병을 덮어 버림으로써 안정된 회복을 도모하였다. 이들은 자신의 병에 대해서는 고정적으로 부정적인 시각을 갖는 경향을 보였고, 정신증상을 이해하는 데 흥미를 갖지 않았다.

이러한 소견은 정신치료의 면에서 정신병적 경험을 자신의 인생의 한 부분으로 통합할 수 있는 환자들은 표현적 치료로 더 좋은 결과를 보이는 반면, 정신병적 현상을 덮어 버리려는 환자들은 지속적인 표현적 치료 노력에서 별 이득을 얻지 못하거나 오히려 손상받을 수도 있음을 암시하고 있다. 치료자의 지지적 노력을 수반하느냐 그렇지 않느냐를 불문하고 이 기법의 여러 원칙은 정신분열증 환자의 정신치료를 수행하는 데 도움을 줄 것이다. 정신분열증의 정신치료 기법의 원칙은 다음과 같다.

- 주된 초점은 관계를 재형성하는 데 둔다.
- 치료의 방법과 내용상 치료자는 환자와 유동적이며 유연하게 거리를 유지한다.
- 정신치료가 진행되면서 치료자와 환자 모두 적절한 간격을 두려는 노력을 하여야 하고, 이 간격을 유지하여야 한다.
- 치료자는 수용적인 분위기를 만들도록 노력한다.
- 치료자는 환자에 대한 보조자아의 역할을 한다.
- 환자에 대하여 진실하고 개방적이어야 한다.
- 치료적 동맹관계가 견고해질 때까지는 해석을 미루어야 한다.
- 환자의 질환에 대한 필요성을 지속적으로 존중해야 한다.

(2) 인지행동치료

정신분열증 환자의 왜곡된 사고를 수정하기 위해서는 증상의 발현시기에 초점을 맞추어야 한다. 왜곡된 사고가 그 환자에게 어떻게 해서 개인적인 의미를 지니는지 파악하기 위해서는 관련 사건들과의 인과관계를 살펴보는 것이 중요하다. 환자의 기억과 가족들의 기억을 잘 더듬어 보면 의미 있는 사건들을 어떻게 생각하고 있는 가를 알 수가 있다.

① 망상의 수정

발병 당시의 사건을 탐구해 보면 망상의 인지구조를 파악할 수 있다. 환자의 잘못된 인지구조는 대부분 과도하게 어떤 사건을 자기와 연관시키는 자기연관성을 보인다. 망상은 왜곡된 인지구조를 통해서 매개된다. 잘못된 인지구조에는 자기 나름대로 사물을 받아들이는 자기개인화, 맥락과는 관계없이 나름대로 받아들이는 선택적 추상화, 뚜렷한 증거 없이 결론을 내려 버리는 임의적인 추론 등이 포함되어 있다. 이런 인지구조들을 망상증상과 연관시키면 환자들의 인지구조들을 파악할 수 있다.

예를 들면 L씨가 위성이 두통과 위의 통증을 일으킨다고 믿는 망상을 가졌다고 할 때, 치료자는 환자에게 관련된 자동적인 사고를 열거하게 하고 이런 사고들이 합당한지 아닌지를 실제적인 증거를 탐색해 가면서 살펴보게 한다. 종종 이런 치료자의 치료개입을 통해 환자는 자신의 망상이 얼마나 비현실적이었으며, 자신이 얼마나 정서적인 것과 연관시켰는가를 깨닫게 된다. 치료자의 인지적 재구성의 대표적인 개입방법으로는 환자의 사고를 다른 각도에서도 볼 수 있게 돕는 대안적 설명의 제시와, 논리적인 대화로 기존의 결론과는 다른 결론에 이르게 하는 소크라테스식 질문이 주로 사용된다.

② 환각의 인지행동적인 수정

환청이 환자의 외부에서 오는 것이라고 한다면, 환자 이외의 사람들도 그 목소리를 듣고 있는가 하는 점에 대해 환자와 함께 현실적으로 검증해 가는 것이 필요하다. 치료자와 환자가 함께 있을 때 다른 면담자가 이런 것을 들을 수 있는지에 대해 물어보아서 이런 초기의 가정을 검증해 가는 질문을 환자에게 던져야만 한다. 가족 또는 절친한 친구와 함께 있을 때만 환청이 들리는 경우에도 비슷한 검증을 해 볼 수 있다. 흔히 이런 현실검증은 환자가 그 자신만이 이런 환청을 듣는 것이라고 인정할 때는 필요 없는 듯이 보인다. 그러나 환자와 그가 신뢰하는 사람과 함께 체계적으로 이것을 검증해 보는 것은 항상 치료적이다. 이런 현상에 대해 다음과 같은 대안적인 설명을 전제로 인지적 수정을 해 나간다.

- 환자는 환청에 현혹당하고 있다.
- 환청은 환자에게만 향하고 있으므로 다른 사람들은 그것을 들을 수 없다.
- 환청은 환자의 마음에서 나오는 것이다(그리고 아마도 환자가 겪고 있는 스트레스와 연관되어 있을 것이다).

그러고 나서 하나하나의 대안적 설명에 반대하는지 찬성하는지를 평가해 나간다. 더불어 어떻게 해서 이럴 수 있는지를 논의하는 것이 필요하다. 그리고 그런 식의 사고는 존재할 수 없다는 과학적 증거들을 제시한다. 벡(Beck et al., 1979, 1985, 1990)이 언급한 기법들을 이용하여 고전적인 자동적 사고의 경우와 같은 환청주제들을 다루는 것이 종종 유용하다. 환청의 내용에 대한 믿음의 정도를 숫자로 기록하고, 합리적 반응이 가능하도록 환자와 협력하여 노력한다. 전형적인 주제들은 조종, 폭력, 정체성 그리고 성적인 것들이다. 흔히 환자들은 아무 의문 없이 환청의 내용을 받아들인다. 합리적 반응기법의 이용은 믿음의 정도 및 강도와 빈도를 줄이는 데 도움이 된다. 때로는 환자들이 '환청'과 같은 강박적 사고에 대해 말한다. '환청'에서 불쾌하지만 저항할 수 없는 강박사고가 유발되고, 그 흐름을 따라서 정신병리가 일어난다. 정서적으로 충격을 받은 사건, 예컨대 교통사고를 당하거나 공포영화를 본 다음에 뒤이어 일어나는 생생한 이미지와 유사한 것에 대해서도 논의할 수 있다. 그런 사건들이 야기한 플래시백(flashback) 현상이 환각의 지속에 다소 연관이 있을지 모른다.

많은 환자는 초기의 환각 경험 그리고 그 이후에 일어나는 일들, 강제 입원과 극단적인 마음의 상처들을 두려워한다. 확실히 증명된 것은 아니지만, 이런 공포가 환각을 유지시켜 나가는 데 영향을 미치는 듯하다. 초기에 그런 공포를 완화시켜 주고 적절한 설명과 다른 기법들을 사용하게 되면 환각의 지속과 재발이 줄어들 수 있다.

③ 탈파국화

파국화는 주관적 공포가 재발할 때 그리고 아마도 초기 발병 시 가장 흔히 볼 수 있는 증상들 중의 하나다. 그렇지만 환자들과 거의 잘 논의가 되지 않는 증상이다. '미쳤다' 또는 '돌았다'라는 표현보다는 '동떨어졌다' '정신이 나갔다' 또는 '붕괴되었다'라는 표현으로 대체될 수 있다. 치료 초기에 단순히 "당신은 정신이 나갈까 봐 두려운가요?" 또는 이와 유사한 질문 식의 표현은 중요한 두려움에 대해 논의할 수 있게 해 준다.

환자가 처음으로 환청을 들을 때 그들은 종종 자신이 틀림없이 미쳐 가고 있다고 생각하고 두려워한다. 그들이 또한 두려워하는 것은 자신들이 그런 환청을 들었다고 다른 사람에게 말하면 다른 사람들이 미쳤다고 생각하지 않을까 하는 것이다. 이런 두려움은 불행한 일이기는 하지만 매우 당연한 일이다. 이러한 두려움과 동반되는 것은 파국적인 인식, 즉 정신과 의사에게 의뢰하여 영원히 정신병원에 감금당할 것이고, 그곳에서 정말로 미친 사람들에게 공격을 받고 고문받을 것이라는 것이다. 이런 불안의 순환고리는 원래의 고통을 더 심하게 할 것이고, 정신병적 증상의 발현을 재촉하게 된다.

종종 가족들은 예측할 수 없음에 두려워하고 당황하며, 폭력에 두려워하면서 환자들만큼이나 파국화되어 간다. 이 경우 탈파국화(decatastrophization)가 의미하는 바는 환자 가족들과 이런 두려움을 의논해 가면서 그 악순환의 고리를 끊는 것이다. 환각들에 대한 설명, 망상을 문화적 신념과 연결시키는 것 등이 도움이 된다. "당신 가족이 목소리를 들었다는 사실이 현실과의 접촉을 잃어버렸다는 것을 의미하지는 않아요. 중요한 것은 그가 병들었다는 것이에요."라는 명확한 진술은 가족들의 이런 두려움을 완화시키고, 비판 증오감을 줄이는 데 도움을 준다.

(3) 약물치료

정신분열증 환자의 약물치료는 환자에 따라 잘 듣는 약이 있고 잘 듣지 않는 약이 있을 수 있으므로 환자의 상태와 과거 병력에 따라 신중하게 선택해야 한다. 또한 최소의 부작용을 일으키는 약물을 최소 용량만 투여하여야 한다.

예를 들면, 안절부절못하고 공격적인 환자에게는 클로르프로마진(chlorpromazine)이나 티오리다진(thioridazine) 같은 진정제 약물을, 1차적 망상을 동반한 위축되고 처진 환자에게는 플루페나진(fluphenazine)이나 할로페리돌(haloperidol)을 선택하는 방법도 있다. 약을 복용하기 싫어하거나 약을 실제 먹는지 믿기 어려운 환자에게는 장기간 효과가 지속되는 플루페나진 에난테이트(fluphenazine enanthate) 또는 할로페리돌 데카노트(haloperidol decanote) 근육주사를 이용한다. 최근에는 펜플루리돌(penfluridol)과 같은 경구투여제도 소개되고 있다.

2. 망상장애

32세의 기혼남인 K는 그의 부인이 다른 남자를 쳐다보거나 이야기를 나누는 것을 보면 화가 났다. 그의 부인은 전혀 그런 일이 없다고 부인했지만, 그는 부인이 이웃에 사는 남자들과 바람을 피운다고 하며 행동 하나하나를 기록하고 따졌다. 한 번은 불륜을 저질렀다고 고소한 적도 있다. 그는 어떨 때는 너무 화가 나서 부인을 때리기도 하고, 집 밖으로 나가지 못하게 하기도 하였다. 때로는 부인이 전화하는 것을 엿들으면서 남자와 전화를 할 때면 의심하고 부인이 저녁에 외출하면 어디 가느냐, 누구와 가느냐를 꼬치꼬치 묻기도 하였다. 낮에 회사에 출근해서도 주기적으로 집으로 전화를 걸어 부인이 집에 있는지를 물어보고, 전화를 받지 않으면 슬그머니 집에 와서 확인하기도 하였다. 부인은 자신이 얼마나 그에게 거짓 없이 솔직히 대하는지를 이해시키려고 하였으나 믿으려 들지 않았다.

> ### 망상장애의 진단기준(DSM-5)
>
> A. 하나(또는 그 이상)의 망상이 1개월 또는 그 이상의 기간 동안 나타난다.
> B. 정신분열증의 진단기준 A를 만족하지 않는다.
>
> **주의**: 만약 환각이 있다면 주요 증상이 아니고 망상적 주제와 관련되어 있을 것(예: 감염 · 체내침입 망상과 관련되어 벌레에게 감염되어 있다는 감각을 느낌)
>
> C. 망상의 직접적인 작용이나 그에 따른 파급효과와 별개로, 기능이 눈에 띄게 손상되지 않고 행동이 분명하게 기괴(bizarre)하거나 기이(odd)하지 않다.
> D. 조증이나 주요우울 삽화가 발생했을 경우, 이러한 것이 망상 발현기간 대비 상대적으로 짧게 나타나야 한다.
> E. 이러한 장해의 원인이 물질이나 기타 의학적 상태의 생리학적 작용이 아니고, 이러한 장해가 신체변형장애나 강박장애와 같은 기타 정신과적 장애로 더 잘 설명되지 않을 때
>
> **다음 중 하나를 명시할 것:**
>
> **색정형(Erotomanic type)**: 이 아형은 망상의 중심 주제가 어떤 사람이 자신과 사랑에 빠져 있다는 것과 관련된 것일 때 적용한다.

과대형(Grandiose type): 이 아형은 망상의 중심 주제가 어떤 거대한(하지만 인정받지 못하는) 재능이나 통찰을 갖고 있다거나 또는 중요한 발견을 한 것 같은 확신인 경우에 적용한다.

질투형(Jealous type): 연인이 부정하다는 망상이 주요 주제일 때 이 아형을 적용한다.

피해형(Persecutory type): 자신에게 음모를 꾸미고 있다고 믿거나, 속임을 당하고 있다거나, 감시당하고, 미행당하고, 독이나 약을 쓸 것 같은 믿음, 악의를 품은 중상모략, 해코지, 또는 장기적인 목표의 추구를 막고 있다는 믿음이 포함된 망상이 주된 주제일 때 이 아형을 적용한다.

신체형(Somatic type): 신체적인 기능이나 감각과 관련된 망상이 주된 주제일 경우 이 아형을 적용한다.

혼합형(Mixed type): 한 가지의 망상주제가 두드러지지 않을 때 이 아형을 적용한다.

미분류형(Unspecified type): 주된 망상적 사고가 명확하게 정해지지 않거나 특정 아형에 의해 묘사되지 않을 때(예: 뚜렷한 피해형 또는 과대형의 특징은 없고 관계형 망상일 때), 기괴하지 않은 망상일 때(즉, 미행당한다거나, 누가 독을 넣었다거나, 감염되었다거나, 멀리서 타인이 자신을 사랑한다거나, 배우자나 연인이 부정하다거나, 질병을 갖고 있다는 등 현실에서 일어날 수 있는 상황과 관련됨)

1) 임상적 특징

(1) 망상장애의 임상적 특징

망상장애의 중요한 특성은 최소 1개월 이상 지속되는 하나 혹은 그 이상의 망상이 존재하는 것이다(진단기준 A). 망상장애 진단은 환자가 정신분열증 진단기준 A에 충족하는 증상을 가진 병력이 있을 경우 내려지지 않는다(진단기준 B). 망상의 직접적인 작용이나 그에 따른 파급효과와 별개로, 심리사회적 기능이 정신분열증과 같은 다른 정신병적 장애 대비 눈에 띄게 손상되지 않으며, 행동이 분명하게 기괴하거나 기이해 보이지 않아야 한다(진단기준 C). 만약 기분 삽화가 망상과 동시적으로 발생할 경우, 이 기분 삽화의 전체 발생기간이 망상기간 대비 상대적으로 짧아야 한다(진단기준 D). 망상은 약물(예: 코카인) 혹은 기타 질환(예: 알츠하이머)에 기인하지 않아야 하며, 신체변형장애 및 강박장애와 같은 다른 정신과적 장애로 더 잘 설명되지 않아야 한다(진단기준 E).

진단기준에 명시된 5개 증상영역 외에도 인지, 우울 및 조증 증상영역에 대한 평가 역시 망상장애를 다양한 정신분열 스펙트럼 및 다른 정신증적 장애와 분별 진단하는 데 있어 필수적이다.

(2) 진단을 지지하는 보조적 특징

망상장애의 망상적 믿음 때문에 사회, 혼인 및 직장 관련 문제가 발생할 수 있다. 망상장애를 가진 사람은 타인이 자신의 믿음을 비이성적으로 본다는 사실을 객관적으로 설명할 수는 있으나 이 사실을 스스로 받아들이지는 못한다(즉, '객관적 통찰력'은 있으나 실질적 통찰력은 결여됨). 환자들은 신경질적이거나 불쾌한 감정을 키우게 되는 경우가 많은데, 이는 그들의 망상적 믿음에 대한 반응을 고려하면 이해가 되는 반응이다. 분노와 폭력적 행동은 피해형, 질투형 및 색정형에 존재할 수 있다. 또한 환자는 소송 및 적대적 행동에 참여할 수 있다(예: 정부에 항의하는 수백 통의 편지 발송 등). 질투형 및 색정형은 법적 어려움을 겪기도 한다.

(3) 유병률과 진행 및 경과

망상장애의 평생 유병률은 약 0.2%로 추정되고 있으며 가장 많이 나타나는 아형은 피해형이다. 망상장애의 질투형은 여성보다는 남성에게서 많이 나타나지만 망상장애 전반적인 성별 차이는 크지 않다.

평균적으로, 일반적 기능성은 정신분열증에서 관찰되는 것보다 낫다. 진단 상태는 일반적으로 변하지 않으나, 일부 환자는 정신분열증으로 발전하기도 한다. 망상장애는 정신분열증 및 정신분열형 성격장애에서 유의한 가족력에 대한 상관관계를 보인다. 저연령군에서도 나타날 수 있으나, 고연령군에서 나타날 확률이 보다 크다.

(4) 특정 문화 관련 진단 문제 및 기능적 결과

망상장애 판단에 있어 개인의 문화 및 종교적 배경이 고려되어야 한다. 망상의 내용 또한 문화적 맥락에 따라 다양하다. 보통 다른 정신병적 장애 대비 기능적 장해는 보다 제한적으로 나타난다. 하지만 일부 사례에서는 장해가 상당하여 직업적 기능 손상과 사회적 고립으로 나타날 수도 있다. 심리사회적 기능 손상이 나타날 경우, 망상적 믿음이 큰 역할을 하는 경우가 많다. 망상장애를 가진 개인의 흔한 특성은 그들의 망상이 논의되거나 행동으로 보이지 않았을 경우 행동 및 외양이 지극히 정상적으로 보인다는 것이다.

2) 하위유형

망상장애의 하위유형은 두드러진 망상의 주제가 어떠한가에 따라 나누어진다.

(1) 색정형

망상의 중심주제가 다른 사람이 자신과 사랑에 빠졌다는 내용일 경우에 적용되는 아형이다. 성적인 흥미보다는 이상적인 사랑이나 낭만적인 사랑과 연관되는 내용이 많다. 자신과 사랑에 빠졌다고 확신되는 대상은 유명인이나 전문인처럼 주로 지위가 높고 전혀 알지 못하는 사람이다. 물론 혼자 비밀스럽게 간직하는 경우도 있지만, 통상적으로는 전화나 편지, 선물, 방문, 심지어는 감시나 추적 등을 통해 망상의 대상과 접촉하려는 시도가 흔하다. 이 아형에 속하는 환자는 대부분이 여성이지만 법적으로 문제가 되는 경우는 남성이 대부분이다.

(2) 과대형

망상의 주제가 자신이 엄청나지만 인정받을 수 없는 능력이나 통찰력을 가졌다거나 중요한 발견을 했다는 확신이다. 흔하지는 않지만 자신이 대통령 보좌관과 같은 특별한 사람과 특별한 관계를 맺고 있다거나, 실제로 자신이 특별한 사람이라고 믿는 망상도 있다. 과대망상은 때때로 신에게서 계시를 받았다는 등의 종교적인 내용을 담을 수도 있다.

(3) 질투형

망상의 중심주제가 배우자 또는 연인이 부정하다는 믿음일 경우 적용된다. 이런 믿음은 아무런 근거가 없으며, 망상을 정당화하기 위해 수집된 매우 사소한 증거들, 예컨대 헝클어진 옷매무새나 시트의 얼룩 등을 잘못 유추함으로써 생긴다. 이러한 망상을 갖고 있는 개인들은 보통 배우자나 연인과 다투고, 배우자의 자율성을 구속하거나, 몰래 미행하거나, 상상의 연인을 조사하거나, 배우자를 공격하는 등 상상의 부정을 막기 위한 시도를 하게 된다.

(4) 피해형

망상의 주제가 자신이 모함받고 있다거나, 속고 있다거나, 감시당하고 있다거나, 미행당하고 있다거나, 음식에 독이나 약이 들어 있다거나, 중상모략을 당한다거나, 괴롭힘을 당한다거나, 자신의 장기적인 목표가 차단당한다는 등의 믿음을 가지는 경우다. 사소한 모욕이 과장되어 망상체계의 초점이 되기도 한다. 피해망상이 있는 개인의 경우, 종종 자신을 해칠 것이라고 믿고 있는 대상에 대해 분노와 원망을 나타내면서 폭력을 행사할 수도 있다.

(5) 신체형

망상의 중심주제가 신체적 기능이나 감각일 경우에 해당한다. 신체형 망상에서 가장 흔한 경우는 자신의 피부나 입, 직장 또는 질에서 악취가 난다는 확신이다. 다음으로는 피부나 피부 밑에 벌레가 있다는 믿음, 내장에 기생충이 있다는 믿음, 신체의 특정 부위가 없거나 잘못되었다는 생각, 신체의 일부가 기능하지 않는다는 생각에 사로잡히기도 한다.

3. 원인

1) 생물학적 요인

현재로서는 유전적 요인이 크게 작용한다고는 볼 수 없다. 그러나 가족력이 많이 발견되는 등 유전적 소인이 있는 듯하다. 한편 신경학적 장애가 있을 때 많은 망상이 발견되고 있는 것으로 보아 생물학적 원인이 추측되고 있다. 이때 대뇌피질은 정상적인 것으로 보아 이는 일단 형성된 망상을 주지화하는 데 기여하지는 않는 것으로 보인다.

2) 정신분석학적 요인

프로이트는 편집증에 걸렸던 법학자 쉬레버의 자서전을 분석하면서 억압된 무의식적인 동성애적 경향이 부정, 반동형성 그리고 투사에 의한 방어과정을 거쳐 편집상태로 발전한다고 하였다. 그러나 어떤 망상장애 환자에게서는 동성애적 경향이 없는 경우도 있고, 그와는 반대로 동성애자가 편집망상을 일으키지 않는 경우도 많다는 것을 유의해야 한다.

기타 정신역동적 견해를 살펴보면 망상장애 환자들은 다른 사람들의 주의를 받는 것을 두려워하는데, 이들은 어렸을 때 부모에게 주의받는 것을 두려워하며 자랐기 때문이라는 것을 알 수 있다. 이들의 비판적이고 위협적인 망상은 초자아 비판의 투사에 의해서 일어나기도 한다. 그리고 근친상간에 대한 느낌이 초자아에 의해 투사되어 색정광, 난잡성과 매춘에 대한 망상증상이 나타난다고 한다.

또한 자기애적 욕구의 좌절에서 오는 실망감에서 편집성 반응을 일으킬 수 있다. 망상장애 환자의 과대적 사고는 바닥에 깔려 있는 부정적 자기개념 내지는 열등의식을 덮어 보려는 것이다. 이들의 투사와 타인에 대한 비난은 의식적으로 느껴지는 굴욕감, 수치감 그리고 손상된 자존심에 대한 방어라 볼 수 있다. 따라서 이 경우 환자는 매우 예민하다. 색정광도 자존심 결여와 자기애의 손상에 대한 하나의 방어이며 투사의 결과로 보인다.

마지막으로 발달적 요인을 살펴보면, 망상장애 환자들 중에는 부모와의 관계에서 기본적인 신뢰감을 형성하거나 발전시키지 못했다는 것이 특징적이다. 그들은 지나친 간섭과 유혹적이면서도 거절적인 어머니, 쌀쌀하고 융통성이 없으며 가학적이거나 무능한 아버지 밑에서 성장하여 온 경우가 많다. 그래서 그들은 주위 환경에 대하여 항상 적대적인 태도를 취하게 되며, 대인관계에서 믿음이 없는 것이 특징이다. 그들은 모든 인간관계를 기피하게 되고 상대방 역시 과민한 이 환자들과 접촉을 피하게 되어 그들의 증오감과 의심증은 더욱 조장되는 것이다.

또한 어린 시절 부모에게 무엇이든 틀림없이 일을 해내야만 한다고 요구받고 자라는 경우, 그 아이들은 부모의 기대에 조금이라도 어긋난 일을 할 때마다 벌을 받고 성장하게 된다. 이들은 분수에 맞지 않는 엄청난 일을 해낼 것을 요구받을 때마다 자존심을 강화할 수 있는 자기 나름대로의 공상을 하게 된다.

3) 사회적 요인

편집성 성격의 소유자가 극복할 수 없는 심한 좌절에 처했을 때 그는 사회와의 관계에서 은둔적이 되며, 자신의 문제점들을 설명할 수 없는 상태로 빠져 버린다. 그러다가 주위 사람들의 사소한 행동이나 자신과 상관없는 행동마저도 자신에게 해로움을 끼치려는 것으로 받아들이기 시작한다. 다음 단계로는 주위의 많은 사람에 대해 자기를 해치려는 음모자들의 집단으로 생각하게 된다. 이때에는 주위에 실제로 존재하는 사람뿐만 아니라 공상 속의 사람까지도 포함시키게 된다.

이와 같이 환자가 망상 속에서 만들어 낸 조직을 허위사회라고 하며, 편집장애 환자들은 허위사회를 실제로 존재하고 있는 사회로 생각하고, 그 사회를 자신의 증오심과 공격성 충동의 대상으로 정당화하는 것이다.

4. 치료

망상장애 환자들은 의심이 많고 냉담하므로 치료관계를 형성하기기 매우 어렵다. 병식이 없어 강제로 치료를 받게 되는 경우가 많은데, 이때에는 환자 가족들의 협조가 필요하다.

치료자는 환자의 불안을 제거해 주고, 현실적인 차원에서 환자와 의사소통을 하기 위하여 환자의 마음을 이해하여 주려는 태도를 가져야 한다. 정신치료를 통해 환자와 치료관계가 확립되면 환자는 자신의 욕구를 중화시킬 수 있고, 방어기제가 강화되며, 현재의 갈등은 해소된다. 그리고 환자는 망상이 생겨난 상황을 이해하고 다른 반응양식을 배울 수 있게 된다. 치료목적은 망상을 없애기보다는 우선 만족스러운 사회적응을 하는 데에 두어야 한다.

망상장애 환자들에 대한 정신치료에서는 다음과 같은 사항들에 유의하여야 한다.

① 우선 정신치료는 환자들에게 신뢰감을 얻은 후 시작되어야 한다. 치료자가 환자의 신뢰감을 얻기 위해서는 환자와의 약속시간을 지키며, 환자와의 면담시간을 규칙적으로 작성해 주어야 한다.

② 처음에는 환자의 망상을 긍정도 부정도 해서는 안 된다. 환자의 망상에 대해 정면으로 도전하거나 토의하거나 기타 직접적인 접근을 하지 말아야 한다.

③ 환자가 치료자를 의지할 수 있는 관계가 형성되었다 하더라도 지나치게 환자의 요구를 들어주지 말아야 한다. 이는 환자에게 불안감을 조장해 줄 수 있다.

④ 환자가 망상으로 괴로워하거나 건설적인 생활을 못하는 점을 부드럽게 지적해 주면서 현실 평가능력을 강화시켜 주어야 한다.

⑤ 환자와 치료관계가 형성된 후에 환자의 망상을 연상하게 하여 환자 스스로 망상에 대한 회의를 느끼도록 하는 것이 중요하다. 이후 환자에게 신뢰의 마음이 생겨나게 되면 주체성을 찾아 현실적인 갈등을 잘 처리할 수 있도록 도와준다.

망상 환자에 대한 정신치료가 매우 어렵기는 하지만 장기간의 정신치료와 약물치료를 병행하였을 때 호전되는 경우가 약 2/3 정도 된다는 보고도 있다.

Abnormal Psychology

제15장
물질 관련 장애

N은 광고대행 회사에서 고참 편집자로 일하고 있는 44세의 남성으로 담배를 많이 피우고 있다. 그는 대학 때부터 담배를 피우기 시작하여 점점 그 양이 늘어나 현재는 하루에 2~3갑을 피운다. 그는 담배를 피우지 않으면 일이 손에 잡히지를 않는다는 것을 느끼게 되었다. 최근에 그가 다니는 회사는 사무실 내에서 금연을 하기로 하여 그는 밖에서 담배를 피울 수밖에 없었다. 그와 비슷한 입장에 놓인 동료들도 밖으로 나와 건물과 건물 사이 골목에서 담배를 피우는 모습이 간간이 보였다. 그는 건물 밖으로 나와 담배를 피운 뒤로는 흡연량이 상당히 줄어들었다.

하루 이틀 사이에 그는 일을 하는 데 집중을 할 수가 없었고, 기분이 처지는 느낌이 들었다. 그는 일이 손에 잘 잡히지가 않았고, 다른 사람들의 부탁을 여유 있게 들어주기가 힘들었다. 점차 안절부절못했고 자주 담배를 피우러 나가고 싶었으나 주변 사람들의 시선이 의식이 되어 그러지도 못하다 보니 이것저것 쓸데없이 군것질거리를 찾게 되었다.

1. 임상적 특징과 진단

1) 임상적 특징

알코올, 코카인, 아편, 대마계를 포함한 향정신성 물질의 사용과 남용에 대한 설명은 문명만큼 오래되었다. 물질과 알코올에 대한 의존은 그리스, 로마의 성경 저자들이 기술한 바 있다. 의사, 철학자, 신학자, 시인, 정치가들은 오랫동안 향정신성 물질 사용의 장점과 해로운 점에 대해 논쟁을 벌였다. 최근 몇 십 년 동안 커뮤니케이션, 기술, 의학의 진보는 새로운 물질을 생산하게 했으며, 세계의 많은 지역에서 물질이 생산되어 보다 널리 확산되게 되었다. 식물에서 뽑아낸 향정신성 물질과 비슷한 것이 실험실에서 만들어지고, 그 사용이 유행하고 있다. 가솔린, 페인트, 에어졸과 같은 산업용 휘발물질 또한 향정신성 효과를 유발하는 데 사용되어 왔다. 술은 유럽에서 오랫동안 경제적, 사회적, 문화적, 종교적인 활동에 윤활제의 역할을 해왔다. 이와 함께 술과 담배의 전 세계적인 판매 노력은 건강과 관련된 문제들을 증가시키는 결과를 가져왔으며, 술은 담배와 함께 가장 흔히 사용되고 남용되는 향정신성 물질이 되어 오고 있다.

향정신성 물질에서 생기는 장애에 대한 연구는 현저한 진보를 나타냈으며, 향정신성 화학적 물질의존이 생물학적 및 정신사회적 측면에 미치는 영향을 이해하는 데 두드러진 선도를 보였다.

DSM-Ⅲ에서는 전체 인구에 대해서 물질 남용과 의존을 측정할 수 있는 진단기준을 조작적으로 만드는 노력이 있었다. 물질사용장애는 진단들 간의 상호작용의 검토를 위해서 축Ⅰ, Ⅱ, Ⅲ에 있는 다른 장애들과 함께 진단될 수 있다. '물질남용'이라는 용어는 사회적 또는 직업적 기능의 손상을 가져오는, 적어도 1개월간 지속되는 병리적인 사용양상을 가리키기 위해서 DSM-Ⅲ에 도입되었다. 이것은 물질의존과 구별되었으며, 물질의존은 내성이나 금단증상이 있어야 했다.

DSM-Ⅲ의 물질사용장애의 분류는 DSM-Ⅲ-R에서 개정되었다. DSM-Ⅲ-R에서 '향정신성'이라는 용어는 향정신성 물질 남용과 의존을 영양과 관련되는 문제 또는 다른 반대되는 물질 관련 문제들과 구별하기 위해서 물질남용과 물질의존에 덧

붙였다. 물질에 대한 내성과 금단의 특정 양상은 진단기준으로서 목록에 들어가 있으며, 더 이상 의존에 대한 유일한 진단기준이 아니다.

DSM-Ⅲ에서 물질남용으로 진단되는 것의 대부분이 DSM-Ⅲ-R에 의해서 향정신성 물질의존으로 진단되었음을 보여 주었다. 이러한 변화는 위험요인, 남용, 의존이 개인의 사용내력을 살펴볼 때 분명한 발병시기를 구별하기 어려운 것이 계기가 되었다. 내성과 금단증상은 둘 다 분류된 현상들이다. 물질에 대한 의존의 정신사회적 측면은 주로 질병률 및 사망률에 영향을 미칠 수 있다.

WHO는 ICD-10(1992)에서 알코올 관련 문제와 물질 관련 문제의 분류에 대한 예비적인 계획서들을 만들었다. ICD-10에서는 문제의 보다 더 넓은 스펙트럼이 포함되며, 이것은 위 요인들이 어떤 장애의 진단과 분명히 분리되는 DSM-Ⅲ와 비교해서 잠재된 문제의 예방과 조기 발견에 적절하다고 보일 수 있는 것들이다. 일반적인 물질의존 증후의 개념은 WHO가 뒷받침하였고, 진단기준은 DSM-Ⅲ-R 및 DSM-Ⅳ 진단기준과 상당히 겹친다.

DSM-Ⅳ에서 '물질 관련 장애'라는 용어는 향정신성 물질사용장애로 대치된다. 개인이 기분이나 행동을 변동시키기 위해 택하는 물질뿐만 아니라 물질로 유발된 상태를 포함하는 개념으로 넓힌 것이다. 비의도적인 물질 사용의 결과로서 혹은 약 복용의 부작용으로서 일어나는 그러한 경우들은 '다른(또는 알려지지 않은) 물질사용장애' 범주를 사용하여 분류된다. DSM-Ⅳ에서 물질 관련 장애는 의존, 남용, 중독, 금단 증후군을 물질사용장애들의 항목에 포함시키고 있다. 물질로 유발된 장애들은 현상학적으로 겹치는 장애들이 있는 군으로 옮겨졌다. 예를 들면, 물질로 유발된 기분장애는 '기분장애'군에 속한다.

특정 물질로 유발된 장애들은 세 부분의 이름을 갖는데 물질의 이름을 포함하며, 중독이나 금단이 발생하고, 현상학적인 출현이 있으며, 물질 관련군과 기분장애군 둘 다에 위치한다.

DSM-Ⅳ에서 물질의존은 생리학적 의존과 관련된 진단기준이 달리 분류되지 않았으나 두드러지게 변경되지는 않았다. 그리고 생리학적인 의존이 물질의존의 부분인지를 나타내는 하위유형으로 나누는 방식이 있으며, 병리와 무관한 물질 사용, 남용 및 의존, 물질남용을 정의하는 특정 용어들, 정의에 영향을 주는 문화 및 특정 상황적인 요인들의 영향들 간의 경계를 보다 분명히 하기 위한 노력이 이루어졌다.

DSM-IV에서 물질남용은 사회적 곤란과 위험한 상황에서의 사용에 의존하며, 자아 동조적인 알코올 중독의 진단은 제거되었다.

2) 물질남용의 발생과정

물질을 남용하는 청소년들의 공통분모는 낮은 자존감과 빈약한 자아의 발달이다. 물질 사용의 시작이 어떻든지 간에 모든 물질남용 청소년들은 감소된 자존감과 손상된 자기통제로 고통을 받게 된다. 이들은 충동적이고 소외되어 있으며, 자기증오로 가득 차 있다.

중독된 청소년들은 모순 덩어리다. 그들은 겉으로 보기에는 거의 참아 주기 어려울 정도로 자기중심적인 상태로 보일 수 있지만, 개인적으로는 자신을 증오한다. 주목과 수용을 갈망하면서도 자신과 비슷한 사람들 이외의 모든 사람들에게서는 소외되어 있다. 청소년 물질남용자들은 다른 청소년 또래집단들보다 미래에 대한 조망이 부족하고, 만족을 지연시킬 수 없으며, 의지력을 거의 가지고 있지 않고, 또래집단의 압력에 취약하다.

정신역동적인 수준에서 중독의 과정을 이해하는 모델을 제시하자면, 중독은 전형적으로 진행되어 가는 과정으로서 실험적 또는 사회적 사용으로 시작하며, 다음 단계에서 자기 감정을 마음대로 조작하기 위해서 의도적으로 물질을 사용하기 시작한다. 이것은 도구적인 사용이며, 습관적인 사용이 될 수 있다. 이 시점에서 물질 사용은 청소년기의 가장 큰 문제가 되기 시작한다. 이전의 흥미는 떨어지고, 기분변화와 화학물질을 얻으며, 이러한 생활에 점차로 길들여진다. 중독의 마지막 단계에서 물질 사용은 정상에 대한 주관적인 상태를 유발하기 위해 요구되는 강박적인 행동이다. 이들은 금단의 가라앉은 기분을 피하기 위해서 물질을 사용해야 한다. 중독과정에서의 이러한 다양한 단계의 역동을 이해하는 것은 진단과 치료계획에 유용하다. 중독과정은 실험적 단계, 사회적 단계, 도구적 단계, 습관적 단계, 강박적 단계의 순으로 이루어진다.

(1) 실험적 단계
물질을 실험적으로 사용하는 경우는 호기심과 모험을 감수해 보고자 하는 일차적 동기에서 시작된다. 이때는 모험심에서 약물을 대하게 되는 것이 보편적이어서 약물의 정서적 영향에 대해서는 커다란 관심이나 주의를 기울이지 않는 것이 특징이다. 물질이 어떤 기분이 들게 해 주는지 물어보면, 실험적 사용자들은 이를 잘 회상하지 못할 수 있다. 한편 이들은 경험과 관련된 전율을 생생하게 회상할 수도 있다. 이 단계에서 사용의 빈도는 기껏해야 가끔이지만, 사회적인 상황뿐 아니라 혼자 있을 때에도 사용한다.

(2) 사회적 단계

이 수준에서 물질 사용은 사회적인 상황에서 이루어진다. 예컨대 파티나 주차장에서 일어날 수 있는 음주나 약물 사용을 말한다. 호기심, 전율추구, 반항은 청소년들과 또래집단에 따라 사회적 사용의 동기 역할을 할 수 있다. 그러나 일차적인 동기는 사회적 수용이다.

또래집단은 사회적 사용을 용이하게 한다. 청소년들은 무리에 어울리기 위해서 단순히 기분변동을 일으키는 화학물질을 사용한다. 성인들의 사회적인 물질 사용에 대한 동기도 이와 크게 다르지 않다.

이 단계에서는 기분전환이나 행동적 효과를 경험하고, 그러고 나서 정상으로 되돌아간다. 가끔 있는 만취 상태를 제외하고, 대부분은 물질 사용 후 정상적이라고 느낀다. 이들은 사회적인 기능을 유지할 수 있기 때문에 청소년이나 성인들조차 이 수준의 사용을 위기로 인식하는 경우는 드물다. 이 단계에서는 타인들의 경고나 주의를 무시하기도 한다.

(3) 도구적 단계

도구적 단계에서는 시행착오의 경험과 모델링의 결합을 통해서 청소년들은 감정과 행동을 마음대로 조작하기 위해 의도적으로 물질을 사용하는 것을 배운다. 이들은 알코올과 물질이 영향을 줄 수 있는 행동뿐만 아니라 알코올과 물질이 유발할 수 있는 기분전환에 익숙해진다. 그리고 감정을 억제 또는 강화하기 위해서 의도적으로 물질을 사용하기 시작하고, 행동을 억제하기 위해서 물질을 사용한다.

도구적인 사용의 단계에서 주요 단어는 '추구(seeking)'다. 청소년들의 일차적 동기는 또래집단이 수용하는 행동을 위해서이고, 그다음으로는 적극적으로 약물의 구체적인 감정 및 행동의 효과를 추구하는 데로 나아간다. 도구적 사용에는 두 가지 유형, 즉 쾌락적인 사용과 보상적인 사용이 있는데, 이 둘은 다소 다른 동기를 반영한다.

① 쾌락적인 약물

쾌락적인 약물 사용은 기분을 좋게 하거나, 예컨대 성적인 행동을 억제하지 않으려는 욕망 유지를 위한 것이다. 약물을 사용하는 주된 이유는 호기심과 쾌락추구다. 기분변동을 유발하는 화학물질의 쾌락적인 사용이 바로 쾌락추구다.

청소년들은 도구적인 물질 사용에 대해 선택적으로 강화를 받는다. 정서적인 경험이 긍정적이면 사용은 강화된다. 정신분석적 관점에서 아주 중요한 점은 도구적인 단계에서 청소년이 취해서 기분이 좋아진 후에 느끼는 정상에 선 듯한 기분, 편안한 상태를 유지하고자 하는 것이다. 가끔 일시적인 만취를 제외하고는 주관적으로 사용에 따른 불편이나 '금단'은 거의 없다. 다시 말해, 도구적인 사용이란 물질을 사용하지 않을 때 생기는 불편이 유발되지 않는 것을 말한다.

도구적 단계에서 부모들과 교사들은 행동 및 성격의 변화를 알아채기 시작할 수 있다. 성적은 다소 변동이 심하고 결석이 많아지며 학교에 대한 동기나 다른 활동에 대한 동기는 감소한다. 종종 부모나 형제들 간의 갈등이 강화된다. 그리고 가정규칙에 대한 저항과 부모와 학교의 제한에 대한 반항이 있을 수 있다.

② 보상적인 약물

보상적인 약물 사용이란 스트레스와 불편한 감정에 대처하는 수단으로서 기분변동을 일으키는 화학물질을 의도적으로 사용하는 것을 의미한다. 그 목표는 감정(예: 분노, 불안, 수치, 죄책감, 고독, 슬픔, 지루함 등)의 억제다.

물질남용이 전형적으로 의심되는 것은 부정적인 결과들이 늘어날 때다. 청소년들이 순수하게 쾌락적인 사용자 혹은 보상적인 사용자 중의 하나인 경우는 거의 없지만, 임상적으로 물질 사용에 대한 일차적인 동기를 확인하는 것과, 환자가 물질을 쾌락적인 목적으로 사용했는지 보상적인 목적으로 사용했는지의 변별이 중요하다.

(4) 습관적 단계

습관적인 물질 사용은 단지 사용의 빈도가 아니라 기저에 있는 사용의 동기에서 도구적인 사용과는 다르다. 왜냐하면 의존의 증상이 나타나기 시작하는 단계이기 때문이다. 습관적인 사용은 의도적인 사용을 강박적인 사용과 분리시키는 경계의 표시다. 이 단계에서는 물질통제에 대한 싸움이 일어나기 시작하고, 여기서 화학물질은 개인의 생활에 영향을 미치기 시작한다. 이 단계의 특징은 '순응'이다. 남용자의 생활양식은 점차로 레크리에이션의 수단으로서 물질에 탐닉하여 이전의 관계, 취미, 활동 등에 대해서는 점차 관심을 잃는다.

물질의 도구적인 사용에서 습관적인 사용의 더 심한 단계로 진행할 때 그들은 점점 더 자주 물질을 사용한다. 주관적으로 많은 사람은 임박한 의존을 감지하기 시작하고, 여러 가지 자기부과적인 '규칙'이나 '제한'을 설정함으로써 그에 반응한다. 그러고 나서 자신의 규칙을 깨뜨리기 시작한다. 이러한 과정은 중독으로 귀착되는 통제에 대한 내적인 투쟁이다. 약물과의 전쟁에서 졌을 때 청소년들은 자신의 사용을 정당화하거나 그것을 최소화하기 시작한다. 즉, 이전의 규칙을 깨뜨리기로 '결심'하거나 자신들을 보다 더 심하게 사용하는 또래들과 비교한다. 습관적인 사용자들은 때때로 물질 사용이 그들을 더 행복하게 해 주고, 더 잘 대처하게 도와주며, 어떤 상황에서 더 잘 수행할 수 있게 해 준다고 믿으려 한다.

중독으로 이르게 하는 습관적인 단계에서 두 가지 사건을 경험하게 된다. 첫 번째는 사용자가 물질 사용 후에 더 이상 주관적인 정상의 기분으로 되돌아가지 않는다는 사실이다. 이것은 못 견딜 정도로 물질을 갈망하고 불안, 우울 또는 안절부절못함과 같은 증상을 낳는다. 두 번째로는 경험은 '내성'이 생긴다는 것이다. 이는 기분 변동을 일으키는 화학물질을 많이 사용할수록 그 효과가 점차로 줄어드는 것을 말한다. 습관적인 물질 사용자들은 시간이 갈수록 두 번의 코카인이나 두 번의 음주에서 예전과 같이 기분이 좋아지지 않는다는 것을 알게 된다. 그리하여 기분이 좋아지게 하기 위해서 똑같은 물질을 더 많이 사용하게 되고 더 강한 새로운 물질을 사용하게 되기도 한다.

(5) 강박적 단계

이 단계의 물질 사용은 강박적인 행동으로 나타난다. 물질 사용에 순응하게 되고,

여기에 전적으로 매달리게 된다. 중독은 취해서 기분이 좋아지는 것으로서 문자 그대로 물질이 그들이 생각하고 행동하는 전부가 될 정도로 물질에 집착하게 되는 것이다. 학교, 일, 취미 등은 모두 물질 사용의 뒷전에 있으며 부모, 친구들과의 관계도 소홀히 하고 인간관계 전반에서 동떨어지게 된다. 중독자가 지속하는 유일한 '관계'는 자신과 물질 선택과의 관계다.

강박적인 물질 사용은 전적으로 통제를 벗어난 사용을 말한다. 화학물질이 그들의 생활을 움직인다. 습관적인 단계에서 나타나는 문제들보다 더 악화되고, 내성도 더 높아지게 된다. 이제 물질 사용은 정상에 이르는 어떤 주관적인 기분을 갖기 위해서 필요하다.

마지막 단계에서도 중독자들은 사용을 통제하기 위해서 가끔 노력을 할 수도 있다. 그러나 매번 실패하게 되고, 결국 자존감은 더 악화된다. 어떤 점에서 자기방어도 무너질 수 있다. 이러한 정도에 이르게 되면 수치심과 무망감으로 압도되어 자살을 할 수도 있다. 중독으로 희생되는 사람은 강박적이 될 뿐만 아니라 강박적으로 자기중심적이게 된다. 이것은 중독과 관련된 보다 주목해야 할 성격변화 중의 하나다.

2. 알코올 관련 장애

DSM-IV에서 알코올 남용과 의존에 대한 정의는 다른 물질장애의 정의를 따르며, 그와 병행한다. 알코올에 대한 내성은 사람마다 매우 다양하며, 내성을 측정하는 것도 어렵다. 금단은 연장된 심한 음주를 그만둔 후 몇 시간 내에 시작되며, 다음과 같은 증상이 나타난다. 발한 또는 100번 이상 맥박이 뛰거나 손 떨림의 증가, 불면증, 메스꺼움이나 구토, 일시적인 시각·촉각 또는 청각적 환각 혹은 착각, 불안 증상 등이다.

최근 미국에서는 전체 알코올의 소비가 약간 감소되었지만, 알코올은 여전히 가장 많이 사용되고 남용되는 화학물질이다. 음주하는 사람들의 11%가 마시는 술의 양이 전체 알코올 소비의 반을 차지한다고 한다.

알코올 중독의 발생과 유병률에 대한 연구는 진단기준의 부족, 알코올 관련 행동에 대해 특별한 입장을 취하는 문화 또는 하위문화의 관용 때문에 평가하기가 쉽지는 않다.

알코올 남용이나 의존은 시골지역일수록 그리고 덜 교육받은 사람에게서 더 높게 나타난다고 보고되어 있다. 대부분의 문화에서 남자들은 여자들보다 훨씬 더 흔하게 문제성 음주와 폭음을 보인다. 미국에서는 남녀의 비율이 4:1이며, 한국에서는 28:1로 미국에 비해 여성의 비율이 낮다.

알코올 남용 및 의존은 일반 인구에서 가장 유병률이 높은 장애 가운데 하나다. DSM-III의 진단기준을 이용해서 1980년에서 1985년 사이에 미국에서 수행된 지역사회의 연구를 보면 성인 인구의 약 8%가 알코올 의존을 보이고 약 5%가 일생 중에 한 번은 알코올을 남용한다고 보고하였다. DSM-III-R의 진단기준을 적용하여 1990~1991년에 시행된 비입원 성인(15~54세)의 미국 표본 인구조사에서는 대략 14%가 일생 동안 알코올 의존을 경험하고, 7%가 과거 몇 년 동안 알코올 의존을 경험했다고 보고했다.

대부분의 알코올 관련 문제는 16~30세에 시작되며, 50세 이하에서는 가장 낮은 비율을 보인다. 알코올 중독은 이혼 및 별거 등의 결혼 문제와 연관되어 있기는 하나, 미혼자에게서도 일어난다.

1) 알코올 사용장애

알코올 사용장애의 진단기준(DSM-5)

임상적으로 심각한 기능 손상이나 고통을 유발하는 알코올 사용의 부적응적 패턴이 다음 중 2개 이상의 방식으로 지난 12개월 이내에 나타났어야 한다.

(1) 알코올을 흔히 예상했던 것보다 더 많은 양 또는 더 오랜 기간 마신다.
(2) 알코올 사용을 줄이거나 통제하려는 지속적인 노력을 기울이지만 매번 실패한다.
(3) 알코올을 획득하고 사용하고 그 효과로부터 회복하는 데 많은 시간을 허비한다.
(4) 알코올을 마시고 싶은 갈망이나 강렬한 욕구를 지닌다.
(5) 반복적인 알코올 사용으로 인해서 직장, 학교나 가정에서의 주된 역할 및 의무를 수행하지 못한다.
(6) 알코올의 효과에 의해서 초래되거나 악화되는 사회적 또는 대인관계적 문제가 반복됨에도 불구하고 지속적으로 알코올을 사용한다.

(7) 알코올 사용으로 인해서 중요한 사회적, 직업적 또는 여가 활동이 포기되거나 감소된다.

(8) 신체적 위험이 존재하는 상황에서도 반복적으로 알코올을 사용한다.

(9) 알코올에 의해서 초래되거나 악화될 수 있는 지속적인 신체적 또는 심리적 문제가 있음을 알면서도 알코올 사용을 계속한다.

(10) 내성(tolerance)이 다음 중 하나의 방식으로 나타난다.

　　a. 중독(intoxication)이 되거나 원하는 효과를 얻기 위해서 현저하게 증가된 양의 알코올이 필요하다.

　　b. 같은 양의 알코올을 지속적으로 사용함에도 현저하게 감소된 효과가 나타난다.

(11) 금단이 다음 중 하나의 방식으로 나타난다.

　　a. 알코올의 특징적인 금단 증후군이 나타난다.

　　b. 금단증상을 감소시키거나 피하기 위해서 알코올(또는 관련된 물질)을 마신다.

DSM-5에서의 알코올 관련 장애는 알코올 사용장애, 알코올 중독, 알코올 금단으로 나뉘며 우선 알코올 사용장애의 진단기준은 다음과 같다.

(1) 진단적 특징 및 부수적 특징

알코올 사용장애는 금단, 내성, 갈구(craving)를 포함하는 일련의 행동적, 심리적 증상들로 정의된다. 알코올 금단은 장기적인 과도한 음주 뒤에 음주량을 줄이면 약 4~12시간 이후에 나타나는 금단적 증상을 특징으로 한다. 알코올 금단은 불쾌하고 강력하기 때문에, 개인은 부정적인 결과에도 불구하고 금단증상을 피하거나 줄이기 위해 계속해서 술을 마시게 된다. 몇몇 금단증상(예: 수면 문제)은 약한 상태로 수개월간 지속될 수 있으며, 재발을 일으키기도 한다. 일단 반복적이고 확고한 사용 패턴이 형성된 후에는, 알코올 사용장애를 가진 사람들은 알코올 음료를 구하고 마시는 데 상당한 시간을 소비하게 된다.

알코올에 대한 갈구는 다른 것을 생각하기 어렵게 만들고 결국 음주에 이르게 하는, 음주에 대한 강한 욕구를 지칭한다. 음주의 효과로 인해, 또는 학교나 일터에서 취해 있어서 학업이나 직업 수행에 있어 지장이 생기고, 양육이나 집안일에 태만해지며, 알코올로 인해 학교에 결석을 하거나 일터에서 결근을 하게 된다. 물리적으로 위험한 환경(예: 취한 채로 운전, 수영, 기계 작용을 하는 등)에서 음주를 할 수도 있다.

결국에는, 알코올 사용장애를 겪고 있는 사람들은 심각한 신체적(예: blackout, 간질환), 심리적(예: 우울증), 사회적 또는 대인관계적(예: 취중에 배우자와의 폭력적인 논쟁이나 아동학대) 문제를 일으킬 수도 있다는 것을 알고 있음에도 불구하고 계속해서 음주를 할 수도 있다.

알코올 사용장애는 종종 다른 물질사용장애 문제와 유사한 문제들과 관련이 되어 있다(예: 대마초, 코카인, 헤로인, 암페타민, 진정제, 최면제 또는 항불안제). 이러한 다른 물질들로 인해 생겨나는 원치 않는 효과들을 완화시키거나 이러한 물질들을 사용할 수 없을 때 대체할 목적으로 알코올이 사용되기도 한다. 품행 문제나 우울증, 불안, 불면증과 같은 증상들이 심각한 음주와 함께 동반되며, 때로는 음주에 선행하기도 한다.

다량의 알코올을 반복적으로 마시는 것은 거의 모든 신체기관에 영향을 끼칠 수 있는데, 특히 위장관, 심혈관계, 중추신경계와 말초신경계에 영향을 끼친다. 위장관에 미치는 효과로는 위염, 위통 또는 십이지장 궤양 등이 포함되며, 과도한 음주를 하는 사람들의 약 15% 정도가 간경화증이나 췌장염이 나타난다. 또한 식도나 위장, 다른 위장관에서 암 발생비율도 높아진다. 가장 흔히 나타나는 상태 중 하나는 경미한 수준의 고혈압이다. 심장 근질환이나 기타 다른 근질환들은 다소 덜 흔한 상태이지만, 과도하게 음주를 하는 사람들에게서는 그 비율이 높아진다. 중추신경계에 나타나는 보다 지속적인 효과로는 인지적 결함이나 심각한 기억 손상, 소뇌의 퇴행성 변화 등이 있다. 이러한 효과들은 알코올 또는 손상의 직접적인 효과이거나 비타민 결핍(특히 티아민을 포함하는 비타민 B)과 연관이 있다.

중추신경계에 미치는 커다란 효과 중 하나로, 드물게 발생하는 알코올 유도 기억상실 장애 또는 베르니케 코르사코프 증후군이 있다. 이는 새로운 기억을 부호화하는 능력에 심각한 손상이 있는 상태다. 이러한 상태에 대해서는 '신경인지장애' 부분에서 물질/약물 유도 신경인지장애라는 용어로 기술되어 있다.

알코올 사용장애는 심각한 중독과 일시적인 알코올 유도 우울장애, 양극성장애의 상태에서 자살 위험을 높이는 중요한 단서가 된다. 이 장애를 가진 개인들에게서 자살행동의 비율이나 자살 성공률이 높다.

(2) 유병률 및 경과

알코올 사용장애는 흔한 장애다. 미국에서는 12~17세의 알코올 사용장애의 연간 유병률은 4.6%이며, 18세 이상 성인의 연간 유병률은 8.5%이다. 성인 여성들에 비해 성인 남성들의 유병률이 더 높다. 성인들의 연간 유병률은 18~29세에서 16.2%로 가장 높으며, 중년이 될수록 낮아져 65세 이상에서 1.5%로 가장 낮게 나타난다.

연간 유병률은 미국 내에서도 인종에 따라 현저한 차이를 보인다. 12~17세의 경우 히스패닉계의 유병률이 가장 높으며, 아메리카 원주민과 알래스카 원주민, 백인, 아프리카계 미국인, 아시아계 미국인과 태평양섬 거주자들 순이다. 반대로 성인들의 경우, 아메리카 원주민과 알라스카 원주민에게서 가장 높고, 백인, 히스패닉, 아프리카계 미국인, 아시아계 미국인과 태평양섬 거주자 순이다.

알코올 중독의 첫 번째 삽화는 십 대 중반에 발생하기도 한다. 알코올 사용장애에 대한 모든 기준을 충족하지는 않는 문제들과 일부 문제가 20세가 되기 전에 발생하지만, 2개 이상의 기준 군에 해당하는 문제가 발병하는 나이는 20대 후반과 중반이다. 알코올과 관련한 장애를 가진 사람들의 대부분이 세대 후반이 되기 전에 그러한 증상을 보인다. 다른 알코올 사용장애의 모든 문제가 다 나타나고 난 후에야 금단증상이 시작된다. 이전에 품행 문제를 가지고 있거나 중독이 발병한 청소년들의 경우 알코올 사용장애가 더 일찍 발병하는 경향이 있다.

알코올 사용장애는 회복과 재발의 주기에 따라 달라지는 다양한 경로를 거친다. 위기를 맞아 금주를 결심한 뒤에는 수주 이상의 금주기간을 갖고, 이후에는 절제되고 정상적인 음주기간이 뒤따른다. 그러나 일단 음주를 하게 되면 음주량이 급하게 증가하고 심각한 문제들이 재발할 수도 있다.

병원을 찾는 사람들이 수년간의 심각한 알코올 관련 문제들을 보였다는 사실 때문에, 알코올 사용장애는 종종 고칠 수 없는 상태라고 잘못 인식되기도 한다. 이러한 가장 심각한 사례들도 이러한 장애를 가진 소수의 사람에게서만 나타나는 것이며, 이 장애를 가진 전형적인 사람들은 훨씬 더 나은 예후를 보인다.

청소년들의 경우, 품행장애나 반복적인 반사회성행동이 알코올 관련 장애나 다른 물질 관련 장애와 함께 나타난다. 알코올 사용장애를 가진 사람들의 대부분이 40세 이전에 발병하며, 약 10% 정도가 이후에 발병한다. 나이 든 사람들의 경우, 나이와 관련한 신체적 변화들로 인해 알코올로 인한 진정효과에 있어 뇌의 민감성이 증가하게 되며, 알코올을 포함한 다양한 물질에 대한 간의 신진대사 속도가 감소하고,

체내 수분의 비율이 감소하게 된다. 이러한 변화들로 인해 나이 든 사람들은 적은 양의 음주만으로도 보다 심각한 중독에 이를 수 있으며 관련 문제들을 일으킬 수 있다. 또한 나이 든 사람들에게서는 알코올 관련 문제들이 다른 의학적 합병증과 동반될 가능성이 특히 높다.

(3) 위험요인 및 예후요인

환경　　　환경적인 위험요인과 예후요인들에는 음주와 중독에 대한 문화적 태도, 알코올에 대한 이용 편의성(비용을 포함하여), 알코올과 관련해 획득된 개인적 경험, 스트레스 수준 등이 포함된다. 기질적으로 취약한 사람에게서 알코올 문제가 발병하게 되는 추가적 잠재적 매개요인으로는 동료들의 심각한 물질 사용, 알코올의 효과에 대한 과장된 긍정적인 기대, 스트레스에 대처하는 차선책의 대처방식 등이 포함된다.

알코올 사용장애는 가족 내에서 전해지며, 유전적 영향이 위험요인의 약 40~60%의 변량을 차지하고 있다. 가까운 친족이 알코올 사용장애를 가지고 있는 사람들에게서는 이러한 비율이 3~4배가량 높아지며, 특히 장애와 관련된 친족의 수가 많을수록, 장애와 관련된 친족이 유전적으로 가까운 관계일수록, 그러한 친족들에게서 알코올 관련 문제들이 심각할수록 발생비율이 높아진다. 일란성 쌍생아가 이란성 쌍생아에 비해서 알코올 사용장애를 일으키는 비율이 더 높다. 알코올 사용장애를 가진 부모에게서 태어난 아이들은 출생 직후 입양되어 양부모에게서 길러졌을지라도 알코올 사용장애를 갖게 될 위험이 3, 4배가량 높은 것으로 나타났다.

최근 알코올 사용장애의 위험성에 영향을 끼치는 중간 특성을 통한 유전자 작용에 대한 연구에서의 진전된 연구결과들이 알코올 사용장애에 대해 특히 높거나 낮은 위험요인을 가진 사람들을 구분하는 데 도움이 된다. 낮은 위험 표현형은 주로 아시아인들에게서 우세하게 나타나는 급성 알코올 관련 피부 홍조증이 있다. 이미 존재하는 정신분열증이나 양극성장애, 충동성(모든 물질사용장애와 도박장애 비율을 증가시키는)는 높은 취약성과 관련이 있으며, 알코올에 대한 낮은 반응수준 역시 알코올 사용장애에 대한 높은 위험요인이 된다. 알코올에 대한 낮은 반응수준과 도파민 보상체계는 수많은 유전적 차이로 설명할 수 있다. 그러나 어떠한 단일한 유전적 차이든지 이러한 장애의 오직 1~2%만을 설명할 수 있다는 사실을 명심해야 한다.

(4) 문화 관련 진단적 이슈

대부분의 나라에서 알코올은 가장 빈번하게 사용되는 중독성 물질이며, 심각한 질병과 죽음의 원인이 된다. 세계 인구의 3.8%가 알코올로 인해 사망한다고 추정된다. 미국에서는 성인의 80%가 일상에서 종종 알코올을 소비했으며, 지난 12개월간 음주를 했던 사람은 65%에 이른다. 전 세계 인구의 3.6%(15~64세)가 현재 알코올 사용장애를 가진 것으로 추정된다. 아프리카 지역은 낮은 유병률(1.1%)을 나타냈으며, 북미 지역에서는 높은 유병률(5.2%)을, 동유럽 지역에서는 가장 높은 유병률(10.9%)을 보였다.

알코올-신진대사 효소 탈수소효소(dehydrogenase)와 알데히드 탈수소효소(aldehyde dehydrogenase)에 대한 유전자의 다형성증이 아시아인들 사이에서 가장 흔하게 나타나며, 이는 알코올에 대한 반응에 영향을 끼친다. 이러한 유전적 변이를 가진 사람이 음주를 하게 되면 얼굴 홍조, 심계항진(palpitation) 등을 겪게 되는데 이러한 반응들은 고통스럽기 때문에 향후 음주를 제한하거나 기피하게 되어 알코올 사용장애에 대한 위험이 줄어들게 된다. 이러한 유전적인 변이는 일본인, 중국인, 한국인의 40% 정도에게서 나타나며, 이들과 관련된 인구집단들은 장애에 대한 위험이 낮은 편이다.

(5) 성별 관련 진단적 특징 및 진단 단서

남성은 여성에 비해서 음주비율이 높으며 관련된 장애의 비율도 높다. 그러나 일반적으로 여성들이 남성들에 비해서 몸무게가 적게 나가고, 체내 지방이 많고 수분이 적은 편이며, 식도와 위장에서 알코올 신진대사가 덜 원활하기 때문에, 남성에 비해서 혈중 알코올 농도가 더 높게 나타날 수 있다. 과도한 음주를 하는 여성들은 남성에 비해서 간질환을 포함하여 알코올과 관련된 신체적 결과에 있어 보다 더 취약할 수 있다.

과도한 음주로 인해 알코올 사용장애의 위험성이 높은 사람들은 표준화된 설문지나 정기적인 과도한 음주 후에 이루어지는 혈액검사로 확인할 수 있다. 이러한 측정방법들이 알코올 관련 장애를 확실히 진단할 수는 없지만, 고위험군의 사람들에게는 더 많은 정보를 모으는 것이 도움이 될 수 있다. 음주량을 측정하는 데 이용할 수 있는 가장 직접적인 검사는 혈중 알코올 농도를 확인하는 것이다. 이는 또한 알코올에 대한 내성을 판단하는 데도 유용하다. 예컨대, 혈액 1dL당 150mg의 알코올 농도를 보이는 사람은 중독의 징후를 나타내지 않아도 최소한 알코올에 대한 일정 수준의 내성을 가지고 있는 상태라 하겠다.

추가적인 진단적 단서들은 지속적인 과도한 음주와 관련된 결과들을 반영하는 증상이나 징후와 연관이 있다. 예컨대, 소화불량, 메스꺼움과 복부팽만과 위염이 동반될 수 있으며, 간비대증, 식도정맥류와 치질 등은 알코올로 인한 간 손상을 반영한다.

다른 신체적 징후로는 떨림, 불안정한 걸음걸이, 불면증과 발기장애가 포함된다. 만성적인 알코올 사용장애를 가진 남성들은 고환의 크기가 감소하고 테스토스테론의 수치가 감소하면서 여성화되는 효과를 보일 수 있다. 여성이 반복적으로 과도하게 음주를 할 경우, 생리불순과 임신 중의 경우 자연유산, 치명적인 알코올 증후군을 보일 수 있다. 이전에 간질 또는 심각한 머리 손상을 경험한 적이 있는 사람은 알코올 관련 발작을 일으킬 가능성이 보다 높다. 알코올 금단은 메스꺼움과 구토, 위염, 토혈, 구내 건조증, 경미한 감각장애 등과 관련이 있다.

(6) 알코올 사용장애의 기능적 결과

알코올 사용장애의 진단적 기준에서는 주요한 삶의 기능영역의 손상이 일어날 수 있음을 강조하고 있다. 여기에는 운전과 기계조작, 학업과 직업, 대인관계와 의사소통, 건강관리 등이 포함된다. 알코올 관련 장애는 직장에서의 잦은 결근, 직업 관련 사고, 낮은 고용 생산성 등의 원인이 된다. 비록 많은 알코올 사용장애 환자가 계속해서 가족과 함께 살고 직업기능을 수행하고 있다고는 하지만, 노숙자들에게서 이 장애의 비율이 더욱 높다는 사실은 사회적 · 직업적 기능에서의 악순환을 반영한다.

알코올 사용장애는 사고와 폭력, 자살 등의 위험성을 유의미하게 증가시킨다. 도시 병원의 집중치료실에 입원한 환자 다섯 명 중 한 명은 알코올과 관련이 있으며, 미국인의 40% 정도가 평생 동안 한 번 이상 알코올과 관련된 부정적인 사건을 경험하였고, 치명적인 교통사고의 약 55%가 알코올과 관련이 되어 있다고 추정된다. 심각한 알코올 사용장애는 특히 반사회성 성격장애를 가진 사람에게서는 더욱 살인을 포함한 범죄행위와 연관이 있다.

심각한 문제가 있는 알코올 사용은 또한 자살시도나 자살 성공에 이르게 하는 슬

폼이나 후회에 대한 느낌이나 자제력 상실과 관련이 있다.

일부 입원환자에게 알코올 사용장애로 진단하는 것을 간과하여 예기치 않은 알코올 금단이 발생한 경우, 입원 비용과 입원 위험성이 고조되어 이들이 병원에서 보내야 할 시간이 길어지게 된다.

양극성장애, 정신분열증, 반사회성 성격장애는 현저하게 높은 알코올 사용장애의 비율과 관련이 있고, 몇 가지 불안장애나 우울장애 역시 알코올 사용장애와 관련이 있다.

2) 알코올 중독

알코올 중독의 진단기준(DSM-5)

A. 최근의 알코올 섭취

B. 알코올을 섭취하는 동안 또는 그 직후에 임상적으로 심각한 부적응적인 행동변화 및 생리적인 변화가 발생한다(예: 부적절한 성적 · 공격적 행동, 정서불안정, 판단력장해, 사회적 · 직업적 기능 손상).

C. 알코올 사용 중 또는 그 직후에 다음 항목 가운데 1개 이상이 나타난다.

(1) 불분명한 말투
(2) 운동조정장애
(3) 불안정한 보행
(4) 안구진탕(nystagmus)
(5) 집중력 및 기억력 손상
(6) 혼미 또는 혼수

D. 증상이 일반적인 의학적 상태에 의한 것이 아니며, 다른 정신장애에 의해 잘 설명되지 않는다.

(1) 진단적 특징과 부수적 특징

알코올 중독의 핵심 특징은 알코올을 섭취하는 동안 혹은 섭취 직후에 나타나는 임상적으로 유의미한 문제행동 또는 심리적 변화(예: 부적절한 성적 또는 공격적 행동,

2. 알코올 관련 장애

정동장애, 판단력 손상, 사회적 또는 직업적 기능 손상)다(기준 B). 이러한 변화는 기능과 판단력 손상이 증거로 동반되며, 중독이 심하다면 생명을 위협하는 의식불명 상태에 이르게 할 수도 있다. 이러한 증상은 다른 의학적 상태(예: 당뇨병성 케토산증)에 기인한 것이 아니며, 섬망과 같은 상태에서 나타난 것이 아니며, 다른 억제제(예: 벤조다이제팜)의 중독과는 무관하다(기준 D). 운동실조증으로 인해 운전이나 일상적인 활동에서 사고를 일으킬 정도로 지장을 받는다. 호흡 시 알코올 냄새가 나거나, 환자 본인 또는 다른 사람을 통해 수집한 과거력, 필요하다면 호흡과 혈액, 소변 검사를 통해 중독 여부를 검사함으로써 알코올 사용에 대한 증거를 수집할 수 있다.

　알코올 중독은 때로는 중독 중에 일어난 사건들에 대한 기억을 상실하는 것과 관련이 있다. 이러한 현상은 혈중 알코올 농도가 높고, 높은 알코올 농도에 이르기까지 급하게 음주를 한 것과 연관되어 있다. 경미한 알코올 중독에서조차 서로 다른 시점에서 서로 다른 증상들이 나타난다. 경미한 알코올 중독의 예는 대부분의 사람이 약 2병(평균 음주량은 에탄올 약 10~12g, 이 정도를 마셨을 때 혈중 알코올 농도는 약 10mg/dL)을 마신 후에 나타나는 모습이다. 음주 초기에는 혈중 알코올 농도가 증가하여, 말수가 많아지고, 편안함을 느끼며 밝고 고무된 기분을 느낀다. 이후 혈중 알코올 농도가 떨어질 때는 사람들은 급격하게 우울해지며, 내성적이 되며, 인지적인 손상을 경험하게 된다. 혈중 알코올 농도가 매우 높을 때(예: 300~400mg/dL 이상)는 호흡과 맥박이 멈출 수 있으며, 내성이 없는 사람의 경우 죽음에 이를 수도 있다. 중독기간은 얼마나 오랜 기간 동안 얼마나 많은 알코올을 소비했는가에 따라 달라진다. 일반적으로, 신체는 약 한 시간에 한 병 정도의 알코올을 처리할 수 있으며, 따라서 혈중 알코올 농도는 보통은 시간당 15~20mg/dL의 비율로 감소한다. 혈중 알코올 농도가 떨어질 때보다는 높아지고 있을 때 더 강도 높은 징후나 증상들이 나타난다.

(2) 유병률 및 경과

　음주자의 대부분이 일상적인 생활에서 때때로 일정 정도 중독을 보이기도 한다. 예컨대, 2010년의 조사에 따르면 12학년 학생들 중 44%가 '지난해 술을 마셨다'고 하였으며, 대학생의 70% 이상이 동일한 대답을 하였다.

　중독은 대부분 수십 분에서 수 시간에 걸쳐 일어나 보통은 수 시간 동안 지속되는 삽화로 발생한다. 미국에서는 처음 중독을 경험하는 평균 연령이 약 15세이며, 약 18~25세에서 가장 높은 유병률을 보인다. 연령이 높아짐에 따라서 빈도는 감소한다. 주기적인 중독이 조기에 발병할수록 알코올 사용장애에 이르게 될 가능성이 높아진다.

(3) 위험요인 및 문화 관련 진단적 특징

감각 추구적이고 충동적인 성격의 사람들에게서 알코올 중독의 삽화들이 증가한다. 또한 심각한 음주환경에서 알코올 중독의 삽화들이 증가한다.

주요한 이슈들은 전반적으로 알코올 사용에 대한 문화적 차이와 부합한다. 그러므로 남자 대학생 또래 모임이나 여자 대학생들의 모임에서 알코올 중독을 부추길 수 있다. 이러한 상태는 또한 문화적인 의미가 있는 특정한 날(예: 새해 전날)과 특별한 사건(예: 장례식)이 있을 때 빈번해진다. 다른 하위집단들은 종교적인 축하(예: 가톨릭 신자들의 기념일)에 음주를 부추기는 반면, 다른 집단들(예: 모르몬교나 기독교 근본주의자, 이슬람교도들)은 모든 음주와 중독을 강력하게 금기시하기도 한다.

(4) 성 관련 진단적 특징과 진단 단서

역사적으로 많은 서구 사회에서는 술을 마시는 것이나 취하는 것에 대해 여성보다 남성에게 보다 관대하였다. 그러나 최근 들어 이러한 성차는 약화되고 있으며, 특히 청소년들이나 성인 초기에는 더욱 그러하다.

중독은 대개 행동이나 호흡할 때 나는 냄새를 통해 확인할 수 있다. 중독의 정도는 혈중 알코올 농도가 높고, 다른 물질, 특히 진정효과를 가진 물질을 함께 복용한 경우에 더 높아진다.

(5) 알코올 중독의 결과

미국에서는 해마다 3만 명 이상이 알코올 중독으로 사망한다. 알코올에 대한 중독은 대인관계상의 문제나 신체적 충돌 및 싸움뿐만 아니라 음주운전, 학교나 직장에서 효율적으로 일하지 못하는 것 등 다양한 결과를 초래한다.

(6) 변별진단 및 동반이환

당뇨병성 산증과 소뇌 운동실조, 다발성 경화증이 일시적으로 알코올 중독과 유사한 상태로 나타날 수 있다.

진정제와 최면제, 항불안제 중독과 다른 진정물질(예: 항히스타민, 항콜린성 약물) 중독을 알코올 중독으로 오진할 수 있다. 이 둘을 구별하기 위해서 호흡할 때 알코올 냄새가 나는지를 살펴보고, 혈액이나 호흡을 통해 알코올 농도를 측정하고, 정밀검사를 요청하고, 충분한 과거력을 수집할 필요가 있다. 알코올 중독은 다른 물질중독과 동반될 수 있으며, 특히 품행장애나 반사회성 성격장애를 가진 사람들에게서는 더욱 그러하다.

3) 알코올 금단

알코올 금단의 진단기준(DSM-5)

A. 지속적으로 사용하던 알코올을 중단하거나 감소시켰을 때 나타난다.

B. 알코올 섭취를 중단한 이후 몇 시간 또는 며칠 이내에 다음 중 2개 이상의 증상이 나타날 때 해당된다.

(1) 자율신경계 기능 항진
(2) 손떨림 증가
(3) 불면증
(4) 오심 및 구토
(5) 일시적인 환시, 환청, 환촉 또는 착각
(6) 정신운동성 초조증
(7) 불안
(8) 대발작

C. 이러한 증상으로 인해 사회적, 직업적 또는 다른 중요한 기능영역에서 임상적으로 심각한 고통이나 장해를 나타내야 한다.

D. 증상이 일반적인 의학적 상태에 의한 것이 아니며, 다른 정신장애에 의해 잘 설명되지 않는다.

(1) 진단적 특징 및 부수적 특징

알코올 금단의 핵심 특징은 오랫동안 과도한 음주를 하던 것을 중단했을 때 몇 시간 혹은 며칠 이내에 특징적인 금단증상이 나타난다는 점이다(기준 A와 B). 금단 증후군에는 자율신경계의 항진을 나타내는 증상과, 불안과 위장관 증상들이 2개 이상 포함된다. 금단 증후군은 사회적, 직업적 또는 다른 중요한 기능영역에서 임상적으로 유의미한 고통과 손상을 초래한다(기준 C). 이러한 증상들이 다른 의학적 상태에서 비롯된 것이 아니어야 하고, 다른 물질에 대한 중독이나 금단(예: 진정제, 최면제, 항불안제 금단)을 포함하여 다른 정신장애(예: 범불안장애)에 의해서 더 잘 설명되어서는 안 된다.

증상은 알코올이나 벤조디아제핀(예: 디아제팜)을 복용하면 줄어들기도 한다. 금단 증상은 음주 후 혈중 알코올 농도가 급격하게 감소하는 때(약 4~12시간 이내)에 시작되어, 점점 줄어들어 멈추게 된다. 상대적으로 알코올의 신진대사가 빠른 사람들은 알코올 금단증상이 금주 이틀째에 정점을 그리며 4~5일째가 되면 눈에 띄게 호전된다. 그러나 급성 중단 이후에는 불안, 불면과 자율신경계의 기능장애 증상이 나타나며 약한 강도로 3~6개월간 지속되기도 한다.

알코올 금단을 보이는 사람의 10% 미만에서만 매우 심각한 증상(예: 심한 자율신경 항진증, 떨림, 알코올 금단 섬망)이 나타난다. 약 3% 미만만이 강직성 간대성 발작을 일으킨다.

의식의 혼란과 변화가 알코올 금단의 핵심 기준은 아니지만, 알코올 금단 섬망은 금단 중에 발생할 수 있다. 원인과는 상관없이, 다른 불안하고 혼란스러운 상태에서와 마찬가지로 금단 섬망에는 의식과 인지의 혼란뿐만 아니라 시각적, 촉각적 또는 청각적 환각 등이 포함될 수 있다. 알코올 금단 섬망이 일어날 때 임상적으로 관련이 있는 의학적 상태(예: 간질환, 저혈당증, 전해질 불균형, 수술 후 상태)들이 나타날 수 있다.

(2) 유병률 및 경과

알코올 사용장애를 가진 중산층, 고기능군의 약 50% 정도가 알코올 금단 증후군 전부를 겪은 것으로 추정된다. 알코올 사용장애를 가진 사람들 중 입원한 상태거나 노숙자인 경우, 알코올 금단의 비율은 80% 이상에 이른다. 금단증상을 보인 사람들의 10% 미만이 알코올 금단 섬망이나 금단 발작을 일으키는 것으로 보고되었다.

급성 알코올 금단은 대개는 4~5일간 지속되며 과도한 음주 이후에만 삽화적으로 발생한다. 30세 이하의 사람들에게서는 금단이 상대적으로 드물게 나타나고, 나이가 많아질수록 위험성과 심각성이 높아진다.

(3) 위험요인 및 진단적 단서

금단을 일으킬 가능성은 알코올 소비의 양과 빈도에 따라 증가한다. 이러한 상태에 있는 대부분의 사람은 날마다 술을 마시고, 수일 동안 많은 양을 마신다(약 하루에 8병 이상). 그러나 의학적 문제를 함께 가지고 있거나 알코올 금단의 가족력을 가지고 있는 경우, 이전에 금단을 경험한 적이 있는 경우, 진정제와 최면제 또는 항불안제를 복용하는 경우 등에 따라 개인 간의 차이가 크다.

혈중 알코올 농도가 중간 정도로 높은 수준에서 떨어지고 있는 상태이고, 장기간 과도한 양의 알코올을 섭취한 경우, 자율신경계 항진증은 알코올 금단 가능성을 의미한다.

(4) 알코올 중독의 기능적 결과 및 동반이환

금단증상은 음주행동을 지속시키고 재발을 일으켜 사회적·직업적 기능에 지속적인 손상을 일으킬 수 있다. 의학적인 조언에 따른 해독과정을 필요로 하는 증상들로 인해 병원을 찾게 되거나 작업 생산성이 낮아지는 결과가 발생할 수 있다. 전반적으로 금단이 나타날 경우 보다 큰 기능 손상과 부정적인 예후를 보일 수 있다.

금단은 과도한 양의 알코올 섭취와 함께 발생하는 경향이 있으며 품행장애나 반사회성 성격장애를 가진 사람들에게서 가장 흔히 나타난다. 또한 연령이 높거나, 다른 억제제(진정-최면제)에 의존하는 사람, 과거에 금단 경험이 많은 사람일수록 보다 심한 금단 상태를 겪는다.

3. 그 밖의 물질중독

1) 카페인 중독

카페인 중독의 진단기준(DSM-5)

A. 최근의 카페인 섭취(일반적으로 250mg 이상의 고용량 카페인을 섭취)

B. 카페인 섭취 직후부터 다음 중 5개 이상의 증후가 나타난다.

    (1) 안절부절못함
    (2) 신경과민
    (3) 흥분
    (4) 불면
    (5) 안면 홍조
    (6) 잦은 소변
    (7) 소화내장기의 장해
    (8) 근육경련
    (9) 두서없는 사고와 언어의 흐름
    (10) 빠른 심장박동 또는 심부정맥
    (11) 지칠 줄 모르는 기간
    (12) 정신운동성 초조

C. 기준 B의 증상으로 인해 사회적, 직업적 또는 다른 중요한 기능영역에서 임상적으로 심각한 고통이나 장해를 나타내야 한다.

D. 증상이 일반적인 의학적 상태에 의한 것이 아니며, 다른 정신장애에 의해 잘 설명되지 않는다.

(1) 진단적 특징과 부수적 특징

카페인은 커피와 차, 카페인이 함유된 탄산음료, '에너지' 음료, 처방전 없이 살 수 있는 진통제와 감기약, 원기회복제, 다이어트제와 초콜릿 등으로부터 섭취할 수 있다. 카페인은 또한 비타민이나 음식에 첨가되어 있어 섭취량이 늘어나기도 한다.

아동과 성인의 85% 이상이 정기적으로 카페인을 섭취한다. 일부 카페인 섭취자들은 내성과 금단을 포함하여 문제성 있는 사용과 동일한 증상을 보인다. 현재로서는 카페인 사용장애의 임상적 심각성과 유병률을 판단할 만한 자료가 없다. 하지만 카페인 중독이나 금단의 증거들은 임상적으로 유의미하며, 충분히 우세하게 관찰되고 있다.

  카페인 중독의 핵심 특징은 최근 카페인 섭취와 카페인을 섭취하는 동안 혹은 직후에 나타나는 다섯 가지 이상의 증상이다(기준 A와 B). 증상에는 안절부절못함, 초조함, 흥분, 불면, 얼굴 홍조, 이뇨와 위장관 문제 등이 있으며, 이러한 증상들은 아동이나 노인, 이전에 카페인에 노출된 적이 없는 사람처럼 취약한 사람들에게는 낮은 섭취량(200mg)만으로도 나타날 수 있다. 일반적으로 하루에 1g 이상을 섭취했을 때, 근육경련, 산만한 사고와 언어, 심계항진이나 심장부정맥, 지칠 줄 모르는 상태, 정신운동성 불안이 나타날 수 있다. 내성이 생겨난 경우에는 카페인을 많이 섭취하여도 중독이 일어나지 않을 수 있다. 징후나 증상은 임상적으로 유의미한 심리적 고통과 사회적, 직업적, 다른 중요한 기능영역에서의 손상을 유발한다(기준 C). 이러한 징후 또는 증상은 다른 의학적 상태에서 유발된 것이 아니며, 다른 정신장애(예: 불안장애)나 다른 물질중독에 의해서 더 잘 설명되지 않는다(기준 D).

  과도하게 카페인을 섭취했을 경우, 경미한 감각적 혼란(예: 이명, 섬광)이 일어날 수 있다. 과량의 카페인을 섭취했을 경우 심장박동이 증가하지만, 소량을 복용할 경우 심장박동이 느려지기도 한다. 과도한 카페인 섭취가 두통을 유발하는지는 아직 명확히 밝혀지지 않았다. 신체검사에 따르면 불안과 안절부절못함, 안면 홍조, 장운동 증가 등이 나타날 수 있다. 카페인에 대한 개인적인 반응 차이를 고려할 때, 비록 혈중 카페인 농도 자체로 진단을 내릴 수는 없지만, 이 값을 확인하는 것이 진단에 중요한 정보를 제공할 수 있는데, 과거력이 충분하지 않은 사람의 경우에는 특히 그러하다.

(2) 유병률 및 경과

  일반적인 인구에 대한 카페인 중독의 유병률은 확인되지 않았다. 미국의 경우, 인구의 약 7%가 카페인 중독을 진단하는 것과 일치하는 다섯 가지 이상의 기능적 손상을 경험할 수 있다.

카페인의 반감기는 약 4~6시간인 것과 같이 카페인 중독의 증상은 대부분 첫째 날 사라지며 오랫동안 계속되는 결과는 보고된 바 없다. 그러나 매우 많은 양(5~10g)의 카페인을 섭취한 사람들은 복용량이 치명적인 수준이기 때문에 즉각적인 의학적 주의가 요구된다. 나이가 들수록 보다 심각한 수면곤란이나 과다각성과 같이 점점 더 카페인에 대한 강한 반응을 보인다. 어린 연령층에서 과도하게 카페인이 함유된 음식을 섭취하였을 때 카페인 중독이 나타날 수 있다. 아동과 청소년들은 체중이 적고, 내성이 적고, 카페인에 대한 약리적 효과에 대해서 정보가 부족하기 때문에 카페인 중독의 위험이 높을 수 있다.

(3) 위험요인 및 기능적 결과

카페인 중독은 카페인 사용 빈도가 적거나, 최근 들어 상당한 양에 이를 정도로 카페인 섭취가 증가한 사람들에게서 보일 수 있다. 경구 피임약은 카페인의 배설을 유의미하게 감소시키며 결과적으로 중독의 위험을 증가시킬 수 있다. 또한 유전적 요인들이 카페인 중독의 위험성에 영향을 끼칠 수 있다.

카페인 중독으로 인한 손상은 학교나 일터에서의 기능장애, 사회적으로 무분별한 행동, 부과된 역할 수행에서의 실패 등을 포함한 심각한 결과를 초래할 수 있다. 더욱이 매우 과도한 양의 카페인을 섭취하는 것은 치명적일 수도 있다. 일부 사례에서는 카페인 중독이 카페인 유도 장애를 촉발시킬 수도 있다.

(4) 변별진단 및 동반이환

카페인 중독은 주요한 정신장애와 유사한 증상(예: 공황발작)들을 특징으로 한다. 카페인 중독의 진단기준을 충족하기 위해서는 이러한 증상들이 이 증상을 더 잘 설명할 수 있는 다른 의학적 상태 또는 불안장애와 같은 다른 정신장애와 무관해야 한다. 조증 삽화, 공황장애, 범불안장애, 암페타민 중독, 진정제, 최면제 또는 항불안제 금단 또는 담배 금단, 수면장애, 그리고 약물 유도 부작용(예: 정좌불능증) 역시 카페인 중독 증상과 유사한 임상적 현상을 일으키기도 한다.

카페인 사용 증가와 증상 또는 카페인 섭취 중단과 증상이 일시적으로 관련되어 있는 경우, 진단을 확인하는 데 유용하다. 카페인 중독은 중독 중에 발병하는 카페인 유도 불안장애와는 다르며, 중독 중에 발병하는 카페인 유도 수면장애와도 다르다. 후자의 장애들은 카페인 중독과 관련되어 과도하게 나타나며 독립적인 임상적 주의를 필요로 할 만큼 심각한 상태라는 이유 때문이다.

일반적인 복용량 정도의 카페인 섭취가 의학적 문제와 연관이 있는지에 대해서는 일관성 있게 밝혀진 바가 없다. 하지만 과도한 카페인 섭취(예: 400mg 이상)의 경우, 불안과 신체적 증상, 위장관계 통증을 유발하고 악화시킬 수 있다. 극도로 많은 양의 카페인을 단시간에 복용한 경우, 대발작과 호흡 중단으로 인해 죽음에 이를 수 있다. 과도한 카페인 사용은 우울장애, 양극성장애, 섭식장애, 정신증적 장애와 물질 관련 장애와 관련이 있으며, 불안장애를 가진 사람들은 카페인 섭취를 기피하는 경향이 높다.

2) 대마초 관련 장애

대마초 사용장애의 진단기준(DSM-5)

임상적으로 심각한 기능 손상이나 고통을 유발하는 대마초 사용의 부적응적 패턴이 다음 중 2개 이상의 방식으로 지난 12개월 이내에 나타났어야 한다.

(1) 대마초를 흔히 예상했던 것보다 더 많은 양 또는 더 오랜 기간 사용한다.
(2) 대마초 사용을 줄이거나 통제하려는 지속적인 노력을 기울이지만 매번 실패한다.
(3) 대마초를 획득하고 사용하고 그 효과로부터 회복하는 데 많은 시간을 허비한다.
(4) 대마초를 사용하고 싶은 갈망이나 강렬한 욕구를 지닌다.
(5) 반복적인 대마초 사용으로 인해서 직장, 학교나 가정에서의 주된 역할 및 의무를 수행하지 못한다.
(6) 대마초의 효과에 의해서 초래되거나 악화되는 사회적 또는 대인관계적 문제가 반복됨에도 불구하고 지속적으로 대마초를 사용한다.
(7) 대마초 사용으로 인해서 중요한 사회적, 직업적 또는 여가 활동이 포기되거나 감소된다.
(8) 신체적 위험이 존재하는 상황에서도 반복적으로 대마초를 사용한다.
(9) 대마초에 의해서 초래되거나 악화될 수 있는 지속적인 신체적 또는 심리적 문제가 있음을 알면서도 대마초 사용을 계속한다.
(10) 내성(tolerance)이 다음 중 하나의 방식으로 나타난다.
　a. 중독(intoxication)이 되거나 원하는 효과를 얻기 위해서 현저하게 증가된 양의 대마초가 필요하다.

> b. 같은 양의 대마초를 지속적으로 사용함에도 현저하게 감소된 효과가 나타난다.
> (11) 금단이 다음 중 하나의 방식으로 나타난다.
> a. 대마초의 특징적인 금단 증후군이 나타난다.
> b. 금단증상을 감소시키거나 피하기 위해서 대마초(또는 관련된 물질)를 사용한다.

(1) 진단적 특징

대마초 사용장애와 다른 대마초 관련 장애는 대마초에서 추출한 물질 또는 화학적으로 유사한 인공합성물과 관련된 문제에 적용된다. 대마초가 포괄적인 명칭이며, 식물에서 추출한 향정신성 물질에 대한 가장 적절한 용어이기 때문에, 이 책자에서도 화학적 캐나비노이드(대마-합성) 합성물을 포함하여 모든 형태의 대마초 유사 물질을 지칭하는 데 이 용어를 사용하였다.

가장 흔히 대마초는 여러 가지 방법으로 흡인된다. 파이프나 물담뱃대, 담배, 또는 최근에는 시가를 이용한다. 때로는 대마초를 음식에 섞어서 섭취하기도 한다. 최근 들어 대마초 증기를 만드는 기구가 개발되기도 하였다. 식물 물질에 열을 가해 증기로 만들어 향정신성 캐나비노이드를 흡입할 수 있게 한 것이다. 다른 향정신성 물질들과 마찬가지로 흡연(증기)은 원하는 효과를 보다 빠르게 나타나게 하면 경험의 강도 역시 강하게 만든다. 정기적으로 대마초를 사용하는 사람들은 물질사용장애의 일반적인 진단적 특징들을 모두 겪을 수 있다. 대마초 사용장애는 단독으로 증상을 보일 수도 있으나, 때로는 다른 형태의 물질사용장애(알코올, 코카인, 아편)와 함께 발생하기도 한다. 여러 가지 물질을 함께 사용한 경우에는 대부분 대마초와 관련된 증상들은 다른 물질들을 사용해서 직접적으로 생겨나는 증상에 비해서 보다 덜 심각하고 덜 해로운 편이다. 대마초의 효과에 대한 약리학적, 행동적 내성은 대마초를 지속적으로 사용해 온 사람들에게서 보고된다. 일반적으로 대마초 사용을 상당한 기간 동안(최소한 몇 개월 이상) 중단했을 때 내성은 사라진다.

DSM-5에 따르면 날마다 또는 거의 날마다 대마초를 사용한 사람들은 대마초 금단증상을 일으킨다. 금단의 공통적인 증상은 초조함, 분노와 공격성, 불안, 우울감, 불안정감, 수면곤란, 식욕감소 또는 체중감소다. 비록 일반적으로 알코올이나 아편제 금단만큼 심각하는 않지만, 대마초 금단증상은 심각한 심리적 고통을 일으키며 약물 사용을 자제하려고 노력하는 동안에 어려움이 사라졌다 다시 재발하기를 반복하게 된다.

대마초 사용장애를 겪고 있는 사람들은 대개 수개월이나 수년에 걸쳐 날마다 대마초를 사용하며, 따라서 일과 중 상당한 시간을 대마초의 영향을 받으며 보낸다. 일부 사람은 덜 자주 대마초를 사용하지만, 가족과 학교, 일터와 중요한 활동들에 있어 반복되는 문제들을 일으킬 수 있다(예: 반복적인 결근, 가족으로서 해야 할 일을 태만시함). 주기적인 대마초 사용이나 대마초 중독은 행동이나 인지적 기능에 부정적인 영향을 끼치며, 활동(예: 운전이나 운동, 기계조작을 포함하여 수동으로 해야 하는 작업들)을 수행하는 데 신체적 위험성을 증가시켜서 해를 입힐 수 있어 학교나 직장, 기타 중요한 장소에서 적절한 기능을 수행하는 데 지장을 초래한다. 집에 아이들이 있을 때 대마초를 사용하는 것과 관련하여 배우자나 동거인과의 갈등을 일으키는 것은 대마초 사용자들에게서 공통적으로 나타나는 특징이며, 가족의 기능에도 해로운 영향을 끼친다. 마지막으로, 대마초 사용장애를 가진 사람들은 신체적 문제들(예: 대마초를 피우는 것과 관련된 만성적인 재채기) 또는 심리적 문제들(예: 과도한 침체나 다른 정신건강 문제들의 증폭)에 대해 알고 있음에도 불구하고 계속해서 대마초를 사용한다.

합법적이고 의학적인 이유로 대마초를 사용하는가 그렇지 않은가는 또한 진단에 영향을 끼친다. 의학적 상태에 따라 지시된 대로 대마초를 사용하는 경우 자연스럽게 내성과 금단이 나타나겠지만 물질사용장애라고 진단할 때 이러한 기준들을 적용해서는 안 된다. 비록 의학적으로 대마초를 사용하는 것이 여전히 논쟁거리가 되고 있지만, 진단을 내릴 때는 대마초가 사용되는 의학적인 맥락을 고려해야만 한다.

(2) 진단을 뒷받침하는 부수적인 특징

대마초를 정기적으로 사용하는 사람들은 종종 기분이나 수면 또는 다른 생리적, 심리적 문제들에 대처하기 위해 대마초를 사용한다고 보고하며, 대마초 사용장애로 진단받은 사람들은 종종 동시에 다른 정신장애를 가지고 있는 경우가 빈번하다. 주의 깊은 평가를 통해서 대마초의 사용이 빈번한 대마초 사용의 다른 이유뿐만 아니라(예: 황홀경을 경험하기 위해서, 문제를 잊기 위해서, 분노에 대한 반응으로, 사교적인 활동으로) 이러한 증상들을 증폭시키는 데 기여하고 있는지에 대해서 확인해 볼 수 있다. 이 주제와 관련하여 일부 사람은 위에 언급한 이유들 때문에 하루에도 수차례 대마초를 사용하는데, 대마초에 중독되었거나 대부분의 날을 대마초의 영향하에 보내면서도 본인은 대마초의 영향을 받거나 대마초의 효과에서 벗어나는 데 상당한 시간을 소비하고 있다는 것을 자각하지 못하기도 한다. 물질사용장애의 중요한 단서는, 특히 보다 경미한 사례에서는 다른 가치 있는 활동이나 관계(예: 학교, 직장, 운동, 파트너 또는 부모와의 관계)에 있어 부정적인 결과가 생겨날 위험이 명백함에도 불구하고 계속해서 대마초를 사용하는 것이다. 일부 대마초 사용자는 자신들의 사용 빈도나 사용량을 축소하는 경향이 있기 때문에 대마초 사용에 대한 보다 나은 진단을 위해서는 대마초 사용과 중독의 일반적인 증후와 증상에 대해서 숙지하고 있는 것이 중요하다.

다른 물질들과 마찬가지로 숙련된 대마초 사용자들은 행동적인 금단증상을 보이므로 그들이 언제 대마초의 영향하에 있는지 감지하기가 어렵다. 만성 사용의 증후는 결막 충혈, 옷에서 나는 대마초 냄새, 대마초를 피워서 생기는 노란 손끝, 만성적인 기침, 대마초 냄새를 숨기기 위한 향 냄새, 일반적이지 않은 시간에 나타나는 특정한 음식에 대한 과도한 갈구나 충동 등이 있다.

(3) 유병률 및 경과

캐나비노이드, 특히 대마초는 미국에서 가장 흔히 사용되는 불법 향정신성 약물이다. 대마초 사용장애의 12개월간 유병률은 12~17세에서는 약 3.4%, 18세 이상에서는 1.5%다. 대마초 사용장애의 비율은 성인 여성(0.8%)에 비해 성인 남성(2.2%)에게서 높은 편이며, 12세에서 17세 남성(3.8%)들은 같은 나이대 여성(3.0%)들에 비해서 사용비율이 높다. 성인들의 대마초 사용장애에 대한 12개월 유병률은 연령에 따라 감소하며, 18~29세가 가장 높은 유병률(4.4%)을 보이고, 65세 이상에서 가장 유병률이 낮다(0.01%).

대마초 사용장애의 높은 유병률은 대마초가 중독 가능성이 높다기보다는 다른 불법 약물들에 비해서 더 광범위하게 사용되고 있음을 반영한 것이다. 인종에 따른 유병률의 차이는 보통이다. 미국 내 하위 인종집단에 따라 대마초 사용장애의 12개월 유병률에는 현저한 차이가 있다. 12~17세의 경우, 히스패닉(4.1%), 백인(3.4%), 아프리카계 미국인과 아시아계 미국인, 태평양섬 거주자들(0.9%)과 비교했을 때, 북미 원주민과 알래스카 원주민에게서 가장 높다(7.1%). 성인들의 대마초 사용장애 유병률 역시 아프리카계 미국인(1.8%), 백인(1.4%), 히스패닉계(1.2%), 아시아인과 태평양섬 거주자(1.2%)에 비해 북미 원주민과 알래스카 원주민에게서 가장 높다(3.4%). 과거 10년간 대마초 사용장애의 유병률은 성인과 청소년 모두에게서 증가하였다. 성별에 따른 대마초 사용장애 유병률의 차이는 다른 물질사용장애와 비슷하다. 대마초 사용장애는 남성들에게서 보다 흔히 나타나며, 청소년기의 경우 그 차이가 보다 적은 편이다.

　대마초 사용장애의 발병은 청소년기 또는 그 이후에 언제든지 나타날 수 있다. 하지만 가장 흔히 발병하는 시기는 청소년기 또는 초기 성인기다. 매우 드물기는 하지만, 10대 이전 또는 20대 후반에 대마초 사용장애가 발병할 수도 있다. 최근 들어 의학적 마리화나에 대한 사용이 허용되면서 나이 든 성인들의 대마초 사용장애 발병률이 증가하였다.

　비록 청소년기에는 장애가 보다 빠른 속도로 전개되고, 특히 전반적인 품행 문제를 보이는 경우는 더욱 그러하지만, 일반적으로 대마초 사용장애는 장기간에 걸쳐 생겨난다. 대마초 사용장애를 가지게 된 사람들은 대부분 전형적으로 대마초 사용빈도와 사용량을 점진적으로 늘리는 패턴을 보인다. 담배나 알코올과 같이 대마초는 전통적으로 청소년기에 처음으로 시도해 보는 물질이다. 많은 사람이 대마초가 알코올이나 담배에 비해서 덜 해롭다고 인식하고 있으며, 이러한 인식이 대마초 사용을 증가시키는 데 기여하고 있다. 대마초 중독은 전형적으로 알코올 중독과 같은 심각한 행동적, 인지적 역기능을 일으키지 않는다는 점 때문에 알코올에 비해 보다 다양한 상황에서 더욱 빈번하게 사용될 가능성이 증가했을 수 있다. 이러한 요인 때문에 일부 청소년 사이에서 대마초 사용이 대마초 사용장애로 나아가게 되고, 보다 심각한 대마초 사용장애를 가진 사람들에게서 하루 종일 대마초를 사용하는 패턴이 흔하게 나타나게 된다.

　10대 이전이나 청소년기, 성인 초기에 대마초 사용장애가 나타나는 것은 대개는 품행 문제와 관련되어 일반적으로 또래들과 함께 과도하게 대마초를 사용하는 모습으로 나타난다. 경미한 경우 다른 또래나 학교 관리자들, 가정의 보호자들에게 대마초 사용을 허락받지 못한 데서 문제를 일으키고, 신체적으로나 행동적으로 위험한 결과를 초래할 수 있음에도 불구하고 계속해서 대마초를 사용한다. 보다 심각한 경우, 혼자서 사용하거나 하루 종일 사용하는 전개양상을 보이는데, 그 결과 대마초 사용으로 인해서 일상적인 기능과 이전에는 제대로 기능해 온 사회적 활동들에서 방해를 받게 된다.

청소년 사용자들의 경우 정서 안정감이나 에너지 수준, 섭식 패턴에서 변화가 흔히 관찰된다. 이러한 증후와 증상들은 다른 사람들에게 물질 사용을 숨기기 위한 시도일 수도 있을뿐더러 대마초 사용(중독)의 직접적인 효과 때문일 수 있고, 급성 중독에 따른 부차적인 효과 때문일 수도 있다. 학교 관련 문제들은 청소년기의 대마초 사용장애와 흔한 연관을 보인다. 특히 학교 성적이 급격히 하락하거나, 무단결석을 하거나, 일반적인 학교 생활이나 결과에 대해서 흥미가 감소할 수 있다.

성인들의 대마초 사용장애는 일반적으로 확고히 자리 잡은 사용 패턴, 즉 명백한 생리적, 의학적 문제가 있음에도 불구하고 계속해서 일상적으로 대마초를 사용하는 것이라 하겠다. 많은 성인은 대마초 사용을 중지해 보려는 욕구를 반복적으로 경험하며, 중단 시도에 실패하기를 거듭한다. 성인들에게서 보다 경미한 경우도 청소년기에 나타나는 것과 유사한 경향을 보인다. 즉, 대마초 사용이 주기적이거나 심각하지는 않지만, 계속되는 사용으로 인해 잠재적으로 심각한 결과가 있음에도 불구하고 계속 대마초를 사용한다. 중년 또는 중년 이후 성인들의 대마초 사용비율은 1960년대와 1970년대의 대마초 사용 유병률이 높았던 것의 결과로 동시대 효과에 의해 증가하는 경향을 보인다.

조기에 대마초를 사용하는 것(예: 15세 이전)은 청소년기의 대마초 사용장애나 다른 물질사용장애, 정신장애를 예언하는 강력한 요인이라 할 수 있다. 그러한 조기 사용은 다른 외적인 문제들과 공존하는 경향이 있으며 가장 잘 눈에 띄는 것은 품행 장애 증상들이다. 그러나 조기 사용은 또한 내재화된 문제들의 예측요인이 될 수 있으며 정신건강 장애의 발병에 일반적인 위험요소로 여겨질 수 있다.

(4) 위험요인과 예후요인

아동기나 청소년기의 품행장애 병력과 반사회성 성격은 대마초 관련 장애를 포함하여 많은 물질 관련 장애의 발달에 있어 위험요인이 된다. 다른 위험요인으로는 아동기 혹은 청소년기의 외적인 혹은 내적인 장애를 꼽을 수 있다. 행동 탈억제 경향이 높은 청소년들은 대마초 사용장애, 복합적인 물질 사용, 초기 품행 문제 등을 포함한 물질 관련 장애의 조기 발병을 나타낸다.

환경　　　환경적인 위험요인에는 학업 실패, 흡연, 불안정하고 학대적인 가정환경, 가까운 가족의 대마초 사용장애 및 물질사용장애와 가족력과 낮은 사회경제적 지위 등이 포함된다. 다른 모든 물질남용과 마찬가지로 물질에 대한 편리한 이용 가능성 역시 위험요인이다. 대마초는 대부분의 문화에서 상대적으로 쉽게 구할 수 있으며 이 점이 대마초 사용장애로 발전될 가능성을 증가시킨다.

유전은 대마초 사용장애를 일으키는 데 영향을 끼친다. 유전적 요인은 대마초 사용장애 위험의 전체 변량 가운데 약 30~80% 정도에 해당한다. 대마초와 다른 형태의 물질사용장애 간의 유전적 공통성과 환경의 공유는 청소년기의 물질 사용과 품행 문제에 공통된 발생적 토대를 암시한다.

(5) 문화 관련 진단적 이슈

대마초는 아마도 전 세계에서 가장 흔히 사용되는 불법 약물일 것이다. 국가별 대마초 사용장애의 발병률은 알려져 있지 않지만, 선진국에서의 유병률은 비슷할 것으로 보인다. 대마초는 미국의 모든 문화집단에서 가장 처음으로 실험해 보는 약물이다. 의학적 목적으로 대마초를 허용하는 것은 문화에 따라 매우 다르며, 문화 내에서도 차이가 있다. 진단에 영향을 끼칠 수 있는 문화적 요인(허용 가능성과 법적 상태)에 따라, 문화마다 약물 사용이 적발되었을 때의 결과 역시 달라지게 된다(체포, 정학, 해고 등). DSM-5가 나오면서, 물질사용장애에 대한 일반적인 변화에는 일정 정도 이러한 문제들은 완화시켰다(물질 관련 불법 문제의 재발 범주를 제거함).

(6) 진단적 단서 및 기능적 결과

캐나비노이드 대사물질을 생물학적으로 검사하는 것은 최근 대마초를 사용했는가를 확인하는 데 있어 도움이 된다. 그러한 검사를 통해 진단을 내리는 데 도움을 받을 수 있으며, 다른 사람들은 물질 사용 문제에 대한 염려를 표하는 등의 경미한 경우에는 더욱 유용하다. 캐나비노이드는 지용성이기 때문에 오랜 시간 동안 체내에 남아 있으며 천천히 사라진다. 믿을 만한 결과를 해석하기 위해서 소변검사를 실시하는 것이 필요하다.

대마초 사용장애에 따른 기능적인 결과들은 진단기준에 포함되어 있다. 심리, 사회, 인지, 건강 등의 많은 영역이 대마초 사용장애와 연관되어 있다. 인지적 기능,

특히 고도의 실행기능이 대마초 사용자들에게서는 제대로 발휘되지 않을 수 있으며, 이러한 관계는 복용량과 상관이 있어 보인다. 또한 직장이나 학교에서 어려움을 초래할 수 있다. 대마초 사용은 사회적인 목표의 감소하고도 관련이 있어, 일부는 낮은 학업수행이나 고용의 문제로 표현되는 무동기 증후군이라고 불리기도 한다. 이러한 문제들은 광범위한 중독과 중독으로부터의 회복과 관련이 있다. 마찬가지로 사회적 관계에 있어 대마초 관련 문제들 역시 대마초 사용장애를 가진 사람들에게 흔히 보고된다. 대마초의 영향하에서 잠재적으로 위험한 행동을 함으로써 생겨나는 사고(예: 운전, 운동, 여가활동이나 직업활동에서의 사고) 역시 관심사가 된다. 대마초 연기에는 다량의 발암물질이 들어 있어 만성적인 대마초 사용자들은 담배 흡연자들이 겪는 것과 마찬가지로 호흡기 질병에 대한 위험이 커지게 된다. 만성적인 대마초 사용은 많은 다른 정신장애의 발병과 악화를 야기할 수 있다. 특히 대마초 사용이 정신분열증과 다른 정신증적 장애의 원인요인이 될 수 있다는 것에 대한 관심이 높아지고 있다. 대마초 사용은 급성 정신증적 삽화들을 일으킬 수 있으며 일부 증상을 증폭시키고 주요한 정신증적 질병들의 치료에 부정적인 영향을 끼칠 수 있다.

(7) 감별진단

① 문제가 되지 않는 대마초 사용
문제가 되지 않는 대마초 사용과 대마초 사용장애를 구분하는 것은 어렵다. 이유는 사회적, 행동적, 심리적 문제들이 대마초 때문이라고 하기 어렵기 때문이다. 특히 다른 물질을 사용하고 있는 상황이라면 더욱 그러하다. 또한 다른 사람(학교나 가족, 고용주, 사법체계 등)에 의해서 치료가 의뢰된 경우 대마초를 사용한다는 사실을 부인하거나 대마초가 심각한 문제들과 관련이 되어 있다는 것을 부인하는 경우가 흔하다.

② 다른 정신장애
대마초 유도 장애는 주요한 정신장애의 특징 증상(예: 불안)에 따라 특징지어진다. 만성적인 대마초 복용은 지속적인 우울장애와 유사한 동기결여를 일으킬 수 있다. 대마초에 대한 급성 역반응은 공황장애나 우울장애, 망상장애, 양극성장애 또는 편집형 정신분열증과 구별되어야 한다.

(8) 동반이환

대마초는 일반적으로 '출입문(gateway)' 약물로 여겨지는데, 그 이유는 자주 대마초를 사용하는 사람들은 그렇지 않은 사람들에 비해서 평생에 걸쳐 아편이나 코카인과 같이 위험하다고 여겨지는 물질을 사용하게 될 가능성이 훨씬 더 높기 때문이다. 대마초 사용과 대마초 사용장애는 다른 물질사용장애와 높은 동반이환율을 보인다.

대마초 사용장애는 흔히 다른 정신 상태와 동시에 발생하며 대마초 사용은 낮은 삶의 만족도와 관련이 있다. 정신건강 치료를 받거나 입원하게 되는 일이 증가하고 우울과 불안장애, 자살시도, 품행장애의 비율이 높다. 지난해 또는 과거에 대마초 사용장애를 겪은 사람들은 알코올 사용장애(50% 이상)나 니코틴 사용장애(53%)를 보이는 비율이 높다. 다른 물질사용장애 역시 대마초 사용장애를 가진 사람들에게서 높은 비율로 나타난다. 대마초 사용장애를 치료하고자 하는 사람들 중 74%는 문제 소지가 있는 2차 혹은 3차 약물을 사용한다고 보고하고 있다. 알코올(40%), 코카인(12%), 메타암페타민(6%)과 헤로인 또는 다른 아편제(2%). 18세 미만의 청소년들에게서 61%가 문제 소지가 있는 2차 약물을 사용한다고 보고한다. 알코올(48%), 코카인(4%), 암페타민(2%) 그리고 헤로인 또는 다른 아편제(2%). 대마초 사용장애는 종종 다른 물질사용장애에 대한 1차적 진단을 받을 사람들에게서 부차적으로 나타나는 문제이며, 다른 물질사용장애를 가진 사람들의 약 25~80% 정도가 대마초 사용을 보고한 바 있다.

지난해 또는 과거에 대마초 사용장애로 진단받은 사람들은 물질사용장애뿐만 아니라 정신장애 동반이환율 역시 높다. 지난해 대마초 사용장애로 진단받은 사람들 가운데 주요우울장애(11%), 모든 유형의 불안장애(24%), 양극성장애 I(13%)이 매우 흔하게 나타났으며, 반사회성 성격장애(30%), 강박-충동 성격장애(19%)와 편집형 성격장애(18%)도 흔히 나타났다.

대마초 사용장애를 가진 청소년들의 약 33%가 내적 장애(예: 불안, 우울, 외상후 스트레스 장애)를 가지고 있으며, 60%는 외적인 장애(예: 품행장애, 주의력결핍/과잉행동 장애)를 보인다. 비록 대마초 사용이 정상적인 식욕과 인지/지각뿐만 아니라 심혈관계, 면역체계, 신경근육계, 시각, 생식계, 호흡기관을 포함한 인간의 기능의 여러 가지 측면에 영향을 끼칠 수 있지만, 대마초 사용과 동반되는 명확한 의학적 상태에 대해서는 거의 밝혀진 것은 없다. 대마초가 건강에 가장 심각한 영향을 끼치는 곳은 호흡계로, 만성적으로 대마초를 피우는 사람들은 기관지염, 가래, 짧은 호흡, 숨가쁨 등의 호흡기 증상을 나타내는 비율이 높다.

3) 대마초 중독

대마초 중독의 진단기준(DSM-5)

A. 최근의 대마초 사용

B. 대마초를 사용하는 동안 또는 그 직후에 임상적으로 심각한 부적응적인 행동변화 및 생리적인 변화가 발생한다(예: 운동 협응 능력의 손상, 희열, 불안, 느려진 시간 감각, 판단력장해, 사회적 위축).

C. 대마초 사용 2시간 이내에 다음 항목 가운데 2개 이상이 나타난다.

(1) 결막성 주입
(2) 식욕 증가
(3) 구강 건조
(4) 심계 항진

D. 증상이 일반적인 의학적 상태에 의한 것이 아니며, 다른 정신장애에 의해 잘 설명되지 않는다.

(1) 진단적 특징

대마초 중독의 핵심 특징은 대마초를 사용하는 중에 또는 사용 직후에 나타나는 임상적으로 유의미한 행동적, 심리적 변화다(기준 B). 중독은 전형적으로 고양감으로 시작되어 부적절한 웃음과 무기력증, 단기기억의 손상, 복잡한 정신적 과정 수행 곤란, 판단력 손상, 감각 인식 왜곡, 운동수행 손상과 시간이 느리게 흘러가는 듯한 느낌 등의 증상이 뒤따른다. 때에 따라서는 불안, 불쾌감 또는 사회적인 철수가 일어나기도 한다. 이러한 향정신성 효과들은 대마초 사용 후 2시간 이내에 2개 이상의 다음의 증후들과 함께 동반된다. 결막 충혈, 식욕 증진, 구강 건조, 심계항진(기준 C). 대마초를 피운 경우에는 몇 분 이내에 중독이 나타나지만, 구강으로 섭취한 경우에는 중독증상이 나타나는 데 몇 시간이 걸리기도 한다. 이러한 효과는 대개 3~4시간 지속되며 구강으로 섭취한 경우 지속기간이 다소 길어지기도 한다. 행동적, 심리적 변화의 강도는 복용량이나 복용방법, 흡수율이나 내성, 물질효과에 대한 민감성과 같이 물질을 사용한 개인의 특성에 따라 달라진다.

(2) 유병률 및 기능적 결과

일반 인구에서 대마초 중독의 실제 삽화를 나타내는 유병률은 알려지지 않았다. 그러나 대부분의 대마초 사용자가 때로는 대마초 중독기준을 충족할 수 있다. 이러한 점을 고려할 때, 대마초 사용의 유병률은 대마초 중독 경험의 발생비율과 유사할 것이다.

대마초 중독으로 인한 손상은 직장이나 학교에서의 문제, 사회적 고립, 요구되는 역할수행의 실패, 교통사고, 위험한 성행위 등의 심각한 결과를 초래할 수 있다. 드물기는 하지만, 대마초 중독이 단기에서 장기에 이르는 정신증을 촉발하기도 한다.

(3) 감별진단

임상적으로 사실적인 현실 검증력이 부재하여 환각을 보인다면, 약물 유도 정신증적 장애의 진단을 고려해야 한다.

대마초 중독은 다른 형태의 물질들에 대한 중독과 유사하다. 그러나 대마초 중독과는 달리 알코올이나 진정제, 최면제, 항불안제 중독은 식욕을 감소시키고 공격행동을 증가시키며 안구탕진증이나 운동실조를 보일 수 있다. 적은 양을 복용했을 때의 환각은 대마초 중독과 비슷한 임상적 장면을 유발한다. 펜사이클리딘은 대마초와 마찬가지로 피울 수 있으며 지각적 변화를 일으키지만, 펜사이클리딘 중독은 공격적 행동과 운동실조증을 더 많이 유발하는 경향이 있다.

대마초 중독은 다른 대마초 유도 장애와 구별되어야 한다. 전자의 장애가 보다 심각한 임상적 증상을 보이고 독립적인 임상적 주의를 필요로 할 만큼 심각하기 때문이다.

4) 펜사이클리딘 사용장애

펜사이클리딘 사용장애의 진단기준(DSM-5)

임상적으로 심각한 기능 손상이나 고통을 유발하는 펜사이클리딘 사용의 부적응적 패턴이 다음 중 2개 이상의 방식으로 지난 12개월 이내에 나타났어야 한다.

(1) 펜사이클리딘을 흔히 예상했던 것보다 더 많은 양 또는 더 오랜 기간 사용한다.

(2) 펜사이클리딘 사용을 줄이거나 통제하려는 지속적인 노력을 기울이지만 매번 실패한다.

(3) 펜사이클리딘을 획득하고 사용하고 그 효과로부터 회복하는 데 많은 시간을 허비한다.

(4) 펜사이클리딘을 사용하고 싶은 갈망이나 강렬한 욕구를 지닌다.

(5) 반복적인 펜사이클리딘 사용으로 인해서 직장, 학교나 가정에서의 주된 역할 및 의무를 수행하지 못한다.

(6) 펜사이클리딘의 효과에 의해서 초래되거나 악화되는 사회적 또는 대인관계적 문제가 반복됨에도 불구하고 지속적으로 펜사이클리딘을 사용한다.

(7) 펜사이클리딘 사용으로 인해서 중요한 사회적, 직업적 또는 여가 활동이 포기되거나 감소된다.

(8) 신체적 위험이 존재하는 상황에서도 반복적으로 펜사이클리딘을 사용한다.

(9) 펜사이클리딘에 의해서 초래되거나 악화될 수 있는 지속적인 신체적 또는 심리적 문제가 있음을 알면서도 펜사이클리딘 사용을 계속한다.

(10) 내성(tolerance)이 다음 중 하나의 방식으로 나타난다.

    a. 중독(intoxication)이 되거나 원하는 효과를 얻기 위해서 현저하게 증가된 양의 펜사이클리딘이 필요하다.

    b. 같은 양의 펜사이클리딘을 지속적으로 사용함에도 현저하게 감소된 효과가 나타난다.

(1) 진단적 특징과 부수적 특징

펜사이클리딘(또는 유사 펜사이클리딘 물질)에는 펜사이클리딘(예: PCP, angel dust)과 보다 강도는 약하지만 유사한 작용을 하는 화합물인 케타민(ketamine), 사이클로헥사민(cyclohexamine), 디조실핀(dizocilpine)이 포함된다. 이러한 물질들은 1950년대에 원래 해리성 마취제로 개발되었으나 1960년대에 불법 마약으로 사용되기 시작하였다. 이 물질들은 적은 양을 복용했을 때 마음과 몸이 분리된 듯한 느낌을 일으키며, 많은 양을 복용했을 때는 인사불성과 혼수상태를 초래할 수 있다. 이 물질들은 가장 흔하게는 흡연 또는 경구 복용의 방법으로 사용되지만 코로 흡입하거나 주사를 통해 사용하기도 한다. PCP의 기본적인 향정신성 효과는 몇 시간 동안 지속되지만 일반적으로 신체에서 완전히 사라질 때까지는 약 8일 또는 그 이상이 소요되기도 한다. 취약한 사람들의 경우 환각효과는 수 주일에 걸쳐 지속되기도 하며 정신분열증과 유사한 지속적인 정신증적 삽화를 겪게 되기도 한다. 케타민은 주요우울장애의 치료제로도 사용되기도 한다. 금단증상은 아직 사람에게서 확실하게 밝혀진 바 없으며 따라서 펜사이클리딘 사용장애에서는 금단 관련 범주를 포함하지 않고 있다.

펜사이클리딘은 8일 동안은 소변을 통해 검출할 수 있으며, 복용량이 매우 많을 경우 더 장기간에 걸쳐 검출이 가능하다. 생리적 검사뿐만 아니라, 펜사이클리딘이나 관련된 물질의 중독에서 나타나는 특징적인 증상은 진단에 도움이 될 수 있다. 펜사이클리딘은 해리증상과 통각상실, 안구진탕증, 고혈압을 일으킬 수 있으며, 저혈압과 쇼크의 위험성이 있다. 펜사이클리린을 사용할 경우, 중독된 사람은 자신들이 공격을 받고 있다고 믿게 되어 폭력적인 행동을 보일 수도 있다. 사용 후 증상들은 정신분열증과 유사할 수 있다.

(2) 유병률

펜사이클리딘 사용장애의 유병률은 알려져 있지 않다. 인구의 약 2.5%가 과거에 펜사이클리딘을 사용해 본 적이 있다고 보고한 바 있다. 사용자의 비율은 연령에 따라서 증가하며 과거에 펜사이클리딘을 사용해 본 적이 있다고 보고하는 사람들은 12~17세에서는 0.3%이고, 18~25세에서는 1.3%이며, 26세 이상에서는 2.9%에 달한다.

(3) 위험요인 및 문화 관련 진단

펜사이클리딘 사용장애의 위험요인에 대해서는 거의 알려진 바가 없다. 물질남용 치료에 임하는 사람들 중에서 펜사이클리딘을 가장 주요한 물질로 꼽은 사람들은 다른 약물 사용자에 비해서 보다 어린 경향이 있으며, 교육수준이 낮고 미국의 서부나 북동부에 거주하는 경향성이 높은 것으로 나타났다.

16~23세 청년들의 케타민 사용은 백인(0.5%)이 다른 인종에 비해서(0~0.3%) 높다고 보고되었다. 물질남용 치료를 받은 사람들 가운데 펜사이클리딘을 가장 중요한 물질로 꼽은 사람들 중에는 흑인(49%) 또는 히스패닉계(29%)가 우세한 것으로 나타났다.

(4) 진단적 단서 및 기능적 결과

중독된 사람에게서는 펜사이클리딘을 섭취한 후 8시간까지 소변에 펜사이클리딘이 남아 있기 때문에 임상검사가 유용할 수 있다. 통각상실, 안구진탕증, 고혈압과 같은 특정한 신체적 증후와 함께 개인력을 살펴보는 것도 펜사이클리딘의 임상적 특징들을 다른 환각제로 인한 특징들과 구별하는 데 도움이 된다.

펜사이클리딘 사용장애를 겪고 있는 사람들에게서는 사고나 싸움, 낙상으로 인한 신체적 상해가 관찰될 수 있다. 펜사이클리딘을 만성적으로 사용할 경우 기억, 언어, 인지에 문제가 생겨 수개월간 지속될 수 있다. 심혈관계와 신경계의 중독(예: 발작이나 긴장이상, 운동실조, 강직증, 저체온증과 고체온증)이 펜사이클리딘 중독 때문에 일어날 수 있다. 그 밖에도 두개내출혈, 횡문근융해, 호흡기 문제나 심장마비가 일어날 수 있다.

(5) 감별진단

다른 물질(예: 대마초, 코카인)중독이 흔히 함께 나타나기 때문에, 펜사이클리딘의 효과를 다른 물질의 효과와 구별하는 것이 중요하다. 펜사이클리딘과 관련 물질들의 사용으로 나타나는 효과 중 일부는 정신증(정신분열증), 기분 침체(주요우울장애), 폭력적 공격행동(품행장애, 반사회성 성격장애)과 같은 정신병리적 증상과 유사하다. 이러한 증상들이 약물을 복용하기 전에도 나타났는지를 확인하는 것은 이전에 존재하던 정신장애와 급성 약물 효과를 변별하는 데 중요하다. 펜사이클리딘을 복용하여 나타난 지각적 혼란을 겪고 있는 사람에게서 현실 검증력의 손상이 있을 때 펜사이클리딘 유도 정신증적 장애를 고려해야만 한다.

4. 알코올 중독의 원인

1) 정신역동적 요인

알코올 중독의 문제에 대하여 단주친목모임(Alcoholics Anonymous: AA)을 통하여 접근하는 것을 찬성하는 사람들이 많아지고 있는데, 이 모형은 질병에 대한 환자의 책임을 면제해 주고 있다. 즉, 당뇨병 환자가 당뇨병에 대하여 책임이 없는 것처럼 알코올 중독 환자도 알코올 중독에 책임이 없다는 것이다. 알코올 중독 환자는 외부적 물질에 의한 중독의 유전적 소인을 가지고 있는 것으로 취급되며 심리적인 요인은 관계없는 것으로 본다. 단지 친목을 통하여 접근하는 것은 환자의 치료에 매우 효과적이었다. 알코올 중독 환자들이 같은 문제를 가지고 있는 공동체가 자신을 돌보고 관심을 가져 준다는 것을 경험함으로써 대인관계의 측면에서부터 단주가 달성되는 것이다. 이러한 돌보는 인물은 정신치료자와 동일한 양식으로 환자에게 영향을 미치게 되며, 마치 정신치료자처럼 환자가 자신의 감정을 처리하고 충동을 제어하며 다른 자아기능을 수행할 수 있도록 알코올 중독 환자를 도와주게 된다. 따라서 정신역동적 모형은 AA를 통하여 일어나는 변화에 대한 이해를 촉진한다(Mack, 1981).

많은 알코올 중독 환자가 AA 자체와 모임에 참석하고 모임의 이상을 실행에 옮김으로써 얻어진 단주 때문에 촉진된 심리적 변화만으로도 충분히 치료가 가능하나, 모든 환자에게 적절한 것은 아니라는 것이 임상적 경험을 통해 드러났다. AA는 혼자서 음주를 제어할 수는 없으며 따라서 더 강력한 힘이 필요하다는 생각을 받아들일 수 있고 다른 정신과 질환에 이환되지 않은 사람에게 가장 적당하다.

대부분의 알코올 중독 전문가는 알코올 중독이 여러 요인에 의한 이질적 질환이라는 것에 동의할 것이다(Donovan, 1986). 알코올 중독이 되는 유일한 인격, 즉 알코올 중독성 인격은 존재하지 않는다는 것이 여러 연구의 결과다(Donovan, 1986; Nathan, 1988; Sutker & Allain, 1988). 그런데도 인격변인과 심리적 문제는 많은 알코올 중독 환자의 치료에 깊은 관계가 있다. 알코올 중독에 특이한 인격 경향이 있는 것은 아니지만, 정신분석 연구자들은 자아 약화와 자존심 유지의 장애 같은 구조적 결함이 있음을 주장하고 있다(Donovan, 1986). 코헛(Kohut, 1971)과 밸린트 (Balint, 1979)는 알코올이 결함 있는 심리구조를 대치하는 기능을 하고, 그렇게 함으로써 자존심과 내적 조화감을 회복시킨다고 주장하였다. 불행히도 이런 효과는 단지 중독 상태에 있을 때까지만 지속될 뿐이다. 칸치안(Khantzian, 1982)도 알코올 중독 환자가 자존심에 문제가 있고, 감정조절이나 자기보호 능력에 문제가 있음을 관찰하였다. 경계성 성격장애를 연구하는 사람들은 알코올 중독과 경계성 성격장애 환자의 정신 내적 구조 사이에 일치점이 있음을 계속 주장하고 있다(Hartocollis, 1982; Kernberg, 1975; Knight, 1953; Rinsley, 1988). 특히 이들은 똑같이 불안 내성이 낮고, 감정조절도 잘하지 못하며, 주된 방어로 분열을 사용한다는 공통점이 있다.

이러한 연구들을 통하여 모든 알코올 중독 환자가 항상 다른 정신과 질환을 함께 앓고 있다거나 이미 정신 내적 결함을 가지고 있었다는 것을 주장하고자 하는 것이 아니다. 그보다는 알코올 중독이 모든 인간에게서 일어날 수 있다는 명백한 사실을 강조하려는 것이다. 환자는 구조적 결함, 유전적 소인, 가정적 영향, 문화적 기여 및 다른 환경적 변인들 사이의 복잡한 상호관계 안에서 최종의 공통 통로로서 알코올 중독이 되는 것이다. 그러므로 알코올 중독 환자에게는 전체적인 정신역동적 평가를 실시하여야 한다.

알코올 중독 환자에 대한 정신역동치료는 치료자가 환자의 실제적인 음주행동은 무시하고 음주에 대한 무의식적 동기만을 알아내려고 하는 우를 범하기가 쉽다. 알코올 중독이 모든 인간에게서 일어날 수 있다는 관찰이 담고 있는 또 다른 의미는 각각 서로 다른 치료방법을 선호할 수 있고, 또 받아들일 것이라는 데 있다.

로즌(Rosen, 1981)은 알코올 중독 환자도 분리·개별화의 문제가 있음을 발견하였고, 정신치료가 AA에 대한 공생적 애착에서 환자를 떼어 내는 데 도움이 될 것이라고 생각하였다. 그러나 이는 반드시 AA 기구의 도움으로 단주를 성취하고 난 다음이어야 한다고 그는 믿었다. 다른 연구자들은 단주가 효과적 정신치료를 위하여 절대적으로 필요한 것은 아니라고 주장하였다(Dodes, 1984; Pattison, 1976). 만일 한 치료자가 단주를 요구한다면 치료를 거부하는 환자도 있을 것이다. 실제로 장기적 정신치료의 과정에서 절대 단주를 기대한다는 것은 너무도 순진한 생각이다. 자신의 증상적 음주를 포기한다는 데 대하여 양가감정을 갖지 않는 알코올 중독 환자는 거의 없을 것이다. 이러한 동기결여는 정신치료의 금기로 보기보다는 하나의 증상으로 보아야 할 것이다(Cooper, 1987). 그러나 만일 환자들이 음주의 이유를 밝힐 능력도 없고 그에 대한 아무런 흥미도 없이 폭음을 계속한다면, 이들에게는 정신치료를 사용할 수 없으며 그 대신 입원치료를 하는 것이 더욱 효과적일 것이다. 어떤 경우든 정신치료과정에서 단주가 절대적 필수요건이 되어서는 안 된다.

알코올 중독 환자의 집단 정신치료에 대한 연구들을 종합한 최근의 자료에서는 집단 정신치료를 하나의 보조적 치료로 사용하는 것이 좋다는 경험적 사실을 추천하고 있다(Brandsma & Pattison, 1985). 집단 정신치료에서는 알코올 중독 환자에게서 자주 사용되는 부정을 중지시키기 위하여 중독 상태가 얼마나 파괴적인가를 강력하게 직면시키는 방법을 사용하기도 한다(Bratter, 1981).

다른 치료자들, 예를 들면 칸치안(1986) 같은 이들은 이러한 직면방법에 대하여 주의할 것을 당부하였다. 많은 알코올 중독 환자가 불안이나 우울, 분노 같은 감정을 조절하는 데 어려움을 갖고 있기 때문에 집단 상황에서의 직면은 생산적이라기보다는 오히려 해로울 수 있다는 것이다. 쿠퍼(Cooper, 1987)도 이러한 관점에 동의하면서 치료자는 고통스러운 감정을 회피하여야만 하는 환자의 방어적 필요성에 공감하지 않으면 안 된다고 주장하였다. 그는 술을 먹게 되는 원인들을 탐색하는 직면을 덜 강조하고, 그 대신 '지금-여기'의 상황에 초점을 맞추어 현재문제를 주로 다루는 입원집단을 보고하였다. 이 집단의 환자들은 집단 정신치료를 하지 않는 입원집단 프로그램에서의 16%의 단주율보다 높은 55%의 단주율을 나타냈다고 한다. 또한 적어도 25시간 이상 집단치료를 받은 환자들은 다른 프로그램에도 훨씬 참여도가 높았다고 한다.

2) 그 밖의 원인

알코올 중독은 생물학적인 취약성과 어린 시절의 경험, 부모의 태도, 사회적 정책, 문화와 같은 환경적 요인 사이의 복잡한 상호작용의 마지막 결과다. 일련의 쌍생아 및 양자 연구는 유전적인 요인들이 의미 있게 원인에 영향을 미친다는 것을 발견했다. 그러나 유전적인 전달기제는 알려져 있지 않다. 일란성 쌍생아는 이란성 쌍생아와 비교해서 알코올 중독의 일치율이 두 배 더 높다. 그리고 알코올 중독의 발생률은 알코올 중독자가 아닌 아버지의 자녀들과 비교해서 알코올 중독자인 아버지의 아들인 경우에 4배 더 높다. 여자들 중에서 유전적인 요인은 덜 분명하다. 그러나 최근의 연구에서는 알코올 중독 여자에게서 유전적인 취약성을 발견했다. 가족 알코올 중독 연구에서 양성 가족력을 가지고 있는 개인들은 보다 초기에 발병, 보다 더 반사회적인 특징, 더 악화된 의학적 문제, 보다 더 좋지 않은 예후를 갖는다.

알코올 장애 유형에는 타입 A와 타입 B의 유형이 있다. 타입 A는 보다 늦은 발병, 취약성의 지표가 거의 없으며, 정신과적인 장애와 관련되어 있지 않아 예후가 좋은 것이 특징이다. 타입 B는 문제 음주의 초기 발병, 빠른 진행, 아동기와 가족 취약성을 보이며, 정신과적인 장애와 관련되고, 증상의 심각성을 나타내어 빈약한 예후를 보인다. 두 가지 유형은 결과 면에서 다를 수 있다.

알코올 중독은 신체화 장애와 아동기의 미세 뇌기능 장애와 같은 다른 장애들과 연관되어 왔다. 아동기 과잉활동성은 물질 관련 장애와 연관되어 왔다. 그러나 이것은 아동기의 품행장애의 발달에 의해 매개되는 것처럼 보인다.

5. 치료

1) 정신역동치료

물질남용 재활 프로그램에서 질병 모형은 거의 통용되고는 있지만, 이 중에서도 물질남용 환자에 대한 정신역동치료가 알코올 중독 환자의 치료보다 더 널리 보편화되어 있고 가치를 인정받고 있다.

바이앙(Vaillant, 1988)은 알코올 중독 환자와 비교하여 볼 때 여러 가지 복합적인 물질남용자들이 불안정한 어린 시절을 보냈을 가능성이 더 높고, 정신과적 증상 때문에 물질을 자가 투여하였을 가능성이 많다고 보고하였다. 이 때문에 기존의 증상이나 성격병리에 대한 정신치료적 노력으로 더 많은 효과를 볼 수 있을 것이라고 주장하였다.

많은 연구가 물질남용의 발생에 성격장애와 우울증이 관여되었다는 관점을 지지하고 있다(Blatt et al., 1984a; Kandel, Kessler, & Margulies, 1978; Paton, Kessler, & Kandel, 1977; Treece, 1984; Treece, & Khantzian 1986). 이 연구들은 마리화나

사용은 사춘기에 동료에게 받는 압력과 관계가 있는 반면, 독성이 더 강한 다른 물질 사용은 그렇지 않다는 사실을 밝히고 있다. 한 연구는 사회인구학적 변인보다는 부모와의 관계에서 생기는 장애와 우울증이 불법적 물질남용의 매우 중요한 예견인자라는 사실을 발견하였다(Kandel et al., 1978). 트리스(Treece, 1984)는 만성 물질남용자와 일시적 남용자를 구별하는 중요한 요인은 심한 성격장애가 있는지 없는지에 달려 있다고 보았다.

연구자들은 물질남용 환자 치료에서 성격장애가 함께 있으면 물질남용의 문제만 있는 환자와는 다른 치료적 접근을 해야 하므로 모든 환자에게 똑같은 치료 접근을 하는 것은 적절하지 못하다고 지적하고 있다. 이 환자들은 성격장애가 없는 환자에 비하여 더 우울하고, 더욱 충동적이며, 더 고립되고, 자신의 인생에 대하여 만족하지 못하는 경향이 있다.

이러한 연구 소견들은 물질남용 문제에 대하여 체계적인 정신역동적 가설을 세우는 데 중요한 역할을 한다. 초기 정신분석에서는 모든 물질남용을 구강기로의 퇴행으로 해석하였으나, 현대에 와서는 퇴행보다는 오히려 방어적이고 적응적인 것으로 이해하고 있다(Khantzian, 1985b, 1986; Wurmser, 1974). 실제로 물질을 사용함으로써 분노나 수치심 및 우울 같은 강력한 감정에 대한 자아 방어를 강화하여 퇴행 상태를 역전시킬 수 있다. 초기 정신분석적 가설에서는 물질남용 환자를 쾌락만을 추구하는 자기파괴적 성향의 쾌락주의자로 묘사하였다. 그러나 현대의 정신분석 연구자들은 물질남용 행위를 자기파괴적 충동보다는 자기보호 능력의 결함을 반영하는 것으로 이해하고 있다(Khantzian, 1986).

물질남용의 원인에서 또 하나 중요한 것은 감정과 충동조절의 장애와 자존심 유지 실패의 문제다(Treece & Khantzian, 1986). 이러한 결함은 대상관계에 상응하는 문제들을 야기한다. 심한 복합적인 물질남용은 서로 친한 인간관계를 맺기 위한 능력, 즉 인내하고 조절하는 능력의 결핍과 직접적으로 관련되어 있다(Nicholson, & Treece, 1981; Treece, 1984). 대인관계에 대한 두려움에서 비롯된 자기애적 취약, 친화성과 관련된 감정조절 능력의 빈약성이 이러한 관계상의 문제를 야기한다고 볼 수 있다. 도즈(Dodes, 1990)는 중독된 사람은 특수한 자기애적 장애에 대한 반응으로 무력감을 갖는 경향이 있다고 하였다. 이 환자들은 중독행동을 통하여 자신의 감정 상태를 제어하고 조절함으로써 무력감을 피하려고 한다. 자기애성 분노와 모욕감에 이어서 다시 힘을 얻는 방법으로 결국 다시 물질을 사용하게 된다. 따라서 물질 섭취는 자아기능, 자존심 및 대인관계 문제의 결함을 보상하려는 시도로 볼 수 있을 것이다.

물질남용 환자들은 자신이 겪고 있는 고통스러운 감정에서 벗어나기 위하여 스스로 투약하는 경향이 많다. 칸치안(1985a)은 코카인이 우울, 행동과다, 경조증 등과 관련된 고통을 없애는 효과가 있으며, 마약은 아편중독자의 분노를 가라앉혀 준다고 하였다. 블랫 등(Blatt et al., 1984a, 1984b)은 헤로인 중독이 공격성을 중지할 필요성, 모친상과의 공생적 관계에 대한 갈망을 만족시키기 위한 염원, 그리고 우울 감정을 없애고자 하는 바람 등 여러 요인에 따른 것이라고 보았다. 우울증은 헤로인 중독자들이 타인과 가깝게 될 때 더 심해지며, 따라서 이들은 퇴행과 방어적 측면을 다 가지고 있는 헤로인이나 다른 마약에 의지하여 행복감 속에 빠져들고 결국은 고립되고 만다. 워머(Wurmser)는 때로는 '성공'이 물질남용을 일으키는 유발인자로 작용할 수 있음을 발견했다. 성공적인 성취와 관계되는 긍정적인 느낌이 죄의식이나 수치심으로 대치될 때 충동적으로 물질을 사용하게 만들고, 이러한 고통스러운 감정에서 벗어나고자 한다는 것이다.

최근 보고(Woody et al., 1983, 1986, 1987)에 의하면, 전체 치료 프로그램을 마친 110명의 환자 중에서 정신치료를 받은 환자는 면접만 받은 환자에 비하여 훨씬 더 호전되었다. 역동적 원칙에 입각한 표현·지지 정신치료를 받은 환자는 인지·행동 정신치료를 받은 환자에 비하여 정신과적 증상의 호전 면에서 훨씬 더 좋은 결과를 보였다(Woody et al., 1985). 우울증이 동반되었던 환자가 가장 많이 호전되었고, 그다음이 아편 의존만 있고 다른 정신과 장애는 없었던 환자였다. 반사회성 성격장애만을 동반한 환자는 정신치료로 이득을 보지 못하였다(Woody et al., 1985). 반사회성 성향의 환자는 우울증상이 있을 경우에만 호전을 보였다.

정신치료자가 가장 흔하게 부딪힐 수 있는 어려운 문제의 하나는 많은 물질남용 환자에게서 나타나는 감정표현 불능증이다(Krystal, 1982-1983). 다른 말로 하면, 이들 환자의 대부분은 자신의 내적 감정 상태를 명확히 인식하거나 확인하지 못한다. 따라서 치료 초기에는 많은 교육적 노력이 있어야 하며, 치료자는 환자의 불쾌한 감정이 어떻게 물질남용이라는 행동으로 표현되었는가를 우선적으로 설명해 주어야 한다. 이 환자들은 자신의 감정을 억제하고 참아 내도록 도움을 받아야 하며,

그렇게 하여 자신의 내적 감정 상태를 물질 사용 같은 행동으로 나타내는 대신 언어로 설명할 수 있을 것이다. 치료자는 치료시간 중에 일어나는 감정을 확인함으로써 이러한 측면에서 환자를 도울 수 있다.

트리스와 칸치안(1986)은 물질의존을 극복하는 네 가지 필수요소를 갖춘 치료 프로그램을 제안하였다. ① 환자의 신념을 대신할 수 있는 새로운 신념체계, 어떤 한 인물이나 종교적 단체에 대한 약간의 의존 등 물질의존을 대신할 수 있는 대체물을 제공하는 것, ② 적절한 항정신 약물이나 정신치료 등을 사용하여 물질의존에 동반되는 정신과 질환을 적절히 치료하는 것, ③ 심리적 성장을 하는 동안 길항제를 사용하거나 소변검사, 보호관찰, 외부적 지지조직의 가동 등을 통하여 금단을 강행하는 것, ④ 정신치료를 통하여 성장과 구조적 인격변화를 증진시키는 것 등이다.

또한 워머(1987b)도 다각적인 치료방법을 제안하였으나, 이보다는 표현적인 정신치료를 할 것을 권고하였다. 위압적인 초자아가 강박적 물질 사용 원인의 중심이 된다고 보아 왔던 이래로, 그는 치료자들이 처벌하려는 태도나 비판적인 태도를 피하라고 주의를 주었다. 또 물질 사용에 대하여 절대로 환자를 처벌하거나 야단을 쳐서는 안 된다고 주장하였다. 워머의 관점에서는 매우 심한 신경증 환자를 다루는 것과 같이 환자에게 가해지는 초자아의 압력을 이해하는 것이 더 적절한 치료자의 역할이다. 그는 또한 치료진의 다른 구성원도 물질남용 행동을 다루는 것이 가능하므로 치료자는 물질남용 자체에 초점을 두지 말고, 오히려 그 행동의 밑에 흐르고 있는 문제들을 보아야 한다고 주장하였다.

2) 인지행동치료

개인들이 물질에 대한 심리적 의존과 중독이 발생하는 과정을 살펴보면, 여기에는 여러 가지의 역기능적이고 비합리적인 신념들과 사회적인 강화 및 부정적인 자기강화에 의해 이러한 행동들이 유지된다는 사실을 발견하게 된다. 이에 근거할 때 물질남용의 치료에서 인지행동적인 접근은 중요한 치료법 중의 하나다. 이러한 문제를 지닌 환자의 동기를 둘러싸고 있는 기본 신념과 사고를 어떻게 중점적으로 다룰 것인지를 소개해 보겠다.

역기능적인 사고유형을 수정하기 위한 인지행동적인 기법을 도입하기 전에 선행되어야 하는 것은 약물 사용 때문에 약화되어 버린 인지적, 정서적, 행동적인 기능을 가능한 한 많이 회복시켜야 한다는 점이다. 둔화된 감각과 와해된 사고과정으로는 주의집중을 많이 요하는 분명한 사고 및 결정을 다루는 개입방법이 실패로 끝날 가능성이 높기 때문이다. 물질남용자와의 인지적인 개입은 몇 가지 사전적인 준비가 필요하기 때문에 다음과 같은 단계를 통해 수행되어야 한다.

인지치료의 첫 번째 개입에서 중요한 것은 환자가 자신의 문제를 인식하는 것으로서 자신의 과거 행동을 검토하는 것으로 시작된다. 인지행동적인 치료도 가능한 한 물질에 노출되지 않는 환경하에서 이루어야 한다. 지금까지 습관화된 환자의 약물에 대한 신념이나 물질 사용이 워낙이 견고하기 때문에 치료를 받으면서 주변에 물질을 사용하는 다른 사람들과 접하게 된다면 실패로 돌아갈 가능성이 매우 높다. 그러므로 직장, 학교, 가정에서 환자를 격리시킬 필요가 있다.

인식단계 동안에 환자가 솔직하지 못하고 자신의 문제를 부정하거나 합리화하려한다면, 이에 대해서는 직면하도록 해야 한다. 이 분야의 전문 상담가는 약물 문제를 노출하지 않으려는 거짓말을 파악할 수 있어야 한다. 물질을 사용하는 이들은 약물 사용을 통해 자신들의 생각이나 감정을 억압해 왔기 때문에 '느낌이 어떤지를 말해 보라.'고 하면 상당히 당혹스러워한다. 치료자는 이때에 환자 자신과 타인에게 고통을 주었던 행동에 대해 솔직할 수 있게 격려하여 자신들의 행동에 대해 어떻게 느끼는지 표현하도록 돕는다. 이 과정에서 인식단계 후반에는 물질 사용 경험에 의해 정서적으로 상처받기 쉬운 상태에 이르게 되는데, 이는 이들의 열등감, 분노, 좌절, 외로움 등이 물질 사용을 통해 숨겨져 왔다는 사실을 발견하기 때문이다.

개입과정의 두 번째 단계는 치료를 통해서 성취하고 싶은 목표를 정하고, 그 목표를 달성하기 위한 실행 서약을 맺는 것이다. 여기서 중요한 사항은 환자가 문서화된 계약을 실천할 의지가 분명히 있는가 하는 것이다. 앞으로는 화가 날 때, 외로울 때, 울적할 때 이러한 감정을 어떻게 다루어야 할지, 주변의 유혹에 대해 어떻게 할지를 구체적으로 다루어 실행서약을 맺도록 돕는다.

세 번째 단계는 이 치료의 핵심이 되는 역기능적인 사고를 인식하고, 이를 바꾸어 나가는 단계다. 이 단계에서는 인식과 실행 단계에서 관찰된 환자의 역기능적인 생각들과 성격특성을 파악하는 것이 필수적이다. 환자가 자신에 대해 솔직한 상황에서 스스로에게 하는 대화에 주의를 기울이면, 자신들의 물질 사용을 부정하거나 타인들의 탓으로 돌리고 자신의 행동을 정당화하는 비논리적이고 비합리적인 사고들로 가득 차 있다는 것을 발견하게 된다. 예컨대 '내가 여기까지 오게 된 것은 무책임한 부모 때문이다.' '만일에 내가 정직하게 모든 것을 다 이야기한다면 다른 사람들은 나를 싫어할 게 뻔하다.' '이 세상은 선하게 사는 사람을 인정해 주지 않는다.' 등이다. 이러한 비합리적인 사고가 바뀌지 않는 한 이들의 행동도 변화되기가 어렵다.

환자들의 비합리적인 사고가 불쾌한 감정이나 역기능적인 행동을 초래한다면 이들의 어떠한 사고가 합리적이고 비합리적인지를 평가하기 위한 기본 틀을 제공해 주는 것이 중요하다. 이때 몰츠비(Maultsby, 1975, 1984; Brandsma, Maultsby, & Welsh, 1980)가 개발한 '다섯 가지 기준'을 적용할 수 있다. 이 기준들을 내면화하고, 불편한 감정을 발견하였을 때 이 기준을 이용하여 자신의 사고가 합리적인지를 평가하며, 비합리성이 발견되면 과감히 도전하여 바꾸어야 한다.

- 객관적인 현실에 근거해야 한다.
- 나의 삶을 보호할 수 있어야 한다.
- 단기 및 장기적인 목표를 지향하는 것이어야 한다.
- 내가 필요한 방식으로 느끼고 행동하도록 이끌어야 한다.
- 다른 사람들과 문제를 일으키지 않아야 한다.

물질남용 환자와의 대화를 통해 드러난 반복적인 사고 스타일을 검토해 보면 다음과 같다.

- 절대적 · 극단적으로 세상을 본다: 예컨대 '내가 하는 일은 항상 이 모양이다.' '그녀는 나에게 늘 불만이 많다.' '그는 올바른 일을 결코 하지 않는 사람이다.'
- ……해야만 한다: 세상 사람들이나 자신이 ……해야만 한다고 요구한다. 예컨대 '세상은 공정해야 한다.' '나는 실수를 해서는 안 된다.' '선생님이라면 그같이 해서는 안 된다.' 등이다.
- 끔찍하고 비참하다: 삶의 경험을 끔찍하거나 비참하게 본다. 예컨대 '만약 내가 단장을 맡지 못한다면 정말 비참하다.' '만약 내 노력이 허사가 된다면 비참하다.' 등이다.

- 할 수 없다: 하기가 두렵거나 단지 하기가 싫기 때문에 어떤 일을 하지 않기로 결정한 다음 할 수가 없었다고 자신을 정당화한다. 예로는 '나는 현재의 방식대로는 할 수 없다.' '나는 이혼할 수 없다.' '이 일은 다시 도전할 수 없다.' 등이다.

- 보편성의 남용: 모호하고 애매하게 자신의 생각이 어떤지를 확실히 전달하지 않는 표현을 사용한다. 예컨대 '나는 고통받고 싶지 않다.' '나는 단지 자유롭기를 바랄 뿐이다.' 등이다.

이와 같은 사고들은 비합리적이기 때문에 환자 자신이 그로 인해 불쾌한 감정에 사로잡히게 된다. 결국 환자들은 이 같은 감정을 해결하기 위해 물질을 사용하게 되기 때문에 이런 사고는 객관적으로 검토하고 도전하여 수정하는 작업이 필요하다. 위에 기술한 사고들을 합리적 사고의 다섯 가지 기준에 입각하여 검토함으로써 좀 더 유연하고 다른 대안을 생각해 볼 수 있게 된다면, 물질에서 점차 해방되는 데 도움이 될 것이다.

제16장
성장애 및 성정체감장애

1. 변태성욕장애의 분류 및 임상적 특징

DSM-5에 포함된 변태성욕장애는 관음장애(사적 행동을 하는 타인을 염탐), 노출장애(성기노출), 마찰도착장애(동의 없는 개인에게 신체를 접촉하거나 문지름), 성적피학장애(굴욕, 속박, 고통을 받음), 성적가학장애(굴욕, 속박, 고통을 가함), 소아성애장애(아동에 대한 성적 집착), 물품음란장애(기물 사용 또는 성기 아닌 신체부분에 과도하게 집착) 및 복장도착장애(이성의 옷을 입는 복장도착)이다. 이 장애들은 두 가지 주된 이유로 DSM에서 명백한 진단기준으로 특정하게 선택되어 열거 및 배정되어 왔다. 즉, 이들 질환은 기타의 변태성욕장애에 비해 상대적으로 흔하며, 이들 중 일부는 타인에 끼치는 유해성이나 잠재적 피해 때문에 범죄행동으로 분류되는 행동을 만족을 위해 수반한다. 위에 열거된 여덟 가지 장애가 가능한 변태성욕장애의 전부는 아니다. 수십 가지의 별개의 성도착이 인식되어 이름 붙여져 왔는데 이들 중 어느 것이라도 개인이나 타인에 미치는 부정적 결과에 의해 변태성욕장애의 차원으로 부각될 수 있을 것이다. 따라서 기타의 특정 또는 불특정 변태성욕장애에 대한 진단은 필수불가결하며 많은 경우에 필요할 것이다.

이 장에서 열거된 변태성욕장애를 설명하는 순서는 대체로 이 질환들의 흔한 분류도식에 일치하도록 한다. 장애의 첫 번째 집단은 이례적인 활동 선호에 기초한다.

이 장애들에는 왜곡된 인간의 구애행동을 보이는 관음장애, 노출장애, 마찰도착장애 등의 구애성애와, 고통과 통증을 수반하는 성적피학장애, 성적가학장애 등의 동통성애가 있다. 두 번째 집단은 비정상적인 대상에 대한 선호에 기초한다. 이 유형의 장애에는 타인에게 향하는 장애(소아성애장애) 및 그 밖의 대상에게 향하는 장애(성애물장애와 복장도착장애)가 있다.

성도착증이란 용어는 신체적으로 성숙한 성인의 동의하에 정상적으로 성관계를 맺는 것이 아닌 강렬하고 끈질긴 성적 관심을 말한다. 어떤 경우 '강렬하고 끈질긴'의 기준은 적용이 어려울 수 있는데 나이가 많거나 의학적으로 병이 있는 사람과 '강렬한' 성적 관심이 전혀 없는 사람에 대해 평가할 때다. 이런 경우, 성도착이라는 용어는 정상애호(normopholic)의 성적 관심보다 크거나 이와 동등한 모든 성적 관심으로 정의할 수 있다. 또한 격렬한 성적 관심보다는 대체로 우선적인 성적 관심이라고 설명하는 것이 나은 특정한 성도착증도 있다.

성도착증은 개인의 성애활동과 주로 관련되기도 하고, 개인의 성애대상에 주로 관련되기도 한다. 전자의 예로는 다른 사람을 찰싹 때리거나, 채찍질하거나 베거나, 물거나 목을 조르는 데 격렬하고 끈질긴 관심, 또는 제3의 사람과의 성교나 동등한 상호작용에 대한 개인의 맞먹거나 지나친 관심이 있을 수 있다. 후자의 예는 아동, 시체 또는 손발이 없는 부류에 대한 격렬하거나 우선적인 성적 관심 및 말이나 개 등 인간이 아닌 동물, 또는 고무로 만든 신발이나 물품 같은 무생물에 대한 격렬하거나 우선적인 관심이 있을 수 있다.

변태성욕장애는 현재 개인에게 우울증이나 손상을 초래하고 있거나 그 만족감이 타인에게 개인적 피해나 피해 위험을 수반한 성도착증이다. 성도착증은 변태성욕장애에 필수적이지만 충분한 조건은 아니며, 성도착만 가지고는 임상 중재가 반드시 정당화되거나 필요하지는 않다.

각각의 열거된 변태성욕장애에는 설정된 진단기준이 있다. 기준 A는 성도착증의 질적인 특성을 명시하고(예: 아동이나 처음 보는 사람에게 성기를 노출하는 성애 집착), 진단기준 B는 도착증의 부정적 결과(즉, 우울증, 타인에 대한 손상이나 피해)를 명시한다. 성도착증과 변태성욕장애 간의 차이를 일치시켜 진단이라는 용어는 진단기준 A와 진단기준 B를 모두 만족시키는 개인들(즉, 변태성욕장애가 있는 개인들)에게만 써야 한다. 특정한 성도착증에서 개인이 기준 A는 만족하지만 기준 B는 만족하지 못한다면(다른 어떤 질환의 임상조사 중 양성의 성도착증이 발견될 때 발생할 수 있는 상황) 그 개인은 성도착증이 있다고는 할 수 있지만 변태성욕장애가 있다고는 할 수 없다.

개인이 두 가지 이상의 성도착증을 보이는 경우도 종종 있다. 어떤 경우, 성도착의 초점들이 밀접하게 관련되어 있어 성도착증 간의 관계는 직관적으로 이해할 수 있다(예: 발 성애물장애와 신발 성애물장애). 다른 경우에는 성도착증 간의 관계가 분명하지 않고, 다중의 성도착증의 존재가 병발하거나 아니면 성심리 발달의 변칙에 대한 일반화된 취약성과 관련이 있을 수 있다. 별개의 변태성욕장애의 동반이환 진단은 하나 이상의 성도착증이 개인에 고통이나 타인에 피해를 초래하고 있다면 정당화될 수 있다.

변태성욕장애 진단의 양면적 성격 때문에 임상의나 자기 스스로 매긴 수치와 중증도 평가는 성도착증 자체의 강도나 그 결과의 심각함 중 하나를 다루게 될 수도 있다. 기준 B에서 명시된 우울증과 손상은 성도착증의 즉각적 또는 궁극적 결과이며 다른 어떤 요인의 결과가 아니라는 점에서 특별하기는 하지만, 반응성 우울증, 불안, 죄의식, 좋지 못한 작업 이력, 손상된 사회관계 등의 현상은 그 자체로 고유한 게 아니며 사회심리적 기능작용이나 삶의 질의 다목적 척도로 정량화할 수 있다.

성도착증 자체의 강도를 평가하는 가장 널리 적용 가능한 틀구조에서는 피험자의 도착적인 성적 판타지, 충동 또는 행동을 정상적인 성적 관심과 행동과 비교하여 평가한다. 임상 인터뷰나 자기시행의 설문지에서 피험자들은 그들의 도착적 성적 판타지, 충동 또는 행동이 일반인을 대상으로 한 성적 관심보다 약하거나 거의 비슷하거나 아니면 더 강한지 질문을 받을 수 있다. 같은 유형의 비교를 성적 관심의 심리생리 측정에 보통 이용할 수 있는데 남자의 페니스의 혈량측정법이나 남자와 여자의 관찰시간 등이다.

1) 관음장애

관음장애의 진단기준(DSM-5)

A. 최소 6개월 기간 동안 가운을 벗거나 성행위 중 환상, 충동 또는 벌거벗은 행동을 눈치 못 채는 사람에 대한 관찰에서 반복적이고 강렬한 성 흥분을 얻어야 한다.

B. 동의하지 않는 사람을 대상으로 개인이 이 성충동을 행동에 옮기거나, 성충동이나

> 환상이 사회적, 직업적 또는 기타 중요분야의 기능작용에 임상적으로 의미 있는 고통이나 손상을 초래해야 한다.
>
> C. 개인의 흥분 체험 또는 충동에 따른 행위가 최소 18세 이상에게 나타나야 한다.
>
> **완전 회복의 경우:** 동의하지 않는 사람에게 개인이 충동에 따라 행동하지 않았으며 통제되지 않은 환경에 있으면서 최소 5년간 사회적, 직업적 또는 기타 분야의 기능작용에서 곤란이나 손상이 없었음

(1) 진단적 특징

관음장애(Voyeuristic Disorder)의 진단적 기준은 다소 자유롭게 성적 도착적 관심을 보이는 개인뿐 아니라, 정반대로 실체적 객관적 증거에도 불구하고 타인을 의식하지 못하고 나체로 있거나 가운을 벗거나 성행위 중인 사람을 관찰하면서 성 흥분을 범주적으로 부인하는 개인에도 적용할 수 있다. 증상을 보이는 개인이 자신의 관음증적 성적 선호 때문에 곤란이나 사회심리적 문제까지 보고한다면 이들은 관음장애가 있다고 진단할 수 있다. 반면에 이들이 성도착적인 충동에 대해 곤란이나 강박관념, 죄의식, 수치를 보이지 않고 다른 중요한 기능작용 분야에 손상이 없으며 이러한 충동에 따라 행동하지 않는다는 정신적, 법적 기록이 있다면 관음증적 성적 관심은 있으나 관음장애로 진단되어서는 안 된다.

증상을 보이지 않는 개인은 벌거벗고 있거나 성행위 하는 것을 반복적으로 염탐해 왔으나 이런 성적 행동에 관한 충동이나 환상을 부인하며, 부지불식간에 벌거벗은 또는 성행위 중인 사람들을 지켜보았더라도 모두 우연이고 성애적이 아니었다고 보고하는 사람들이 있다. 그 밖에도 벌거벗거나 성행위 중인 사람을 지켜본 경험이 있더라도 이 행동이 의미 있다거나 지속적인 성적 관심이라는 것에는 이의를 제기할 수 있다. 이 개인들은 다른 사람의 나체나 성행위를 지켜보는 것에 환상이나 충동이 따른 것을 부인하므로 이들은 이런 충동에 의해 주관적으로 고통을 받거나 사회적으로 손상을 느낀 것도 부인할 것이다. 증상을 드러내지 않는 입장에도 불구하고 이런 개인들은 관음장애로 진단할 수 있다. 반복되는 관음증 행동은 관음증의 충분한 지지를 구성하며(기준 A) 성도착적으로 동기화된 행동이 남들에게 피해를 끼치고 있다는 사실을 동시에 증명한다(기준 B).

나체나 성행위 중인 사람에 대한 '재발하는' 염탐(즉, 별개의 기회에 각각인 다수의 희생자)은 보통 별개의 기회들에 총 3명 이상의 희생자로 해석할 수 있다. 동일한 희생자를 지켜보는 다수의 기회가 있었거나 벌거벗거나 성행위 중인 사람들을 몰래 지켜보는 뚜렷하거나 우선적 관심이 있다는 보강 증거가 있으면 이보다 적은 희생자라도 이 기준을 만족한다고 해석할 수 있다. 앞에서 말했듯이 다수의 희생자가 진단의 충분조건이긴 하지만 필요조건은 아니라는 데 유의해야 한다. 또 개인이 강렬한 관음증적 성적 관심을 인정해도 이 기준이 충족될 수 있다.

관음증의 징후나 증상이 적어도 6개월 이상 지속되었어야 한다는 기준 A의 시간적 조건은 벗은 몸이나 성행위 중인 남들을 몰래 지켜보는 성적 관심이 일시적인 것에 그치지 않음을 보장하기 위한 일반적 지침이지 엄격한 기준점은 아니다. 청소년기와 사춘기에는 점차적으로 성적 호기심과 성적 활동이 늘어난다. 이 시기에 표준적인 성적 관심과 행위를 병적으로 보는 위험을 줄이기 위한 관음장애 진단의 최소 연령은 18세다(기준 C).

(2) 유병률과 과정

관음적 행위는 잠재적으로 불법인 성행동 중 가장 흔한 것이다. 관음장애의 모집단 유병률은 알려져 있지 않다. 그러나 비임상적 샘플의 관음 성행위에 기초하면 관음장애의 최고로 가능한 평생의 유병률은 대략 남자의 경우 12%, 여자의 경우 4%다.

관음장애가 있는 성인 남자는 의심하지 않는 사람들을 몰래 지켜보는 성적 관심을 청소년기 중에 최초로 발견하게 된다. 그러나 관음장애의 진단을 위한 최소 연령은 18세다. 왜냐하면 이것을 나이에 적절한 사춘기 관련의 성적 호기심 및 활동과 구별하는 데 실제적 어려움이 있기 때문이다. 시간이 가면서도 관음증이 지속되는지는 불분명하다. 그러나 정의에 의하면 관음장애는 치료가 있건 없건 시간이 가면서 변할 수 있는 하나 이상의 기여요인이 필요하다. 즉, 주관적 고통(예: 죄의식, 수치, 강렬한 성적 좌절, 고독), 정신적 병적 상태, 과도한 성생활 및 성충동, 사회심리적 손상 및 벌거벗은 또는 성행위 중인 사람을 염탐하여 성적으로 표현하는 성향이다. 따라서 관음장애의 과정은 연령에 따라 다양하기 쉽다.

(3) 위험과 예후요인

- 기질적: 관음증은 관음장애에 꼭 필요한 필수 조건이다. 따라서 관음증의 위험요인은 관음장애의 비율도 증가시킬 것이다.
- 환경적: 관음증과의 인과관계가 불확실하고 특이성이 불분명하지만, 아동기 성폭행, 약물 남용, 성적인 선입관 및 과도한 성생활은 위험요인으로 제시되어 왔다.

(4) 성별 관련 사항과 동반이환율

관음장애는 임상 장면에서 여성에게는 많지 않으며, 단독으로 성적 흥분을 일으키는 관음행위의 남녀 간 성비는 3:1이다. 관음장애의 알려진 동반장애는 알몸 또는 성행위 중인 사람을 몰래 훔쳐보는 행위로 의심받거나 유죄판결을 받은 남자들의 연구에 주로 기초하고 있다. 따라서 이 동반장애는 관음장애가 있는 모든 개인에게 적용되지 않을 수도 있다. 관음장애와 동반하여 발생하는 질환에는 과도한 성생활과 그 밖의 변태성욕장애, 특히 노출장애가 있다. 우울증, 양극성장애(조울증), 불안 및 약물남용 장애, 주의력결핍/과잉행동 장애, 품행장애 및 반사회성 성격장애도 빈번한 동반장애 질환이다.

2) 노출장애

노출장애의 진단기준(DSM-5)

A. 최소 6개월 기간 중 의심하지 않는 사람에게 자신의 성기를 노출해 반복적이고 강렬한 성 흥분을 환상, 충동 또는 행동으로 표현해야 한다.
B. 동의하지 않는 사람을 대상으로 개인이 이 성충동을 행동에 옮기거나, 성충동이나 환상이 사회적, 직업적 또는 기타 중요분야의 기능작용에 임상적으로 의미 있는 고통이나 손상을 초래해야 한다.

완전 회복의 경우: 동의하지 않는 사람에게 개인이 충동에 따라 행동하지 않았으며 통제되지 않은 환경에 있으면서 최소 5년간 사회적, 직업적 또는 기타 분야의 기능작용에서 곤란이나 손상이 없었음
아형: 노출장애의 아형은 개인이 자신의 성기를 노출해 보이고 싶은 동의하지 않는 개인

의 연령이나 신체적 성숙에 기초한다. 동의하지 않은 개인은 사춘기 이전의 아동, 성인 또는 양자 모두일 수 있다. 노출장애가 있는 개인에 의한 희생자의 특징에 적절히 주의하여 동시 발생하는 소아성애장애가 간과되는 것을 막는 데 도움이 되어야 한다. 노출장애가 있는 개인의 경우 아동에게 자신의 성기를 노출하는 성적 기호의 징후 때문에 소아성애장애의 진단을 배제하면 안 된다.

'완전 회복의 경우'라는 사항은 노출증 자체의 지속적 존재나 부재를 다루지는 않는다. 노출증 자체는 행동과 곤란이 완화된 후에도 존재할 수 있다.

(1) 진단적 특징

노출장애의 진단적 기준은 다소 자유롭게 이 도착증을 보이는 개인과, 이와 반대로 실제적·객관적 증거에도 불구하고 의심하지 않는 사람에게 자신의 성기를 노출하는 것에 범주적인 성적 관심을 부인하는 사람에게도 공통으로 적용할 수 있다. 증상을 보이는 개인이 성적 취향이나 노출 선호 때문에 사회심리적 어려움까지 보고하면, 이들을 노출장애로 진단할 수 있다. 대조적으로, 이들이 (성도착 충동에 관해 불안, 강박관념 및 죄의식이나 수치감 없음으로 예증되는) 고통 없음을 보고하고, 기타 중요한 분야의 기능작용에 이 성적 관심에 의한 손상이 없고, 스스로 보고한 정신적이나 법적인 이력이 이 충동에 따라 행동하지 않는다는 사실을 나타내면, 이들을 성적 노출에 관심이 있다고 확정할 수는 있으나 노출장애로 진단할 수는 없다.

증상을 보이지 않는 개인의 예에는 별개의 기회에 의심하지 않는 사람들에게 반복적으로 자신의 몸을 드러냈지만 이런 성적 행동에 어떤 충동이나 환상도 없었으며, 알려진 노출사건은 모두 우연이고 성과 무관했다고 보고하는 사람이 있다. 이런 개인은 이들의 부정적인 자체 보고에도 불구하고 노출장애로 진단될 수 있다.

노출증의 징후나 증상이 최소 6개월간 지속되었어야 한다는 것을 나타내는 기준 A는 의심하지 않는 상대에게 자신의 성기를 노출하는 성적인 관심이 일시적인 것을 넘어선다는 것을 보장하기 위한 보통의 지침으로 이해해야 하며 이것이 엄격한 기준점은 아니다. 만약 6개월 미만의 지속적인 기간 동안 반복된 노출행동이 있었다면 노출장애의 진단을 내릴 수 있다.

(2) 유병률과 경과

노출장애의 유병률은 알려져 있지 않다. 그러나 비임상적 또는 일반적 모집단의 노출행위에 기초해 보면, 남자집단에서 노출장애의 유병률은 대략 2~4%다. 여성의 노출장애 유병률은 더 불확실하지만 대체로 남성의 경우보다 훨씬 낮은 것으로 알려져 있다.

이 장애의 발달과정은 다음과 같다. 노출장애 성인 남자는 종종 의심하지 않는 사람에게 자신의 성기를 노출하는 성적 관심을 최초로 알게 된 것을 청소년기로 보고하는데, 이것은 여자나 남자의 정상적인 성적 관심의 발달에 비해서는 다소 늦은 기간이다. 노출장애의 진단에 최소연령 조건은 없지만, 노출행동을 청소년 시기에 적절한 성적 호기심과 구별하는 것은 어려울 수 있다. 노출충동이 청소년기나 초기 성인기에 나타나는 것으로 보이는 반면, 지속적으로 유지되는 상황에 관해서는 알려진 것이 거의 없다. 노출장애는 치료를 받거나 시간이 지나면서 치료 없이도 변할 수 있는 하나 이상의 기여요인을 필요로 하는데, 주관적 곤란(예: 죄의식, 수치감, 강렬한 성적 좌절, 고독), 정신병적 동반장애, 과도한 성생활 및 성충동, 사회심리적 손상, 또는 의심하지 않는 사람에게 성기를 노출하여 성적인 행동으로 옮기는 성향 등이 있다. 따라서 노출장애의 과정은 연령에 따라 다양하기 쉽다. 다른 성적 선호들과 마찬가지로 나이를 먹으면서 노출의 성적 선호와 행동은 감소할 수 있다.

(3) 위험요인

노출증이 노출장애의 필수 전제조건이기 때문에 노출증의 위험요인은 노출장애의 비율도 늘리게 된다. 반사회적 개인력, 반사회성 성격장애, 알코올 남용 및 소아성애장애는 노출증 범죄자의 상습적 성 범행의 위험을 증가시킬 수 있다.

따라서 반사회성 성격장애, 알코올 사용장애 및 소아성애장애는 노출에 대한 성적 선호가 있는 남자의 경우 노출장애로 발전할 위험요인들로 간주할 수 있다.

우연한 노출행동은 불확실하고 특수성이 불분명하긴 하지만, '아동기의 성폭행 및 정신적 학대와 성적인 집착 및 과도한 성생활'은 노출증으로 발전할 위험요소로 주장되어 왔다.

(4) 동반이환율

노출장애에서 알려진 동반장애는 동의하지 않는 개인에 대한 성기 노출과 관련된 범죄행위로 유죄판결을 받은 개인들(거의 전부 남자)에 대한 연구에 주로 기초하고 있다. 따라서 이 동반장애는 노출장애 진단이 합당한 모든 개인에게 적용되지는 않을 수 있다. 높은 비율로 노출장애에 동반하여 장애가 발생하는 질환에는 우울증, 조울증, 불안, 약물남용장애, 과도한 성생활, 주의력결핍/과잉행동 장애, 기타 변태성욕장애, 및 반사회성 성격장애가 있다.

3) 소아성애장애

소아성애장애의 진단기준(DSM-5)

A. 최소 6개월 기간 중 사춘기 이전의 아동(대체로 13세 이하)과의 성행위에 관련된 반복적이고 강렬한 성 흥분의 환상 및 성 충동이나 행동이 나타나야 한다.

B. 개인이 이 성충동에 따라 행동했거나, 이 성충동이나 환상이 현저한 곤란이나 대인관계의 어려움을 초래해야 한다.

C. 개인은 최소 16세로서 기준 A의 아동(들)보다 최소 다섯 살이 더 많아야 한다.

주의: 12세 또는 13세의 아동과 진행 중인 성관계에 연루된 청소년기 후반의 개인을 포함하지 말 것

다음의 경우 명시할 것:
남성에게 성적으로 끌림
여성에게 성적으로 끌림
양성 모두에 성적으로 끌림

다음의 경우 명시할 것:
근친상간에 국한되는지 아닌지

(1) 진단적 특징과 부수적 특징

변태성욕장애의 진단기준은 이 성도착을 자유롭게 드러내는 개인 및 실질적으로 객관적 증거는 정반대인데도 사춘기 이전의 아동(대체로 13세 이하)에 성적 호기

심을 부인하는 개인 양쪽에 적용하기 위한 것이다. 이 성도착을 보이는 예에는 아동에 대한 격렬한 성적 관심을 솔직히 인정하며 아동에 대한 성 관심이 신체적으로 성숙한 개인들에 대한 것 이상이라고 시사하는 경우가 있다. 개인이 아동에 대한 성적 취향이나 선호가 심리사회적 어려움을 초래하고 있다고 호소까지 하면 이들은 소아성애장애의 진단을 받을 수 있다. 그러나 이 충동에 대해 죄의식, 수치감 또는 불안이 없고 자신의 성도착적 충동에 기능적으로 제한되어 있지 않으며(자기보고와 객관적 평가 모두에 의해), 그들의 자체보고와 법적으로 기록된 이력이 충동에 따라 행동한 적이 없는 것으로 나오면, 이 개인들은 아동성애적 경향은 있으나 소아성애장애(Pedophilic Disorder)는 아니다.

아동 기호를 부인하는 개인의 예에는 별개의 기회에 다수의 아동에게 성적으로 접근했으나 아동 관련 성행위에 관한 충동이나 환상을 부인하며 나아가 알려진 신체적 접촉 사건은 모두 비의도적이고 성과 관련이 없었다고 주장하는 개인이 있다. 또 다른 경우 아동에 관련된 성행동의 과거 사건을 인정하면서도 아동에 관한 의미 있거나 지속적인 성 관심을 부인하는 개인이 있다. 이들 개인이 아동에 관련된 충동이나 환상의 경험을 부인하는 이상, 이들은 주관적인 곤란의 느낌도 부인할 수 있다. 6개월간 지속된 반복적 행동의 증거(기준 A)와 이 장애의 결과로 개인이 성충동에 따라 행동했거나 대인관계의 어려움을 겪었다는 증거(기준 B)가 있으면, 스스로 보고하는 고통이 없더라도 이런 개인은 소아성애장애로 진단받을 수 있다.

위에 언급한 바와 같이 다중 희생자의 존재는 진단에는 충분하지만 필요조건은 아니다. 즉, 개인은 아동에 대한 강렬하거나 우선적인 성적 관심을 인정하는 것만으로도 기준 A를 충족할 수 있다. 아동성애의 징후나 증상이 6개월 이상 지속되어야 한다는 기준 A의 조항은 아동에 대한 성적 기호가 단지 일시적이 아니라는 것을 보장하기 위해 의도된 것이다. 그러나 이 6개월 지속기간이 정확히 확정되지 않더라도 아동에 대한 성적 기호가 지속적으로 계속된다는 임상 증거가 있으면 이 진단을 내릴 수 있다.

사춘기 이전 아동을 묘사하는 포르노의 광범위한 사용은 소아성애장애의 유용한 진단 지표다. 이것은 개인이 성적 관심에 일치하는 종류의 음란물을 선택할 가능성이 높다는 일반적 사례에 대한 특정한 예다.

(2) 유병률과 경과

소아성애장애의 인구 유병률은 알려져 있지 않다. 남성 인구에서 최고로 가능한 소아성애장애의 유병률은 대략 3~5%다. 여성의 소아성애장애 유병률은 더 불확실하지만 남성 유병률보다는 낮을 것이다.

소아성애장애를 지닌 성인 남자는 사춘기 시절 아동에 대한 강력하거나 우선적인 성적 관심을 자각하게 된다고 하는데, 이것은 후에 신체적으로 성숙한 파트너를 선호하는 남자가 여자나 남자에 대한 성적 관심을 자각하게 된 때와 같은 시기다. 이것이 최초로 드러나는 나이에서 소아성애장애를 진단하는 것은 문제가 있다. 왜냐하면 청소년기 발달 중에 이것을 나이에 따른 또래에 대한 성적 관심이나 성적 호기심과 구별하는 것이 어렵기 때문이다. 따라서 기준 C는 최소연령 16세 및 기준 A의 아동보다 최소 다섯 살이 더 많을 것을 이 진단의 조건으로 요구한다.

소아성애장애 그 자체는 평생 지속되는 상태로 보인다. 그러나 소아성애장애는 치료 여부와 관계없이 시간이 가면서 변할 수 있는 다른 요소들을 반드시 포함한다. 주관적 곤란(예: 죄의식, 수치감, 강렬한 성적 좌절, 고독감)이나 심리사회적 손상 또는 아동에 대해 성적 행동들로 옮기는 경향 혹은 양쪽 모두다. 따라서 소아성애장애의 과정은 나이를 먹으면서 유동하며 증가 또는 감소할 수 있다.

소아성애장애를 지닌 성인은 아동과 관련된 성행동 관여에 앞서 아동에 대한 성적 관심의 자각 또는 소아성애장애 병자로서의 자기인식을 보고할 수 있다. 고령이 되면 아동에 관련된 성행동의 빈도가 줄어들 수 있는데, 이것은 정상적인 일반인 대상의 성행동에서도 마찬가지다.

(3) 위험요인

소아성애장애와 반사회성 성격장애 양쪽의 특징을 모두 가진 남자는 아동에 대한 성행동을 옮기기가 더 쉽다는 점에서 상호작용이 있는 것 같다. 따라서 반사회성 성격장애를 지닌 소아성애장애 남자가 소아성애장애로 발전할 위험이 더 크다고 간주할 수 있다.

소아성애장애를 지닌 성인 남성은 종종 아동기에 성폭력을 당했음을 보고한다. 그러나 이 상관관계가 소아성애장애를 지닌 성인에 대해 아동기의 성폭력 영향을 늘 반영하는지 아닌지는 불분명하다.

자궁 내의 신경발달 혼란이 소아성애장애 경향의 발달 가능성을 증가시킨다는 증거가 있다.

(4) 동반이환율

소아성애장애의 정신과적 동반장애에는 약물남용장애, 우울증, 양극성장애 및 불안장애, 반사회성 성격장애 및 기타 성도착적 장애가 있다. 그러나 동반장애의 발견은 주로 아동에 관한 성범죄로 유죄판결을 받은 개인들(거의 다 남성) 대상이어서, 소아성애장애를 지닌 다른 개인들(예: 성적으로 아동에게 단 한 번도 접근해 본 적이 없지만 주관적 곤란의 토대에서 소아성애장애의 진단이 나올 수 있는 개인)에게는 일반화하지 못할 수도 있다.

4) 성애물장애

성애물장애의 진단기준(DSM-5)

A. 최소 6개월 기간 동안 무생물이나 비성기적 신체부분에 고도로 특정한 집착으로 재발되는 강렬한 성 흥분이 환상, 충동 또는 행동으로 나타나야 한다.

B. 환상, 성 충동 또는 행동이 사회적, 직업적 또는 기타 중요한 분야의 기능작용에 임상적으로 의미 있는 곤란이나 손상을 초래해야 한다.

C. 성애물장애의 대상은 이성의 옷을 입을 때 쓰이는 의류 품목(의상도착장애에서와 같이)이나 촉각을 통한 성기 자극 목적으로 특별히 설계된 장치(예: 진동기)에 국한되지 않는다.

명시할 것:
신체부분(들)
무생물(들)
기타

다음의 경우 명시할 것:
성애물장애가 있는 개인이 무생물이나 특정한 신체부분에 강렬하고 재발적인 성 흥분을 보고하기는 하지만, 상호 배타적이 아닌 집착대상의 결합이 발생하는 경우가 종종 있다. 따라서 개인은 무생물(예: 여성의 내복)이나 강렬하게 성적으로 자극되는 신체부분(예: 발,

머리)과 관련된 성애물장애를 가질 수 있고, 또는 이들의 성애물장애적 관심은 이 특정 대상의 다양한 결합기준(예: 양말, 신발 및 발)을 마련할 수도 있다.

(1) 진단적 특징과 부수적 특징

성애물장애(Fetishistic Disorder)의 성도착적 중심은 무생물에 대한 끈질기고 반복적인 사용이나 의존 또는 성 흥분과 연관된 주요소로 신체부분에 매우 특별한 중심(기준 A)이 있다. 성애물장애의 진단에는 임상적으로 의미 있는 개인적 곤란이나 심리사회적 역할 손상(기준 B)이 포함되어야 한다. 흔한 성애물장애 대상물에는 여성의 속옷, 남성이나 여성의 신발류, 고무 용품, 가죽 의류, 기타 의복 등이 있다. 성애물장애와 연관되는 성적으로 매우 자극적인 신체부분에는 발, 발가락, 머리카락이 있다. 성적 특질이 있는 성애물장애 대상물이 무생물과 신체부분을 함께 포함하는 경우(예: 더러운 양말과 발)도 종종 있으며 이 때문에 성애물장애에 대한 정의는 이제 신체부분 도착증을 그 경계들까지 확대해 재통합하고 있다. 이전에 달리 특별한 장애가 아닌 성도착증으로 간주되던 신체부분 도착증은 역사적으로 DSM-Ⅲ 이전에는 성애물장애에 포함되어 있었다.

스스로를 성애물장애 행위자로 규정하는 많은 개인은 자신의 성애물장애 행동과 연관해 반드시 임상적 손상을 보고하지는 않는다. 이런 개인은 성애물장애 대상물은 있으나 성애물장애는 없는 것으로 간주할 수 있을 것이다. 성애물장애의 진단은 기준 A의 행동과 기준 B에서 언급하는 기능작용의 임상적으로 의미 있는 곤란이나 손상을 동시에 충족해야 한다.

성애물장애는 성애물장애 대상물을 보유, 맛보기, 문지르기, 삽입 또는 냄새 맡으며 자위하는 것을 포함하거나 또는 우연한 성행위 중에 성 파트너가 성애물장애 대상물을 착용이나 활용하는 것을 선호하는 등 여러 가지 감각이 이용되는 경험이 될 수 있다. 어떤 개인은 몹시 바라는 성애물장애 대상물을 광범위하게 수집하기도 한다.

보통 성도착증은 사춘기 중에 시작되지만 성애물장애 대상물은 청소년기 이전에 생겨날 수 있다. 일단 확립되면 성애물장애는 충동이나 행동의 강도와 빈도가 유동하는 계속적인 과정을 겪는 경향이 있다.

(2) 문화 및 성 관련 진단적 문제

성행동의 표준적 측면들에 대한 지식과 적절한 고려는 성애물장애의 임상적 진단을 확립하고 임상적 진단을 사회적으로 용인되는 성행동과 구별하기 위한 탐구에서 중요한 요인들이다. 성애물장애는 여성에서 발생한다고 체계적으로 보고된 적은 없다. 임상 장면에서 성애물장애는 거의 독점적으로 남성에서만 보고된다.

(3) 성애물장애의 기능적 결과

성애물장애와 연관된 전형적인 손상으로는 전희나 성교 중 대상물이나 신체부분을 이용할 수 없을 때 성적인 기능장애가 발생할 수 있다. 성애물장애가 있는 일부 개인은 의미 있는 상호의 애정 어린 관계 중에도 자신의 성애물장애 선호와 연관되는 혼자만의 성행위를 선호하기도 한다.

성애물장애가 성도착증이 있는 체포된 성범죄자 중에는 상대적으로 흔치 않기는 하지만 성애물장애를 겪는 남자는 그들이 바라는 특정 대상물을 훔쳐 수집하기도 한다. 이런 개인은 주로 성애물장애에 의해 동기가 제공된 성적이지 않은 반사회적 행동(침입, 절도, 강도)으로 체포되어 기소된 것이다. 성애물장애는 과도한 성생활은 물론 다른 변태성욕장애들과도 함께 발생할 수 있다. 드물지만 성애물장애는 신경질환과 연관될 수도 있다.

2. 성기능 부전장애의 분류 및 임상적 특징

새로 개편된 DSM-5의 성기능 부전장애는 지루증, 발기장애, 여성 절정감 장애, 여성 성적 관심·흥분 장애, 생식기-골반 통증·삽입 장애, 남성 조루증, 물질·약물로 인한 성장애, 다른 특정 성장애, 불특정한 성장애 등이 포함된다. 성장애에는 서로 이질적인 장애들이 포함되어 있으며, 각각의 장애는 전형적으로 성적으로 적절하게 반응하거나 성적인 즐거움을 경험하는 능력에 있어 임상적으로 유의미한 장애를 겪고 있다는 특징을 지닌다. 개인은 동시에 몇 가지의 성적 장애를 겪을 수 있다.

임상적 진단을 내릴 때는 부적절한 성적 자극으로 인해 성적인 문제가 생겨난 것은 아닌지를 잘 살펴보아야 한다. 이러한 경우에는 잘 살펴볼 필요는 있지만, 성적

장애라고 진단하지는 않는다. 효과적인 성적 자극이 부족하여 각성이나 절정 경험에 지장이 생긴 경우 역시 위와 같은 경우에 해당한다.

장애가 발병한 시기를 확인하기 위해 하위유형을 사용한다. 성적 장애를 겪고 있는 많은 사람의 경우, 발병시기에 따라서 병인과 치료방법이 달라진다.

성장애를 진단하는 임상적 판단을 내릴 때 문화적 요인들을 고려해야 한다. 문화적 요인들이 성적 쾌락을 경험하는 것을 금기시하거나, 성적인 경험에 대한 기대에 영향을 끼칠 수 있다. 나이 역시 성적 반응이 줄어드는 것과 관련이 있을 수 있다. 성적인 반응은 생물학적인 기제에 근거하지만, 개인 내적인, 대인관계적인, 문화적인 맥락에서 경험되는 것이다. 그러므로 성기능은 생물학적, 사회문화적, 심리적인 요인들 사이의 복잡한 상호작용을 포함한다. 많은 임상적 맥락에서 성적인 문제들의 병인을 정확히 이해하지 못하고 있다. 그럼에도 불구하고 성장애를 진단할 때는 비(非)성적인 정신장애로 물질의 효과(예: 마약이나 약물), 의학적 상태(예: 골반 신경의 손상으로 인한), 또는 심각한 성관계상의 고통, 파트너의 폭력이나 다른 스트레스 요인들에 의해서 보다 잘 설명될 수 있는 문제들을 배제한 상태에서 성장애를 진단할 필요가 있다.

환자의 성적 장애가 이 장애 이외의 다른 정신장애(예: 우울, 양극성장애, 불안장애, 외상후 스트레스 장애, 정신증적 장애)에 의해서도 설명될 수 있다면, 다른 정신장애 진단만 내려야 한다. 성장애가 약물 또는 물질의 사용/오용 또는 복용중지 등에 의해서 더 잘 설명되는 상황이라면 이는 물질/약물 유도 성장애로 진단해야 한다. 성장애가 다른 의학적 상태(예: 말초신경병증)에 기인한 경우, 이 환자에게는 정신과적 진단을 내리지 않는다. 심각한 성관계상의 고통, 파트너의 폭력 또는 심각한 스트레스 요인이 성적인 어려움을 더 잘 설명한다면 성장애로 진단하지는 않으며, 많은 경우 성적 장애와 다른 상태(예: 의학적 상태) 사이의 정확한 병인관계에 대해서는 아직 확립되지 않은 상태다.

1) 지루증

> ### 지루증의 진단기준(DSM-5)
>
> A. 다음 2개의 증상이 항상 일어나거나 대부분의 성행위(75~100%) 시에 경험된다. 이
>   때 사정을 지연하려는 의도 없이 일어나는 것을 말한다.
>
>   (1) 현저한 사정지연
>   (2) 현저한 사정의 부재나 드문 사정
>
> B. A의 진단기준이 적어도 대략 6개월 동안 지속된다.
> C. 기준 A의 증상이 임상적인 수준으로 개인에게 심각한 고통의 원인이 된다.
> D. 성기능장애가 성기능장애와 관련 없는 정신적 장애로 더 잘 설명되지 않고, 심각한
>   관계적 고통의 결과가 아니며 다른 중대한 스트레스 요인으로 더 잘 설명되지 않아야
>   한다. 또한 물질이나 약물 또는 기타 의학적 상태의 영향에 의한 것이 아니어야 한다.

(1) 진단적 특징

지루증의 주요한 특징은 사정에 이르기까지 현저한 지연, 또는 사정불능이다(진단기준 A). 지루증 환자는 적절한 성적 자극이나 사정 욕구가 있음에도 불구하고 사정을 하지 못하거나 사정하기 어렵다고 보고한다. 대부분의 경우 자기보고를 통해 진단한다. 절정감에 이르는 데 적정한 시간이 얼마인가, 대부분의 남성과 그들의 성적 파트너에게 있어 수용할 수 없을 만큼 긴 시간이 얼마인가에 대해 합의된 바 없듯이 '지연'에 대한 정확한 기준은 없다.

남성과 파트너들은 오르가슴에 이르기까지 오랜 시간 동안 노력하고, 성기의 통증을 겪으며, 그 결과 노력을 중단하게 된다고 보고한다. 일부 남성은 사정할 때 반복적으로 어려움을 겪으며 성행위 자체를 회피하게 된다고 한다. 일부 이들의 성적 파트너들은 그들의 상대가 쉽게 사정하지 못한다는 이유로 상대에게 성적인 매력을 덜 느낀다고 할 수도 있다.

지루증을 평가하고 진단하는 과정에서는 전 생애 · 획득된 그리고 일반적 · 상황적 등의 하위유형뿐만 아니라 다음의 다섯 가지 요인에 대해서 잘 살펴봐야 한다. 요인들은 병인 또는 치료와 관련이 있다. ① 배우자 요인(예: 배우자의 성적인 문제, 배

우자의 건강 상태), ② 관계요인(예: 의사소통의 부족, 성행위에 대한 욕구의 불일치), ③ 개인적 취약성 요인(예: 부정적인 신체 이미지, 성적 또는 정서적 학대 경험), 정신과적 동반이환(예: 우울, 불안) 또는 스트레스 요인(예: 실직, 사별), ④ 문화적 또는 종교적 요인(예: 성행위나 성적 즐거움을 금기시하는 분위기, 성에 대한 태도), ⑤ 예후, 경과 또는 치료와 관련된 의학적 요인. 이러한 요인들 각각은 이러한 장애를 가진 사람들이 나타내는 증상에 서로 다른 방식으로 기여하고 있다.

(2) 유병률과 경과

지루증에 대한 정의가 정확하지 않아 유병률 역시 정확하지 않다. 지루증은 남성들이 겪는 성적 문제들 중에서 가장 드문 증상일 것이다. 75%의 남성만이 성행위 중에서 항상 사정을 하며, 1% 미만의 남성이 지난 6개월 이상 사정에 이르는 데 어려움을 겪는다는 보고가 있다.

지루증은 초기 성 경험에서 시작되어 평생에 걸쳐 계속된다. 정의상, 획득된 지루증은 일정 기간의 정상적인 성기능을 한 후에 시작된다. 획득된 지루증의 경과에 관련해서는 알려진 바가 거의 없다. 지루증의 유병률은 상대적으로 50대 이전까지는 비교적 일정한 편이나, 50대 이후 발병률이 크게 상승하기 시작한다. 80대 남성들의 경우 59세의 남성에 비해 사정할 때 어려움을 겪는 비율이 2배가량 높은 것으로 보고되었다.

(3) 위험요인과 문화 관련 사항

나이가 들어 감에 따라 민첩하게 행동할 수 있게 돕는 말초신경이 소실되고 성 호르몬 분비가 감소하게 되는데 이러한 사실은 50대 이상의 남성들에게서 지루증이 증가하는 것과 관계가 있다.

지루증은 나라와 문화에 따라 차이가 있다. 이 질환은 유럽이나 호주, 미국에 거주하는 남성들보다 아시아에 거주하는 남성들 사이에서 보다 흔하게 나타난다. 이러한 차이는 두 문화 사이의 문화적, 유전적 차이에 기인하는 것으로 보인다.

(4) 기타 의학적 상태

전적으로 다른 의학적 질병 또는 손상에 의해서 설명되는 지루와 심리적이고 개인적인, 심리와 의학적 병인에 의해 설명되는 지루 사이의 진단을 구분한다.

상황적 측면들을 통해 이 문제의 심리적 배경을 살펴볼 수 있다(예: 특정 성별과 성행위를 할 때는 사정을 할 수 있으나 반대 성별과는 그렇지 못한 경우, 특정한 파트너와의 성행위에서는 사정을 할 수 있으나 그와 같은 성별의 다른 파트너하고는 그렇지 못한 경우). 심리적 요인들과는 별개로 다른 의학적 질병과 손상으로 인해 지루증이 나타날 수 있다. 예컨대, 복부복막강 수술한 경우에는 성기에 작용하는 신경들에 문제가 생겨 사정을 못하게 될 수 있다. 때로는 항우울제, 항정신성 약물, 아편계 약물 등과 같은 약물이 사정에 문제를 유발할 수 있다. 또한 관련된 문제들이 지루와 관련된 문제 또는 절정감에서의 감각 경험 각각 또는 둘 다와 관련되어 있는지 확인하는 것이 중요하다. 정상적인 사정 패턴을 가진 남성이 쾌락이 줄어드는 것에 대해서 불만을 가질 수도 있다(예: 쾌감이 없는 사정). 그러한 증상에 대해서는 지루증이라 진단하지 않고, 특정 성적 장애 또는 불특정 성적 장애라고 진단한다.

지루증이 중증 주요우울장애에서 보다 흔히 나타난다는 연구결과들이 있다.

2) 발기장애

발기장애의 진단기준(DSM-5)

A. 다음의 세 가지 증상 중 적어도 한 가지 증상이 성행위의 항상 혹은 대부분(대략 75~100%)의 상황에서 경험되어야 한다.

(1) 성행위 동안 현저한 발기의 어려움
(2) 성행위가 끝날 때까지 발기가 유지되는 데 있어서 현저한 어려움
(3) 충분한 강도의 발기에 있어서의 현저한 감소

B. 기준 A의 증상이 최소 대략 6개월의 기간 동안 유지되어야 한다.
C. 기준 A의 증상이 임상적인 수준으로 개인에게 심각한 고통의 원인이 된다.
D. 성기능장애가 성기능장애와 관련 없는 정신적 장애로 더 잘 설명되지 않고, 심각한 관계적 고통의 결과가 아니며 다른 중대한 스트레스 요인으로 더 잘 설명되지 않아야 한다. 또한 물질이나 약물 또는 기타 의학적 상태의 영향에 의한 것이 아니어야 한다.

(1) 진단적 특징과 부수적 특징

발기장애의 핵심 특징은 상대가 있는 성행위를 할 동안 발기가 되지 않거나 발기를 유지하는 데 반복적으로 실패한다는 점이다(기준 A). 상당한 기간에 걸쳐(예: 약 최소 6개월), 대부분의 성관계에서(예: 약 75% 이상의) 이러한 문제를 보였는지를 확인하기 위하여 과거 성관계력(歷)을 살펴보는 것이 필수적이다. 증상은 오직 특정한 형태의 자극이나 파트너와 있을 때처럼 특수한 상황에서만 발생할 수도 있고, 일반적으로 모든 상황이나 모든 자극, 파트너에게서 나타날 수도 있다.

발기장애를 가진 많은 남성은 자존감과 자기확신이 낮고 남성성에 대한 감각이 감소하며, 우울한 감정을 경험할 수 있다. 미래의 성적인 관계를 두려워하고 회피하는 일이 벌어지기도 한다. 이들의 파트너들 역시 성적 만족과 성욕이 줄어든다는 공통점이 있다.

발기장애를 평가하고 진단하는 과정에서는 전 생애·획득된 그리고 일반적·상황적 등의 하위유형뿐만 아니라 다음의 다섯 가지 요인에 대해서 잘 살펴보아야 한다. 요인들은 병인 또는 치료와 관련이 있다.

① 배우자 요인(예: 배우자의 성적인 문제, 배우자의 건강 상태)
② 관계요인(예: 의사소통의 부족, 성행위에 대한 욕구의 불일치)
③ 개인적 취약성 요인(예: 부정적인 신체 이미지, 성적 또는 정서적 학대 경험), 정신과적 동반이환(예: 우울, 불안) 또는 스트레스 요인(예: 실직, 사별)
④ 문화적 또는 종교적 요인(예: 성행위나 성적 즐거움을 금기시하는 분위기, 성에 대한 태도)
⑤ 예후, 경과 또는 치료와 관련된 의학적 요인

이러한 요인들 각각은 이러한 장애를 가진 사람들이 증상을 나타내는 데 서로 다른 방식으로 기여하고 있다.

(2) 유병률과 경과

전 생애 대 획득된 발기장애의 유병률은 정확히 알려져 있지 않다. 발기와 관련 문제의 유병률과 발병률은 연령과 밀접한 관계를 가지고 증가하며, 50세 이상에서는 특히 그러한 경향이 더욱 강하다. 약 40~80세 남성의 13~21%가 발기와 관련된 문제들을 겪고 있다. 40~50세 이하의 남성들은 약 2%가 발기와 관련되어 주기적으로 어려움을 겪는 반면, 60~70세 남성들의 40~50%는 발기와 관련한 심각한 문제를 겪는다. 남성의 20%가 첫 번째 성행위에서 발기곤란을 겪을까 두려워하지만 약 8%만이 첫 성경험에서 삽입이 불가할 정도의 발기 문제를 겪는다고 한다.

첫 번째 성경험에서의 발기 실패는 잘 모르는 파트너와 성관계를 맺거나, 약물 또는 알코올을 복용하거나, 성관계를 원치 않거나, 동료들의 압력이 있는 등의 상태와 관련이 있다. 첫 번째 시도 이후에 그러한 문제들이 지속되는 것에 대해서는 연구결과가 매우 적은 편이다. 대부분 이러한 문제들은 전문가의 도움 없이도 자연스럽게 해결되는 편이나 일부 남성은 계속해서 문제를 겪기도 한다. 한편 획득된 발기장애는 당뇨병이나 심혈관계 질환 등 생물학적 요인과 관련된 경우가 종종 있다. 획득된 발기장애는 대부분의 남성에게서 지속되는 경향이 있다. 전 생애적 발기장애의 역사에 대해서는 알려진 바 없다.

임상적인 관찰에 따르면 전 생애적 발기장애는 자기제한적인 심리적 요인들과 관련이 있으며 심리적 개입에 대해서 반응을 보이지만, 획득된 발기장애는 위에서 언급하였듯이 생물학적인 요인들과 관련되어 있으며 계속 유지되는 경향이 강하다. 발기장애의 발병률은 나이에 따라서 증가한다. 중간 정도의 발기 실패로 진단받은 사람들 중 소수의 사람은 의학적 처방 없이도 저절로 증상이 사라지는 것을 경험하기도 한다. 발기장애와 관련한 심리적 고통은 젊은 사람들에 비해 나이 든 사람에게서 보다 적은 편이다.

(3) 위험요인과 진단적 단서

발기장애의 위험요인은 다음과 같다. 신경증적인 성격특성은 발기 문제를 가진 대학생들과 관련이 있을 수 있으며, 수동적인 성격특성은 40대 이상의 남성들에게서 관련이 있을 수 있다. 정서표현 불능증(예: 정서에 대한 인지적 처리의 결함)은 심인성(psychogenic) 발기장애로 진단받은 사람들에게서 흔하게 나타난다. 발기 문제는 또한 우울증과 외상후 스트레스 장애를 진단받은 사람들에게서도 공통적으로 나타난다.

문화 관련 진단적 이슈들을 살펴보면 발기장애는 나라에 따른 차이를 보인다. 나라 간 어느 정도까지의 차이가 발기 실패 빈도에 있어 순수한 차이와는 다른 문화적 기대에서의 차이를 보여 주는지에 대해서는 알려져 있지 않다.

진단적 단서를 살펴보면 수면 중 음경팽창 검사와 수면 중 발기를 측정하는 것은 심인성 발기 문제와 신체적 문제를 구분하는 데 도움이 된다. 말초신경을 진단하기 위해서는 음부신경 활동성 검사를 사용할 수 있다. 성욕저하도 함께 겪고 있는 남성의 경우에는 내분비계의 요인에 의해 이차적으로 발기에 어려움이 생긴 것인지를 판단해야 하고 갑상선의 기능 또한 평가한다. 공복 시 혈청 글루코스를 측정하여 진성당뇨병을 가려내는 것도 도움이 된다. 혈청 지질을 진단하는 것도 중요한데 40세 이상의 남성에게서 발기장애는 향후 관상동맥질환의 위험을 예측하는 인자가 되기 때문이다.

(4) 기능적 결과와 동반이환

발기장애는 임신을 방해할 수 있으며, 개인 내적으로, 대인관계상의 고통을 유발한다. 성적인 관계를 두려워하거나 회피함으로써 친밀한 관계를 발전시키는 능력이 저해될 수도 있다. 발기장애는 불안과 우울장애뿐만 아니라, 조루와 남성 성욕감퇴장애와 같은 다른 성적 진단들과 동반될 수 있다. 발기장애는 전립선비대증과 관련된 성선기능저하증을 앓고 있는 남성들에게서 흔하다. 발기장애는 정상적인 사정기능에 필수적인 혈관계나 신경계, 내분비계의 기능을 저해하는 이상지질혈증, 심혈관계 질환, 생식기능저하증, 다발성 경화증, 당뇨병 등과 함께 나타날 수 있다.

3) 여성 절정감 장애

여성 절정감 장애의 진단기준(DSM-5)

A. 다음의 증상 중 하나의 증상이 성행위의 항상 혹은 대부분(대략 75~100%)의 상황에서 경험되어야 한다.

  (1) 절정감(오르가슴)의 현저한 지연, 현저한 감소나 부재
  (2) 절정감을 느끼는 감각의 강도가 현저하게 줄어듦

B. 기준 A의 증상이 최소 대략 6개월의 기간 동안 유지되어야 한다.

C. 기준 A의 증상이 임상적인 수준으로 개인에게 심각한 고통의 원인이 된다.
D. 성기능장애가 성기능장애와 관련 없는 정신적 장애로 더 잘 설명되지 않고, 심각한 관계적 고통의 결과가 아니며 다른 중대한 스트레스 요인으로 더 잘 설명되지 않아야 한다. 또한 물질이나 약물 또는 기타 의학적 상태의 영향에 의한 것이 아니어야 한다.

다음 중 하나를 명시할 것:
평생형(lifelong): 이 장해가 해당 개인이 성행위를 시작한 이후로 쭉 있어 왔을 때
획득형(acquired): 장해가 상대적으로 정상적인 성 기능의 기간이 있었던 후에 시작된 경우

(1) 진단적 특징과 부수적 특징

여성 절정감 장애는 성관계 시 절정감을 경험하는 데 어려움이 있거나 절정감을 느끼는 감각의 강도가 현저하게 줄어드는 것을 말한다(기준 A). 여성에게 절정감을 일으키는 자극의 강도나 형태는 매우 다양하다. 마찬가지로 절정감에 대한 주관적인 기술도 매우 다양한데, 이는 여성에 따라서 혹은 상황에 따라서 각자 다른 방식으로 절정감을 경험한다는 것을 내포한다. 여성 절정감 장애를 진단하기 위해서는 항상 또는 거의 대부분(75~100%)의 성행위에서 이러한 증상이 나타나야 하며, 최소한 약 6개월 이상 그러한 증상을 경험해야 한다. 심각성과 기간에 있어서 최소 기준을 적용하는 것은 일시적인 절정감 문제와 보다 장기적인 신체적 기능장애를 구분하기 위한 목적이다. 기준 B에서 '대략'이라고 함으로써, 증상을 경험하는 기간이 제안된 6개월의 기준을 충족하지 못하는 경우에 대해서 의료진이 판단할 수 있도록 하고 있다. 여성 절정감 장애로 진단하기 위해서는 임상적으로 심각한 고통이 동반되어야 한다(기준 C). 절정감 문제에 있어 많은 경우 원인이 복합적이거나 불분명하다. 여성 절정감 장애가 다른 정신장애나 물질/약물의 효과 또는 의학적 상태에 의해서 보다 잘 설명될 수 있다고 판단되면, 여성 절정감 장애로 진단해서는 안 된다. 마지막으로, 대인관계적 또는 유의미한 상황적 요인, 예컨대 심각한 관계상의 고통이나 연인 사이의 폭력, 다른 유의미한 스트레스 요인이 있는 경우, 여성 절정감 장애라고 진단할 수 없다.

많은 여성이 절정감에 이르기 위해서는 음핵의 자극을 필요로 하고 상대적으로

적은 비율의 여성만이 성기 삽입 시에 항상 절정감을 경험한다고 보고한다. 그러므로 성기삽입을 제외한 음핵자극을 통해 여성들이 절정감을 경험한다면 여성 절정감 장애의 임상적 진단기준에 부합하지 않는다. 또한 절정감 문제가 부적절한 성적 자극의 결과인지에 대해서 고려하는 것도 중요하다. 이에 대해 살펴볼 필요는 있지만 여성 절정감 장애라고 진단할 수는 없다.

일반적으로 성격특성, 정신병리와 절정감 기능장애 사이의 관계는 확립되지 않았다. 여성 절정감 장애를 겪고 있는 여성들은 그렇지 않은 여성들에 비해 성적인 주제들에 대해서 이야기하기를 보다 더 어려워할 수 있다. 그러나 전반적인 성적 만족감은 절정 경험과 강한 상관을 보이지는 않는다. 많은 여성이 절정감을 거의 경험하지 않거나 전혀 경험해 본 적이 없음에도 불구하고 높은 수준의 성적 만족감을 보고한다. 여성에게 있어 절정감 문제는 종종 성적 흥분이나 관심과 관련된 문제와 함께 발생한다.

여성 절정감 장애를 평가하고 진단하는 과정에서는 전 생애/획득된 그리고 일반적인/상황적 등의 하위유형뿐만 아니라 다음의 다섯 가지 요인에 대해서 잘 살펴봐야 한다. 이러한 요인들은 병인 또는 치료와 관련이 있다.

① 배우자 요인(예: 배우자의 성적인 문제, 배우자의 건강 상태)
② 관계요인(예: 의사소통의 부족, 성행위에 대한 욕구의 불일치)
③ 개인적 취약성 요인(예: 부정적인 신체 이미지, 성적 또는 정서적 학대 경험), 정신과적 동반이환(예: 우울, 불안) 또는 스트레스 요인(예: 실직, 사별)
④ 문화적 또는 종교적 요인(예: 성행위나 성적 즐거움을 금기시하는 분위기, 성에 대한 태도)
⑤ 예후, 경과 또는 치료와 관련된 의학적 요인

이러한 요인들 각각은 이러한 장애를 가진 사람들이 증상을 나타내는 데 서로 다른 방식으로 기여하고 있다.

(2) 유병률 및 경과
여성 절정감 장애의 유병률은 다양한 요인(예: 연령, 문화, 기간과 증상의 심각도)에 따라 10%에서 42%까지 매우 폭넓은 범위에서 보고되고 있다. 그러나 이러한 추정 치들은 심리적 고통을 고려하지 못한 값들로 절정감 문제를 겪고 있는 여성들 중 소수의 비율만이 관련된 고통을 보고하고 있다. 또한 증상을 평가하는 방법의 차이(예: 실제 증상의 기간과 환자가 회상해 낸 기간)가 유병률에 영향을 끼치기도 한다. 여성의 약 10%가 평생 동안 한 번도 절정감을 경험하지 못한다.

평생형 여성 절정감 장애는 절정감의 문제가 항상 존재했음을 지칭하는 반면, 획득형 여성 정체감 장애는 일정 기간 절정감을 정상적으로 경험한 기간이 있은 후에 절정감 문제를 겪을 때 진단된다. 여성은 사춘기 전부터 성인기까지 언제든지 최초의 절정감을 경험할 수 있다. 여성은 남성에 비해서 첫 번째 절정감을 경험하는 나이에서 편차가 큰 편이며, 여성들이 보고한 바에 따르면 연령에 따라 절정감 경험이 증가한다고 알려져 있다. 여성의 절정감 일관성('대부분 또는 항상' 절정감을 경험한다는 정의에 따라)의 비율은 파트너와의 성행위에서보다는 자위행위를 할 때가 보다 높은 편이다.

(3) 위험요인과 문화 관련 사항

① 기질상의 요인

임신에 대한 걱정과 같은 다양한 심리적 요인이 여성이 절정감을 느끼는 데 방해가 된다. 또한 관계 문제, 신체적 건강, 정신적 건강과 절정감 문제 사이에는 강한 상관이 있다. 사회문화적 요인(예: 성역할에 대한 기대나 종교적 규범) 또한 절정감 문제에 중요한 영향을 끼친다.

② 유전과 생리적 요인

의학적 상태나 치료 등과 같은 많은 생리적 요인이 여성이 절정감을 느끼는 데 영향을 끼친다. 다발성 경화증이나 근치자궁적제술로 인한 골반신경 손상, 척추 외상과 같은 상태들이 모두 여성의 절정감 기능에 영향을 끼칠 수 있다. 선택적 세로토닌 재흡수 억제제 역시 여성의 절정감을 지연시키거나 억제하는 것으로 나타났다. 음문질 위축증을 앓고 있는 여성들은 그렇지 않은 여성들에 비해 유의미할 정도로 많이 절정감 문제를 보고한다. 폐경과 절정감 문제 사이의 상관은 비일관적이다. 유전적인 요인들에 따라 여성 절정감 기능의 차이가 생겨난다. 그러나 심리적, 사회문화적, 생리적 요인들은 여성이 절정감 또는 절정감 문제를 경험하는 데 있어 매우 복잡한 방식으로 상호작용할 가능성이 높다.

여성이 절정감을 어느 정도 느끼지 못해야 치료를 요하는 문제로 간주할 것이냐는 문화적 맥락에 따라서 달라진다. 나아가 여성에 따라 절정감이 성적인 만족에 있어 얼마나 중요한가가 다르다. 여성의 절정감 능력에 있어 사회문화적으로 세대 간 현저한 차이가 있다. 예컨대, 절정감에 도달하지 못하는 유병률은 17.7%(북유럽)에서 42.2%(동남아시아)의 범위에 걸쳐 있다.

(4) 진단적 단서 및 기능적 결과

절정감에 이르렀을 때 호르몬 변화나 골반저 근육, 뇌활성도 등을 포함하여 측정 가능한 생리적인 변화들이 존재하나 이러한 절정감의 지표들은 여성에 따라서 상당한 차이를 보인다. 임상적 상황에서는 여성 절정감 장애는 여성의 자기보고에 근거하여 진단한다.

여성 절정감 장애의 기능적인 결과는 분명치 않다. 관계 문제와 여성의 절정감 문제 사이의 강한 상관관계가 있긴 하지만 관계요인이 절정감 문제의 위험요인인지 또는 이러한 문제의 결과인지에 대해서는 명확하지 않다.

또한 주요우울장애와 같은 정신장애로 진단받은 여성들은 성적 흥분과 관심이 적으며 이는 절정감 문제 가능성을 간접적으로 증가시킬 수 있다.

4) 여성 성적 관심/흥분 장애

여성 성적 관심/흥분 장애의 진단기준(DSM-5)

A. 다음의 여섯 가지 지표 가운데 최소한 세 가지 이상의 성적 관심/흥분이 부재하거나 감소한다는 것이 확인되어야 한다.

  (1) 성행위에 대한 관심이 감소하거나 결여됨
  (2) 성적/색정적(erotic) 사고나 환상이 감소하거나 결여됨
  (3) 성행위를 먼저 시작하려는 시도가 감소하거나 전혀 없을 뿐만 아니라 성행위를 시작하려는 파트너의 시도를 받아들이지 않음

(4) 성행위를 하는 대부분의 기간 동안(75~100%) 성적 흥분(excitement)/쾌락(pleasure)
  이 감소하거나 결여됨

(5) 내적인 또는 외적인 성적/색정적 단서(예: 글, 언어, 시각자료)에 대해서 성적 관심/흥분
  이 감소하거나 결여됨

(6) 성행위를 하는 대부분의 기간(75~100%) 동안 생식기 또는 비생식기의 감각이 감소
  하거나 결여됨

B. 기준 A의 증상이 최소 대략(approximately) 6개월의 기간 동안 유지되어야 한다.

C. 기준 A의 증상이 임상적인 수준으로 개인에게 심각한 고통의 원인이 된다.

D. 성기능장애가 성기능장애와 관련 없는 정신적 장애로 더 잘 설명되지 않고, 심각한
  관계적 고통의 결과가 아니며 다른 중대한 스트레스 요인으로 더 잘 설명되지 않아야
  한다. 또한 물질이나 약물 또는 기타 의학적 상태의 영향에 의한 것이 아니어야 한다.

다음 중 하나를 명시할 것:
평생형(lifelong): 이 장해가 해당 개인이 성행위를 시작한 이후로 쭉 있어 왔을 때
획득형(acquired): 장해가 상대적으로 정상적인 성기능의 기간이 있었던 후에 시작된 경우

(1) 진단적 특징과 부수적 특징

여성 성적 관심/흥분 장애를 평가할 때는 대인관계적 맥락을 반드시 고려해야 한
다. 여성들이 파트너에 비해 성행위에 대해 욕구가 낮은 '욕구 불일치'만으로는 여
성 성적 관심/흥분 장애를 진단하는 데 충분하지 않다. 이 장애를 진단하기 위한 기
준을 충족하기 위해서는 최소 6개월 이상의 기간(기준 B) 동안, 최소한 여섯 가지 지
표 가운데 최소한 세 가지 이상의 빈도나 강도가 부재하거나 감소한다는 것이 확인
되어야 한다(기준 A). 여성들은 성적 관심이나 흥분을 얼마나 표현하는가에 있어서
개인차가 있을 뿐만 아니라, 증상의 유형 또한 서로 다를 수 있다. 예컨대, 한 여성
의 경우 여성 성적 관심/흥분 장애가 성행위에 대한 관심이 부족하고, 성적인 생각
들을 하지 않고, 친밀한 성행위와 파트너의 성적인 요청에 태만시하는 행동으로 표
현될 수 있다. 다른 여성의 경우에는 성적으로 흥분되지 않고, 성욕을 일으키는 성
적 자극에 대해서 반응하지 못하며, 신체적으로 성적인 각성을 나타내는 지표들이
부족한 것이 일차적 특징일 수 있다. 성적인 흥분이나 관심에 있어 단기간의 변화

는 흔한 일이며, 여성들의 생활사건에 대한 적절한 반응일 수 있고, 이것이 곧 성장애를 의미하는 것은 아니다. 여성 성적 관심/흥분 장애로 진단하기 위해서는 증상이 최소 약 6개월 이상 지속되어야 하며 정확히 6개월의 기간을 충족하지 않을 때는 임상적으로 지속기간에 대한 평가를 내릴 수 있다.

성행위에 대한 흥분의 빈도나 강도가 부재하거나 감소한 상태(기준 A)일 때는 정확한 진단명은 성욕감퇴장애라고 부른다. 성적인 사고나 환상의 빈도나 강도가 부재하거나 감퇴되기도 한다(기준 A2). 환상을 표현하는 것은 여성에 따라서 매우 폭넓은 개인차가 있으며 성적인 환상은 과거 성적인 경험에 대한 기억들을 포함하기도 한다. 이러한 기준들을 평가할 때는 나이에 따라 성적인 생각들은 정규분포적으로 감소한다는 점을 고려해야 한다. 친밀한 성행위의 빈도와 파트너의 성적인 요청에 대해서 반응하는 빈도가 전무하거나 줄어든 상태(기준 A3)는 행동에 초점을 둔 진단기준이다. 이 진단기준은 연인/부부가 가지고 있는 성행위에 대한 신념이나 성행위에 대한 선호와 밀접한 관련이 있다. 성적인 접촉이 있을 때 항상 또는 거의 대부분의 경우(약 75~100%) 성적인 흥분과 즐거움을 느끼지 못하거나 감퇴되기도 한다(기준 A4). 성욕이 낮은 여성들의 경우 즐거움이 부족하다는 것이 공통적으로 나타나는 임상적 불편사항이다. 성욕이 낮다고 보고하는 여성들 가운데는 성적인 흥분이나 관심을 이끌어 내는 성적인 단서가 부족한 경우도 있다(예: 반응적 욕구의 부족). 성적 자극의 적절성을 평가하는 것은 반응성 성욕과 관련된 어려움을 진단하는 데 도움이 된다(기준 A5). 성행위 중에 성기의 감각 또는 성기 이외의 감각을 느끼는 빈도나 강도가 부재하거나 감퇴된 경우도 있다(기준 A6). 여기에는 애액이나 생식기 울혈이 감소한 것도 포함되지만 생식기의 성적 반응에 대한 생리적인 측정을 가지고 성적 흥분 문제를 가진 여성과 자기보고에 의해 성기나 성기 외 부분의 감각의 부재 또는 감퇴를 보이지 않는 여성을 변별해 내기에는 미흡하다.

여성 성적 관심/흥분 장애로 진단하기 위해서는 임상적으로 심각한 심리적 고통이 기준 A에 제시된 증상들과 동반되어야 한다. 심리적 고통은 성적 흥분이나 관심이 부족한 결과로 나타나거나, 여성의 일상과 안녕감에 유의미한 지장에 따라 생겨날 수도 있다. 평생에 걸친 성욕부족은 '무(無)성적인' 등과 같은 개인의 자기정체성에 의해서 보다 잘 설명되며, 이 경우 여성 성적 관심/흥분 장애라고 진단하지 않는다.

진단을 뒷받침하는 부수적인 특징들을 살펴보면 다음과 같다.

여성 성적 관심/흥분 장애는 종종 절정감을 느끼는 문제나 성행위 중에 통증을 느끼는 것, 빈도가 낮은 성행위, 연인/부부간의 욕구 불일치 등의 문제와 관련이 있다. 관계상의 어려움이나 기분장애 또한 이 장애의 특성들과 연관이 있다. '적절한' 성적 흥분과 관심에 대한 비현실적인 기대나 기준, 성적인 기술 부족이나 성에 대한 정보 부족 또한 여성 성적 관심/흥분 장애로 진단받은 여성들에게서 확인할 수 있다. 이러한 요인들은 성역할에 대한 규범적인 신념과 함께 중요하게 고려해야 한다.

여성 성적 관심/흥분 장애를 평가하고 진단하는 과정에서는 전 생애/획득된 그리고 일반적인/상황적 등의 하위유형뿐만 아니라 다음의 다섯 가지 요인에 대해서 잘 살펴보아야 한다. 요인들은 병인 또는 치료와 관련이 있다.

① 배우자 요인(예: 배우자의 성적인 문제, 배우자의 건강 상태)
② 관계요인(예: 의사소통의 부족, 성행위에 대한 욕구의 불일치)
③ 개인적 취약성 요인(예: 부정적인 신체 이미지, 성적 또는 정서적 학대 경험), 정신과적 동반이환(예: 우울, 불안) 또는 스트레스 요인(예: 실직, 사별)
④ 문화적 또는 종교적 요인(예: 성행위나 성적 즐거움을 금기시하는 분위기, 성에 대한 태도)
⑤ 예후, 경과 또는 치료와 관련된 의학적 요인

이러한 요인들 각각은 이러한 장애를 가진 여성들이 증상을 나타내는 데 서로 다른 방식으로 기여하고 있다.

(2) 유병률과 경과

DSM-5에서 정의된 여성 성적 관심/흥분 장애의 유병률은 정확히 알려져 있지 않다. DSM-IV나 ICD-10에서 정의한 대로 성욕 감퇴의 유병률이나 성적 관심과 관련된 문제의(관련된 고통이 있는 상태와 없는 상태를 모두 포함한) 유병률은 나이나 문화적 배경, 증상의 기간과 심리적 고통의 유무에 따라서 현격한 차이를 보인다. 증상이 나타난 기간과 관련하여 단기간이냐 지속적인 문제이냐에 따라 유병률 추정치가 매우 크게 달라진다. 성적인 요구에 대한 심리적 고통을 포함시키면 유병률 추정치는 현저하게 떨어진다. 비록 나이가 들어 감에 따라 성욕이 감퇴되기는 하지만 일부 나이 든 여성들은 젊은 여성들에 비해 성욕이 낮아도 심리적으로 덜 고통스러워한다.

　정의상 전 생애 여성 성적 관심/흥분 장애는 성적 흥분이나 관심 부족이 여성의 전 생애에 걸쳐 나타난다는 것을 뜻한다. 기준 A3, A4와 A6는 성행위 중의 기능에 대해서 평가하는데 하위유형인 전 생애 여성 성적 관심/흥분 장애는 첫 성경험 이후에 이러한 증상이 계속 나타나는 것을 의미한다. 획득된 여성 성적 관심/흥분 장애는 성적 관심이나 흥분과 관련된 어려움이 일정 기간의 정상적인 성적 기능 이후에 발생한 경우에 해당한다. 파트너와 관련된 대인관계적 혹은 개인적 사건의 결과로 적응적이고 정상적인 성기능상의 변화가 일시적으로 자연스럽게 일어날 수 있다. 그러나 이러한 증상이 대략 6개월 이상 지속된다면 성기능장애로 이해한다.

　성적 흥미와 각성은 생애주기에 따라 정상적인 변화를 거친다. 장기간의 관계를 맺어 온 경우에는 단기간의 관계를 맺은 여성과 비교할 때 성적인 접촉이 있을 때 분명한 성욕을 느끼지 않았다 하더라도 성행위에 임하는 경향이 있다고 보고한다. 나이 든 여성들의 성기 건조증은 나이와 폐경 상태와 관련이 있다.

(3) 위험요인과 문화적인 사항

　기질적 요인에는 성에 대한 부정적 인지나 태도, 정신장애 과거력 등이 있다. 성적인 흥분과 성적 금기에 대한 경향성을 통해 성적인 문제가 발생할 가능성을 예측할 수 있다.

① 환경

　환경요인에는 관계상의 어려움, 파트너의 성적 기능, 어린 시절 양육자와의 관계나 아동기 스트레스와 같은 발달력이 포함된다. 갑상선 기능장애 역시 여성 성적 관심/흥분 장애의 위험요인이 될 수 있다. 유전적 요인들은 여성들의 성적인 문제에서의 취약성에 있어 중요한 영향을 끼치고 있는 것으로 보인다.

② 문화적 요인

　낮은 성욕의 유병률은 문화에 따라서 현저한 차이를 보인다. 유럽계 캐나다 여성들에 비해 동아시아 여성들에게서 성욕이 보다 낮은 비율로 나타나는 것이 흔하다. 비록 유럽계 미국인 집단에 비해 동아시아 국가들의 여성과 남성들이 보다 낮은 수준

의 성욕과 성적 관심을 보이는 것이 문화권에서 성에 대한 낮은 관심을 반영하는 것
이라 할지라도, 그러한 집단 간 차이는 욕구를 수량화하는 데 사용된 측정방법의 문
제로 인해 발생한 것일 가능성도 남아 있다. 특정한 인종문화 집단의 여성이 보고한
낮은 성욕을 가지고 여성 성적 관심/흥분 장애의 진단기준을 충족하는가를 판단하기
위해서는 문화적 차이가 병리 여부를 규정할 수도 있다는 사실을 고려해야 한다.

(4) 동반이환

성적 관심/흥분 문제와 다른 성적 어려움 사이의 동반이환은 매우 흔히 나타난다.
성생활과 관련된 성적인 고통이나 불만족 역시 여성들의 낮은 성욕과 밀접히 관련
되어 있다. 성욕 감퇴는 우울이나 갑상선의 문제, 불안, 요실금이나 다른 의학적 요
인들과도 연관이 있다. 관상동맥이나 염증성 질환, 과민성 대장질환 등도 성적 흥분
문제와 연관이 있다. 성욕 저하는 우울과 어린 시절의 성적/신체적 학대, 전반적인
정신적 기능, 알코올 복용 등과도 동반되는 것으로 보인다.

3. 원인

1) 노출장애와 관음장애

노출증 환자는 자신의 성기를 자신이 알지 못하는 여성이나 소녀에게 노출시킴으
로써 거세되지 않았다는 사실을 스스로 확인하려고 한다. 환자는 자신의 충격적 행동
에 대한 반응을 보면서 거세불안을 극복하고, 이성을 정복하였다는 느낌을 갖는다.

스톨러(Stoller, 1985)는 노출증적 행동이 전형적으로는 환자가 여성에게서 모욕
당하였다고 느낀 상황이 있은 후 생겨나며, 이때 환자는 모르는 여성에게 충격을 줌
으로써 이 모욕감에 복수를 하는 것이라고 주장한다. 게다가 성기 노출은 환자에게
가치감과 긍정적인 남성적 주체성을 회복하게 해 준다. 이 환자들은 자신이 남성적
이라는 것에 대하여 심각한 불안을 보이는 경우가 많다. 스톨러는 거세불안만으로
는 노출증적 행위의 동기를 완전하게 설명할 수 없다고 하였다. 이들은 주체성이라
는 측면에 가장 많은 위협이 가해지며, 이는 모욕을 당하면 핵심적 성별 주체성에

대한 위협, 즉 존재불안이 야기되기 때문이라고 한다. 노출증 환자는 가족 중 누구에게도 충격을 줄 수 없었기 때문에 터무니없는 방법으로 주의를 끌어 보려는 시도를 하는 것이다(Mitchell, 1988). 따라서 모든 노출증적 행위는 아동기의 외상적 상황을 역전시키려는 시도라고 할 수 있다.

노출증의 뒷면이라고 할 수 있는 관음증 역시 자신이 알지 못하는 여성의 사생활을 방해하고, 여성에 대해서는 공격적이지만 훔쳐보는 데 대한 비밀스러운 승리감을 쟁취하려는 시도다. 페니첼(Fenichel, 1945)는 관음증적 경향은 아동기 최초의 것으로 기억되는 중요한 장면에 대한 고착과 연관이 있다고 하였다. 이 시기에 아동은 부모의 성교 장면을 목격하거나 엿듣게 된다. 이러한 초기의 외상적 경험이 아동의 거세불안을 촉발하고, 성인이 되어서는 이렇게 수동적으로 경험된 외상을 능동적으로 극복하려는 시도로 되풀이하면서 그 장면을 재연하는 것이다.

페니첼은 또한 들여다보는 행동에는 공격적인 요소가 있음을 언급하면서 이러한 공격성이 직접 여성에게로 향하는 경우에 발생하는 죄의식을 피하기 위하여 이를 전치함으로써 관음증적 행동이 발생한다고 하였다. 미첼(Mitchell, 1988)은 노출증과 관음증이 모든 다른 성도착증에도 전형적으로 존재하는 기본적 요소로서 결국 표면적이거나 깊이 있거나, 볼 수 있거나 비밀스럽거나, 혹은 사용하느냐 억제하느냐 하는 차이가 있을 뿐이라고 하였다.

2) 성애물장애

프로이트(Freud)는 처음으로 물품음란증에 대하여 기술하면서 이는 거세불안에서 생긴다고 하였다. 성적 감정을 불러일으키는 주물(呪物, fetish)로 선택된 대상물은 상징적으로 여성의 남근을 뜻하며, 이러한 전치현상은 물품음란증 환자들이 거세불안을 극복하도록 돕는다. 프로이트는 물품음란증 환자의 심리에는 거세에 대한 부인과 거세에 대한 인정이라는 2개의 모순되는 사고가 함께 존재하는데, 주물은 두 가지 모두를 상징하고 있다.

그린에이커(Greenacre, 1970, 1979)도 물품음란증을 이해하는 데 중심이 되는 것은 거세불안이라고 보았지만, 그 근원은 더 이전의 생식기 이전 단계에 장애가 있다고 하였다. 따라서 생후 첫 몇 달 동안의 만성적인 외상적 상호작용이 물품음란증을 생기게 하는 데 작용할 수 있다. 모친-유아 관계에 심각한 문제가 생겨 영아는 어머니에 의한 혹은 과도기적 대상에 의한 위안을 받을 수 없게 된다. 그러므로 아동은 신체적으로 이상이 없음을 경험하기 위하여 '마음이 든든할 수 있게 굳건하고 완고하며 변치 않는, 또 지속적이라고 믿을 수 있는' 무엇인가를, 즉 주물을 필요로 하게 된다. 이러한 성기 전 단계의 장애는 후에 남자아이나 남성 성인이 성기를 보전할 것을 걱정하게 될 때 다시 활성화된다. 결국 그린에이커는 주물이 과도기적 대상의 하나로 작용한다고 보았다.

3) 소아성애장애

성도착증 중 소아성애장애는 치료자에게 치욕감과 경멸스러운 감정을 가장 많이 일으킨다. 환자는 성적 욕망을 채우기 위하여 죄 없는 어린아이를 회복될 수 없을 정도로 손상시킨다. 이 환자들을 치료할 때 몇 가지 개념적 혹은 정신역동적 가설이 이들을 공감하고 이해할 수 있도록 도움을 준다. 전통적 관점에서 보면 소아성애장애는 아동을 자신의 아동기적 반사상(mirror image)으로 간주하는 자기애적 대상 선택을 보인다. 환자들은 또한 아동이 성인 상대자보다 덜 저항하고 불안도 덜 일으키기 때문에 성적 대상물로 삼는 무력하고 허약한 사람들이다.

임상적 측면에서 많은 소아성애장애 환자는 자기애성 성격장애를 지닌 경우가 종종 있다. 사춘기 전 단계 아동과의 성행위는 환자의 약한 자존심을 추켜올려 줄 것이다. 또 많은 환자가 아동과 함께 생활할 수 있는 직업을 선택하는데, 이는 환자를 이상화하는 아동의 반응이 그의 긍정적 자존심을 유지하는 데 도움이 되기 때문이다. 반대로 환자 역시 아동을 이상화하고, 따라서 이들과의 성행위는 이상적 대상과 융합하고 어린 시절의 이상화된 자기를 회복한다는 무의식적 공상을 동반한다. 나이를 먹고 죽어 간다는 불안도 아동과의 성행위를 통하여 극복될 수 있다.

소커리즈(Socarides, 1988)는 환자가 소아성애장애적 행위를 통하여 어머니가 자신을 독점해 버리는 것에서 자신을 지킨다고 하였다. 이러한 환자는 사춘기 전 단계의 남아에게서 남성성을 흡수함으로써 자신의 무의식적 여성 동일시를 숨기게 된다. 남아와의 성관계는 환자에게 마치 자신이 그 남아의 한 부분이 된 것처럼 느끼게 한다. 더 깊은 수준에서는 남아와의 결합은 어렸을 때 효과적인 양육이 결핍되었던 것을 보상하려는 행위로 볼 수 있다.

소아성애장애적 행위가 심한 반사회성 양상을 보이는 자기애성 성격장애나 반사회성 성격장애 구조의 한 부분으로 일어나면, 이때의 무의식적 결정인자는 가학증의 역동과 밀접한 연관을 갖게 된다. 즉, 아동을 성적으로 정복하는 것이 복수의 수단이 된다. 환자들은 어린 시절 자신이 실제로 성적 학대의 희생자였던 경우가 많고, 이 환자들의 정복감이나 승리감은 자기 스스로가 희생자를 능동적으로 계속 학대를 함으로써 아동기의 수동적 외상을 변형시켰다는 것을 의미할 수 있다.

4) 성기능 부전장애

성에 대하여 아무런 욕망을 못 느끼는 남녀 환자나, 성욕은 있으나 발기가 되지 않는 남자 환자를 정신역동적으로 이해하기 위해서는 먼저 증상이 생기게 된 상황들을 주의 깊게 파악할 필요가 있다. 환자가 친밀한 관계를 유지할 수 있는 사람이라면 의사는 성욕이나 흥분의 문제가 어느 한 상대에게만 특정하게 나타나는지, 모든 상대에게 전반적으로 그러한 것인지를 알아봐야 한다. 성적 곤란이 부부관계에서만 보이는 경우는 그 부부들 간의 관계를 정신역동적 측면에서 살펴봐야 하는 반면, 다른 일차적인 정신 내적 문제가 있을 경우에는 모든 성적인 상대들 사이에서도 문제가 일어날 수 있다. 그러나 다른 모든 심리적 증상처럼 성욕의 문제도 다중적으로 결정된다는 것을 기억해야 한다.

레빈(Levine, 1988)은 적절히 성적인 욕망과 흥분을 통합시키기 위해서는 성적 욕망에 영향을 미치는 세 가지 다른 요소, 즉 욕동, 소망 그리고 동기가 모두 중요하다고 하였다. 첫째, 욕동은 생물학적 뿌리를 가지고 있고 신체적 요인들, 즉 호르몬의 수치, 의학적 질병의 유무 및 투약 유무 등에 의하여 영향을 받는다. 둘째, 소망은 의식적, 인지적 혹은 관념적 요인들에 연결되어 있다. 예를 들면, 정상적인 욕동이 있는 환자는 종교적 금지나 AIDS에 대한 공포 때문에 성관계를 바라지 않는 경우도 있다. 셋째 요소인 동기는 무의식적인 대상관계와 긴밀하게 관계를 맺고 있고, 정신치료의 초점이 되는 요소이기도 하다. 환자가 결혼을 했다면 어느 한쪽이 혼외 성교를 하는 일도 있고, 단순하게 배우자에게 관심이 없어지는 경우도 있다. 혹은 어느 한쪽이 배우자에 대해 만성적으로 원망이나 분노의 감정을 느끼는 경우도 있을 것이다. 이 같은 부부간의 성을 벗어난 관계에서 일어나는 문제들이 성적 욕망 억제의 가장 흔한 원인일 것으로 본다.

성 치료나 부부치료를 받고자 하는 부부 중에서 서로를 마치 이성의 부모인 것처럼 무의식적으로 생각하는 경우도 많다. 이때 무의식적으로는 성관계가 근친상간으로 재경험될 것이며, 따라서 서로 성관계를 피함으로써 이 금기에 관련된 불안을 해결하고자 할 것이다.

성적 흥분과 성욕을 갖는 능력은 우리 자신의 내적 대상관계와 밀접하게 연관을 맺고 있음이 명백하다. 샤르프(Scharff, 1988)는 페어베언(Fairbairn)의 발달이론(1952)에 기초하여 성욕억제의 대상관계 모델을 발달시켰다. 페어베언은 2개의 대상체계를 상정하였다. 하나는 자아가 하나의 탐나는 대상을 갈망하는 리비도적 자아와 대상이 있고, 다른 하나는 공격하고 유기하며 무관심한 대상을 향하여 자아가 분노를 느끼는 반리비도적 자아와 대상이 있다고 가정하였다. 결국은 거부적이며 반리비도적인 대상이 흥분을 야기하는 리비도적 대상을 제거하려 함으로써 성적 흥분이 억제된다고 보는 입장이다.

심한 정신적 장애를 보이는 환자들, 특히 정신분열증과 심각한 경계성 양상을 보이는 환자의 성적 욕망의 억제는 원시적 불안 상태, 즉 자아 붕괴에 대한 불안 및 상대와 융합되는 것에 대한 공포 등과 관련 있다. 따라서 성관계의 중지는 이들의 유약한 자아의 통합을 유지하기 위하여 나타난다고 할 수 있다.

4. 치료

1) 변태성욕장애

변태성욕 환자들을 치료한다는 것은 지극히 어려운 일이다. 많은 성도착증 환자들은 강압에 의하여 치료를 받게 된다. 관음증, 노출증, 특히 소아성애장애의 경우는 집행유예 상태에서 치료가 위임되거나 구금 대신 치료를 받게 하는 등 사법적 강제조치가 취해지기도 한다. 법적인 모든 문제가 해결된 후에도 치료를 계속하고자 하는 환자의 경우는 예후가 좋을 것이다(Reid, 1989).

이 환자들의 치료에서 또 하나 중요한 장애물은 역전이 반응이다. 프로이트 이래로 많은 사람이 주장한 것처럼 치료자가 진정으로 무의식적인 성도착적 소망과 싸운다면, 치료자 자신의 성도착적 충동에 반응하는 것과 똑같이 성도착 환자에게 반응할 것이라고 가정하는 것은 당연하다. 우리는 혐오와 불안 그리고 모욕감에 휩싸이게 된다. 우리 자신이 이러한 충동을 스스로 조심스럽게 제어하고 있을 때 어떤 사람이 이러한 충동을 마음껏 사용한다면, 우리는 공포를 느끼고 위축될 것이다. 마지막으로, 또 다른 역전이 경향은 인생의 다른 면에 대하여 대화를 함으로써 성도착에 대한 논의를 회피하려는 환자의 의도에 공모하는 것이다. 의사들은 성적 병리 전반에 대한 논의를 회피함으로써 자신의 혐오감이나 모욕감을 회피할 수 있다.

변태성욕 환자의 치료가 어려운 또 다른 이유는 이들 질환과 함께 나타나는 다른 정신적 질환에 있다. 성도착적 공상이나 행동이 충분히 변화되기도 어렵지만, 환자의 상태가 경계성, 자기애성 혹은 반사회성 성격병리와 동반될 경우에는 그 예후가 훨씬 더 나쁘다.

변태성욕 치료에서의 이러한 어려움에도 불구하고, 아니 이러한 어려움 때문에 일반적으로 정신역동치료가 좋은 치료법으로 인정받고 있다. 치료결과에 대한 연구도 적고, 그 결과를 해석하는 것도 조심스럽지만, 어떤 종류의 치료든지 이 환자들을 효과적으로 치료하는 데는 어느 정도의 제한이 있다. 행동치료가 단기적으로는 어느 정도의 성공을 거두는 반면, 장기적으로는 썩 좋은 결과를 보이지 않으며, 소아성애장애에 의한 범죄인구의 재범죄율도 변하지 않고 있다.

변태성욕증에서 단 하나의 적절한 치료란 없으며, 개개인에 맞추어 잘 짜인 접근이 필요하다는 데 의견이 점점 일치하고 있다(Adson, 1992; Schwartz, 1992). 통합모델에는 개인 정신치료, 역동적 집단 정신치료, 인지적 재구성, 행동적 재조건화와 재발 예방 같은 방법이 포함된다.

일반적인 치료목표는 ① 환자가 부정을 극복할 수 있게 돕고, ② 피해자와 공감할 수 있게 도와주며, ③ 도착적인 성적 각성을 인식하여 치료를 받게 하고, ④ 사회적 결핍과 부적절한 대응기술을 인식할 수 있게 하며, ⑤ 인지 왜곡에 대하여 도전하고, ⑥ 유혹받기 쉬운 상황의 회피를 포함한 총체적인 재발예방 계획을 세울 수 있게 도와주는 것이다.

2) 성기능 부전장애

성기능장애를 평가하는 의사는 단기 행동치료, 부부치료, 정신분석이나 표현 · 지지 정신치료, 약물치료 혹은 병합요법 중 어느 것을 처방할 것인가를 결정하여야 한다. 라이프(Lief, 1981)는 단기 행동치료로 모든 성기능장애 환자의 30~40%가 증상의 호전을 보인다고 하였다. 효과를 보지 못한 환자의 20%는 부부치료를 요하며, 10%는 장기간의 표현 · 지지 개인 정신치료를, 그리고 30%는 부부치료와 성 치료를 혼합해야 치료할 수 있었다.

부부의 치료동기가 높거나 어느 쪽에도 심각한 증상이 없고, 서로가 관계에 대하여 만족하며, 장애 자체가 실행불안에 기초하거나 절정기에 관계된 경우라면 단기 행동적 성 치료가 성공할 수 있을 것이다. 성욕억제장애를 앓고 있으면서 서로의 관계에 환멸을 느끼는 부부라면 근본적인 문제를 해결하기 위하여 상당 기간의 부부치료를 필요로 한다. 부부치료 후 동거하기로 결정한 후에야 성 치료 기법을 권유하는 것이 더 적절할 것이다.

단기 성 치료에 적절하지만 연습을 할 수 없는 부부에게는 캐플런(Kaplan, 1979)이 제시한 심리성적 치료(psychosexual therapy)라는 일종의 혼합치료법이 필요하다. 이 치료에서는 치료자가 행위연습을 처방하고, 그런 다음에 정신역동치료를 사용하여 연습에서의 저항을 다루게 된다. 치료의 역동적 부분은 성적 쾌감에 대한 강력한 죄의식 등의 문제를 파악한다. 상대에 대한 부모상의 전이를 표출시키고 탐구할 수 있다. 또한 많은 환자는 특별한 형태의 성적 행위 등에서 노력하여 성공해야 한다는 것에 대한 무의식적 갈등을 가지고 있을 수 있다. 캐플런(1986)은 또한 어떤 환자들은 결혼 전의 가족관계에서 상실하거나 실패한 사람의 역할을 무의식적으로 수행하고 있음을 발견하였다.

심각한 성격장애나 성에 대하여 깊은 신경증적 갈등이 있는 환자들은 정신분석이나 표현 · 지지 정신치료를 받아야 한다는 것이 여러 문헌에서의 일치된 의견이다(Kaplan, 1986; Levine, 1988; Reid, 1989; Scharff, 1988). 이러한 문제들은 성 치료를 하는 동안 광범위한 평가를 해야만 발견될 수 있다(Scharff, 1988). 치료자들은 또한 광범위한 성 치료를 통하여 부부 각자의 내적 대상관계를 더 많이 파악할 수 있고, 양쪽 배우자에게서 다양한 투사적 동일시를 모두 수용할 수 있어야 한다.

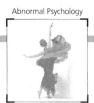

Abnormal Psychology

제17장
신경발달장애

1. 임상적 특징과 하위유형

1) 지적장애(지적발달장애)

지적발달장애의 진단기준(DSM-5)

지적장애(지적발달장애)는 발달기 중 발병하는 장애로, 개념적 · 사회적 및 실질적 영역에서 지적 및 적응적 기능결여 모두를 포함한다. 다음의 세 가지 요건을 충족해야 한다.

A. 임상적 평가 및 개인화, 표준화된 지능검사로 확인된 추론, 문제해결, 계획, 추상적 사고, 판단, 학업적 학습, 경험으로부터의 학습 등 전반적 적응능력의 결함

B. 개인의 자립 및 사회적 책임을 위한 발달 및 사회문화적 기준상의 기대를 충족하지 못하는 적응적인 기능의 결함. 지속적인 도움 없이는 하나 혹은 그 이상의 다음 일상영역에서의 기능성이 제한됨: 가정, 학교, 직장 및 공동체 상황과 같은 다양한 환경에서의 의사소통, 사회 참여, 독립적 생활

C. 지적 및 적응적 결여가 발달기(developmental period) 동안에 발생

참고: 지적장애(intellectual disability)라는 진단 용어는 ICD-11의 지적발달장애(intellectual developmental disorder) 진단과 동등한 용어다. 본 매뉴얼에서는 앞으로 지적장애 라는 용어가 사용될 것이지만, 타 분류체계와의 관계를 명확히 하기 위해 제목에는 두

용어를 함께 명기하였다. 또한 미국의 연방 헌법(Public Law 111-256, Rosa's Law)은 사용 용어를 정신지체(mental retardation)에서 지적장애로 변경하고 연구 논문에서 역시 지적장애라는 용어를 사용하고 있다. 따라서 지적장애라는 용어는 의료, 교육 및 기타 전문 분야는 물론 일반 공공 및 시민 단체 등에서 두루 쓰이는 공통의 용어다.

현재의 심각도를 명시할 것: (〈표 17-1〉 참조)
317(F70) 경도(Mild)
318.0(F71) 중등도(Moderate)
318.1(F72) 중도(Severe)
318.2(F73) 최중도(Profound)

(1) 진단의 단서

지적장애는 다수의 원인을 가진 비동질적 상태다. 사회적 판단, 위험평가, 행동, 정서 혹은 대인관계에 있어서의 자기관리, 혹은 학교 및 직업 환경에서의 동기 등과 관련된 어려움들이 존재할 수 있다. 의사소통기술의 결여가 쉽게 분열성 및 폭력성 행동의 경향을 띠게 하기도 한다. 사회적 상황에서의 순진한 행동과 다른 사람에 의해 쉽게 조종당하는 경향으로 인해 타인에게 잘 속는 경우가 자주 발견된다(DSM-5 참고). 이러한 잘 속는 특성과 위험에 대한 인지력 결여가 타인에 의한 착취 및 피해 상황, 사기, 의도치 않은 범죄 관여, 잘못된 자백 및 신체적·성적 학대의 대상이 될 가능성을 높인다. 이러한 관련 특성은 앳킨스(Atkins) 사건(1996년 은행 강도로 살인을 저지른 앳킨스라는 이름의 정신지체자가 해당 이유로 사형을 면제받은 사례)과 같이 사형 선고와 관련된 공판을 포함한 형사사건에 악용될 수 있다.

동반되는 정신장애를 가진 지적장애 진단을 받은 경우 자살 위험이 있다. 이들은 자살을 생각하며, 자살시도를 하고, 그로 인해 사망할 수 있다. 따라서 평가과정에서 자살성 사고의 선별은 필수적이다. 위험에 대한 인지력 부족 때문에 사고성 부상률 또한 높게 나타날 수 있다.

표 17-1 지적장애(지적발달장애)의 심각도 수준

심각도 수준	개념적 영역	사회적 영역	실질적 영역
경도	취학 전 아동의 경우, 명백한 개념적 차이가 나타나지 않을 수 있음. 학력이 아동과 성인의 경우, 읽기, 쓰기, 수학, 시간 혹은 금전에 관련된 학업적 기술을 배우는 데 어려움이 존재하여, 연령에 적절한 기대를 충족하기 위해서는 하나 혹은 그 이상의 영역에서 보조 및 도움을 필요로 할 수 있음. 성인에게서는 추상적 사고, 집행기능(executive function)(즉, 계획, 전략, 우선순위 세우기 및 인지적 융통성) 및 단기기억력과 학업적 기술의 기능적 사용(예: 읽기, 금전관리) 능력 등이 손상됨. 같은 연령대의 동류 대비 문제와 해결에 있어 사실에 근거한 사고가 강한 경향성을 보임.	정상적 발달을 보이는 같은 연령대의 동류 대비, 해당인은 사회적 상호작용에 있어 미성숙함. 예를 들어, 동류의 사회적 신호를 정확히 받아들이는 데 어려움이 있을 수 있음. 의사소통, 대화 및 언어가 해당 연령에 기대되는 수준에 비해 사실에 집중된 형태를 띰. 연령에 맞게 정서 및 행동을 조절하는 데 어려움을 보일 수 있음. 이러한 어려움은 사회적 상황에서 동류에 의해 인지됨. 사회적 상황에서의 위험성에 대한 이해가 제한적임. 사회적 판단력이 연령 대비 미성숙하며, 타인에 의해 조종당할 수 있는 위험성이 있음 (잘 속음).	자기관리에 있어서는 연령에 적절하게 기능할 수 있음. 동류 대비 보다 복잡한 일상 작업에 대해서는 보조를 필요로 하기도 함. 성인기에 이러한 보조가 필요한 영역은 식료품 쇼핑, 교통, 가사일 및 육아계획, 영양적 음식 준비 및 은행업무와 금전관리 등임. 레크리에이션 기술은 동류와 비슷한 수준이나 이와 관련된 안전이나 계획에 대한 판단에 있어서는 보조 필요. 성인기에는 개념적 기술을 강조하지 않는 직업영역에서의 고용에서 보통 경쟁력이 있음. 해당인은 보통 의료 관련 결정 및 법적 결정, 그리고 직업적 기술 습득을 위해서 도움을 필요로 함. 가족 양육에 있어서도 보통 도움을 필요로 함.
중등도	모든 발달 단계에 걸쳐, 해당인의 개념적 기술은 동류 대비 현저하게 뒤떨어짐. 학령기 전에는 언어 및 취학전 기술이 느리게 발달함. 학령기 아동인 경우에는 읽기, 쓰기, 수학 및 시간 및 금전에 대한 이해가 학령기 동안 느리게 진행되며 동류 대비 현저하게 제한적임. 성인기에는 학업적 기술발달이 보통 기본적인 수준이며, 직업 및 개인적생활에서 학업능력 사용에 있어 도움을 필요로 함. 매일의	해당인은 전 발달기에 거쳐 사회 및 소통 행동에 있어 동류 대비 현저한 차이를 보임. 음성 언어가 사회적 소통에 있어 주요 도구이나 동류 대비 그 복잡성이 훨씬 떨어짐. 가족과 친구 관계에 있어 관계 맺기 능력은 명백히 존재하며, 일생에 걸친 우정을 가질 수도, 성인기에 이성 관계를 가질 수도 있음. 하지만 해당인은 사회적 신호를 정확하게 해석하지 못할 수 있음. 사회 판단과 의사결정 능력이 제한	해당인은 성인으로서, 식사, 옷 입기, 배설 및 위생 관련 자기관리는 가능하나 해당 영역에서 독립적인 기능을 위해서는 장시간의 교육이 필요하며, 여러 번의 상기가 필요할 수도 있음. 유사하게, 성인으로서 모든 가사일에 참여도 가능하나, 장시간의 교육을 필요로 하며, 보통 성인수준의 기능성을 위해서는 지속적인 보조가 필요함. 제한적인 개념 및 소통 기술을 필요로 하는 업무영역에서는 독립적인 고용이 가능하지만, 사회적 기대,

중등도	생활에서 개념적 작업을 위해서는 지속적인 보조를 필요로 하며, 해당인을 위해서 타인이 이 일을 완전히 떠맡을 수 있음.	적이며, 돌보는 이가 일생에서 중요한 결정에는 도움을 주어야 함. 정상발달 중인 동류와의 우정은 대체로 소통 및 사회적 제한으로 인해 영향을 받음. 직업 영역에서 성공적 기능을 위해서는 충분한 사회적 및 소통적 보조가 필요함.	업무적 복잡성 및 일정 조정, 교통, 의료보험 및 금전관리 등의 부가적인 책임 수행을 위해서는 동료, 상사 및 타인으로부터의 많은 도움을 필요로 함. 다양한 레크리에이션적 기술 역시 개발 가능하나, 여기에는 추가적인 도움과 장기간에 걸친 학습 기회가 필요함. 해당 집단의 많은 일부군에서 부적응적 행동이 나타나 사회적 문제를 야기하기도 함.
중도	개념적 기술의 습득이 제한적임. 해당인은 보통 문자 언어 혹은 숫자, 수량, 시간 및 금전 관련 개념을 거의 이해하지 못함. 돌보는 이가 일생에 거쳐 문제해결에 대한 보조를 제공하게 됨.	어휘 및 문법 측면에 있어 음성 언어가 상당히 제한적임. 언어는 보통 단일 단어 혹은 어구 정도로 이루어져 있어, 언어적 보조장치를 이용해 보완될 수 있음. 언어와 소통은 매일의 사건에서 '지금' 그리고 '여기'에 집중되어 있음. 언어는 설명보다는 사회적 소통을 위해 사용됨. 해당인은 간단한 음성 언어와 제스처를 이용한 의사소통은 이해할 수 있음. 가족 및 친근한 타인과의 관계가 즐거움과 도움을 줌.	해당인은 식사, 옷 입기, 목욕 및 배설 등 일상의 모든 활동에 있어 도움을 필요로 함. 해당인은 항상 감독을 요함. 자신 및 타인의 안녕 및 안전에 대한 책임 있는 의사결정이 불가함. 성인기에는 집안일, 레크리에이션 및 직업 활동에의 참여 시 지속적인 보조와 도움을 필요로 함. 모든 영역에서의 기술 습득이 장기간의 교육과 지속적인 도움을 필요로 함. 해당 군의 많은 일부군에서 자해를 포함한 부적응적인 행동이 나타남.
최중도	개념적 기술은 보통 상징적 과정보다는 물리적 세계와 관련됨. 해당인은 자기관리, 업무 및 레크리에이션 활동에 있어서 목표 지향적으로 목표에 따라 움직일 수 있음. 물리적 특성에 따른 분류 등과 같은 특정 시공간적 기술은 습득 가능할 수 있음. 하지만 동반되는 운동 및 감각적 손상이 사물의 기능적 사용	해당인은 음성 언어 혹은 제스처에서 상징적 소통에 대한 이해가 매우 제한적임. 매우 단순한 지시 및 제스처는 이해 가능할 수 있음. 해당인은 자신의 열망 및 감정을 많은 경우 비언어적이며 비상징적 소통을 통해 전달함. 해당인은 친밀한 가족구성원, 돌봄이 및 친숙한 타인과의 관계를 즐기며, 제스처 및	해당인은 일상적 자기관리, 건강 및 안전의 모든 영역에 있어 타인에게 의존적이나, 해당 활동의 일부에는 참여가 가능함. 심각한 신체적 장해가 없는 경우, 테이블에 접시 나르기와 같은 가정에서의 일부 작업에는 도움을 줄 수 있음. 직업활동에 있어서 뚜렷한 목표를 가진 단순 업무에는 지속적인 도움이 제공된다면 참여 가능함.

최중도	을 제한하기도 함.	정서적 신호를 통해 사회적 상호작용을 시작하고 반응함. 동반되는 감각 및 신체적 장해가 많은 사회적 활동을 방해할 수 있음.	레크리에이션 활동은 음악 듣기영화 보기, 산책하기, 물 관련 활동 등에는 참여가 가능하나 모두 도움을 필요로 함. 동반되는 신체 및 감각적 장해가 자주 집안일, 레크리에이션 및 직업 활동에 대한 (단순히 지켜보는 것 이상의) 참여를 방해함. 해당 군의 많은 일부 집단에서 부적응적 행동이 존재함.

(2) 유병률과 경과

지적장애의 일반 모집단에서의 유병률은 약 1% 정도이며, 연령에 따라 다양하게 나타난다. 중도의 지적장애 유병률은 약 1,000명 중 6명꼴이다.

지적장애의 발병은 발달기에 시작된다. 발병 시의 연령 및 특성은 병인과 뇌부전의 수준에 달려 있다. 보다 심각한 지적장애를 가진 경우 운동, 언어 및 사회적 발달 지표의 지연이 생후 첫 2년 동안 감지될 수 있으나, 경도의 경우 학업 습득력에서의 어려움이 시작되는 학령기 전에는 알아내기 어려울 수 있다. 모든 진단기준(진단기준 C 포함)이 이력 혹은 현재의 양상에 의해 충족되어야 한다. 궁극적으로 그 증상양상이 지적장애에 충족하게 되는 경우에도, 5세 이하의 기능결여를 보이는 일부 아동의 경우 전반적 발달지연의 기준을 충족할 수 있다.

지적장애가 유전적 증후군과 관련될 경우, 특징적인 신체적 특성이 존재할 수 있다(예: 다운증후군의 경우와 같이). 일부 증후군은 특정 유전질환에서 나타나는 행동(예: 레쉬 니한 증후군)을 희미하는 행동적 표현형을 보이기도 한다. 후천형의 경우, 증상의 시작은 발달기의 뇌수막염, 뇌염 및 머리의 외상과 같은 사건 이후 갑작스럽게 나타날 수 있다. 지적장애가 외상성 뇌손상과 같이 이전에 이미 습득된 인지능력 상실의 결과 발생할 경우, 지적장애와 신경인지장애 진단이 함께 내려질 수 있다.

지적장애는 보통 진척성이 아니지만, 일부 유전질환(예: 레트 증후군)에서는 악화 이후 안정화의 시기를 거칠 수 있으며, 또 다른 질환(예: 산 필립포 증후군)에서는 점진적인 지적 기능의 악화가 나타나기도 한다. 초기 아동기 이후, 해당 장애는 보통 일생에 걸쳐 나타나나, 그 심각도는 시간에 따라 변화할 수 있다. 진행양상은 그 원인이 되는 의료적 혹은 유전적 상태 및 동반되는 증상(예: 청각 및 시각 장해, 간질)의 영향을 받을 수 있다. 초기의 지속적인 개입은 아동 및 성인기에 걸쳐 적응적 기능을 개선할 수 있다. 일부의 경우, 이 것은 현저한 지적 기능성의 개선으로도 이어질 수 있어, 심지어 지적장애 진단이 적절하지 않은 수준까지도 개선될 수 있다. 따라서 영아와 어린 아동을 평가할 경우, 적절한 개입이 제공된 이후까지 지적장애 진단을 미루는 것이 보통이다. 보다 나이가 많은 아동과 성인에 대해서는 보조 및 도움의 제공 정도가 일상활동에 완전한 참여와 적응기능의 개선을 가능케 할 수 있다. 진단적 평가는 적응적 기술의 개선이 안정적이고 일반화된 새로운 기술의 습득에 따른 것(해당 경우 지적장애 진단은 적절하지 않을 수 있음)인지 혹은 해당 개선이 보조 및 지속적인 개입에 따른 것인지(해당 경우 지적장애 진단은 적절함)를 판단해야 한다.

(3) 위험요인 및 문화 관련 사항

유전 및 생리적 요인　　산전의 병인에는 유전적 증후군(예: 하나 혹은 그 이상의 유전자에서 염색체 배열 이상 혹은 쌍 수의 이상; 염색체 이상), 선천적 대사이상, 뇌 기형, 엄마의 질병(태반 이상 포함) 및 환경적 영향(예: 알코올, 기타 약물, 독성, 기형발생물질 등) 등이 포함된다. 출산 전후 원인에는 다양한 출산 및 분만 시의 사건에 의한 신생아의 뇌병증이 포함된다. 출산 후의 원인에는 저산소성 허혈성 손상, 외상성 뇌손상, 감염, 탈수초성 질환(demyelinating disorder), 발작성 질환(예: 영아성 경련), 심각하고 만성적인 사회적 박탈, 독성 대사 증후군 및 중독(예: 납, 수은) 등이 있다.

지적장애는 모든 인종과 문화에서 발생한다. 문화적 민감성과 지식수준의 평가가 필요하며, 해당인의 인종, 문화 및 언어적 배경, 경험 이력, 해당인의 공동체 및 문화적 배경 내에서의 적응적 기능성 수준이 고려되어야 한다.

(4) 감별진단

지적장애 진단은 진단기준 A, B 및 C를 충족할 때는 항상 내려져야 한다. 지적장애 진단은 특정 유전 및 의료적 상태로 추측되어서는 안 된다. 지적장애와 관련된 유전 증후군은 지적장애와 동반되는 진단으로 표기해야 한다.

① 주요 및 경도 신경인지장애(Major and Mild Neurocognitive Disorders)

지적장애는 신경발달성장애로 분류되어 있으며, 인지 기능성 상실로 특징지어지는 신경인지장애와는 구분된다. 주요 신경인지장애는 지적장애와 함께 존재할 수 있다(예: 알츠하이머가 발병된 다운증후군 환자, 혹은 지적장애를 가지고 있었으나 머리 부상 이후 인지력을 한 단계 더 상실한 경우). 이러한 경우, 지적장애와 신경인지장애 진단이 함께 내려져야 한다.

② 의사소통장애 및 특정학습장애(Communication Disorders and Specific Learning Disorder)

해당 신경발달장애는 의사소통 및 학습 영역에 특정적이며, 지적 영역 및 적응적 행동에는 결핍을 보이지 않는다. 해당 장애는 지적장애와의 동반이환은 가능하다. 만약 지적장애와 의사소통장애 혹은 특정학습장애 기준을 모두 충족한다면, 양쪽 진단이 함께 내려져야 한다.

③ 자폐 스펙트럼 장애(Autism Spectrum Disorder)

지적장애는 자폐 스펙트럼 장애군에서 흔하게 발생한다. 지적 능력의 평가는 자폐 스펙트럼 장애에 내재적인 사회 소통 및 행동력의 결핍 때문에 어려울 수 있으며, 이 때문에 검사과정을 이해하고 따르는 데 방해가 될 수 있다. 자폐 스펙트럼 장애에서 지적 기능성의 적절한 평가는 필수적이며, 전 발달단계에서 재검사를 실시해야 하는데, 이는 자폐 스펙트럼 장애에서 특히 초기 아동기에 IQ 점수는 안정적이지 않기 때문이다.

(5) 동반이환율

지적장애에서는 동반이환으로서 정신, 신경발달, 의료적 및 신체적 상태가 흔하게 나타나며, 일부 증상의 발생률(예: 정신장애, 뇌염 및 발작)은 해당 군에서 모집단 대비 3~4배 높게 나타난다. 지적장애의 존재 때문에 동반되는 증상의 과정 및 결과가 영향을 받을 수 있다. 의사소통장애, 자폐 스펙트럼 장애 및 운동, 감각 및 기타 장애를 포함한 관련 질환 때문에 평가 절차가 수정되어야 할 수 있다. 성마름, 기분조절장애, 폭력성, 섭식 문제 및 수면 문제와 같은 증상을 알아내고 다양한 공동체 환경에서의 적응기능을 파악하기 위해 해당인의 상태를 잘 아는 정보 제공자들이 필수적이다.

가장 흔하게 동반되는 정신 및 신경발달 장애는 주의력결핍/과잉행동 장애, 우울 및 양극성 장애, 불안장애, 자폐 스펙트럼 장애, 상동증적 운동장애(자해행동 포함 혹은 비포함), 충동조절장애 및 주요 신경인지장애다. 주요우울장애는 지적장애의 심각도의 전 수준에 걸쳐 나타난다. 자해행동은 즉각적인 진단적 주의를 요하며, 별도로 상동증적 운동장애 진단을 요할 수 있다. 지적장애를 가진 경우, 특히 중증일수록 타인을 해하거나 물건을 부수는 등의 폭력성과 분열적 행동을 보이는 경향이 있다.

2) 자폐 스펙트럼 장애

자폐 스펙트럼 장애의 진단기준(DSM-5)

A. 다음과 같이 다양한 상황에 가로질러, 사회적 의사소통 및 사회적 상호작용 측면에서 지속적인 장애가 현재 혹은 병력상 나타나야 한다(여러 예들은 전체가 아닌 예시적인 것이다).

(1) 가령, 비정상적 사회적 접근법과 정상적으로 오가는 대화의 실패부터, 관심, 정서, 감정의 공유 감소, 사회적 상호작용의 시작 혹은 반응의 실패에 이르는, 사회적-정서적 상호관계의 장애

(2) 제대로 통합되지 못한 언어적, 비언어적 의사소통부터, 눈 맞춤, 비언어적 의사소통의 비정상성 혹은 제스처에 대한 이해 및 이용의 결여, 표정과 비언어적 의사소통의 완전한 결여, 사회적 상호작용을 위해 이용되는 비언어적 의사소통 행동 면에서의 장애들

(3) 다양한 사회적 맥락에 적합한 행동조절의 어려움부터 상상적 놀이의 공유(함께하기) 혹은 친구 사귀기의 어려움, 또래(친구)에 대한 관심 결여에 이르는 여러 관계의 개발, 유지, 이해 면에서의 장애

현재의 심각도를 명시할 것:
심각도는 사회적 의사소통 손상 및 제한적, 반복적 행동 패턴을 근거로 한다(〈표 17-2〉 참조).

B. 다음과 같이 현재 혹은 병력상 적어도 두 가지에 의해 표명되는 제한적, 반복적 행동, 관심, 활동 패턴들(여러 예는 전체가 아닌 예시적인 것들이다.)

(1) 틀에 박힌 혹은 반복적인 운동신경 작동, 사물의 이용, 말하기(예: 단순한 운동 상동 [sterotypies], 장난감들을 집결시키거나 물건 뒤집기, 음성 모방, 특유의 문구들)

(2) 단조로운 고집, 일과에 대한 비유연한 집착, 언어 혹은 비언어적 행동의 의식화된 (ritualized) 패턴들(예: 작은 변화로 인한 극단적 괴로움, 전환에 대한 어려움, 엄격한 사고 패턴, 인사하기 의식, 매일 같은 길을 가거나 동일한 음식을 먹으려는 욕구)

(3) 강도나 초점 면에서 비정상적인, 매우 제한적이고 고정된 관심(예: 특이한 사물에 대한 강한 애착이나 몰입, 과도하게 제한적이고 지나치게 반복적인[perserverative] 관심)

(4) 감각적 입력에 대한 활동성 과잉 혹은 활동성 저하, 환경의 감각적 측면에 대한 비정상적 관심(예: 고통/온도에 대한 명백한 무관심, 특정 소리나 질감에 대한 부정적 반응, 사물에 대한 과다한 냄새 맡기나 만지기, 빛이나 운동에 대한 시각적 흥미)

현재의 심각도를 명시할 것:
심각도는 사회적 의사소통 손상 및 제한적, 반복적 행동 패턴을 근거로 한다(〈표 17-2〉 참조).

C. 초기 발달기에 증상들이 나타나야 한다(하지만 사회적 요구가 제한된 능력을 넘기 전까지[능력 이상으로 요구되기 전까지] 증상이 완전히 표명되지 않을 수 있고, 인생 후반기에 학습된 전략에 의해 가려질 수 있다).

D. 여러 증상은 사회, 작업, 기타 중요한 현재 기능영역들 면에서 임상적으로 유의미한 손상을 일으킨다.

E. 이런 장애들은 지적장애(지적발달장애)나 전신발달 지체로는 제대로 설명되지 않는다. 지적장애와 자폐 스펙트럼 장애는 주로 동시에 일어난다. 자폐 스펙트럼 장애와 지적장애의 동반이환 진단을 내리려면, 사회적 의사소통이 일반 발달수준에 대해 기대되는 수준보다 이하이어야 한다.

주의: 자폐장애, 아스퍼거 장애, 그 외 특정되지 않은 만연된 발달장애에 대해 확립된 DSM-IV 진단을 받은 사람들에게 자폐 스펙트럼 장애 진단을 내려야 한다. 사회적 의사소통장애가 뚜렷하지만, 그렇지 않았다면 자폐 스펙트럼 장애 기준을 충족했을 사람들을 대상으로 사회적(실용적) 의사소통장애를 평가해야 한다.

다음의 경우 명시할 것:
지적장애를 동반하거나 동반하지 않는 경우
언어장애를 동반하거나 동반하지 않는 경우
이미 알려진 의학 혹은 유전적 질환이나 환경적 요인과 연관이 있는 경우
(부호화 시 주의: 연관된 의학 혹은 유전 질환을 식별하기 위해 추가 코드를 이용한다.)

> 또 다른 신경발달적, 정신 혹은 행동 장애와 연관된 경우
>
> (부호화 시 주의: 연관된 신경발달, 정신, 행동 장애를 식별하기 위한 추가 코드를 이용한다.)
>
> 긴장병이 있는 경우(정의를 알려면 또 다른 정신장애와 관련된 긴장병 기준을 참조한다.)
>
> (부호화 시 주의: 동반이환 긴장병의 존재를 지적하기 위한 자폐 스펙트럼 장애와 연관된 추가 부호 293.89[F06.1] 긴장병을 이용한다.)

표 17-2 자폐 스펙트럼 장애의 중증도 수준

중증도 수준	사회적 의사소통	제한적, 반복적 행동
수준 3 '매우 실질적 지원 요구'	언어적, 비언어적인 사회적 의사소통 기술의 중증 장애는 기능의 심각한 손상, 사회적 상호작용의 매우 제한적 시작(주도), 타인이 한 사회적 제안에 대한 최소 반응을 일으킨다.	행동의 비유연성, 변화를 대처하기가 극단적으로 어려움, 기타 제한적/반복적 행동들은 모든 영역에서 기능을 현저히 방해한다. 엄청난 괴로움/초점이나 행동 변화의 어려움
수준 2 '실질적 지원 요구'	언어적, 비언어적인 사회적 의사소통 기술의 현저한 장애, 적소에(in place) 지원을 받아도 명백히 나타나는 사회적 장애, 사회적 상호작용 시작의 제약, 타인이 한 사회적 제안에 대한 감소된 혹은 비정상적 반응. 예를 들어, 누군가 간단한 문장을 말했는데, 그 문장의 상호작용이 협소한 특수 관심사항에 국한되거나, 현저히 특이한 비언어적 의사소통을 하는 경우	행동의 비유연성, 변화에 대응하기 어려워함, 기타 제한적/반복적 행동이 우연히 어떤 관찰자에게 명백하게 보일 정도로 자주 나타나고 다양한 상황에서 기능에 방해가 된다. 괴로움/초점이나 행위를 변화시키기 어려움
수준 1 '지원 요구'	적소에(in place) 지원이 없을 경우, 사회적 의사소통장애로 인해 인지할 만한 손상이 일어난다. 사회적 상호작용 시작의 어려움, 타인에 의한 사회적 제안에 대한 비전형적 혹은 성공적이지 못한 반응의 명확한 예. 사회적 상호작용에 대한 관심이 감소하는 듯 보일 수 있다. 예를 들어, 어떤 사람이 전체 문장을 이야기하고 대화에 참여는 하지만 타인과의 오가는 대화를 하지 못하고, 친구를 사귀려는 시도들이 이상하며 일반적으로 성공하지 못한다.	행동의 비유연성은 한 가지 이상의 상황에서 기능에 심각한 방해를 일으킨다. 조직화 및 계획의 문제가 독립성을 저해한다.

'언어 손상이 수반되거나 수반되지 않은 상태에서' 지정어를 이용하기 위해, 현재 수준의 언어적 기능을 평가하고 설명해야 한다. '언어 손상의 수반'에 대한 특정 기술(description)의 예들에는 지적인 말을 못함(비언어적), 단일 단어만 말하기 혹은 문구 말하기(phrase speech)가 있다. '언어 손상을 수반하지 않은' 사람들의 언어 수준은 전체 문장으로 말하기 혹은 유창한 말하기로 기술될 수 있다. 자폐 스펙트럼 장애가 있는 경우, 수용 언어가 표현 언어보다 늦게 발달할 수 있기 때문에, 수용 및 표현 언어 기술은 별도로 고려해야 한다.

개인에게 알려진 유전장애(예: 레트 증후군, 취약 X 증후군, 다운증후군), 의학적 장애(예: 간질) 혹은 환경 노출에 따른 병력(예: 발프로에이트, 태아알코올증후군, 매우 낮은 출생 시 체중)이 있을 때 '이미 알려진 의학 및 유전 질환 혹은 환경요인과 관련된' 지정어를 이용해야 한다.

추가적인 신경발달, 정신 혹은 행동 질환도 언급해야 한다(예: 주의력결핍 및 과잉행동 장애, 발달적 조절장애, 파괴적 충동조절 및 품행장애, 불안증, 우울증, 양극성장애, 틱 혹은 뚜렛장애, 자해, 급식[feeding], 제거[elimination] 혹은 수면장애).

(1) 진단적 특징

자폐 스펙트럼 장애의 핵심적 특징은 상호적인 사회적 의사소통과 사회적 상호작용의 지속적 손상(기준 A), 제한적, 반복적 패턴의 행동, 관심, 활동(기준 B)이다. 이런 증상은 초기 아동기부터 나타나며, 일상의 기능을 제한 혹은 손상시킨다(기준 C와 D). 기능적 손상이 명백해지는 단계는 개인이나 그의 환경의 특징에 따라 달라질 것이다. 핵심적 진단적 특징은 발달시기에 명확해지지만, 중재, 보상, 현재의 지원은 적어도 몇몇 상황에서 어려움(장애)을 감출 수 있다. 장애의 표명 역시 자폐 상태의 중증도, 발달수준, 연령에 따라 크게 달라진다. 자폐 스펙트럼 장애에는 기존에 초기 유아기 자폐, 아동기 자폐, 캐너(Kanner)의 자폐, 고기능 자폐, 비전형적 자폐, 특정되지 않은 만연된 발달장애, 아동기 붕괴성 장애, 아스퍼거 장애로 불리던 장애들을 포괄한다.

기준 A에 특정된 사회적 상호작용 및 의사소통의 손상은 만연되어 있고 유지된다. 여러 진단은 임상의의 관찰, 주양육자의 병력을 포함해 다양한 정보 출처를 토대로 삼고, 가능하면 자가 보고를 할 때 가장 타당성 있고 신뢰할 만하다. 사회적 의

사소통 면에서 언어, 비언어적 장애는 개인의 연령, 지능, 언어능력은 물론 치료기록, 현재 지원과 같은 기타 요인에 따라 다양하게 표명된다. 많은 사람이 언어지체를 통한 완전한 말하기 결여부터 말에 대한 이해력 부족, 반향 언어, 또는 부자연스럽고 지나치게 문자 그대로인 언어에 이르는 다양한 언어장애를 지니고 있다. 형식적 언어기술(예: 어휘, 문법)이 손상되지 않을 경우, 자폐 스펙트럼 장애의 경우, 상호적인 사회적 의사소통을 위한 언어 이용이 손상된다.

사회-정서적 상호작용(즉, 타인과 교류하고 생각 및 감정을 공유하는 능력)의 장애는, 타인의 행동에 대한 모방의 감소 혹은 결여와 함께, 감정 공유를 하지 않고 사회적 상호작용을 거의 혹은 전혀 하지 않는, 자폐장애를 지니고 있는 어린아이들에게 명확히 나타난다. 존재하는 언어는 일방적이고, 사회적 상호성이 결여되며, 발언, 감정 공유, 대화보다는 요청이나 요구를 하는 경우가 많다. 지적장애나 언어지체가 있는 성인의 경우, 사회-정서적 상호성 결핍은 복잡한 사회적 단서를 처리하고 반응하는 데(예: 언제 어떻게 대화에 참여할까, 무엇을 말하지 말아야 할까) 어려워하는 면에서 가장 명백히 나타날 수 있다. 몇몇 사회적 어려움 때문에 대화전략을 발달시켜 온 성인은 여전히 새로운 혹은 지원받지 못하는 상황에서 고군분투하며, 대부분의 사람이 사회적 직관으로 인식하는 것을 의식적으로 계산함에 따른 불안과 노력을 하느라 고생한다.

사회적 상호작용에 이용되는 비언어적 의사소통 행동장애는 (문화적 기준에 비해) 눈 맞춤의 결여 및 감소, 비전형성, 제스처, 표정, 신체 방향성, 말의 억양의 특이함으로 나타난다. 자폐 스펙트럼 장애의 초기 특징은 가리키기, 보여 주기, 타인과 관심을 공유하기 위해 물건 가져오기의 결여, 혹은 누군가가 가리키는 방향 혹은 눈의 응시를 쫓아가지 못함으로써 표현되는 손상된 시선 공유다. 몇 가지 기능적 제스처를 학습할 수는 있지만 그들의 행동반경은 타인의 행동반경보다 작다. 그리고 그들은 의사소통을 하면서 표현적 제스처를 동시에 이용하지 못하는 경우가 많다. 언어를 유창하게 구사하는 성인들 사이에서, 비언어적 의사소통과 말의 조합을 어려워할 경우, 상호작용 중 이상하고 경직되거나 과장된 '보디 랭귀지'를 사용한다는 인상을 줄 수 있다. 개인의 양식 내에서 손상은 비교적 미묘할 수 있지만(예: 누군가 말을 할 때 비교적 좋은 눈 맞춤을 할 수 있다) 사회적 의사소통을 위한 눈 맞춤, 제스처, 몸의 자세, 운율(prosody), 표정 등을 통합하는 능력이 눈에 띌 정도로 부진할 수 있다.

　관계의 개발, 유지, 이해 면에서의 장애는 연령, 성별, 문화의 기준 대비 판단해야 한다. 타인에 대한 거부, 수동성, 공격적이거나 파괴적으로 보이는 부적절한 접근법이 나타날 수 있고, 사회적 관심의 결여 또는 감소되어 있거나 비전형적 양상으로 나타날 수 있다. 이런 문제는 특히 어린아이들에게 명확히 나타나며, 이들은 주로 사회적 놀이 및 상상의 공유(예: 연령에 맞는 유연한 가장놀이)가 결여되어 있고, 나중에는 매우 고정된 규칙에 의한 놀이를 고집한다. 나이가 든 사람들은 어떤 행동이 한 상황에서는 적절한 것으로 평가되지만 다른 상황에서는 그렇지 않음(예: 직업 인터뷰 중 평상시 하던 행동을 함)을, 혹은 언어가 의사소통을 위해 이용될 수 있는 다양한 방식(예: 아이러니, 착한 거짓말)을 이해하기 어려워한다. 혼자 하는 활동이나 훨씬 더 어리거나 나이 든 사람들과의 상호작용을 선호하는 경향이 뚜렷할 수 있다. 우정에 수반되는 완전한 혹은 현실적 생각 없이 우정을 구축하려는 욕망을 추구하는 경우가 많다(예: 일방적 우정이나 오직 특수 이익의 공유를 토대로 한 우정). 형제, 동료, 주양육자와의 관계 역시 (상호성의 측면에서) 고려하는 게 중요하다.

　자폐 스펙트럼 장애는 (기준 B에 명시되어 있듯) 제한적, 반복적 패턴의 행동, 관심, 활동으로 정의되며, 이것들은 연령, 능력, 중재, 현재 지원에 따라 다양한 정도로 나타난다. 틀에 박히거나 반복적 행동들은 단순한 운동 상동(예: 박수 치기, 손가락 튀기기), 사물들의 반복적인 사용(예: 동전 회전, 장난감 집결), 반복적인 말(예: 음성 모방, 들은 단어에 대한 즉각적 혹은 지연된 되풀이, 자신을 언급하며 '너'란 단어 이용, 틀에 박힌 단어, 문구, 운율 패턴 이용)을 포함한다. 일상의 일에 대한 과도한 집착, 제한된 패턴의 행동은 변화에 대한 저항(예: 좋아하는 식품의 포장과 같이 명백히 작은 변화로 인한 괴로움, 규칙에 대한 집착을 고집, 사유의 엄격성) 혹은 언어적, 비언어적 행동(예: 반복적 질문, 주변과 보폭을 맞추기)의 의식화된(ritualized) 패턴들로 표명될 수 있다. 자폐 스펙트럼 장애의 경우, 매우 제한적이고 고정된 관심 때문에 집중력이나 초점 면에서 비정상이 되는 경향이 있다(예: 어떤 유아는 프라이팬에 지나치게 애착하며, 어떤 아이는 진공청소기에 몰입하고, 한 성인은 시간표를 작성하느라 몇 시간을 소비한다). 몇몇 흥미(집착)와 일상적인 일들은 감각 입력에 대한 뚜렷한 활동 과잉 혹은 활동 저하와 관련이 있을 수 있고, 특정 소리나 질감, 사물들에 대한 과도한 냄새 맡기나 만지기, 빛에 대한 관심, 사물 돌리기, 때로는 통증, 열, 추위에 대한 명시적 무관심을 통해 표명된다. 맛, 냄새, 질감에 대한 극단적 반응이나 그와 관련된 의식 혹은 음식의 모양이나 과도한 음식의 제약이 흔히 일어나며, 자폐 스펙트럼 장애를 나타내는 특징 일 수 있다.

지적, 언어적 장애가 없고, 자폐 스펙트럼 장애가 있는 많은 성인은 공적인 자리 에서 반복적 행동을 억제하는 법을 배운다. 특별한 관심은 만족과 동기부여의 원천 일 수 있으며, 삶의 후반기에 교육 및 고용을 위한 길(방법)이 제공될 수 있다. 증상 이 더 이상 나타나지 않더라도, 제한적, 반복적 패턴의 행동, 관심, 행동이 아동기 혹은 과거 어느 시기에 명확히 나타난 경우, 진단기준을 충족할 수 있다.

기준 D는 현재 기능의 임상, 직업, 기타 중요한 영역에서 여러 특징이 임상적으로 유의미한 손상을 일으켜야 할 것을 요구한다. 기준 E는 사회적 의사소통장애가 때때 로 지적장애(지적발달장애)를 수반하긴 하지만, 개인의 발달수준을 따르는 건 아니란 점을 명시하고 있다. 즉, 손상들이 발달수준을 토대로 예측되는 어려움(장애)을 넘어 선다.

주양육자 인터뷰, 설문, 임상적 관찰 측정을 포함한, 양호한 정신측정을 지닌 표 준화된 행동 진단도구는 이용 가능하며, 시간이 지남에 따라 여러 임상의를 거쳐 진 단의 신뢰성을 개선시킬 수 있다.

(2) 진단을 뒷받침하는 관련 특징

자폐 스펙트럼 장애가 있는 사람들 중 상당수는 지적 손상이나 언어 손상을 갖고 있다(예: 느리게 말하기, 발화보다 뒤늦은 언어 이해). 평균 혹은 높은 지능을 지닌 사람 조차 능력의 프로필은 균등하지 않다. 지능기술과 적응적 기능 간의 간격은 큰 경우 가 많다. 기이한 걸음, 어색함, 기타 비정상적 운동 신호(예: 발끝으로 걷기)를 포함한 운동장애는 자주 나타난다. 자해(예: 헤드 뱅잉[머리 흔들기], 손목 물기)가 발생할 수 있으며 파괴적/공격적 행동은 다른 장애에 비해 지적장애를 포함해 자폐 스펙트럼 장애가 있는 아동 및 청소년에게서 보다 흔히 나타난다. 자폐 스펙트럼 장애가 있는 청소년과 성인은 불안증이나 우울증을 앓기 쉽다. 몇몇 사람은 긴장증과 같은 운동 행동(느린, '얼어붙은' 중간 행동[mid-action])을 발달시키지만, 이런 것들은 전형적인 긴장성 삽화의 수준은 아니다. 하지만 자폐 스펙트럼 장애가 있는 사람들이 운동증 상 면에서 현저한 악화를 경험하고, 무언증, 자세, 찡그리기, 납굴증(waxy flexibil-ity)과 같은 증상으로 완전한 긴장성 삽화을 나타낼 수 있다. 동반이환 긴장증이 가장 심한 시기는 청소년기인 것으로 나타난다.

(3) 유병률

최근 들어 미국과 그 밖의 국가들의 자폐 스펙트럼 장애에 대해 보고된 빈도는 전체 인구의 1%에 근접하며, 아동 표본과 성인 표본의 추정치는 비슷하다. 높은 비율이 DSM-Ⅳ 진단기준에, 하부임계점 사례, 증가된 인식, 연구방법론의 차이, 자폐 스펙트럼 장애 빈도의 실질적 증가를 포괄할 정도로의 확대를 반영한 것인지는 여전히 불분명하다.

(4) 발병과 경과

자폐 스펙트럼 장애에 대한 발병 연령과 패턴 역시 언급해야 한다. 여러 증상이 일반적으로 생후 2년(12~24개월)에 인식되지만, 발달지체가 중증인 경우 12개월보다 앞서 관찰될 수 있고, 아니면 증상이 미묘한 경우 24개월 후에 확인되기도 한다. 발병 패턴에 대한 설명에는 초기 발달지체나 사회 및 언어 기술의 상실에 관한 정보가 포함될 수 있다. 여러 기술이 상실된 경우, 부모나 주양육자들은 사회적 행동이나 언어 기술의 점진적 퇴화 혹은 상대적으로 빠른 퇴화의 병력을 제시할 수 있다. 일반적으로 이는 12~24개월간에 발생할 것이며, 정상발달을 한 지 적어도 2년 후 발생하는 발달적 퇴화(아동기 분열성장애로서 앞서 설명됨)의 드문 예들과 구분된다.

자폐 스펙트럼 장애의 행동적 특징은 맨 먼저 초기 아동기에 명확히 나타나고, 일부 사례는 생후 첫해에 사회적 상호작용에 대한 관심의 부재를 제시한다. 자폐 스펙트럼 장애가 있는 일부 아이는 발달적 정체기나 퇴화를 경험하며, 사회적 행동이나 언어 이용 면에서 점진적 혹은 비교적 빠른 퇴화를 겪는데, 이는 주로 생후 첫 2년 동안 많이 일어난다. 이런 상실은 다른 장애에선 드물며, 자폐 스펙트럼 장애에 대한 유용한 '주의 환기(red flag)'가 될 수 있다. 훨씬 더 특이하고 보다 광범위한 의학적 조사를 필요로 하는 것은 사회적 의사소통을 넘어선 기술들(예: 자기돌봄, 화장실 가기, 운동기술의 상실)이나 2세부터 발생하는 기술의 상실이다(이 장애의 경우 뒤의 '다양한 진단' 부분에서 레트 증후군도 참조).

자폐 스펙트럼 장애의 첫 번째 증상은 주로 지체된 언어발달과 관련이 있으며, 주로 사회적 관심의 부재나 특이한 사회적 상호작용(예: 상대를 보지 않은 채 손으로 끌기), 기이한 놀이 패턴(예: 주위에 장난감을 들고 다니지만 그것으로 놀지는 않음), 특이한 의사소통 패턴(예: 알파벳은 알지만 자기 이름에 반응하지 않음)을 수반한다. 난청이 의심될 수 있지만 일반적으로 고려대상에서 제외되었다. 생후 2년 동안, 기이하고 반복적인 행동 및 전형적인 놀이의 부재가 보다 명확해진다. 정상적으로 발달 중인 많은 아이는 반복을 선호하며 즐기기 때문에(예: 같은 음식 먹기, 같은 미디어를 여러 번 보기), 미취학 아동의 경우, 자폐 스펙트럼 장애의 진단대상인 제한적 행동과 반복적 행동을 구분하기 어려울 수 있다. 임상적 구별은 유형, 빈도, 행동 강도를 토대로 한다(예: 매일 몇 시간 동안 물건들을 집결시키고, 어떤 물품이 사라지면 매우 괴로워하는 아이).

자폐 스펙트럼 장애는 퇴행성장애가 아니며 그것은 인생을 통틀어 지속적으로 학습하고 보완해야 하는 장애다. 여러 증상은 초기 아동기와 초기 취학 연령기에 가장 현저히 나타나며, 적어도 몇몇 영역에서 후기 아동기에 전형적으로 발달 이득을 얻는다(예: 사회적 상호작용에 대한 관심 증가). 소수의 사람은 청소년기에 행동 차원에서 악화되는 반면, 대부분의 다른 사람은 개선된다. 자폐 스펙트럼 장애가 있는 소수의 사람만이 성인기에 독립적으로 살며 일한다. 우수한 언어 및 지적 능력을 지닌 경향이 있고 자신들의 특수한 관심 및 기술에 부합하는 틈새(niche)를 발견할 수 있다. 일반적으로 손상수준이 낮은 사람들은 독립적으로 기능할 수(역할을 할 수) 있다. 하지만 이런 사람들조차 사회적으로 순진하고 취약할 수 있으며, 도움을 받지 않고 실질적 요구사항을 정리하기(organize) 어려워하고 우울증 및 불안증에 걸리기 쉽다. 많은 어른은 보상전략을 이용하고 메커니즘을 이용해 공공장소에서 자신의 문제를 가릴 수 있지만 사회적으로 수용할 만한 모습을 유지하려는 노력과 스트레스 때문에 고생한다고 보고한다. 자폐 스펙트럼 장애가 있는 노인에 관해 알려진 바는 거의 없다.

자폐 스펙트럼 장애 환자들은 대체로 어린 나이에 최초 진단을 받으나 일부는 성인이 되어 최초 진단을 받기도 한다. 이들은 가족 중 아이가 자폐 진단을 받았거나 자신이 가정이나 직장에서 관계가 좌절된다고 느끼면서 자신의 상태에 대한 이해를 얻기 위해 기관에 방문한다. 그런 경우 세부적 발달과정을 파악하기 어려울 것이며, 자가 보고된 어려움들을 고려하는 게 중요하다. 임상적 관찰을 통해 현재 기준을 충족하는 것으로 나올 경우, 아동기에 좋은 사회적(사교적) 기술 및 의사소통 기술의 증거가 없을 경우, 자폐 스펙트럼 장애가 진단될 수 있다. 예를 들어, (부모와 친척에 의해) 한 개인이 정상적이고 지속적인 상호 우정을 유지하며, 아동기를 통틀어 훌륭한 비언어적 의사소통을 했다고 보고되면, 자폐 스펙트럼 장애의 진단은 고려대상에서 배제되지만, 발달정보의 부재 자체는 배제하지 말아야 한다.

자폐 스펙트럼 장애를 정의해 주는 사회 및 의사소통 손상 및 제한적/반복적 행동은 발달시기에 명확히 표명된다. 그 이후에는, 중재나 보상은 물론 현재의 지원으로, 이런 어려움이 적어도 일부의 상황에서 가려질 수 있다. 하지만 여러 증상은 사회, 작업, 기타 중요한 기능능역에서 현재의 손상을 일으키기에 충분한 상태로 유지된다.

(5) 위기 및 예후요인

자폐 스펙트럼 장애 내 개인의 결과에 대해 가장 잘 확립된 예후요인은 관련 지적장애 및 언어 손상(예: 5세까지 기능적 언어는 좋은 예후적 징후다), 추가적인 건강 문제의 존재 여부다. 동반이환 진단으로서 간질은 보다 나은 지적장애 및 낮은 언어능력과 관련이 있다.

① 환경적 요인

높아진 부모의 나이, 낮은 출생 시 체중, 태아의 발프로에이트 노출과 같은 다양한 비특이 위험요인들은 자폐 스펙트럼 장애 위험의 원인이 될 수 있다.

② 유전 및 생리적 요인

자폐 스펙트럼 장애의 유전 가능성 추정치는 한 쌍의 일치율(twin concordance rate)을 토대로 37%부터 90% 이상까지다. 현재 자폐 스펙트럼 장애의 사례 중 15%는 알려진 유전적 돌연변이, 드 노보(de novo) 복제 수(copy number)의 변이들 혹은 다양한 가족 내 장애와 관련된 특이 유전자 내 드 노보 돌연변이와 연관이 있는 것으로 나타났다. 하지만 자폐 스펙트럼 장애가 이미 알려진 유전적 돌연변이와 연관이 있는 경우에도, 그것은 완전히 침투한(penetrant) 것으로 보이진 않는다. 여러 사례를 생각나게 하는 요인의 위험대상은 폴리진(polygenic)이며, 아마도 수백 가지의 유전적 궤적은 비교적 낮은 기여를 할 것이다.

(6) 문화 관련 진단 문제

사회적 상호작용, 비언어적 의사소통, 관계에 대한 기준 면에서 문화적 차이가 존재할 테지만, 자폐 스펙트럼 장애가 있는 사람들은 문화적 맥락의 기준에 비해 현저히 손상된다. 문화 및 사회경제적 요인들은 인식 혹은 진단이 되는 연령에 영향을 미칠 것이다. 예를 들어, 미국의 경우 아프리카계 미국인 아이들 사이에서 자폐 스펙트럼 장애의 늦은 진단이나 오진이 발생할 수 있다.

(7) 성별 관련 진단 문제

자폐 스펙트럼 장애는 여성보다 남성의 경우 4배 이상 진단된다. 임상적 표본 내에서 여성은 지적장애를 수반한 경우가 많으며, 이는 지적 손상이나 언어지체를 수반하지 않은 소녀들은 사회 및 의사소통 어려움이 미묘하게 표명되는 탓에 (자폐 여부가) 인식되지 않을 수 있다는 점을 시사한다.

(8) 자폐 스펙트럼 장애의 기능적 결과

자폐 스펙트럼 장애가 있는 어린아이들의 경우, 사회 및 의사소통 능력이 부재하여 학습, 특히 사회적 상호작용을 통한 혹은 친구와 함께 있는 상황에서의 학습에 방해가 될 수 있다. 가정에서, 일상적 일에 대한 고집과 변화에 대한 반감은 물론 감각적 민감도가 섭취와 수문을 방해하여 일상적 관리(예: 머리 자르기, 이 닦기)를 극히 어렵게 만들 수 있다. 적응적 기술은 일반적으로 측정된 IQ 미만이다. 계획하기, 조직하기, 변화에 대처하기를 극도로 어려워하는 점이 학업성취에 부정적 영향을 미치며, 평균 이상의 지능을 지닌 학생에게조차 나쁜 영향을 미친다. 성인기에 이런 사람들은 지속적인 엄격성, 새로운 것을 어려워하는 점 때문에 독립성을 추구하기 어려워할 수 있다.

자폐 스펙트럼 장애를 지닌 많은 사람이 지적장애가 없음에도, 독립적 생활, 돈벌이가 되는 직업과 같은 측정법에 의해 지표로 나타나듯, 성인의 생리적 기능이 취약하다. 노년에 기능적 결과들은 알려져 있지 않지만 사회적 고립과 의사소통 문제들(예: 도움 구하기의 감소)이 노년기 건강에 영향을 미칠 수 있다.

(9) 다양한 진단

① 레트 증후군

레트 증후군의 퇴행기(일반적으로 1~4세) 동안 사회적 상호작용의 파괴를 관찰할 수 있다. 이에 따라 영향을 받은 상당수의 어린 소녀들은 자폐 스펙트럼 장애에 대한 진단적 기준을 충족하는 모습을 보일 수 있다. 하지만 이 시기를 거친 후, 레트 증후군이 있는 대부분의 사람의 사회적 의사소통 기술이 개선되며, 자폐의 특징은 더 이상 주요 우려의 대상이 아니게 된다. 결과적으로 자폐 스펙트럼 장애는 모든 진단기준이 충족할 때만 고려해야 한다.

② 선택적 무언증

선택적 무언증에서 초기 발달은 일반적으로 방해받지 않는다. 영향을 받는 아이는 일반적으로 특정 환경 및 상황에서 적절한 의사소통 기술을 보인다. 아이가 말을 안 할 때에도 사회적 상호성은 손상되지 않으며, 제한적 혹은 반복적 행동 패턴이 나타나지도 않는다.

③ 언어장애와 사회적(실용적) 의사소통장애

몇몇 언어장애의 형태에는 의사소통 및 몇 가지 이차 사회적 어려움의 문제가 있을 수 있다. 하지만 특이 언어장애는 일반적으로 비정상적 비언어 의사소통은 물론 제한적, 반복적 패턴의 행동, 관심, 활동이 나타나는 것과 연관이 없다.

한 개인이 사회적 의사소통 및 사회적 상호작용의 손상을 나타내지만 제한적, 반복적 행동이나 관심을 나타나지 않는 경우, 자폐 스펙트럼 장애 대신 사회적(실용적) 의사소통장애의 기준을 충족할 수 있다. 자폐 스펙트럼 장애의 기준을 충족할 때마다 자폐 스펙트럼 장애의 진단이 사회적(실용적) 의사소통장애의 진단을 대체하며, 주의 깊게 과거 혹은 현재의 제한적/반복적 행동과 관련해 조사를 해야 한다.

④ 자폐 스펙트럼 장애가 없는 지적장애(지적발달장애)

자폐 스펙트럼 장애가 없는 지적장애는 매우 어린 아이들의 자폐 스펙트럼 장애와 구별하기 어려울 수 있다. 언어 및 상징 기술이 발달하지 않은, 지적장애가 있는 사람들은 분별적 진단을 하기 어려운데, 반복적 행동이 그런 사람에게도 자주 발생하기 때문이다. 지적장애가 있는 사람에 대한 자폐 스펙트럼 장애 진단이 적절한 경우는 사회적 의사소통과 상호작용이 개인의 비언어적 기술(예: 좋은 운동기술, 비언어적 문제해결)의 발달수준에 비해 유의미하게 개선될 때다. 이와 반대로 지적장애가 적절한 진단이 되는 경우는 사회-의사소통 기술과 기타 지적 기술 수준 간에 명확한 차이가 없을 때다.

⑤ 전형적 운동장애

운동 상동(stereotypies)은 자폐 스펙트럼 장애의 진단적 특징에 속하고, 그래서 그런 반복적 행동이 자폐 스펙트럼 장애의 존재에 의해 좀 더 잘 설명될 때, 전형적인 운동장애에 대한 추가 진단이 이뤄지지 않는다. 하지만 상동이 자해를 일으키고 치료의 초점이 될 때, 두 진단 모두 적절할 수 있다.

⑥ 주의력결핍/과잉행동 장애

주의력의 비정상(과다집중이나 쉽게 주의가 흐트러짐)은 과잉행동의 경우만큼 자폐 스펙트럼 장애가 있는 사람들에게 흔하다. 주의력 문제나 과잉행동이 일반적으로 비슷한 정신연령을 지닌 사람에게 보이는 수준을 넘어설 때, 주의력결핍/과잉행동 장애(ADHD)에 대한 진단을 고려해야 한다.

⑦ 정신분열

아동기에 발병한 정신분열은 일반적으로 정상 혹은 거의 정상적 발달시기 후에 발달하는 게 보통이다. 조짐기는 사회적 손상, 비전형적 관심 및 믿음이 발생하는 것으로 설명되며, 자폐 스펙트럼 장애에서 관찰되는 사회적 장애와 혼동될 수 있다. 정신분열증의 특징을 정의하는 환영과 망상은 자폐 스펙트럼 증상의 특징이 아니다. 하지만 임상의들은 자폐 스펙트럼 장애가 있는 사람들이 정신분열증의 핵심적 특징에 관한 질문의 해석 면에서 잠재성을 구체적으로 고려해야 한다(예: "아무도 없는데 어떤 목소리를 듣나요?" "네 [라디오에서].").

(10) 원인

① 유전적 요인

대부분의 연구자는 자폐 스펙트럼 장애를 이루는 증후군 집단이 유전적 요인에 기인한다고 본다(Rodier, 2000).

그에 따른 증거는 21쌍의 쌍생아를 대상으로 한 연구를 살펴보면 알 수 있다. 이 연구에서 일란성 쌍생아는 이란성 쌍생아에 비해 36%의 일치율을 보였다. 그리고 이란성 쌍생아는 10%의 인지적 이상 일치 비율을 보였고, 반면에 일란성 쌍생아는 82%의 인지적 이상 일치 비율을 보였다.

또 다른 연구에서는 자폐 아동의 형제 중 자폐증이 발생할 수 있는 확률은 일반 인구에 비해 50배에서 많게는 200배나 높아지는 것으로 보고되었다. 그리고 자폐 아동 중 약 25%가 언어지체의 가족력이 있었고 자폐 아동의 형제 중 약 15%는 언어이상이나 학습장애 혹은 정신지체를 보이고 있었다. 그러나 다운증후군 아동의 형제들은 약 3%만이 이러한 인지적 이상을 보이는 것으로 나타났다. 이러한 결과는 유전적인 인지이상이 질병의 발생에 상당히 기여함을 시사하고 있다.

다른 연구에서는 흥미로운 결과들도 발견되었다. 자폐증인 사람들의 가족들에게서 자폐증이 아닌 다른 전반적 발달장애 발생률이 일반적인 발생률보다 더 높게 나타났다. 그리고 자폐증 아동의 다른 가족 구성원들도 사회적 기능, 의사소통장애를 보였고 반복적인 행동특성을 나타냈는데, 이는 자폐증 증상과 유사하였으나 자폐증 진단을 내릴 정도로 심하지는 않았다(Piven & Palmer, 1997; Szatmari et al., 2000).

최근 자폐증과 취약 X 염색체 이상 간의 관계에 대해서도 주목받고 있다. 이는 주로 자폐 여아를 대상으로 하여 연구가 이루어지고 있는데, 취약 X 증후군은 자폐적 특성처럼 눈 맞춤을 잘 못하고 상동적인 행동, 주의 문제, 충동성 등의 증상을 보인다.

자폐증은 성과 관련하여 유전되는 장애로도 추론할 수 있다. 왜냐하면 여아에 비해 남아의 비율이 훨씬 높게 나타나기 때문이다.

자폐증의 유전 방식이나 기제는 아직 밝혀지지 않고 있으나 다양한 기제가 관련되어 있을 가능성이 많고 연구자들은 대부분의 자폐증이 여러 유전자의 상호작용으로 발생할 것이라는 견해를 선호한다(Rutter et al., 1999; Veenstra-Vanderweele & Cook, 2003). 그 가능성은 자폐 증상이 연속선상에서 나타난다거나 다양한 임상특성을 보인다는 점에서 발견할 수 있다.

② 생물학적 요인

현재는 자폐증의 원인이 생물학적 등 여러 원인에 의해 발생한다고 보고 있지만, 1950년대에는 정신과 의사 브루노 베텔하임(Bruno Bettelheim)이 자폐증의 원인을 '냉장고 엄마', 즉 무신경하고 무정한 엄마가 자녀를 충분히 사랑해 주지 않는 탓으로 보았다. 이 시기의 자폐증 아동의 엄마는 아이의 비정상적인 행동을 다루어야 할 뿐만 아니라 원인을 제공을 한 사람이라는 비난도 감당해야 했다.

1964년 버나드 림랜드(Bernard Rimland)는 『유아자폐증: 증상과 행동의 신경이론적 함의(Infantile Autism: The Syndrome and Its Implications for a Neural Theory of Behaviour)』란 책을 출판하였는데, 그 내용에 따르면 자폐의 원인은 부모 노릇을 못했기 때문이라기보다 생물학적 요인과 관련이 있다. 림랜드는 자폐 스펙트럼 장애에서 나온 결과와 또 그에 이바지하는 생물학적 논의를 주장하는 데 평생을 바쳤고, 오랫동안 자폐 스펙트럼 장애가 있는 사람의 뇌를 전형적으로 발달하는 아이들의 뇌와 비교해 보면 다를 것이라고 가정하였다.

현재 자폐 스펙트럼 장애는 생후 30개월 이내에 발생하거나 출생 시부터 나타나 신경생리학적 장애로 일반적으로 받아들여지고 있다. 자폐증의 여러 이상행동이 어린 시절부터 발생한다는 것이 밝혀지면서 생물학적 원인에 대한 연구가 활발히 이루어지기 시작하였다.

자폐증의 생물학적 원인에 대한 여러 연구 중 세로토닌의 이상이 일관되게 보고되고 있다. 세로토닌은 신경전달물질로서 필수 아미노산인 트리토판의 신진대사 생성물이다. 세로토닌은 정상적인 뇌기능에 필수적이고 섭취하는 영양분의 일부로 얻어진다. 자폐 아동 중 약 30~40%에서 세로토닌 수치가 정상 아동보다 높다고 발견되고 있다. 그렇지만 세로토닌의 이상이 자폐증상과 어떤 관련성을 가지는지에 대해서는 아직까지 명확히 밝혀지지 않았다.

신경생물학적 원인에 있어서 지금까지 뇌의 다양한 영역과 그에 연관된 기능적 해부학에 대한 논의도 이루어져 왔다. 현재까지의 연구결과들을 종합해 보자면, 자폐장애에서 주요 이상을 보이는 뇌영역은 크게 변연계(limbic system), 측두엽(temporal lobe), 전두엽(frontal lope) 및 그와 연관된 영역이라고 볼 수 있다. 특히 변연계에 속하는 편도체(amygdala)는 많은 연구에서 자폐장애가 있는 아동의 사회적 인지(social perception), 과제 수행 시 정상 아동에 비해 저활성화(underactivity)되는 것으로 관찰되었다. 편도체가 사회적 및 정서적 기능과 연관된 부위이며 언어와 정보를 처리하고 고위 인지기능을 담당하는 전두엽 등과 기능적 연결관계를 가지고 있다는 점을 고려할 수 있다.

구조적 뇌 자기공명영상(MRI) 연구에서 최근 반복되는 결과는 자폐 아동의 전체 뇌 크기가 커져 있다는 점이다. 출생 시에는 정상 크기이지만, 생후 1년경부터 크기가 커져 2~4세경에는 정상보다 5~10% 정도까지 차이를 보이다가, 성인기에는 정상보다 약간 큰 정도라고 한다.

최근 연구에서는 전두엽 및 측두엽의 크기가 더 커지고 회백질보다 백질의 크기가 증가한 것으로 밝혀졌다. 이에 대한 한 가지 이론에서는 자폐증에서 백질의 크기 증가가 단거리(short-distance) 경로의 과잉 증가로 인해 발생하고 이에 따라 장거리 연결(long-rage connection)들은 감소하여, 이런 연결의 불균형으로 인해 뇌 크기가 커지고 기능적으로 분리된 처리를 하게 된다는 것이다. 몇몇의 기능적 신경영상 연구에서도 '기능적 연결성'의 이상이 보고되었다. 이것은 자폐 아동이 정보를 통합적으로 처리하지 못하고 분절된 형식으로 처리하며, 사물에 대한 전체적 조망 및 개념적 이해가 부족하고 사물의 일부에만 집착하는 현상을 보이는 것과 연관된다고 할 수 있다.

최근의 기능적 뇌영상 연구들에서는 자폐장애의 얼굴 표정 인지(perception of facial expression), 공감능력(empathy) 등에도 관심을 두고 있다. 이 중에서 비교적 일관되게 보고되는 사항은 얼굴 형태 및 표정의 인지를 담당하는 방추 얼굴 영역(fusiform face area: FFA)이 해당 과제 수행 시 저활성화되어 있다는 것이다. 이는 자폐장애 환자가 얼굴 및 얼굴 표정의 인식능력이 떨어진다는 연구결과와 일치하며, 자폐증의 핵심증상인 사회성 결핍을 이해하는 데도 중요한 단서를 제공한다고 볼 수 있다.

(11) 자폐증 치료

① 치료교육
자폐증의 치료교육은 초기부터 지속적으로 개입하고 제공하는 것이 효과적이다.

초기의 적절한 치료교육은 자폐 아동의 지적 및 의사소통 기능 향상에 뚜렷한 효과가 있으며 치료를 위해 치료자와 부모 그리고 치료자들 사이에 정보 공유와 협력이 필요한 경우도 많다.

자폐장애의 주요 문제인 사회적 발달을 촉진하기 위해 다양한 기술이 이용된다. 이러한 사회적 기술들은 연령에 따라 다르게 이용되며 연령이 높아질수록 세분화된다. 영아기에는 주로 엄마와의 애착, 유아기에는 또래집단의 사회적 규칙이나 상호작용, 또래의 감정 이해, 청소년기에는 보다 깊은 또래관계 형성 등이 주요 교육과제다.

② 행동치료

행동수정은 자폐 아동을 치료하는 데 매우 많이 사용되는 기법이다. 행동치료는 두 가지 범주로 나누어 볼 수 있다(American Psychological Association, 2006). 첫째, 구체적인 행동에 집중하는 것으로 예를 들면 언어 또는 사회적 기술의 장애가 있을 수 있고 상동행동이나 자해 같은 특정한 행동이 포함될 수도 있다. 둘째, 자폐증의 주요 증상과 이차적인 문제들을 향상시키고자 비교적 장기간에 걸쳐 집중적이고 포괄적인 치료를 하는 것이다.

자폐 아동의 경우 자신의 행동을 다양한 환경에 일반화하지 못하기 때문에 안정적인 환경의 유지가 매우 중요한데, 자폐 아동에게 특히 위협적인 환경요인은 사회적 접촉에 대한 과도한 압력이나 변화에 대한 과도한 요구가 있는 환경이다. 만일 치료환경을 바꾸어야 할 경우에는 주의 깊게 고려해 보아야 한다.

자폐 아동에게 사용되어 온 행동치료는 크게 정적 강화와 처벌이 있으며 이해수준이 낮은 아동의 행동을 치료하고자 할 때는 구체적이거나 먹을 수 있는 강화물을 사용하는 것이 효과적이다. 처음에는 아동이 바람직한 행동을 할 때마다 즉시 강화물을 주어야 하며, 아동이 칭찬을 이해하고 보상을 참고 기다릴 수 있게 되면 강화의 빈도를 점차 줄여 나가게 된다.

③ 약물치료

자폐증의 여러 증상을 감소시키기 위한 치료에는 보통 약물치료도 함께 이루어지기는 하지만 자폐증에 특정적인 약물치료가 있는 것은 아니며, 특정 증상을 대상으로 한 약물치료가 이루어지고 있다. 이러한 약물치료는 다른 치료를 잘 받을 수 있도록 도와주고 부모가 양육하는 데 있어 용이하도록 해 준다. 약물치료를 하기 전엔 의학적 측면뿐만 아니라 가정이나 학교 환경 등에 대해 철저하게 평가해야 하며, 약물 투약을 시작하게 되면 부작용에 대해서도 주의를 기울여야 한다. 약물치료에는 대개 과잉행동, 충동성, 주의력결핍, 공격성, 상동행동, 자해행동, 우울증상 등이 포함된다.

자폐장애에서 가장 흔히 사용되는 약물은 항정신병 약물로서 주로 자해(self-mutilation), 공격성, 상동증 등의 행동 문제를 조절하기 위해 사용된다. 이전에는 할로페리돌(haloperidol) 등 정형 항정신병 약물(typical antipsychotics)이 다양한 증상을 감소시키고 학습효과를 촉진시키는 것으로 알려져 사용되었으나, 파킨슨병과 같은 지연성 운동 부작용(tardive dyskinesia), 몸무게 증가 등으로 더 이상 추천되지 않는다. 대신 현재는 운동 부작용이 개선된 비정형 항정신병 약물(atypical antipsychotics)이 주로 사용되고 있다. 이에 해당되는 약물로는 리스페리돈(risperidone), 올란자핀(olanzapine) 등이 있다. 또한 최근에는 날록손(naloxone)도 과잉행동, 충동성, 공격성을 감소시키고 언어발달과 사회적 행동을 촉진시키는 효과가 있는 것으로 알려지고 있다. 각성제는 아동의 산만한 행동을 감소시키는 것으로 밝혀졌다(American Psychological Association, 2006).

3) 주의력결핍/과잉행동 장애

주의력결핍/과잉행동 장애의 진단기준(DSM-5)

A. 기능 및 발달을 방해하는 주의력결핍 및 과잉행동-충동 양상의 지속적 발현으로, 다음의 (1), (2) 중 하나 혹은 모두를 충족한다.

(1) **주의력결핍**: 다음 증상 가운데 여섯 가지 이상 증상이 최소 6개월 동안 발달수준에 반하여, 사회 및 학업/직업 활동에 직접적으로 부정적인 영향을 미치며 지속된다.
주의: 증상은 반항적, 적대적, 혹은 지시를 이해하지 못한 결과로 발생하지 않아야 함. 후기 사춘기와 성인(17세 이상)의 경우, 최소 다섯 가지 이상 증상 요건을 충족해야 함

a. 자주 세부적인 면에서 면밀한 주의를 기울이지 못하거나, 학업, 작업 또는 다른 활동에서 부주의한 실수를 저지른다(예: 세부사항을 간과하거나 놓침, 결과물이 부정확함).

b. 흔히 일을 하거나 놀이를 할 때, 지속적으로 주의를 집중하는 데 어려움을 겪는다 (예: 강의, 대화 혹은 긴 독서 중 주의력 유지에 어려움을 겪음).

c. 흔히 다른 사람이 직접 말을 할 때 경청하지 않는 것으로 보인다(예: 명확한 방해물의 부재에도 불구하고 정신이 다른 곳에 있는 것처럼 보임).

d. 흔히 지시를 그대로 따르지 못하고, 학업, 잡일, 작업장에서의 임무를 완수하지 못한다(예: 작업을 시작하나 곧 집중력을 잃고 곁다리로 벗어남).

e. 흔히 과업과 활동을 체계화하는 데 어려움을 겪는다(예: 순차적 작업을 해내거나 작업물이나 소지품을 정리하는 데 어려움을 겪음, 깔끔하지 못하고 조직화되지 못한 결과물, 시간관리가 안 됨, 기한을 지키지 못함).

f. 자주 지속적인 정신적 노력을 요구하는 작업(학업 또는 숙제 같은)에 참여하기를 피하고, 싫어하고, 저항한다(예: 학교 과제; 후기 청소년기 및 성인기에는 보고서 준비, 서식 작성, 긴 문서 검토 등).

g. 자주 작업이나 활동하는 데 필요한 물건들을(예: 장난감, 학습과제, 연필, 책, 또는 도구, 지갑, 열쇠, 서류, 안경, 휴대전화)을 잃어버린다.

h. 자주 외부의 자극에 의해 쉽게 산만해진다(후기 청소년기 및 성인기의 경우는 연관되지 않은 생각들에 의해).

i. 자주 일상적인 활동을 잊어버린다(예: 잡다한 집안일, 심부름하기; 후기 청소년기 및 성인기의 경우 전화 답해 주기, 고지서 납부, 약속 지키기 등).

(2) **과잉행동 및 충동**: 다음 증상 가운데 여섯 가지 이상 증상이 최소 6개월 동안 발달수준에 반하여, 사회 및 학업/직업 활동에 직접적으로 부정적인 영향을 미치며 지속된다. **주의**: 증상은 반항적, 적대적 혹은 지시를 이해하지 못한 결과로 발생하지 않아야 함. 후기 사춘기와 성인기(17세 이상군)의 경우, 최소 다섯 가지 이상 증상 요건을 충족해야 함

a. 흔히 손발을 가만히 두지 못하고, 손끝으로 두드리거나, 의자에 앉아서도 몸을 움지락거린다.

b. 보통 앉아 있도록 요구되는 상황에서 자주 자리를 떠난다(예: 교실에서 자기 자리를 떠나거나, 사무실에서 고정 좌석을 떠나거나, 기타 앉아 있도록 요구되는 상황에서).

c. 자주 부적절한 상황에서 지나치게 뛰어다니거나 기어오른다(주의: 청소년 또는 성인의 경우 좌불안석을 느끼는 것으로 제한될 수 있다).

d. 흔히 조용히 여가활동에 참여하거나 놀지 못한다.

e. 흔히 끊임없이 활동하거나 마치 무엇인가에 쫓기는 것처럼 행동한다(예: 식당, 회의 등에서 장시간 가만히 있지 못하거나 가만히 있는 데 불편을 느낌, 타인에게는 가만히 있지 못하거나 보조를 맞추기 어렵게 느껴짐).

f. 자주 지나치게 말을 많이 한다.

g. 자주 질문이 채 끝나기 전에 성급하게 대답한다(예: 타인의 문장을 끝내 버림, 대화에서 자기 차례가 오기를 기다리지 못함).

h. 자주 차례를 기다리지 못한다(예: 줄 서는 상황에서).

i. 자주 다른 사람의 활동을 방해하고 간섭한다(예: 대화·게임·활동에 참견함, 허락을 받기도 전에 다른 사람의 물건을 사용하기 시작함; 청소년 및 성인의 경우 타인이 무언가를 하는 도중 끼어들기).

B. 장해를 일으키는 주의력결핍 혹은 과잉행동-충동 증상 중 일부가 12세 이전에 있었다.

C. 주의력결핍 혹은 과잉행동-충동 증상 중 몇 가지가 2개 또는 그 이상의 환경에서 존재한다(예: 가정, 학교, 혹은 직장에서, 친구들 혹은 친척들과 있을 때, 서로 다른 활동 중).

D. 증상들이 사회적, 학업적, 직업적 기능을 방해하거나 그 질을 떨어뜨린다는 명백한 증거가 존재한다.

E. 증상이 정신분열증 혹은 기타 정신병적 장애의 진행과정 내에서만 배타적으로 발생하거나, 또 다른 정신과적 장애(예: 정동장애, 불안장애, 해리장애, 성격장애, 약물 중독 및 금단증)에 의해 더 잘 설명되지 않는다.

현재의 심각도를 명시할 것:
경도(Mild): 증상 수가 진단조건과 같거나, 심하게 초과하여 나타나지 않으며, 증상이 경도의 사회 및 작업적 부전만을 야기할 경우
중등도(Moderate): 진단조건 충족 증상 수 및 기능부전 정도에 있어 '경도'와 '중도'의 중간 수준일 경우
중도(Severe): 증상 수가 진단조건을 훨씬 초과하여 발현되거나, 몇 가지 증상이 심각하게 나타날 경우. 혹은 증상이 심각한 사회 및 작업적 부전을 야기할 경우

(1) 진단기준 및 특징

주의력결핍/과잉행동 장애(Attention-Deficit/Hyper-activity disorder; ADHD)의 필수 증상은 동등한 발달수준에 있는 아동들에게 관찰되는 것보다 더 빈번하고 더 심하며 더 지속적인 주의력결핍이나 또는 과잉행동, 충동이다. 이 아동들의 대부분은 증상이 발생된 후 몇 년이 지나서야 진단되지만, 장애를 일으키는 충동적인 증상

및 주의력결핍 증상이 7세 이전에 발생되어야 한다. 증상에 의한 장애가 적어도 두 가지 상황에서 존재해야 한다(예: 가정에서, 학교에서 또는 작업장에서). 발달적으로 적절한 사회적, 학업적, 직업적 기능이 손상되어 있다는 분명한 증거가 있다. 장애는 광범위성 발달장애, 정신분열증, 다른 정신증적 장애의 기간 중에만 발생하지 않고, 다른 정신장애, 예컨대 기분장애, 불안장애, 해리장애 또는 성격장애에 의해 잘 설명되지 않는다.

주의력결핍은 학업적, 직업적, 사회적 상황에서 드러난다. 이 장애가 있는 개인들은 세부적인 면에 대해 면밀한 주의를 기울이지 못하고, 학업이나 다른 과업에서 부주의한 실수를 범한다. 작업은 흔히 무질서하고, 신중한 생각 없이 부주의하게 수행된다. 흔히 개인은 일을 하거나 놀이를 하면서 지속적으로 주의를 집중하지 못하고, 일을 끝마칠 때까지 과업을 지속하지 못한다. 그들은 마음이 다른 곳에 있는 것처럼 보이기도 하고, 다른 사람이 무슨 말을 하는지 듣지 않거나 경청하지 않는 것처럼 보인다. 하나의 활동을 다 끝맺지 못하고 다른 활동으로 넘어가는 일이 빈번하다. 이 장애로 진단받은 개인들은 하나의 과업을 시작하자마자 다른 과업으로 넘어가고, 어떤 과업도 다 끝맺기 전에 또 다른 과업으로 방향을 바꾼다. 그들은 흔히 다른 사람의 요청이나 지시에 따라 일을 하지 못하며 학업, 작업, 다른 과제들을 끝마치지 못한다. 일을 완전하게 끝맺지 못하는 이유가 다른 이유(예: 지시를 이해하는 데서의 실패)가 아닌 주의력결핍 때문인 경우에만 이 진단을 내릴 수 있다.

이들은 흔히 과업과 활동을 체계화하는 데 어려움을 지니고 있다. 지속적인 정신적 노력을 필요로 하는 과업은 불쾌하고 매우 혐오적인 일로 경험된다. 결과적으로 이러한 개인들은 지속적인 참여와 정신적 수고가 요구되거나 일의 체계성이나 집중적인 주의력이 요구되는 활동, 예컨대 숙제 또는 서류 작업 등을 회피하거나 대단히 싫어한다. 이차적으로 반항이 일어날 수도 있지만, 이런 회피는 일차적인 반항적 태도 때문이 아니고, 주의력장애 때문에 일어난다.

작업습관은 흔히 혼란스럽고, 과업을 수행하는 데 필요한 재료를 흩뜨려 놓으며, 분실하고, 부주의하게 다루며, 손상시킨다. 이러한 개인들은 직접 관계가 없는 사소한 자극에도 쉽게 산만해지고, 보통 다른 사람들은 무시하는 사소한 소음이나 사건(예: 자동차 경적 소리, 눈에 띄지 않는 곳에서의 대화)에 주의를 기울이기 때문에 진행 중인 과업을 자주 중단하게 된다. 그들은 흔히 일상적인 활동을 잊어버린다(예: 약속

불이행, 점심을 가져가는 것을 잊음). 사회적 상황에서 주의력결핍은 대화내용이 빈번하게 바뀌고, 다른 사람의 말에 귀를 기울이지 못하며, 대화에 전념하지 않고, 경기나 활동에서 규칙이나 세부사항을 따르지 않는 양상으로 표현될 수 있다.

과잉행동은 자리에서 만지작거리거나 옴지락거리고, 가만히 앉아 있어야 할 경우에 가만히 앉아 있지 못하며, 부적절한 상황에서 지나치게 뛰어다니거나 기어오르고, 조용히 여가활동에 참여하거나 놀지 못하며, 끊임없이 활동하거나 마치 무엇인가에 쫓기는 것처럼 보이고, 지나치게 수다스럽게 말하는 행동으로 드러난다. 과잉행동은 개인의 나이와 발달수준에 따라 다양한데, 어린 아동에게는 이 진단을 신중하게 내려야 한다. 이 장애가 있는 걸음마 시기와 학령기 이전의 아동은 모든 것을 항상 멋대로 한다는 점에서 정상적으로 활동적인 어린 아동과 다른데, 그들은 앞뒤로 돌진하고, 옷을 입히기 전에 문 밖에 있고, 가구 위로 뛰거나 기어오르며, 온통 집 안을 뛰어다니고, 유치원에서 앉아서 하는 집단활동에 참여하는 데 어려움이 있다. 학령기 아동도 비슷한 행동을 나타내지만, 걸음마 시기나 학령기 이전의 아동에 비해 빈도나 강도가 더 약하다. 그들은 앉아 있지 못하고, 자주 일어나서 의자에서 옴지락거리고, 모서리에 매달린다. 물건을 만지고, 손을 두드리고, 지나치게 발과 다리를 흔든다. 그들은 흔히 식사 중에, 텔레비전 시청 중에, 또는 과제수행 중에 자리에서 일어나서 수다스럽게 말을 많이 하며, 조용한 활동 중에 지나치게 소란을 피운다. 청소년과 성인들의 과잉행동 증상은 안절부절못하고 조용히 앉아서 하는 활동에 참여하지 못하는 양상을 취한다.

충동성은 성급함, 반응을 연기하는 어려움, 질문이 채 끝나기 전에 성급하게 대답하기, 자신의 차례를 기다리지 못함, 사회적·학업적 장면에서 장애를 초래할 정도로 다른 사람의 활동을 방해하거나 간섭하는 양상으로 나타난다. 다른 사람들은 옆에서 한 마디 말도 할 수 없다고 불평할 수 있다. 이러한 개인들은 전형적으로 의견을 말하면서 차례를 기다리지 못하고, 지시를 경청하지 못하며, 적합하지 않은 시기에 대화를 시작하고, 지나치게 다른 사람의 활동을 방해하고 간섭하며, 다른 사람에게서 물건을 가로채고, 만지지 않을 것을 만지며, 버릇없이 익살을 떤다. 충동성은 사고(예: 물건 뒤집어엎기, 사람과 부딪치기, 뜨거운 냄비 가로채기)를 일으키고, 결과에 대한 예상 없이 위험스러운 활동을 하게 만든다.

행동증상은 대개 가정이나 학교, 직장을 포함한 여러 사회적 상황에서 나타난다.

진단이 내려지기 위해서는 적어도 두 가지 장면에서 손상이 있어야 한다. 모든 장면에서 또는 동일 장면 내에서 항상 동일 수준의 기능장애를 보이는 경우는 매우 드물다. 증상은 전형적으로 지속적인 주의나 정신적 노력이 요구되는 상황, 또는 관심을 끌 만한 매력이 없거나 새로운 것이 없는 상황(예: 학급 교사에게 경청하기, 숙제하기, 긴 자료를 듣거나 읽기, 단조롭고 반복적인 과업을 계속하기)에서 악화된다. 매우 엄격한 통제 상태에 있을 때, 신기한 장면에 직면해 있을 때, 또는 적절한 행동에 대해 빈번한 보상을 경험하는 상황에서는 장애의 징후들이 최소한으로 나타나거나 나타나지 않는다. 증상은 집단 상황에서 보다 쉽게 나타난다. 그러므로 임상가는 각 영역 내의 다양한 상황에서 일어나는 개인행동에 대해 물어보아야 한다.

주의력결핍/과잉행동 장애로 임상에 의뢰되는 많은 아동은 적대적 반항장애 또는 품행장애도 갖고 있다. 주의력결핍/과잉행동 장애가 있는 아동은 기분장애, 불안장애, 학습장애, 의사소통장애의 유병률이 보다 높다. 이 장애는 뚜렛장애가 있는 개인에게서 흔히 나타나게 되는데, 두 장애가 공존하는 경우 주의력결핍/과잉행동 장애의 발병이 뚜렛장애의 발병에 선행한다. 아동학대나 부모의 무관심, 자궁 내 약물 노출, 저체중아, 정신지체의 과거력이 있을 수 있다.

주의력결핍/과잉행동 장애는 이 장애가 있는 아동의 직계가족에서 흔히 발견된다. 또한 연구들은 주의력결핍/과잉행동 장애가 있는 개인의 가족에게서 기분장애 및 불안장애, 학습장애, 물질 관련 장애, 반사회성 성격장애의 유병률이 보다 높다고 시사하고 있다.

① 진단의 단서

가벼운 언어, 운동 및 사회적 발달지체는 ADHD에만 국한된 것은 아니지만 자주 함께 발생한다. 연관된 특성으로는 좌절에 대한 낮은 역치, 성마름, 혹은 정서의 불안정성이 있다. 특정학습장애가 있지 않은 경우에도, 학업 및 직업적 성취가 부진한 경우가 많다. 부주의한 행동은 다양한 인지적 과정과 연관되어 있기 때문에, ADHD를 가지고 있을 경우 주의력, 집행력 및 기억력 검사에서, 이 검사들이 ADHD에 대한 진단지표로 충분히 민감하거나 특정적으로 설계되지는 않았음에도 불구하고, 해당 검사들에서도 인지 문제를 보일 가능성이 크다. 초기 성인기에 이르면, ADHD는 자살시도 위험성과 연관성을 띠는데, 특히 정동장애와 품행장애 및 물질사용장애와 동반될(comorbid) 경우 더욱 그러하다.

ADHD 진단을 위한 생물학적 지표는 존재하지 않는다. 집단수준에서, 동류 대비 ADHD 아동들은 뇌전도 검사에서는 느린 뇌파의 증가, 자기공명영상에서는 전체 뇌 부피 감소, 그리고 전후두 피질 성숙지연을 보였으나 이러한 결과로 ADHD를 진단할 수는 없다. 유전적으로 규명된 원인이 있는 희귀한 경우에도(예: 취약 X 증후군, 염색체 22q11 결손 증후군), ADHD 증상의 발현을 통한 진단은 필수적이다.

② 유병률과 경과

모집단에 대한 조사결과 대부분의 문화권에서 ADHD 유병률은 아동의 5%, 성인의 2.5%로 나타났다. 해당 아동의 유아기에 부모들이 과도한 운동활동을 처음 관찰하는 경우가 많지만, 4세 이전에는 다양한 정상 범위 내의 행동과 증상 분별이 어렵다. ADHD는 초등학교 시절 가장 많이 식별되며, 이 시기에 주의력결핍이 두드러지고 보다 부정적으로 작용하게 된다. 초기 청소년기에는 장애가 비교적 안정된 양상을 보이나, 일부에게서는 반사회적 행동이 나타나며 악화 양상을 띤다. ADHD에서 대부분의 경우 운동적 과잉행동 증상은 청소년기와 성인기에 도달하며 잘 드러나지 않게 되지만, 가만히 있지 못함, 주의력결핍, 계획성 결여 및 충동성은 지속된다. ADHD 아동의 다수는 성인기까지도 상대적으로 해당 영역의 어려움을 지속적으로 가지고 있는 경우가 많다.

유치원에서 주로 관찰되는 증상은 과잉행동이다. 주의력결핍은 초등학령기에 보다 두드러지게 된다. 청소년기에는 과잉행동(예: 달려다니기, 기어오르기 등)이 보다 드물어지며, 안절부절못함이나 자신 내의 신경과민, 가만히 있지 못함 및 조급함으로 국한될 수 있다. 성인기에는 과잉행동이 감소한 후에도 주의력결핍과 가만히 있지 못하는 증상과 함께 충동성이 문제로 남아 있을 수 있다.

③ 위험요인

기질적 요인　　　ADHD는 행동 억제력의 감소, 노력을 들여야 하는 통제 혹은 제약, 부정적 감정성 및 증가된 새로움 추구와 연관되어 있다. 이러한 특성은 설사 아동이 ADHD 진단군은 아니더라도 ADHD 경향성을 가지게 할 수 있다.

환경적 요인   출생 시 심한 저체중(1,500g 이하)은 ADHD 위험성을 2, 3배로 높이지만, 대부분의 심한 저체중 출생아가 ADHD로 발전하는 것은 아니다. ADHD는 임신시기의 흡연과 상관관계를 갖지만, 해당 관계의 일부는 일반적인 유전적 위험성을 반영한다. 소수 사례의 경우는 식이내용과도 연관이 있다. 아동 학대 및 방임, 여러 번의 위탁시설 변경, 신경계 독성물질(예: 납) 노출, 감염(예: 뇌염) 및 자궁 내 알코올 노출 등의 이력을 가지고 있을 수 있다. 환경적 독성원에의 노출은 이후 ADHD 발달과 상관관계가 보고된 바 있지만, 이러한 관계에 인과성이 있는지는 아직 알려지지 않았다.

유전적 및 생리적 요인   ADHD 위험성은 ADHD를 가진 개인의 생물학적 1촌 관계에 있을 경우 높아진다. ADHD의 유전성은 확실하다. 특정 유전자들이 ADHD와 상관성이 있음이 밝혀진 바 있으나, 이들과 해당 질환 간에 인과적인 필요 또는 충분 관계가 성립하지는 않는다. 시각 및 청각 장애, 대사이상, 수면장애, 영양부족 및 간질이 ADHD 증상에 대한 잠재적 영향원으로 고려되어야 한다.

ADHD는 특정한 신체적 특징과는 연관성이 없으나, 미미한 신체적 이상(예: 격리증[hypertelorism], 구개의 높은 아치, 낮게 위치한 귀)이 있을 확률이 상대적으로 높아질 수는 있다. 미미한 운동지체 및 기타 연성 신경학정 징후가 나타날 수 있다. 함께 나타나는 현저한 운동의 둔한 증상(clumsiness)이나 운동지연 등(예: 발달협응장애)은 별도로 코드화해야 함을 명심하라.

④ 특정 문화 관련 진단 문제와 기능적 결과

지역에 따라 다른 ADHD 유병률은 주로 진단 및 방법론상의 차이에 기인한 것으로 보인다. 하지만 아동의 행동에 대한 태도 및 해석에 있어 문화적 다양성 역시 존재한다. 미국에서 의료진의 흑인 및 라틴계 비율은 백인 대비 낮다. 정보원의 증상 평가 역시 대상 아동과 정보원이 속한 문화적 집단의 영향을 받게 되므로, ADHD 평가에 있어 문화적으로 적절한 실천이 이루어야 함을 시사한다.

ADHD는 학교 및 학업에서의 성취 부진, 사회적 거절, 성인의 경우 상대적으로 낮은 직업적 성과, 성취, 출근율 및 높은 실직 가능성 및 인간관계에서의 갈등 가능성과 연관된다. ADHD를 가진 아동은 ADHD가 없는 동류집단 대비 청소년기에 품행장애, 그리고 성인기에 반사회성 성격장애로 발전될 확률이 높으며, 그 결과 물질사용장애 및 수감될 확률 또한 높아진다. 결과적인 물질사용장애의 위험성이 높아지는데, 특히 품행장애나 반사회성 성격장애로 발전할 경우에는 더욱 그렇다. ADHD를 가진 이는 그렇지 않은 동류 대비 부상을 입기 쉽다. ADHD를 가진 운전자에게서 교통사고 및 교통규칙 위반은 보다 빈번하다. ADHD 집단에서 비만 확률 또한 높을 수 있다.

지속적인 노력이 필요한 작업에 대한 불충분하거나 불규칙한 노력은 보통 타인에게는 게으름, 무책임함, 혹은 협동심 부족으로 해석된다. 가족 간 관계는 불화와 부정적 상호작용의 특징을 보일 가능성이 있다. 동류관계는 동류에 의한 거절, 방임 및 ADHD를 가진 이에 대한 놀림 등으로 인해 완만하지 않은 경우가 많다. 평균적으로, ADHD군은 동류 대비 더 낮은 수준의 교육을 받고, 더 낮은 직업적 성취를 이루며, 더 낮은 지능점수를 받으나, 집단 내 편차가 큰 편이다. 심각한 경우, 장애는 현저한 기능부전을 가져와 사회, 가족 및 학문/직업적 적응에 영향을 미친다.

학업성취 부족, 학교 관련 문제 및 동류에 의한 방임은 주의력결핍 우세 증상에 의한 결과와 가장 연관성이 큰 반면, 동류에 의한 거절 및 이보다 더 낮은 수준의 사고로 인한 부상은 과잉행동 및 충동성 우세 증상의 결과와 더 연관성이 크다.

⑤ 감별진단

적대적 반항장애(Oppositional Defiant Disorder)   적대적 반항장애를 가졌을 경우 자신의 노력을 요하는 직업 및 학교에서의 업무에 대해 반항할 수 있는데, 이는 이들이 타인의 요구에 순응하기를 거부하기 때문이다. 그들의 행위는 부정성, 적대성 및 반항성으로 특징지어진다. 이러한 증상은 ADHD의 정신적인 노력을 유지하기 어려움, 지시사항을 잊어버림 및 충동성으로 인해 학업이나 기타 정신적 노력을 요하는 업무를 혐오하는 것과는 구분되어야 한다. 감별진단을 복잡하게 하는 요인은 일부 ADHD군의 경우 이러한 작업에 대해 부차적인 반항적 태도를 발달시키며 이들의 중요성을 간과하는 경향이 있다는 사실이다.

간헐적 폭발장애(Intermittent Explosive Disorder)   ADHD와 간헐적 폭발장애는 높은 충동성이라는 특성을 공유한다. 하지만 간헐적 폭발장애는 타인에 대한 심각한 공격성을 보이며, 이는 ADHD의 특성이 아니다. 또한 이들은 ADHD군처럼 주의를 지속시키는 데에는 어려움을 겪지 않는다. 간헐적 폭발장애는 또한 아동기에는 드물게 나타난다. 간헐적 폭발장애는 이미 ADHD 진단을 받은 상태에서 진단될 수도 있다.

기타 신경발달장애(Other Neurodevelopmental Disorder)   ADHD에서 나타날 수 있는 증가된 운동활동은 상동증적 운동장애 및 일부 자폐 스펙트럼 장애의 특징인 반복적 운동행동과 구분되어야 한다. 상동증적 운동장애에서는 운동행동이 일반적으로 고정적이며 반복적이다(예: 몸 흔들기, 스스로 깨물기). 반면 ADHD의 안절부절못하거나 가만히 있지 못하는 증상은 보다 일반적인 행동으로, 반복적인 상동증적 운동과는 구분된다. 뚜렛장애에서는 빈번하게 발생하는 여러 차례의 틱이 ADHD의 안절부절못하는 증상으로 잘못 해석될 수 있다. 안절부절못함을 수회에 걸친 틱과 구분하기 위해서는 장기간의 관찰이 필요할 수 있다.

특정학습장애(Specific Learning Disorder)   특정학습장애를 가진 아동은 낙담, 흥미 결여 및 제한적 능력 등으로 인해 부주의해 보일 수 있다. 하지만 ADHD를 갖지 않은 특정학습장애군의 경우, 학습적 맥락 밖에서는 주의력결핍이 기능에 부정적 영향을 미치지 않는다.

지적장애/지적발달장애(Intellectual Disability-Intellectual Developmental Disorder) ADHD 증상은 자신의 지적 능력과 부적절한 학습환경에 배정된 아이들에게서 흔하게 관찰될 수 있다. 이 경우, 이러한 증상은 학습적 과제가 아닌 경우에는 두드러지지 않는다. 지적장애에서 ADHD 진단은 정신연령 대비 주의력결핍 혹은 과잉행동이 과도하게 나타날 때에만 가능하다.

자폐 스펙트럼 장애(Autism Spectrum Disorder)   ADHD군과 자폐 스펙트럼 장애군은 주의력결핍, 사회적 기능부전 및 행동통제 어려움을 보인다. ADHD군이 보이는 사회적 기능부전과 동류에 의한 거절은 자폐 스펙트럼 장애군의 사회적 분리(disengagement), 고립 및 표정 및 목소리 톤의 단서에 대한 무감각과 구분되어야 한다. 자폐 스펙트럼 장애를 가진 아동은 자신이 기대한 주위 환경/사건으로부터의 변화를 수용할 수 없기 때문에 울화행동(tantrum)을 보인다. 반면 ADHD를 가진 아동은 주요 변화기에 충동성 혹은 낮은 자가통제력 때문에 못되게 굴거나 울화행동을 보일 수 있다.

반응성 애착장애(Reactive Attachment Disorder)　　　반응성 애착장애를 가진 아동 역시 사회적 억제불능(social disinhibition)을 보일 수 있지만, ADHD 영역 전반에 거친 증상을 나타내지 않으며, 관계를 견뎌 내지 못하는 등 ADHD의 특징이 아닌 특성을 보인다.

불안장애(Anxiety Disorder)　　　ADHD는 불안장애와 주의력결핍 증상을 공유한다. ADHD를 가진 이는 외부 자극에 대한 끌림, 새로운 활동 및 즐거운 활동에 대한 집착 때문에 부주의하다. 이것은 불안장애의 걱정 혹은 반추로 인한 주의력결핍과 구분된다. 안절부절못함 또한 불안장애에서 관찰될 수 있다. 하지만 ADHD에서는 이 증상이 걱정이나 반추와 연관되지는 않는다.

우울장애(Depressive Disorder)　　　우울장애를 가진 경우 집중력 결여를 보일 수 있다. 하지만 정동장애에서의 집중력 부족은 우울 삽화 중에만 두드러진다.

양극성장애(Bipolar Disorder)　　　양극성장애를 가진 경우, 활동성 증가, 집중력 부족 및 충동성 증가를 보일 수 있으나 이러한 특성은 삽화적이 아니며, 한 번 발생하면 수일에 거쳐 일어난다. 양극성장애에서 충동성 혹은 주의력결핍의 심화는 기분의 고조, 생각의 거창성 및 기타 양극성장애의 특성들과 더불어 나타난다. ADHD 아동은 같은 날 기분의 큰 변화를 보일 수 있는데, 이러한 기복은 조증 삽화와는 구분되는 것으로, 아동의 경우에도 양극성장애 진단기준을 충족하려면 해당 삽화가 4일 이상 지속되어야 한다. 양극성장애는 심각한 성마름 및 분노가 두드러지는 경우라 하더라도 사춘기 전에는 희귀한 반면, ADHD는 과도한 성마름 및 분노를 보이는 아동 및 청소년에게서 흔하다.

파괴적 기분조절부전장애(Disruptive Mood Dysregulation Disorder) 파괴적 기분조절부전장애는 만연한 성마름 및 좌절감에 대한 민감성으로 특징지어지나, 해당 장애에서 충동성과 조직화되지 않은 주의력은 중요 특성이 아니다. 하지만 해당 장애를 지닌 대부분의 아동 및 청소년은 ADHD 진단조건도 충족하며, 이 경우 별도의 진단이 필요하다.

물질사용장애(Substance Use Disorder) ADHD 증상의 첫 발현에 약물의 남용 혹은 빈번한 사용이 즉시 뒤따를 경우, ADHD를 물질사용장애와 감별하는 것이 어려울 수 있다. 해당 감별진단을 위해서는 약물 오용 전 확실한 ADHD 증상의 발현이 있었다는 증거를 정보원이나 이전 기록을 바탕으로 얻어야 한다.

성격장애(Personality Disorders) 청소년과 성인의 경우에는 ADHD를 경계성, 자기애성 및 기타 성격장애와 구분하는 것이 어려울 수 있다. 이들은 모두 비체계성, 사회적 간섭성, 정서적 조절부전 및 인지적 조절부족 같은 특성을 공유하는 경향이 있기 때문이다. 하지만 ADHD는 버려짐에 대한 두려움, 자해, 극단적 양면성을 포함한 기타 성격장애적 특성은 가지고 있지 않다. 충동성, 사회적 간섭성 및 부적절한 행동을 자기애적, 공격적 혹은 지배하려는 행동과 구분하려면 보다 포괄적인 임상적 관찰, 정보원 인터뷰 및 구체적인 과거력에 대한 정보가 더 필요할 수 있다.

정신병적 장애(Psychotic Disorders) ADHD는 주의력결핍 및 과잉행동이 정신병적 장애의 경과 중에만 배타적으로 발생한다면 진단되지 않는다.

신경인지장애(Neurocognitive Disorders) 초기의 주요 신경인지장애(치매) 혹은 경도의 신경인지장애와 ADHD의 연관성은 밝혀진 바 없지만 유사한 임상적 특성을 보일 수 있다. 이 상태는 ADHD와 늦은 발병시기로 구분될 수 있다.

⑥ 동반이환율

임상환경에서 ADHD 진단기준을 충족하는 집단의 동반이환율은 높은 편이다. 일반 모집단에서 적대적 반항장애는 ADHD 복합형의 약 절반에서, 주의력결핍 우세형의 약 1/4에서 동반된다. 품행장애는 복합형의 아동 및 청소년의 약 1/4에서 동반되며, 연령 및 환경에 따른 편차가 존재한다. 파괴적 기분조절부전장애를 가진 대부분의 아동 및 청소년의 경우, ADHD 진단기준을 충족하는 증상을 동시에 가지고 있는 반면, ADHD 증상을 가진 아동의 경우 더 적은 비율이 파괴적 기분조절부전장애 진단기준을 충족하는 증상을 보인다. 특정학습장애는 ADHD와 동반되는 경우가 많다. 불안장애 및 주요우울장애는 ADHD군 내 소수에 존재하나, 일반 모집단 대비는 그 발병비율이 높다. 간헐적 폭발장애는 ADHD를 가진 성인 내 소수에 존재하나, 역시 일반 모집단 대비는 그 발병비율이 높다. 물질사용장애는 모집단 내 ADHD를 가진 성인에게서 상대적으로 더 많이 발견되나, ADHD군 내에서는 소수로 존재한다. 성인에게서는 반사회성 및 기타 성격장애가 ADHD와 함께 나타날 수 있다. 기타 ADHD와 함께 나타날 수 있는 장애로는 강박장애, 틱장애 및 자폐 스펙트럼 장애가 있다.

(2) ADHD의 원인

ADHD는 DSM-5에서 신경발달장애로 분류되어 있으며, 주로 초기 아동기에 발생하는 신경의학적 장애다. ADHD의 원인에 대해서는 생물학적 요인과 심리사회적 요인이 복합적으로 작용하여 유발되는 것으로 보고 있다.

ADHD가 지닌 핵심요소인 주의적 통제(attentional control) 문제의 근원은 아직 명확하지 않다. 이에 대해 집행적 통제(executive control)의 문제로 보는 연구가 있으며(Barkley, 1998) 각성과 정향(orienting) 기능 또한 문제가 있는 것으로 제안한 연구도 있다(Swanson et al., 1998). 한편 집행기능에 있어서 또 다른 주요 측면인 처리과정의 억제의 손상에 무게를 두기도 한다(Nigg, 2001). 어찌됐든 이 모든 것은 주의집중 능력의 측면을 망라하는 다양한 영역으로 설명될 수 있다.

따라서 ADHD의 장애에 대한 신경생물학적 연구활동에 있어서는, 집행적 통제부족과 연합된 영역인 전두엽 영역의 대사저하(Zametkin et al., 1993)와 정향장애와 연합된 영역인 두정엽 영역의 기능장애(Sieg, Gaffney, Preston, & Hellings, 1995)를 중심으로 연구되어 왔다. 한편 운동 억제와 관련해서는 하전전두 영역(ingerior prefrontal region)과 선조체(striatum)의 기능이상(Rubia et al., 1999)이 관여하고, 두드러진 정보를 무시하지 못하는 것은 전측 대상회의 기능이상(Bush et al., 1999)

때문이라는 신경심리학적 연구가 있다(선조체: 기저핵의 일부인 꼬리핵과 조가비핵을 합해서 일컫는 해부학 용어).

또한 이러한 여러 증거는 ADHD가 도파민 시스템과 관련되어 있음을 시사하게 한다. ADHD가 나타내는 증상이 전두엽 손상과 유사한 측면이 있고, 전두엽은 도파민성 투사를 받는 지역이기도 하기 때문이다. 또 ADHD를 일으킬 위험성이 높은 유전자가 이러한 신경전달물질들을 조절하는 것으로 나타나기도 하였다. 도파민 시스템이란 뇌간에서 시작하여 전두엽 피질을 비롯하여 많은 목표 지점으로 투사하는 시스템을 말하는 것이다. 따라서 ADHD를 치료하는 약물요법에서는 이러한 도파민 전달을 조절하는 암페타민, 메틸페니데이트과 같은 약물을 사용하게 된다.

뇌구조를 연구한 결과, ADHD가 있는 사람은 전두-기저핵(선조체) 체계에 구조적(McAlonan et al., 2007) 또는 기능적(김붕년, 이동수, 조수철, 2000; Dickstein, Bannon, Castellanos, & Milham, 2006) 이상이 있음을 보고하였다.

ADHD의 원인을 밝히기 위해 가족 연구와 쌍둥이 연구가 이루어졌는데 이러한 결과를 바탕으로 ADHD의 유전적 소인이 확인되었다. 또한 위에서도 언급했듯이 신경전달물질을 조절하는 특정 유전자들과의 상관성이 밝혀진 바 있으나 아직 분명하게 그 기전이 밝혀지지는 않았으며 인과적인 필요충분관계가 성립하는 것은 아니다.

한편 ADHD를 각성의 문제로 보는 각성체계 결함이론이 있는데, 조직화의 결함이 있기보다는 망상 활성체계의 저각성이 주요 원인이라는 이론이다(Satterfield et al., 1972). 이와 관련해 ADHD 아동들은 저각성 상태이거나 자극에 대해 저반응적(under reactive)이기 때문에 최적의 자극을 얻기 위해서 지나치게 활동적이 된다는 연구들이 보고되었다(Anastopoulos & Barkley, 1988; Whalen, 1989).

환경적 위험요인으로는 두뇌 발달과 기능에 영향을 미치는 환경 유해물질을 고려한다. 신경계 독성물질의 노출 관련 위험요소로 임신 중 산모의 흡연과 음주, 납 성분에의 노출을 들 수 있다. 이 외에도 심한 저체중 출산이나 출산 전후의 뇌 외상 또는 뇌손상들이 ADHD를 일으키는 위험요소가 될 수 있다. 이를테면 뇌염, 뇌종양, 그리고 전두엽이나 기저핵 등에 영향을 미치는 뇌졸중 또한 위험요소가 될 수 있다. 하지만 환경적 독성원에의 노출은 ADHD 발달과의 상관관계가 보고된 바 있어도 이러한 관계에 인과성 여부는 아직 밝혀져 있지 않으며, ADHD를 진단받은 대다수의 아동은 뇌손상이나 장애를 가지고 있지 않았다.

심리사회적 위험요인으로는 아동 학대와 방임, 가정의 경제적 곤란, 가족 간의 갈등, 별거, 심리적 건강과 적응기술의 취약성 같은 가정 문제들이 있을 수 있다. 이러한 요인들은 ADHD와 함께 발생하는 동반이환과 관련이 있을 뿐 아니라 ADHD 증상의 특성, 지속성, 심각성 등에 영향을 미친다.

(3) ADHD의 치료

ADHD의 치료로서 약물치료가 가장 널리 받아들여지고 있다. 그중 각성제가 많이 쓰이는데, 사용되는 약물은 메틸페닐데이트, 암페타민, 덱스트로암페타민이다. 하지만 어떤 경우는 약물에 반응을 보이지 않거나 역효과를 보이기 때문에 대처 치료방법이 다양하게 연구, 적용되고 있다. 또한 신경학적 요소나 유전적인 것보다는 훨씬 영향이 적지만 질병이 표출되는 과정이나 그 결과에 있어서 환경적인 요소의 영향을 받는 발달장애라는 것을 생각해 볼 때 심리 행동치료의 필요성이 있다. ADHD 아동의 경우 이해부족보다는 수행부족의 문제를 갖고 있다고 보므로(Barkley, 1998) 자기가 무엇을 해야 하는지를 알지만 그것을 할 수 없는 것, 즉 수행의 현장에 대한 개입을 위해 환경의 수정을 목표로 하는 치료가 이루어지고 있다. 또한 ADHD의 근본적인 결함이 자기지시적 언어 같은 언어적 과정보다 시기적으로 더 일찍 나타나는 신경학적 수준의 억제 과정에서 기인함을 시사(Berk & Potts, 1991)하기 때문에 언어적인 자기통제를 통해 자기조절을 도모하는 개입은 효과가 없을 것이라고 본다. 실제 언어적 매개를 강조하는 치료는 ADHD 아동의 임상 장면에서 성공적이지 못했다.

이에 ADHD에 대한 효과가 입증된 치료라고 명명된 중재 프로그램으로서 유관성 관리 프로그램이 있다. 유관성 관리 프로그램이란 ADHD 아동이 수행하기 어려워하는 적응적인 목표행동을 강화할 수 있는 환경적인 유관(contingency)을 확립해 주기 위한 것으로, 부모의 반응을 조절하고자 하는 부모훈련 프로그램과 특수교육, 여름 캠프(Pelham et al., 1998)와 같은 프로그램이 있다. 이를 통해 ADHD 아동의 환경에 구조와 일관성을 제공하여 행동통제에 도움이 될 수 있도록 하는데, 이론적 근거는 사회학습이론, 조작적 조건화, 인지-행동적 접근이다.

이 외에도 가족 구성원이 부적응적인 가족체계 및 상호작용 과정 등을 인식하고 개선하게 도와줄 수 있는 구조화된 가족치료, 사회적 기술훈련 등이 적용된다.

4) 특정학습장애

특정학습장애의 진단기준(DSM-5)

A. 다음 중 한 가지 이상의 증상을 6개월 이상 나타낼 때 진단한다. 학업적 기술을 배우고 사용하는 데 어려움이 있는데, 그러한 어려움에 대해 개입의 제공을 해도 그러한 경우다.

　(1) 부정확하거나 느리고 노력을 요하는 단어 읽기(예: 한 마디 단어를 큰 소리로 읽는 데 있어서 부정확하거나 느리고 주저하며, 빈번하게 단어를 유추하고, 단어를 소리 내어 읽는 것에 어려움이 있음)

　(2) 읽은 것의 의미를 이해하기 어려움(예: 텍스트를 정확하게 읽지만, 내용의 순서, 관계, 추론적 의미 또는 더 깊은 의미를 이해하지 못함)

　(3) 맞춤법이 미숙함(예: 자음이나 모음을 생략하거나 잘못 사용함)

　(4) 글로 표현하는 것에 미숙함(예: 문장 내에서 문법적 또는 맞춤법의 실수를 자주 범함, 빈곤한 문구를 적용해 냄, 명료성이 부족한 개념의 표현으로 글을 씀)

　(5) 수 감각, 산술적 계산을 습득하는 데 어려움이 있음(예: 수와 양, 수와 양의 관계를 이해하는 데의 어려움, 동년배들이 하는 만큼의 산수적 사실을 기억해 내는 대신에 손가락을 사용해 한 자리 수의 숫자들을 더할 것이다).

　(6) 수학적 추론에 어려움이 있음(예: 양적인 문제를 풀기 위한 수학적인 개념, 사실 또는 과정을 적용하는 데 심각한 어려움이 있음)

B. 나이에 기대되는 수준에 비해서 학업적 기술이 상당히 정량화된 만큼 저조한 경우다. 그리고 이러한 저조가 학업과 직업적 수행에 심각한 방해가 되거나 일상의 활동에 상당한 영향을 준다. 이러한 사실은 표준화된 성취 측정과 종합적인 임상평가를 통해서 확정할 수 있다. 17세 이상의 경우는 학습능력의 손상에 대해서, 기록된 과거력으로 표준화된 평가를 대체할 수 있다.

C. 이러한 학습의 어려움은 학령기 동안에 시작하지만, 해당 개인의 제한된 능력을 초과하는 요구가 발생하기 전까지 완전히 나타나지 않을 수도 있다(예: 시간제한의 테스트에서나, 빠듯한 기한을 가진 길고 복잡한 리포트를 읽거나 작성해야 할 때, 과도한 학업적 부담이 있을 시).

D. 이러한 학습의 어려움은 지적장애로 더 잘 설명되지 않고, 부정확한 시각적 또는 청각적 명민함, 그리고 다른 정신 또는 신경학적 장애로 더 잘 설명되지 않고, 심리사회적 역경, 학업 수강에서의 언어 숙달의 부족, 또는 부적당한 수업으로 더 잘 설

명되지 않는다.

다음의 경우 명시할 것:
315.00 읽기 곤란형
단어읽기의 정확도
독서율 혹은 유창함
독해력
주의: 난독증은 읽기 어려움의 패턴을 나타나는 데 사용하는 대체적인 용어다. 이것은 정확성이나 유창성에서의 언어 재인의 문제, 빈약한 해독, 그리고 빈곤한 철자능력의 문제로 특징지어진다. 만약 '난독증(dyslexia)'이라는 용어가 이러한 특정 패턴의 어려움들을 세분화하는 데 사용된다면, 다른 추가적인 어려움, 즉 이해적 읽기나 수학적 추론에서의 어려움이 나타나는 것에 대해서도 세분화하는 것이 중요할 것이다.

315.2 쓰기 곤란형
315.1 산술 곤란형
주의: 현재의 심각도에 따라 경도, 중등도, 중도로 세분화함

학습장애(Learning Disorders)는 읽기, 산술, 쓰기를 평가하기 위해 개별적으로 시행된 표준화 검사에서 나이, 학교교육 그리고 지능에 비해 기대되는 수준보다 성적이 현저하게 낮게 나올 때 진단된다. 학습장애는 읽고, 계산하고, 쓰기를 요구하는 학업의 성취나 일상생활의 활동을 현저하게 방해한다. 현저하게 낮다는 것은 보통 표준화 검사 성적과 지능지수 사이에 2SD(표준편차) 이상 차이가 날 때로 정의된다. 때로는 성적과 지능지수 사이의 작은 점수 차이(1~2SD)가 판단의 근거가 되기도 하는데, 특히 개인의 지능검사 결과가 인지과정과 연관되는 장애에 의하여 영향을 받았거나 개인의 정신장애, 일반적인 의학적 상태, 또는 개인의 인종적, 문화적 배경에 의해 영향을 받았을 경우에 그러한 기준이 적용된다. 만약 감각결함이 있다면, 학습장애는 통상적으로 감각결함에 동반되는 정도를 초과해서 심한 정도로 나타나야 한다. 학습장애는 성인기에도 지속될 수 있다.

행동 문제, 낮은 자존심, 사회기술의 결함이 학습장애와 연관될 수 있다. 학습장애가 있는 아동이나 청소년들이 학교를 중단하는 비율은 약 40%로 보고되고 있다. 학습장애가 있는 성인은 직업과 사회적응에서 심각한 어려움을 겪을 수 있다. 품행

장애, 적대적 반항장애, 주의력결핍/과잉행동 장애, 주요우울장애 또는 기분부전장애가 있는 개인들 가운데 많은 개인(10~25%)이 학습장애를 지니고 있다. 언어발달지연이 학습장애, 특히 읽기장애와 연관되어 나타날 수 있다.

(1) 경과

특정학습장애의 진단은 대개 초등학교에 다닐 때 내려지게 되지만, 보통 이미 학교에 들어가기 전 초기 아동기에 발생한다. 예를 들면 글씨를 쓰는 데 있어서의 소근육 운동이나, 숫자 세기의 어려움, 언어의 지연이나 손상과 같은 것들이 초기 증상이 된다. 이러한 증상의 발현은 반항적 행동이나 배우는 것에 대한 주저함 등의 행동으로 나타날 수도 있다. 학령 전 아동에게서는 증상의 예가 소리 언어가 활용되는 놀이에 대한 흥미의 부족으로서 나타날 수도 있다.

(2) 원인

특정학습장애는 여러 가지 생물학적 원인이 관여되어 있는 것으로 여겨지고 있다. 학습장애에 대한 취약성은 상당부분 유전된다는 근거들이 보고되고 있다. 스웨덴에서 이루어진 한 가계 연구에 따르면, 읽기장애로 진단을 받은 사람의 친척 중에 읽기장애나 쓰기장애를 지닌 사람이 많았다.

특정학습장애는 뇌 손상과 관련된다는 주장도 있다. 출생 전후의 외상이나 생화학적 또는 영양학적 요인에 의한 뇌 손상이 인지처리과정의 결함을 초래하여 학습장애를 유발할 수 있다는 주장이다. 임신기간 동안에 급격하게 발달하는 태아의 뇌는 손상을 입기 쉽다. 산모의 알코올, 담배, 약물의 복용, 외부적 충격에 의해 태아의 뇌는 손상을 입기 쉬우며 이러한 미세한 뇌손상이 나중에 특정한 학습기능에 어려움을 유발할 수 있다. 이 밖에 뇌의 좌우 반구 불균형이 학습장애를 유발할 수 있다는 주장도 제기되고 있다. 정상적인 뇌는 좌반구가 우반구보다 큰데, 뇌의 크기가 이와 반대이거나 좌우 반구의 크기가 같을 때 읽기장애를 보이는 경우가 많다는 보고도 있다.

특정학습장애는 감각적 또는 인지적 결함과 깊은 관련성을 지니고 있다. 대부분의 학습장애 아동은 읽기에 문제를 보이는데, 이는 학습장애 아동이 다른 아동에 비해서 소리를 정확하게 구분하는 청각적 변별력이 떨어지기 때문에 발생하는 경우가 종종 있다. 읽기의 경우는 여러 글자의 모양과 발음 간의 규칙성을 빨리 파악하는 것이 중요하며, 산술 계산에서 가감승제의 규칙성을 이해하여 새로운 문제에 적용하는 것이 중요하다. 학습장애 아동은 이러한 규칙 학습능력에 손상이 있을 수 있다. 또한 최근에는 읽기장애 아동이 기억력이 부족하다는 것이 지적되고 있다. 특히 학습장애 아동은 여러 정보를 통합하고 처리하는 작업기억의 용량이 부족해서 주어진 정보를 처리하지 못하고 장기기억에 정보를 저장하는 것이 어렵다고 한다. 이런 문제가 규칙이나 읽기기술을 배우는 데 어려움을 초래하고 여러 가지 과제에서 문제를 유발할 수 있다. 또한 학습내용이 많아지고 복잡해지면 정보를 체계적으로 정리하여 효과적으로 기억하는 인지적 방략이 중요하다. 그런데 학습장애 아동은 이러한 인지적 학습방략을 적절하게 사용하지 못하는 경향이 있다(송종용, 1999, 2000). 또한 학습장애는 후천적인 환경적 요인에 의해서 유발될 수도 있다.

(3) 주요 증상과 임상적 특징

특정학습장애는 정상적인 지능을 갖추고 있고 정서적인 문제가 없음에도 불구하고 지능수준에 비하여 현저한 학습부진을 보이는 경우를 말한다. 이러한 장애를 지닌 아동들은 흔히 읽기, 쓰기, 산술적 또는 수리적 계산과 관련된 기술을 학습하는 데 어려움을 나타낸다.

특정학습장애는 나이나 지능에 비해서 실제적인 학습기능이 낮은 경우를 뜻한다. 학습장애아는 정상적인 지능을 갖추고 있고 정서적인 문제가 없음에도 불구하고 지능수준에 비하여 현저한 학습부진을 보인다. 학습장애는 읽기, 쓰기, 산수 등의 기초적 학습능력에 관련된 심리적 과정에 장애가 있기 때문에 정상적인 지능에도 불구하고 학습에 큰 어려움을 보이게 된다. 학습장애는 결함이 나타나는 특정한 학습기능에 따라서 읽기장애, 쓰기장애, 산술장애로 구분된다. DSM-5에서는 특정학습장애를 읽기 곤란형, 쓰기 곤란형, 산술 곤란형으로 구분하며 심각도에 따라 세 가지 수준으로 평가한다.

특정학습장애의 유병률은 학령기 아동의 경우 5~15%이며 성인의 경우 약 4%로 추정되고 있다. 읽기 곤란형은 단독으로 나타나거나 또는 다른 학습장애와 동반하여 나타나는 비율이 전체 학습장애의 80%로서 가장 많으며, 학령기 아동의 4% 정도가 이에 해당한다. 읽기 곤란형은 남자 아동에게서 3~4배 정도 더 흔하게 나타난다. 쓰기 곤란형은 다른 학습장애를 동반하지 않는 경우가 거의 없으며 독립적인 유병률에 대해서는 알려진 바가 없다. 산술 곤란형은 단독으로 발생하는 비율이 전체 학습장애의 20% 정도이고 학령기 아동의 1% 정도로 평가된다.

아동의 연령이 높아질수록 학습장애를 유발하는 요인들이 증가한다. 초등학교 저학년에서는 주로 읽기기술이 부족할 때 학습장애가 나타난다. 그러나 학년이 올라갈수록 학습해야 할 내용이 늘어나면서 기억력이 중요해지고, 점점 기억방략이나 인지방략이 학업에 중요한 영향을 미친다. 이처럼 학업성취도에 영향을 주는 요인이 증가하면서 이런 요인에서 취약성을 보이는 아동은 학습장애를 나타내게 되고 그 결과 학년이 올라갈수록 학습장애 아동의 비율이 증가한다.

(4) 학습장애에 대한 치료

일반적으로 학습장애에 대한 심리치료는 크게 세 가지 요소로 구성된다. 첫째는 학습을 위한 기술을 가르치는 것이다. 읽기, 산술, 쓰기 과제를 해결하는 데에 필요한 구체적인 학습기술을 체계적으로 가르치는 것이 필요하다. 두 번째는 아동에게 심리적인 지지를 해 주어 자존감과 자신감을 키워 주는 것이다. 학습장애 아동은 흔히 수동성과 무기력감을 나타내는데 이를 극복하고 동기를 유발시키는 일이 중요하다. 학습장애 전문가들은 대부분 학습 프로그램을 운영하는 동시에 아동의 심리적 안정과 자신감을 향상시키도록 노력한다. 마지막으로, 학습장애 아동이 가정과 학교에서 효과적으로 공부하고 자신의 생활을 관리할 수 있도록 지도하는 것이 중요하다.

학습장애를 지닌 아동은 과잉행동을 나타내는 경향이 있는데, 이를 억제시키기 위해 리탈린(Ritalin)이나 덱세드린(Dexedrine)과 같은 중추신경 자극제가 사용되기도 한다. 이러한 약물은 과잉행동을 통제하여 어떤 과제에 주의를 기울이게 하는 데에는 효과적이나 학습장애를 치료할 수는 없다.

2. 치료

1) 행동수정

행동수정이론은 정신지체나 자폐 등의 중증장애 아동을 지도하는 데 없어서는 안

될 중요한 학습지도방법이지만, 요즘에는 일반 아동의 행동지도 및 일반 성인의 제반 행동, 예를 들면 대인관계, 부부관계, 불안, 공포, 체중조절, 금연, 금주, 고혈압과 당뇨 같은 만성 질환자의 건강관리, 뇌손상자의 재활치료, 편두통 치료 등의 관리 및 지도까지 널리 활용되고 있다(Bourgeois, 1990; Karoly, 1985; Keefe, 1979; Turn, Meichenbaumi, & Genest, 1983; Zahara & Cuvo, 1984).

다음은 행동수정에서 사용하고 있는 방법으로 행동형성, 행동연쇄, 소거, 고립, 과잉교정, 용암법 등을 소개하고자 한다.

(1) 행동형성

행동형성(shaping)은 새로운 행동을 처음 가르칠 때 사용하는 방법인데, 목표행동을 한 번에 달성하기 어려울 때 처음에는 보상받는 기준을 낮게 잡아서 보상을 주고, 점진적으로 보상기준을 높이면서 보상을 주는 방법이다. 이 방법은 언어, 대인관계, 중도 정신지체나 자폐 아동의 식사나 옷 입기 등의 신변처리 지도에 많이 사용된다. 행동형성은 미리 정해 놓은 기준에 따라 보상을 주는 것이 아니라 아동의 수행수준에 맞추어 그때마다 보상을 주기 때문에 특정 자극에 민감하거나 거부반응을 보이는 자폐 아동에게도 무리 없이 사용할 수 있다.

(2) 행동연쇄

행동연쇄(chaining)는 과제의 각 단계들을 한 번에 한 단계씩 지도하는 방법을 말한다. 과제의 첫 단계부터 순서적으로 학습시키는 것을 행동연쇄 또는 긍정적 연쇄(positive chaining)라고 하고, 맨 나중 단계부터 거꾸로 한 단계씩 지도하는 것을 역연쇄(backward chaining)라고 한다. 양말 벗기를 행동연쇄방법으로 지도할 경우 처음에는 손을 양말에 대는 것만 시켜서 잘하면 보상을 주고, 이 과정을 4~5회 반복한 후 보상을 주는 등의 과정을 거치고, 마지막 단계에서는 양말의 처음부터 끝까지 혼자 벗으면 보상을 주는 것이 긍정적 행동연쇄방법이다.

어떤 과제들, 예를 들면 티셔츠 입기 같은 과제는 역연쇄방법을 사용하는 것이 더 편리하다. 즉, 맨 마지막 단계 전까지는 교사가 해 주고 아동은 마지막 단계만 수행하게 하면, 아동은 완수하는 성취감을 경험하게 되기 때문에 더 편리하고 효과적일 수 있다.

(3) 소거

소거(extinction)는 사람의 행동이 주위에서 관심을 받지 않으면 저절로 도태된다는 강화의 원리를 역이용하여, 아동이 문제행동을 보여도 타이르거나 꾸중을 하는 등의 관심을 철저히 보이지 않는 방법이다(Williams, 1959). 즉, 지금까지 받아 오던 관심을 받지 못하는 것이 아동에게는 서운하거나 화나는 일이 될 수 있는 것이다. 이때 소거를 받아야 할 문제행동 이외의 다른 행동에 대해서는 집중적으로 관심을 갖거나 보상을 해 주어야 한다.

(4) 고립

고립(time-out)은 아동이 현재 즐기고 있는 상황에서 다른 곳으로 격리시키는 방법을 말하는데, 구석에 세워 두는 것, 다른 방으로 내보내는 것이 그 예다. 구석에서 벌서는 상태에서도 장난을 하는 아동에게는 아동의 몸을 구석에 대고 밀거나, 구석에 놓인 의자에 앉힌 상태에서 양 어깨를 눌러 동작을 통제하는 방법이 있는데, 이런 종류의 고립을 '동작억압고립(movement suppression time-out)'이라고 한다. 고립은 보통 10분 이내로 끝내는 것이 바람직한데, 동작억압고립의 경우에는 1회의 고립기간을 15초 내외로 제한한다. 고립 사용의 예로는, 아동에게 간단한 지시를 따르게 하거나 장난감놀이를 하도록 하면서 강화를 주고, 물건을 집어 던질 때마다 즉시 구석으로 데려가 15초 동안 동작억압고립을 시키는 과정을 들 수 있다. 일부 자폐 아동은 신체적인 접촉이나 억압에 대한 강한 거부감을 보이는데, 이런 아동에게는 동작억압고립과 같은 제재방법은 피하는 것이 좋다.

(5) 과잉교정

과잉교정(overcorrection)은 특정 행동을 지나칠 정도로 반복 연습시킴으로써 문제행동의 발생을 예방하는 지도방법이다. 과잉교정에는 두 가지 방법이 사용된다. 하나는 행동의 결과에 대한 책임을 지우는 방법으로서 흘린 밥알을 강제로 모두 먹게 하는 방법(원상회복, restitution)이고, 다른 하나는 밤에 오줌을 싼 경우 잠자리에서 화장실 가는 동작을 20여 회 반복해서 연습시킴으로써 문제행동의 발생을 예방하는 방법이다. 과잉교정방법을 사용할 경우에는 반복적인 연습 이외의 언어적 또는 물리적 제재를 가해서는 안 된다.

(6) 용암법

용암법(fading)은 아동이 꺼리거나 스스로 하지 않으려는 행동을 치료자가 처음에는 많이 도와주거나 같이 하다가 점차로 치료자의 도움행동을 줄여 나가는 방법이다. 예컨대 아동이 퍼즐 조각을 구멍에 넣으려는 시도를 할 때에 살짝 구멍에 밀어 넣어 주고 이를 보상해 주거나, 전혀 시도하려는 행동을 보이지 않을 때 손을 잡고 수행시키다가 다음에는 도움 없이 할 수 있게 하는 방법이다. 보조법은 목표행동을 학습시킬 때 필요하고, 용암법은 일단 학습된 환경이 일반 환경에서 잘 유지되고 전이되도록 도와주는 과정이 필요하다.

2) 놀이치료

놀이치료이론을 독자적인 가치로 인정한 사람은 클라인(Klein, 1932)이다. 클라인은 놀이를 아동의 자연적인 표현매체라고 보고, 언어가 발달되지 않은 아동의 경험이나 정서, 복잡한 사고의 표현 등의 수단으로서 중요하다고 강조하였다.

안나 프로이트(Anna Freud, 1965)가 정신분열증이 있는 아이들이 분석을 받으면 도움을 받는다고 생각하는 반면, 클라인은 정상적인 아동도 놀이 상황을 경험하면 도움을 받는다고 보고, 아동에게 놀이 상황을 경험하게 하여 그 놀이 상황을 관찰한 후 해석하는 방법을 지지하였다. 클라인은 정상적인 아동들도 생활에서 생기는 정서적인 문제를 놀이를 통해 그때그때 해결한다면 정신질환의 예방 측면에서도 가치가 있다고 인정했다. 또한 놀이를 정신치료의 중요한 방법으로 보는 계기가 되었다고 볼 수 있다.

현재의 놀이치료를 이론화한 엑슬린(Axline)의 놀이치료방법은 '비지시적 놀이치료'라고 한다. 이 방법은 로저스(Rogers)의 비지시적 상담이론을 놀이치료에 적용한 것으로서 놀이치료과정을 아동이 주도해 나가며, 치료자는 놀이치료 환경을 준비하고 아동의 행동을 관찰, 반응, 분석함으로써 아동이 자발적으로 자신을 변화시키려고 노력하게 된다는 입장에서 인간 중심, 아동 중심이라는 이름이 붙게 되었다.

엑슬린은 다음과 같이 놀이치료자가 갖추어야 할 원칙을 세웠다.

• 치료자는 아동과 따뜻하고 친근한 관계를 가능한 한 빨리 형성하여야 한다.

- 치료자는 아동을 있는 그대로 수용한다.
- 치료자는 아동이 자신의 감정을 완전히 자유롭게 표현할 수 있게 하기 위해 허용적인 분위기를 조성한다.
- 치료자는 아동이 표현하는 감정을 민감하게 느끼고 인정하며, 아동이 자신의 행동에 대한 통찰력을 갖도록 느낌이나 생각을 반영한다.
- 치료자는 아동이 기회만 주어진다면 자신의 문제를 해결할 능력을 갖고 있음을 존중하고, 선택의 책임과 변화를 시도할 자유가 아동에게 있다고 인정한다.
- 치료자는 어떤 방법으로도 아동의 행동과 대화를 지시하지 않는다.
- 치료자는 치료를 서두르지 않는다. 치료는 점진적인 과정임을 인식한다.
- 치료자는 아동이 다른 사람과 관계를 맺는 것은 자신의 책임이라는 것을 알게 하기 위해서만 제한을 가한다.

아동의 놀이가 아동의 언어를 상징한다면, 장난감은 아동의 단어가 된다. 그러므로 장난감은 아무것이나 모아 놓는 것이 아니라 충분히 고려하여 선택된 것들을 배치하는 것이다. 즉, 놀이치료를 촉진할 수 있는 장난감이나 놀이도구들이 필요하다. 이런 장난감을 비치하기 위해서는 놀이치료자의 장난감 선택능력이 필요하다. 장난감의 선택능력이야말로 놀이치료자의 이론적 확립과 경험에서 쌓이는 경륜을 나타내는 능력이다. 이렇게 선정된 놀이도구는 아동을 끌 수 있고, 아동이 편하게 느끼도록 배열되어야 한다. 즉, 놀이에 참여하고 싶은 욕구를 불러일으키고, 놀이를 촉진할 수 있으며, 놀이가 잘 진행되도록 배열되어야 한다.

상담의 초기 과정에서 아동은 놀이치료 시간의 주인이며, 치료자는 자신의 어려움을 해결하는 것을 돕는 전문가라는 인식을 가져야 한다. 어떤 경우 아동이 치료자에게 보고 싶었다는 이야기를 하기도 하고, 먹을 것을 가져와 치료자에게 주기도 하며, 치료자의 인정을 받으려는 행동이 눈에 띈다. 이때 치료자는 아동의 감정을 모두 수용해 주지만, 행동의 허용한계는 분명하게 알려 주는 일관된 반응을 보여 주어야 한다.

상담의 중기 과정에서는 내담자가 자아존중감을 형성하기 위한 통찰력을 갖도록 도와주고, 성취감을 느낄 수 있는 기회를 갖도록 치료를 계획하여야 한다. 특히 아동의 경우에는 크게 좌절하지 않도록 세심한 배려를 해야 하고, 격려와 지지도 필요하다. 그리고 내담자가 갈등을 느끼는 상황이 내담자가 견딜 수 있는 정도인지를 고려해야 한다. 상담 중기는 상담의 대부분을 차지하는 긴 과정이다. 이 단계에서 내담자는 부모와의 관계에서 결핍되거나 왜곡된 부분을 보충하고 수정하는 교정적인 경험을 하게 되고, 해석을 통해 자신의 과거에 일어났던 충격적인 사건을 재통합하고 성장하게 된다. 즉, 치료자와의 적절한 치료적 관계에서 재창조하도록 계획된 교정적인 과정을 통해 치료가 되며, 해석을 통해 성장하게 된다.

3) 각 장애에 따른 치료법

(1) 자폐장애의 행동수정

행동수정은 환자에 대한 직접적인 적용뿐만 아니라 부모와 교사에 대한 집중적인 훈련을 포함한다.

① 언어훈련

로바스(Lovaas, 1978)는 언어 획득을 두 가지 기본적인 사상을 학습하는 것으로 개념화했다. 첫째, 아동은 복잡성이 증가되는 언어반응을 학습해야 한다. 즉, 기본 언어소리(음소), 단어와 단어의 부분(형태소), 구와 문장에서의 단어의 위치(구문론)를 획득하여야 한다. 둘째, 아동은 언어반응에 대한 적절한 맥락, 즉 의미의 배치와 다음 반응의 예측을 학습하여야 한다.

자폐증 아동의 치료에서는 일반적으로 훈련 상황에 대해 그들에게 사전에 준비시키는 것이 필요하다. 이는 학습을 방해하는 자기자극과 자해행동을 억제하는 기법을 포함한다. 치료자(모델)가 하는 행동을 아동이 따라 하도록 가르치는 일반화된 모방을 가르치는 것도 꼭 필요하다. 자폐증 아동은 관찰학습에서 장애를 보이나, 모방하지 않는 아동에게도 강화를 사용해 모방하도록 가르칠 수 있다. 예를 들면, 치료자가 먼저 손뼉을 친 후 이 행동을 모방하는 아동을 강화한다. 계속적인 모방이 이루어지면 치료자는 다른 신체운동(예: 입 벌리기)으로 바꾸거나, 경우에 따라서는 소리를 낸다. 아동은 상이한 이들 모방을 각각 따라 함으로써 강화를 받고 점차 첫 번째 시행에서 치료자의 새로운 행동을 모방하게 된다.

언어반응의 획득은 네 단계로 되어 있다. 단계 1에서는 치료자가 아동의 모든 언어화에 대해서 보상을 한다. 단계 2에서는 치료자의 시도 후 3초 이내에 반응을 할 때만 보상을 준다. 단계 3에서 아동은 치료자가 제시한 언어자극에 가까워짐에 따라 보상을 받는다. 이 단계는 아동이 정확히 할 때까지 계속된다. 단계 4에서 치료자는 유사하지 않은 다른 자극들을 제시하고 정확하게 반응할 때만 강화시킨다. 소리, 단어, 구 등이 단계적으로 프로그램화되어 있어서 아동은 모방과 강화를 통해 언어를 습득한다.

언어를 의미 있게 사용하는 능력은 표현변별과 수용변별을 모두 포함한다. 표현변별은 아동이 비언어적 자극을 제기받고, 이것을 명명하거나 기술하는 언어적 반응을 하도록 요구받을 때 일어난다.

예를 들면, 컵을 제시한 경우 아동은 이것을 컵이라고 가능한 한 빨리 말해야 한다. 수용변별은 "컵을 만져라."처럼 자극이 언어적이고 요구반응이 비언어적일 때 일어난다. 표현변별과 수용변별을 모두 요구하는 방법으로 훈련과정이 점차 복잡해진다. 새로운 변별이 이미 획득한 자료에서 나올 수 있게 각 계열은 조심스럽게 제시되어야 한다. 아동이 개선을 보이면 언어는 그 자체와 외적 강화물에 의해서 보상을 받게 되고, 지도는 감소된다. 이 프로그램은 점진적으로 보다 추상적인 용어를 포함시킨다. 프로그램은 면밀히 계획된 여러 가지 훈련을 요구하지만, 아동이 문장을 생성하고 언어자극에 반응하는 수준까지 진전시킬 수 있다.

② 자해행동

자해행동은 자신의 신체에 상처를 입히는 행동으로서 가장 보편적인 유형은 머리 부딪히기, 깨물기, 찌르기, 꼬집기 등이다. 자해행동은 다양한 빈도로 만성적이고 반복적인 경향이 있다. 상처는 대개 작지만 자해행동은 반복되기 때문에 이미 난 상처에 세균이 오염되거나 충격에 의하여 생명이 위태롭게 될 수도 있다.

자해행동은 학습에 큰 영향을 미치기 때문에 치료가 중요하다. 자해행동에 대한 가설은 다양한 관점에서 나왔으며, 원인과 지속 요인을 구분하는 것은 불가능하다. 이들 가설은 기질적, 행동적, 자기자극, 정신역동 등으로 분류될 수 있으며, 나머지 가설들을 검증하기 위해서는 자해의 동기를 결정하기 위한 사전조사를 해야 한다. 즉, 기질적 이상의 가능성을 조사하고, 그 행동이 외적 요인에 의해 통제되는지를 알기 위해 자해행동의 직접적인 결과를 분석해야 한다. 이들 중 어느 것도 나타나지 않는다면 자기자극의 가능성을 평가하여야 한다.

행동수정이 자해행동을 통제하는 데 보다 큰 도움을 주는 것으로 판명되었다. 일부 행동수정에는 자해행동에 대해 특수한 유관자극을 연결했다. 다른 사람들은 행동 직전의 자극에 초점을 맞추거나 대안적인 반응의 훈련으로 자해를 감소시키려 했다.

자해행동은 그 행동에 주의를 줌으로써 흔히 강화된다. 이러한 주의를 주는 행동이 실제로 자해행동을 증가시키는 것으로 보이는 반면, 주의를 주지 않음으로써 자해행동을 감소시킬 수 있다. 그러나 이러한 소거절차가 항상 성공적인 것은 아니며 일정 시간이 지나면 다시 나타난다. 마찬가지로 정적 강화에서 배제하기 위해 고립된 방에 일정 기간 두었을 때 자해행동이 계속된다면 위험해질 수 있다.

신체적 처벌이 자해행동을 다루는 데 보편적으로 사용되고, 성공적인 유관성을 가지는 것 같다. 보통 상처는 주지 않으나 유해한 전기자극을 '안 돼'와 같은 언어적 질책과 함께 제시하는 방법이 있다. 즉각적으로 자해행동을 억제시키는 성공적인 다른 방법이 없고, 이 효과도 다른 상황에서는 일반화되지 못하는 경향이 있다. 쇼크와 신체적 처벌은 윤리적 문제를 일으키기 때문에 마지막 수단으로만 사용된다. 고통은 치료적으로 사용하는 상황에서는 최후의 수단이어야 하고, 비교적 작은 고통으로 장래의 비교적 크고 지속적인 고통을 막을 수 있다는 사실로 정당화된다.

과잉교정은 특정 자해행동 후에 하게 되며, 자해행동과 같이 일어날 수 없는 행동의 반복연습이다. 예를 들면, 자기 때리기를 한 여아에게 몇 분 동안 양손을 잡게 하는 것이다. 과잉교정은 교정자 쪽에서는 많은 노력이 요구되지만, 매우 효과적일 수 있다.

(2) 특정학습장애의 진단 및 치료

① 학습장애 진단절차

학습장애의 유형이나 학습장애 아동들에게 나타나는 특성이 매우 다양하고 개인차가 크기 때문에 학습장애를 정확히 진단하는 일은 매우 어려운 일이다. 학습장애의 판별을 위해 표준화된 심리검사와 학업성취도 검사, 행동관찰 및 비표준화 검사(information test)와 같은 질적 분석 등이 사용된다.

학습장애의 가장 두드러진 특성이 학업상의 결함 또는 실패이므로, 일반적으로 아동의 지능, 나이, 학교교육 연수에 비해 학업성취도가 현저하게 뒤떨어진 경우 학습장애를 의심해 볼 수 있다. 따라서 일차적으로 표준화된 개인 지능검사와 학업성취도 검사(예: 기초학습 기능검사)를 실시하여 아동의 지능을 측정하고, 인지능력상의 불균형이나 지적 능력과 학업성취도 간의 불일치가 있는지를 평가한다. 만약 지능이 보통이거나 그 이상이면서도 자신의 능력과 나이, 학년수준에 비해 학업성취가 현저히 낮다면 학습장애로 잠정적인 진단을 내릴 수 있다. 그다음에는 부모면접 등을 통해 아동의 발달력을 조사하여 감각장애의 유무와 교육환경의 결손 여부를 확인하고, 행동관찰과 정서적인 측면을 평가할 수 있는 심리검사(예: HTP, SCT, TAT, 로샤검사)를 실시하여 정서적, 행동적 특성을 파악한다. 만약 감각장애가 없고, 충분한 교육을 받았으며, 일차적으로 심각한 정서장애가 없는 경우에는 학습장애로 진단 내릴 수 있다.

이와 같은 절차에 따라 학습장애로 구분되면, 다양한 평가도구를 사용하여 좀 더 세부적으로 아동의 인지적 특성과 학업수준을 평가하여 진단을 심화시켜 나가야 한다. 예를 들어 1차 검사결과를 토대로 아동의 기억능력에 문제가 있다고 판단되면, 구체적으로 어떤 영역의 문제인지를 밝히기 위해 세부적인 기억검사를 구성하여 실시할 수 있다. 청각적인 자료 혹은 시각적인 자료에 대한 기억 문제인지, 언어적인 정보 혹은 추상적인 정보의 저장이나 인출의 문제인지, 기억책략의 문제인지 등을 자세히 살펴봐야 한다. 또한 읽기학습에 문제가 있다면 그것이 음운론적 처리과정 혹은 의미이해과정의 문제인지, 글자의 자각 혹은 기억의 문제인지 등을 파악해야 한다. 이때 구체적으로 어떤 특정 영역에 어느 정도의 결함이 있는지를 평가해야 하며, 아동의 결함뿐만 아니라 이를 보완해 줄 수 있는 아동의 장점도 파악해야 한다. 이렇듯 정밀한 분석을 하는 것은 학습장애 아동의 개인특성에 가장 적합한 지도방법과 효율적인 치료교육을 구성하기 위함이다.

아동의 특성에 적합한 치료교육을 계획하고 실시하는 과정 중에도 계속해서 장애특성과 치료교육과정에서의 변화 여부 등을 주의 깊게 살펴 나가야 한다.

② 학습장애의 치료교육

학습장애로 진단받은 아동을 위한 치료교육은 평가를 통해 파악한 아동의 현재

수준, 인지적 · 정서적 · 행동적 특성, 정보처리과정상의 장단점, 학습유형 등을 고려하여 계획해야 한다. 치료교육 프로그램의 요체는 기본적으로 학습장애 아동이 보이는 장애특성을 완화 또는 제거하는 것이다. 개인의 잠재력을 극대화하기 위해서는 아동 개개인의 독특한 교육적 요구에 따른 개별 치료교육 프로그램(individualized educational program: IEP)을 구성해야 한다. 아동의 현재 수준에 기초하여 아동에게 무엇을 어떻게 가르칠 것인가를 결정하고, 그에 따른 장기 목표와 단기 목표를 설정한다. 장기 목표는 대체로 아동이 최종적으로 성취해야 할 단계이며, 이 장기 목표를 달성하는 데 필요한 세부단계를 계열화하여 단기 목표를 설정한다. 그리고 이에 따른 치료교육 기간, 횟수, 시간 등을 결정하고, 교수방법과 과제유형, 사용 도구를 선택한다.

학습장애 아동들은 그동안의 학습 실패 때문에 학습에 대한 부정적인 정서를 가지고 있으므로, 오류나 실패를 경험할 수 있는 확률을 최대한 줄이도록 학습의 난이도를 조절하여 학습에 대한 흥미나 동기를 유발시켜야 한다. 각 단계마다 진보 상태를 평가하여 진보에 따른 적절한 보상과 즉각적인 피드백을 제공하는 것도 필요하다.

학습장애를 위한 교수방법을 선택할 때 반드시 유념해야 할 점은 학습자가 학습에 어려움을 갖는 정도와 그 어려움을 극복하는 정도는 학습자의 특성, 학습과제 변인, 학교나 가정환경 변인 간의 복합적인 상호작용에 달려 있음을 인식하는 것이다. 이러한 시각에서 최근 학습장애 분야의 전문인들은 학습장애 집단을 보다 동질적인 하위유형으로 나누어 각 유형에 적합한 교수방법을 적용할 것을 강조한다. 학습자의 특성 및 과제에 따라 다양한 교수방법의 적용이 필요하다는 점에서 교육 담당자들은 가능한 한 많은 교수법에 대한 전문적 지식, 기술, 장점 및 단점을 파악하고 있는 것이 필요하다(박현숙, 1996).

학습장애 아동의 치료교육을 위한 방법에는 다음의 몇 가지가 있다(이상로, 서봉연, 송명자, 송영혜, 1989). 첫째, 인지과정 접근방법(cognitive processing approach)은 학습자의 인지과정 또는 정보처리과정상의 결함을 발견하여 치료하는 것이다. 아동의 지각능력, 주의능력, 기억능력, 언어능력 등을 평가하여 아동의 정보처리 양식과 처리상의 강 · 약점을 밝혀서 결함이나 약점을 치료하거나 강점을 활용하는 치료과정을 모색한다. 둘째, 발달단계 접근방법(developmental stage approach)이 있다. 이 방법의 기본 전제는 현재의 발달과업을 성공적으로 완수해야 다음 단계의 발달과업을 성취할 수 있다는 것이다. 따라서 발달이 감각, 지각, 기억, 상징화 및 개념화 순으로 진행된다고 볼 때, 아동이 해당 연령수준의 발달단계에서 미처 완수하지 못한 발달과업을 확인하고 이를 보충할 수 있게 돕는다. 셋째, 기초학습기능개발 접근방법(basic academic skill developmental approach)은 기초학습 기능의 위계를 분석하여 학습하는 아동이 주어진 학습과제를 수행하는 데 필요한 학습기능을 습득하게 돕는 것이다. 따라서 학습문제를 가진 아동의 기초학습 기능의 수준을 확인하고, 부족한 기능을 중점적으로 개발시키는 데 초점을 둔다. 그 외에 아동의 학습환경이나 조건을 변경하여 아동의 행동변화에 초점을 두는 행동적 접근방법, 학습장애 아동이 학업 실패로 겪는 실패감, 좌절감, 불안 등을 감소시키도록 도와주는 심리치료 접근방법이 있다.

복합훈련 팀(multidisciplinary team)이라는 최근에 각광받고 있는 정보처리론적 관점에 입각한 학습장애의 치료교육은 위의 몇 가지 방법을 통합한 것으로 볼 수 있다. 정보처리론적 접근에서는 학습장애가 학습과제를 수행하는 과정상의 문제, 즉 특정 단계의 구조상 혹은 처리과정상의 문제 때문에 발생한다고 본다. 학습장애 아동은 주의과정, 지각과정, 기억과정, 문제해결과정에서 문제를 보이며, 특히 읽기장애 아동은 지각, 기억, 음운론적 처리능력 등에 문제를 보일 수 있다(서봉연, 1996). 치료교육을 계획하기 위해 우선 학습과제의 정보처리과정을 기초적인 인지과정과 그 인지과정에서 요구하는 정보처리량에 따라 분석한다. 다음에는 아동이 그 과제의 학습의 어느 단계에서 어떤 유형의 정보처리상의 문제가 있는지를 파악한다. 이를 근거로 문제가 있는 단계의 인지적 결함과 장애를 보이는 교과목을 기준으로 오류 원인별 치료교육을 병행한다.

제18장

파괴적 충동조절 및 품행 장애

파괴적 충동조절 및 품행 장애는 감정과 행동에 대한 자기조절의 문제를 수반하는 상황들을 포함한다. DSM-5의 다른 장애들이 정서적 혹은 행동적인 조절에서의 문제를 수반하는 반면 이 장에서 다루는 장애들은 타인의 권리를 침해하거나 사회적 규범이나 권위적 인물과의 충돌을 가져오게 한다는 점이 다르다.

이 장은 적대적 반항장애, 간헐적 폭발장애, 품행장애, 반사회성 성격장애, 방화벽, 병적 도벽 등을 포함한다. 이 장애들이 정서적 조절 혹은 행동적 조절의 문제를 지니고 있는데, 이 장애들의 차이점은 자기조절에서의 문제에 대한 상대적 강조에 있다. 예를 들면, 품행장애에 대한 기준은 주로 타인의 권리를 침해하거나 주요한 사회적 규범을 위반하는 행동을 잘 조절하지 못한 것에 주로 초점을 둔다. 많은 행동적 증상은 분노와 같은 감정을 잘 조절하지 못한 결과일 수 있다. 반면 간헐적 폭발장애는 주로 그렇게 잘 조절되지 못한 감정, 대인관계 등의 심리사회적 스트레스 요인에 대한 부적절한 분노의 터트림에 주로 초점을 둔다. 이 두 가지 장애의 중간에 해당하는 것이 적대적 반항장애인데, 이 장애의 기준은 감정(분노와 신경질)과 행동(논쟁과 반항) 사이에서 좀 더 균등하게 나누어진다. 방화벽과 병적 도벽은 좀 더 덜 흔하게 사용되는 진단으로서 내적 충동을 완화시키는 구체적인 행동(불지르기나 훔치기)에 관련된 저조한 충동장애의 특성을 가진다.

파괴적 충동조절 및 품행 장애를 진단하는 증상들은 성인에게도 어느 정도 나타날 수 있는 행동들이다. 그러므로 이 장애를 진단할 때에는 상황 전반에 걸쳐서 빈도, 지속성 그리고 심각도를 개인의 나이, 성 그리고 문화에 따라 상대적으로 평가해야만 한다.

1. 적대적 반항장애

적대적 반항장애의 진단기준(DSM-5)

A. 분노/짜증 양상 반복, 논쟁/반항 행동, 또는 최소 6개월간 지속된 보복심 – 최소 아래의 카테고리 중 4개의 증상에 기인한, 형제자매가 아닌 최소 1개인(독자)과 대화하는 동안 드러나야 한다.

• **분노/짜증 양상**

(1) 가끔 욱하고 화를 냄

(2) 가끔 화를 내거나 쉽게 분노함

(3) 가끔 성나고 분개함

• **논쟁/반항 행동**

(4) 종종 권위와 논쟁을 하거나, 아동 · 청소년을 위해 어른들과 논쟁

(5) 권위나 규칙에 응하는 것에 대해 가끔 활동적으로 반항하거나 거절

(6) 종종 의도적으로 다른 이들을 짜증나게 함

(7) 종종 다른 이의 실수나 실수한 행동에 대해 비난함

• **보복심**

(8) 과거 6개월간 최소 두 차례 악의적이거나 복수에 찬 적이 있다.

주의: 이러한 행동의 지속성과 빈도는 일반적인 수준 안에서의 행동과 증상적인 행동으로 구별되어야 한다. 5세 이하 아동의 경우 행동이 최소 6개월간 거의 매일 발생해야만 한다(기준 A8). 5세 이상 아동의 경우 행동이 최소 6개월간 1주일에 1회 정도 발생해야 한다(기준 A8). 이러한 빈도기준이 증상을 정의하기 위한 최소 수준의 빈도를 안내하는 동안, 행동의 빈도 및 강도가 개인의 발달적 수준, 성별, 문화규준 범위에 벗어나는지와 같은 요인들 또한 고려되어야만 한다.

B. 행동의 장해는 개인의 고통 또는 다른 즉각 사회적인 전후사정(예: 가족, 또래집단, 동료) 또는 사회, 교육적, 직업의 부정적 영향, 또는 다른 중요한 범위의 기능 등과

연관된다.

C. 행동은 정신병, 물질남용, 우울증, 조울장애 진행 동안 독점적으로 발생하지 않는다. 또한 기준은 파괴적 기분조절부전장애를 충족하지 않아야 한다.

현재의 심각도를 명시할 것:
경도(Mild): 증상들은 오로지 한 상황에 국한된다(예: 또래집단, 가정, 학교, 일터)
중등도(Moderate): 증상이 적어도 두 가지 상황에서 나타난다.
중도(Severe): 증상이 세 가지 이상의 상황에서 나타난다.

1) 임상적 특징

적대적 반항장애의 특징은 분노/짜증 양상, 논쟁/반항 행동, 또는 보복심의 잦은 빈도와 지속적인 패턴이다. 이 장애의 증상은 주로 가정에서 나타난다.

반항장애를 진단할 때 다음을 고려해야 한다. 첫째, 증상이 있었던 6개월 동안 진단기준의 4~5개가 충족된다. 둘째, 증상은 개인의 나이, 성별, 문화 등을 초월한다. 예를 들어, 울화증을 보이는 학령기 이전 아동에게서 흔하게 발견되지 않는다. 그러나 이들이 6개월 동안 이 장애의 증상을 세 가지 이상 보이고 있고 이러한 성격적 폭발이 일상생활에 중대한 영향을 미친다면 적대적 반항장애로 고려할 수 있을 것이다.

이 장애를 가진 사람들은 다른 이들과의 소통에서 문제가 나타나는 경우가 흔하다. 나아가 이러한 증상을 가진 개인은 전형적으로 그들 스스로 분노, 화가 많고 반항적이라고 여기지 않는다. 대신 그들은 종종 그들의 행동이 비합리적인 환경에 대한 응답이라는 평가를 내린다. 예를 들어, 적대적인 가정에서 성장한 아이가 있다. 부모에게서 적대적인 방식으로 양육된 아이는 문제행동을 일으키게 되고 적대적 반항장애의 증상을 보일 수 있을 것이다.

적대적 반항장애는 품행장애와 주의력결핍/과잉행동 장애와 동반될 가능성이 높다.

2) 유병률 및 경과

적대적 반항장애의 유병률은 약 1~11%이다. 적대적 반항장애의 비율은 나이와 성별에 따라 다양하다. 이 장애는 청소년기 이전에서 여성보다 남성에게 더 많이 나타나나 성인기에서는 이러한 차이가 발견되지 않는다.

적대적 반항장애의 시작은 흔히 초기 청소년기보다는 미취학 시기에 나타난다. 반항장애는 종종 장애로 진단될 만한 행동으로 발전되기도 하지만 대부분의 아동과 청소년의 행동은 적대적 반항장애로 발전되지는 않는다. 적대적 반항장애와 관계되는 대부분의 행동은 미취학 시기와 청소년기 동안 빈도수가 점차 증가된다. 그러므로 이 장애로 진단하기 전에 아동의 행동 강도와 빈도가 지속적으로 평가되어야만 한다.

3) 감별진단

품행장애와 적대적 반항장애는 개인으로 하여금 어른들과 다른 권위적인 인물들(가령 선생님이나 직장의 관리자들)과 충돌을 가져오는 품행 문제들과 관련이 있다. 적대적 반항장애의 행동은 전형적으로 품행장애의 행위보다 덜 심각한 편이며 사람들이나 동물들에 대한 공격, 건물의 파괴나 절도나 사기의 패턴을 포함하지 않는다. 적대적 반항장애의 행동들은 품행장애의 정의에 포함되지 않는 감정적 조절 문제를 포함한다. 적대적 반항장애는 파괴적 기분조절부전장애의 증상과 겹치기도 하는데, 이 두 장애는 만성적으로 부정적인 기분과 성미 분출의 증상을 같이 나타낸다. 하지만 분출의 격렬함, 빈도 그리고 만성적 양상은 적대적 반항장애보다 파괴적 기분조절부전장애를 가진 개인에게서 더 심각하게 나타난다. 만약 파괴적 기분조절부전장애의 기준을 충족한다면 적대적 반항장애의 진단은 내리지 않는다. 적대적 반항장애는 사회불안장애와 관련된 부정적 평가에 대한 두려움으로부터 오는 저항과 구별되어야 한다.

4) 원인

적대적 반항장애는 단일 원인으로 발생한다기보다는 생물학적, 심리적, 사회적 여러 요소의 복합적인 상호작용으로 발생한다고 보고 있다. 적대적 반항장애는 주의력결핍/과잉행동 장애와 공존하는 경우가 많다(Waschbusch, 2002). 또한 적대적 반항장애는 품행장애의 발달적 전조인 것처럼 보인다(Loeber et al., 1991).

가정적 요인을 살펴보면 주양육자가 계속해서 바뀌거나 양육방식이 처벌적이고 비일관적이거나 아동을 방임할 경우 정상 가정에서 성장한 아동보다 더 흔하게 발생하였다. 또한 부모 중 물질사용장애, 기분장애, ADHD, 품행장애가 있을 경우 발병률이 높았다.

한 연구에서는 적대적 반항장애와 같이 공격적 행동을 나타내는 아동이 사회적 단서를 해석하는 데 있어 문제를 보이는 것으로 설명하였다. 적대적 반항장애 아동은 정상 아동보다 중립적 자극에 대해 적대적으로 평가하는 경향이 있고 적대적 자극에 대해 더 예민하다. 또한 적절한 사회적 정보를 활용하는 능력, 대안을 생각하는 능력 등의 문제해결 능력이 부족하며, 공격적으로 반응하는 것에 강화를 받았던 측면이 있다(Crick & Dodge, 1994; Dodge & Frame, 1982; Dodge, Price, Bachorowski, & Newman, 1990). 인지과정 연구 차원에서 이러한 아이들은 인생 초기의 부정적 경험이 적대적 조망을 형성한다고 추론한다.

5) 치료

적대적 반항장애의 치료는 장애대상 및 가족의 개별적 상황에 적합하게 다양하게 구성되어 적용된다. 문제행동의 심각성과 대상의 연령, 가족의 상황이나 자원, 목표 등을 고려해야 하기 때문이다. 다만 이러한 치료는 특정 기한 동안 집중적이고 연속적으로 제공될 필요가 있으며, 가족도 치료에 포함시켜야 한다. 또한 학령기 아동의 경우 학교 및 교사와도 적절한 협력이 필요하다. 경험적으로 입증된 치료법으로는 문제해결 기술훈련과 부모관리 훈련이 있다. 문제해결 기술훈련 또는 사회기술 훈련은 분노조절, 반항적 행동 교정에 효과적으로, 사회적으로 바람직한 기술을 사용했을 때의 보상, 즉 긍정적 재강화를 통해 이런 행동들이 하나의 상황에서 다른 상황으로 일반화될 수 있도록 한다.

약물을 사용하기도 하지만 이 장애의 치료개입으로서 약물만 사용하는 경우는 거의 없다. 약물의 경우 대개 우울이나 불안, 주의력결핍/과잉행동 장애와 같이 동반하는 증상들에 대해서 적용되는 것이다.

2. 간헐적 폭발장애

간헐적 폭발장애의 진단기준(DSM-5)

A. 아래 명시되는 공격적인 충동통제의 실패로 반복적인 행동폭발이 나타난다.

   (1) 언어 공격성(예: 성격울화증, 비난, 언어논쟁 또는 다툼) 또는 재산, 동물, 다른 개인을 향한 물리적 공격성은 3개월 동안 평균 1주에 두 번 발생한다. 물리적 공격성은 재산의 파괴 혹은 손상의 결과를 불러오지는 않으며, 동물이나 타인에 대한 물리적 상해의 결과가 아니다.

   (2) 재산의 파괴 혹은 손상과 관련 있거나 동물 또는 타인에 반하여 물리적 상해와 관련된 물리적 폭행인 세 가지 행동적 폭발이 12개월 안에 발생하여야 한다.

B. 반복적인 폭발 동안 표현되는 공격성의 규모는 극도로 도발의 범위 밖이거나 정식적 스트레스를 촉발하여야 한다.

C. 반복적 공격폭발은 미리 예측이 되지 않는다(즉, 그들은 충동적이고 분노가 깔려 있다). 그리고 유형의 물질에 연결되어 있지 않다(예: 돈, 권력, 협박).

D. 반복적 공격폭발은 개인의 고통 또는 직업장애 또는 대인관계 지장, 또는 재정/법적 결과와 연결된다.

E. 시기적으로는 최소 6세다.

F. 반복적 공격폭발은 또 다른 정신적 장애에 의해 더 잘 설명되지 않는다(예: 우울장애, 조울장애, 파괴적 기분조절부전장애, 정신병적 장애, 반사회성 성격장애, 경계성 성격장애). 그리고 다른 의학적 상태(예: 뇌외상, 알츠하이머) 또는 약물 오남용 등의 생리학적 영향에 기인하지 않는다. 6~18세 아동들이 적응장애의 일환으로 나타내는 공격행동은 이 진단기준에 해당하지 않는다.

1) 임상적 특징

폭발행동은 실제 상황에서 보통 30분 이내로 나타난다. 일반적으로 친밀한 관계에 의해 작은 도발로 반응하면서 일어난다. 간헐적 폭발장애의 개인은 종종 격한 언어표현이나 물리적 폭력을 사용한다. 기준 A1은 개인이나 동물에 상처나 손해가 나지 않는 성격울화, 비난, 언어논쟁, 다툼, 폭력 등의 잦은 공격폭발 성향으로 규정한다. 간헐적 폭발장애의 핵심특징은 전형적인 공격폭발이 아닌 경험된 도발에 대응하는 충동 – 공격적 행동의 억제 실패다(진단기준 B). 공격폭발은 일반적으로 충동적이고 분노기반이고(진단기준 C), 정신적 기능의 상당한 우울 또는 정신장애와 연관된다(진단기준 D). 간헐적 폭발장애의 증상은 6세 이하에는 나타나지 않거나 그와 비슷한 수준에서는 나타나지 않는다(진단기준 E), 또는 다른 정신장애에 의해 더 잘 설명되는 개인(진단기준 F)에게 진단하지 않는다.

2) 유병률과 경과

미국의 간헐적 폭발장애 1년 유병률은 약 2.7%다. 간헐적 폭발장애는 50세 이상과 비교했을 때 젊은 사람들에게 더 일반적이다. 그리고 고졸 또는 그 이하의 학력에서 더 빈번하다.

반복적 문제행동인 충동 – 공격적 행동은 대부분 아동기 후기 혹은 청소년기에 일반적으로 나타난다. 드물게는 40세 후반에 처음 시작되기도 한다. 간헐적 폭발장애의 핵심특징은 여러 해 동안 지속적으로 나타나서 여러 해 동안 만성적인 경과를 보인다는 것이다.

3) 위험요인

환경적으로는 20여 년간 신체적 · 정서적 외상을 경험한 개인에게서 간헐적 폭발장애의 위험이 증가한다. 또한 간헐적 폭발장애를 지닌 개인의 가족에서 간헐적 폭발장애의 위험이 증가한다.

신경학적 연구에서는 간헐적 폭발장애인 사람들은 뇌 전체에서 세로토닌의 이상이 발견되었으며 특히 변연계 영역과 안와전두피질에서 비정상성을 나타내었다.

4) 감별진단

간헐적 폭발장애는 다음과 같은 경우에는 진단하면 안 된다. 즉 '기준 A1 또는 A2'가 다른 정신장애(주요우울장애, 양극성장애 등)의 증상 발현 동안에 충족될 경우, 또는 약물의 생리적 영향이 있을 경우에 그러하다. 충동적인 공격적 분출이 적응장애의 상황에서 발생할 때, 특히 6~18세 사이의 아동과 청소년들에게 이러한 진단을 해서는 안 된다.

반사회성 성격장애나 경계성 성격장애를 가진 개인들도 종종 충동적이고 공격적인 폭발행동을 보이지만 이러한 폭발행동의 수준은 간헐적 폭발장애보다 훨씬 덜하다.

주의력결핍/과잉행동 장애를 지닌 아동들 역시 충동적이고 공격적인 폭발행동을 보일 수 있는데, 이들은 '충동성'을 바탕으로 하여 그 결과로서 공격적인 행동을 보일 수 있다. 품행장애로 진단된 개인들 역시 이러한 공격적 행동을 보일 수 있는데, 이들의 공격 형태는 주도적이고 약탈적이라는 점에서 차이가 있다. 또한 품행장애에서 공격은 권위적 인물을 대상으로 한 분노발작과 언어적으로 논쟁하는 특성을 가지고 있는 반면에 간헐적 폭발장애에서의 충동적이고 공격적인 행동은 광범위한 범위에서 일어나고 신체적 공격을 포함하고 있다. 따라서 기준 A에서 E까지 충족되고 충동적이고 공격적인 행동이 독립적인 임상적 주의를 필요로 하게 한다면 간헐적 폭발장애로 진단을 내릴 수 있다.

5) 원인

간헐적 폭발장애의 원인은 스트레스나 부모의 양육방식 등 심리사회적 영향과 신경생리학적 영향의 상호작용에 의한 것으로 여겨지고 있다(Moeller, 2009). 또한 20세 이전에 신체적 또는 정서적 외상을 겪은 사람에게서 간헐적 폭발장애의 위험성이 증가하는 것으로 알려져 있다. 아동기에 알코올 중독이나 폭력에의 노출 등이 많았던 환경에서 성장한 경우 간헐적 폭발장애가 더 많이 발생할 수 있는 것으로 보인다.

충동적 공격성에 대해서는 유전적 소인이 상당부분 알려져 있으며, 간헐적 폭발장애를 갖고 있는 가족을 가진 사람에서 이 장애의 발생 빈도가 높다는 연구결과들이 있다.

또한 신경생리학적 연구를 바탕으로 세로토닌계의 역기능과 관련될 수 있음이 시사되고 있는데, 낮은 세로토닌 수치는 충동적 공격성과 상호 연관이 있다(Coccaro & Siever, 2002). 특히 뇌영역 중 대뇌 변연계의 전측대상회 영역(anterior cingulate)과 안와전두피질 영역(orbitofrontal cortex)에서의 세로토닌 이상이 간헐적 폭발장애와 관련되어 있는 것으로 보인다. 또한 뇌영상(f-MRI) 연구결과, 간헐적 폭발장애를 지닌 사람은 정상인에 비해서 분노자극에 대해 편도체(amygdala)가 더 많이 반응하였다고 한다.

6) 치료

간헐적 폭발장애는 매우 드물기 때문에 치료에 대한 연구가 거의 없는 실정이다. 심리치료로는 과거에 쌓였던 분노나 적개심을 비공격적인 방법으로 표출하도록 도와주고 스트레스에 대한 인내심을 기르도록 하는 방법이 있을 수 있다. 약물치료로는 연구가 거의 없긴 하지만 최근에 세로토닌이 공격행동과 관계가 있다는 연구로 살펴보아 세로토닌 재흡수를 차단하는 약물이 효과가 있을 것이라고 제안되고 있다.

3. 품행장애

품행장애의 진단기준(DSM-5)

A. 기본 법규 또는 나이에 적합한 사회 규준 및 규칙 행동의 반복적 지속적 패턴이 위반되며, 아래의 15개 진단기준에서 최소 3개 기준이 지난 12개월 안에 나타나야 하며, 최소 1개 기준은 과거 6개월 안에 나타나야 한다.

- **사람과 동물에 대한 공격성**
  (1) 자주 다른 사람을 못살게 굴거나 협박하거나 겁먹게 함
  (2) 자주 싸움을 걺

(3) 무기를 이용한 심각한 물리적 상해 야기(벽돌, 총, 칼, 병 등)

(4) 사람들에게 육체적으로 잔인하게 대함

(5) 동물들에게 육체적으로 잔인하게 대함

(6) 피해자가 보는 앞에서 도둑질함

(7) 다른 사람으로 하여금 강제로 성행위를 하게 함

- **재산파괴**

(8) 심각한 파괴를 일으킬 작정으로 고의로 불을 지름

(9) 고의로 다른 사람의 재산파괴(방화에 의한 것은 제외)

- **사기 또는 절도**

(10) 다른 사람의 집, 건물, 자동차를 파괴함

(11) 종종 물건이나 호의를 취득하거나 의무를 회피하기 위해 자주 거짓말을 함

(12) 피해자와 마주치지 않고 사소한 것이 아닌 물건을 훔침

- **중대한 규칙위반**

(13) 13세 이전부터 부모의 금지에도 불구하고 자주 외박을 함

(14) 부모나 대리부모와 집에서 같이 살면서 최소한 두 번 이상의 가출, 외박을 함(또는 한 번 가출했으나 장기간 귀가하지 않음)

(15) 13세 이전부터 무단결석을 자주 함

B. 행동방해는 임상적으로 중대한 사회적, 학문적, 직업적 기능의 정신장애를 초래한다.

C. 18세 또는 그 이상 연령의 개인이라면 반사회성 성격장애는 보이지 않는다.

1) 임상적 특징

품행장애의 주요 특징은 사람 혹은 동물에 물리적 해를 위협하는 공격행위, 재산의 손실이나 손해에 대한 비공격적 행위, 사기와 절도, 그리고 심각한 규범 위반이다. 이러한 행동은 적어도 12개월 동안 지속되고 과거 6개월 동안 최소 1번 나타난다.

품행장애 진단을 받은 사람은 자주 심각한 규범위반을 한다. 종종 13세 이전에 행동을 보이기도 하는데, 부모의 허락 없이 밤에 길거리를 방황하거나 집에서 가출을 하는 특징을 보인다. 이러한 도망이 최소 두 차례 이상 발생하거나 장기간의 가

출이 한 차례 이상 발생해야 한다. 종종 13세 이전에 무단결석을 하기도 한다.

품행장애의 진단은 때때로 높은 범죄지역이나 전쟁지역 등 파괴적 행동이 당연하게 일어날 수 있다고 보이는 상황에서 잘못 진단될 수도 있다. 이 장애는 바람직하지 않은 행동이 일어나는 상황을 고려해야만 한다. 품행장애로 진단된 남성은 빈번하게 싸움, 도둑질, 공공기물 파손 그리고 학교 규율문제를 드러낸다. 품행장애로 진단된 여성은 거짓말, 무단결석, 도주, 약물 사용, 매춘 등의 행동을 더 드러내는 경향이 있다.

2) 유병률과 경과

전체 집단의 1년간 유병률은 2~10% 정도에 이른다. 유병률은 아동기로부터 청소년기로 갈수록 증가하고 여아보다는 남아에게서 더 높게 나타난다. 품행장애의 시작은 미취학 시기에 나타나기도 한다. 그러나 보통은 유소년기부터 청소년기 동안 나타나고 드물게는 16세 이후에 시작되기도 한다. 품행장애는 개인마다 다양하지만 이른 시기에 시작된 유형은 예후가 좋지 않으며 학교에서 정학이나 퇴학, 직장에서의 적응, 법률적 어려움, 성병, 계획되지 않은 임신, 그리고 사고나 싸움으로 인한 신체적 상해로 이어질 수 있다.

3) 위험요인

품행장애를 겪는 개인들은 평균보다 낮은 지능을 보이는데, 특히 언어성 지능상에서의 저하가 두드러진다. 가족관계에서의 위험요인은 양육거부와 무관심, 모순되는 양육방식, 거친 훈육, 육체적 성적 체벌과용, 감독결핍, 이른 보호기관체제, 양육자가 자주 바뀌는 문제, 대가족체제, 부모의 범죄, 부모의 정신장애 등이 포함된다. 공동체 관련 위험요인은 또래집단 거부, 또래집단의 비행, 이웃의 폭력 노출 등을 포함한다. 이러한 위험요소들은 품행장애가 아동기에 시작하는 경우에서 더 일반적이고 더 심각한 경향이 있다.

4) 감별진단

품행장애와 적대적 반항장애는 둘 다 어른이나 권위적 인물들과 충돌을 가져오는 증상과 관련되어 있다. 적대적 반항장애로 진단된 개인의 행동은 일반적으로 품행장애를 가진 개인의 행동보다 좀 덜 심각하며 개인이나 동물을 향한 공격, 재산의 파괴, 절도나 사기의 패턴을 포함하지 않는다. 더군다나 적대적 반항장애는 품행장애에는 수반되지 않는 화, 분노, 신경질 등의 정서적인 조절장애의 문제를 포함한다.

주의력결핍/과잉행동 장애를 가진 아이들은 종종 파괴적인 과잉행동적이고 충동적인 행동을 드러내지만, 이러한 행동은 그 자체로 사회적 규범이나 타인의 권리를 침해하지 않으며, 그러므로 보통 품행장애의 기준을 충족하지 않는다.

품행장애와 간헐적 폭발장애 모두는 높은 비율의 공격성을 수반한다. 그러나 간헐적 폭발장애를 가진 개인에게서 공격성은 충동적 공격성으로 제한되고 사전에 계획되지 않으며 어떤 구체적인 목표를 성취하기 위해 실행되지 않는다(예: 돈, 권력, 협박). 또한 간헐적 폭발장애의 정의는 품행장애의 비공격적 증상을 포함하지 않는다. 둘 모두에 대한 기준이 충족된다면, 간헐적 폭발장애는 오직 재발적인 충동적 공격적 분출이 독립적으로 임상적 주의를 필요로 하게 할 때만 진단을 내려야 한다.

5) 원인

(1) 유전적 · 생물학적 요인

10여 년 전까지만 해도 아동기의 품행 문제에 유전적 · 생물학적 요인이 영향을 미친다는 과학적 증거는 거의 없었다고 볼 수 있으며 소수의 증거만이 있었다(Faraone, Tsuang, & Tsuang, 1999).

품행 문제가 세대에 걸쳐 가족 내에서 지속적으로 나타난다는 연구결과는 유전적 영향의 잠재적 중요성을 시사한다(Mash & Wolfe, 2002). 유전적 특징에는 충동성, 주의력결핍, 과잉행동 등이 영향을 미친다(Faraone et al., 1999; Mash & Wolfe, 2002). 유전적 또는 생물적 요소들은 이러한 경향을 지닌 사람들이 그러한 특성을 지니고 있지 않은 사람들보다 사회적으로 문제가 되는 행동을 더 많이 발현시키도록 할 수 있다(Eme & Kavanaugh, 1995; Gottesman & Goldsmith, 1994; Loeber,

Burke, Lahey, Winters, & Zera, 2000).

그리고 아동과 청소년을 대상으로 이루어진 수많은 행동유전학 종단 연구결과는 유전적 요소가 품행장애에 영향을 미친다는 것을 보여 주고 있다(Deater-Deckard et al., 1996; Eaves et al., 1997; Hewitt et al., 1997). 그러나 연구결과는 정보 제공자(어머니 또는 아버지)와 정보의 출처(면접 또는 질문지)에 따라 상당한 차이가 있었기에 신중히 결과를 판단하여야 한다.

알아 두어야 할 점은 품행장애 자체가 유전이 되는 것은 아니라는 것이다. 품행장애 행동의 유전적·생물학적 요인이 품행장애에 어떠한 역할을 하는지에 대한 결론은 조심스럽게 내려져야 한다. 왜냐하면 유전적 요소가 어느 정도 품행장애 행동의 발현에 영향을 미치긴 하지만 그 영향은 간접적이라고 볼 수 있으며 다른 환경적, 사회학습적 경험과 상호작용하는 것으로 보이기 때문이다(Rhee & Waldman, 2002; Rutter et al., 1999). 예를 들면 아동의 성격이나 가족, 학교, 또래집단, 지역사회 등의 환경적 요소와 복합적으로 상호작용한다.

(2) 신경생리학적 요인

선행 연구에 따르면 품행 문제를 보이는 경우 생리학적 각성수준이 낮은 것으로 나타났다. 또한 심장박동률과 피부전도성과 같은 다양한 생리적 측정치에서 자율신경 반응수준이 낮은 것으로 나타났다(Raine, 1993). 또한 뇌영상을 이용한 연구에서는 품행장애를 지닌 개인의 경우 전전두엽의 포도당 대사가 정상 대조군에 비해 낮은 것으로 나타났다(Brower & Price, 2001).

(3) 사회-인지적 요인

품행장애를 가진 청소년들은 사회적 상호작용을 공격적으로 생각하는 경향이 있다. 이러한 생각은 품행장애 행동의 발달과 유지에 영향을 준다. 예를 들면, 다른 사람의 행위를 적대적인 것으로 귀인하고 다른 사람의 관점을 보지 못하며, 사회적 문제해결 기술을 사용하지 않고, 행동하기 전에 사고하지 않는 면이 있다. 케네스 더지(Kenneth Dodge)와 동료들(Crick & Dodge, 1994)의 연구에서 공격적인 아동은 대인관계 시 일반적인 아동보다 더 적은 사회적 책략을 사용하였고 또래의 중성적 행위의 의도를 적대적으로 잘못 귀인하였다. 또한 공격적인 아동은 효율적인 해결책보다는 공격적인 해결책을 선택하였고, 이러한 해결책이 긍정적 결과를 가져올 것이라고 기대하였다.

6) 치료

품행장애는 다각적인 방법과 부모, 가족, 교사 등 서로 협력하여 치료하여야 하며 초기에 개입할수록 효과가 좋기 때문에 조기 개입을 하도록 하여야 한다.

(1) 약물치료

최근 들어 품행장애 아동에게 약물치료가 사용되기도 한다. 극심한 공격적 행동 및 품행장애 행동을 치료하는 데 기분안정제가 사용될 수 있으나(McLeer & Wills, 2000; Riddle, Kastelic, & Frosch, 2001) 이에 대한 연구는 매우 제한적이다(APA, 2006). 또 다른 연구에 따르면 흥분제가 공격행동을 감소시키는 데 도움이 되기도 한다(Connor et al., 2002). 약물치료를 하는 경우에도 다른 기타 치료개입은 지속해야 한다.

(2) 부모훈련

부모훈련은 아동과 청소년의 공격성, 불순종 행동에 대한 가장 성공적인 방법에 속한다(Brestan & Eyberg, 1998; Kazdin, 1997; Maughan et al., 2005; Nock, 2003). 부모훈련(parent training) 프로그램이 가진 여러 가지 공통적 특징을 살펴보면 치료 대상은 일차적으로 부모를 상대로 실시되며 부모가 아동과의 상호작용 방식을 변화시킬 수 있도록 가르친다. 또한 아동의 행동 문제를 확인하고 정의하고 관찰하는 방법과 사회적 강화, 특권 상실과 같은 사회학습의 원리와 절차를 가르친다. 그리고 가정에서 실시되는 행동변화 프로그램을 검토한다. 마지막으로 아동이 학교에서 보이는 기능을 치료에 적용하고 가능하다면 교사는 행동을 모니터하여 행동에 대한 결과를 제공하는 역할을 하도록 한다(Kazdin, 1997).

(3) 문제해결 기술훈련

이 치료는 품행장애 행동에서의 대인관계 및 사회인지적 측면을 다룬 것들이다.

대인관계 상황과 관련된 사고과정을 강조하는데, 예를 들어 대인관계 문제를 해결하도록 단계별로 가르친다. 그리고 인지적 문제해결 기술을 가르치기 위해 놀이와 이야기 같은 과제를 이용하고 습득된 기술을 점차 실제 상황에 적용하도록 한다 (Kazdin, 1997).

(4) 다중체계 치료

　다중체계 치료(Multisystemic Therapy: MST)는 가족 및 지역사회 기반 접근으로 가족뿐 아니라 청소년이 가진 기술이나 또래관계, 학교, 이웃과 같은 가족 외적인 영향도 함께 다룬다. 심각한 문제를 갖고 있는 청소년과 가족을 치료하기 위해 가족체계 치료와 행동치료를 사용한다. 다중체계 치료에서의 회기는 각 가족에 맞추어 융통성 있게 개별화되어 진행된다.

Abnormal Psychology

제19장

배설장애

A군은 7세로 부유하고 부모의 학구열이 아주 높은 가정에서 외동아들로 태어났다. 어머니는 전업주부로 A군의 교육에 대한 관심이 많아 한국말도 잘하지 못하는 아이를 영어학원에 보내기 시작했고 5세가 되자 더 질적인 교육을 위해 여름에 캐나다로 2개월간 어학연수를 갔다. 여기서 A군은 자주 화장실을 가려고 하였고 한 달 정도 지나자 팬티에 소변을 지리기 시작했다. 어머니는 아이가 낯선 외국에 처음 적응을 하면서 나타내는 일시적인 증상이라 생각해 대수롭지 않게 넘겼다. 귀국 후 다니던 학원의 선생님에게 A군이 말수가 없어지고 많이 위축된 행동을 한다는 말을 들었다. 그러나 어머니는 개의치 않고 겨울에 또 캐나다를 갔고 이듬해 여름방학에도 어학연수는 반복되었다. 급기야 캐나다의 선생님에게서도 심리상담을 받아 보는 게 좋겠다는 말을 들었다. 그해 겨울에 다시 캐나다를 간 A군은 급기가 팬티에 오줌을 지리는 것은 물론 똥이 묻기 시작했고 냄새가 나 아이들이 A군을 피하려고 하였다. 선생님의 강력한 권유로 도중에 귀국하여 상담실을 찾게 된 A군의 부모는 아이 상태의 심각성을 여전히 인식하지 못하는 상태였다.

1. 임상적 특징

어린 아동은 대소변을 가리는 자기조절 능력을 배우는 것이 중요하다. 대부분의 아동은 4~5세가 되면 대소변을 스스로 가릴 수 있게 된다. 그러나 대소변을 가릴 충분한 나이가 되었고 인지능력, 언어능력 등이 연령에 적합하게 성장하고 있음에도 불구하고 아동이 고의든 아니든 이를 가리지 못하고 옷이나 적절치 못한 장소에서 배설하는 경우를 배설장애(Elimination Disorder)라고 하는데, 유뇨증과 유분증으로 구분된다.

1) 유뇨증(Enuresis)

유뇨증은 배변훈련이 끝나게 되는 5세 이상의 아동이 신체적인 이상이 없음에도 옷이나 침구에 반복적으로 소변을 보는 경우를 말한다. 특히 연속적으로 3개월 이상 매주 2회 이상 비의도적 또는 고의로 소변을 볼 경우에 유뇨증으로 진단된다. 이때 증상은 약물의 생리적인 결과 혹은 경련성 질환 등 일반 의학적 상태에 의한 것이 아니어야 한다. 유뇨증에는 밤에만 나타나는 야간형 유뇨증(야뇨증), 낮에만 나타나는 주간형 유뇨증, 그리고 밤과 낮 구분 없이 나타나는 주야간형 유뇨증이 있다. 유뇨증의 원인은 아직 명확하게 밝혀져 있지 않으나 유전적 요인, 중추신경계의 미성숙, 자발적 배뇨를 할 수 없을 정도의 낮은 방광 용적, 심리사회적 스트레스나 심리적 갈등, 부적절한 대소변 훈련이 유뇨증의 발병과 관련된 것으로 여겨지고 있다.

유뇨증의 진단기준(DSM-5)

A. 불수의적이든 고의적이든 침구나 옷에 반복적으로 소변을 본다.

B. 이 행동이 적어도 3개월 동안 연속으로 주 2회의 빈도로 일어나고, 사회적, 학업적 (직업적) 또는 다른 중요한 기능영역에서 임상적으로 심각한 고통이나 장해를 일으 킨다는 점에서 임상적으로 중요하다.

C. 생활연령이 적어도 5세(또는 이에 해당하는 발달수준)다.

D. 이런 행동이 전적으로 물질(예: 하제)이나 일반적인 의학적 상태(예: 당뇨병, 척수이분

증, 경련 질환)의 직접적인 생리적 효과로 인한 것이 아니어야 한다.

다음 중 하나를 명시할 것:
야간형: 밤에 잠을 잘 때만 소변을 봄
주간형: 깨어 있는 시간 동안에만 소변을 봄
주야간형: 위의 두 가지 하위유형이 혼재됨

2) 유분증(Encorpresis)

유분증은 4세 이상의 아동이 대변을 적절치 않은 곳(옷이나 마루)에 반복적으로 배설하는 경우를 말한다. 특히 이러한 행동이 3개월 이상 매달 1회 이상 나타날 경우에 유분증으로 진단된다. 적절한 시기에 대소변 훈련을 시키지 않았거나, 대소변 훈련과정에서 일관성이 없었거나, 지나치게 강압적이거나, 발달단계에 맞지 않게 너무 일찍 대소변 훈련을 시키면 대소변 가리기에 문제가 발생하기 쉽다. 이러한 대소변 훈련과정에서 부모와 아동은 통제와 자율의 갈등을 경험하게 되고 이러한 갈등이 유분증을 악화시키고 다른 행동적 문제를 초래할 수 있다(권석만, 2013).

유분증의 진단기준(DSM-5)

A. 불수의적이든 의도적이든 적절치 않은 곳(예: 옷 또는 마루)에 반복적으로 대변을 본다.
B. 이러한 사건이 적어도 3개월 동안 최소한 매달 1회 발생한다.
C. 생활연령이 적어도 4세(또는 이에 해당하는 발달수준)다.
D. 이런 행동이 전적으로 물질(예: 하제)이나 일반적인 의학적 상태(변비를 일으키는 기전을 제외한)의 직접적인 생리적 효과로 인한 것이 아니어야 한다.

다음 중 하나를 명시할 것:
787.6 변비 및 대변 실금이 있는 것: 생리적 검사에 의해 밝혀진 변비 병력이 있음
307.7 변비 및 대변 실금이 없는 것: 생리적 검사에 의해 밝혀진 변비 병력이 없음

2. 원인

정상적인 배변조절 기능의 발달과정에 영향을 미치는 요인에는 신경근육의 발달 뿐만 아니라 인지기능, 유전, 배변훈련방법 등이 있다. 따라서 그 원인을 한 가지로 단순하게 설명하는 것은 적절하지 않으며 여러 가지 요인을 기질적 측면과 심리적 측면으로 나누어 보면 다음과 같다.

1) 유뇨증의 원인

(1) 기질적 원인

신체적 · 생리적 측면에서 유뇨증에 직접적인 영향을 미치는 일차적 요인으로 유 뇨증 아동의 약 2~4%에서 비뇨기계의 기질적 원인이 작용한다고 한다. 이들은 정 상적인 아동에 비해 기능적 수준에서 방광 용적이 유의하게 작았고 방광이나 요로 계의 감염에도 취약한 것으로 나타났다. 또한 최근에는 아동이 자는 동안에 항이뇨 호르몬(arginine vasopressin)의 분비가 감소되어 소변을 농축하고 양을 줄이는 능력 이 저하되면서 유뇨증이 발생한다는 호르몬 가설도 제기되고 있다.

유뇨증 아동은 또래 정상 아동에 비해 운동기능, 언어 등 전반적인 발달지연 (general developmental delay)이 나타나는 경우가 많다. 이 같은 발달지연은 중추신 경계 기능수준에 영향을 미쳐 결과적으로 방광의 조절기능 저하를 유발할 수 있다.

쌍생아 연구 및 가족력 조사 결과에서 보면 일란성 쌍생아에서 이란성 쌍생아보 다 유뇨증의 발생 일치율이 높았고, 부모에게 야뇨증이 있는 경우 43~77%의 아동 이 야뇨증을 보였다. 특히 아버지가 유뇨증이 있었던 경우에는 자녀에게서 발병될 가능성이 그렇지 않은 경우에 비해 7배 이상 증가된다는 점에서 유전적 요인이 유뇨 증 발병에 영향을 미친다고 볼 수 있다.

(2) 심리적 요인

해부학적 이상 또는 감염 등의 원인과 상관없이 사회문화적, 정신사회적 스트레 스 등의 요인은 2차성 유뇨증의 발생에 중요한 영향을 미칠 수 있다. 아동이 무관심하고 냉담한 양육환경에서 방치된 상태로 성장하거나, 지나치게 강박적으로 일찍 배변훈련을 강요받은 경우, 또는 동생의 출생, 부모의 죽음이나 이혼으로 인한 가정환경의 변화, 이사, 사고 등으로 인한 정신사회적 스트레스가 발생하는 경우에 이 같은 문제에 대한 반응으로 이 같은 퇴행현상이 나타날 수 있다. 즉, 충격이나 분노가 유뇨 증상으로 나타날 수 있다. 이 외에도 나이에 비해 더 의존적이고 미숙하거나 수줍어하는 아동에게서 이 같은 유뇨증이 발생할 수 있다.

　유뇨증의 약 20%에서 정신장애가 나타나는데, 발달지연, 불안장애, 우울증, 충동조절장애 등의 행동장애 아동에게도 유뇨증이 많이 나타나는 것으로 보고된다.

2) 유분증의 원인

(1) 생리학적 원인

　유분증 환아들의 경우 배변 시 발생하는 직장 벽 긴장도 증가 및 수축 활성화 수준이 비정상적임이 발견되었다. 또한 또래 아동들에 비해 항문과 직장 충만감의 역치수준 또한 증가되어 배변을 하고 싶다는 것을 잘 느끼지 못하여 원활한 배변을 저해하는 것으로 보고되고 있다.

(2) 심리적 요인

　배변훈련은 아동이 생후 처음으로 자율성을 터득할 수 있는 기회이며 이 과정에서 부모와의 갈등이 발생할 수 있다. 이 단계에서 겪는 아동과 부모와의 관계에서의 문제는 유분증을 유발할 수 있는데, 특히 냉담하고 무관심하거나 신경질적(neurotic)인 부모의 특성, 또는 아동이 수동-공격적(passive-aggressive) 대처로 부모에 대한 불만을 간접적인 방식으로 표출하는 경우가 전형적이다.

　강압적이고 부적절한 배변훈련을 강요한 경우 아동은 적대감을 갖게 되는데, 부모에 대한 반항으로 유분증 증상이 표현될 수 있다.

3. 치료

배변훈련은 아동기의 가장 어려운 과업 중 하나이며 아동과 부모 양쪽에게 가장 큰 스트레스를 주는 최초의 경험 중 하나이기도 하다. 따라서 학령 전 또는 학령 초기 아동에게 이로 인한 문제가 나타나는 것은 드문 일이 아니다. 유뇨증과 유분증은 또래관계에 어려움을 초래하며 아동의 자존감에 큰 타격을 줄 수 있어 그로 인한 부차적인 문제들을 야기할 수 있다. 따라서 치료의 목표는 아동이 안전한 환경에서 유뇨증 또는 유분증에 수반되는 좌절감, 분노, 무력감을 표출함으로써 정서적 갈등을 해소하고 바람직한 배변습관을 형성하는 것이 목표가 되어야 한다.

1) 교육적, 행동적 접근법

교육적 접근에서는 먼저 배설기능 전반에 대한 교육을 실시하고, 부모와 아동에게 이러한 증상이 단순히 잘못된 습관이나 문제가 아닌 질환이라는 점을 인식시킴으로써 증상으로 인한 긴장과 부모-아동 간의 갈등을 풀어 줄 필요가 있다. 이 같은 과정에서 아동에게 수치심이나 모멸감을 주어 자존심을 상하게 하는 혐오적 치료보다는 행동수정 기법을 도입하여 바람직한 행동과 협조가 이뤄졌을 때 아동에게 충분한 보상을 제공하면서 치료의 효과를 높일 수 있다.

구체적으로 행동에 대한 도표를 작성하여 실수하지 않은 날은 스티커를 붙이고 목표한 개수를 채우면 아동이 원하는 보상을 제공하는 등으로 동기를 강화할 수 있다.

2) 정신치료 및 부모-자녀관계 치료

기능이 잘 되던 아동이 퇴행되어 배설장애가 나타나는 2차적 증상의 경우 대개 부모-자녀 관계에 심각한 문제가 있는 경우가 많다. 따라서 심리치료를 통해 아동의 내적 갈등을 파악하고, 부모 역시 치료 장면에 개입되어 아동에 대한 부모의 양육태도, 환경을 교정하도록 도움을 주는 것이 필요하다. 이 같은 부모훈련은 다양한 경험적 연구에서 품행, 과잉행동 같은 문제와 더불어 유뇨증, 정신지체, 자폐, 비만 등 다른 발달적, 행동적 문제가 있는 아동의 제반 문제에 긍정적인 영향을 끼친다는 결과가 보고되고 있다(Graziano & Diament, 1992).

3) 놀이치료

놀이치료는 거부 또는 유기를 경험한 아동들에게 효과적인 개입방법으로, 행동관리 기법을 병행한 인지행동적 놀이치료 또는 정신역동적 놀이치료 기법을 활용해볼 수 있다. 즉, 인지행동적 놀이치료에서는 아동이 배설과정에서 실수를 하지 않고 적절하게 변기를 사용하면 스티커로 강화를 주고, 아동이 배변훈련에 대해 갖고 있는 저항을 주제로 하는 놀이를 할 수 있다. 정신역동적 놀이치료에서는 부모와의 관계에서 발생한 분노와 적개심 등을 상징적 존재(예: '엄마 인형' '아빠 인형')에게 투사시켜 표현할 수 있는 놀이와 점토와 핑거페인팅 등의 촉각적 놀이를 활용하여 억압된 정신내적 욕구를 표현하게 한다.

강경미(2006). 아동행동수정. 서울: 학지사.

강문희(2004). 놀이치료 사례 연구. 시그마프레스.

강위영, 정대영(1993). 학습 장애아 교육. 서울: 형설출판사.

곽승철, 강민채, 금미숙, 편도원(2010). 자폐성 장애아동 교육. 서울: 학지사.

곽승철, 김은화, 박계신, 변찬석, 임경원, 편도원(2009). 자폐 스펙트럼 장애아동 교육. 서울: 학지사.

권석만(2013). 현대 이상심리학. 서울: 학지사.

김붕년, 이동수, 조수철(2000). 주의력결핍/과잉행동성장애에서의 뇌혈류 이상. 신경정신의학, 39(2), 412-423.

김승국 외(1998). 행동장애와 심리치료. 서울: 교육과학사.

김아정(2003). 반응성 애착장애 아동의 의사소통 행동. 단국대학교 대학원 석사학위논문.

김영애(1990). 학습장애아동의 진단과 교육. 서울: 서울장애자종합복지관.

김정욱(1990). 섭식장애. 서울: 학지사.

김진구, 김홍근(2008). ADHD 아동의 전두엽-관리기능. 한국심리학회지: 임상, 27, 139-152.

김태련 외(2003). 발달장애 심리학. 서울: 학지사.

대학상담학회(1998). 상담의 이론과 실제. 서울: 중앙적성출판사.

박경(1990). 양성 및 음성 정신분열증 환자의 이야기 기억과 이해과정. 고려대학교 대학원 박사학위논문.

박미라(2013). 반응성 애착장애 아동의 모-자 상호작용 향상을 위한 미술놀이 치료프로그램 개발 연구. 한양대학교 대학원 석사학위논문.

박승룡 역(1991). 우울한 현대인에게 주는 번즈 박사의 충고. 서울: 문예출판사.

박현숙(1996). 학습장애아동의 학습유형에 따른 인지특성 분석 연구: KEDI-WISC 프로화일을 중심으로. 특수교육논총, 13(2), 51-80.

박현옥(2005). 자폐증 개론. 서울: 시그마프레스.

백지은(2007). 분리불안장애 아동의 특성과 부모-자녀 놀이치료 프로그램의 효과. 한양대학교 대학원 박사학위논문.

송종용(2000). 학습장애. 서울: 학지사.

신민섭(2013). ADHD의 신경심리학적 평가. 2013 한국심리치료학회 춘계학술대회.

신현균, 김진숙(2000). 주의력결핍 및 과잉행동장애. 서울: 학지사.

신희천(2000). 성도착증과 성정체감장애. 서울: 학지사.

안창일 외(2008). 이상심리학. 서울: 학지사.

염숙경(2002). 아동의 특성과 문제별 아동상담과 놀이치료. 서울: 상조사.

원호택(1997). 이상심리학. 서울: 법문사.

이경숙, 김수연, 신의진, 김태련(1995). 반응성 애착장애 아동 어머니와 정상 아동 어머니의 성격특성, 결혼관계, 사회적 지지에 관한 비교연구. 한국심리학회지: 발달, 9, 121-134.

이경애(1997). 인지 · 정서 · 행동치료. 서울: 학지사.

이상노, 서봉연, 송명자, 송영혜(1989). 학습장애 치료교육 프로그램 개발을 위한 기초연구. 논문집, 21, 1-77.

이윤로 편저(1997). 청소년 약물남용의 원인과 치료. 서울: 문음사.

이정균(1997). 정신의학. 서울: 하나의학사.

이정윤, 박중규(2002). 불안하고 걱정 많은 아이 어떻게 도와줄까? 서울: 시그마프레스.

이현수(1995). 이상행동의 심리학 제4판. 서울: 대왕사.

조수철 외(2011). 자폐장애. 서울: 학지사.

조수철(1999). 소아정신질환의 개념. 서울: 서울대학교출판부.

최두석(2009). 월경전증후군/월경전 불쾌장애의 진단 및 치료. 2009 대한산부인과학회 연수강좌.

한동세(1974). 정신과학. 서울: 일조각.

홍강의 외(2005): 소아정신의학. 서울: 중앙문화사.

홍대식 역(1981). 심리학 개론. 서울: 박영사.

Abbey, S. E., & Lipowski, Z. J. (1987). Comprehensive Management of Persistent Somatization: An Innovative In-Patient *Program. Psychotherapy an Psychosomatics, 48*, 110-115.

Abraham, K. (1924). Manic depressive states and the pregenital levels of the libido. In *Selected papers on psychoanalysis*. London: Hogarth, 1949: 448-79.

Adson, P. R. (1992). Treatment of Paraphilias and Related Disorders. *Psychiatric Annals, 22,* 299-300.

Allen, M. G. (1976). Twin Studies of Affective Illness. *Archives of General Psychiatry, 33*, 1476-1478.

American Psychiatric Association. (1980). *Diagnostic and Statistical Manual of Mental Disorders* (3rd ed.). Washington, DC.

American Psychiatric Association. (1994). *Diagnostic and Statistical Manual of Mental Disorder* (4th ed.). Washinton, DC: APA press.

American Psychiatric Association. (1995). 정신장애의 진단 및 통계편람 제4판(이근후 외 공역). 서울: 하나의학사.

American Psychiatric Association. (2000). *Diagnostic and Statistical Manual of Mental Disorders* (4th ed.). Washinton, DC: APA press.

American Psychiatric association. (2013). *Diagnostic and Statistical Manual of Mental Disorder* (5th ed.). Washinton, DC: APA press.

American Psychological Association. (2006). Evidence-based practice in psychology (A report of the APA task force on evidence-based practice). *American psychologist, 61*, 271-285.

Anastopoulos, A. D., & Barkley, R. A. (1988). Biological factors in Attention Deficit Hyperactivity Disorder. *The Behavior Therapist, 11*, 47-53.

Balint, M. (1979). *The Basic Fault: Therapeutic Aspects of Aggression*. New York: Brunner-Mazel.

Ballenger, J. C., Burrows, G. D., Dupont, R. L. Jr., Lesser, I. M., Noyes, R., Jr. Pecknold, J. C., Rifkin, A., & Brilman, E. (1988). Alprazolam in Panic Disorder and Agoraphobia: Results from a Multicenter Trial. I. Efficacy in Short-term Treatment. *Archives of General Psychiatry, 45*, 413-422.

Bandura, A. (1974). Behavior Theory and the Models of Man. *American Psychologist, 29*, 859-869.

Banich, M. T. (2008). 인지 신경과학과 신경심리학(김명선, 강은주, 강연욱, 김현택 역). 서울: 시그마프레스.

Barkley, R. A. (1998). *Attention-Deficit Hyperactivity Disorder*. New York: Guilford.

Barkley, R. A. (2012). 성인의 주의력결핍 과잉행동 장애(곽호완, 배대석, 서완석, 장문선 공역). 서울: 하나의학사.

Barlow, D. H. (1988). *Anxiety and Its Disorders: The Nature and Treatment of Anxiety and Panic*. New York: Guilford Press.

Barlow, D. H., & Craske, M. G. (1989). *Mastery of Your Anxiety and Panic*. Albany, NY: Graywind Publications.

Barlow, D. H., & Craske, M. G. (1994). *Mastery of Your Anxiety and Panic*. (MAP II). Albany, NY: Graywind Publications.

Bateson, G., Jackson, D. D., & Haley, J., et al. (1956). Toward a Theory of Schizophrenia. *Behavioral Science, 1*, 251-264.

Baxter, L. R., Schwartz, J. M., Mazziotta, J. C., Phelps, M. E., Pahl, J. J., Guze, B. H., & Fairbanks, L. (1988). Cerebral glucose metabolic rates in nondepressed patients with obsessive-compulsive disorder. *American Journal of Psychiatry, 145*, 1560-1563.

Beck, A. T. (1967). *Depression*. New York: Harper & Row.

Beck, A. T. (1996). 우울증의 인지치료(원호택 외 공역). 서울: 학지사.

Beck, A. T., Emery, G., & Greenberg, R. L. (1985). *Anxiety Disorders and Phobias: A Cognitive Perspective*. New York: Basic Books.

Beck, A. T., Freeman, A., & Associates. (1990). *Cognitive Therapy of Personality Disorders*. New York: Guilford Press.

Beck, A. T., Rush, A. J., Shaw, B. F., & Emery, G. (1979). *Cognitive Therapy of Depression*. New York: Guilford Press.

Beck, J. S. (2007). 인지치료: 이론과 실제(최영희, 이정흠 공역). 서울: 하나의학사.

Bemporad, J. R., & Ratey, J. (1985). Intensive Psychotherapy of Former Anorexic Individuals. *American Journal of Psychotherapy, 39*, 454-466.

Berk, L., & Potts, M. (1991). Development and functional significance of private speech among Attention-Deficit Hyperactivity Disordered and normal boys. *Journal of Abnormal Child Psychology, 19*, 357-377.

Black, B., & Uhde, T. (1992). Selective mutism as a variant of social phobia. *J Am Acad Child Adolesc Psychiatry, 31*, 1090–1094.

Blatt, S. J., McDonald, C., Sugarman, A., et al. (1984a). Psychodynamic Theories of Opiate Addiction: New Directions for Research. *Clinical Psychological Review, 4*, 159-189.

Blatt, S. J., Rounsaville, B., Eyre, S. L., et al. (1984b). The Psychodynamic Theories of Opiate Addiction. *Journal of Nerves and Mental Disease, 172*, 342-352.

Bögels, S. M., Knappe, S., & Clark, L. A. (2013). Adult separation anxiety disorder in DSM-5. *Clinical*

Psychology Review 33, 663–674.

Boris, H. N. (1984a). The Problem of Anorexia Nervosa. *Int Journal of Psychoanal, 65*, 315-322.

Boris, H. N. (1984b). On the Treatment of Anorexia Nervosa. *International Journal of Psychoanalysis, 65*, 435-442.

Borkovec, T. D., & Costello, E. (1993). Efficacy of Applied Relaxation and Cognitive-behavioral Therapy in the Treatment of Generalized Anxiety Disorder. *Journal of Consulting and Clinical Psychology, 61*(4), 611-619.

Borkovec, T. D., & Hu, S. (1990). The Effect of Worry on Cardiovascular Response to Phobic Imagery. *Behaviour Research and Therapy, 28*, 69-73.

Borkovec. T. D., & Inz, J. (1990). The Nature of Worry in Generalized Anxiety Disorder: A Predominance of Thought Activity. *Behaviour Research and Therapy, 28*, 153-158.

Bourgeois, M. (1990). Enhancing Conversation Skills in Alzheimer's Disease Using a Prosthetic Memory Aid. *Journal of Applied Behavior Analysis, 23*, 29-42.

Bowlby, J. (1958). The nature of the child's tie to his mother. *International Journal of Psychoanalysis, 39*, 350-373.

Bowlby, J. (1973). *Attachment and loss, Vol. 2: Separation*. New York: Basic Books.

Brandsma, J. M., Maultsby, M. C., & Welsh, R. J. (1980). *The Outpatient Treatment of Alcoholism: A Review and Comparative Study*. Baltimore, MD: University Park Press.

Brandsma, J. M., & Pattison, E. M. (1985). The Outcome of Group Psychotherapy with Alcoholics: An Empirical Review. *American Journal of Drug and Alcohol Abuse, 11*, 151-162.

Bratter, T. E. (1981). Some Pre-treatment Group Psychotherapy Considerations with Alcoholic and Drug-addicted Individuals. *Psychotherapy: Theory, Research and Practice, 18*, 508-515.

Brestan, E., & Eyberg, S. (1998). Effective psychosocial treatments for children and adolescents with disruptive behavior disorders: 29 years, 82 studies, and 5,275 kids. *Journal of Clinical Child Psychology, 27*, 180-189.

Broadbent, D. E. (1958). *Perception and Communication*. London: Pergamon Press.

Brower, M., & Price, B. (2001). Neuropsychiatry of frontal lobe dysfunction in violent and criminal behaviour: a critical review. *J. Neurol. Neursurg. Psychiatry, 71*, 720–726.

Brown, T., & Wallace, P. (1980). *Physiological Psychology*. New York: Academic Press.

Bruch, M. A. (1989). Familial and developmental antecedents of social phobia; Issues and findings. *Clinical Psychology Review, 9*, 37-48.

Bruch, M. A., Heimberg, R. G., Berger, P., & Collins, T. M. (1989). Social Phobia and Perceptions of Early Parental and Personal Characteristics. *Anxiety Research, 2*, 57-63.

Brunch, H. (1973). *Eating Disorders Obesity, Anorexia Nervosa, and the Person Within*. New York: Basic Books.

Brunch, H. (1978). *The Golden Cage: The Enigma of Anorexia Nervosa*. Cambridge, MA: Harvard University Press.

Brunch, H. (1982). Psychotherapy in Anorexia Nervosa. *International Journal of Eating Disorders, 1*(4), 3-14.

Brunch, H. (1987). The Changing Picture of an Illness: Anorexia Nervosa. In J. L. Sacksteder, D. P. Schwartz, & Y. Akabane (Eds.), *Attachment and the Therapeutic Process.* (pp. 204-222). Madison, CT: International Universities Press.

Busch, F. N., Cooper, A. M., & Klerman, G. L. (1991). Neurophysiological, Cognitive-behavioral, and Psychoanalytic Approaches to Panic Disorder: Toward an Integration. *Psychoanalytic Inquiry, 11*, 316-332.

Bush, G., Frazier, J. A., Rauch, S. L., et al. (1999). Anterior cingulate cortex dysfunction in attention-deficit/hyperactivity disorder revealed by fMRI and the Counting Stroop. *Biol Psychiatry, 45*, 1542-1552.

Butcher, J. N., Mineka, S., Hooley, J. M., Butcher, J., & Hooley, J. (2003). *Abnormal Psychology* (12th ed.). Boston: Allyn & Bacon.

Calev, A. (1984). Recall and Recognition in Chronic Nondemented Schizophrenics: Use of Matched Task. *Journal of Abnormal Psychology, 93*, 172-177.

Cameron, N. (1963). *Personality development and psychopathology.* Reprint. Philippines: JMC Press, Inc.

Campman, L. J., & Campman, J. P. (1973). *Disordered Thought in Schizophrenia.* New York: Appleton-Century-Crofts.

Carroll, E. M., Rueger, D. B., Foy, D. W., & Donahde, C. P. Jr. (1985). Vietnam Combat Veterans with Posttraumatic Stress Disorder: Analysis of Marital and Cohabitating Adjustment. *Journal of Abnormal Psychology, 94*, 329-337.

Carter, R. M., Glaser, D., & Wilkins, L. T. (Eds.). (1985). *Correctional institutions.* New York: Harper & Row, Pub.

Chessick, R. D. (1985). Clinical Notes Toward the Understanding and Intensive Psychotherapy of Adult Eating Disorders. *Annual of Psychoanalysis, 22/23*, 301-322.

Clark, D. M. (1986). A Cognitive Approach to Panic. *Behaviour Research and Therapy, 24*, 461-470.

Clark, J. V., & Arkowitz, H. (1975). Social anxiety and self-evaluation of interpersonal performance. *Psychological Reports, 36*, 211-221.

Clark, D. M., Salkovskiw, P.M., Hackmann, A., Middleton, H., Anastasiades, P., & Gelder, M. (1994). A Comparison of Cognitive Therapy, Applied Relaxation and Imipramine in the Treatment of Panic Disorder. *British Journal of Psychiatry, 164*, 759-769.

Clark, D. M. (1988). A cognitive model of panic attacks. In S. Rachman & J. D. Maser (Eds.), *Panic: Psychological Perspectives* (pp. 71-89). Hillsdale, NJ: Erlbaum.

Cloninger, C. R. (1978). The link Between Hysteria and Sociopathy: An Integrative Model of Pathogenesis Based on Clinical, Genetic, and Neurophysiological Observations. In H. S. Akiskal, & W. L. Webb (Eds.), *Psychiatric Diagnosis: Exploration of Biological Predictors* (pp. 189-218). New York: Spectrum.

Coccaro, E. F., & Siever, L. J. (2002). Pathophysiology and treatment of aggression. In D. Charney, K. L. Davis, J. T. Coyle, et al. (Eds.), *Neuropsychopharmacology: The 5th Generation of Progress* (pp. 1709-1723). Philadelphia, PA: Lippincott Williams and Wilkins.

Comer, R. J. (2004). *Fundamentals of Abnormal Psychology*. New York: Worth Publishers.

Comer, R. J. (2013). 이상심리학 원론(오경자, 정경미, 송현주, 양윤란, 송원영, 김현수 공역). 서울: 시그마프레스.

Connor, A. M., Luby, J. J., Tong, C. B. S., Finn, C. E., & Hancock, J. F. (2002). Genotypic and environmental variation in antioxidant activity, total phenolic content, and anthocyanin content among blueberry cultivars. *J. Amer. Soc. Hort. Sci., 127*, 98-97.

Coon, P. M. (1986). Treatment Progress in 20 Patients with Multiple Personality Disorder. *Journal of Nervous and Mental Disease, 174*, 715-721.

Cooper, D. E. (1987). The Role of Group Psychotherapy in the Treatment of Substance Abusers. *American Journal of Psychotherapy, 41*, 55-67.

Craik, F. I. M., & Lockhart, R. S. (1972). Levels of Processing: A Framework for Memory Research. *Journal of Verbal Learning & Verbal Behavior, II*, 671-684.

Craik, F. I. M., & Tulving, E. (1975). Depth of Processing and Retention of Words in Episodic Memory. *Journal of Experimental Psychology: General, 104*, 268-294.

Craske, M. G., Brown, T. A., & Barlow, D. H. (1991). Behavioral Treatment of Panic Disorder: A Two Year Follow-up. *Behavior Therapy, 22*, 289-304.

Craske, M. G., Rapee, R. M., Jackel, L., & Barlow, D. H. (1989). Qualitative Dimensions of Worry in DSM-III-R Generalized Anxiety Disorder Subjects and Nonanxious Controls. *Behaviour Research and Therapy, 27*, 397-402.

Crick, N. R., & Dodge, K. A. (1994). A review and reformulation of social information-processing mechanisms in children's social adjustment. *Psychological Bulletin, 115*, 74–101.

Culver, L. C., Kunen, S., & Zinkgraf, A. (1986). Patterns of Recall in Schizophrenics and Normal Subjects. *Journal of Nerves and Mental Disease, 174*, 620-623.

Davidson, J., Swartz, M., Storck, M., Krishnan, R. R., & Hammett, E. (1985). A Diagnostic and Family Study of Posttraumatic Stress Disorder. *American Journal of Psychiatry, 142*, 90-93.

Davidson, J. R. T., & Foa, E. B. (1991). Refining criteria for posttraumatic stress disorder. *Hospital and Community Psychiatry, 42*, 259-261.

Davison, G. C., & Neale, J. M. (1994). *Abnormal Psychology* (6th ed.). New York: John Wiley & Sons.

Deater-Deckard, K., Dodge, K. A., Bates, J. E., & Pettit, G. S. (1996). Physical discipline among African American and European American mothers: Links to children's externalizing behaviors. *Developmental Psychology, 32*, 1065-1072.

Dickstein, S. G., Bannon, K., Castellanos, F. X., & Milham, M. P. (2006). The neural correlates of attention deficit hyperactivity disorder: An ALE meta-analysis. *Journal of Child Psychology and Psychiatry, 47*, 1051-1062.

Dimberg, U., & Ohman, A. (1983). The Effects of Directional Facial Cues on Electrodermal Conditioniong to Facial Stimuli. *Psychophysiology, 20*, 160-167.

Dodes, L. M. (1984). Abstinence from Alcohol in Long-Term Individual Psychotherapy with Alcoholics. *American Journal of Psychotherapy, 38*, 248-256.

Dodes, L. M. (1990). Addiction, Helplessness, and Narcissistic Rage. *Psychoanal Q, 59*, 398-419.

Dodge, K. A., & Frame, C. M. (1982). Social cognitive biases and deficits in aggressive boys. *Child*

Development, 53, 620-635.

Dodge, K. A., Price, J. M., Bachorowski, J. A., & Newman, J. P. (1990). Hostile attributional biases in severely aggressive adolescents. *Journal of Abnormal Psychology, 99,* 385–392.

Donovan, J. M. (1986). An Etiologic Model of Alcoholism. *American Journal of Psychiatry, 143,* 1-11.

Eaves, L., Silberg, J., Meyer, J., Maes, H., Simonoff, E., Pickles, A., Rutter, M., Neale, M., Reynolds, C., Erickson, M., Heath, A., Loeber, R., Truett, K., & Hewitt, J. (1997). Genetics and developmental psychopathology: 2. The main effects of genes and environment on behavioral problems in the Virginia Twin Study of Adolescent Behavioral Development. *Journal of Child Psychology and Psychiatry, 38,* 965-980.

Ellis, A. (1962). *Reason and Emotion in Psychotherapy.* New York: Lyle Stuart.

Eme, R. F., & Kavanaugh, L. (1995). Sex differences in conduct disorder. *Journal of Clinical Child Psychology, 24,* 406-426.

Emery, R. E., & Oltmanns, T. F. (2002). *Essentials of Abnormal Psychology.* Upper Saddle River, NJ: Prentice Hall, Inc.

Erk, R. R. (2011). 아동·청소년 상담 및 심리치료(노성덕, 김호정, 이윤희, 윤은희 공역). 서울: 시그마프레스.

Everly, G., & Rosenfeld, R. (1981). *The Nature and Treatment of the Stress Response: A Practical Guide for Clinicians.* New York: Plenum.

Faraone, S. V., Tsuang, M. T., & Tsuang, D. W. (1999). *Genetics of Mental Disorders.* New York: Guilford.

Farber, S. (1982). Genetic Diversity and Differing Reactions to Stress. In L. Goldberger & S. Breznitz (Eds.), *Handbook of Stress* (pp. 123-133). New York: Free Press.

Fenichel, O. (1945). *The Psychoanalytic Theory of Neurosis.* New York: WW Norton.

Fieve, R. R. (1975). The Lithium Clinic: A new model for the delivery of psychiatric services. *Am. J. hum. Genet., 27,* 31-45.

Foa, E. B., & Riggs, D. S. (1993). Post-traumatic stress disorder in rape victims. In J. Oldman, M, B. Riba, & A. Tasman (Eds.), *American psychiatric press review of psychiatry* (Vol. 12, pp. 273-303). Washington, DC; American Psychiatric Press.

Ford, C. V., & Long, K. D. (1977). Group Psychotherapy of Somatizing Patients. *Psychotherapy and Psychosomatics, 28,* 294-304.

Foy, D. W., Resnick, H. S., Sipprelle, R. C., & Carroll, E. M. (1987). Premilitary, Military and Postmilitary Factors in the Development of Combat Related Posttraumatic Stress Disorder. *The Behavior Therapist, 10,* 3-9.

Foy, D. W., Sipprelle, R. C., Rueger, D. B., & Carroll, E. M. (1984). Etiology of Posttraumatic Stress Disorder in Vietnam Veterans: Analysis of Premilitary, Military, and Combat Exposure Influences. *Journal of Consulting and Clinical Psychology, 52,* 79-87.

Freud, A. (1965). *Normality and Pathology in Childhood. Vol. 6 of The Writings of Anna Freud.* London: Hogarth Press and the Institute of Psycho-Analysis.

Fyer, A., Liebowitz, M., Gorman, J., Compeas, R., Levin, A., Davies, S., Goetz, D., & Klein, D. (1987). Discontinuation of Alprazolam Treatment in Panic Patients. *American Journal of Psychiatry, 144,*

303-308.

Ganzarain, R., & Buchele, B. J. (1998). *Fugitives of Incest: A Perspective from Psychoanalysis and Groups*. NC: International Universities Press Inc.

Garfinkel, P. E., & Garner, D. M. (1982). *Anorexia Nervosa: A Multidimension Perspective*. New York: Brunner/Mazel.

Garfinkel, P. E., & Goldbloom, D. S. (1993). Bulimia Nervosa: A Review of Therapy Research. *Journal of Psychotherapy Practice and Research, 2*, 38-50.

Garner, D. M., Garfinkel, P. E., & Irvine, M. J. (1986). Integration and Sequencing of Treatment Approaches for Eating Disorders. *Psychother Psychosom, 46*, 67-75.

Ghaemi, S. Nassir, M. D. (2003). *Mood Disorders*. New York: Lippincott Williams & Wilkins.

Glasser, W. (1992). 당신의 삶은 누가 통제하는가(김인자 역). 서울: 중앙적성출판사.

Goldstein, A. J., & Chambless, D. L. (1978). A reanalysis of agoraphobia. *Behavioe Therapy, 9*, 47-59.

Goldstein, M. J., Rodnick, E. H., Evans, J. R., et al. (1977). Drug and Family in the Aftercare of Acute Schizophrenics. *Archive General Psychiatry, 35*, 1169-1177.

Gomes-Schwartz, B. (1984). Individual psychotherapy of schizophrenia. In A. Belleck (Ed.), *Schizophrenia: Treatment, Management and Rehabilitation* (pp. 307 – 355). Orlando, FL: Grune & Stratton.

Gomez-Schwartz, B. (1984). Individual Psychotherapy of Schizophrenia in Schizophrenia: Treatment, Management, and Rehabilitation. Edited by Bellack, A. S. Orlando, F. L., Grune & Stratton, 307-335.

Goodwin, D. W., & Guze, S. B. (1984). *Psychiatric Diagnosis* (3rd ed.). New York: Oxford University Press.

Gottesman, I. I., & Goldsmith, H. H. (1994). Developmental psychopathology of antisocial behavior: Inserting genes into its ontogenesis and epigenesis. In C. A. Nelson (Ed.), *The Minnesota Symposia on Child Psychology: Vol. 27. Threats to optimal development: Integrating biological, psychological, and social risk factors* (pp. 69-104). Hillsdale, NJ: Erlbaum.

Gottesman, I., & Shields. J. (1972). *Schizophrenia and Genetics*. New York: Academic Press.

Gray, J. A. (1982). *The Neuropsychology of Anxiety*. New York: Oxford University Press.

Gray, J. A. (1985). Issues in the Neuropsychology of Anxiety. In A. H. Tuma, & J. D. Maser (Eds.), *Anxiety And The Anxiety Disorders* (pp. 5-25). Hillside, NJ: Lawrence Erlbaum.

Graziano, A. M., & Diament, D. M. (1992). Parent behavioral training: An examination of the paradigm. *Behavior Modification, 16*, 3 – 38.

Greenacre, P. (1970). The Transitional Object and the Fetish: With Special Reference to the Role of Illusion. *International Journal of Psychoanalysis, 51*, 447-456.

Greenacre, P. (1979). Fetishism, in Sexual Deviation. 2nd Edition. Edited by Rosen, I. Oxford: Oxford University Press, 79-108.

Greenacre, P. (1979). Fetishism. In I. Rosen (Ed.), *Sexual Deviation* (2nd ed., pp. 79-108). Oxford: Oxford University Press

Greist, J. H. (1990). Treatment of Obsessive Compulsive Disorder: Psychotherapies, Drugs, and Other

Somatic Treatments. *Journal of Clinical Psychiatry, 51*, 44-50.

Guze, S. B., Cloninger, C. R., Martin, R. L., & Clayton, P. J. (1986). A Follow-up and Family Study of Briquet's Syndrome. *British Journal of Psychiatry, 149*, 17-23.

Halbreich, U., & Kahn, L. S. (2001). Role of estrogen in the aetiology and treatment of mood disorder. *CNS Drugs, 15*(10), 797-817.

Hall, A., & Crisp, A. H. (1983). Brief Psychotherapy in the Treatment of Anorexia Nervosa: Preliminary Findings. In P. L. Darby, P. E. Garfinkel, D. M. Garner et al. (Eds.), *Anorexia Nervosa: Recent Developments in Research*. (pp. 427-439). New York: Alan R Liss.

Harper-Giuffre, H., McKenzie, K. R., & Sivitilli, D. (1992). Interpersonal Group Psychotherapy. In H. Harper-Giuffre & K. R. McKenzie (Eds.), *Group Psychotherapy for Eating Disorders* (pp. 105-145). Washington DC: American Psychiatric Press.

Hartmann, H. (1953). Contribution to the metapsychology of schizophrenia. *Psycho-analytic study of the child, 8*, 177.

Hartocollis, P. (1982). Borderline Syndrome and Alcoholism. In E. M. Pattison, & E. Kaufman (Eds.), *Encyclopedic Handbook of Alcoholism* (pp. 628-635). New York: Gardner Press.

Havden, T. L. (1980). Classificiation of elective mutism. *J Am Acad Child Adolesc Psychiatry, 19*, 118-133.

Heimberg, R. G., Salzman, D. G., Holt, C. S., & Blendell, K. A. (1993). Cognitive-behavioral Group Treatment for Social Phobia: Effectiveness at Five-year Follow Up. *Cognitive Therapy and Research, 17*, 325-339.

Hewitt, J. E., Legendre, P., McArdle, B. H., Thrush, S. F., Bellehumeur, C., Lawrie S. M., 1997. Identifying relationships between adult and juvenile bivalves at different spatial scales. *J. Exp. Mar. Biol. Ecol., 216*(1-2), 77-98.

Hillman, J., Snyder, S., & Neubrander, J. A. (2009). 자폐성 장애: 조기진단과 통합적 치료에 대한 임상적 가이드(진혜경, 강경숙, 김상용, 이정림, 조미현 공역). 서울: 시그마프레스.

Hoehn-Saric, R., McLeod, D. R., & Zimmerli, W. D. (1989). Somatic Manifestations in Women with Generalized Anxiety Disorder: Psycho-physiological Response to Psychological Stress. *Archives of General Psychiatry, 46*, 1113-1119.

Hsu, L. K. G. (1986). The Treatment of Anorexia Nervosa. *American Journal of Psychiatry, 143*, 573-581.

Hsu, L. K. G. (1991). Outcome Studies in Patients with Eating Disorders. In S. M. Mirin, J. T. Gossett, & M. C. Grob (Eds.), *Psychiatric Treatment: Advances in Outcome Research* (pp. 159-180). Washington DC: American Psychiatric Press.

Humphrey, L. L., & Stern, S. (1988). Object Relations and the Family System in Bulimia: A Theoritical Integration. *Journal of Marital and Family Therapy, 14*, 337-350.

Jenike, M. A., Baer, L., Ballantine, H. T., Martuza, R. L., Tynes, S., Giriunas, I., Buttolph, M. L., & Cassem, N. H. (1991). Cingulotomy for Refractory Obsessive-compulsive Disorder: A Long-term Follow-up of 33 Patients. *Archivies of General Psychiatry, 48*, 548-555.

Johnson, C., Connors, M. E., & Tobin, D. (1987). Symptom Management of Bulimia. *Journal of Counsulting and Clinical Psychology, 55*, 668-676.

Johnson, C., Shenoy, R. S., & Langer, S. (1981). Relaxation Therapy for Somatoform Disorders. *Hospital and Community Psychiatry, 32*, 423-424.

Johnson, C., Tobin, D., & Enright A. (1989). Prevalence and Clinical Characteristic of Borderline Patients in a Eating-disordered Population. *Journal of Clinical Psychiatry, 50*, 9-15.

Kagan, J., & Snidman, N. (1991). Infant Predictors of Inhibited and Uninhibited Profiles. *Psychological Science, 2*, 40-44.

Kagan, J., Reznick, J. S., & Snidman, N. (1988). Biological Bases of Childhood Shyness. *Science, 240*, 167-171.

Kagan, J., Reznick, J. S., & Snidman, N. (1988). The Physiology and Psychology of Behavioral Inhibition in Children. *Annual Progress in Child Psychiatry and Child Development*, 102-127.

Kallmann, F. J. (1953). *Heredity in Health and Mental Disorder*. New York: Norton.

Kandel, D. B., Kessler, R. C., & Margulies R. Z. (1978). Antecedants of Adolescent Initiation into Stages of Drug Use: A Developmental Anaysis. In D. B. Kandel (Ed.), *Longitudinal Research on Drug Use*. New York: Hemisphere.

Kaplan, H. S. (1979). *Disorders of Sexual Desire and Other New Concepts and Techniques in Sex Therapy*. New York: Simon & Schuster.

Kaplan, H. S. (1986). The Psychosexual Dysfunctions (ch 36). In J. O. Cavenar Jr., A. M. Cooper, A. J. Frances et al. (Eds.), *Psychiatry, revised ed., vol. 1: The Personality Disorders and Neuroses* (pp. 467-479). Philadelphia, JB: Lippincott.

Karoly, P. (1985). The assessment of pain: Concepts and procedures. In Karoly P. (Ed.), *Measurement strategies in health psychology* (pp. 461-515). New York: Wiley.

Katon, W. (1993). Somatization Disorder, Hypochondriasis, and Conversion Disorder. In D. L. Dunner (Ed.), *Current Psychiatric Therapy* (pp. 314-320). Philadelphia: W.B. Saunders.

Kazdin, A. (1997). Practitioner Review: Psychosocial Treatments for Conduct Disorder in Children. *Journal of Child Psychology & Psychiatry, 38*(2), 161-178.

Keefe, J. W. (Ed.). (1979). *Student learning styles: Diagnosing and prescribing programs*. Reston, VA: National Association of Secondary School Principals.

Kellner, R. (1985). Functional Somatic Symptoms and Hypochondriasis: A Survey of Empirical Studies. *Archives of General Psychiatry, 42*, 821-833.

Kellner, R. (1986). *Somatization and Hypochondriasis*. New York: Praeger-Greenwood.

Kendall, P. C. (2010). 아동 · 청소년심리치료: 인지행동적 접근(신현균, 김정호, 최영미 공역). 서울: 학지사.

Kendler, K. S., Neale, M. C., & Kessler, R. C. (1992). Childhood Parental Loss and Adult Psychopathology in Women: A Twin Study Perspective. *Archives of General Psychiatry, 49*, 109-116.

Kernberg, O. F. (1975). *Borderline Conditions and Pathological Narcissism*. New York: Jason Aronson.

Khantzian, E. J. (1982). Psychopathology, Psychodynamics, and Alcoholism. In E. M. Pattison, & E. Kaufman (Eds.), *Encyclopedic Handbook of Alcoholism* (pp. 581-597). New York: Gardner Press.

Khantzian, E. J. (1985a). Psychotherapeutic interventions with substance abusers: the clinical context. *Journal of Substance Abuse Treatment, 2*, 83-88.

Khantzian, E. J. (1985b). The Self-medication Hyppothesis of Addictive Disorders: Focus on Heroin and Coccain Dependence. *American Journal of Psychiatry, 142*, 1259-1264.

Khantzian, E. J. (1986). A Contemporary Psychodynamic Approach to Drug Abuse Treatment. *Am J Drug Alcohol Abuse, 12*, 213-222.

Kingdon, D. G. (1998). 정신분열병의 인지-행동 치료(이성동 외 역). 서울: 하나의학사.

Klein, D. F. (1993). False suffocation alarms, spontaneous panics, and related conditions; An integrative hypothesis. *Archives of General Psychiatry, 50*, 306-317.

Klein, D. N., Shankman, S. A., Rose, S. (2006). Ten-year prospective follow-up study of the naturalistic course of dysthymic disorder and double depression. *The American Journal of Psychiatry, 163*(5), 872–880.

Klein, M. (1932). *The psycho-analysis of children.* London: Hogarth Press.

Klein, M. (1940). Mourning and its relation to manic-depressive states. *The international Journal of Psychoanalysis, 21*, 125-153.

Klosko, J. S., Barlow, D. H., Tassinari, R., & Cerny, J. A. (1990). A Comparison of Alprazolam and Behavior Therapy in Treatment of Panic Disorder. *Journal of Consulting and Clinical Psychology, 58*, 77-48.

Knight, R. F. (1953). Borderline States. *Bull Menninger Clin, 17*, 1-12.

Koh, S. D., & Kayton, L. (1974). Memorization of Unrelated Word Strings by Young Non-psychotic Schizophrenics. *Journal of Abnormal Psychology, 83*, 14-22.

Koh, S. D., & Peterson, R. A. (1978). Encoding orientation and the remembering of schizophrenic young adults. *Journal of Abnormal Psychology, 87*, 303-313.

Koh, S. D., Szoc, R., & Peterson, R. A. (1977). Short-term Memory Scanning in Schizophrenic Young Adults. *Journal of Abnormal Psychology, 86*, 451-460.

Kohut, H. (1971). *The Analysis of the Self: A Systematic Approach to the Psychoanalytic Treatment of Narcissistic Personality Disorder.* New York: International Universities Press.

Kohut, H. (1977). *The Restoration of the Self.* New York: International Universities Press.

Kolvin, I., & Fundudis, T. (1981). Elective mute children: Psychological development and background factor. *Journal of Child Psychology and Psychiatry, 22*, 219-232.

Krystal, H. (1982-1983). Alexithymia and the Effectiveness of Psychoanalytic treatment. *International Journal of Psychoanalytic Psychotherapy, 9*, 353-378.

Landreth, G. L., Sweeney, D. S., Ray, D. C., Homeyer, L. E., & Glover, G. J. (2009). 아동 문제별 놀이치료(유미숙, 이미경, 이세연, 하승연 공역). 서울: 학지사.

Lazare, A. (1981). Current Concepts in Psychiatry. *New England Journal of Medicine, 305*, 745-748.

Lazarus, A. A. (1989). 행동 치료의 이론과 실제(이근후 외 공역). 서울: 하나의학사.

Lazarus, R. (1966). *Psychological Stress and the Coping Process.* New York: McGraw-Hill.

Lazarus, R. (1976). *Patterns of Adjustment.* New York: McGraw-Hill.

Lebrun, Y. (1990). *Mutism.* London: Whurr Publishers Ltd.

Levine, S. B. (1988). Intrapsychic and Individual Aspects of Sexual Desire. In S. R. Leiblum, & R. Rosen (Eds.), *Sexual Desire Disorders* (pp. 21-44). New York: Guilford Press.

Lewinsohn, P. M., Antonuccio, D. O., Steinmetz, S. L., & Teni, L. (1984). *The coping with depression course.* Eugene, OR: Castalia.

Liebowitz, M. R., Schneier, F., Campeas, R., Hollander, E., Hatterer, J., Fyer, A., Gorman, J., Papp, L., Davies, S., Gully, R., & Klein, D. F. (1992). Phenelzine vs. Atenolol in Social Phobia: A Placebo Controlled Comparison. *Archives of General Psychiatry, 49,* 290-300.

Liedtke, R., Jager, B., Lempa, W., et al. (1991). Therapy Outcome of Two Treatment Models for Bulimia Nervosa: Preliminary Results of a Controlled Study. *Psychother Psychosom, 56,* 56-63.

Lief, H. I. (1981). *Sexual Problems in Medical Practice.* Monroe, WI: American Medical Association.

Lilienfeld, S. O. (1992). The Association Between Antisocial Personality and Somatization Disorders: A Review and Integration of Theoretical Models. *Clinical Psychology Review, 1,* 641-662.

Loeber R., Lahey B. B., & Thomas, C. (1991), Diagnostic conundrum of oppositional defiant disorder and conduct disorder. *J. Abnorm. Psychol., 100,* 379-390

Loeber, R., Burke, J. D., Lahey, B. B., Winters, A., & Zera, M. (2000). Oppositional defiant and conduct disorder: A review of the past 10 years, part I. *Journal of the American Academy of Child and Adolescent Psychiatry, 39,* 1468–1484.

Lovaas, O. I. (1978). Parents as therapists for autistic children. In M. Rutter & E. Schopler (Eds.), *Autism: A Reappraisal of Concepts and Treatment.* New York: Plenum Press.

Mack, J. E. (1981). Alcoholism, AA, and the Governance of the Self. In M. H. Bean, & N. E. Zinberg (Eds.,) *Dynamic Approaches to the Understanding the Treatment of Alcoholism* (pp. 128-162). New York: Free Press.

Mahler, M. (1952). On Child Psychosis and Schizophrenia: Autistic and Symbiotic Infantile Psychoses. *Psychoanalytic Study of Childhood, 7,* 286-305.

Mahler, M. S. (1984). Group Therapy for Anorexia Nervosa. In P. S. Powers, & R. C. Fernandez (Eds.), *Current Treatment of Anorexia Nervosa and Bulimia* (pp. 265-276). Basel, Switzerland: Karger.

Maier, W., Hofgen, A. Z., & Rietschel, M. (2005). Genetic models of schizophrenia and bipolar disorder. *European archives of psychiatry, 255,* 159-166.

Mandler, J. M. (1984). *Stories, Scripts, and Scenes: Aspects of Schema Theory.* Hillsdale, NN: Erlbaum.

Mash, E. J., & Barkley, R. A. (2001). 아동정신병리(이현진 외 공역). 서울: 시그마프레스.

Mash, E. J., & Wolfe, D. A. (2002). *Abnormal child psychology* (2nd ed.). Belmont, CA: Wadsworth.

Masterson, J. F. (1972). *Treatment of the Borderline Adolescent: A Developmental Approach.* New York: John Wiley.

Masterson, J. F. (1977). Primary Anorexia Nervosa in the Borderline Adolescent: An Object-relations View. In P. Hartocollis (Ed.), *Borderline Personality Disorders: The Concept, the Syndrome, the Patient* (pp. 475-494). New York: International Universities Press.

Maughan, R. J., Shirreffs, S. M., Merson, S. J., & Horswill, C. A. (2005). Fluid and electrolyte balance in elite male football (soccer) players training in a cool environment. *Journal of Sports Sciences, 23,* 73-79.

Maultsby, M. C., Jr. (1975). *Help yourself to happiness: Through rational self-counseling.* New York: Institute for Rational-Emotive Therapy.

Maultsby, M. C., Jr. (1984). *Rational behavior therapy.* Englewood cliffs, NJ: Prentice-Hall.

McAlonan, G. M., Cheung, V., Cheung, C., Chua, S. E., Murphy, D. G., Suckling, J., et al. (2007).

Mapping brain structure in attention deficit-hyperactivity disorder: A voxel-based MRI study of regional grey and white matter volume. *Psychiatry Research: Neuroimaging, 154*(2), 171–180.

McGlashan, T. H. (1984). The Chestnut Lodge Follow-up Study, II: Long-Term Outcome of Schizophrenia and the Affective Disorders. *Archive General Psychiatry, 41*, 586-601.

McGlashan, T. H. (1987). Recovery Style from Mental Illness and Long-Term Outcome. *Journal of Nerves and Mental Disease, 175*, 681-685.

McLeer, S. V., & Wills, C. (2000). Psychopharmacological treatment. In M. Hersen & R. T. Ammerman (Eds.), *Advanced Abnormal Child Psychology* (2nd ed., pp. 219-250). Mahwah: Lawrence Erlbaum Associates.

Mercugliano, M., Power, T. J., & Blum, N. J. (2004). ADHD의 진단과 치료(김해란 역). 서울: 특수교육.

Miller, G. A. (1956). The Magical Number Seven Plus of Minus Two: Some Limits on Our Capacity for Processing Information. *Psychological Review, 61*, 81-97.

Millon, T. (1969). *Modern Psychopathology: A Biosocial Approach to Maladaptive Learning and Functioning.* Philadelphia: Saunders (Reprinted. 1983, Prospect Heights, ILL: Wareland Press.)

Millon, T. (1981). *Disorders of Personality DSM-III. Axis II.* New York: Wiley.

Millon, T., & Everly, G. (1985). *Personality and Its Disorders.* New York: John Wiley & Sons.

Millon, T., & Millon, R. (1974). *Abnormal Behavior and Personality.* Philadelphia: Saunders.

Mintz, I. L. (1988). Self-destructive Behavior in Anorexia Nervosa and Bulimia. In H. J. Schwartz (Ed.), *Bulimia: Psychoanalytic Treatment and Theory* (pp. 127-171). Mason, CT: International Universities Press.

Mitchell, J. E., & Eckert, E. D. (1987). Scope and Significance of Eating Disorders. *Journal of Consulting and Clinical Psychology, 55*, 628-634.

Mitchell, S. A. (1988). *Relational Concepts in Psychoanalysis: An Integration.* Cambridge, MA: Harvard University Press.

Moeller, F. G. (2009). Impulse-control disorders not elsewhere classified. In B. J. Saddock, V. A. Sadock, & P. Ruiz (Eds.), *Comprehensive textbook of psychiatry* (Vol. 1, 9th ed., pp. 2178-2186). Philadelphia, PA: Lippincott Williams & Wilkins/Wolters Kluwer.

Munjack, D. J. (1984). The Onset of Driving Phobias. *Journal of Behavior therapy and Experimental Psychiatry, 15*, 305-308.

Murphy, J. A., & Byrne, G. J. (2012). Prevalence and correlates of the proposed DSM-5 diagnosis of Chronic Depressive Disorder. *Journal of Affective Disorders, 139*(2), 172-180.

Nathan, P. E. (1988). The Addictive Personality is the Behavior of the Addict. *Journal of Consulting and Clinical Psychology, 56*, 183-188.

Neal, J. M., & Oltmanns, T. F. (1980). *Schizophrenia.* New York: Wiley.

Nevid, J. S., Rathus, S. A., & Greene, B. (2005). *Abnormal Psychology in a Changing World* (6th ed.). Upper Saddle River, NJ: Prentice Hall, Inc.

Nicholson, B., & Treece, C. (1981). Object Relations and Differential Treatment Response to Methadone Maintenance. *Journal of Nerves and Mental Disease, 169*, 424-429.

Nigg, J. T. (2001). Is ADHD an inhibitory disorder? *Psychological Bulletin, 127*, 571-598.

Nock, M. K. (2003). Progress review of the psychosocial treatment of child conduct problems. *Clinical Psychology: Science and Practice, 10*, 1–28.

Nordahl, T. E., Benkelfat, C., & Semple, W. (1989). Cerebral glucose metabolic rates in obsessive compulsive disorder. *Neuropsychopharmacology, 2*, 23-28.

Oesterheld, J. R., McKenna, M. S., & Gould, N. B. (1987). Group Psychotherapy of Bulimia: A Critical Review. *Int Journal of Group Psychotherapy, 37*, 163-184.

Ogden, T. H. (1980). On the Nature of Schizophrenic Conflict. *Int Journal Psychoanal, 61*, 513-533.

Ogden, T. H. (1982). The Schizophrenic State of Nonexperience. In P. L. Giovacchini, & L. B. Boyer (Eds.), *Technical Factors in the Treatment of the Severely Disturbed Patient* (pp. 217-260). New York: Jason Aronson.

Ohman, A., & Dimberg, U. (1978). Facial Expressions as Conditioned Stimuli for Electrodermal Responses: A Case of Preparedness? *Journal of Personality and Social Psychology, 36*(11), 1251-1258.

Ost, T. G. (1985). *Mode of Acquisition of Phobias. Acta Universitatis Uppsaliensis* (Abstracts of Uppsala Dissertations from the Faculty of Medicine), 529, 1-45.

Ost, T. G. (1989). *Blood Phobia: A Specific Phobia Subtype in DSM-IV*. Paper requested by the simple phobia subcommittee of the DSM-IV Anxiety Disorders Work Group.

Parkinson, L., & Rachman, S. (1981). Intrusive Thoughts: The Effects of an Uncontrived Stress. *Advances In Behaviour Research And Therapy, 3*, 119-123.

Pato, M. T., Zohar-Kadouch, R., Zohar, J., & Murphy, D. L. (1988). Return of Symptoms After Discontinuation of Clomipraine in Patients with Obsessive-compulsive Disorder. *American Journal Of Psychiary, 145*, 1521-1522.

Paton, S., Kessler, R., & Kandel, D. (1977). Depressive Mood and Adolescent Illicit Drug Use: A Longitudinal Analysis. *Journal of Genetic Psychology, 131*, 267-289.

Pattison, E. M. (1976). Nonabstinent Drinking Goals in the Treatment of Alcoholism: A Clinical Typology. *Arch Gen Psychiatry, 33*, 923-039.

Payne, R. W. (1962). An Object Classification Test as a Measure of Over-inclusive Thinking in Schizophrenic Patients. *British Journal of Clinical Psychology, I*, 213-221.

Pelham, W. E., Wheeler, T., & Chronis, A. (1998). Empirically supported psychosocial treatments for ADHD. *Journal of Clinical Child Psychology, 27*, 190-205.

Perry, S., Difede, J., & Musngi, G. (1992). Predictors of Posttraumatic Stress Disorder after Burn Injury. *American Journal of psychiatry, 149*, 931-935.

Pollack, W. S. (1989). Schizophrenia and the self: Contributions of psychoanalytic self-psychology. *Schizophrenia Bulletin, 15*, 311-322.

Powers, P. S. (1984). Psychotherapy of Anorexia Nervosa, In Current Treatment of Anorexia Nervosa. *Journal of Psychiatric Treatment and Evaluation, 3*, 279-283.

Price, J. L. (1968). *Organizational effectiveness: An inventory of propositions*. Home-wood, Ill: Irwin, R. D.

Putnam, F. W., Guroff, J. J., Silberman, E. K., Barban, L., & Post, R. M. (1986). The clinical phenomenology of multiple personality disorder: Review of 100 recent cases. *Journal of Clinical Psychiatry, 47*, 285–293.

Rabinowitz, J. C., Mandler, G., & Patterson, K. E. I. (1977). Determinants of Recognition and Recall: Accessibility and Generation. *Journal of Experimental Psychology, 106*, 302-329.

Raine, A. (1993). *The psychopathology of crime: Criminal behavior as a clinical disorder.* San Diego: Academic Press.

Rhee, S. H., & Waldman, I. D. (2002). Genetic and environmental influences on antisocial behavior: A meta-analysis of twin and adoption studies. *Psychological Bulletin, 128*, 490–529. doi:10. 1037/0033-2909. 128. 3. 490.

Reid, W. H. (1989). *The Treatment of Psychiatric Disorders: Revised for the DSM-III-R.* New York: Brunner/ Mazel.

Rice, M. E., Quinsey, V. L., & Harris, G. T. (1991). Sexual Recidivism Among Child Molesters Released from a Maximum Security Psychiatric Institution. *Journal Consul Clin Psychology, 59*, 318-396.

Riddle M. A., Kastelic E. A., & Frosch, E. (2001). Pediatric Psychopharmacology. *Journal of Child Psychology and Psychiatry, 42*(1), 73-90.

Rimland, B. (1964). *Infantile Autism: The Syndrome and Its Implications for a Neural Theory of Behavior.* New York: Appleton-Century-Crofts.

Rinsley, D. B. (1988). The Dipsas Revisited: Comments on Addiction and Personality. *Journal Subst Abuse Treat, 5*, 1-7.

Rosen, A. (1981). Psychotherapy and Alcoholics Anonymous: Can They be Coordinated? *Bull Menninger Clin, 45*, 229-246.

Rosenbaum, J. F., Biederman, J., Bolduc, E. A., Hirshfeld, D. R., Faraone, S. V., & Kagan, J. (1992). Comorbidity of parental anxiety disorders as risk for childhood-onset anxiety in inhibited children. *American Journal of psychiatry, 149*, 475-481.

Rosenhan, D. L. (2001). *Abnormal Psychology.* New York: W.W. Norton & Co Inc.

Roskin, G., Mehr, A., Rabiner, C. J., & Rosenberg, C. (1981). Psychiatric Treatment of Chronic Somatizing Patients: A Pilot Study. *International Journal of Psychiatry in Medicine, 10*, 181-187.

Ross, C. A., Miller, S. D., Reagor, P., Bjornson, L., Fraser, G. A., & Anderson, G. (1990). Structured Interview Data on 102 Cases of Multiple Personality Disorder from Four Centers. *American Journal of Psychiatry, 147*, 596-601.

Rubia, K., Overmeyers, S., Taylor, E., et al. (1999). Hypofrontality in attention deficit hyperactivity disorder during higher-order motor control: a study with functional MRI. *Am J Psychiatry, 156*, 891-896.

Rutter, M., Silberg, J., O'Connor, T. G. and Simonoff, E. (1999) Genetics and child psychiatry: I. Advances in quantitative and molecular genetics. *Journal of Child Psychology and Psychiatry, 40*, 3–18.

Salkovskis, P. M. (1995). Obsessional Compulsive Problems: A Cognitive Behavioral Analysis. *Behaviour Research and Therapy, 23*, 571-577.

Salkovskis, P. M., & Campbell, P. (1984). Thought Suppression Induces Intrusion in Naturally Occurring

Negative Intrusive Thoughts. *Behaviour Research and Therapy, 32*(1), 1-8.

Sarason, I. G., & Sarason, B. R. (2001). 이상심리학(김은정, 김향구, 황순택 공역). 서울: 학지사.

Sarason, I. G., & Sarason, B. R. (2004). *Abnormal Psychology: The Problem of Maladaptive Behavior* (11th ed.). Upper Saddle River, NJ: Prentice Hall, Inc.

Scharff, D. E. (1988). An Object Relations Approach to Inhibited Sexual Desire. In S. R. Leiblum, & R. Rosen (Eds.), *Sexual Desire Disorders* (pp. 45-74). New York: Guilford Press.

Schwartz, M. (1992). Sexual compulsivity as post-traumatic stress disorder: Treatment perspectives. *Psychiatric Annals, 22*, 333.

Seligman, M. E. P. (1971). Phobias and preparedness. *Behavior Therapy, 2*, 307-320

Setterfield, J., Cantwell, D., Lesser, L., & Podosin, R. (1972). Physiological Studies of the Hyperkinetic Child I. *American Journal of Psychiatry, 128*, 102-109.

Shadick, R., Craske, M. G., & Barlow, D. H. (1988). *Courage and avoidance behavior*. Poster presented at Association for Advancement of Behavior Therapy Annual Meeting, New York.

Sheldon, W. (1940). *The Varieties of Human Physique: An Introduction to Constitutional Psychology*. New York: Harper.

Sieg, K. G., Gaffney, G. R., Preston, D. F., & Hellings, J. A. (1995). SPECT brain imaging abnormalities in attention deficit hyperactivity disorder. *Clinical Nuclear Medicine, 20*, 55-60.

Silverman, W. K., & Kurtines, W. M. (1996). *Anxiety and phobic disorder: A pragmatic approach*. New York: Plenum.

Skinner, B. F. (1953). *Science and Human Behavior*. New York: Macmillan.

Slater, E., & Cowie, V. (1971). *The Genetics of Mental Disorder*. London: Oxford University Press.

Smith, G. R., Monson, R. A., & Ray, D. B. (1986). Psychiatric consultation in Somatization Disorder. *New England Journal of Medicine, 314*, 1407-1413.

Smith, R. J. (1991). Somatization Disorder: Defining Its Role in Clinical Medicine. *Journal of General Internal Medicine, 6*, 168-175.

Socarides, C. W. (1988). *The Preoedipal Origin and Psychoanalytic Therapy of Sexual Perversions*. Madison, CT: International Universities Press.

Solomon, K., & Hart, R. (1978). Pitfalls and Prospects in Clinical Research on Antianxiety Drugs: Benzodiazepines and Placebos. *Journal of Clinical Psychiatry, 39*, 823-831.

Southwick, S. M., Vythilingam, M., & Charney, D. S. (2005). The Psychbiology of Depression and Resilience To Stress; Implications for Prevention and Treatment. *Annual Review of Clinical Psychology, 1*(1), 255-291.

Spohn, H. E., Lacoursiere, R. G., Thompson, R., et al. (1977). Phenothiazine effects on psychological and psychophysiological dysfunction in chronic schizophrenics. *Arch Gen Psychiatry, 34*, 633-634.

Stoller, R. J. (1985). *Observing the Erotic Imagination*. New Haven: Yale University Press.

Strong, K. V. (2003). *Anxiety Deficit Disorders*. Midpoint Trade Books Inc.

Sullivan, H. S. (1962). *Schizophrenia as a Human Process*. New York: WW Norton.

Sullivan, P. B. (2000). Lumbar segmental 'instability': Clinical presentation and specific stabilizing exercise management. *Manual Therapy, 5*(1), 2–12.

Sutker, P. B., & Allain, A. N. (1988). Issues in Personality Conceptualizations of Addictive Behaviors. *Journal of Consulting and Clinical Psychology, 56*, 172-182.

Swanson, J. M., Sergeant, J. A., Taylor, E., et al. (1998). Attention-deficit hyperactivity disorder and hyperkinetic disordoer. *Lancet, 351*, 429-433.

Swartz, M., Blazer, D., Woodbury, M., George, L., & Landerman, R. (1986). Somatization Disorder in a U.S. Southerncommunity: Use of a New Procedure for Analysis of Medical Classification. *Psychological Medicine, 16*, 595-609.

Szasz, T. (1960). The Myth of Mental Illness. *American Psychologist, 15,* 113-118.

Telch, M. J. (1988). Combined Pharmacologic and Psychological Treatments for Panic Sufferers. In S. Rachman, & J. D. Maser (Eds.), *Panic: Psychological Perspectives.* Hillsdale, NJ: Lawrence Erlbaum.

Telch, M. J., Tearnan, B. H., & Taylor, C. B. (1983). Antidepressant Medication in the Treatment of Agoraphobia. A Critical Review. *Behaviour Research and Therapy, 21*, 505-527.

Thorndike, E. L. (1935). *The Psychology of Wants, Interests, and Attitudes.* New York: Appleton. Century.

Treece, C. (1984). Assessment of Ego Funtioning in Studies of Narcotic Addiction. In L. Bellak, & L. A. Goldsmith (Eds.), *The Broad Scope of Ego Function Assessment.* (pp. 268-290). New York: John Wiley.

Treece, C., & Khantzian E. J. (1986). Psychodynamic Factors in the Development of Drug Dependence. *Psychiatr Clin North Am, 9, 399-412.*

Turk, D. C., Meichenbaum, D., & Genest, M. (1983). *Pain and behavioral medicine: A cognitive-behavioral perspective.* New York: Guilford Press.

Vaillant, G. E. (1988). The Alcohol-dependent and Drug-dependent Person. In A. M. Nicholi, Jr. (Eds.), *The New Harvard Guide to Psychiatry* (pp. 700-713). Cambridge, MA: Belknap Press of Harvard University Press.

Waschbusch, D. A. (2002). A meta-analytic examination of comorbid hyperactive/impulsive/inattention problems and conduct problems. *Psychological Bulletin, 128*, 118-150.

Watson, J. B., & Raynor, R. (1920). Conditioned emotional reactions. *Journal of Experimental Psychology, 3,* 1-14

Watzlawick, P., Beavin, J. H., & Jackson, D. D. (1967). *Pragmatics of Human Communication: A Study of International Patterns, Pathologies, and Paradoxes.* New York: Norton.

Whalen, D. H. (1989). Vowel and consonant judgments are not independent when cued by the same information. *Perception & Psychophysics, 46*, 284-292.

Weil, J. L. (1974). *A Neurophysiological Model of Emotional and Intentional Behavior.* Springfield, IL: Charles C Thomas.

Weisz, J. R. (2008). 아동 · 청소년심리치료(오경자, 정경미, 문혜신, 배주미, 이상선 공역). 서울: 시그마프레스.

Wicks-Nelson, R., & Israe, A. C. (2001). 아동기행동장애(정명숙, 손영숙, 양혜영, 정현희 공역). 서울: 시그마프레스.

Wicks-Nelson, R., & Israe, A. C. (2012). 아동 · 청소년 이상심리학(정명숙, 손영숙, 정현희 공역). 서울: 시그마프레스.

Williams, C. D. (1959). The elimination of tantrum behavior by extinction procedures. *Journal of Abnormal and Social Psychology, 59*, 269.

Winokur, D., & Avery, D. (1978). Suicide, attempted suicide, and relapse rates in depression. *Arch Gen Psychiatry, 35*(6), 749-753.

Woody, G. E., Luborsky, L., Mclellan, A. T., et al. (1983). Psychotherapy for Opiate Addicts: Does It help? *Archives General Psychiatry, 40*, 639-645.

Woody, G. E., Mclellan, A. T., Luborsky, L., et al. (1984). Severity of Psychiatric Symptoms as a Predictor of Benefits from Psychotherapy: The Veterans Administration-Penn Study. *American Journal of Psychiatry, 141*, 1172-1177.

Woody, G. E., Mclellan, A. T., Luborsky, L., et al. (1985). Sociopathy and Psychotherapy Outcome. *Archives General Psychiatry, 42*, 1081-1086.

Woody, G. E., Mclellan, A. T., Luborsky, L., et al. (1986). Psychotherapy for Substance Abuse. *Psychiatr Clin North Am, 9*, 547-562.

Woody, G. E., Mclellan, A. T., Luborsky, L., et al. (1987). Twelve-month Follow-up of Psychotherapy for Opiate Dependents. *American Journal of Psychiatry, 144*, 590-596.

World Health Organization. (1994). ICD-10 정신 및 행태장애(이부영 역). 서울: 일조각.

Wurmser, L. (1974). Psychoanalytic Considerations of the Etiology of Compulsive Drug Use. *Journal of American Psychoanal Association, 22*, 820-843.

Wurmser, L. (1987). Flight from Consequence: Experience with the Psychoanalytic Treatment of Compulsive Drug Abusers, part I: Dynamic Sequences and Compulsive Drug Use. *Journal of Substances Abuse Treatment, 4*, 157-168.

Wynne, L. C., Ryckoff, I., Day, J., & Hirsch, S. (1985). Pseudo-mutality in the family relations of schizophrenics. *Psychiatry 21,* 205-220.

Yager, J. (1984). The Treatment of Bulimia: An Overview. In P. S. Powers, & R. C. Fernandez (Eds.), *Current Treatment of Anorexia Nervosa and Bulimia.* (pp. 63-91). Basel, Switzerland: Karger.

Yehuda, R., Southwick, S. M., & Giller, E. (1992). Exposure to Atrocities and Severity of Chronic Posttraumatic Stress Disorder in Vietnam Combat Veterans. *American Journal of Psychiatry, 149*, 333-336.

Zahara, D. J., & Cuvo, A. J. (1984). Behavioral applications to the rehabilitation of traumatically head injured persons. *Clinical-Psychology-Review, 4*(4), 477-491.

Zametkin, A. J., Liebenauer, L. L., Fitzgerald, G. A., King, A. C., Minkunas, D. V., Herscovitch, P., et al. (1993). Brain metabolism in teenagers with attention-deficit hyperactivity disorder. *Archives of Genera Psychiatry, 50*, 333-340.

Zanarini, M. C. (Ed.). (2005). *Borderline Personality Disorder.* New York: Taylor & Francis.

찾아보기

저자 소개

■ **최정윤**(Choi, Jeong Yoon)

고려대학교 영문과 졸업

고려대학교 대학원 심리학과 졸업(석사, 박사)

임상심리 전문가

청량리정신병원 임상심리과장 역임

가톨릭대학교 의과대학 정신과 교수 역임

현재 경기대학교, 국민대학교 출강

영성생활연구소에서 개인상담 및 집단상담(꿈을 따라가는 마음여행 등)

■ **박경**(Park, Kyung)

서울여자대학교 교육심리학과 졸업

중앙대학교 대학원 심리학과 졸업(석사)

고려대학교 대학원 심리학과 졸업(박사)

임상심리 전문가

현재 한양대학교 의과대학 신경정신과 외래교수

서울여자대학교 학생생활연구소 교수

■ **서혜희**(Suh, Hay Hee)

고려대학교 대학원 심리학과 졸업(석사, 박사)

임상심리 전문가

성안드레아신경정신병원 임상심리과장 역임

현재 한양사이버대학교 상담심리학과 겸임교수

서울성모병원 임상심리실 근무

이상심리학 (3판)

Abnormal Psychology (3rd ed.)

2000년 3월 10일 1판 1쇄 발행
2005년 2월 15일 1판 7쇄 발행
2006년 3월 10일 2판 1쇄 발행
2014년 8월 20일 2판 15쇄 발행
2015년 6월 30일 3판 1쇄 발행
2024년 1월 25일 3판 6쇄 발행

지은이 • 최정윤 · 박경 · 서혜희
펴낸이 • 김 진 환
펴낸곳 • (주) **학지사**

04031 서울특별시 마포구 양화로 15길 20 마인드월드빌딩 5층

대표전화 • 02) 330-5114   팩스 • 02) 324-2345

등록번호 • 제313-2006-000265호

홈페이지 • http://www.hakjisa.co.kr
인스타그램 • https://www.instagram.com/hakjisabook

ISBN 978-89-997-0707-0 93180

정가 21,000원

출판미디어기업 학지사

간호보건의학출판 **학지사메디컬** www.hakjisamd.co.kr
심리검사연구소 **인싸이트** www.inpsyt.co.kr
학술논문서비스 **뉴논문** www.newnonmun.com
원격교육연수원 **카운피아** www.counpia.com